全国普通高等教育金牌会计丛书

中级财务会计

（第二版）

杨慧辉　李　琳　主编

上海财经大学出版社

图书在版编目(CIP)数据

中级财务会计/杨慧辉,李琳主编. —2版. —上海:上海财经大学出版社,2015.8

(全国普通高等教育金牌会计丛书)

ISBN 978-7-5642-2221-5/F・2221

Ⅰ.①中… Ⅱ.①杨… ②李… Ⅲ.①财务会计-高等学校-教材 Ⅳ.①F234.4

中国版本图书馆CIP数据核字(2015)第179315号

□ 责任编辑 王 芳

□ 封面设计 张克瑶

ZHONGJI CAIWU KUAIJI

中 级 财 务 会 计

(第二版)

杨慧辉 李 琳 主编

上海财经大学出版社出版发行

(上海市武东路321号乙 邮编200434)

网 址:http://www.sufep.com

电子邮箱:webmaster @ sufep.com

全国新华书店经销

上海市崇明县裕安印刷厂印刷装订

2015年8月第2版 2015年8月第1次印刷

787mm×1092mm 1/16 24.75印张 698千字

(配套习题集 12.75印张 359千字)

印数:4 001—8 000 定价:59.00元

(本书附赠配套习题集)

丛书编委会

总　序

2009年以来，"全国普通高等教育金牌会计丛书"陆续出版，在上海对外经贸大学的大力支持和会计学院的总体部署与组织下，集全体编纂人员的共同努力，截至目前，已经有《基础会计学》、《会计学》、《中级财务会计》、《高级财务会计》、《审计学》等教材以及相应的学习指导书及案例分析书等得以与读者见面。在编写和出版本系列教材第一版时，我们关注了以下三个方面的问题：一是要汲取会计改革的新成果，反映会计准则的新变化和新内容；二是凸现会计教育改革的新成果，集成编著者的丰富教学经验；三是适应经济全球化的最新进展，借鉴西方会计教材的精华。几年来，该系列教材满足了校内实施课程计划、深化教学改革及实现本科人才培养目标的要求，同时也较好地满足了社会上对会计学专业系列教材的需要。

2010年7月，中共中央、国务院印发《国家中长期教育改革和发展规划纲要(2010－2020年)》，提出为建设创新型国家，必须优先发展教育、实施人才强国战略。2010年9月，财政部印发《会计行业中长期人才发展规划(2010—2020年)》，明确指出会计人才队伍建设和高层次会计人才培养关系到全国实施人才战略和建设创新型国家的大局，将加快会计人才培养提到重要日程。规划要求"会计人才资源总量稳步增长，队伍规模不断壮大"，并明确了"会计人才资源总量增长40%"的量化目标，力争高层次会计人才总量在新兴市场经济国家中处于领先地位。规划提出，到2020年，全国受过高等教育(大专及以上)的会计从业人员占全国会计从业人员总量的比例由2010年年末的60.55%提高到80%，实现加快高级会计人才培养，形成以相当数量高级人才为引领、大量中级人才为主体，辅以相应数量初级人才为基础的人才发展的合理结构。

面对会计人才培养的重任及不断变化的会计环境，需要我们不断思考高等会计教育的目标定位，并通过会计课程体系的设计及教学环节的实施，来实现高等会计教育目标，为国家经济社会发展培养所需的高质量会计人才。这就要求我们不断加强教材建设，不断修订和完善高等会计教育系列教材。

相对于第一版的系列教材来说，本次修订出版的系列教材具有以下特点：

第一，以培养学生提出问题、分析问题和解决问题能力为教材修订的认识基点，体现不断提高学生对会计新知识和实务技能的要求；

第二，对教材内容的阐释和概念界定，都与现行的会计人才培养目标要求、会计准则、税收规范等基本相一致；

第三，关注教材之间的关联性及同一教材内容的前后联系，更好地把握教材的系统性和整体性。

本系列教材不仅是高等院校教学用书，也适用于会计人才在职培训以及会计人员自修用书。

丛书编委会

2015年7月

前 言

财务会计作为企业会计的第一大分支，通过提供有关企业的财务状况、经营成果以及现金流量等方面的公允可信的财务会计信息，为所有关心企业成长与发展的会计信息使用者的决策需要提供会计信息。在企业实务中，财务会计工作是企业整个会计工作的核心，也是企业经营管理的基础。21世纪的中国将进入经济快速发展的时代，会计理论与会计实务也将不断发展。为适应会计改革和发展的需要，顺应会计国际化的要求，我们组织编写了这本《中级财务会计》教材。

《中级财务会计》是继《基础会计学》的后续教材，主要阐述财务会计的基本概念、理论和规范，介绍各项会计要素确认、计量、记录和报告的原则、程序、方法以及财务报告编制的专业知识。本教材的主要特点是：

1. 内容新颖。本书阐述的理论及所举实例均以2006年和2014年财政部颁布、修订的《企业会计准则》以及会计准则应用指南、讲解、解释公告为依据。

2. 选材适度。本书既概括了会计要素最基本的内容，也包括了会计实务中经常发生的一些特殊业务，如非货币性资产交换、债务重组等，同时也考虑到与其他会计课程的衔接。本书难度适中，详略得当。

3. 实用性强。本书条理清晰、循序渐进，在语言表达上通俗易懂。为巩固各章的知识点，本教材还配套了大量题型多样的习题并附有参考答案，既可作为高等院校会计专业本科教材，也可作为经济管理类专业的教材，还可供经济管理干部、财会人员进修培训之用。

全书共十八章，由上海对外经贸大学杨慧辉和李琳主编，负责全书的编写、补充和总纂工作。其中：第二、六、七、九、十、十一、十二、十四、十五章由杨慧辉编写，第一、三、四、五、八、十三、十六、十七、十八章由李琳编写。全书定稿前的校对、修订由杨慧辉负责。上海对外经贸大学硕士研究生武惠冉、乔珊、周安石、靳欢欢、孙阳、吴含玉、江霞、梅丽珍、孙弘非、刘笛、韩洪祥为本书的资料和案例收集进行了大量的前期工作，并参与了本书的修订工作，特此致谢。

尽管我们尽了努力，但限于学识水平，本书难免存在错误和缺陷，敬请读者批评指正。

编 者

2015年7月

目　录

第一章　总　论

第一节　财务会计的概念和特征

一、财务会计的概念

财务会计是现代会计的一大分支，它是对企业已发生的交易或事项运用确认、计量、记录和报告程序，主要通过货币计量手段，以公认会计原则和准则为依据，以财务报告的形式向使用者提供对其决策有用的信息的信息系统。财务会计的最终产品是财务报告。财务会计报告的目标是向财务会计报告使用者提供与企业财务状况、经营成果和现金流量等有关的会计信息，反映企业管理层受托责任履行情况，有助于财务会计报告使用者做出经济决策。

在会计学科体系中，财务会计具体又可分为初级财务会计、中级财务会计和高级财务会计。初级财务会计主要阐述财务会计的基本概念、基本理论、基本方法和基本技能，是会计的入门课；中级财务会计主要阐述企业经常发生和普遍存在的一般业务的会计处理要求和操作方法；高级财务会计主要阐述的是在理论基础、操作方法方面具有特殊性的业务事项。

二、财务会计的特征

1.财务会计信息的使用者主要来自企业外部

财务会计主要是通过对企业日常经济业务进行记录、整理、汇总和定期编制财务报告，向投资者、债权人和政府有关部门等企业外部利益相关者提供信息，使他们可以了解企业的财务状况、经营成果和现金流量，从而保障有关各方的切身利益。需要注意的是，将企业外部的报表使用者作为直接的服务对象，并不否认企业管理当局对财务会计信息的运用。企业管理当局在其日常管理活动中不可避免地会利用财务会计信息，但企业管理当局除了利用财务会计报表信息外，还能够通过任何形式的内部报告取得企业内部管理所需的会计信息。

2.财务会计信息侧重反映过去已经发生的经济业务

财务会计主要是对企业已经发生的经济业务进行事后记录和总结，对过去的生产经营活动加以反映。

3.财务会计的主体是整个企业

财务会计信息是对整个企业生产经营活动的反映。在向企业外部信息使用者报送财务报告时，通常只是以若干综合性指标进行集中反映和概括说明，只是向他们报告特定时期和时点的总括情况，而不必揭示更为详细、具体的财务信息。

4.财务会计必须遵守相关的法规制度

为保证会计信息的可比性，财务会计工作中需要遵循统一的、强制性的法规制度。

5. 财务会计的工作程序比较固定

财务会计有一套严密的核算程序，即根据原始凭证编制记账凭证，根据记账凭证登记会计账簿，根据会计账簿编制会计报表；并且，记账凭证、会计账簿和会计报表均有规定的格式。

第二节　我国财务会计规范体系

一、我国会计规范体系的发展历程

改革开放以来，我国会计制度不断改革创新，从改革开放初期为了吸引外资而建立的外商投资企业会计制度，到后来为了适应股份制改革而建立的股份制企业会计制度，再到后来建立的不分行业、不分所有制的统一的会计制度，即《企业会计制度》、《金融企业会计制度》和《小企业会计制度》，到如今与国际会计准则基本趋同的新企业会计准则体系，我国会计规范体系完成了稳健的过渡过程。

1992～1993年，我国进行了重大的财务会计制度改革，我国财政部发布了《企业会计准则——基本准则》、《企业财务通则》以及13个行业的会计制度和10个行业的财务制度，简称“两则两制”。“两则两制”于1993年7月1日起在全国实行。经过这次改革，我国建立了一套符合国际惯例、符合社会主义市场经济体制的会计核算体系。之后，我国财政部又先后发布了包括关联方关系及其交易的披露、现金流量表、非货币性交易、投资、收入、或有事项、资产负债表日后事项、会计政策、会计估计变更和差错更正、借款费用、债务重组、固定资产、无形资产、存货、中期财务报告等在内的16项具体准则。

1998年，我国财政部发布了《股份有限公司会计制度》，自1998年1月1日起，在按照法定程序批准设立的股份有限公司中施行。

1999年，我国全国人民代表大会常务委员会审议通过了新修订的《会计法》。新《会计法》进一步明确了立法宗旨，突出强调了单位负责人对本单位会计工作和会计资料真实性、完整性的责任，明确了会计工作中的法律界限，使会计规范有了法律依据。配合新《会计法》的实施，国务院于2000年发布了《企业财务会计报告条例》，该条例重新明确了会计要素的定义，具体规定了财务会计报告的内容和编制要求，为规范我国会计市场的信息披露做出了制度安排。

2000年，我国财政部按照企业性质和规模，打破了行业界限，分别制定了《企业会计制度》、《金融企业会计制度》和《小企业会计制度》三个统一的会计制度，并陆续颁布，分步实施。这样，企业会计制度体系从原来的13个行业会计制度转变成三个会计制度，基本涵盖了全国各类企业。《企业会计制度》适用于除金融企业和小企业以外的所有企业，是在总结我国资本市场改革经验的基础上形成的，实现了我国会计与国际会计管理的基本协调，使我国的会计国际化向前推进了一大步。

从1993年7月1日，我国开始进入会计准则与会计制度并行发挥作用的时期。基本准则的发布实施及以后十几项具体会计准则的相继推出，初步实现了我国会计与国际惯例的接轨。但是，我国的会计准则和制度在许多方面与国际会计准则尚未协调，甚至差异较大。例如，有关固定资产折旧、存货计价等会计方法，国际会计准则规定在保持一致性的前提下，企业可以自行选择，而在我国的会计准则和制度中，有关这些方法的选择做了较严格的限制，因此，一些在国外被广泛使用的会计程序和方法，在我国尚未应用或受到严格限制。

随着我国加入世界贸易组织和经济全球化，这些差异的存在使得我国的会计信息缺乏国际可比性，不能充分发挥会计信息“国际性商业语言”的功能。为了全面适应我国市场经济深入发展和对外开放的需要，财政部于2006年2月15日正式发布了我国新企业会计准则体系，该体系包括1项基本准则和38项具体会计准则。接着，又发布了企业会计准则应用指南和1～3号企业会计准则解释公告。企业会计准则体系发布后，于2007年1月1日起首先在上市公司施行，并逐步扩大实施范围。2007年12月6日，内地与香港签署了两地会计准则等效的联合声明，实现了两地会计准则的等效。2008年11月14日，由欧盟成员国代表组成的欧盟证券委员会就第三国会计准则等效问题投票决定，自 2009 年至 2011 年底前的过渡期间，欧盟将允许中国证券发行者在进入欧洲市场时使用中国会计准则。因此，新企业会计准则体系的发布实现了我国会计准则与国际财务报告准则的实质性趋同。这标志着适应我国市场经济发展和对外开放要求、与国际惯例趋同的企业会计准则体系正式建立，是我国会计发展史上的重要里程碑。

自 2011 年来，国际会计准则理事会先后发布、修订了公允价值计量、合并财务报表等一系列准则，发起了国际财务报告准则的新一轮变革。为保持我国会计准则与国际财务报告准则的持续趋同，财政部在 2012 年发布了一系列准则征求意见稿后，于 2014 年正式修订了《企业会计准则——基本准则》、《企业会计准则第 2 号——长期股权投资》、《企业会计准则第 9 号——职工薪酬》、《企业会计准则第 30 号——财务报表列报》、《企业会计准则第 33 号——合并财务报表》、《企业会计准则第 37 号——金融工具列报》六项，新增了《企业会计准则第 39 号——公允价值计量》、《企业会计准则第 40 号——合营安排》、《企业会计准则第 41 号——在其他主体中权益的披露》三项企业会计准则，发布了《企业会计准则解释第 6 号》一项准则解释。

二、我国现行会计规范体系

（一）我国现行会计规范体系的结构

根据《立法法》规定，我国的法规体系通常由四个层次构成：一是法律，二是行政法规，三是部门规章，四是规范性文件。其中，法律由全国人民代表大会常务委员会通过，国家主席签署颁布；行政法规由国务院常务委员会通过，以国务院总理令公布；部门规章由国务院主管部门以部长令公布；规范性文件由国务院主管部门以部门文件形式印发。

在我国现行会计规范体系中，会计法是规范会计工作的法律，属于第一层次；我国财政部发布的会计准则体系中的基本准则是部门规章，属于第三层次；我国财政部发布的会计准则具体准则及其应用指南和我国证监会发布的上市公司信息披露规范是规范性文件，属于第四层次。

（二）我国企业会计准则体系的结构

我国企业会计准则体系由基本准则、具体准则及其应用指南、准则解释组成，而国际财务报告准则体系由编报财务报表的框架、国际财务报告准则和解释公告三部分构成，我国企业会计准则体系与国际财务报告准则体系的整体架构基本一致。

1.基本准则

在我国现行企业会计准则体系中，基本准则类似于国际会计准则理事会的《编报财务报表的框架》和美国财务会计准则委员会的《财务会计概念公告》，基本准则在整个企业会计准则体系中扮演着概念框架的角色，起着统驭作用。它规范了包括财务报告目标、会计基本假设、会计信息质量要求、会计要素的定义及其确认、计量原则、财务报告等在内的基本问题，是会计准则制定的出发点，是制定具体准则的基础。其作用主要表现为两个方面：

一是统驭具体准则的制定。随着我国经济迅速发展，会计实务问题层出不穷，会计准则需要规范的内容日益增多，体系日趋庞杂，在这样的背景下，为了确保各项准则的制定建立在统一的理念基础之上，基本准则就需要在其中发挥核心作用。我国基本准则规范了会计确认、计量和报告等一般要求，是具体准则的准则，可以确保各具体准则的内在一致性。为此，我国基本准则第三条明确规定："企业会计准则包括基本准则和具体准则，具体准则的制定应当遵循本准则（即基本准则）。"在企业会计准则体系的建设中，各项具体准则也都严格按照基本准则的要求加以制定和完善，并且在各具体准则的第一条中做了明确规定。

二是为会计实务中出现的、具体准则尚未规范的新问题提供会计处理依据。在会计实务中，由于经济交易事项的不断发展、创新，具体准则的制定有时会出现滞后的情况，会出现一些新的交易或者事项在具体准则中尚未规范但又急需处理的情况，这时，企业不仅应当对这些新的交易或者事项及时进行会计处理，而且在处理时应当严格遵循基本准则的要求，尤其是基本准则关于会计要素的定义及其确认与计量等方面的规定。因此，基本准则不仅扮演着具体准则制定依据的角色，也为会计实务中出现的、具体准则尚未作出规范的新问题提供了会计处理依据，从而确保了企业会计准则体系对所有会计实务问题的规范作用。

2.具体准则及其应用指南

我国的具体准则及其应用指南涵盖了目前各类企业会计要素和主要交易或事项的确认、计量和相关信息的披露，其内部结构与国际财务报告准则的内部结构相同。

具体准则是在基本准则的基础上，对具体交易或者事项会计处理的规范。我国41个具体准则中，第38号准则是对首次执行会计准则进行指导，主要解决新、旧准则的过渡和衔接问题，所以，实际上规范各种交易或事项会计处理的具体准则是40个。具体准则分为一般业务的具体准则、特殊行业的特定业务准则和报告准则三类，基本涵盖了各类企业的各类经济业务的会计处理。

(1)一般业务的具体准则

一般业务的具体准则主要规范各类企业普遍适用的一般经济业务的确认和计量，如存货、长期股权投资、投资性房地产、固定资产、生物资产、无形资产、非货币性资产交换、资产减值、债务重组、或有事项、职工薪酬、企业年金基金、收入、建造合同、借款费用、所得税、股份支付、企业合并准则。

(2)特殊行业的特定业务准则

特殊行业的特定业务准则主要规范特殊行业中特定业务的确认和计量，如石油天然气、原保险合同、再保险合同、政府补助、外币折算、金融工具的确认和计量、金融资产转移、套期保值、金融工具的列报、租赁准则。

(3)报告准则

报告主要规范普遍适用于各类企业通用的报告类准则，如财务报表列报、现金流量表、合并财务报表、中期财务报告、分部报告、会计政策、会计估计变更和差错更正、资产负债表日后事项、每股收益、关联方披露、在其他主体中权益的披露准则。

具体准则的应用指南类似于以前的《企业会计制度》，是对具体准则相关条款的细化和重点难点内容的操作性规定，主要对会计科目的设置、会计分录的编制和报表的填报等操作层面的内容进行示范性指导。

3.准则解释

准则解释是随着企业会计准则的贯彻实施，我国财政部就实务中遇到的实施问题以规范文件方式对准则做出的具体解释，这与国际财务报告准则体系中的解释公告相对应。2007年11月16日、2008年8月7日、2009年1月1日、2010年7月14日、2012年11月5日、2014年1月17日，我国财政部已分别印发了第1号、第2号、第3号、第4号、第5号和第6号企业会计准则解释。

三、我国现行企业会计准则与国际会计准则的比较

在我国现行企业会计准则体系中，具体准则包括存货、投资性房地产、固定资产等38项准则。各项准则规范的内容和有关国际财务报告准则的内容基本一致，具体对应关系如表1－1所示。

表1－1　　中国企业会计准则和国际财务报告准则的对应关系

中国企业会计准则	国际财务报告准则
CAS 1 存货	IAS 2 存货
CAS 2 长期股权投资	IAS 27 合并财务报表和单独财务报表 IAS 28 联营中的投资 IAS 31 合营中的权益

续表

中国企业会计准则	国际财务报告准则
CAS 3 投资性房地产	IAS 40 投资性房地产
CAS 4 固定资产	IAS 16 不动产、厂场和设备 IFRS 5 持有待售的非流动资产和终止经营
CAS 5 生物资产	IAS 41 农业
CAS 6 无形资产	IAS 38 无形资产
CAS 7 非货币性资产交换	IAS 16 不动产、厂场和设备 IAS 38 无形资产 IAS 40 投资性房地产
CAS 8 资产减值	IAS 36 资产减值
CAS 9 职工薪酬	IAS 19 雇员权利
CAS 10 企业年金	IAS 26 退休福利计划的会计和报告
CAS 11 股份支付	IFRS 2 以股份为基础的支付
CAS 12 债务重组	IAS 39 金融工具:确认和计量
CAS 13 或有事项	IAS 37 准备、或有负债和或有资产
CAS 14 收入	IAS 18 收入
CAS 15 建造合同	IAS 11 建造合同
CAS 16 政府补助	IAS 20 政府补助的会计和政府援助的披露
CAS 17 借款费用	IAS 33 借款费用
CAS 18 所得税	IAS 12 所得税
CAS 19 外币折算	IAS 21 汇率变动的影响 IAS 29 恶性通货膨胀经济中的财务报告
CAS 20 企业合并	IFRS 3 企业合并
CAS 21 租赁	IAS 17 租赁
CAS 22 金融工具确认和计量 CAS 23 金融资产转移 CAS 24 套期保值	IAS 39 金融工具:确认和计量
CAS 25 原保险合同 CAS 26 再保险合同	IFRS 4 保险合同
CAS 27 石油天然气开采	IFRS 6 矿产资源的勘探和评价
CAS 28 会计政策、会计估计变更和差错更正	IAS 8 会计政策、会计估计变更和差错
CAS 29 资产负债表日后事项	IAS 10 资产负债表日后事项
CAS 30 财务报表列报	IAS 1 财务报表的列报 IFRS 5 持有待售的非流动资产和终止经营
CAS 31 现金流量表	IAS 7 现金流量表
CAS 32 中期财务报告	IAS 34 中期财务报告
CAS 33 合并财务报表	IAS 27 合并财务报表和单独财务报表

续表

中国企业会计准则	国际财务报告准则
CAS 34 每股收益	IAS 33 每股收益
CAS 35 分部报告	IFRS 8 分部报告
CAS 36 关联方披露	IAS 24 关联方披露
CAS 37 金融工具列报	IFRS 7 金融工具:披露 IAS 32 金融工具:列报
CAS 38 首次执行企业会计准则	IFRS 1 首次采用国际财务报告准则
CAS 39 公允价值计量	IFRS 13 公允价值计量
CAS 40 合营安排	IFRS 11 合营安排
CAS 41 在其他主体中权益的披露	IFRS 12 在其他主体中权益的披露

由于我国属于新兴市场经济国家,具有特定的法律基础、经济环境和文化特色,这就决定了中国企业会计准则体系在贯彻会计国际趋同原则的基础上,还要考虑我国的特殊国情。因此,我国现行企业会计准则在与国际会计准则基本一致的基础上,还存在些许差异。具体如下:

(一)准则内容尚存的差异

1.关联方关系及其交易的披露

国际会计准则将同受国家控制的企业均视为关联方,所发生的交易作为关联方交易,在财务报表中要求充分披露。我国的国有企业及国有资本占主导地位的企业较多,如按国际准则规定,这些企业大部分都是关联企业,因为实际上这些企业均为独立法人,受同一投资方的控制或影响。但是,我国企业会计准则规定,仅同受国家控制但不存在控制、共同控制和重大影响的企业,不认定为关联企业。

2.长期资产减值准备的转回

国际会计准则对企业计提的固定资产、无形资产等非流动资产减值准备允许转回,计入当期损益。但由于固定资产、无形资产等价值较大的非流动资产发生减值,按照资产减值准则计提减值损失后,价值恢复的可能性极小或不存在,发生的资产减值应当视为永久性减值,所以,我国在资产减值准则中规定,此类资产减值损失一经确认,不得转回。

3.同一控制下的企业合并

国际会计准则只明确了非同一控制下企业合并的会计规范。在我国实务中,因特殊的经济环境,有些企业合并实例属于同一控制下的企业合并,如果不对其加以规定,就会导致会计实务无章可循。所以,我国企业会计准则结合实际情况,在非同一控制下企业合并的会计规范基础上还增加规定了同一控制下企业合并的会计处理。

4.公允价值的计量

国际会计准则要求广泛运用公允价值,以充分体现相关性的会计信息质量要求。我国企业会计准则强调适度、谨慎地引入公允价值,主要是考虑我国作为新兴市场经济国家,许多资产还没有活跃市场,会计信息的相关性固然重要,但应当以可靠性为前提,如果不加限制地引入公允价值,有可能会出现人为操纵利润现象。因此,我国投资性房地产、生物资产、非货币性资产交换、债务重组等准则规定,只有在存在活跃市场、公允价值能够获得并可靠计量的情况下,才允许采用公允价值计量。

5.持有待售的非流动资产和终止经营

《国际财务报告准则第5号——持有待售的非流动资产和终止经营》单独规定了持有待售的非

流动资产(固定资产和无形资产等)和终止经营(企业的车间、分部、子公司等予以处置或将其划分为准备出售对象)的会计处理。国际会计准则规定,如果企业管理层准备处置该部分非流动资产和终止经营,就应将这部分资产从非流动资产转出作为流动资产,停止计提折旧或者摊销,采用账面价值与公允价值减去销售费用孰低计量,账面价值高于公允价值减去销售费用的金额,计入当期损益。我国根据实际情况,没有单独制定这一准则项目,而是在固定资产、财务报表列报等相关准则中采用其他方式处理,达到类似效果。

(二)准则项目的不同安排

我国会计准则在某些项目的安排上做了适当调整,如将《国际会计准则第 39 号——金融工具:确认和计量》分解为金融工具确认和计量、套期保值、金融资产转移三个准则项目,将复杂的金融工具业务进行细分,以更好地指导实务;将《国际会计准则第 27 号——合并财务报表和单独财务报表》、《国际会计准则第 28 号——联营中的投资》和《国际会计准则第 31 号——合营中的权益》中的相关内容进行整合,形成长期股权投资准则及其应用指南,这既符合我国会计实务多年来的习惯,又有助于更好地理解和掌握准则内容。

第三节 本书的结构

本书的每章内容与具体准则之间的关系如表 1—2 所示。

表 1—2　　每章内容与具体准则之间的关系

本书内容	中国企业会计准则
第一章　总论	基本准则
第二章　货币资金 第三章　应收款项 第五章　投资(一)	CAS 22 金融工具确认和计量 CAS 23 金融资产转移
第四章　存货	CAS 1 存货
第六章　投资(二)	CAS 2 长期股权投资
第七章　固定资产和投资性房地产	CAS 3 投资性房地产 CAS 4 固定资产 CAS 8 资产减值
第八章　无形资产及其他非流动资产	CAS 6 无形资产 CAS 8 资产减值
第九章　非货币性资产交换	CAS 7 非货币性资产交换
第十章　流动负债	CAS 9 职工薪酬 CAS 18 所得税 CAS 11 股份支付
第十一章　非流动负债	CAS 13 或有事项
第十二章　债务重组	CAS 12 债务重组
第十四章　收入	CAS 14 收入
第十五章　费用和利润	基本准则 CAS 18 所得税
第十六章　财务会计报告	CAS 30 财务报表列报 CAS 31 现金流量表
第十七章　资产负债表日后事项	CAS 29 资产负债表日后事项
第十八章　会计政策、会计估计变更和差错更正	CAS 28 会计政策、会计估计变更和差错更正

复习思考题

1. 财务会计的概念是什么?
2. 财务会计的特征是什么?
3. 我国现行会计规范体系的结构和层次如何?
4. 我国现行会计准则与国际会计准则有何区别?

第二章　货币资金

货币资金是指企业生产经营过程中处于货币形态的资金，是企业重要的流动资产，包括库存现金、银行存款以及其他货币资金。

第一节　库存现金

现金是通用的交换媒介，可以随时用于购买其他资产、支付各项费用或清偿债务，不受任何契约限制。在会计上，现金有广义和狭义之分。广义的现金除了存放在企业的库存现金之外，还包括随时用于支付的银行存款、现金等价物以及其他可以普遍接受的流通手段；狭义的现金仅指库存现金，包括库存的人民币及外币的纸币、硬币。

库存现金是指通常存放于企业财会部门、由出纳人员经管的货币。库存现金是流动性最强的资产，最容易被经管人员挪用或侵吞。为了保护企业财产的安全与完整，维护社会经济秩序，企业应当严格遵守国家有关现金管理制度，正确进行现金收支的核算，监督现金使用的合法性与合理性。

一、库存现金管理制度

根据国务院发布的《现金管理暂行条例》的规定，现金管理制度主要包括现金的使用范围、库存现金的限额以及现金收支的规定三方面的内容。

（一）现金的使用范围

企业可用现金进行支付的款项有：

1. 职工工资、津贴；
2. 个人劳务报酬；
3. 根据国家规定颁发给个人的科学技术、文化艺术、体育等各种奖金；
4. 各种劳保、福利费以及国家规定的对个人的其他支出；
5. 向个人收购农副产品和其他物资的款项；
6. 出差人员必须随身携带的差旅费；
7. 结算起点以下的零星支出；
8. 中国人民银行确定需要支付现金的其他支出。

除上述情况可以用现金支付外，其他款项的支付应通过银行转账结算。

（二）库存现金的限额

库存现金的限额是指为了保证企业日常零星开支的需要，允许单位留存现金的最高数额。这一限额由开户银行根据单位的实际需要核定，一般按照单位3～5天日常零星开支的需要确定，边远地区和交通不便开户单位的库存现金限额，可按多余5天但不超过15天的日常零星开支的需要确定。核定后的库存现金限额，开户单位必须严格遵守，超过库存现金限额部分的现金应于当日终了前存入银行。需要增加或减少库存现金限额的单位，应向开户银行提出申请，由开户银行核定。

(三)现金收支的规定

开户单位收入的现金应于当日送存开户银行,当日送存确有困难的,由开户银行确定送存时间;开户单位支付现金,可以从本单位库存现金中支付或者从开户银行提取,不得从本单位的现金收入中直接支付,即不得"坐支"现金,因特殊情况需要坐支现金的单位,应事先报经有关部门审查批准,并在核定的范围和限额内进行,同时,收支的现金必须入账。

开户单位从开户银行提取现金时,应如实写明提取现金的用途,由本单位财会部门负责人签字盖章,并经开户银行审查批准后予以支付。因采购地点不确定、交通不便、抢险救灾及其他特殊情况必须使用现金的单位,应向开户银行提出书面申请,由本单位财会部门负责人签字盖章,并经开户银行审查批准后予以支付。

此外,不准用不符合国家统一会计制度的凭证顶替库存现金,即不得"白条抵库";不准谎报用途套用现金;不准用银行账户代其他单位和个人存入或支取现金;不准用单位收入的现金以个人名义存入储蓄,即不得"公款私存";不准保留账外公款,即不得设置"小金库"等。银行对违反以上规定的单位,将按照违规金额的一定比例予以处罚。

二、库存现金的核算

库存现金的核算包括库存现金的总分类核算与序时核算。

(一)库存现金的总分类核算

为了总括地反映企业库存现金的收入、支出和结存情况,企业应设置"库存现金"总分类账户,该账户的借方登记现金的增加,贷方登记现金的减少,期末余额在借方,反映企业实际持有的库存现金的金额。企业内部各部门周转使用的备用金,应在"其他应收款"总分类账户下专设"备用金"明细账户核算或者直接设置"备用金"总分类账户核算,不在"库存现金"账户中进行核算。

企业发生的每一笔现金收入与支出业务,都必须取得或填制原始凭证作为收付款的书面证明。向银行提取现金,应以现金支票存根联作为提取现金的证明;将现金存入银行,应以银行退回的进账单作为存入现金的证明等。会计部门对原始凭证进行合理、合法、真实、准确的审查,并根据审查无误的原始凭证编制记账凭证。企业收到现金时,借记"库存现金"账户,贷记"主营业务收入"、"其他业务收入"、"其他应付款"等账户;企业支付现金时,借记"管理费用"、"银行存款"、"其他应收款"等有关账户,贷记"库存现金"账户。

例1 某增值税一般纳税企业销售产品一批,不含税价款500元,增值税额85元,销售时直接收到对方支付的现金585元。该企业应编制会计分录如下:

借:库存现金	585	
贷:主营业务收入		500
应交税费——应交增值税(销项税额)		85

例2 企业开具现金支票从银行提取现金20 000元,准备发放职工工资。该企业应编制会计分录如下:

借:库存现金	20 000	
贷:银行存款		20 000

例3 企业出租包装物,收到对方支付的押金300元。该企业应编制会计分录如下:

借:库存现金	300	
贷:其他应付款		300

例4 采购员张三出差,预借差旅费4 000元,企业以现金支付。该企业应编制会计分录如下:

借:其他应收款	4 000	
贷:库存现金		4 000

例5　企业将当日零售收入50 000元现金存入银行。该企业应编制会计分录如下：

借：银行存款　　50 000

　　贷：库存现金　　50 000

例6　企业采购一批办公用品，总价800元，直接以现金支付。该企业应编制会计分录如下：

借：管理费用　　800

　　贷：库存现金　　800

(二)库存现金的序时核算

库存现金的序时核算，企业可以设置三栏式或多栏式的“现金日记账”。现金日记账由出纳人员根据审核无误的现金收付款凭证以及银行存款付款凭证(从银行提取现金业务)，按照业务发生顺序逐日、逐笔登记。每日终了，应当在现金日记账上计算出当日的现金收入金额、现金支出金额和结余额，并将现金日记账的账面结余额与库存现金实存数额相核对，保证账款相符；月度终了，现金日记账的余额应与现金总账的余额核对，做到账账相符。

对于有多币种现金的企业，应当按照币种分别设置日记账进行序时核算。

三、库存现金的清查

库存现金清查是指库存现金的盘点与核对，包括出纳人员每日终了前进行的现金账款核对和清查小组定期或不定期进行的现金盘点、核对。现金清查一般采用实地盘点法，对于清查的结果应当编制“现金盘点报告单”。如果有挪用现金、白条抵库的情况，应及时予以纠正；对于超限额留存的现金，应及时送存银行。如果账款不符，应及时查明原因，由于账簿登记错误导致的账款不符，应按规定的更正方法进行更正。发现的有待查明原因的现金短缺(账面数大于实存数)或溢余(账面数小于实存数)，应先通过“待处理财产损溢”账户核算。

“待处理财产损溢”属资产类账户，核算企业在清查财产过程中查明的各种财产盘盈、盘亏和毁损的价值。该账户的借方反映存货、生物资产、固定资产等的盘亏毁损以及按管理权限报经批准转销的各项资产盘盈数；贷方反映各项存货、生物资产等的盘盈以及按管理权限报经批准转销的各项资产的盘亏毁损数；企业的财产损溢应查明原因，在期末结账前处理完毕，处理后该账户没有余额。物资在运输途中发生的非正常短缺与损耗，也通过本账户核算。该总分类账户下可按盘盈、盘亏的资产种类和项目进行明细核算。但需要注意的是，企业如有盘盈固定资产的，应作为前期差错记入“以前年度损益调整”账户，不通过本账户核算。

盘盈的现金，借记“库存现金”账户，贷记“待处理财产损溢”账户；盘亏的现金，借记“待处理财产损溢”账户，贷记“库存现金”账户。按管理权限报经批准后，分别以下情况处理：

1. 如为现金短缺(短款)，属于应由责任人赔偿或者保险公司赔偿的部分，记入“其他应收款”账户；属于无法查明原因的，记入“管理费用”账户。

2. 如为现金溢余(长款)，属于应付给其他单位或有关人员的，记入“其他应付款”账户；属于无法查明原因的，记入“营业外收入”账户。

例7　星星公司在现金清查中，发现库存现金较日记账余额多出85元。经反复核查，上述现金长款原因不明，经批准转作营业外收入处理。会计处理如下：

借：库存现金　　85

　　贷：待处理财产损溢——待处理流动资产损溢　　85

借：待处理财产损溢——待处理流动资产损溢　　85

　　贷：营业外收入　　85

例8　星星公司在现金清查中，发现库存现金较日记账余额短缺150元。经反复核查，上述现金短缺是由于出纳员工作疏忽导致，应由其赔偿。会计处理如下：

借：待处理财产损溢——待处理流动资产损溢 150
　　贷：库存现金 150
借：其他应收款 150
　　贷：待处理财产损溢——待处理流动资产损溢 150

若该现金短缺的原因无法查明，经批准后，则应作为管理费用处理。会计处理如下：

借：管理费用 150
　　贷：待处理财产损溢——待处理流动资产损溢 150

第二节 银行存款

银行存款是企业存放于银行或其他金融机构的随时可以支付的货币资金。按照国家有关规定，凡是独立核算的单位都必须在当地银行开设账户。企业在银行开设账户以后，除按核定的限额保留库存现金外，超过限额的现金必须存入银行；除了在规定的范围内可以用现金直接支付款项外，在经营过程中所发生的其他货币收支业务，都必须通过银行转账结算。

一、银行存款管理规定

根据中国人民银行颁布的《支付结算办法》以及《人民币银行存款结算账户管理办法》的规定，银行存款管理主要包括银行存款账户的开立与银行结算方式。

(一)银行存款账户的开立

企业应按照相关规定，在银行开立账户，办理存款、取款和转账结算。企业可根据需要开立基本存款账户、一般存款账户、临时存款账户以及专用存款账户。

基本存款账户是企业办理日常结算和现金收付的账户；每个企业必须开立基本存款账户，并且只能开立一个基本存款账户，不能在多家银行机构开立基本存款账户。企业的工资、奖金等现金的支取，只能通过基本存款账户办理，以便于有关部门宏观控制。

一般存款账户是企业在基本存款账户以外的银行借款转存、与基本存款账户的企业不在同一地点的附属非独立核算单位的账户。企业可以通过一般存款账户办理转账结算和现金缴存，但不能办理现金支取。企业不得在同一家银行的几个分支机构开立一般存款账户。

临时存款账户是企业因临时经营活动需要开立的账户，企业可以通过该账户办理转账结算和根据国家现金管理的规定办理现金收付。

专用存款账户是企业因特定用途需要开立的账户。

(二)银行结算方式

企业日常生产经营活动所发生的各项支出，除按照国家规定可以使用现金结算外，都必须通过银行划拨进行转账结算。银行结算方式主要包括银行本票、银行汇票、支票、商业汇票、汇兑、委托收款、托收承付、信用卡以及信用证等。

二、银行存款核算

企业应设置银行存款总账和银行存款日记账，分别进行银行存款的分类核算和序时核算。

(一)银行存款的分类核算

企业应当设置“银行存款”总分类账户，对存放于银行及其他金融机构的随时可以动用的款项进行核算。“银行存款”账户的借方登记银行存款的增加额，贷方登记银行存款的减少额，期末余额在借方，表示企业期末实际的可随时动用的银行存款金额。企业在支票和汇兑结算两种银行结算方式下，应当根据审核无误的有关原始凭证编制银行存款的收付款凭证以及现金付款凭证(将现金送存银行),并进行相应的账务处理。

1. 支票结算方式

支票是单位或个人签发的,委托办理支票存款业务的银行在见票时无条件支付确定金额给收款人或持票人的票据。支票根据支付票款的方式不同,分为现金支票、转账支票和普通支票三种。现金支票可以提取现金;转账支票用于转账,不得取现;普通支票既可以提取现金,也可以用于转账。如果在普通支票的左上角划两条平行线,称为划线支票,划线支票等同于转账支票,只能用于转账,不得取现。

支票结算方式适用于同城范围内各种款项的结算,单位和个人在同一票据交换区域的各种款项结算,均可以使用支票。签发支票时,应使用蓝黑墨水、墨汁或碳素墨水填写。严格禁止签发空头支票和签章与预留银行签章不符的支票。空头支票是指出票人签发的支票的金额超过其付款时在付款人处实有的存款金额。

支票必须记载以下事项:(1)表明"支票"的字样;(2)无条件支付的委托;(3)确定的金额;(4)付款人名称;(5)出票日期;(6)出票人签章;(7)收款人名称。其中,收款人名称以及金额可以通过授权补记的方式记载。

支票的提示付款期限为出票日起 10 日内,中国人民银行另有规定的除外。超过提示付款期限的,持票人开户银行不予受理,付款人不予付款。此外,转账支票可以根据需要在票据交换区域内背书转让。

采用支票结算方式,企业若作为收款方,在收到支票时,应填写进账单,连同支票送交银行,根据银行盖章后退回的进账单和有关的原始凭证编制收款凭证,借记"银行存款"账户,贷记"主营业务收入"、"应收账款"等账户;企业若是付款方,应根据签发的支票存根和有关的原始凭证编制付款凭证,借记"原材料"等账户,贷记"银行存款"账户。

企业若开具现金支票从银行提取现金,则签发的支票存根和有关的原始凭证编制付款凭证,借记"库存现金"账户,贷记"银行存款"账户。

例 9 A 公司为增值税一般纳税人,销售产品一批,不含税价款 30 000 元,增值税 5 100 元,产品已发出,收到对方交来的转账支票并送存银行。会计处理如下:

借:银行存款	35 100	
贷:主营业务收入		30 000
应交税费——应交增值税(销项税额)		5 100

例 10 A 公司签发转账支票一张,金额 50 000 元,交给 B 公司以偿付购货款。

借:应付账款	50 000	
贷:银行存款		50 000

2. 汇兑结算方式

汇兑是汇款人委托银行将其款项支付给收款人的结算方式。单位和个人的各种款项的结算,均可使用汇兑结算方式。汇兑分为信汇、电汇两种。信汇是指汇款人委托银行通过邮寄方式将款项划转给收款人,电汇是指汇款人委托银行通过电报方式将款项划转给收款人。这两种汇兑方式由汇款人根据需要选择使用。汇兑结算方式适用于异地之间的各种款项结算。

企业采用这一结算方式,付款单位汇出款项时,应填写银行印发的汇款凭证,列明收款单位名称、汇款金额及汇款的用途等项目,送达开户银行,委托银行将款项汇往收汇银行。收汇银行将汇款收进单位存款户后,向收款单位发出收款通知。

采用汇兑结算方式,企业若为收款方,在收到开户银行的收账通知时,借记"银行存款"账户,贷记"应收账款"等账户;企业若作为付款方,对于汇出的款项,应根据汇款回单,借记"应付账款"等有关账户,贷记"银行存款"账户。

(二)银行存款的序时核算

为了加强银行存款的管理,企业应按开户银行或其他金融机构以及存款种类设置三栏式或多栏式"银行存款日记账",由出纳人员根据审核无误的银行存款收付款凭证以及现金付款凭证(将现金送存银行业务),按照经济业务发生的时间先后顺序逐日逐笔登记,每日终了,应结出余额。月度终了,银行存款日记账的余额应与银行发来的"银行对账单"余额核对,做到账款相符;同时,银行存款日记账的余额还应与银行存款总账的余额核对,做到账账相符。

三、银行存款清查

银行存款的清查是通过逐笔核对本单位银行存款日记账与开户银行转来的对账单,以查明账款是否相符;该核对每月至少一次。

由于银行存款收付业务很多,企业和银行入账时间又各不相同,往往会出现企业银行存款日记账数额和银行对账单数额不符的情况,这主要由两种原因引起:一是一方或双方记账错误,如错记、漏记、串户记账等;二是存在未达账项。所谓未达账项,是指企业与银行之间对于同一项经济业务,由于凭证传递上的时间差异,取得结算凭证的一方已登记入账,未取得结算凭证的一方尚未登记入账的款项。对于第一种原因引起的账款不符,若属于银行登账有误,应立即通知银行更正;若属于企业登账差错,企业应采用错账更正的方法更正。由于第二种原因引起的账款不符,企业应编制"银行存款余额调节表"进行调整;若企业与银行双方记账均无差错,则调整后的余额相等。但是,银行存款余额调节表只是为了核对账目,并不能作为调整银行存款账面余额的记账依据。

未达账项可归纳为以下四种:

(一)银行已收,企业未收

例如,外地某企业给本企业汇来款项,银行收到汇款单后,马上登记为企业银行存款的增加;但企业由于未收到银行转来的收账通知,尚未登记银行存款的增加。

(二)银行已付,企业未付

例如,银行代企业支付水电费、电话费,银行已将资金从企业账户中划转出去,登记为企业银行存款的减少;但企业尚未接到银行转来的付款通知,尚未登记银行存款的减少。

(三)企业已收,银行未收

例如,企业销售产品收到支票,送存银行后即根据银行盖章后返回的"进账单"回单登记银行存款的增加;银行则要等到通过银行之间的划转、等到实际收妥款项后才登记增加。

(四)企业已付,银行未付

例如,企业开出一张支票进行支付,企业根据支票存根登记银行存款的减少;而银行需等到支票持票人将支票交到银行并由银行办妥了付款后才登记减少。

因此,月末企业应对未达账项进行调整,编制"银行存款余额调节表"。其编制方法为:在银行存款日记账和银行对账单各自金额的基础上加(或减)对方已记账、自己尚未记账的未达账项:

银行存款日记账余额+银行已收、企业未收款项-银行已付、企业未付款项=调整后余额

银行对账单余额+企业已收、银行未收款项-企业已付银行未付款项=调整后余额

例 11 某企业 2×15 年 3 月 31 日银行存款日记账余额为 2 700 000 元,银行转来对账单余额为 4 150 000 元。经逐笔核对,发现以下未达账项:

(1)企业送存转账支票 3 000 000 元,并已登记银行存款增加,但银行尚未收妥款项。

(2)企业开出转账支票 2 250 000 元,但持票人尚未到银行办理转账。

(3)企业委托银行代收某公司购货款 2 400 000 元,银行已收妥并入账,但尚未发给企业收款通知。

(4)银行代企业支付电话费 200 000 元,银行已登记入账,但尚未发给企业付款通知。

要求：为该企业编制银行存款余额调节表(见表2—1)。

表2—1 **银行存款余额调节表**

2×15年3月31日 单位：元

项 目	金 额	项 目	金 额
银行日记账余额	2 700 000	银行对账单余额	4 150 000
加：银行已收、企业未收款	2 400 000	加：企业已收、银行未收款	3 000 000
减：银行已付、企业未付款	200 000	减：企业已付、银行未付款	2 250 000
调节后余额	4 900 000	调节后余额	4 900 000

第三节 其他货币资金

一、其他货币资金的内容

其他货币资金是指企业除库存现金、银行存款以外的各种货币资金，主要包括银行汇票存款、银行本票存款、信用卡存款、信用证保证金存款、存出投资款、外埠存款等。

(一)银行汇票存款

银行汇票存款产生于银行汇票结算方式。银行汇票是汇款人将款项交存当地出票银行，由出票银行签发的，由其在见票时按照实际结算金额无条件支付给收款人或持票人的票据。银行汇票适用于先收款后发货或钱货两清的商品交易。单位和个人同城、异地各种款项的结算，均可使用银行汇票。

银行汇票可以用于转账，填明“现金”字样的银行汇票也可以支取现金。银行汇票必须记载以下事项：(1)表明“银行汇票”的字样；(2)无条件支付的委托；(3)确定的金额；(4)付款人名称；(5)收款人名称；(6)出票日期；(7)出票人签章。银行汇票的付款提示期为自出票日起1个月。银行汇票可以背书转让或转汇其他地点。

企业支付购货款等款项时，应向出票银行填写“银行汇票申请书”，填明收款人名称、支付金额、申请人、申请日期等事项并签章，签章为其预留银行的印鉴。银行受理银行汇票申请书，收托款项后签发银行汇票，并用压数机压印出票金额，然后将银行汇票和解讫通知一并交给汇款人。

收款企业在收到付款单位送来的银行汇票时，应在出票金额以内，根据实际需要的款项办理结算，并将实际结算金额和多余金额准确、清晰地填入银行汇票和解讫通知的有关栏内。银行汇票的实际结算金额低于出票金额的，其多余金额由出票银行退交申请人；汇票超过付款期或由于其他原因需要退款时，可以持票向出票银行办理退款。

(二)银行本票存款

银行本票存款产生于银行本票结算方式。银行本票是银行签发的，承诺自己在见票时无条件支付确定金额给收款人或持票人的票据。无论单位或个人，在同一票据交换区域支付各种款项，都可以使用银行本票。

银行本票分定额本票和不定额本票两种。定额本票面值分别为1 000元、5 000元、10 000元以及50 000元。

银行本票的付款期限为自出票日起最长不超过2个月，在付款期内银行本票见票即付。超过付款提示期不获付款的，在票据权利时效内向出票银行做出说明，并提供本人身份证或单位证明，可持银行本票向银行请求付款。

银行本票可以用于转账;在票面上划去转账字样的,为现金本票,可以支取现金。银行本票必须记载以下事项:(1)表明“银行本票”的字样;(2)无条件支付的承诺;(3)确定的金额;(4)收款人名称;(5)出票日期;(6)出票人签章。

企业支付购货款等款项时,应向出票银行填写“银行本票申请书”,填明收款人名称、支付金额、申请人、申请日期等事项并签章。申请人或收款人为单位的,银行不予签发现金银行本票。出票银行受理银行本票申请书,收妥款项后签发银行本票,不定额本票用压数机压印出票金额,出票银行在银行本票上签章后交给申请人。

收款企业在收到银行本票时,应该在付款提示时在本票背面“持票人向银行提示付款签章”处加盖预留银行印鉴,同时填写进账单,连同银行本票一并交开户银行转账。

(三)信用卡存款

信用卡存款是指企业为取得信用卡而存入银行信用卡专户的款项,其产生于信用卡结算方式。信用卡是商业银行向个人和单位发行的,凭其向特约单位购物、消费以及在银行存取现金,具有消费信用的特制载体卡片。

信用卡按适用对象,分为单位卡和个人卡;按信用等级,分为金卡和普通卡。凡在中国境内金融机构开立基本存款账户的单位,均可申领单位卡。单位卡可申领若干张,持卡人资格由申领单位法定代表人或其委托代理人书面制定和注销,持卡人不得出租或转借信用卡。单位卡账户的资金一律从其基本存款账户转账存入,在使用过程中,需要向其账户续存资金的,也一律从其基本存款账户转账存入,不得交存现金,不得将销货收入的款项存入其账户。单位卡一律不得用于10万元以上的商品交易、劳务供应款的结算,不得支取现金。

信用卡在规定的限额和期限内允许善意透支,透支期限最长为60天。透支利息自签单日或银行记账日起15日内按日息5‱计算;超过15日的,按日息10‱计算;超过30日或透支金额超过规定限额的,按日息15‱计算。透支计算不分段,按最后期限或者最高透支额的最高利息档次计息。超过规定限额或规定期限,并且经发卡银行催收无效的透支行为,称为恶意透支。持卡人使用信用卡,不得发生恶意透支。严禁将单位款项存入个人卡账户中。

单位或个人申领信用卡,应按规定填制申请表,连同有关资料一并送交发卡银行。符合条件并按银行要求交存一定金额的备用金后,银行为申领人开立信用卡存款账户,并发给信用卡。

(四)信用证保证金存款

信用证保证金存款是指采用信用证结算方式的企业为开具信用证而存入银行信用证专户的款项。信用证结算方式是国际结算的一种主要方式。经中国人民银行批准经营结算业务的商业银行总行以及经商业银行总行批准开办信用证结算业务的分支机构,也可以办理国内企业之间商品交易的信用证结算业务。

采用信用证结算方式的,收款单位收到信用证后,即备货装运,签发有关发票账单,连同运输单据和信用证,送交银行,根据退还的信用证等有关凭证编制收款凭证;付款单位在接到开证行的通知时,根据付款的有关单据编制付款凭证。

(五)存出投资款

存出投资款是指企业已存入证券公司但尚未进行证券投资的资金。

(六)外埠存款

外埠存款是指企业为了到外地进行临时或零星采购而汇往采购地银行开立的临时采购账户的款项。该账户的存款不计利息、只付不收、付完清户,除了采购人员可从中提取少量现金外,一律采用转账结算。

二、其他货币资金的核算

为了反映和监督其他货币资金的收支和结存情况,企业应当设置“其他货币资金”总分类账户。

该账户的借方登记其他货币资金的增加数，贷方登记其他货币资金的减少数，期末余额在借方，反映企业实际持有的其他货币资金。本账户应按其他货币资金的种类设置明细账户，进行明细核算。

(一)银行汇票存款

企业填写“银行汇票申请书”、将款项交存银行时，借记“其他货币资金——银行汇票存款”账户，贷记“银行存款”账户；企业持银行汇票采购、收到发票账单时，按实际结算金额，借记“原材料”等账户，贷记“其他货币资金——银行汇票存款”账户；采购完毕收回剩余款项时，借记“银行存款”账户，贷记“其他货币资金——银行汇票存款”账户。

企业收到银行汇票、填制进账单、到开户银行办理款项入账手续时，应根据进账单及销售发票等，借记“银行存款”账户，贷记“主营业务收入”等账户。

例 12 长江公司申请办理 1 张金额 60 000 元的银行汇票，用于偿还应付账款。银行受理后开出银行汇票、解讫通知。实际办理结算的金额为 58 500 元，余款银行自动划回。会计处理如下：

企业填写“银行汇票申请书”、将款项交存银行时：

借：其他货币资金——银行汇票存款　　60 000
　　贷：银行存款　　60 000

收到收款单位收款收据时：

借：应付账款　　58 500
　　贷：其他货币资金——银行汇票存款　　58 500

接到银行剩余款项划回通知时：

借：银行存款　　1 500
　　贷：其他货币资金——银行汇票存款　　1 500

(二)银行本票存款

企业填写“银行本票申请书”、将款项交存银行时，借记“其他货币资金——银行本票存款”账户，贷记“银行存款”账户；企业持银行汇票采购、收到发票账单时，借记“原材料”等账户，贷记“其他货币资金——银行本票存款”账户。若因银行本票超过付款期限等原因退回票据时，借记“银行存款”账户，贷记“其他货币资金——银行本票存款”账户。

企业收到银行本票、填制进账单、到开户银行办理款项入账手续时，应根据进账单及销售发票等，借记“银行存款”账户，贷记“主营业务收入”等账户。

例 13 腾龙公司(增值税一般纳税企业)申请办理银行本票 46 800 元 1 张采购材料，银行受理后开出不定额本票。采购的材料已验收入库，增值税专用发票上注明价款 40 000 元，增值税 6 800 元。

企业填写“银行汇票申请书”、将款项交存银行时：

借：其他货币资金——银行本票存款　　46 800
　　贷：银行存款　　46 800

企业使用银行本票采购材料后，根据入库单和购货发票：

借：原材料　　40 000
　　应交税费——应交增值税(进项税额)　　6 800
　　贷：其他货币资金——银行本票存款　　46 800

(三)信用卡存款

企业应填制“信用卡申请表”，连同支票和有关资料一并送交发卡银行，根据银行盖章退回的进账单第一联，借记“其他货币资金——信用卡存款”账户，贷记“银行存款”账户；企业用信用卡购物或支付有关费用，收到开户银行转来的信用卡存款的付款凭证及所附发票账单，应借记“管理费用”等账户，贷记“其他货币资金——信用卡存款”账户；企业信用卡在使用过程中，需要向其账户续存资金的，借记“其他货币资金——信用卡存款”账户，贷记“银行存款”账户；企业的持卡人如不需要继续使用信用卡时，应持信用卡主动到发卡银行办理销户，销卡时，单位卡账户余额转入企业基本存款账户，不得提取现金，借记“银行存款”账户，贷记“其他货币资金——信用卡存款”账户。

例14 某企业开立信用卡，从其基本存款账户转账存入信用卡备用金20 000元，并支付开户手续费50元，开出转账支票付讫。本月末，通过信用卡刷卡支付本月电话费5 000元。

根据支票存根及进账单：

借：其他货币资金——信用卡存款　20 000
　　财务费用　50
　贷：银行存款　20 050

以信用卡消费时，根据有关凭证：

借：管理费用　5 000
　贷：其他货币资金——信用卡存款　5 000

(四)信用证存款

企业填写“信用证申请书”，将信用证保证金交存银行时，应根据银行盖章退回的“信用证申请书”回单，借记“其他货币资金——信用证保证金存款”账户，贷记“银行存款”账户；企业接到开证银行通知，根据供货单位信用证结算凭证及所附发票账单，借记“原材料”等账户，贷记“其他货币资金——信用证保证金存款”账户；将未用完的信用证保证金存款余额转回开证银行时，借记“银行存款”账户，贷记“其他货币资金——信用证保证金存款”账户。

例15 企业填制“信用证申请书”，向银行办理信用证，金额600 000元，企业将款项交存银行，从银行取得信用证以进口一批原料。企业应根据银行盖章后退回的“信用证申请书”回单，编制以下会计分录：

借：其他货币资金——信用证保证金存款　600 000
　贷：银行存款　600 000

企业收到境外企业信用证结算凭证及所附发票账单，发票注明价款500 000元。原料尚未收到。经核对无误，编制以下会计分录：

借：在途物资　500 000
　贷：其他货币资金——信用证保证金存款　500 000

收到银行通知，转回剩余款项时，编制以下会计分录：

借：银行存款　100 000
　贷：其他货币资金——信用证保证金存款　100 000

(五)存出投资款

企业向证券公司划出资金时，应按实际划出的金额，借记“其他货币资金——存出投资款”账户，贷记“银行存款”账户；购买股票、债券等时，借记“交易性金融资产”等账户，贷记“其他货币资金——存出投资款”账户。

例16 甲公司在某证券公司开立专户，存入资金1 000万元。其后，委托该证券公司从上海证券交易所购入A上市公司股票50万股，并将其划分为交易性交融资产。该笔股票投资在购买日的公允价值为500万元。会计处理如下：

根据转账的相关凭证：

借：其他货币资金——存出投资款　10 000 000
　贷：银行存款　10 000 000

根据购买股票的相关凭证：

借：交易性金融资产——成本　5 000 000
　贷：其他货币资金——信用证保证金存款　5 000 000

(六)外埠存款

企业将款项汇往外地时,应填写汇款委托书,委托开户银行办理汇款。企业根据汇出款项凭证,借记"其他货币资金——外埠存款"账户,贷记"银行存款"账户;收到采购员转来供应单位发票账单等报销凭证时,借记"原材料"等账户,贷记"其他货币资金——外埠存款"账户;采购完毕收回剩余款项时,根据银行的收账通知,借记"银行存款"账户,贷记"其他货币资金——外埠存款"账户。

例 17 A 公司(增值税一般纳税企业)采购员到外地进行零星材料的采购,以信汇方式汇往外地某工商银行分理处80 000元,发生汇费 400 元,以银行存款支付;采购员李某异地采购的物资款项不含税价为 50 000 元,增值税为 8 500 元;李某支取差旅费 4 500 元,采购结束,银行将余款转回,发生汇费 85 元。

汇出采购资金时:

借:其他货币资金——外埠存款	80 000	
财务费用	400	
贷:银行存款		80 400

企业收到采购员交来的发票账单时,若材料尚未验收入库,企业的原材料采用实际成本法核算,则:

借:在途物资	50 000	
应交税费——应交增值税(进项税额)	8 500	
其他应收款——李某	4 500	
贷:其他货币资金——外埠存款		63 000

收到银行转账通知余款已转回时:

借:银行存款	16 915	
财务费用	85	
贷:其他货币资金——外埠存款		17 000

复习思考题

1. 货币资金包括哪些内容?

2. 什么是库存现金? 现金管理的要求有哪些?

3. 银行存款日记账账面余额与银行对账单余额之间出现不一致的原因主要有哪些方面? 应如何进行处理?

4. 其他货币资金包括哪些内容?

第三章 应收款项

应收款项是指企业因出售商品或提供劳务等活动而取得的向其他企业或个人收取货币性资产、财产或者得到劳务补偿的权利。应收款项是企业结算过程中形成的流动资产，是在活跃市场中没有报价、回收金额固定或可确定的非衍生金融资产。其内容包括：因购销活动产生的债权，如应收账款、应收票据、预付账款等；由主要经营活动之外的事项产生的债权，如应收的各种赔款、罚款、存出保证金、应向职工收取的各种垫付款项、应收的股利或利息等。其中，应收票据与应收账款都是企业销售商品、产品或提供劳务而形成的债权，两者的区别在于，应收账款仅建立在商业信用的基础上，对应于委托收款、托收承付的结算方式，付款方并不出具付款的书面承诺；应收票据对应于商业汇票的结算方式，即在赊销业务发生时，债权人取得表明债务人在约定时间偿付约定金额的书面文件（即商业汇票），债权人持有商业汇票可在商业汇票到期前背书转让贴现。相对而言，应收票据比应收账款具有更强的流动性。预付账款是指预先支付货币性资产给对方，而要求在将来获得商品或劳务的权利。

第一节 应收账款

一、应收账款的初始确认和计量

（一）应收账款的初始确认

应收账款是由于销售商品、提供劳务而形成的债权，因此，应收账款的确认与收入的确认标准密切相关，应收账款一般应在收入实现时予以确认。关于收入的确认条件，见本书第十四章。

在采用委托收款和托收承付结算方式下，企业可于发出商品办妥托收手续时确认应收账款，同时确认收入的实现。

委托收款是收款人委托银行向付款人收取款项的结算方式。收款人办理委托收款，应向银行提交委托收款凭证和有关的证明。委托收款凭证必须记载以下事项：(1)表明“委托收款”的字样；(2)确定的金额；(3)收款人名称、账号及开户银行名称；(4)付款人名称、账号及开户银行名称；(5)委托收款凭据名称及附寄单证张数；(6)委托日期；(7)收款人签章等。

委托收款结算方式适用于同城和异地结算。采用这种结算方式，购销双方应具有相当程度的商业信用。银行接受收款人的委托后即代为收款，若付款方无款支付或拒付，银行不提供信用担保，不承担审查拒付的义务。

托收承付是指根据购销合同，由收款人发货后委托银行向异地付款人收取款项，由付款人向银行承认付款的结算方式。

托收承付凭证必须记载以下事项：(1)表明“托收承付”的字样；(2)确定的金额；(3)收款人名称、账号及开户银行名称；(4)付款人名称、账号及开户银行名称；(5)托收附寄单证张数，合同名称、号码；(6)委托日期；(7)收款人签章；等等。

托收承付结算方式适用于异地结算。采用托收承付结算方式，付款人可以采用验单付款和验货付款两种方式。验单付款是指付款人接到开户银行转来的承付通知及有关单证，经与合同核对相符后即承付货款。验单付款的承付期为 3 天(自付款人开户银行发出承付通知的次日算起)。验货付款是指付款单位除了收到开户银行转来的承付通知及有关单证外，商品已全部运到并验收入库后承付货款，付款期为 10 天。付款人必须在承付期内验明单证或货物，若与购销合同不符，应在承付期满之前向银行提出拒付，填写拒付理由书，经银行审查同意后，可以拒付；若承付期满，企业不向银行提出拒付，银行将在承付期满的次日划转款项。

(二)应收账款的初始计量

按照《企业会计准则第 22 号——金融工具确认和计量》的相关规定，企业初始确认应收账款时，应当按照公允价值计量。公允价值通常指交易价格(即所收到或支付对价的公允价值)，因此，应收账款通常应按从购货方应收的合同或协议价款作为初始入账价值，具体包括向购货单位或接受劳务的企业收取的款项以及代垫的运杂费。企业为了及时回笼资金，在销售时往往实行折扣政策，因此，在计算应收账款的入账金额时，还要考虑折扣因素。商业上通用的折扣办法，包括商业折扣和现金折扣两种。

1. 商业折扣

商业折扣是指企业为了适应市场供需情况，或针对不同顾客，从货物价目单上规定的价格中扣减的部分。商业折扣通常以百分比表示，如 5%、10%、15%等。企业采用商业折扣，一方面，可以使商品的价目表相对稳定，商品实际销售价格发生变动时，只需提高或降低商业折扣；另一方面，可将商业折扣作为一种促销手段，对于购买数量较大的顾客给予价格上的优惠，即“薄利多销”。商业折扣在商品交易时已经确定，因此，企业销售商品而产生的应收账款直接按扣除商业折扣后的实际成交价格加以确认。

例 1　A 公司赊销某种电视机，每台售价为 3 000 元。若批量为 50 台，即可享受 5%的折扣；批量为 51 台至 100 台时，可享受 10%的折扣；批量在 100 台以上时，可享受 15%的折扣。当顾客一次购买 60 台时，实际成交价格可计算如下：

价目表销售价格(60×3 000)	180 000 元
商业折扣(10%×60×3 000)	18 000 元
实际成交价格	162 000 元

本例中，该公司因赊销 60 台电视机产生的应收账款的入账价值应为 162 000 元。

2. 现金折扣

现金折扣是企业为了鼓励购货方在一定时期内早日付款而给予的一种优惠。现金折扣通常按以下方式表示：2/10、1/20、*n*/30(即 10 天内付款，给予对方 2%的现金折扣；11～20 天内付款，给予购货方 1%的现金折扣；21～30 天内付款，需付全额)。企业因采用现金折扣，实际可收到的应收账款数额将随着付款方付款时间的不同而有所变化。

例 2　企业赊销一笔货物，交易价格为 10 000 元，规定的现金折扣条件为 2/10、1/20、*n*/30。在不考虑增值税的情况下，若购货企业在 10 天内付款，扣除 2%的现金折扣后，销货企业实际收到 9 800元(10 000－10 000×2%)；若购货企业在 11～20 天内付款，扣除 1%的现金折扣，销货企业实际收到 9 900 元(10 000－10 000×1%)；若购货企业在 20 天以后付款，销货企业可以收到全额货款，即 10 000 元。

在存在现金折扣的情况下，应收账款入账价值的确定有以下两种方法：

(1)总价法。

总价法将购货方支付全款视为正常现象，因此，按扣除现金折扣前的交易价格作为应收账款的初始入账价值，而将给予购货方的现金折扣理解为因尽早回笼资金而付出的代价，将其视为一种理财费用。我国企业会计准则规定，在存在现金折扣的情况下，采用总价法确定应收账款的入账价值。

(2)净价法。

净价法将购货方取得现金折扣视为正常现象，因此，按扣除现金折扣后的交易价格作为应收账款的入账价值，而将购货方超过折扣期限而未获得的折扣视为提供信贷获得的收入，将其作为理财收益。

我国会计准则要求采用总价法核算应收账款的入账价值。

二、应收账款初始确认和收回的会计处理

企业应设置“应收账款”账户进行核算。该账户的借方登记应收账款的增加额，包括以下几项内容：(1)按收入确认原则确定收入已实现的赊销发生额及其销项增值税额；(2)企业代购货单位垫付的包装费、运杂费；(3)企业商业承兑汇票到期，未能收回的票款；(4)企业已确认并转销的坏账损失与收回的实际金额。该账户的贷方登记应收账款的减少额，包括以下几项内容：(1)收回的赊销额；(2)收回的代购货单位垫付的运杂费、包装费等；(3)企业应收账款改用商业汇票结算的金额。“应收账款”账户期末应为借方余额，反映企业尚未收回的应收账款。若企业将预收账款并入“应收账款”账户核算，“应收账款”账户可能会出现贷方余额，其贷方余额表示企业预收的账款。“应收账款”总账下应按购货单位的名称设置明细账。

1.企业发生的应收账款，在没有商业折扣的情况下，应按应收全部金额入账。

在企业赊销商品、产品成立时，按应收取的货款及销项增值税额，借记“应收账款”账户；按实现的销售收入，贷记“主营业务收入”账户；按应收取的增值税额，贷记“应交税费——应交增值税(销项税额)”账户。企业代垫的运杂费，借记“应收账款”账户，贷记“银行存款”或“库存现金”账户。收回赊欠的账款及增值税额、代垫运费时，借记“银行存款”账户，贷记“应收账款”账户。

例3 某企业向沪昌公司赊销一批产品，售价为200 000元，增值税税率为17%，代购货单位垫付运杂费1 000元，货款及增值税、垫付运费已一并向银行办妥托收手续。企业应编制会计分录如下：

借：应收账款	235 000	
贷：主营业务收入		200 000
应交税费——应交增值税(销项税额)		34 000
银行存款		1 000

接到银行通知，收到上述托收款项时，应编制会计分录如下：

借：银行存款	235 000	
贷：应收账款		235 000

2. 企业发生的应收账款，在有商业折扣的情况下，应按扣除商业折扣后的金额入账

例4 某企业赊销产品一批，按价目表标明的价格计算，金额为200 000元，由于购货单位购买的批量较大，因而决定给予10%的商业折扣。该产品适用的增值税税率为17%。销货企业应编制会计分录如下：

借：应收账款	210 600	
贷：主营业务收入(200 000－200 000×10%)		180 000
应交税费——应交增值税(销项税额)		30 600

收到上述货款时，应编制会计分录如下：

借：银行存款	210 600	
贷：应收账款		210 600

3.企业发生的应收账款，在有现金折扣的情况下，采用总价法进行核算

企业若采用总价法，在赊销业务发生时，应按未扣减现金折扣的销售额作为实际售价，以实际售价及其计算的增值税销项税额，借记“应收账款”账户；以实际售价，贷记“主营业务收入”账户；以

应收取的增值税销项税额，贷记“应交税费——应交增值税(销项税额)”账户。企业在收取款项时，应按实际收到的款项，借记“银行存款”账户；按发生的现金折扣，借记“财务费用”账户；按应收账款的账面价值，贷记“应收账款”账户。企业若采用净价法，发生赊销业务时，应将扣减最大现金折扣后的销售金额作为销售收入入账。企业应按扣减最大现金折扣后的销售额，贷记“主营业务收入”账户；按增值税专用发票所开列的销项增值税额，贷记“应交税费——应交增值税(销项税额)”账户；按扣减最大现金折扣后的销售额及销项增值税额，借记“应收账款”账户。企业在收到款项时，应按实际收取的款项，借记“银行存款”账户；按应收账款入账时的金额，贷记“应收账款”账户；购货方超过折扣期限付款而多收的款项，贷记“财务费用”账户。

例5 某企业赊销一批产品，销售金额为100 000元，适用的增值税税率为17%，现金折扣条件为2/10、1/20、*n*/30。假设现金折扣不考虑增值税。

若按总价法核算，应编制会计分录如下：

(1)赊销业务成立时：

借：应收账款	117 000	
贷：主营业务收入		100 000
应交税费——应交增值税(销项税额)		17 000

(2)若在10天内收款：

借：银行存款	115 000	
财务费用(100 000×2%)	2 000	
贷：应收账款		117 000

(3)若在11～20天内收到货款：

借：银行存款	116 000	
财务费用(100 000×1%)	1 000	
贷：应收账款		117 000

(4)若在20天以后收到货款：

借：银行存款	117 000	
贷：应收账款		117 000

若按净价法核算，应编制会计分录如下：

(1)赊销业务成立时：

借：应收账款	115 000	
贷：主营业务收入		98 000
应交税费——应交增值税(销项税额)		17 000

(2)若在10天内收款：

借：银行存款	115 000	
贷：应收账款		115 000

(3)若在11～20天内收到货款：

借：银行存款	116 000	
贷：应收账款		115 000
财务费用(100 000×1%)		1 000

(4)若在20天以后收到货款：

借：银行存款	117 000	
贷：应收账款		115 000
财务费用(100 000×2%)		2 000

三、应收账款的出售

应收账款的出售应当按照《企业会计准则第23号——金融资产转移》中对金融资产转移的相关规定进行处理。《企业会计准则第23号——金融资产转移》规定了金融资产终止确认的条件，即在符合以下两种情况时，企业应当终止确认该金融资产：(1)企业收取金融资产现金流量的合同权利终止的；(2)企业已将金融资产所有权上几乎所有的风险和报酬转移给转入方。

应收账款的出售通常分为不附追索权的出售和附追索权的出售。企业在出售应收账款的过程中如不附追索权，即企业将其按照销售商品、提供劳务的销售合同所产生的应收账款出售给银行等金融机构，根据企业、债务人及银行等金融机构之间的协议，在所售应收账款到期无法收回时，银行等金融机构不能够向出售应收账款的企业进行追偿。在这种情况下，符合金融资产的终止确认条件，企业应将所售应收账款予以转销，结转计提的相关坏账准备，确认按协议约定预计将发生的销售退回、销售折让、现金折扣等，确认出售损益(计入营业外收支)。企业在出售应收账款的过程中如附有追索权，即在有关应收账款到期无法从债务人处收回时，银行等金融机构有权向出售应收账款的企业追偿，或按照协议约定，企业有义务按照约定金额自银行等金融机构回购部分应收账款，应收账款的坏账风险由售出应收账款的企业负担。这种情况不符合金融资产的终止确认条件，企业应按照以应收账款为质押取得借款的核算原则进行会计处理；出售应收账款所得款项低于应收账款账面价值的部分，作为理财费用，计入财务费用。

例6　2×15年4月15日，甲公司销售一批商品给乙公司，开出的增值税专用发票上注明的销售价款为300 000元，增值税销项税额为51 000元，款项尚未收到。双方约定，乙公司应于2×15年10月31日付款。2×15年7月4日，经与中国银行协商后约定：甲公司将应收乙公司的货款出售给中国银行，价款为300 000元。

若为不附追索权的应收账款出售，则甲公司2×15年7月4日出售应收账款的会计处理如下：

借：银行存款	300 000	
营业外支出	51 000	
贷：应收账款		351 000

若为附追索权的应收账款出售，则甲公司2×15年7月4日出售应收账款的会计处理如下：

借：银行存款	300 000	
财务费用	51 000	
贷：短期借款		351 000

第二节　应收票据

一、应收票据核算的内容

应收票据是指企业因销售商品、产品或提供劳务而收到的经承兑人承兑的商业汇票。商业汇票是由出票人签发，由承兑人承兑，委托付款人于指定日期无条件支付确定的金额给收款人或者持票人的票据。

商业汇票的付款期限由交易双方商定，但最长不超过6个月。商业汇票的提示付款期限自汇票到期日起10日内。商业汇票一律记名，并允许背书转让。在银行开立账户的法人以及其他组织之间必须具有真实的交易关系或债权债务关系，均可使用商业汇票。商业汇票既适用于同城结算，也适用于异地结算。商业汇票必须记载以下事项：(1)表明“商业承兑汇票”或“银行承兑汇票”的字样；(2)无条件支付的委托；(3)确定的金额；(4)付款人名称；(5)收款人名称；(6)出票日期；(7)出票人签章等。

商业汇票因承兑人的不同，分为商业承兑汇票和银行承兑汇票。承兑是指承诺在汇票到期日无条件地支付汇票金额给票据持有人的票据行为。商业承兑汇票是由付款人承兑的票据。票据到期前，付款人应将票款足额交存其开户银行，在票据到期日将汇票金额支付给票据持有人；票据到期若付款人存款账户不足，无力支付票款，银行将商业承兑汇票退还给持票人。银行承兑汇票是由申请人提出申请，经付款人开户银行审查同意承兑的票据。票据到期时，若付款单位不能足额交存票款，由承兑银行先行垫付，承兑银行将该票款作为购货单位的逾期借款处理，并对付款人尚未支付的汇票金额按每天5‰计收利息。

商业汇票按是否带息，分为带息商业汇票和不带息商业汇票两种。带息商业汇票在票据到期时持票人不仅可以收到票面金额，还可以收到自票据出票日至票据到期的利息；不带息商业汇票在票据到期时，持票人只能收到票据的面值。

应收票据作为一种在未来能够收现的债权，应该按照票据未来现金流量的现值入账。但是，由于我国目前允许使用的商业汇票最长期限为6个月，为简化核算手续，应收票据一般按面值入账。对于存在减值迹象的应收票据，应计提坏账准备。

企业采用商业汇票结算方式进行款项的结算时，应设置“应收票据”账户核算，以反映应收票据的增减变动及变动结果。“应收票据”账户的借方登记企业收到的经承兑的商业汇票的面额；贷方登记企业到期收回的商业汇票的面额以及贴现的商业汇票的面额；余额在借方，反映企业期末尚未收回的商业汇票票面金额。在“应收票据”总账下，应按票据种类设置明细账。带息商业汇票按照权责发生制计提的票面利息不通过“应收票据”账户核算，记入“应收利息”账户。

为了加强对商业汇票的管理，企业应设置“应收票据补充登记簿”，逐笔登记每一应收票据的种类、号数和出票日期、票面金额、票面利率、交易合同号和付款人、承兑人、背书人的姓名及单位名称、到期日、背书转让日、贴现日期、贴现率和贴现净额，以及收款日期和收款金额、退票情况等。应收票据到期结清票款或退票后，应在补充登记簿中逐笔注销。

应收票据的核算内容包括应收票据取得的核算、应收票据利息的核算、应收票据到期收取票款的核算、票据贴现的核算以及票据转让的核算等。

二、应收票据的初始确认和计量

应收票据属于企业的一项金融资产，按照《企业会计准则第22号——金融工具确认和计量》的相关规定，初始确认时应按取得时的公允价值和相关交易费用之和作为初始确认金额。一般情况下，交易价格能够客观地反映交易双方自愿进行资产交易的金额，应收票据的面值反映了交易双方的交易金额，因此，会计实务中一般按应收票据的面值作为应收票据的初始入账金额。

企业取得商业汇票有两种情况：一是企业因销售商品产品或提供劳务而取得商业汇票，另外是企业收到商业汇票以抵偿应收账款。企业在取得经过承兑的商业汇票时，应按照商业汇票的票面额，借记“应收票据”账户。若企业因销售商品、提供劳务而取得商业汇票，应贷记“主营业务收入”、“应交税费——应交增值税(销项税额)”账户；若企业是以抵偿应收账款而收到商业汇票，应贷记“应收账款”账户。

例7 2×15年9月1日，甲企业采用商业承兑汇票结算方式销售一批产品给沪昌公司，价款1 000 000元，增值税税率为17%，销售收入已实现，企业收到沪昌公司承兑的商业汇票。

企业收到商业汇票时，应编制会计分录如下：

借：应收票据——商业承兑汇票	1 170 000	
贷：主营业务收入		1 000 000
应交税费——应交增值税(销项税额)		170 000

例8 若例7的企业在销售产品给沪昌公司时，先是采用普通的赊销方式，后改用商业汇票结算方式，则企业在收到经过承兑的商业汇票时，应编制会计分录如下：

借：应收票据——商业承兑汇票　　1 170 000

　　贷：应收账款——沪昌公司　　1 170 000

三、应收票据的后续计量

(一)应收票据利息的核算

商业汇票若带有利息，应在每期期末按应收票据的票面价值和确定的利率，按票据距开出日的时间计算利息，并借记"应收利息"账户，贷记"财务费用"账户。

例9 若例7的商业汇票为带息汇票，年利率为6%，6个月期，则月末应计提利息5 850元(1 170 000×6%/12)，2×15年9月末，企业应编制会计分录如下：

借：应收利息　　5 850

　　贷：财务费用　　5 850

(二)应收票据到期终止确认

企业商业汇票到期，若企业票据到期可以收到票款，则不带息的商业汇票，应按票面额，借记"银行存款"账户，贷记"应收票据"账户。带息的商业汇票，应按实际收到的金额，借记"银行存款"账户；按应收票据的票面金额，贷记"应收票据"账户；按已计提的利息，贷记"应收利息"账户；按借贷方差额，贷记"财务费用"账户。

若企业采用银行承兑汇票，票据到期时，企业一定可以收到票款；若企业采用商业承兑汇票，票据到期时，付款方无力支付票款，此时，企业应借记"应收账款"账户，贷记"应收票据"、"应收利息"账户。

例10 若例7中的商业承兑汇票为不带息票据，票据到期，企业收到票款时，可编制会计分录如下：

借：银行存款　　1 170 000

　　贷：应收票据——商业承兑汇票　　1 170 000

例11 若例9中的商业承兑汇票于2×16年3月1日到期，企业收到票款时，可编制会计分录如下：

借：银行存款　　1 205 100

　　贷：应收票据——商业承兑汇票　　1 170 000

　　　　应收利息(5 850×6)　　35 100

例12 若例9中的商业承兑汇票到期时，付款方无力支付票款，企业可编制会计分录如下：

借：应收账款　　1 205 100

　　贷：应收票据——商业承兑汇票　　1 170 000

　　　　应收利息　　35 100

四、应收票据贴现的核算

企业持有商业汇票，若在商业汇票到期之前急需资金，可将未到期的商业汇票背书后向其开户银行申请贴现。所谓应收票据贴现，是指汇票持有者将未到期的商业汇票交给银行，银行扣除自贴现日起至票据到期日止的贴现息后，将余额付给申请贴现企业的一种票据转让行为。所谓应收票据背书，是指持票人在票据转让时，在票据背面签字盖章的行为，签字人即为背书人，背书人对票据的到期付款负有法律责任。票据贴现可以采用附追索权和不附追索权两种方式。

应收票据进行贴现时，企业支付给银行的利息称为贴现息，采用的利率称为贴现率，企业收到银行实际支付的款项称为贴现所得。企业持未到期的带息票据的贴现所得可能大于面值，也可能小于面值，主要取决于贴现率的大小和贴现期的长短。应收票据贴现所得的计算可采用以下公式：

票据到期值＝票据面值＋票据利息

票据贴现期＝票据期限－持票期限

贴现息＝票据到期值×贴现率×贴现期

贴现所得额＝票据到期值－贴现息

(一)不附追索权的应收票据贴现

不附追索权是指当票据到期时，付款人如果付不出款项，贴现企业不承担连带责任。所以，票据贴现以后，应收票据就不存在了。将不附追索权的票据贴现，企业在转让应收票据所有权的同时，将应收票据的风险和未来经济利益全部转嫁给银行，企业对票据到期无法收回的票款不承担连带责任。因此，企业将不附追索权的应收票据贴现，满足《企业会计准则第 23 号——金融资产转移》规定的金融资产终止确认的条件，应冲销应收票据的账户余额。

在不附追索权的情况下，若根据计算，企业持有带息票据的贴现所得额大于票据的面值和已计提利息的，贴现时企业应按实际收到的金额，借记“银行存款”账户；按票据的面值，贷记“应收票据”账户；按票据已计提的利息，贷记“应收利息“账户；按借贷方差额，贷记“财务费用”账户。若根据计算，贴现所得额小于票据的面值和已计提利息的，应按其差额，借记“财务费用”账户。已贴现的不附追索权的商业汇票到期，因贴现企业不承担连带偿付责任，不做任何会计处理。

1.不带息票据的贴现

例 13　甲公司因与海昌公司进行商品交易，从海昌公司取得出票日为 3 月 10 日、到期日为 6 月 8 日、面值为 10 000 元的不带息商业承兑汇票一张。现甲公司因急需资金，于 5 月 9 日持该商业汇票向银行贴现，银行的贴现率为 12%。根据以上资料，可计算应收票据贴现所得：

票据到期值＝10 000(元)

贴现息＝10 000×12%×30/360＝100(元)

贴现所得额＝10 000－100＝9 900(元)

若该票据贴现不附追索权：

5 月 9 日，甲公司取得贴现款时，应编制会计分录如下：

借：银行存款	9 900	
财务费用	100	
贷：应收票据——商业承兑汇票		10 000

6 月 8 日，票据到期，由于该票据是不附追索权的票据，甲公司不承担付款的连带责任，无论海昌公司是否如期向银行支付款项，甲公司都不做账务处理。

2.带息票据的贴现

例 14　甲公司因与海昌公司进行商品交易，从海昌公司取得出票日为 3 月 10 日、到期日为 6 月 8 日、年利率为 6%、面值为 10 000 元的商业承兑汇票一张。现因甲公司急需资金，于 5 月 9 日持该商业汇票向银行贴现，银行的贴现率为 12%。根据以上资料，可计算应收票据贴现所得：

票据到期值＝10 000＋10 000×6%×90/360＝10 150(元)

贴现息＝10 150×12%×30/360＝101.5(元)

贴现所得额＝10 150－101.5＝10 048.5(元)

若该票据贴现不附追索权：

5 月 9 日，甲公司已对该票据计提两个月的利息 100 元(10 000×6%×60/360)，取得贴现款时，应编制会计分录如下：

借:银行存款　　10 048.5
　财务费用　　51.5
　　贷:应收票据——商业承兑汇票　　10 000
　　　应收利息(前两个月累计已计提利息)　　100

6月8日,票据到期,由于该票据是不附追索权的票据,甲公司不承担付款的连带责任,无论海昌公司是否如期向银行支付款项,甲公司都不做账务处理。

(二)附追索权的应收票据贴现

附追索权方式是指当票据到期时,如果遭到付款人的拒付或无力支付时,银行可以根据法律向背书人(贴现企业)追索。附追索权的票据贴现时,企业并未转嫁票据到期不能收回票据款的风险,贴现企业因背书在法律上负连带偿还责任,这种责任直至贴现的票据到期由贴现银行收到票据款后方可解除。因此,将附追索权的应收票据贴现后,不符合《企业会计准则第23号——金融资产转移》规定的金融资产终止确认的条件,不应冲销应收票据的账户金额。将附追索权的商业汇票贴现,贴现申请人应视为以应收票据为质押取得借款。

在附追索权情况下,贴现时企业应按实际收到的金额,借记"银行存款"账户;按票据的到期值,贷记"短期借款"账户;按借贷方差额,借记"财务费用"账户。已贴现的附追索权的商业汇票到期,若承兑人按期付款,则按票据到期值,借记"短期借款"账户;按面值,贷记"应收票据"账户;按已计提票据利息,贷记"应收利息"账户;按未计提票据利息,贷记"财务费用"账户。若承兑人未按期付款,贴现企业有义务将有关款项按票据的面值支付给银行,按票据到期值,借记"短期借款"账户,贷记"银行存款"账户;同时,将应收票据到期值转为应收账款,借记"应收账款"账户;按应收票据面值,贷记"应收票据"账户;按已计提票据利息,贷记"应收利息"账户;按未计提票据利息,贷记"财务费用"账户。

1.不带息票据的贴现

例15　若例13中的票据贴现附追索权,5月9日,甲公司取得贴现款时,应编制会计分录如下:

借:银行存款　　9 900
　财务费用　　100
　　贷:短期借款　　10 000

6月8日,票据到期时,

若海昌公司如期向银行支付款项,甲公司应编制会计分录如下:

借:短期借款　　10 000
　　贷:应收票据　　10 000

若海昌公司未能如期向银行支付款项,因该票据贴现附追索权,甲公司需要承担付款的连带责任,银行向申请贴现的甲公司收回到期票款时,甲公司应编制会计分录如下:

借:短期借款　　10 000
　　贷:银行存款　　10 000

同时,甲公司应将该款项转作向出票单位海昌公司收回的款项,编制会计分录如下:

借:应收账款——海昌公司　　10 000
　　贷:应收票据　　10 000

2.带息票据的贴现

例16　若例14中的票据贴现附追索权,5月9日,甲公司取得贴现款时,应编制会计分录如下:

借:银行存款　　10 048.5
　财务费用　　101.5
　　贷:短期借款(票据到期值)　　10 150

6月8日，票据到期。甲公司已对该票据计提两个月的利息100元(10 000×6%×60/360)，最后一个月的利息尚未计提。

若海昌公司如期向银行支付款项，甲公司应编制会计分录如下：

借：短期借款　　10 150
　贷：应收票据　　10 000
　　应收利息(前两个月累计已计提利息)　　100
　　财务费用(最后一个月未计提的利息)　　50

若海昌公司未能如期向银行支付款项，因该票据贴现附追索权，甲公司需承担付款的连带责任，银行向申请贴现的甲公司收回到期票款，甲公司应编制会计分录如下：

借：短期借款　　10 150
　贷：银行存款　　10 150

同时，甲公司应将该款项转作向出票单位海昌公司收回的款项，编制会计分录如下：

借：应收账款——海昌公司　　10 150
　贷：应收票据　　10 000
　　应收利息(前两个月累计已计提利息)　　100
　　财务费用(最后一个月未计提的利息)　　50

五、应收票据背书转让的核算

企业可将持有的票据背书转让，以取得所需的货物。企业将持有的商业汇票背书转让时，应按取得货物的成本，借记“原材料”、“库存商品”、“在途物资”等账户；按增值税专用发票上注明的增值税额，借记“应交税费——应交增值税(进项税额)”账户；按商业汇票的票面金额，贷记“应收票据”账户；背书的票据金额和应付款项之间如有差额，用银行存款等补差，可借记或贷记“银行存款”等账户。

例17　4月9日，A企业将例13中从海昌公司取得的不带息商业汇票背书转让，以获取某材料。该材料不含税价为10 000元，增值税为1 700元。就差额部分，A企业开出转账支票付讫。原材料已经到达A企业。A企业应编制会计分录如下：

借：原材料　　10 000
　应交税费——应交增值税(进项税额)　　1 700
　贷：应收票据——海昌公司　　10 000
　　银行存款　　1 700

第三节　预付账款

预付账款是企业按照购货合同的规定预付给供应单位的款项。预付账款与应收账款既有相同点，又有不同点。预付账款与应收账款都属企业的短期债权。应收账款是因销售货物而产生的债权；预付账款是因购货而产生的债权，是预付给购货方的款项，要求在将来获得货物。

预付账款的核算可设置“预付账款”账户核算，在预付账款情况不多的企业，也可以不设“预付账款”账户，而通过“应付账款”账户的贷方反映。

一、设置“预付账款”账户核算

预付账款的核算可设置“预付账款”账户进行，该账户的借方登记预付给供应单位的货款及补付的货款，贷方登记收到货物时应付的货物成本、增值税额及退回的多付款项。该账户期末若为借方余额，表示企业实际预付的款项；若为贷方余额，表示企业尚未补付的款项。预付款项应按供应单位分别设置明细账，进行明细核算。

企业按照合同规定预付款项时，应按实际预付金额，借记"预付账款"账户，贷记"银行存款"账户。企业收到供应单位的货物时，应按发票账单等标明的应计入货物成本的金额，借记"原材料"、"库存商品"等账户；按专用发票注明的增值税额，借记"应交税费——应交增值税（进项税额）"账户；按应付的金额，贷记"预付账款"账户。企业补付货款时，应借记"预付账款"账户，贷记"银行存款"账户；退回多付的款项时，借记"银行存款"账户，贷记"预付账款"账户。

例18 2×15年3月1日，A企业按合同规定开出转账支票一张，预付给甲公司购买商品款50 000元。A企业应编制会计分录如下：

借：预付账款——甲公司	50 000	
贷：银行存款		50 000

2×15年4月5日，甲公司发来商品，价款50 000元，增值税税率为17%。A企业收到商品并验收入库时，应编制会计分录如下：

借：原材料（或库存商品）	50 000	
应交税费——应交增值税（进项税额）	8 500	
贷：预付账款——甲公司		58 500

2×15年4月20日，A企业补付剩余款项8 500元，应编制会计分录如下：

借：预付账款——甲公司	8 500	
贷：银行存款		8 500

若2×15年4月5日，甲公司发来的商品价款为40 000元，增值税税率为17%。A企业收到商品并验收入库时，应编制会计分录如下：

借：原材料（或库存商品）	40 000	
应交税费——应交增值税（进项税额）	6 800	
贷：预付账款——甲公司		46 800

若2×15年4月20日，A企业收到甲公司退回的款项3 200元，应编制会计分录如下：

借：银行存款	3 200	
贷：预付账款——甲公司		3 200

二、通过"应付账款"账户核算

预付账款情况不多的企业，可以不设"预付账款"账户，只需将预付的款项直接记入"应付账款"账户即可。

2×15年3月1日，A企业按合同规定开出转账支票一张，预付给甲公司购买商品款50 000元。A企业应编制会计分录如下：

借：应付账款——甲公司	50 000	
贷：银行存款		50 000

2×15年4月5日，甲公司发来商品，价款为50 000元，增值税税率为17%。A企业收到商品并验收入库时，应编制会计分录如下：

借：原材料（或库存商品）	50 000	
应交税费——应交增值税（进项税额）	8 500	
贷：应付账款——甲公司		58 500

2×15年4月20日，A企业补付剩余款项8 500元，应编制会计分录如下：

借:应付账款——甲公司 8 500

贷:银行存款 8 500

第四节 其他应收款

其他应收款是企业除应收账款、应收票据、预付账款、应收股利、应收利息、长期应收款等以外的其他应收及暂付款项,包括应向职工收取的各种垫付款项、应收的各种赔款、罚款、备用金、存出保证金和包装物租金等。

企业应设置"其他应收款"账户,核算各种其他应收款的发生及结算情况。该账户的借方登记企业发生的各种其他应收款;贷方登记收回或转销的其他应收款;期末余额在借方,表示企业尚未收回的其他应收款。在"其他应收款"总账下,可按对方单位或个人设置明细账。

企业发生各种其他应收、暂付款项时,应按实际发生额借记"其他应收款"账户,贷记"银行存款"等账户;企业收回或转销其他应收款时,应按实际收回或转销的数额,借记"库存现金"、"银行存款"等账户,贷记"其他应收款"账户。

例 19 某企业采用定额备用金制度核定某办公室定额备用金 2 000 元,企业财务部开出现金支票一张,金额为 2 000 元。企业应编制会计分录如下:

借:其他应收款——定额备用金——办公室 2 000

贷:银行存款 2 000

办公室持发票单据向财务部门报销日常办公用品费 1 500 元,财务部门以现金补足定额。企业应编制会计分录如下:

借:管理费用 1 500

贷:库存现金 1 500

办公室取消定额备用金,应将备用金退还财务部门。企业应编制会计分录如下:

借:库存现金 500

贷:其他应收款——定额备用金——办公室 500

若企业不采用定额备用金制度,则办公室因购买日常办公用品向企业财务部门预支款项时,应编制会计分录如下:

借:其他应收款——备用金——办公室 2 000

贷:银行存款 2 000

办公室持发票单据向财务部门报销并交还当日多余金额时,应编制会计分录如下:

借:管理费用 1 500

库存现金 500

贷:其他应收款——备用金——办公室 2 000

例 20 2×15 年 3 月 1 日,B 企业向 A 企业租入包装物,支付包装物押金 600 元。2×15 年 4 月 3 日,A 企业收回出租的包装物,并向 B 企业退还包装物押金 600 元。

2×15 年 3 月 1 日,B 企业支付包装物押金时,应编制会计分录如下:

借:其他应收款——存出保证金 600

贷:库存现金 600

2×15 年 4 月 3 日,B 企业收到退还的包装物押金时,应编制会计分录如下:

借:库存现金 600

贷:其他应收款——存出保证金 600

第五节 应收款项减值

一、应收款项减值损失的确认

企业应当在资产负债表日对应收款项的账面价值进行检查，有客观证据表明应收款项发生减值的，应当确认减值损失，计提减值准备。

表明应收款项发生减值的客观证据，是指应收款项初始确认后实际发生的、对应收款项的预计未来现金流量有影响，且企业能够对该影响进行可靠计量的事项。应收款项发生减值的客观证据，包括下列各项：

(1)发行方或债务人发生严重财务困难；

(2)债务人违反了合同条款，如偿付利息或本金发生违约或逾期等；

(3)债权人出于经济或法律等方面因素的考虑，对发生财务困难的债务人作出让步；

(4)债务人很可能倒闭或进行其他财务重组；

(5)无法辨认一组应收款项中的某项应收款项的现金流量是否已经减少，但根据公开的数据对其进行总体评价后发现，该组应收款项自初始确认以来的预计未来现金流量确已减少且可计量，如债务人的支付能力逐步恶化，或者债务人所在国家或地区失业率提高、担保物在其所在地区的价格明显下降、所处行业不景气等；

(6)其他表明应收款项发生减值的客观证据。

企业在根据以上客观证据判断应收款项是否发生减值损失时，应注意以下几点：

(1)这些客观证据相关的事项必须影响应收款项的预计未来现金流量，并且能够可靠地计量。对于预期未来事项可能导致的损失，无论其发生的可能性有多大，均不能作为减值损失予以确认。

(2)企业通常难以找到某项单独的证据来认定应收款项是否已发生减值，因而应综合考虑相关证据的总体影响进行判断。

(3)债务方信用等级下降本身不足以说明企业所持的应收款项资产发生了减值。但是，如果企业将债务人的信用等级下降因素与可获得的其他客观的减值依据联系起来，往往能够对应收款项是否已发生减值作出判断。

二、应收款项减值损失的计量

应收款项发生减值时，应当将其账面价值与预计未来现金流量现值之间的差额，确认为减值损失，计入当期损益。短期应收款项的预计未来现金流量与其现值相差很小的，在确定相关减值损失时，可不对其预计未来现金流量进行折现。

对于存在大量性质类似的应收款项的企业，在考虑应收款项减值测试时，应当先将单项金额重大的应收款项区分开来，单独进行减值测试。如有客观证据表明其已发生减值，应当确认减值损失，计入当期损益。对单项金额不重大的应收款项，可以单独进行减值测试，或包括在具有类似信用风险特征的应收款项组合中进行减值测试。在实务中，企业可以根据具体情况确定单项金额重大的标准。该项标准一经确定，应当一致运用，不得随意变更。

单独测试未发生减值的应收款项(包括单项金额重大和不重大的应收款项)，应当包括在具有类似信用风险特征的应收款项组合中再进行减值测试。已单项确认减值损失的应收款项，不应包括在具有类似信用风险特征的应收款项组合中进行减值测试。已包括在某应收款项组合中的某项特定应收款项，一旦有客观证据表明其发生了减值，就应当将其从该组合中分出来，单独确认减值损失。

企业对应收款项采用组合方式进行减值测试时，应当注意以下几个方面：

1.应当将具有类似信用风险特征的应收款项组合在一起。例如，可按应收款项类型、行业分布、区域分布、担保物类型、逾期状态等进行组合。这些类似信用风险特征与这些应收款项组合的未来现金流量估计有关，因为他们可以表明债务人按相关资产的合同条款偿付所有到期金额的能力。

2.在对某应收款项组合的未来现金流量进行预计时，应当以与其具有类似风险特征组合的历史损失率为基础。如果企业缺乏这方面的数据或经验不足，应当尽量采用具有可比性的其他资产组合的经验数据，并做必要调整。企业应当对预计应收款项组合未来现金流量的方法和假设进行定期检查，以最大限度地消除损失预计数和实际发生数之间的差异。

三、应收款项减值损失的转回

对应收款项确认减值损失后，如有客观证据表明该资产价值已恢复，且客观上与确认该损失后发生的事项有关（如债务人的信用评级已提高等），原确认的减值损失应当予以转回，计入当期损益。但是，该转回后的账面价值不应当超过假定不计提减值准备情况下该资产在转回日的账面价值。

四、应收款项减值的会计处理

我国现行会计实务中，企业按备抵法核算应收款项的减值，确认相应的减值损失。备抵法是预先估计可能发生的减值，计入资产减值损失，形成坏账准备，当某一应收款项确认为坏账时，冲销坏账准备，同时转销相应应收款项的核算方法。

采用备抵法核算应收款项减值损失，应设置“坏账准备”账户和“资产减值损失”账户。“坏账准备”账户属于应收款项的备抵账户，贷方反映坏账准备的计提数，借方反映坏账准备的转销数；期末贷方余额反映企业已提取但尚未转销的坏账准备。在“坏账准备”总账下，应按应收款项的类别设置明细账。“资产减值损失”账户属于损益类账户，借方反映企业应收款项、存货、长期股权投资、持有至到期投资、固定资产等资产当期实际发生的减值损失，贷方反映当期应转回的资产减值损失，期末应将该账户余额转入“本年利润”账户，结转后该账户无余额。企业的应收款项发生减值的，按应减记的金额，借记“资产减值损失”账户，贷记“坏账准备”账户；应收款项的价值又得以恢复时，应在原已计提的减值准备金额内，按恢复增加的金额，借记“坏账准备”账户，贷记“资产减值损失”账户。

采用备抵法应按期估计减值损失，计提坏账准备。具体来说，估计减值损失金额的方法有应收款项余额百分比法、账龄分析法和销货百分比法。

（一）应收款项余额百分比法

采用应收款项余额百分比法计提坏账准备，首先用应收款项期末余额乘以估计坏账率（或计提比例），确定应收账款的减值金额，即期末“坏账准备”账户应有的贷方余额。然后，结合前期已经计提（或提取不足）的坏账准备金额进行调整，从而确定本期应计提的坏账准备金额。其计算公式为：

本期应计提的坏账准备金额＝应收账款×估计坏账率－（或＋）计提前“坏账准备”账户的贷方（或借方）余额

计提前坏账准备的账面余额小于期末应有的坏账准备余额的，应按其差额提取坏账准备；计提前坏账准备的账面余额大于期末应有的坏账准备余额的，应按其差额冲回坏账准备。

例21 甲公司2×13年开业，该公司除应收账款外没有别的应收款项，应收账款中也没有单项重大的应收款，采用应收账款余额百分比法核算应收账款的减值损失。2×13年年末应收账款的余额为120万元，基于历史经验估计坏账率为0.5%，计提坏账准备。

(1)2×13年年末计提坏账准备。

由于甲公司2×13年是第一年计提坏账准备，计提前“坏账准备”账户的余额为零，所以，期末坏账准备应有金额等于本期计提数。

本期应计提的坏账准备=1 200 000×0.5%−0=6 000(元)

借：资产减值损失　　6 000

　　贷：坏账准备　　6 000

(2)2×14年6月，甲公司实际发生减值损失7 500元，其中A公司5 000元，B公司2 500元。应编制会计分录如下：

借：坏账准备　　7 500

　　贷：应收账款——A公司　　5 000

　　　　　　　　——B公司　　2 500

(3)2×14年年末，应收账款余额为200万元，估计坏账率为0.5%，计提坏账准备。

由于计提前坏账准备的余额为借方余额1 500元(7 500−6 000)，因此，本期应计提的坏账准备金额=2 000 000×0.5%−(−1 500)=11 500(元)。应编制会计分录如下：

借：资产减值损失　　11 500

　　贷：坏账准备　　11 500

(4)2×15年2月，上年已冲销的A公司应收账款5 000元又收回。应编制会计分录如下：

借：应收账款——A公司　　5 000

　　贷：坏账准备　　5 000

借：银行存款　　5 000

　　贷：应收账款——A公司　　5 000

(5)2×15年年末，应收账款余额为160万元，估计坏账率为0.5%，计提坏账准备。

计提前“坏账准备”账户已有贷方余额15 000元(2 000 000×0.5%+5 000)，因此，本期应计提的坏账准备金额=1 600 000×0.5%−15 000=−7 000(元)，即本期应冲回坏账准备7 000元。应编制会计分录如下：

借：坏账准备　　7 000

　　贷：资产减值损失　　7 000

(二)账龄分析法

账龄分析法是指根据应收款项账龄的长短，结合以往的经验确定减值损失百分比，并据以估计应收款项减值金额的方法。其中，账龄是指客户所欠账款的时间。一般来说，账龄越长，账款不能收回的可能性就越大，因此，企业可以按应收款项的账龄估计坏账。采用账龄分析法，应将企业的应收款项按账龄分类排列，加以分析，并在此基础上，估计应收账款的减值金额。各期期末应将“坏账准备”账户已有余额与估计的应收账款减值金额进行比较，并调整“坏账准备”账户余额，使之与估计减值数额一致，其核算原理与余额百分比法相同，两者的区别仅在于估计坏账的方法有所不同。

例22　2×15年12月31日，甲公司除应收账款外没有别的应收款项，应收账款中也没有单项重大的应收款，应收账款账龄及估计损失见表3−1。如表3−1所示，甲公司2×15年12月31日估计减值金额为10 500元。甲公司应根据“坏账准备”账户的贷方余额情况，对“坏账准备”账户进行相应调整处理。

表3−1　　**应收账款账龄分析表**

应收账款账龄	应收账款金额(元)	估计减值损失率(0.5%)	估计减值金额(元)
未到期	400 000	0.5	2 000
过期1个月	180 000	1	1 800

续表

应收账款账龄	应收账款金额(元)	估计减值损失率(0.5%)	估计减值金额(元)
过期2个月	130 000	2	2 600
过期3个月	70 000	3	2 100
过期3个月以上	40 000	5	2 000
合 计	820 000		10 500

如果甲公司2×15年12月31日为首次计提坏账准备,会计处理如下:

借:资产减值损失 10 500

贷:坏账准备 10 500

如果甲公司2×15年12月31日调整前"坏账准备"账户的账面余额为借方余额1 600元,则2×15年12月31日计提坏账准备金额为12 300元(10 500+1600),才能使年末"坏账准备"账户的贷方余额为10 500元。会计处理如下:

借:资产减值损失 12 300

贷:坏账准备 12 300

如果甲公司2×15年12月31日调整前"坏账准备"账户的账面余额为贷方余额500元,则2×15年12月31日需计提坏账准备金额为10 000元(10 500-500)。会计处理如下:

借:资产减值损失 10 000

贷:坏账准备 10 000

(三)赊销百分比法

赊销百分比法是指根据某一会计期间赊销金额的一定百分比估计赊销产生的应收款项减值损失的方法,因此,赊销百分比法只适用于应收账款和应收票据两种应收款项。各期之所以按当期赊销金额的一定比例估计赊销产生的应收款项的减值损失,是因为赊销产生的应收款项的减值只与赊销有关,而与现销无关。赊销业务越多,赊销金额越大,发生坏账的可能性也就越大。百分比一般根据历史经验确定。

赊销产生的应收款项本期估计的减值损失=本期赊销额×估计坏账百分比

在采用赊销百分比法的情况下,估计减值损失百分比可能由于企业生产经营情况的不断变化而不相适应,因此,需要经常检查百分比是否足以反映企业减值损失的实际情况。如果发现过高或过低的情况,应及时调整百分比。

赊销百分比法与应收账款余额百分比法、账龄分析法的区别在于:赊销百分比法着眼于利润表的准确性,强调收入与费用的正确配比;而应收账款余额百分比法和账龄分析法着眼于资产负债表的准确性,强调在资产负债表上能反映应收账款的可实现净值。赊销百分比法在计算当期减值损失的时候,不需要考虑"坏账准备"账户已有的余额;而应收账款余额百分比法和账龄分析法计算当期减值损失的时候,需要考虑"坏账准备"账户已有的余额。

例23 甲公司2×14年开业,该公司除应收账款外没有别的应收款项,应收账款中也没有单项重大的应收款,采用赊销百分比法核算应收账款的减值损失。2×14年赊销金额为100万元,估计坏账率为赊销金额的0.5%。

2×14年12月31日,会计处理如下:

借:资产减值损失(1 000 000×0.5%) 5 000

贷:坏账准备 5 000

2×15年,赊销金额为250万元,坏账率不变。2×15年12月31日,会计处理如下:

借:资产减值损失(2 500 000×0.5%) 12 500

贷:坏账准备 12 500

(四)个别认定法

个别认定法是根据每一项应收款项的情况来估计坏账损失的方法。

以上会计处理是对应收款项减值常见会计处理方法的示例,未按重要性原则将应收款项区分单项金额重大与非重大分别进行减值测试。对于单项金额重大的应收款项,如果其可收回性与其他各项应收款项存在明显的差别(例如,债务单位财务状况特殊),导致该项应收账款如按其他应收款项同样的方法计提坏账准备,将无法真实地反映其可收回金额,企业可按照重要性的会计原则,在采用余额百分比法、账龄分析法等方法的同时,根据该项应收账款的实际可收回情况,采用个别认定法计提坏账准备。在同一会计期间采用个别认定法的应收账款应从用其他方法计提坏账准备的应收账款中剔除。现就对应收款项减值的个别认定法举例如下:

例 24 甲公司 2×14 年开业,该公司除应收账款外没有别的应收款项。2×14 年 12 月 31 日,甲公司"应收账款"账户的余额为 35 万元,其中应收乙公司的账款为 10 万元,由于金额重大,单独进行减值测试,计算确定减值金额为4 000元;其余单项金额不重大的应收账款具有类似的信用风险特征,加以组合进行减值测试,该组合用应收账款余额百分比法核算减值损失,估计坏账率为 3%。

借:资产减值损失 4 000

贷:坏账准备——应收乙公司账款 4 000

借:资产减值损失(250 000×3%) 7 500

贷:坏账准备——其他应收账款 7 500

2×15 年 12 月 31 日"应收账款"账户的余额为 44 万元,其中应收乙公司款项 10 万元已经逾期 6 个月,其原因是乙公司财务发生困难,资金周转不灵,未能及时付款。假定预计 1 年后可以收回本金,现行贴现率为 6%。其他单项金额不重大的应收账款具有类似信用风险特征,加以组合进行减值测试,该组合用应收账款余额百分比法核算减值损失的估计坏账率调整为 2%,且 2×15 年年底前未发生坏账准备的其他相关业务。

2×15 年 12 月 31 日,首先,进行应收乙公司的账款减值计量:应收乙公司的账款账面价值为 96 000元(100 000−4 000),应收乙公司的账款预计未来现金流量现值为 94 300 元(100 000×0.943),应收乙公司的账款应减记金额为 1 700 元(96 000−94 300)。

借:资产减值损失 1 700

贷:坏账准备——应收乙公司账款 1 700

其次,进行其他应收账款减值计量:假设考虑到已经对单项金额重大的应收款项减值进行了测试,2×15 年将其他应收债权的坏账准备提取比例调整为 2%,2×15 年其他应收债权应计提坏账准备 6 800 元(340 000×2%),2×15 年应冲回坏账准备 700 元(6 800−7 500)。账务处理如下:

借:坏账准备——其他应收账款 700

贷:资产减值损失 700

复习思考题

1. 应收账款和应收票据有何不同?
2. 应收账款减值损失应如何核算?
3. 预付账款与应收账款和应收票据有何区别?
4. 应收票据贴现有哪几种情况?应分别如何处理?
5. 应收款项包括哪几项内容?

第四章 存 货

第一节 存货概述

一、存货的定义

存货是指企业在正常生产经营过程中持有以备出售的产成品或商品、处在生产过程中的在产品、在生产过程或提供劳务过程中耗用的材料和物料等。

存货区别于固定资产等非流动资产的最基本的特征是,企业持有存货的最终目的是为了出售,不论是可供直接出售,如企业的产成品、商品等;还是需要经过进一步加工后才能出售,如原材料等。

存货按经济内容可分为以下类别:

1. 原材料,指企业在生产过程中经加工改变其形态或性质并构成产品主要实体的各种原料及主要材料、辅助材料、外购半成品(外购件)、修理用备件(备品备件)、包装材料、燃料等。为建造固定资产等各项工程而储备的各种材料,虽然同属于材料,但是,由于用于建造固定资产等各项工程,不符合存货的定义,因此,不能作为企业存货进行核算。

2. 在产品,指企业正在制造尚未完工的产品,包括正在各个生产工序加工的产品,以及已加工完毕但尚未检验或已检验但尚未办理入库手续的产品。

3. 半成品,指经过一定生产过程并已检验合格交付半成品仓库保管,但尚未制造完工成为产成品,仍需进一步加工的中间产品。

4. 产成品,指工业企业已经完成全部生产过程并验收入库,可以按照合同规定的条件送交订货单位,或者可以作为商品对外销售的产品。企业接受外来原材料加工制造的代制品和为外单位加工修理的代修品,制造和修理完成验收入库后,应视同企业的产成品。

5. 商品,指商品流通企业外购或委托加工完成验收入库用于销售的各种商品。

6. 周转材料,指企业能够多次使用、逐渐转移其价值但仍保持原有形态,但不确认为固定资产的材料,如包装物和低值易耗品。其中,包装物是指为了包装本企业商品而储备的各种包装容器,如桶、箱、瓶、坛、袋等,其主要作用是盛装、装潢产品或商品。低值易耗品是指不符合固定资产确认条件的各种用具物品,如工具、管理用具、玻璃器皿、劳动保护用品,以及在经营过程中周转使用的容器等。

二、存货的初始确认条件

存货只有同时满足下列两个条件的,才能予以确认:

1. 与该存货有关的经济利益很可能流入企业

存货作为企业一项重要的资产,对其进行确认,关键是要判断是否能给企业带来与存货有关的经济利益的流入。通常,拥有存货的所有权是与该存货有关的经济利益很可能流入本企业的一个重要标志。一般来说,在盘存日期,法定所有权属于企业的一切物品,不管其存放于何处或处于何种状态，都应作为企业的存货；已经售出但未离开企业的库存商品、接受其他单位委托代销的商品、接受其他单位委托加工的商品等，均不属于本企业的存货。

2.该存货的成本能够可靠计量

存货作为企业资产的组成部分，要予以确认，也必须能对其成本进行可靠的计量。存货成本能够可靠的计量，必须以确凿的证据为依据，并且具有可验证性。如果存货成本不能可靠地计量，则不能确认为一项存货。如企业承诺的订货合同，由于并未实际发生，不能可靠确定其成本，因此就不能确认为购买企业的存货。

三、存货的初始计量

企业取得存货应当按照成本进行计量。存货成本包括采购成本、加工成本和其他成本三个组成部分。

（一）外购存货的成本

企业外购的存货主要包括原材料和商品。外购存货的成本即存货的采购成本，指企业物资从采购到入库前所发生的全部支出，包括购买价款、相关税费、运输费、装卸费、保险费以及其他可归属于存货采购成本的费用。

商品流通企业在采购商品过程中发生的运输费、装卸费、保险费以及其他可归属于存货采购成本的费用等进货费用，应计入所购商品成本。在实务中，企业也可以将发生的运输费、装卸费、保险费以及其他可归属于存货采购成本的费用等进货费用先进行归集，期末，按照所购商品的存销情况进行分摊。对于已销售商品的进货费用，计入主营业务成本；对于未售商品的进货费用，计入期末存货成本。商品流通企业采购商品的进货费用金额较小的，可以在发生时直接计入当期销售费用。

（二）加工取得的存货的成本

企业通过进一步加工取得的存货，主要包括产成品、在产品、半成品、委托加工物资等，企业自制存货的成本由制造过程中直接耗用的材料成本以及加工成本构成。某些存货还包括使存货达到目前场所和状态所发生的其他成本，如可直接认定的产品设计费用等。

存货加工成本由直接人工和制造费用构成，其实质是企业在进一步加工存货的过程中追加发生的生产成本。其中，直接人工是指企业在生产产品过程中，直接从事产品生产的工人的职工薪酬。直接人工和间接人工的划分依据通常是生产工人是否与所生产的产品直接相关（即可否直接确定其服务的产品对象）。制造费用是指企业为生产产品和提供劳务而发生的各项间接费用。制造费用是一种间接生产成本，包括企业生产部门（如生产车间）管理人员的职工薪酬、折旧费、办公费、水电费、机物料消耗、劳动保护费、季节性和修理期间的停工损失等。

（三）投资者投入存货的成本

投资者投入存货的成本应当按照投资合同或协议约定的价值确定，但合同或协议约定价值不公允的除外。在投资合同或协议约定价值不公允的情况下，按照该项存货的公允价值作为其入账价值。

（四）盘盈存货的成本

盘盈的存货应按其重置成本作为入账价值。

（五）通过非货币性资产交换、债务重组方式取得的存货的成本

企业通过非货币性资产交换、债务重组取得的存货，其成本应当分别按照《企业会计准则第7号——非货币性资产交换》、《企业会计准则第12号——债务重组》的规定确定，详见本书第九章和第十二章。

第二节 原材料

一、账户设置

原材料按实际成本进行日常核算的企业，为了核算企业材料收、发、存以及在途材料的实际成本，企业可设置"原材料"和"在途物资"等账户进行核算。

1."原材料"账户

在实际成本计价的条件下，"原材料"账户用于核算企业库存的各种材料的实际成本。该账户的借方登记验收入库原材料的实际成本；贷方登记发出原材料的实际成本；余额在借方，反映库存原材料的实际成本。在"原材料"总账下，应按原材料的类别设置明细账户，进行明细分类核算。

2."在途物资"账户

"在途物资"账户用于核算货款已付但尚未验收入库的在途物资的实际成本。该账户的借方登记企业已支付或已开出商业汇票但尚未验收入库的在途物资的实际成本；贷方登记验收入库的在途物资的实际成本；余额在借方，反映已付款或已开出承兑的商业汇票但尚未验收入库的在途物资的实际采购成本。在"在途物资"总账下，应按供货单位设置明细账户，进行明细分类核算。

二、原材料取得的会计核算

(一)外购原材料

企业采购材料，由于货款的结算方式不同，原材料入库与支付货款的时间不同，其账务处理也有所不同。一般有以下几种情况：

1.单、料同到业务

对于发票账单与材料同时到达的采购业务，企业在承付货款、材料验收入库后，应根据结算凭证、发票账单和收料单等确定的材料成本，借记"原材料"、"应交税费——应交增值税(进项税额)"等账户；按实际承付的款项，贷记"银行存款"、"应付账款"等账户。

例 1 甲公司为一般纳税人，3 月 5 日购入一批原材料 A，取得增值税专用发票上注明的原材料价款为 100 000 元，增值税额为 17 000 元。发票等结算凭证已收到，款项已通过银行承付，材料已验收入库。甲公司应编制会计分录如下：

借：原材料——A	100 000	
应交税费——应交增值税(进项税额)	17 000	
贷：银行存款		117 000

例 2 乙公司 3 月 6 日从丙公司购入一批原材料 B，取得普通发票一张，上注明原材料价款 15 000元，对方代垫运杂费 300 元。材料已验收入库，货款尚未支付。乙公司应编制会计分录如下：

借：原材料——B	15 300	
贷：应付账款——丙公司		15 300

2.单到料未到业务

企业对于已支付货款或已开出承兑的商业汇票，但材料尚未到达的采购业务，应根据结算凭证、发票账单等单据，借记"在途物资"、"应交税费——应交增值税(进项税额)"等账户，贷记"银行存款"或"应付票据"等账户；待该材料到达并验收入库后，再根据收料单，借记"原材料"账户，贷记"在途物资"账户。

例 3 丁公司购入 C 材料，增值税专用发票上的货款为 8 000 元，增值税额为 1 360 元。已收到银行转来的结算凭证和发票，货款已付，材料尚未到达。丁公司应编制会计分录如下：

借：在途物资——C材料　8 000

　应交税费——应交增值税（进项税额）　1 360

　贷：银行存款　9 360

待材料到达并验收入库时，编制会计分录如下：

借：原材料——C材料　8 000

　贷：在途物资——C材料　8 000

3.料到单未到业务

企业采购材料已到并验收入库，而结算凭证和专用发票尚未到达，此时，平时可暂不编制会计分录，但在月末结算凭证若仍未到达，可按合同价暂估入账，估计价款并通过"应付账款"账户反映。下月初再用红字做同样的记账凭证，予以冲回，以便下月付款或开出承兑商业汇票时，按单、料同到业务处理。再借记"原材料"、"应交税费"等账户，贷记"银行存款"等账户。

例4　和平公司5月20日从友谊公司购入E材料50吨，按合同每吨300元，已验收入库，但结算凭证到月末尚未收到，则和平公司可按合同价暂估入账。和平公司应编制会计分录如下：

(1)5月末估计入账时：

借：原材料——E材料　15 000

　贷：应付账款——友谊公司　15 000

(2)6月初用红字做相同的会计分录予以冲回时：

借：原材料——E材料　(15 000)

　贷：应付账款——友谊公司　(15 000)

和平公司6月10日收到上述结算凭证，材料款为17 000元，增值税额为2 890元，通过银行支付货款。

借：原材料——E材料　17 000

　应交税费——应交增值税（进项税额）　2 890

　贷：银行存款　19 890

4.预付货款购料业务

企业采用预付货款的方式采购材料的，应在预付材料价款时，按照实际预付金额，借记"预付账款"或"应付账款"账户，贷记"银行存款"账户；待材料到达入库后，根据发票账单等所列的价款、税额等，借记"原材料"账户、"应交税费——应交增值税（进项税额）"账户（小规模纳税人应按价款税额的合计数，借记"原材料"账户），贷记"预付账款"账户或"应付账款"账户；预付账款不足补付时，按补付金额，借记"预付账款"账户或"应付账款"账户，贷记"银行存款"账户；退回上项多付的款项时，借记"银行存款"账户，贷记"预付账款"或"应付账款"账户。

例5　华东公司某月15日为购买F材料向江南公司预付40 000元货款的80%，计32 000元，已通过汇兑方式汇出。华东公司应编制会计分录如下：

借：预付账款——江南公司　32 000

　贷：银行存款　32 000

华东公司该月22日收到江南公司发来的F材料，并验收入库。有关发票账单已记载，该批货物的货款为40 000元，增值税为6 800元，对方代垫运杂费1 000元，所欠款项以银行存款付讫。

材料入库时：

借：原材料——F材料　41 000

　应交税费——应交增值税（进项税额）　6 800

　贷：预付账款——江南公司　47 800

补付货款时：

借：预付账款——江南公司 15 800

贷：银行存款 15 800

（二）其他方式取得原材料

企业自制并已验收入库的原材料，应按实际成本，借记“原材料”账户，贷记“生产成本”账户。

企业委托外单位加工完成并已验收入库的原材料，应按实际成本，借记“原材料”账户，贷记“委托加工物资”账户。

企业收到投资者投入的材料，应当按照投资合同或协议约定的价值（合同或协议约定价值不公允的除外），借记“原材料”账户；按照发票上标明的增值税额，借记“应交税费——应交增值税（进项税额）”账户；按照确定的出资额，贷记“实收资本”（或“股本”）账户；按照其差额，贷记“资本公积”账户。

三、原材料发出的会计核算

（一）原材料发出的计价方法

由于每批存货的采购价格、运输以及生产耗费的条件不同，使得各批存货的入库成本也不相同，因此，对发出存货的价值就需要选择适当方法予以确定。我国《企业会计准则第1号——存货》明确规定，存货发出的计价可选择采用个别计价法、先进先出法、月末一次加权平均法、移动加权平均法等方法确定其实际成本。以下均以原材料为对象举例说明不同的计价方法，库存商品发出的计价方法的原理与之相同，可参考以下示例理解。

1.个别计价法

采用个别计价法是假设存货具体项目的实物流转与成本流转相一致，按照各种存货逐一辨认各批发出存货和期末存货所属的购进批别或生产批别，分别按其购入或生产时确定的单位成本计算各批发出存货和期末存货成本的方法。在这种方法下，是把每一种存货的实际成本作为计算发出存货成本和期末存货成本的基础。

个别计价法的成本计算准确，符合实际情况，但在存货收发频繁的情况下，其发出成本分辨的工作量较大。因此，这种方法适用于一般不能替代使用的存货、为特定项目专门购入或制造的存货以及提供的劳务，如珠宝、名画等贵重物品。

例6 B公司2×15年6月有关甲材料的收发情况如表4—1所示。

表4—1 **原材料明细分类账**

计量单位：件

明细账户：甲材料 金额单位：元

2×15年		凭证号	摘要	收入			发出			结存		
月	日			数量	单价	金额	数量	单价	金额	数量	单价	金额
6	1		期初余额	200	4					200		
6	5	（略）	购入	400	5					600		
6	14	（略）	发出				450			150		
6	18	（略）	购入	500	6					650		
6	21	（略）	发出				350			300		
6	25	（略）	购入	100	7					400		

假定经确认，该企业6月14日发出的450件甲材料中，150件是期初结存的，300件是6月5日购入的；6月21日发出的350件甲材料是6月18日购入的。按个别计价法计算如下：

6月份发出甲材料总成本＝150×4＋300×5＋350×6＝4 200(元)

6月末结存甲材料总成本＝50×4＋100×5＋150×6＋100×7＝2 300(元)

2.先进先出法

先进先出法是以先购入的存货先发出为假设前提，并以存货流转的先后顺序对发出存货和期末存货进行计价的一种方法。采用这种方法是先购入的存货成本在后购入的存货成本之前转出，据以确定发出存货和期末存货的成本。

例7 A公司2×15年4月原材料的月初结存及本月购进、发出资料如表4－2所示。采用先进先出法计算发出原材料和期末库存原材料的成本。

表4－2　　原材料明细分类账

计量单位：千克

明细账户：甲材料　　金额单位：元

2×15年		凭证号	摘要	收入			发出			结存		
月	日			数量	单价	金额	数量	单价	金额	数量	单价	金额
4	1		期初余额							50	1 050	52 500
4	5	(略)	购入	100	1 000	100 000				50	1 050	52 500
										100	1 000	100 000
4	19	(略)	发出				50	1 050	52 500	50	1 000	50 000
							50	1 000	50 000			
4	22	(略)	购入	80	1 062.5	85 000				50	1 000	50 000
										80	1 062.5	85 000
4	28	(略)	发出				50	1 000	50 000	40	1 062.5	42 500
							40	1 062.5	42 500			
4	30	(略)	本月合计	180		185 000	190		195 000	40	1 062.5	42 500

采用先进先出法，期末存货成本比较接近现行市场价格，优点是企业不能随意挑选存货计价以调整当期利润。缺点是对于存货收发业务频繁且存货单价不稳定的企业，工作量较大；在物价持续上涨时，发出存货成本偏低，利润较高，同时会高估期末库存存货价值。

3.月末一次加权平均法

月末一次加权平均法是指以期初结存存货数量和本期购入存货数量之和为权数来确定本期发出存货的平均成本，据以计算本期发出存货实际成本和期末库存存货实际成本的一种计价方法。计算公式如下：

$$加权平均单位成本=\frac{期初结存存货实际成本+本期购入存货实际成本}{期初结存存货数量+本期购入存货数量}$$

本期发出存货实际成本＝本期发出存货数量×加权平均单位成本

期末库存存货实际成本＝期末库存存货数量×加权平均单位成本

例8 仍以例7资料为例，采用加权平均法计算发出存货成本和期末库存存货成本，如表4－3所示。

表 4—3 原材料明细分类账

计量单位:千克

明细账户:甲材料 金额单位:元

2×15年		凭证号	摘 要	收 入			发 出			结 存		
月	日			数量	单价	金额	数量	单价	金额	数量	单价	金额
4	1		期初余额							50	1 050	52 500
4	5	(略)	购入	100	1 000	100 000						
4	19	(略)	发出				100					
4	22	(略)	购入	80	1 062.5	85 000						
4	28	(略)	发出				90					
4	30	(略)	本月合计	180		185 000	190	1 032.61	196 195.6	40	1 032.61	41 304.40

在表 4—3 中,本月发出存货成本和期末库存存货成本的计算过程分别如下:

加权平均单位成本=(50×1 050+100×1 000+80×1 062.5)÷(50+100+80)

=1 032.61(元)

期末库存存货成本=40×1 032.61=41 304.40(元)

发出存货成本=50×1 050+100×1 000+80×1 062.5−41 304.4=196 195.60(元)

采用这种方法,只需在月末一次计算加权平均单位成本,简单方便;而且所确认的存货平均成本不受各批存货数量的影响,计算出的存货成本比较准确。但由于平时无法随时掌握存货的发出成本和库存成本,不利于加强存货的日常管理和控制。

4.移动加权平均法

采用移动加权平均法,是以每次购入存货的实际成本加上原有库存存货的实际成本,除以每次购入存货的数量和原有库存存货数量之和,据以计算移动加权平均单位成本,作为下次进货前计算各次发出存货实际成本依据的一种方法。计算公式如下:

$$\text{移动加权平均单位成本}=\frac{\text{原有库存存货实际成本}+\text{本次购入存货的实际成本}}{\text{原有库存存货数量}+\text{本次购入存货的数量}}$$

本次发出存货实际成本=本次发出存货数量×本次发货前移动加权平均单位成本

期末库存存货实际成本=期末库存存货数量×期末移动加权平均单位成本

例 9 仍以例 7 资料为例,采用移动加权平均法计算发出存货成本和期末库存存货成本,如表 4—4 所示。

在表 4—4 中,本月发出存货成本和期末库存存货成本的计算过程分别如下:

4 月 5 日移动加权平均单位成本=(50×1 050+100×1 000)÷(50+100)=1 016.67(元)

4 月 19 日发出存货成本=100×1 016.67=101 667(元)

4 月 19 日期末库存存货成本=50×1 016.67=50 833(元)

4 月 22 日移动加权平均单位成本=(50 833+80×1 062.5)÷(50+80)=1 044.87(元)

4 月 28 日发出存货成本=90×1 044.87=94 038(元)

4 月 30 日期末库存存货成本=40×1 016.67=41 795(元)

4 月份发出存货总成本=101 667+94 038=195 705(元)

表 4—4 原材料明细分类账

计量单位:千克

明细账户:甲材料 金额单位:元

2×15年		凭证号	摘要	收入			发出			结存		
月	日			数量	单价	金额	数量	单价	金额	数量	单价	金额
4	1		期初余额							50	1 050	52 500
4	5	(略)	购入	100	1 000	100 000				150	1 016.67	152 500
4	19	(略)	发出				100	1 016.67	101 667	50	1 016.67	50 833
4	22	(略)	购入	80	1 062.5	85 000				130	1 044.87	135 833
4	28	(略)	发出				90	1 044.87	94 038	40	1 044.87	41 795
4	30	(略)	本月合计	180		185 000	190		195 705	40	1 044.87	41 795

采用移动加权平均法能够使企业管理当局了解存货的结存情况,计算的平时单位成本及发出和结存的存货成本比较客观。但由于每次购入存货都要计算一次平均成本,计算工作量较大,对收发货业务频繁的企业不适用。

(二)原材料发出的会计处理

由于企业发出材料的业务一般较多且频繁,为了简化日常核算工作,平时一般只登记材料明细分类账,反映各种材料的收发和结存金额,月末根据按实际成本计价的发料凭证,按领用部门和用途,汇总编制“发料凭证汇总表”,据以填制记账凭证并登记账簿。

生产经营领用原材料,应分别按照原材料的用途,借记“生产成本”、“制造费用”、“管理费用”等账户,贷记“原材料”账户;出售原材料,应借记“其他业务成本”账户,贷记“原材料”账户;发给外单位委托加工的原材料,应借记“委托加工物资”账户,贷记“原材料”账户。

例 10 A企业某月领用甲材料,根据“发料凭证汇总表”的记录,产品生产领用甲材料150 000元,车间管理部门领用30 000元,企业行政管理部门领用16 000元,出售原材料10 000元。A企业应编制会计分录如下:

借:生产成本——基本生产成本 150 000
　　制造费用 30 000
　　管理费用 16 000
　　其他业务成本 10 000
　贷:原材料——甲材料 206 000

第三节 委托加工物资、在产品和库存商品

一、委托加工物资

委托外单位加工完成的存货,以实际耗用的原材料、加工费、运杂费、装卸费等费用以及按照税法规定应计入成本的税金,作为实际成本。

为了核算企业委托加工物资的收、发、存情况,企业需设置“委托加工物资”账户。该账户的借方登记委托加工物资的实际成本,包括发给受托方的物资成本、支付的加工费用、应负担的运杂费以及支付的税金;贷方登记加工完成验收入库的委托加工物资的实际成本;余额在借方,反映尚未完工的委托加工物资的实际成本。

委托加工物资的会计处理主要包括拨付加工物资给受托方，支付加工费、运杂费和税金给受托方，收回加工物资和剩余物资等几个环节，具体会计处理如下：

1. 企业发给外单位加工物资时，采用实际成本法核算时，应借记“委托加工物资”账户，贷记“原材料”、“库存商品”账户；采用计划成本法或零售价法核算的，还应同时结转相关的材料成本差异或商品进销差价。

2. 企业支付加工费、运杂费等时，应借记“委托加工物资”账户，贷记“银行存款”等账户。

3. 按照税法规定，企业委托加工的应税消费品，由受托方在向委托方交货时代收代缴由委托方负担的委托加工应税消费品的消费税税款。

由于消费税属于价内税，因此：

$$消费税组成计税价格=\frac{材料的成本+加工费}{1-消费税税率}$$

$$应该缴纳的消费税=组成计税价格\times消费税税率$$

委托加工的应税消费品，委托方用于连续生产应税消费品的，所纳税款准予按规定抵扣。其所支付的消费税先记入“应交税费——应交消费税”账户的借方，按规定用于抵扣加工品销售后所负担的消费税。即应借记“应交税费——应交消费税”账户，贷记“银行存款”或“应付账款”账户。

委托加工的应税消费品，委托方直接出售的，不再征收消费税，委托方所负担的消费税应直接计入其委托加工物资成本。即应借记“委托加工物资”账户，贷记“银行存款”或“应付账款”账户。

4. 若委托方和受托方都是增值税一般纳税人，委托方支付的增值税，若取得增值税专用发票的，记入“应交税费——应交增值税(进项税额)”账户的借方；未取得增值税专用发票或委托方为增值税小规模纳税人支付增值税的，应直接计入委托加工物资的成本，即直接借记“委托加工物资”账户。该增值税的进项税额根据委托方支付的加工费来计算。

5. 加工完成验收入库的委托加工物资和剩余的委托物资，应按加工收回物资的实际成本和剩余物资的实际成本，借记“原材料”、“库存商品”等账户，贷记“委托加工物资”账户。采用计划成本或零售价法核算的，应按计划成本或零售价，借记“原材料”或“库存商品”账户；按实际成本，贷记“委托加工物资”账户；按实际成本与计划成本或售价之间的差额，借记或贷记“材料成本差异”或贷记“商品进销差价”账户。

例 11 甲公司(增值税一般纳税人)委托乙公司(增值税一般纳税人)加工粮食白酒(属于应税消费品)。甲公司提供原材料，成本为20 000元，乙公司向甲公司收取加工费7 000元(不含增值税)。粮食白酒于月底加工完毕并验收入库，加工费已经支付给乙公司。乙公司没有同类产品，粮食白酒的消费税税率为25%。双方适用的增值税税率为17%。甲公司按照实际成本核算原材料。

甲公司(委托方)的会计处理如下：

(1)发出委托加工材料。

借：委托加工物资	20 000	
贷：原材料		20 000

(2)支付加工费和消费税。

组成计税价格=(20 000+7 000)÷(1−25%)=36 000(元)

受托方代收代缴的消费税税额=36 000×25%=9 000(元)

应交增值税税额=7 000×17%=1 190(元)

①甲公司收回加工后的材料用于连续生产应税消费品时：

借：委托加工物资	7 000	
应交税费——应交增值税(进项税额)	1 190	
——应交消费税	9 000	

贷:银行存款　　17 190

②甲公司收回加工后的材料直接用于销售时:

借:委托加工物资(7 000+9 000)　　16 000

应交税费——应交增值税(进项税额)　　1 190

贷:银行存款　　17 190

(3)加工完成,收回委托加工材料。

①甲公司收回加工后的材料用于连续生产应税消费品时:

借:原材料(20 000+7 000)　　27 000

贷:委托加工物资　　27 000

②甲公司收回加工后的材料直接用于销售时:

借:原材料(或库存商品)(20 000+16 000)　　36 000

贷:委托加工物资　　36 000

二、在产品

在产品是指工业企业正在制造尚未完工的产品,这包括正在各道生产工序上加工的产品和已加工完毕但尚未检验或已检验但尚未办理入库手续的产品。为了正确核算存货成本,企业需要通过有关账户核算未完工和已完工的产品成本。通常,产品成本项目包括直接材料、直接人工和制造费用三个项目。

直接材料是直接用于产品生产的原料、主要材料、外购半成品及有助于产品形成的辅助材料和其他直接材料的成本。

直接人工是直接参与产品生产的职工薪酬成本。

制造费用是企业各生产单位为组织管理生产而发生的各项间接费用,包括生产单位管理人员的薪酬费用、生产单位固定资产的折旧费和修理费、生产单位管理部门的办公费、生产单位的机物料消耗、劳动保护费等,但不包括企业管理部门为组织管理生产而发生的管理费用。

各企业可根据自身的生产特点、成本管理的要求,对上述成本项目做适当的调整。例如,企业在生产过程中,燃料和动力消耗较多,并在产品成本中比重较大,可增设“燃料和动力”这一成本项目;又如,企业直接用于产品生产中的外购半成品费用较多,可将“直接材料”中的外购半成品单独列为一个成本项目。

(一)账户设置

为正确计算产品成本,需设置以下账户将一定时期发生的各种生产费用按一定种类的产品进行归集和分配。

1.“生产成本”账户

“生产成本”账户核算企业在产品生产过程中发生的各项生产成本。该账户的借方登记期间内发生的全部直接或间接生产成本,贷方登记应结转的完工产品的实际生产成本,期末借方余额反映尚未加工完成的在产品成本。该账户可按基本生产成本和辅助生产成本设置二级明细账,二级账下再按照成本核算对象设置三级明细账。

2.“制造费用”账户

“制造费用”账户核算企业生产单位为生产产品和提供劳务而发生的各项间接费用。该账户的借方登记期间内发生的各种制造费用,贷方登记分配结转的应由各种产品负担的制造费用,期末一般无余额。在“制造费用”总账下,应按不同的生产车间、部门设置明细账。

(二)在产品的会计处理

例 12　甲企业从仓库领用材料 30 400 元,用于 A 产品生产;领用材料19 200元,用于 B 产品生产，车间一般耗用 5 000 元，管理部门领用 400 元。甲企业应编制会计分录如下：

借：生产成本——A 产品　　30 400
　　　　　　——B 产品　　19 200
　　制造费用　　5 000
　　管理费用　　400
　　贷：原材料　　55 000

例 13　甲企业结算本月应付职工工资 24 000 元，其中：制造 A 产品工人工资 14 000 元，制造 B 产品工人工资 6 000 元，车间管理人员工资 1 600 元，厂部管理人员工资 2 400 元。甲企业应编制会计分录如下：

借：生产成本——A 产品　　14 000
　　　　　　——B 产品　　6 000
　　制造费用　　1 600
　　管理费用　　2 400
　　贷：应付职工薪酬　　24 000

例 14　甲企业计提本月固定资产折旧 12 600 元，其中，车间固定资产折旧 8 000 元，行政管理部门固定资产折旧 4 600 元。甲企业应编制会计分录如下：

借：制造费用　　8 000
　　管理费用　　4 600
　　贷：累计折旧　　12 600

例 15　综合例 12 至例 14，甲企业本月发生的制造费用总额为 14 600 元，按生产工人工资比例分配计入 A、B 两种产品成本中。

分配率＝14 600÷(14 000＋6 000)＝0.73

A 产品应分配的制造费用＝14 000×0.73＝10 220(元)

B 产品应分配的制造费用＝6 000×0.73＝4 380(元)

甲企业应编制会计分录如下：

借：生产成本——A 产品　　10 220
　　　　　　——B 产品　　4 380
　　贷：制造费用　　14 600

例 16　甲企业本月 A 产品 100 台全部制造完工，并已验收入库，按实际生产成本转账。甲企业应编制会计分录如下：

借：库存商品——A 产品　　54 620
　　贷：生产成本——A 产品　　54 620

另外，B 产品尚未制造完工，因此，月末“生产成本——B 产品”账户的借方余额 29 580 元为 B 产品的在产品成本。

三、库存商品

库存商品是指企业已经完成全部生产过程并已验收入库、合乎标准规格和技术条件、可以按照合同条件送交订货单位或可以作为商品对外销售的产品，以及外购或委托加工完成验收入库用于销售的各种商品，包括库存的外购商品、库存产成品等。已完成销售手续但购买单位在月末未提取的产品，不应作为企业的库存商品。

为了反映和监督库存商品的增减变化及其结存情况，企业应设置“库存商品”账户，并按库存商品的类别、品种、规格设置明细账。“库存商品”账户的借方登记验收入库的库存商品的成本，贷方登记发出的库存商品的成本,余额在借方,反映各种库存商品的实际成本。

(一)库存商品入库的核算

工业企业自制产成品生产完工并验收入库时,应按实际成本,借记"库存商品"账户,贷记"生产成本"账户。商业企业购入商品按进价核算的,应借记"库存商品"账户,贷记"银行存款"、"在途物资"等账户。

例 17 某企业某月验收入库 A 产品 500 件,实际单位成本为 400 元,总计 200 000 元;B 产品 400 件,实际单位成本 300 元,总计 120 000 元。该企业应编制会计分录如下:

借:库存商品——A 产品　200 000
　　　　　　——B 产品　120 000
　贷:生产成本——A 产品　200 000
　　　　　　——B 产品　120 000

(二)库存商品发出的核算

工业企业采用实际成本进行产成品日常核算以及商业企业采用进价法进行库存商品日常核算的,发出产成品或库存商品的实际成本,可以采用先进先出法、加权平均法和个别计价法等方法计算确定。具体可参照本章第二节中对原材料发出的相关例释,理解主要几种方法的应用。对外销售商品时,应在月份终了,结转当月销售产成品成本时,借记"主营业务成本"账户,贷记"库存商品"账户。

例 18 某企业当月已实现销售的 A 产品 600 件,单位成本 400 元,总计 240 000 元。月末结转 A 产品的销售成本时,应编制会计分录如下:

借:主营业务成本　240 000
　贷:库存商品——A 产品　240 000

第四节　周转材料

一、低值易耗品

(一)低值易耗品的定义和内容

低值易耗品是指使用年限较短、不能作为固定资产管理的各种用具物品,如工具、管理用具、玻璃器皿以及在生产经营过程中周转使用的容器等。

(二)低值易耗品的会计处理

为了反映和监督各种低值易耗品的收发和结存情况,企业应设置"周转材料——低值易耗品"或"低值易耗品"账户,对低值易耗品进行总分类核算。"周转材料——低值易耗品"或"低值易耗品"账户属于资产类科目,其借方登记企业购入、自制、委托加工完成、盘盈等原因而增加的低值易耗品的成本,贷方登记企业因领用、摊销以及盘亏等原因减少的低值易耗品成本,期末借方余额反映库存低值易耗品的实际成本或计划成本。企业应按低值易耗品的品种、规格进行数量和金额的明细分类核算。

1.企业购入、自制、委托外单位加工完成验收入库的包装物以及对包装物的清查盘点,可以比照原材料的会计核算进行相关处理。

2. 企业领用低值易耗品的核算,通常有一次摊销法和五五摊销法两种方法。

(1)一次摊销法。

一次摊销法是指低值易耗品在领用时就将其全部账面价值计入有关成本费用的方法。一次摊销法通常适用于价值较低或极易损坏的管理用具和小型工具、卡具以及在单件小批生产方式下为制造某批订货所用的专用工具。

采用一次摊销法核算低值易耗品时，领用时，将其低值易耗品的全部价值转入有关的成本费用，借记“生产成本”、“制造费用”、“管理费用”、“销售费用”等账户，贷记“周转材料”账户或“低值易耗品”账户。报废时，将报废低值易耗品的残料价值作为当月低值易耗品摊销额的减少，冲减有关成本费用，借记“原材料”等账户，贷记“生产成本”、“制造费用”、“管理费用”、“销售费用”、“工程施工”等账户。低值易耗品采用计划成本进行日常核算的，领用时还应同时结转应分摊的材料成本差异。

例 19 甲公司某基本生产车间领用一般工具一批，实际成本为 6 000 元，全部计入当期制造费用。甲公司应编制会计分录如下：

借：制造费用　　6 000

　　贷：周转材料——低值易耗品　　6 000

(2)五五摊销法。

五五摊销法是指低值易耗品在领用时先摊销其账面价值的一半，在报废时再摊销其账面价值的另一半的方法，即低值易耗品分两次各按 50%进行摊销。五五摊销法通常既适用于价值较低、使用期限较短的低值易耗品，也适用于领用数量和报废数量大致相等的物品。

采用五五摊销法核算低值易耗品时，领用时，按其账面价值，借记“周转材料——低值易耗品(在用)”账户，贷记“周转材料——低值易耗品(在库)”账户。摊销时，先按其账面价值的另一半，借记“生产成本”、“制造费用”、“管理费用”、“销售费用”等账户，贷记“周转材料——低值易耗品(摊销)”账户。报废时，应按其账面价值的另一半，借记“生产成本”、“制造费用”、“管理费用”、“销售费用”等账户，贷记“周转材料——低值易耗品(摊销)”账户；同时，按报废低值易耗品的残料价值，借记“原材料”等账户，贷记“生产成本”、“制造费用”、“管理费用”、“销售费用”等账户；并转销全部已计提摊销额，借记“周转材料——低值易耗品(摊销)”账户，贷记“周转材料——低值易耗品(在用)”账户。低值易耗品采用计划成本进行日常核算的，领用时还应同时结转应分摊的材料成本差异。

例 20 甲公司的基本生产车间领用专用工具一批，实际成本为 100 000 元，采用五五摊销法进行摊销。甲公司应做如下会计处理：

(1)领用专用工具时：

借：周转材料——低值易耗品(在用)　　100 000

　　贷：周转材料——低值易耗品(在库)　　100 000

(2)领用时，摊销其价值的一半：

借：制造费用　　50 000

　　贷：周转材料——低值易耗品(摊销)　　50 000

(3)报废时，摊销其价值的一半：

借：制造费用　　50 000

　　贷：周转材料——低值易耗品(摊销)　　50 000

同时：

借：周转材料——低值易耗品(摊销)　　100 000

　　贷：周转材料——低值易耗品(在用)　　100 000

二、包装物

(一)包装物的定义和内容

包装物是指为包装本企业产品而储备的各种包装容器，如桶、瓶、袋、箱等，其主要作用是盛装、装潢产品或商品。一般包括：生产过程中用于包装产品作为产品组成部分的包装物，随同商品出售而不单独计价的包装物，随同商品出售而单独计价的包装物，出租或出借给购买单位使用的包装物。

(二)包装物的会计处理

为了反映和监督各种包装物的收发和结存情况，企业应设置“周转材料——包装物”或“包装物”账户，对包装物进行总分类核算。“周转材料——包装物”或“包装物”账户属于资产类账户，其借方登记企业购入、自制、委托加工完成、盘盈等原因而增加的包装物的成本，贷方登记企业因领用、摊销以及盘亏等原因而减少的包装物成本，期末借方余额反映库存包装物的实际成本或计划成本。企业应按包装物的品种、规格进行数量和金额的明细分类核算。

1.企业购入、自制、委托外单位加工完成验收入库的包装物以及对包装物的清查盘点，可以比照原材料的会计核算进行相关处理。

2. 企业发出包装物的核算，应根据发出包装物的不同用途分别进行处理。

(1)生产领用包装物。

企业生产部门领用的用于包装产品的包装物，构成了产品的组成部分，因此，应将包装物的成本计入产品生产成本。生产领用包装物，应借记“生产成本”账户，贷记“周转材料——包装物”账户或“包装物”账户。包装物采用计划成本进行日常核算的，领用时还应同时结转应分摊的材料成本差异。

例 21 某企业采用实际成本法对包装物进行核算，本月生产领用包装物一批，实际成本为5 000元。该企业应编制会计分录如下：

借：生产成本	5 000	
贷：周转材料——包装物		5 000

(2)随同商品出售的包装物。

随同商品出售但不单独计价的包装物，应于包装物发出时，按其实际成本计入销售费用中，借记“销售费用”账户，贷记“周转材料——包装物”或“包装物”账户。

随同商品出售但单独计价的包装物，在随同商品出售时要单独计价，单独反映其销售收入，相应地单独反映其销售成本。因此，用于商品出售时，应视同材料销售处理，借记“其他业务成本”账户，贷记“周转材料——包装物”账户或“包装物”账户。

包装物采用计划成本进行日常核算的，出售时还应同时结转应分摊的材料成本差异。

例 22 甲公司某月销售商品，领用不单独计价的包装物，其实际成本为50 000元。甲公司应编制会计分录如下：

借：销售费用	50 000	
贷：周转材料——包装物		50 000

例 23 一般纳税人企业销售产品，领用单独计价的包装物一批，销售收入为8 000元，增值税为1 360元，已存入银行；该包装物的实际成本为6 000元。该企业应做如下会计处理：

①出售单独计价的包装物时：

借：银行存款	9 360	
贷：其他业务收入		8 000
应交税费——应交增值税(销项税额)		1 360

②结转已售单独计价包装物成本时：

借：其他业务成本	6 000	
贷：周转材料——包装物		6 000

(3)出租、出借包装物。

企业多余或闲置未用的包装物可以出租、出借给外单位使用。

出租、出借包装物都要收取押金，以保证包装物的收回，但二者也有不同之处，具体如下：

①出租与出借活动的性质不同：出租属企业的非生产性经营活动，出借则是为销售产品而提供附加服务的活动。

②收取的费用及价值补偿不同：出租按次或天收取租金，补偿其价值；出借则通常不单独收取费用，由产品的销售收入补偿包装物的耗费。

③核算的账户不同：出租包装物时，主要通过"其他业务收入"和"其他业务成本"账户核算；出借包装物时，则通过设置"销售费用"账户核算。

与领用低值易耗品类似，出租、出借包装物可采用一次摊销法和五五摊销法计算出租、出借包装物的摊销价值。

采用一次摊销法核算出租、出借包装物时，在领用时，将其包装物的全部价值转入有关的成本费用，借记"其他业务成本"（出租包装物）或"销售费用"（出借包装物）账户，贷记"周转材料——包装物"账户或"包装物"账户。报废时，将报废包装物的残料价值作为当月包装物摊销额的减少，冲减有关成本费用，借记"原材料"等账户，贷记"其他业务成本"（出租包装物）或"销售费用"（出借包装物）账户。包装物采用计划成本进行日常核算的，领用时还应同时结转应分摊的材料成本差异。

采用五五摊销法核算出租、出借包装物时，可在"周转材料——包装物"下增设"库存未用"、"库存已用"、"出租"、"出借"及"摊销"五个三级账户。领用包装物时，按其账面价值，借记"周转材料——包装物（出租）"或"周转材料——包装物（出借）"账户，贷记"周转材料——包装物（库存未用）"账户。摊销时，先按其账面价值的另一半，借记"其他业务成本"（出租包装物）或"销售费用"（出借包装物）账户，贷记"周转材料——包装物（摊销）"账户。收回出租和出借的包装物时，按其账面价值，借记"周转材料——包装物（库存已用）"账户，贷记"周转材料——包装物（出租）"或"周转材料——包装物（出借）"账户。收回的包装物再出租（借）时，由于其价值的一半已经摊销，所以不再摊销，只按照其账面价值借记"周转材料——包装物（出租）"或"周转材料——包装物（出借）"账户，贷记"周转材料——包装物（库存已用）"账户。报废时，按其账面价值的另一半，借记"其他业务成本"（出租包装物）或"销售费用"（出借包装物）账户，贷记"周转材料——包装物（摊销）"账户；同时，按报废包装物的残料价值，借记"原材料"等账户，贷记"其他业务成本"（出租包装物）或"销售费用"（出借包装物）账户；并转销全部已计提摊销额，借记"周转材料——包装物（摊销）"账户，贷记"周转材料——包装物（出租）"或"周转材料——包装物（出借）"账户。包装物采用计划成本进行日常核算的，领用时还应同时结转应分摊的材料成本差异。

例 24 2×15 年 3 月 4 日，甲公司出租、出借塑料周转箱各 10 个，单位成本 20 元，每个收取押金 24 元，出租的每个收取租金 2 元。以上款项已收到并存入银行。2×15 年 3 月 15 日，甲公司收回全部出租、出借的塑料周转箱，并退还全部押金。2×15 年 3 月 20 日，甲公司将这些塑料周转箱再次一半出租、一半出借，每个收取押金 13 元，出租的每个收取租金 1 元。2×15 年 4 月 5 日，甲公司收回这批塑料周转箱并报废，残料价值 20 元，退还全部押金。

<u>若采用一次摊销法：</u>

①2×15 年 3 月 4 日，收取租金及押金时：

借：银行存款	500	
贷：其他应付款		480
其他业务收入		20

②2×15 年 3 月 4 日，出租、出借包装物时：

借：其他业务成本	200	
销售费用	200	
贷：周转材料——包装物		400

③2×15 年 3 月 15 日，收回出租和出借的包装物并退还全部押金时：

借：其他应付款 480

贷：银行存款 480

④2×15 年 3 月 20 日，收回包装物后再出租(出借)，收取租金及押金时：

借：银行存款 270

贷：其他应付款 260

其他业务收入 10

⑤2×15 年 4 月 5 日，收回出租、出借的包装物时：

借：原材料 20

贷：其他业务成本 10

销售费用 10

退还押金时：

借：其他应付款 260

贷：银行存款 260

<u>若采用五五摊销法：</u>

①2×15 年 3 月 4 日，收取租金及押金时，分录同一次摊销法：

借：银行存款 500

贷：其他应付款 480

其他业务收入 20

②2×15 年 3 月 4 日，领用包装物时：

借：周转材料——包装物(出租) 200

——包装物(出借) 200

贷：周转材料——包装物(库存未用) 400

先摊销包装物的一半价值：

借：其他业务成本 100

销售费用 100

贷：周转材料——包装物(摊销) 200

③2×15 年 3 月 15 日，收回出租和出借的包装物时：

借：周转材料——包装物(库存已用) 400

贷：周转材料——包装物(出租) 200

——包装物(出借) 200

退还全部押金时：

借：其他应付款 480

贷：银行存款 480

④2×15 年 3 月 20 日，收回包装物后再出租(出借)时：

借：周转材料——包装物(出租) 200

——包装物(出借) 200

贷：周转材料——包装物(库存已用) 400

收取租金及押金时：

借：银行存款 270

贷：其他应付款 260

其他业务收入 10

⑤2×15 年 4 月 5 日，收回出租、出借包装物时：

借：原材料 20

其他业务成本 90

销售费用 90

贷：周转材料——包装物（摊销） 200

借：周转材料——包装物（摊销） 400

贷：周转材料——包装物（出租） 200

——包装物（出借） 200

退还押金时：

借：其他应付款 260

贷：银行存款 260

第五节 存货的简化核算方法

一、计划成本法

原材料按计划成本进行计价的核算是指原材料的日常收发及结存，无论是总分类核算还是明细分类核算，均按计划成本进行计价的方法。其特点是：收料凭证同时按实际成本和计划成本计价，发料凭证只按计划成本计价，原材料总分类账和明细分类账均按计划成本登记。原材料的实际成本与计划成本的差异，通过"材料成本差异"账户核算。期末，通过计算材料成本差异率，分配发出材料的成本差异，将发出原材料的计划成本调整为实际成本。计划成本制定后，一般不得随意调整。

（一）账户设置

在计划成本法下需要设置的账户有：

1."原材料"账户。本账户的借方、贷方及余额均反映计划成本。

2."材料采购"账户。本账户的借方登记采购材料的实际成本，贷方登记入库材料的计划成本。该账户记录的入库材料实际成本（借方发生额）与其计划成本（贷方发生额）的差额为材料成本差异额。如果借方发生额大于贷方发生额，表示材料采购成本的超支差异，由此产生的借方余额在期末从本账户的贷方转入"材料成本差异"账户的借方；如果贷方发生额大于借方发生额，表示材料采购成本的节约差异，由此产生的贷方余额从本账户的借方转入"材料成本差异"账户的贷方。如果期末"材料采购"账户有借方余额，反映已付款但尚未验收入库的在途材料实际成本。在"材料采购"总账下，应按供应单位和材料的种类设置明细账。

3."材料成本差异"账户。本账户核算入库材料的实际成本与计划成本的差异。本账户的借方登记实际成本大于计划成本的差异额（超支额）及发出材料应负担的节约差异结转额，贷方登记实际成本小于计划成本的差异额（节约额）及发出材料应负担的超支差异结转额。期末若为借方余额，反映企业库存材料的超支差异额；若为贷方余额，反映企业库存材料的节约差异额。在"材料成本差异"总账下，应按存货类别设置明细账。

（二）原材料取得的会计核算

企业采用计划成本法对原材料进行核算时，不论材料是否验收入库，都必须先通过"材料采购"账户核算材料的实际采购成本，待材料验收入库后，再按计划成本转入"原材料"账户，同时结转材料成本差异。由于采购过程存在不同情况，购入材料的账务处理也不完全相同，分别以下情况进行会计处理：

1. 单、料同到业务

对于发票账单与材料同时到达的采购业务，企业在承付货款、材料验收入库后，应根据结算凭证、发票账单和收料单等确定的材料成本，借记“材料采购”、“应交税费——应交增值税(进项税额)”等账户；按实际承付的款项，贷记“银行存款”、“应付账款”等账户。材料验收入库时，应按材料计划成本，借记“原材料”账户；按实际成本大于计划成本的差额，借记“材料成本差异”账户；按材料实际采购成本，贷记“材料采购”账户；或者按照实际成本小于计划成本的差额，贷记“材料成本差异”账户。

例 25 A企业购进甲材料一批，材料验收入库，根据发票等凭单通过银行支付货款100 000元，增值税款17 000元。这批材料的计划成本为110 000元。A企业应编制会计分录如下：

借：材料采购	100 000	
应交税费——应交增值税(进项税额)	17 000	
贷：银行存款		117 000
借：原材料——甲材料	110 000	
贷：材料采购		110 000
借：材料采购	1 000	
贷：材料成本差异		1 000

2. 单到料未到业务

对于已支付货款或已开出承兑的商业汇票，但月终尚未收到的材料，企业应根据单据借记“材料采购”、“应交税费——应交增值税”账户，贷记“银行存款”、“应付票据”等账户。

例 26 B公司采用汇兑结算方式购入材料一批，增值税专用发票上注明货款为32 000元，增值税额为5 440元。发票账单已收到，计划成本为35 000元，月末材料尚未到达。B公司应编制会计分录如下：

借：材料采购	32 000	
应交税费——应交增值税(进项税额)	5 440	
贷：银行存款		37 440

3. 料到单未到业务

企业材料已到达并验收入库，但发票账单等结算凭证未到、货款尚未支付的采购业务，如果发生在月中，暂不进行账务处理，待结算凭证到达付款时再处理；月末仍未到达时，按材料的计划成本暂估入账，借记“原材料”账户，贷记“应付账款”等账户。下月初用红字做同样的记账凭证，予以冲回，待收到凭证时，按正常程序处理。

例 27 某月C企业购入一批乙材料，期末时已验收入库，但尚未收到发票账单。该批材料的计划成本为54 000元。C企业应做如下会计处理：

月末按计划成本暂估入账：

借：原材料——乙材料	54 000	
贷：应付账款		54 000

下月初再用红字冲回：

借：原材料——乙材料	(54 000)	
贷：应付账款		(54 000)

4. 预付货款购料业务

企业采用预付货款的方式采购材料的，计划成本核算与实际成本核算都必须先通过“预付账款”账户核算，所不同的是，在计划成本法下必须先通过“材料采购”账户核算材料的实际采购成本，再按计划成本记入“原材料”账户，并将计划成本与实际成本的差额记入“材料成本差异”账户。

例 28 根据与江南工厂的购销合同规定,A企业某月15日为购买乙材料向江南工厂预付40 000元货款的80%,计32 000元,已通过汇兑方式汇出。A企业于该月22日收到江南工厂发来的乙材料,并验收入库。有关发票账单已记载,该批货物的货款为40 000元,增值税为6 800元,对方代垫运杂费1 000元,所欠款项以银行存款付讫。该批材料的计划成本为42 000元。A企业应做如下会计处理:

预付货款时:

借:预付账款——江南工厂　　32 000
　贷:银行存款　　32 000

采购确定时:

借:材料采购　　41 000
　应交税费——应交增值税(进项税额)　　6 800
　贷:预付账款——江南工厂　　47 800

补付货款时:

借:预付账款——江南工厂　　15 800
　贷:银行存款　　15 800

材料验收入库时:

借:原材料——乙材料　　42 000
　贷:材料采购　　42 000

结转材料成本差异时:

借:材料采购　　1 000
　贷:材料成本差异　　1 000

(三)原材料发出的会计核算

为简化核算,采用计划成本进行材料日常核算的企业,日常领用、发出原材料均按计划成本记账,而计划成本与实际成本有一定的差异,因此,月份终了,必须计算发出材料应负担的成本差异,以便通过"材料成本差异"账户,将发出材料和期末材料的成本由计划成本调整为实际成本。调整的基本公式如下:

材料的实际成本=材料的计划成本+超支材料成本差异-节约材料成本差异

材料成本差异随着材料入库而形成,同时随着材料发出而减少。期初及本期形成的材料成本差异,应在本期发出材料和期末结存材料之间进行分配。计算本期发出材料应负担的材料成本差异的步骤如下:

$$\text{本期材料成本差异率}=\frac{\text{期初结存材料的成本差异}+\text{本期收入材料的成本差异}}{\text{期初结存材料的计划成本}+\text{本期收入材料的计划成本}}\times 100\%$$

本期发出材料应负担的材料成本差异=发出材料的计划成本×材料成本差异率

本期发出材料的实际成本=发出材料的计划成本±发出材料应负担的材料成本差异

月份终了结转发出材料应负担的材料成本差异时,应按实际成本大于计划成本的差异,借记"生产成本"、"管理费用"、"销售费用"、"委托加工物资"、"其他业务成本"等账户,贷记"材料成本差异"账户;实际成本小于计划成本的差异,则做相反的会计分录。

需要注意的是,在计算材料成本差异率时,本月收入材料的计划成本不包括月末仍未收到发票账单等结算凭证而暂估入账的原材料金额。

例 29 某企业某月初库存原材料,计划成本为189 000元,材料成本差异为-3 000元;本月购入原材料的计划成本为213 000元,材料成本差异为19 000元。本月发出的原材料计划成本为335 000元,其中产品生产领用材料287 600元,车间管理消耗材料21 400元,厂部管理部门领用材料26 000元。

(1)计算材料成本差异率。

材料成本差异率=(−3 000+19 000)÷(189 000+213 000)×100%≈3.98%

(2)计算发出材料和库存材料应负担的材料成本差异。

产品生产领用材料应负担的材料成本差异=287 600×3.98%=11 446.48(元)

车间管理消耗材料应负担的材料成本差异=21 400×3.98%=851.72(元)

厂部管理部门领用材料应负担的材料成本差异=26 000×3.98%=1 034.8(元)

期末库存材料应负担的材料成本差异=(189 000+213 000−335 000)×3.98%≈2 667(元)

(3)编制会计分录。

发出材料时,按计划成本:

借:生产成本　　287 600
　制造费用　　21 400
　管理费用　　26 000
　　贷:原材料　　335 000

结转成本差异时:

借:生产成本　　11 446.48
　制造费用　　851.72
　管理费用　　1 034.80
　　贷:材料成本差异　　13 333

二、毛利率法

毛利率法是指根据本期销售净额乘以前期实际毛利率计算本期销售毛利,并据以计算发出存货成本和期末结存存货成本的一种存货计价方法。商品流通企业由于商品品种繁多,交易量大,采用毛利率法计算本期销售成本和期末存货成本,可以简化工作量;同时,商品流通企业的同类商品毛利率大致相同,采用这种存货计价方法也比较接近于实际。

采用毛利率法计算本期发出存货成本和期末存货成本的程序如下:

1.毛利率=销售毛利÷销售净额×100%;

2.销售净额=商品销售收入−销售退回与折让;

3.销售成本=销售净额×(1−毛利率)

4.期末存货成本=期初存货成本+本期购货成本−本期销售成本。

例30　某商场月初存货146 000元,本月购货850 000元,销售1 200 000元,销售退回与折让合计10 000元,上季该类商品的毛利率为25%。计算本月已销存货和月末存货的成本。

本月销售净额=1 200 000−10 000=1 190 000(元)

销售毛利=1 190 000×25%=297 500(元)

销售成本=1 190 000×(1−25%)=892 500(元)

月末存货成本=146 000+850 000−892 500=103 500(元)

采用毛利率法,商品销售成本按照商品大类销售额计算,在大类商品账上结转成本,计算手续简便。但是,如果本期商品毛利率与前期不同,就会造成结转的销售成本不准确。因此,在实际工作中,通常库存商品明细账平时只记数量,不记金额,每季前两个月按毛利率法计算销售成本。季末的最后一个月再根据月末结存数量,按照最后一批购进价先计算月末存货成本,然后再计算该季度的销售成本,用该季度的商品销售成本减去前两个月已结转的成本,计算季末最后一个月应结转的销售成本,从而对前两个月采用毛利率法计算的成本进行调整。

三、零售价法

零售价法是商品零售企业经常采用的一种存货计价方法。在这种方法下,"库存商品"账户的借方、贷方及余额均反映售价金额,平时在库存商品明细账上同时按成本价和零售价登记期初存货和本期购货,售价与进价的差额记入"商品进销差价"账户,期末通过计算进销差价率的办法计算本期已销商品应分摊的进销差价,并据以调整本期销售成本。"商品进销差价"账户属于库存商品的备抵账户,核算企业采用售价进行日常核算的商品售价与进价之间的差额,贷方反映因购进商品等增加的商品进销差价,借方反映期末分摊的已销商品进销差价,期末贷方余额反映企业库存商品的进销差价。在"商品进销差价"总账下,应按商品类别或实物保管人设置明细账。

采用零售价法计算本期发出存货成本和期末结存存货成本的程序如下:

1.计算进销差价率,其计算公式如下:

$$进销差价率=\frac{期初库存商品进销差价+本期购入商品进销差价}{期初库存商品售价+本期购入商品售价}$$

本期已销商品应分摊的进销差价=本期商品销售收入×进销差价率

2.计算本期销售成本,其计算公式如下:

本期销售成本=本期商品销售收入-本期已销商品应分摊的商品进销差价

3.计算期末存货成本,其计算公式如下:

期末存货成本=期初库存商品成本+本期购入商品成本-本期销售成本

例 31 某商业企业(增值税一般纳税人)采用零售价法计算期末存货成本。2×09 年 6 月初存货成本为 20 000 元,售价为 30 000 元;2×09 年 6 月购入存货成本为 100 000 元,相应的售价为 120 000元;本月销售收入为 100 000 元。该企业应做如下会计处理:

(1)本期购货时:

借:库存商品	120 000	
贷:银行存款		100 000
商品进销差价		20 000

(2)本期销售商品时:

借:银行存款	117 000	
贷:主营业务收入		100 000
应交税费——应交增值税(销项税额)		17 000

(3)平时按售价结转商品销售成本时:

借:主营业务成本	100 000	
贷:库存商品		100 000

(4)期末计算进销差价率:

期初存货进销差价=30 000-20 000=10 000(元)

本期购货进销差价=120 000-100 000=20 000(元)

进销差价率=(10 000+20 000)÷(30 000+120 000)×100%=20%

本期已销商品应分摊的商品进销差价=100 000×20%=20 000(元)

(5)期末根据已销商品应分摊的进销差价冲转销售成本时:

借:商品进销差价	20 000	
贷:主营业务成本		20 000

经过调整,本期商品销售成本调整为实际成本 80 000 元(100 000-20 000);"库存商品"账户的期末借方余额为50 000元(30 000+120 000-100 000),"商品进销差价"账户的贷方余额为

10 000元(10 000＋20 000－20 000)。企业在会计期末编制资产负债表时，存货项目中的商品存货部分，应根据上述两个账户期末余额的差额列出。上述两个账户期末余额的差额为40 000元(50 000－10 000)。

第六节　存货的期末计量

一、存货清查

存货清查是指通过对存货的实地盘点，确定存货的实有数量，并与账面结存数核对，从而确定存货实存数与账面结存数是否相符的一种专门方法。

由于存货种类繁多、收发频繁，在日常收发过程中可能发生计量错误、计算错误、自然损耗，还可能发生损坏变质以及管理不善、贪污、盗窃等情况，造成账实不符，形成存货的盘盈或盘亏。为了保护企业资产的安全和完整，做到账实相符，企业必须对存货进行定期或不定期的清查，确定企业各种存货的实际库存量，与账面记录相核对，查明账实是否相符及不符的原因，并据以编制“存货盘点报告表”，按照规定程序，报请有关部门批准。

(一)确定存货账存数的方法

存货的范围和内容确定后，正确确定存货数量是进行存货核算的前提和基础。企业确定存货的实物数量有实地盘存制和永续盘存制两种方法。

1.实地盘存制

实地盘存制又称定期盘存制，是指会计期末通过对全部存货进行实地盘点，以确定期末存货的结存数量，计算出期末存货的总成本，倒挤出本期已耗用或已销售存货的成本的方法。采用实地盘存制，平时对有关存货只记增加，不记减少，期末通过实地盘点来确定存货数量，计算存货成本，从而倒挤出本期减少的存货成本。其计算公式如下：

期末存货数量＝期末实地盘点数

期末存货成本＝期末存货数量×购进单价

本期发出存货成本＝期初存货成本＋本期购进存货成本－期末存货成本

采用实地盘存制平时对存货只记增加，不记减少，因此核算比较简便。缺点是不能随时反映存货收入、发出和结存的信息，不利于管理；而且，“以存计销”掩盖了存货管理中的各种损失，削弱了对存货的控制；另外，采用此法平时不能随时结转耗用的或销货的成本。因此，实地盘存制只适用于多品种、单位价值低、自然消耗大、进出频繁的商品和物资，一般情况下不宜采用。

2.永续盘存制

永续盘存制也称账面盘存制，是运用会计账簿根据会计凭证逐日或逐笔登记存货收入、发出数量，并随时结出账面结存数的方法。

为了加强存货管理和成本控制，在采用永续盘存制的同时，仍需要定期或不定期地对存货进行实物盘点，将实存数与账存数进行核对，以查明账实是否相符。采用这种制度可以从账面上随时反映各种存货的收入、发出和结存的信息；通过账实核对，及时发现溢缺，以便分析原因，采取措施，加强对存货的管理。永续盘存制与实地盘存制相比，日常核算的工作量较大。由于永续盘存制对存货收发都有严密的手续，因而便于加强会计监督，同时随着会计电算化的推广应用及日常核算成本的下降，永续盘存制正在日益得到广泛的应用。

企业可以根据存货类别和管理要求，对不同的存货采取不同的盘存方法，但不论采用哪种方法，前后期应保持一致。

(二)存货清查结果的会计核算

为了核算企业在财产清查中查明的各种存货的盘盈、盘亏和毁损情况，应设置“待处理财产损溢”账户，核算企业在清查财产过程中查明的各种财产盘盈、盘亏和毁损的价值。该账户的借方登记存货的盘亏、毁损数额及盘盈的转销数额，贷方登记存货的盘盈数额及盘亏的转销数额。对企业的财产损溢，应查明原因，在期末结账前处理完毕，处理后该账户应无余额。

1.存货盘盈的会计处理

企业发生存货盘盈时，在报经批准前应借记有关存货账户，贷记“待处理财产损溢”账户。查明原因经批准后，借记“待处理财产损溢”账户，并按不同的情况作不同的处理。存货盘盈一般是由于自然升溢、收发计量或核算差错造成，属于自然升溢和计量差错造成的存货盘盈应贷记“管理费用”账户；属于核算差错造成，应及时更正有关错账。

例 32 某商业企业在进行期末盘存时，盘盈某类商品 20 千克，每千克 5 元，经查验，认定该商品为相关人员收发计量错误所致。该企业应做如下会计处理：

查处商品升溢时：

借：库存商品	100	
贷：待处理财产损溢——待处理流动资产损溢		100

转为本期损益时：

借：待处理财产损溢——待处理流动资产损溢	100	
贷：管理费用		100

2.存货盘亏及毁损的会计处理

企业发生存货盘亏及毁损时，批准前应根据存货盘点报告表所列的盘亏数，借记“待处理财产损溢”账户，贷记有关存货账户。在报经批准后，应根据不同原因分别进行会计处理。属于计量收发差错和管理不善等原因造成的存货短缺，应先扣除残料价值、可以收回的保险赔偿和过失人赔偿，将净损失计入管理费用；属于自然灾害等非常原因造成的存货毁损，应先扣除处置收入（如残料价值）、可以收回的保险赔偿和过失人赔偿，将净损失计入营业外支出；应收保险公司或责任人的赔偿款，则应计入其他应收款。另外，需要注意的是，根据增值税暂行条例的规定，非正常损失的购进货物和非正常损失的在产品、产成品所耗用的购进货物或者与应税劳务相关的进项税额不得从销项税额中抵扣，应将这部分入账的进项税额转出。税法所谓的“非正常损失”是指因管理不善造成被盗、丢失、霉烂变质的损失。

例 33 某工厂年末在财产清查时发现盘亏甲材料 2 000 元，盘亏乙材料 500 元，盘亏产成品 A 产品 600 元。经查有关增值税专用发票，确认盘亏甲材料的增值税进项税额为 340 元，盘亏乙材料的增值税进项税额为 85 元，盘亏 A 产品生产耗用的购入材料的增值税进项税额为 34 元。经查，盘亏的甲材料属于自然灾害损失，盘亏的乙材料属于管理不善造成，盘亏的 A 产品系保管员失职造成。

根据以上情况，在批准前应根据“账存实存对比表”编制会计分录如下：

借：待处理财产损溢	3 219	
贷：原材料——甲材料		2 000
——乙材料		500
库存商品——A 产品		600
应交税费——应交增值税（进项税额转出）		119

批准后，应根据不同原因编制会计分录如下：

借：营业外支出	2 000	
管理费用	585	
其他应收款——××保管员	634	
贷：待处理财产损溢		3 219

二、存货的期末计价

(一)成本与可变现净值孰低法的原则

资产负债表日,存货应按成本与可变现净值孰低计量。即当存货成本低于可变现净值时,期末存货按成本计价;当可变现净值低于成本时,期末存货按可变现净值计价。成本与可变现净值孰低法的理论基础主要是使存货符合资产的定义。当存货的可变现净值下跌至成本以下时,表明该存货会给企业带来的未来经济利益低于其账面成本,因而应将这部分损失从资产价值中扣除,计入当期损益。否则,存货的可变现净值低于成本时,如果仍以成本计量,就会出现虚计资产的现象。

其中,成本指期末存货的实际成本,如果企业在存货的日常核算中采用计划成本法、零售价法、毛利率法等简化核算方法,应调整为实际成本。

可变现净值是指在日常活动中,存货的估计售价减去至完工时估计将要发生的成本、估计的销售费用以及相关税费后的金额。需要注意的是,企业预计的销售存货现金流量,并不完全等于存货的可变现净值。存货在销售过程中可能发生的销售费用和相关税费,以及为达到预定可销售状态还可能发生的加工成本等相关支出,构成现金流入的抵减项目。企业预计的销售存货现金流量,扣除这些抵减项目后,才能确定存货的可变现净值。企业应以确凿证据为依据计算确定存货的可变现净值。

(二)可变现净值的确定

1.确定存货的可变现净值时应考虑的因素

企业在确定存货的可变现净值时,应当以取得的确凿证据为基础,并且考虑持有存货的目的、资产负债表日后事项的影响等因素。

(1)存货的可变现净值的确凿证据。

确定存货的可变现净值必须建立在取得的确凿证据的基础上。存货可变现净值的确凿证据,是指对确定存货的可变现净值有直接影响的确凿证明,如产成品或商品的市场销售价格、与产成品或商品相同或类似商品的市场销售价格、销货方提供的有关资料和生产成本资料等。

(2)确定存货的可变现净值应当考虑持有存货的目的。

由于企业持有存货的目的不同,确定存货可变现净值的计算方法也不同,因此,企业在确定存货的可变现净值时,应考虑持有存货的目的。企业持有存货的目的,通常可以分为:

①持有以备出售,如商品、产成品,其中又分为有合同约定的存货和没有合同约定的存货;

②将在生产过程或提供劳务过程中耗用,如材料等。

(3)确定存货的可变现净值应当考虑资产负债表日后事项等的影响。

资产负债表日后事项应当能够确定资产负债表日存货的存在状况。即在确定资产负债表日存货的可变现净值时,不仅要考虑资产负债表日与该存货相关的价格与成本波动,而且还应考虑未来的相关事项。也就是说,不仅限于财务报告批准报出日之前发生的相关价格与成本波动,还应考虑以后期间发生的相关事项。

2.不同情况下存货可变现净值的确定

(1)产成品、商品等直接用于出售的商品存货和用于出售的材料,在正常生产经营过程中,应当以该存货的估计售价减去估计的销售费用和相关税费后的金额,确定其可变现净值。

(2)需要经过加工的材料存货,如原材料、在产品和委托加工材料等,由于持有该材料的目的是用于生产产成品,而不是出售,该材料存货的价值将体现在用其生产的产成品上,因此,在确定需要经过加工的材料存货的可变现净值时,需要先用其生产的产成品的可变现净值与该产品的成本进行比较。

①如果该产品的可变现净值高于其成本,则该材料应当按照其成本计量。

例 34 2×15 年 12 月 31 日，甲公司库存 A 材料的账面成本为4 000万元，市场销售价格总额为3 500万元，假定不发生其他销售费用。用 B 材料生产的 X 型产品的可变现净值高于成本。

根据上述资料可知，2×15 年 12 月 31 日，A 材料的账面成本高于其市场价格，但是由于用其生产的 X 型产品的可变现净值高于成本，也就是用该原材料生产的最终产品此时并没有发生价值减损，因此，B 材料即使其账面成本已高于市场价格，也不应计提存货跌价准备，仍应按4 000万元列示在 2×15 年 12 月 31 日的资产负债表的存货项目之中。

②如果材料价格的下降表明以其生产的产成品的可变现净值低于成本，则该材料应当按可变现净值计量。其可变现净值为在正常生产经营过程中，以该材料所生产的产成品的估计售价减去完工时估计将要发生的成本、估计的销售费用以及相关税费后的金额确定。

例 35 2×15 年 12 月 31 日，甲公司库存 B 材料的账面价值（成本）为 600 000 元，市场购买价格总额为 530 000 元，假设不发生其他购买费用。由于 B 材料的市场销售价格下降，用 B 材料生产的 Y 型产品的市场销售价格总额由 1 500 000 元下降为 1 400 000 元，但其生产成本仍为 1 350 000 元；将 B 材料加工成 Y 型产品尚需投入 750 000 元，估计销售费用及税金为 100 000 元。要求：确定 2×15 年 12 月 31 日 B 材料的价值。

根据上述资料，可按以下步骤进行确定：

第一步，计算用该原材料所生产的产成品的可变现净值。

Y 型产品的可变现净值＝Y 型产品估计售价－估计销售费用及税金

＝1 400 000－100 000＝1 300 000（元）

第二步，将用该原材料所生产的产成品的可变现净值与其成本进行比较。

Y 型产品的可变现净值 1 300 000 元小于其成本 1 350 000 元，因此，B 材料应当按可变现净值计量。

第三步，计算该原材料的可变现净值，并确定其期末价值。

B 材料的可变现净值＝Y 型产品的估计售价－将 B 材料加工成 Y 型产品尚需投入的成本

－估计销售费用及税金

＝1 400 000－750 000－100 000＝550 000（元）

B 材料的可变现净值 550 000 元小于其成本 600 000 元，因此，B 材料的期末价值应为其可变现净值 550 000 元，即 B 材料应按 550 000 元列示在 2×15 年 12 月 31 日资产负债表日的存货项目之中。

(3)为执行销售合同或者劳务合同而持有的存货，通常应当以产成品或商品的合同价格作为其可变现净值的计算基础。

①企业与购买方签订了销售合同(或劳务合同，下同)，并且销售合同订购的数量等于企业持有存货的数量，在这种情况下，在确定与该项销售合同直接相关存货的可变现净值时，应当以销售合同价格作为其可变现净值的计算基础。也就是说，如果企业就其产成品或商品签订了销售合同，则该批产成品或商品的可变现净值应当以合同价格作为计算基础；如果企业销售合同所规定的标的物还没有生产出来，但持有专门用于该标的物生产的原材料，其可变现净值也应当以合同价格作为计算基础。

例 36 2×15 年 9 月 1 日，甲公司与乙公司签订了一份不可撤销的销售合同，双方约定，2×16 年 2 月 10 日，甲公司应按每台 58 万元的价格（假定本章中所称销售价格不含增值税）向乙公司提供 W 型机器 100 台。2×16 年 12 月 31 日，甲公司 W 型机器的数量为 100 台，单位成本为 55 万元/台。2×16 年 12 月 31 日，W 型机器的市场销售价格为 61 万元/台。假定不考虑相关税费和销售费用。

由于该批 W 型机器的销售价格已由销售合同约定，并且其库存数量等于销售合同约定的数量，因此，在这种情况下，计算 W 型机器的可变现净值应以销售合同约定的价格5 800万元(58×100)作为计算基础。

②如果企业持有存货的数量多于销售合同订购数量，超出部分的存货可变现净值应当以产成品或商品的一般销售价格(即市场销售价格)作为计算基础。

例 37 某企业持有 14 000 台产品，其中 10 000 台有销售合同，每台合同价格为1 000元，市场销售价格为 960 元。假设销售一台产品的销售费用和相关税费合计 60 元，则该产品的可变现净值分为两个部分计算：

有销售合同的部分，可变现净值＝10 000×(1 000－60)＝9 400 000(元)

无销售合同的部分，可变现净值＝4 000×(960－60)＝3 600 000(元)

③如果企业持有存货的数量少于销售合同订购数量，实际持有与该销售合同相关的存货应以销售合同所规定的价格作为可变现净值的计算基础。

(三)存货跌价准备的会计处理

为了对存货正确地进行期末计价，企业应设置“存货跌价准备”账户。该账户属于存货账户的备抵账户，贷方登记当期计提的存货跌价准备，借方登记转回的存货跌价准备或者因发出存货而结转的存货跌价准备，期末贷方余额反映企业已计提但尚未转销的存货跌价准备。

1.存货跌价准备的计提

企业应当在资产负债表日确定存货的可变现净值，将每个存货项目的成本与其可变现净值逐一进行比较，按较低者计量存货，并且按成本高于可变现净值的差额计提存货跌价准备。计提存货跌价准备时，应借记“资产减值损失”账户，贷记“存货跌价准备”账户。

如果某一类存货的数量繁多并且单价较低，企业可以按存货类别计量成本与可变现净值，即按存货类别的成本的总额与可变现净值的总额进行比较，每个存货类别均取较低者确定存货期末价值。与在同一地区生产和销售的产品系列相关、具有相同或类似最终用途或目的，且难以与其他项目分开计量的存货，可以合并计提存货跌价准备。

如果企业持有的同一项存货的数量多于销售合同或劳务合同订购的数量的，应分别确定其可变现净值，并与其相对应的成本进行比较，分别确定存货跌价准备的计提或转回金额，由此计提的存货跌价准备不得相互抵消。

存货存在下列情况之一的，表明存货的可变现净值低于成本：

(1)该存货的市场价格持续下跌，并且在可预见的未来无回升的希望。例如，企业持有一批钢材，市场中钢材价值长期贬值，短期内无法回升，则属于有迹象表明钢材发生减值。

(2)企业使用该项原材料生产的产品的成本大于产品的销售价格。

(3)企业因产品更新换代，原有库存原材料已不适应新产品的需要，而该原材料的市场价格又低于其账面成本。

(4)因企业所提供的商品或劳务过时或消费者偏好改变而使市场的需求发生变化，导致市场价格逐渐下跌。

(5)其他足以证明该项存货实质上已经发生减值的情形。

存货存在下列情形之一的，表明存货的可变现净值为零：

(1)已霉烂变质的存货。

(2)已过期且无转让价值的存货。

(3)生产中已不再需要，并且已无使用价值和转让价值的存货。

(4)其他足以证明已无使用价值和转让价值的存货。

2. 存货跌价准备的转回

如果以前减记存货价值的影响因素已经消失，则减记的金额应当予以恢复，并在原已计提的存货跌价准备的金额内转回，转回的金额计入当期损益。转回的存货跌价准备与计提该准备的存货项目或类别之间应存在直接对应关系，但转回的金额以将存货跌价准备的余额冲减至零为限。转回存货跌价准备时，应借记"存货跌价准备"账户，贷记"资产减值损失"账户。

例 38 2×15 年 12 月 31 日，某公司 E 型库存商品的账面成本为 10 万元，E 型库存商品的预计可变现净值为 8 万元，由此计提存货跌价准备 2 万元。

借：资产减值损失——存货减值损失　　20 000
　　贷：存货跌价准备——E 商品　　20 000

2×16 年 6 月 30 日，E 型库存商品的账面成本为 10 万元，由于 E 型库存商品的市场价格有所上升，使得 E 型库存商品的预计可变现净值变为 9.5 万元。

由于 E 型库存商品的可变现净值有所恢复，应计提的存货跌价准备为 0.5 万元(10－9.5)，则当期应冲减已计提的存货跌价准备 1.5 万元(2－0.5)，冲减额小于已计提的存货跌价准备 2 万元，因此，应转回的存货跌价准备为 1.5 万元。

会计分录为：

借：存货跌价准备——E 商品　　15 000
　　贷：资产减值损失——存货减值损失　　15 000

2×16 年 12 月 31 日，E 型库存商品的账面成本为 10 万元，由于 E 型库存商品的市场价格进一步上升，预计 E 型库存商品的可变现净值为 11.1 万元。

E 型库存商品的可变现净值又有所恢复，应冲减存货跌价准备为 1.1 万元(11.1－10)，但是，对 E 型库存商品已计提的存货跌价准备的余额仅为 0.5 万元，因此，当期应转回的存货跌价准备为 0.5 万元而不是 1.1 万元(即以对 E 型库存商品已计提的存货跌价准备的余额冲减至零为限)。

会计分录为：

借：存货跌价准备——E 商品　　5 000
　　贷：资产减值损失——存货减值损失　　5 000

3. 存货跌价准备的结转

对已售存货计提了存货跌价准备的，企业在发出存货时应结转已计提的存货跌价准备，冲减当期主营业务成本或其他业务成本。企业按存货类别计提存货跌价准备的，也应按比例结转相应的存货跌价准备。结转存货跌价准备时，应借记"存货跌价准备"账户，贷记"主营业务成本"或"其他业务成本"账户。

例 39 2×15 年末，增值税一般纳税人甲公司库存 A 机器 10 台，每台成本为 3 500 元，已经计提的存货跌价准备为 5 500 元。2×16 年 5 月，甲公司将库存的 10 台机器全部以每台 5 000 元的价格售出。假定不考虑可能发生的销售费用及税金的影响。甲公司应做如下会计处理：

(1)确认收入时：

借：银行存款　　58 500
　　贷：主营业务收入　　50 000
　　　　应交税费——应交增值税(销项税额)　　8 500

(2)结转成本时：

借：主营业务成本　　35 000
　　贷：库存商品　　35 000

(3)结转存货跌价准备时：

借：存货跌价准备　　5 500
　　贷：主营业务成本　　5 500

或者也可以将(2)、(3)笔分录合并为：

借：主营业务成本 29 500

存货跌价准备 5 500

贷：库存商品 35 000

复习思考题

1. 如何确定外购存货的入账价值？

2. 存货按实际成本计价时，货到单未到业务应怎样核算？

3. 存货按计划成本核算与按实际成本核算有何不同？

4. 物价上涨时期企业采用先进先出法对存货发出进行核算，对企业期末资产总额和利润有什么影响？

5. 实地盘存制和永续盘存制的区别是什么？

6. 存货可变现净值的含义是什么？

7. 企业产品成本的主要构成项目有哪些？

第五章 投资(一)

金融是现代经济的核心,金融市场(包括资本市场)的健康、可持续发展离不开金融工具的广泛运用和不断创新。金融工具是指形成一个企业的金融资产,并形成其他单位的金融负债或权益工具的合同。我国的《企业会计准则第 22 号——金融工具确认和计量》规范了包括金融企业在内的各类企业的金融工具交易的会计处理,要求企业将几乎所有金融工具纳入表内核算,以如实反映企业的金融工具交易,便于投资者更好地了解企业的财务状况和经营成果。

金融资产属于企业资产的重要组成部分,主要包括库存现金、银行存款、应收账款、应收票据、其他应收款、股权投资、债权投资、衍生工具形成的资产等。企业应当结合自身业务特点、投资策略和风险管理要求,将取得的金融资产在初始确认时划分为下列四类:(1)以公允价值计量且其变动计入当期损益的金融资产;(2)持有至到期投资;(3)贷款和应收款项;(4)可供出售金融资产。

本章不涉及以下金融资产的会计处理:(1)货币资金,其会计处理见第二章;(2)应收款项,其会计处理见第三章;(3)对子公司、联营企业、合营企业投资以及在活跃市场上没有报价的长期股权投资,其会计处理见第六章。

第一节 交易性金融资产

一、交易性金融资产的内容和特点

交易性金融资产是指企业为近期内交易目的而持有的金融资产,通常包括以赚取差价为目的而购入的股票、债券和基金等。

金融资产满足下列条件之一的,应当划分为交易性金融资产:

1. 取得该金融资产的目的,主要是为了近期内出售或回购,如企业以赚取差价为目的从二级市场购入的股票、债券、基金等。

2. 属于进行集中管理的可辨认金融工具组合的一部分,且有客观证据表明企业近期采用短期获利方式对该组合进行管理。比如,企业基于其投资策略和风险管理的需要,将某些金融资产进行组合从事短期获利活动,对于组合中的金融资产,应采用公允价值计量,并将其相关公允价值变动计入当期损益。

3. 属于金融衍生工具,如国债期货、远期合同、股指期货等,其公允价值变动大于零时,应将其相关变动金额确认为交易性金融资产,同时计入当期损益。但是,如果衍生工具被企业指定为有效套期关系中的套期工具,那么,该衍生工具初始确认后的公允价值变动应根据其对应的套期关系(即公允价值套期、现金流量套期或境外经营净投资套期)不同,采用相应的方法进行处理。

交易性金融资产的特点有以下三个:(1)不以控制被投资单位为目的,而是以赚取差价为目的。(2)很容易变现。如急需资金,能迅速在市场上出售。(3)持有时间较短。

企业在初始确认时将某金融资产划分为交易性金融资产后,不能重分类为其他类金融资产;其他类金融资产也不能重分类为交易性金融资产。

二、账户设置

为了核算企业交易性金融资产的取得、后续计量以及处置，企业应设置“交易性金融资产”、“公允价值变动损益”、“投资收益”等账户。

1.“交易性金融资产”账户

该账户核算企业为交易目的所持有的债券投资、股票投资、基金投资等交易性金融资产的公允价值，属于资产类账户。该账户的借方登记取得交易性金融资产时的公允价值(成本)，以及资产负债表日交易性金融资产的公允价值高于其账面价值的差额；贷方登记资产负债表日交易性金融资产的公允价值低于其账面价值的差额，以及处置该金融资产时结转的账面价值；余额在借方，反映企业持有的交易性金融资产的公允价值。在该账户下，企业应当按照交易性金融资产的类别和品种，分设“成本”、“公允价值变动”明细账户进行明细核算。

2.“公允价值变动损益”账户

该账户核算企业交易性金融资产形成的应计入当期损益的利得或损失，属于损益类账户。该账户的贷方登记资产负债表日企业持有的交易性金融资产的公允价值高于其账面余额的差额；借方登记资产负债表日交易性金融资产的公允价值低于其账面余额的差额；期末，应将该账户的余额转入“本年利润”账户，结转后该账户无余额。

3.“投资收益”账户

该账户核算企业处置交易性金融资产实现的投资收益或投资损失，属于损益类账户。该账户的贷方登记企业出售交易性金融资产实现的投资收益；借方登记企业出售交易性金融资产实现的投资损失；期末，应将该账户的余额转入“本年利润”账户，结转后该账户无余额。

三、交易性金融资产的核算

(一)交易性金融资产的初始计量

初始确认交易性金融资产时，应按公允价值计量，相关交易费用应当直接计入当期损益。其中，交易费用是指可直接归属于购买、发行或处置金融工具新增的外部费用。所谓新增的外部费用，是指企业不购买、发行或处置金融工具就不会发生的费用。交易费用包括支付给代理机构、咨询公司、券商等的手续费和佣金及其他必要支出，不包括债券溢价、折价、融资费用、内部管理成本及其他与交易不直接相关的费用。企业为购买金融工具所发生的差旅费等，不属于此处所讲的交易费用。

企业取得交易性金融资产所支付的价款中，包含已宣告但尚未发放的现金股利或已到付息期但尚未领取的债券利息的，应当单独确认为应收项目。在持有期间取得的利息或现金股利，应当确认为投资收益。

企业取得交易性金融资产时，应按其公允价值(不含支付的价款中所包含的、已到付息期但尚未领取的利息，或已宣告发放但尚未发放的现金股利)，借记“交易性金融资产——成本”账户；按发生的交易费用，借记“投资收益”账户；按已到付息期但尚未领取的利息或已宣告发放但尚未发放的现金股利，借记“应收利息”或“应收股利”账户；按实际支付的金额，贷记“银行存款”等账户。

例1 A公司于2×15年3月20日以银行存款从证券市场购入B公司的普通股100万股，每股支付的价款为18元。其中，1元为B公司于20×8年2月15日已宣告尚未支付的现金股利，购入中另以银行存款支付交易费用12万元。A公司将该笔投资作为交易性金融资产。A公司应编制会计分录如下：

借：交易性金融资产——成本	17 000 000
应收股利	1 000 000

投资收益 120 000

贷:银行存款 18 120 000

(二)交易性金融资产的后续计量

1. 交易性金融资产在持有期间内收益的核算

交易性金融资产持有期间被投资单位宣告发放的现金股利,或在资产负债表日按分期付息、一次还本的债券投资的票面利率计算的利息收入,应借记"应收股利"或"应收利息"账户,贷记"投资收益"账户。收到购买价款中包含的已宣告发放的现金股利或债券利息时,借记"银行存款"账户,贷记"应收股利"或"应收利息"账户。

例2 承例1,2×15年4月13日,A公司收到B公司宣告的每股1元的现金股利。A公司应编制会计分录如下:

借:银行存款 1 000 000

贷:应收股利 1 000 000

例3 C公司于2×15年11月30日以银行存款从证券市场购入D公司的普通股300万股。C公司将该笔投资作为交易性金融资产。2×15年2月15日,D公司宣告发放每股1元的现金股利;2×15年4月25日,C公司收到D公司宣告发放的现金股利。

2×15年2月15日,D公司宣告发放现金股利时,C公司应编制会计分录如下:

借:应收股利 3 000 000

贷:投资收益 3 000 000

2×15年4月25日,收到D公司宣告发放的现金股利,C公司应编制会计分录如下:

借:银行存款 3 000 000

贷:应收股利 3 000 000

2. 交易性金融资产在资产负债表日的核算

资产负债表日,企业应将交易性金融资产的公允价值变动计入当期损益。资产负债表日,交易性金融资产的公允价值高于其账面价值的差额,借记"交易性金融资产——公允价值变动"账户,贷记"公允价值变动损益"账户;公允价值低于其账面价值余额的差额,借记"公允价值变动损益"账户,贷记"交易性金融资产——公允价值变动"账户。

例4 承例2,2×15年12月31日,A公司每股股票市价为16元。A公司应编制会计分录如下:

借:公允价值变动损益[(17-16)×1 000 000] 1 000 000

贷:交易性金融资产——公允价值变动 1 000 000

例5 承例4,2×16年6月30日,A公司每股股票市价为17.2元。A公司应编制会计分录如下:

借:交易性金融资产——公允价值变动 1 200 000

贷:公允价值变动损益[(17.2-16)×1 000 000] 1 200 000

(三)交易性金融资产的处置

处置交易性金融资产时,其公允价值与初始入账金额之间的差额应确认为投资收益,同时调整公允价值变动损益。出售交易性金融资产时,应按实际收到的金额,借记"银行存款"等账户;按该金融资产的账面余额,贷记"交易性金融资产"账户;按其差额,贷记或借记"投资收益"账户。同时,将原计入该金融资产的公允价值变动转出,借记或贷记"公允价值变动损益"账户,贷记或借记"投资收益"账户。

例6 承例5,2×16年11月15日,A公司将股票出售,出售款1 800万元存入银行。A公司应编制会计分录如下:

借:银行存款 18 000 000

贷:交易性金融资产——成本 17 000 000

——公允价值变动 200 000

投资收益 800 000

同时:

借:公允价值变动损益 200 000

贷:投资收益 200 000

例7 甲企业为工业生产企业,2×14年1月1日,从二级市场支付价款204 000元(含已到付息期但尚未领取的利息4 000元)购入某公司发行的债券,另发生交易费用4 000元。该债券面值为200 000元,剩余期限为2年,票面年利率为4%,每半年付息一次,甲企业将其划分为交易性金融资产。其他资料如下:

(1)2×14年1月3日,收到该债券2×13年下半年利息4 000元;

(2)2×14年6月30日,该债券的公允价值为230 000元(不含利息);

(3)2×14年7月7日,收到该债券上半年利息;

(4)2×14年12月31日,该债券的公允价值为220 000元(不含利息);

(5)2×15年1月5日,收到该债券2×14年下半年利息;

(6)2×15年3月31日,甲企业将该债券出售,取得价款236 000元(含一季度利息2 000元)。

假定不考虑其他因素。

(1)2×14年1月1日,购入债券时:

借:交易性金融资产——成本 200 000

应收利息 4 000

投资收益 4 000

贷:银行存款 208 000

(2)2×14年1月3日,收到该债券2×13年下半年利息时:

借:银行存款 4 000

贷:应收利息 4 000

(3)2×14年6月30日,确认该债券的公允价值变动和投资收益时:

借:交易性金融资产——公允价值变动 30 000

贷:公允价值变动损益 30 000

借:应收利息 4 000

贷:投资收益 4 000

(4)2×14年7月7日,收到该债券上半年利息时:

借:银行存款 4 000

贷:应收利息 4 000

(5)2×14年12月31日,确认该债券的公允价值变动和投资收益时:

借:公允价值变动损益 10 000

贷:交易性金融资产——公允价值变动 10 000

借:应收利息 4 000

贷:投资收益 4 000

(6)2×15年1月5日,收到该债券2×14年下半年利息时:

借:银行存款 4 000

贷:应收利息 4 000

(7)2×15 年 3 月 31 日,将该债券予以出售时:

借:银行存款	236 000	
公允价值变动损益	20 000	
贷:交易性金融资产——成本		200 000
——公允价值变动		20 000
投资收益		36 000

第二节 持有至到期投资

一、持有至到期投资的定义

持有至到期投资是指到期日固定、回收金额固定或可确定,且企业有明确意图和能力持有至到期的非衍生金融资产。通常情况下,能够划分为持有至到期投资的金融资产主要是债权性投资,如从二级市场上购入的固定利率国债、浮动利率金融债券等。股权投资由于没有固定的到期日,因而不能划分为持有至到期投资。持有至到期投资通常具有长期性质,但期限较短(1 年以内)的债券投资,符合持有至到期条件的,也可将其划分为持有至到期投资。

下列金融资产不应当划分为持有至到期投资:

1. 初始确定时被指定为以公允价值计量且其变动计入当期损益的非衍生金融资产。
2. 初始确认时被指定为可供出售的非衍生金融资产。
3. 符合贷款和应收款项的非衍生金融资产。

企业在将金融资产划分为持有至到期投资时,应注意把握其特征:

(一)到期日固定、回收金额固定或可确定

这里的"到期日固定、回收金额固定或可确定",是指相关的合同明确了投资在已确定的期间内获得或应收取的投资的本金和利息的金额,权益工具投资不能划分为持有至到期投资。因此,从投资者角度看,如果不考虑其他条件,在将某项投资划分为持有至到期投资时,可以不考虑可能存在的发行方重大支付风险。其次,由于要求到期日固定,从而权益工具投资不能划分为持有至到期投资。再者,如果符合其他条件,则不能由于某债务工具投资是浮动利率投资而不将其划分为持有至到期投资。

(二)企业有明确意图将该金融资产持有至到期

这里的"企业有明确意图将该金融资产持有至到期",是指投资者在投资取得时就有将金融资产持有至到期的意图,除非有意外的事件。

存在下列情况之一的,表明企业没有明确意图将金融资产投资持有至到期:

1. 持有该金融资产的期限不确定。
2. 发生市场利率变化、流动性需要变化、替代投资机会及其投资收益率变化、融资来源和条件变化、外汇风险变化等情况时,将出售该金融资产。但是,无法控制、预期不会重复发生且难以合理预计的独立事项引起的金融资产出售除外。
3. 该金融资产的发行方可以按照明显低于其摊余成本的金额清偿。
4. 其他表明企业没有明确意图将该金融资产持有至到期的情况。

据此,对于发行方可以赎回的债务工具,如发行方行使赎回权,投资者仍可收回其几乎所有初始净投资(含支付的溢价和交易费用),那么投资者可以将此类投资划分为持有至到期投资。但是,对于投资者有权要求发行方赎回的债务工具投资,投资者不能将其划分为持有至到期投资。

(三)企业有能力将该金融资产持有至到期

这里的"企业有能力将该金融资产持有至到期",是指企业有足够的财务资源,并不受外界因素的影响将投资持有至到期。存在下列情况之一的,表明企业没有能力将具有固定期限的金融资产投资持有至到期:

1. 没有可利用的财务资源持续地为该金融资产投资提供资金支持,以使该金融资产投资持有至到期。

2. 受法律、行政法规的限制,使企业难以将该金融资产持有至到期。

3. 其他表明企业没有能力将具有固定期限的金融资产持有至到期的情况。

(四)非衍生金融资产

非衍生金融资产是指不包括远期合同、期货合同、互换和期权,以及具有远期合同、期货合同、互换和期权中一种或一种以上特征的金融衍生工具在内的工具形成的金融资产。

(五)持有至到期投资在到期前处置或重分类的影响

企业将持有至到期投资在到期前处置或重分类,通常表明其违背了将投资持有至到期的最初意图。如果处置或重分类为其他类金融资产的金额相对于该类投资(即企业全部持有至到期投资)在出售或重分类前的总额较大,则企业在处置或重分类后应立即将其剩余的持有至到期投资(即全部持有至到期投资扣除已处置或重分类的部分)重分类为可供出售金融资产。但是,遇到下列情况可以除外:

1. 出售日或重分类日距离该项投资到期日或赎回日较近(如到期前3个月内),且市场利率变化对该项投资的公允价值没有显著影响。

2. 根据合同约定的偿付方式,企业已收回几乎所有初始本金。

3. 出售或重分类是由于企业无法控制、预期不会重复发生且难以合理预计的独立事件所引起。此种情况主要包括:

(1)因被投资单位信用状况严重恶化,将持有至到期投资予以出售;

(2)因相关税收法规取消了持有至到期投资的利息税前可抵扣政策或显著减少了税前可抵扣金额,将持有至到期投资予以出售;

(3)因发生重大企业合并或重大处置,为保持现行利率风险头寸或维持现行信用风险政策,将持有至到期投资予以出售;

(4)因法律、行政法规对允许投资的范围或特定投资品种的投资限额作出重大调整,将持有至到期投资予以出售;

(5)因监管部门要求大幅度提高资产流动性或大幅度提高持有至到期投资在计算资本充足率时的风险权重,将持有至到期投资予以出售。

二、账户设置

1."持有至到期投资"账户

企业为了核算企业持有至到期投资取得、摊余成本以及处置等情况,应设置"持有至到期投资"账户。该账户的借方登记持有至到期投资的增加额,包括债券的面值、到期还本付息债券的应计利息、发生的债券溢价、债券折价的摊销;贷方登记持有至到期投资的减少额,包括出售时结转的债券的面值、发生的债券折价和债券的溢价摊销额;期末借方余额反映企业持有至到期投资的摊余成本。该账户可按持有至到期投资的类别和品种,分别"成本"、"利息调整"、"应计利息"等进行明细核算。

2."持有至到期投资减值准备"账户

为了核算企业持有至到期投资减值准备的情况,企业应当设置"持有至到期投资减值准备"账户。该账户的借方登记已计提减值准备的持有至到期投资价值以后又得以恢复的增加额;贷方登记持有至到期投资发生减值的数额;期末余额在贷方,反映企业已计提但尚未转销的持有至到期投资减值准备。该账户可按持有至到期投资的类别和品种进行明细核算。

三、持有至到期投资的初始计量

持有至到期投资应当按取得时的公允价值和相关交易费用之和作为初始确认金额。支付的价款中包含的已到付息期但尚未领取的债券利息,应单独确认为应收项目。

持有至到期投资初始确认时,应计算其实际利率。实际利率是指将金融资产或金融负债在预期存续期间或适用的更短期间内的未来现金流量,折现为该金融资产或金融负债当前账面价值所使用的利率。实际利率应当在取得持有至到期投资时确定,在该持有至到期投资预期存续期间或适用的更短期间内保持不变。

在确定实际利率时,应当在考虑金融资产或金融负债所有合同条款(包括提前还款权、看涨期权或类似期权等)的基础上预计未来现金流量,但不应考虑未来信用损失。

金融资产或金融负债合同各方之间支付或收取的、属于实际利率组成部分的各项收费、交易费用及溢价或折价等,应当在确定实际利率时予以考虑。金融资产或金融负债的未来现金流量或存续期间无法可靠预计时,应当采用该金融资产或金融负债在整个合同期内的合同现金流量。

企业对付款额或收款额的估计数进行修正时,应调整此金融资产或金融负债(或金融工具组)的账面价值,以反映实际和修正后的预计现金流量。企业应通过按金融工具初始实际利率计算预计未来现金流量的现值来重估金融工具的账面价值,相关调整金额作为收入或费用,计入当期损益。

企业取得的持有至到期投资,应按该投资的面值,借记"持有至到期投资——成本"账户,按支付的价款中包含的已到付息期但尚未领取的利息,借记"应收利息"账户;按实际支付的金额(包括交易费),贷记"银行存款"等账户;按其差额,借记或贷记"持有至到期投资——利息调整"账户。

四、持有至到期投资的后续计量

(一)利息收入的确认和计量

企业应在持有至到期投资持有期间,采用实际利率法,按照摊余成本和实际利率计算确认利息收入,计算投资收益。企业在对持有至到期投资进行后续计量时,应注意对以下几个关键概念的理解:

1. 实际利率法,是指按照金融资产或金融负债(含一组金融资产或金融负债)的实际利率计算其摊余成本及各期利息收入或利息费用的方法。

2. 摊余成本,是指该金融资产的初始确认金额经下列调整后的结果,即:

(1)扣除已偿还的本金;

(2)加上或减去采用实际利率法将该初始确认金额与到期日金额之间的差额进行摊销形成的累计摊销额;

(3)扣除已发生的减值损失。

一次还本付息的债券期末摊余成本=期初摊余成本+按实际利率计算的投资收益

=期初摊余成本×(1+实际利率)

3. 实际利率应当在取得持有至到期投资时确定,实际利率与票面利率差别较小的,也可按票面利率计算利息收入。

资产负债表日,持有至到期投资为分期付息、一次还本债券投资的,应按根据票面利率计算确定的应收未收利息,借记"应收利息"账户;按持有至到期投资摊余成本和实际利率计算确定的利息收入,贷记“投资收益”账户;按其差额,借记或贷记“持有至到期投资——利息调整”账户。

持有至到期投资为一次还本付息债券投资的,应于资产负债表日按票面利率计算确定的应收未收利息,借记“持有至到期投资——应计利息”账户;按持有至到期投资摊余成本和实际利率计算确定的利息收入,贷记“投资收益”账户;按其差额,借记或贷记“持有至到期投资——利息调整”账户。

(二)减值损失的确认及转回

企业应当在资产负债表日对持有至到期投资的账面价值进行检查,有客观证据表明该金融资产发生减值的,应当确认减值损失,计提减值准备。表明金融资产发生减值的客观证据,是指金融资产初始确认后实际发生的、对该金融资产的预计未来现金流量有影响,且企业能够对该影响进行可靠计量的事项。持有至到期投资发生减值的客观证据,包括下列各项:

1. 发行方或债务人发生严重财务困难;
2. 债务人违反了合同条款,如偿付利息或本金发生违约或逾期等;
3. 债权人出于经济或法律等方面因素的考虑,对发生财务困难的债务人作出让步;
4. 债务人很可能倒闭或进行其他财务重组;
5. 因发行方发生重大财务困难,该金融资产无法在活跃市场继续交易;
6. 无法辨认一组金融资产中某项资产的现金流量是否已经减少,但根据公开的数据对其进行总体评价后发现,该组金融资产自初始确认以来的预计未来现金流量确已减少且可计量,如该组金融资产的债务人支付能力逐步恶化,或债务人所在国家或地区失业率提高、担保物在其所在地区的价格明显下降、所处行业不景气等;
7. 债务人经营所处的技术、市场、经济或法律环境等发生重大不利变化,使权益工具投资人可能无法收回投资成本;
8. 其他表明该金融资产发生减值的客观证据。

持有至到期投资发生减值时,应当将该金融资产的账面价值与预计未来现金流量现值之间的差额确认为减值损失,计入当期损益。持有至到期投资在计算未来现金流量现值时,可采用合同规定的现行实际利率作为折现利率。资产负债表日,持有至到期投资发生减值的,应按减记的金额,借记“资产减值损失”账户,贷记“持有至到期投资减值准备”账户。

对持有至到期投资确认减值损失后,如有客观证据表明该金融资产价值已恢复,且客观上与确认该损失后发生的事项有关(如债务人的信用评级已提高等),原确认的减值损失应当予以转回,计入当期损益。但是,该转回后的账面价值不应当超过假定不计提减值准备情况下该金融资产在转回日的摊余成本。资产负债表日,已计提减值准备的持有至到期投资价值以后又得以恢复的,应在原已计提的减值准备金额内,按恢复增加的金额,借记“持有至到期投资减值准备”账户,贷记“资产减值损失”账户。

例 8 甲公司 2×13 年 1 月 1 日购入大华公司当日发行的 3 年期债券,面值为1 000万元,票面利率为 10%,每年末付息,三年后一次性还本。甲公司实际支付价款1 052万元。甲公司将购入的该公司债券划分为持有至到期投资,且不考虑所得税、减值损失等因素。

设该债券的实际利率为 R,则:

$$
\begin{aligned}
购买价格 &= \frac{1\,000\times10\%}{(1+10\%)^1}+\frac{1\,000\times10\%}{(1+10\%)^2}+\frac{1\,000\times10\%}{(1+10\%)^3}+\frac{1\,000}{(1+10\%)^3} \\
&= 1\,000\times10\%\times P/A(R,3)+1\,000\times P/F(R,3) \\
&= 1\,052(元)
\end{aligned}
$$

采用插值法,结合年金现值系数表和复利现值系数表,可计算出 $R=8\%$。

根据实际利率法,按摊余成本和实际利率计算利息收入的过程如表 5—1 所示。

表 5-1 溢价摊销和摊余成本计算表 单位:万元

年 份	期初摊余成本(A)	实际利息(B=A×8%)	现金流入(C=面值×10%)	溢价摊销(D=C-B)	期末摊余成本(E=A-D)
2×13	1 052	84	100	16	1 036
2×14	1 036	83	100	17	1 019
2×15	1 019	81	100	19	0

根据上述数据,甲公司的有关账务处理如下(金额单位:万元):

(1)2×13 年 1 月 1 日,购入债券时:

借:持有至到期投资——成本 1 000
　　　　　　　——利息调整 52
　贷:银行存款 1 052

(2)2×13 年 12 月 31 日,确认实际利息收入、收到票面利息等时:

借:应收利息 100
　贷:投资收益 84
　　持有至到期投资——利息调整 16
借:银行存款 100
　贷:应收利息 100

(3)2×14 年 12 月 31 日,确认实际利息收入、收到票面利息等时:

借:应收利息 100
　贷:投资收益 83
　　持有至到期投资——利息调整 17
借:银行存款 100
　贷:应收利息 100

(4)2×15 年 12 月 31 日,确认实际利息收入、收到票面利息和本金等:

借:应收利息 100
　贷:投资收益 81
　　持有至到期投资——利息调整 19
借:银行存款 100
　贷:应收利息 100
借:银行存款 1 000
　贷:持有至到期投资——成本 1 000

例 9 2×13 年 1 月 1 日,乙公司从活跃市场上购入某公司 3 年期债券,面值为10 000元,票面利率为 5%,到期一次还本付息。合同约定,该债券的发行方在遇到特定情况时可以将债券赎回,且不需要为提前赎回支付额外款项。乙公司在购买该债券时,预计发行方不会提前赎回。乙公司将购入的该公司债券划分为持有至到期投资,且不考虑所得税、减值损失等因素。经测算,债券的实际利率为 8%。

$$乙公司应支付的价款=\frac{10\ 000\times(1+3\times5\%)}{(1+8\%)^3}$$

$$=10\ 000\times(1+3\times5\%)\times(P/F,8\%,3)$$

$$=9\ 129.05(万元)$$

根据实际利率法计算折价摊销和摊余成本的过程如表 5-2 所示。

表 5—2　　折价摊销和摊余成本计算表　　单位:万元

年　份	期初摊余成本(A)	实际利息(B=A×8%)	票面利息(C=面值×5%)	折价摊销(D=B−C)	现金流入(E)	期末摊余成本(F=A+B−E)
2×13	9 129.05	730.32	500	230.32	0	9 859.37
2×14	9 859.37	788.75	500	288.75	0	10 648.12
2×15	10 648.12	851.88*	500	351.88	11 500	0

*考虑了计算过程中出现的尾差。

根据上述数据,乙公司的有关账务处理如下:

(1)2×13 年 1 月 1 日,购入债券时:

借:持有至到期投资——成本　10 000
　贷:银行存款　9 129.05
　　持有至到期投资——利息调整　870.95

(2)2×13 年 12 月 31 日,确认实际利息收入:

借:持有至到期投资——应计利息(10 000×5%)　500
　　——利息调整　230.32
　贷:投资收益　730.32

(3)2×14 年 12 月 31 日,确认实际利息收入时:

借:持有至到期投资——应计利息　500
　　——利息调整　288.75
　贷:投资收益　788.75

(4)2×15 年 12 月 31 日,确认实际利息、收到本金和名义利息等时:

借:持有至到期投资——应计利息　500
　　——利息调整　351.88
　贷:投资收益　851.88

借:银行存款　11 500
　贷:持有至到期投资——成本　10 000
　　——应计利息　1 500

例 10　2×13 年 1 月 1 日,甲企业按照市场价格购买面值为 200 万元、票面利率为 15%、3 年期的金融债券。该债券每年年底支付利息,到期还本。经测算,债券的实际利率为 10%。2×13 年 12 月 31 日,债券的预期未来现金流量现值为 210 万元;2×14 年 12 月 31 日,债券的价值完全恢复。甲企业将该债券划分为持有至到期投资。试分析该债券投资的账务处理过程。

$$甲企业应支付的价款=\frac{200\times15\%}{(1+10\%)^1}+\frac{200\times15\%}{(1+10\%)^2}+\frac{200\times15\%}{(1+10\%)^3}+\frac{200}{(1+10\%)^3}$$

$$=200\times15\%\times(P/A,10\%,3)+200\times(P/F,10\%,3)$$

$$=224.86(万元)$$

编制未考虑减值因素的持有至到期投资摊余成本计算表,如表 5—3 所示。

表 5—3 溢价摊销和摊余成本计算表 单位:万元

年 份	期初摊余成本 (A)	实际利息 (B=A×10%)	现金流入 (C)	溢价摊销 (D=C−B)	期末摊余成本 (E=A−D)
2×13	224.86	22.49	30	7.51	217.35
2×14	217.35	21.74	30	8.26	209.09
2×15	209.09	20.91*	30	9.09	200

*最后一年考虑了计算过程中出现的尾差。

根据上述数据,甲企业的有关会计处理如下(以下单位均为万元):

(1)2×13 年 1 月 1 日,购入债券时:

借:持有至到期投资——成本 200

——利息调整 24.86

贷:银行存款 224.86

(2)2×13 年 12 月 31 日,确认实际利息收入、收到票面利息时:

借:应收利息 30

贷:投资收益 22.49

持有至到期投资——利息调整 7.51

借:银行存款 30

贷:应收利息 30

2×13 年 12 月 31 日,由于摊余成本 217.35 万元大于预期未来现金流量现值 210 万元,所以计提减值准备 7.35 万元(217.35−210)。

借:资产减值损失 7.35

贷:持有至到期投资减值准备 7.35

因此,2×13 年 12 月 31 日计提减值准备后的摊余成本为 210 万元。

(3)2×14 年 12 月 31 日,确认实际利息收入、收到票面利息时:

实际利息=期初摊余成本(计提减值准备后)×10%

=210×10%=21(万元)

借:应收利息 30

贷:投资收益 21

持有至到期投资——利息调整 9

借:银行存款 30

贷:应收利息 30

因此,减值转回前的摊余成本为 201 万元(210+21−30)。

由于债券的价值完全恢复,减值转回的具体数额就需根据准则的规定,首先减值转回后的账面价值不应当超过假定不计提减值准备情况下该金融资产在转回日的摊余成本,即减值转回金额≤(不计提减值准备时转回日的摊余成本−减值转回前摊余成本)=209.09−201=8.09(万元);其次,已计提减值准备的持有至到期投资价值以后又得以恢复的,应在原已计提的减值准备金额内转回减值,减值转回≤原已计提的减值准备金额=7.35(万元)。因此,减值转回 7.35 万元。

借:持有至到期投资减值准备 7.35

贷:资产减值损失 7.35

因此,减值转回后的摊余成本为 208.35 万元(201+7.35)。

(4)2×15 年 12 月 31 日,确认实际利息收入、收到票面利息、收回本金时:

实际利息＝30＋200－208.35＝21.65(万元)

借:应收利息 30

　贷:投资收益 21.65

　　持有至到期投资——利息调整 8.35

借:银行存款 30

　贷:应收利息 30

借:银行存款 200

　贷:持有至到期投资——成本 200

总结从2×13年末考虑减值因素后持有至到期投资的摊余成本计算表如表5—4所示。

表5—4 **溢价摊销和摊余成本计算表** 金额单位:万元

年份	期初摊余成本(A)	实际利息(B＝A×10%)	现金流入(C)	溢价摊销(D＝C－B)	减值损失(E)	期末摊余成本(F＝A－D－E)
2×13	224.86	22.49	30	7.51	7.35	210
2×14	210	21	30	9	－7.35	208.35
2×15	208.35	21.65*	30	8.35	0	200

*最后一年考虑了计算过程中出现的尾差。

五、持有至到期投资的转换及处置

企业因持有至到期投资部分出售或重分类的金额较大,且不属于企业会计准则所允许的例外情况,使该投资的剩余部分不再适合划分为持有至到期投资的,企业应当将该投资的剩余部分重分类为可供出售金融资产,并以公允价值进行后续计量。重分类日,该投资剩余部分的账面价值与其公允价值之间的差额计入所有者权益,在该可供出售金融资产发生减值或终止确认时转出,计入当期损益。将持有至到期投资重分类为可供出售金融资产的,应在重分类日按其公允价值,借记"可供出售金融资产"账户;按其账面余额,贷记"持有至到期投资"账户;按其差额,贷记或借记"其他综合收益"账户。已计提减值准备的,还应同时结转减值准备。

处置持有至到期投资时,应将所取得价款与持有至到期投资账面价值之间的差额,计入当期损益。出售持有至到期投资,应按实际收到的金额,借记"银行存款"等账户;按其账面余额,贷记"持有至到期投资"账户;按其差额,贷记或借记"投资收益"账户。已计提减值准备的,还应同时结转减值准备。

例11 2×15年3月,由于贷款基准利率的变动和其他市场因素的影响,丙公司持有的、原划分为持有至到期投资的某公司债券价格持续下跌。为此,丙公司于4月5日对外出售该持有至到期债券投资的10%,收取价款6万元(即所出售债券的公允价值)。假定该债券出售前的账面余额(成本)为50万元。不考虑债券出售等其他相关因素的影响,则丙公司相关的账务处理如下:

借:银行存款 60 000

　贷:持有至到期投资——成本(500 000×10%) 50 000

　　投资收益 10 000

借:可供出售金融资产——成本 540 000

　贷:持有至到期投资——成本(500 000×90%) 450 000

　　其他综合收益 90 000

第三节　可供出售金融资产

一、可供出售金融资产的定义

可供出售金融资产是指初始确认时即被指定为可供出售的非衍生金融资产，以及除贷款和应收账款、持有至到期投资、以公允价值计量且其变动计入当期损益的金融资产以外的金融资产。比如，企业购入的在活跃市场上有报价的股票、债券和基金等，没有划分为以公允价值计量且其变动计入当期损益的金融资产或持有至到期投资等金融资产的，可归为此类。

对于在活跃市场上有报价的金融资产，既可能划分为以公允价值计量且其变动计入当期损益的金融资产，也可能划分为可供出售金融资产；如果该金融资产属于有固定到期日、回收金额固定或可确定的金融资产，则该金融资产还可能划分为持有至到期投资。某项金融资产具体应划分为哪一类，主要取决于企业管理层的风险管理、投资决策等因素。金融资产的分类应是管理层意图的如实表达。

二、账户设置

为了核算企业持有的可供出售金融资产的公允价值，企业应设置“可供出售金融资产”账户。该账户的借方反映可供出售金融资产的增加额，包括取得时确认的初始成本、发生的债券溢价、到期还本付息债券的应收利息、可供出售金融资产因公允价值变动而增加的价值以及债券折价的摊销额；贷方登记可供出售金融资产的减少额，包括出售时结转可供出售金融资产的初始成本，发生的债券折价、可供出售金融资产因公允价值变动而减少的价值以及债券溢价的摊销额；该账户的期末余额在借方，反映企业可供出售金融资产的公允价值。该账户按可供出售金融资产的类别和品种，分别“成本”、“利息调整”、“应计利息”、“公允价值变动”等进行明细核算。可供出售金融资产发生减值的，可通过“公允价值变动”明细账户或通过单独设置“可供出售金融资产减值准备”账户核算。

三、可供出售金融资产的初始计量

可供出售金融资产应当按取得该金融资产的公允价值和相关交易费用之和作为初始确认金额。支付的价款中包含的已到付息期但尚未领取的债券利息或已宣告但尚未发放的现金股利，应单独确认为应收项目。可供出售金融资产的会计处理，与以公允价值计量且其变动计入当期损益的金融资产的会计处理有类似之处，但不同之处在于：初始确认时，两类金融资产都是按公允价值计量，但可供出售金融资产的相关交易费用应计入初始入账金额。

企业取得可供出售的金融资产为股票投资的，应按其公允价值与交易费用之和，借记“可供出售金融资产——成本”账户；按支付的价款中包含的已宣告但尚未发放的现金股利，借记“应收股利”账户；按实际支付的金额，贷记“银行存款”等账户。

企业取得的可供出售金融资产为债券投资的，应按债券的面值，借记“可供出售金融资产——成本”账户；按支付的价款中包含的已到付息期但尚未领取的利息，借记“应收利息”账户；按实际支付的金额，贷记“银行存款”等账户；按其差额，借记或贷记“可供出售金融资产——利息调整”账户。

四、可供出售金融资产的后续计量

(一)公允价值变动的会计处理

可供出售金融资产与以公允价值计量且其变动计入当期损益的金融资产的后续计量有相似之处，即在资产负债表日都按公允价值计量，但可供出售金融资产的公允价值变动不是计入当期损益而是计入所有者权益。资产负债表日，可供出售金融资产的公允价值高于其账面余额的差额，借记“可供出售金融资产——公允价值变动”账户，贷记“其他综合收益”账户；公允价值低于其账面余额的差额，做相反的会计分录。

（二）持有期间利息或股利的会计处理

可供出售金融资产持有期间取得的利息或现金股利，应当计入投资收益。可供出售权益工具投资的现金股利，应当在被投资单位宣告发放股利时计入投资收益。采用实际利率法计算的可供出售债券类金融资产的利息，应当计入投资收益。资产负债表日，可供出售债券为分期付息一次还本债券投资的，应按票面利率计算确定的应收未收利息，借记“应收利息”账户；按可供出售债券的摊余成本和实际利率计算确定的利息收入，贷记“投资收益”账户；按其差额，借记或贷记“可供出售金融资产——利息调整”账户。可供出售金融资产为一次还本付息债券投资的，应于资产负债表日按票面利率计算确定的应收未收利息，借记“可供出售金融资产——应计利息”账户；按可供出售债券的摊余成本和实际利率计算确定的利息收入，贷记“投资收益”账户；按其差额，借记或贷记“可供出售金融资产——利息调整”账户。

（三）减值损失确认及转回的会计处理

企业应当在资产负债表日对可供出售金融资产的账面价值进行检查，有客观证据表明该金融资产发生减值的，应当确认减值损失，计提减值准备。表明金融资产发生减值的客观证据，是指金融资产初始确认后实际发生的、对该金融资产的预计未来现金流量有影响，且企业能够对该影响进行可靠计量的事项。可供出售金融资产发生减值的客观证据，包括下列各项：

1. 发行方或债务人发生严重财务困难；
2. 债务人违反了合同条款，如偿付利息或本金发生违约或逾期等；
3. 债权人出于经济或法律等方面因素的考虑，对发生财务困难的债务人作出让步；
4. 债务人很可能倒闭或进行其他财务重组；
5. 因发行方发生重大财务困难，该金融资产无法在活跃市场继续交易；
6. 无法辨认一组金融资产中某项资产的现金流量是否已经减少，但根据公开的数据对其进行总体评价后发现，该组金融资产自初始确认以来的预计未来现金流量确已减少且可计量，如该组金融资产的债务人支付能力逐步恶化，或债务人所在国家或地区失业率提高、担保物在其所在地区的价格明显下降、所处行业不景气等；
7. 债务人经营所处的技术、市场、经济或法律环境等发生重大不利变化，使权益工具投资人可能无法收回投资成本；
8. 权益工具投资的公允价值发生严重或非暂时性下跌；
9. 其他表明金融资产发生减值的客观证据。

需要注意的是，对于可供出售权益工具投资，其公允价值低于其成本本身不足以说明可供出售权益工具投资已发生减值，而应当综合相关因素判断该投资公允价值下降是否是严重或非暂时性下跌的。同时，企业应当从持有可供出售权益工具投资的整个期间来判断。如果权益工具投资在活跃市场上没有报价，从而不能根据其公允价值下降的严重程度或持续时间来进行减值判断时，应当综合考虑其他因素（例如，被投资单位经营所处的技术、市场、经济或法律环境等）是否发生重大不利变化。

可供出售金融资产减值损失及转回的具体会计处理如下：

1. 可供出售金融资产发生的减值损失，应计入当期损益。可供出售金融资产发生减值时，即使该金融资产没有终止确认，原直接计入所有者权益中的因公允价值下降形成的累计损失，应当予以转出，计入当期损益。该转出的累计损失，等于可供出售金融资产的初始取得成本扣除已收回本金和已摊销金额、当前公允价值和原已计入损益的减值损失后的余额。确定可供出售金融资产发生减值的，应按减记的金额，借记“资产减值损失”账户；按从所有者权益中转出原计入其他综合收益的累计损失金额，贷记“其他综合收益”账户；按其差额，贷记“可供出售金融资产——公允价值变动”账户。

2. 对于已确认减值损失的可供出售债务工具，在随后的会计期间公允价值已上升且客观上与确认原减值损失确认后发生的事项有关的，原确认的减值损失应当予以转回，计入当期损益。企业应按原确认的减值损失，借记“可供出售金融资产——公允价值变动”账户，贷记“资产减值损失”账户。

3. 可供出售权益工具投资发生的减值损失，不得通过损益转回。对于已确认减值损失的可供出售权益工具类金融资产，在随后会计期间内公允价值已上升且客观上与确认原减值损失事项有关的，应按原确认的减值损失，借记“可供出售金融资产——公允价值变动”账户，贷记“其他综合收益”账户。

4. 在活跃市场中没有报价且其公允价值不能可靠计量的权益工具投资，发生减值时，应当将该项权益工具投资或衍生金融资产的账面价值，与按照类似金融资产当时市场收益率对未来现金流量折现确定的现值之间的差额，确认为减值损失，计入当期损益。与该权益工具挂钩并须通过交付该权益工具结算的衍生金融资产发生减值的，也应当采用类似的方法确认减值损失。在活跃市场中没有报价且其公允价值不能可靠计量的权益工具投资，或与该权益工具挂钩并须通过交付该权益工具结算的衍生金融资产发生的减值损失，不得转回。

例 12 2×14 年 1 月 1 日，甲保险公司支付价款1 028.24元购入某公司发行的 3 年期公司债券，该公司债券的票面总金额为1 000元，票面利率为 4%，实际利率为 3%，利息每年末支付，本金到期支付。甲保险公司将该公司债券划分为可供出售金融资产。2×14 年 12 月 31 日，该债券的市场价格为1 000.09元。2×15 年 12 月 31 日，该债券的市场价格为1 050元。假定无交易费用和其他因素的影响，甲保险公司的账务处理如下：

(1)2×14 年 1 月 1 日，购入债券时：

借：可供出售金融资产——成本	1 000	
——利息调整	28.24	
贷：银行存款		1 028.24

(2)2×14 年 12 月 31 日，收到债券利息、确认公允价值变动时：

实际利息＝1 028.24×3%＝30.8472≈30.85(元)

年末摊余成本＝1 028.24＋30.85－40＝1 019.09(元)

借：应收利息	40	
贷：投资收益		30.85
可供出售金融资产——利息调整		9.15
借：银行存款	40	
贷：应收利息		40
借：其他综合收益(1 019.09－1 000.09)	19	
贷：可供出售金融资产——公允价值变动		19

(3)2×15 年 12 月 31 日，收到债券利息、确认公允价值变动时：

实际利息＝1 019.09×3%＝30.5727≈30.57(元)

年末摊余成本＝1 019.09＋ 30.57 －40＝1 009.66(元)

借：应收利息	40	
贷：投资收益		30.57
可供出售金融资产——利息调整		9.43

借：银行存款　　40
　贷：应收利息　　40
借：可供出售金融资产——公允价值变动(1 050－1 009.66＋19)　　59.34
　贷：其他综合收益　　59.34

例13　2×13年3月1日，D公司从股票二级市场上以每股15元(含已宣告发放但尚未领取的现金股利0.2元)的价格购入X公司发行的股票200万股，占X公司有表决权股份的5%，对X公司无重大影响，D公司将该股票划分为可供出售金融资产。其他资料如下：

(1)2×13年5月10日，D公司收到X公司发放的上年现金股利40万元。

(2)2×13年12月31日，该股票的市场价格为每股13元。D公司预计该股票的价格下跌是暂时的。

(3)2×14年，X公司因违反相关证券法规，受到证券监管部门查处。受此影响，X公司股票的价格发生下挫。至2×14年12月31日，该股票的市场价格下跌到每股6元。D公司判断该可供出售金融资产发生减值。

(4)2×15年，X公司整改完成，加之市场宏观面好转，股票价格有所回升，至12月31日，该股票的市场价格上升到每股10元。

假定2×14年和2×15年均未分派现金股利，不考虑其他因素的影响，则D公司有关的账务处理如下：

(1)2×13年3月1日，购入股票时：

借：可供出售金融资产——成本　　29 600 000
　　应收股利　　400 000
　贷：银行存款　　30 000 000

(2)2×13年5月，确认现金股利时：

借：银行存款　　400 000
　贷：应收股利　　400 000

(3)2×13年12月31日，确认股票公允价值变动时：

借：其他综合收益　　3 600 000
　贷：可供出售金融资产——公允价值变动(29 600 000－13×2 000 000)
　　3 600 000

(4)2×14年12月31日，确认股票投资的减值损失时：

借：资产减值损失　　17 600 000
　贷：其他综合收益　　3 600 000
　　可供出售金融资产——公允价值变动[(13－6)×2 000 000]　　14 000 000

(5)2×15年12月31日，确认股票价格上涨时：

借：可供出售金融资产——公允价值变动　　8 000 000
　贷：其他综合收益　　8 000 000

例14　2×13年1月1日，ABC公司按面值从债券二级市场上购入MNO公司发行的债券10 000张，每张面值为100元，票面利率为3%，划分为可供出售金融资产。其他资料如下：

(1)2×13年12月31日，该债券的市场价格为每张100元。

(2)2×14年，MNO公司因投资决策失误，发生严重财务困难，但仍可支付该债券当年的票面利息。2×14年12月31日，该债券的公允价值下降为每张80元。ABC公司预计，如果MNO公司不采取措施，该债券的公允价值预计会持续下跌。

(3)2×15年，MNO公司调整产品结构并整合其他资源，致使上年发生的财务困难大为好转。

2×15 年 12 月 31 日，该债券的公允价值已上升至每张 95 元。

假定 ABC 公司初始确认该债券时计算确定的债券实际利率为 3%，且不考虑其他因素，则 ABC 公司有关的账务处理如下：

(1)2×13 年 1 月 1 日，购入债券时：

借：可供出售金融资产——成本　　1 000 000

　　贷：银行存款　　1 000 000

(2)2×13 年 12 月 31 日，确认利息、公允价值变动时：

借：应收利息　　30 000

　　贷：投资收益　　30 000

借：银行存款　　30 000

　　贷：应收利息　　30 000

债券的公允价值变动为零，故不做账务处理。

(3)2×14 年 12 月 31 日，确认利息收入及减值损失时：

借：应收利息　　30 000

　　贷：投资收益　　30 000

借：银行存款　　30 000

　　贷：应收利息　　30 000

借：资产减值损失　　200 000

　　贷：可供出售金融资产——公允价值变动　　200 000

由于该债券的公允价值预计会持续下跌，故 ABC 公司应确认减值损失。

(4)2×15 年 12 月 31 日，确认利息收入及减值损失转回时：

应确认的利息收入＝(期初摊余成本 1 000 000－发生的减值损失 200 000)×3%＝24 000(元)

借：应收利息　　30 000

　　贷：投资收益　　24 000

　　　　可供出售金融资产——利息调整　　6 000

借：银行存款　　30 000

　　贷：应收利息　　30 000

减值损失转回前该债券的摊余成本＝1 000 000－200 000－6 000＝794 000(元)

2×15 年 12 月 31 日该债券的公允价值＝950 000(元)

应转回的金额＝950 000－794 000＝156 000(元)

借：可供出售金融资产——公允价值变动　　156 000

　　贷：资产减值损失　　156 000

五、可供出售金融资产的处置

处置可供出售金融资产时，应将取得的价款与该金融资产账面价值之间的差额，计入投资损益；同时，将原直接计入所有者权益的公允价值变动累计额对应处置部分的金额转出，计入投资损益。出售可供出售的金融资产，应按实际收到的金额，借记“银行存款”等账户；按其账面余额，贷记“可供出售金融资产——成本、公允价值变动、利息调整、应计利息”账户；应按从所有者权益中转出的公允价值累计变动额，借记或贷记“其他综合收益”账户；按其差额，贷记或借记“投资收益”账户。

例 15　乙公司于 2×14 年 7 月 13 日从二级市场上购入股票 100 万股，每股市价 15 元，手续费 3 万元；初始确认时，该股票划分为可供出售金融资产。乙公司至 2×14 年 12 月 31 日仍持有该股票，该股票当时的市价为每股 16 元。2×15 年 2 月 1 日，乙公司将该股票售出，售价为每股 13 元，另支付交易费用 1.3 万元。

(1)2×14 年 7 月 13 日,购入股票时(单位:万元,下同):

借:可供出售金融资产——成本　1 503

　贷:银行存款　1 503

(2)2×14 年 12 月 31 日,确认股票价格变动时:

借:可供出售金融资产——公允价值变动　97

　贷:其他综合收益　97

(3)2×15 年 2 月 1 日,出售股票时:

借:银行存款　1 298.7

　其他综合收益　97

　投资收益　204.3

　贷:可供出售金融资产——成本　1 503

　　——公允价值变动　97

复习思考题

1. 金融资产的定义是什么?包括哪些内容?
2. 交易性金融资产的定义是什么?如何进行初始确认和计量?
3. 持有至到期投资的定义是什么?如何进行初始确认和计量?
4. 可供出售金融资产的定义是什么?如何进行初始确认和计量?
5. 交易性金融资产与可供出售金融资产的后续计量有何相同和不同之处?
6. 持有至到期投资和可供出售金融资产的后续计量有何相同和不同之处?
7. 哪些金融资产的后续计量需要考虑减值问题?哪些不需要考虑减值问题?

第六章 投资(二)

第一节 长期股权投资的初始确认和计量

长期股权投资是指投资企业通过取得被投资单位的股权,从而成为被投资单位的股东,按所持股份的比例享有权利并承担责任的一种投资。具体包括:

1. 企业持有的能够对被投资单位实施控制的权益性投资,即对子公司的投资;

2. 企业持有的能够与其他合营方一同对被投资单位实施共同控制的权益性投资,即对合营企业投资;

3. 企业持有的能够对被投资单位施加重大影响的权益性投资,即对联营企业投资。

除上述以外企业持有的其他权益性投资,应当按照有关《金融工具确认和计量》准则的规定,分别划分为以公允价值计量且其变动计入当期损益的金融资产或可供出售金融资产。

长期股权投资取得时,应按初始投资成本入账。

长期股权投资按投资单位与被投资单位的关系,分为企业合并形成的长期股权投资、除合并之外的其他方式取得的长期股权投资。投资企业和被投资单位关系不同,两者初始投资成本的确定也有所不同。

一、企业合并以外其他方式取得的长期股权投资

企业合并以外其他方式取得的长期股权投资,按照以下要求确定初始投资成本:

1. 以支付现金取得的长期股权投资。

以支付现金取得的长期股权投资,应以投资时实际支付的全部价款作为初始投资成本,包括买价和相关税费,但不包括实际支付价中包含的已宣告未发放的现金股利或利润。

需要指出的是,购入价中包含的已宣告未发放的现金股利或利润应作为“应收股利”单独核算而不计入投资成本。因为这只是投资企业在投资时暂时垫付的款项,待被投资单位实际支付现金股利时即可收回,所以其不构成初始投资成本。因此,企业不论以何种方式取得的长期股权投资支付价中包含的已宣告未发放的现金股利或利润,均作为应收股利入账,不计入投资成本(下同)。

长期股权投资的核算通过设置“长期股权投资”账户核算。该账户属于资产类账户,借方反映长期股权投资价值的增加,贷方反映长期股权投资价值的减少,期末借方余额反映企业长期股权投资价值。在“长期股权投资”总账下,应按被投资单位设置明细账。企业合并以外其他方式取得的长期股权投资,其后续计量方法为权益法。在长期股权投资的后续计量中,将具体介绍。

例1 A企业2×15年3月1日通过证券交易所购入甲股份有限公司的股票200万股作为长期投资,占甲公司20%股份,从而能够对甲公司的财务经营决策施加重大影响。购入价每股3.80元(其中包含已宣告未领取的现金股利0.50元),支付相关税费11 400元。

长期股权投资初始成本=(3.80-0.50)×2 000 000+11 400

=6 611 400(元)

(1)投资时,A企业应编制会计分录如下:

借：长期股权投资——甲公司（投资成本） 6 611 400

应收股利 1 000 000

贷：其他货币资金——存出投资款 7 611 400

（2）收到甲公司现金股利 1 000 000 元时，A 企业应编制会计分录如下：

借：其他货币资金——存出投资款 1 000 000

贷：应收股利 1 000 000

2. 以发行权益性证券取得的长期股权投资。

以发行权益性证券取得的长期股权投资，其初始投资成本为发行权益性证券的公允价值，但不包括已宣告未发放的现金股利或利润。此处的"公允价值"是指：所发行的权益性证券存在公开市场，有明确市价的，以该证券的市价作为确定其公允价值的依据，同时应考虑该证券的交易量、是否存在限制性条款等因素的影响；所发行权益性证券不存在公开市场、没有明确市价的，以被投资单位的公允价值为基础确定权益性证券的价值。

为发行权益性证券支付的与权益性证券发行直接相关的费用，不构成取得长期股权投资的成本。该部分费用应自权益性证券的发行溢价收入中扣除，权益性证券的溢价收入不足冲减的，应冲减盈余公积和未分配利润。

例 2 甲公司 2×15 年 3 月 1 日以发行 1 500 万股普通股股票的方式从乙公司股东手中取得乙公司 20%的股份，从而能够派人参与乙公司的财务和经营决策。股票每股面值 1 元，按照增发前后的平均股价计算，1 500万股股份的公允价值为2 400万元。为增发股份，甲公司向证券承销机构支付了 100 万元的佣金和手续费。

长期股权投资初始成本＝发行股份的公允价值 2 400 万元

（1）取得长期股权投资时：

借：长期股权投资——乙公司（投资成本） 24 000 000

贷：股本 15 000 000

资本公积——股本溢价 9 000 000

（2）支付佣金和手续费时：

借：资本公积——股本溢价 1 000 000

贷：银行存款 1 000 000

3. 投资者投入的长期股权投资。

投资者投入的长期股权投资是指投资者以其持有的对第三方的投资作为出资投入企业，接受投资的企业应当按照投资合同或协议约定的价值作为初始投资成本；投资合同或协议约定的价值不公允的，按公允价值作为初始投资成本。

在确定投资者投入的长期股权投资的公允价值时，有关权益性投资存在活跃市场的，应当参照活跃市场中的市价确定其公允价值；不存在活跃市场，无法按照市场信息确定其公允价值的，应当将按照一定的估值技术等合理的方法确定的价值作为其公允价值。

例 3 甲公司设立时，A 企业以其持有的占 B 公司表决权股份 35%的股份作为出资额投入。投资各方在投资合同中约定，按 B 公司股票的市价作价 2 200 万元作为该项长期股权投资的价值。甲公司的注册资本为 10 000 万元，A 企业出资占 21%。

甲公司应进行的账务处理为：

长期股权投资初始成本＝投资合同约定的价值 2 200 万元

借：长期股权投资——B 公司（投资成本） 22 000 000

贷：实收资本 21 000 000

资本公积——资本溢价 1 000 000

4. 以债务重组、非货币性资产交换等方式取得的长期股权投资，其初始投资成本应按照《企业会计准则第12号——债务重组》和《企业会计准则第7号——非货币性资产交换》的原则确定，有关核算原则见本书相关章节。

5. 企业进行公司制改造，对资产、负债的账面价值按照评估价值调整的，长期股权投资应以评估价值作为改制时的认定成本。

二、企业合并形成的长期股权投资

企业合并的方式有吸收合并、新设合并和控股合并三种。吸收合并是指合并方取得被合并方的全部净资产，将其作为股份入股到合并方，注销被合并方的法人资格，合并后由合并方持有被合并方的资产和负债，并在新的基础上持续经营的合并方式。新设合并是指在合并中注册新的企业，由其持有被合并各方的净资产持续经营，并注销被合并各方原法人资格的合并方式。控股合并是指合并方通过合并交易或事项取得被合并方的控股权，合并方和被合并方原有的法人主体不变的合并方式。在吸收合并和新设合并下，由于被合并方原法人资格都发生了变化，因此，只有在控股合并下，合并方才确认对被合并方的长期股权投资。

企业合并形成的长期股权投资，应区分企业合并的类型，分别同一控制下企业合并与非同一控制下企业合并，确定其初始投资成本。

(一)同一控制下企业合并形成的长期股权投资

同一控制下的企业合并，即合并各方为同一方控制。对于能够对合并方和被合并方实施最终控制的一方来说，最终控制方在企业合并前后能控制的资产没有发生变化。因此，合并方通过合并形成的该项长期股权投资应当以取得的被合并方在最终控制方合并财务报表中的净资产的账面价值的份额作为长期股权投资的初始投资成本。

初始投资成本与合并方支付的现金、转让非现金资产、承担债务的账面价值和发行股份面值总额之间的差额，调整资本公积；资本公积不足冲减的，调整留存收益。在合并日，合并方应按照确定的初始投资成本，借记"长期股权投资"账户；按所支付的合并对价，贷记"银行存款"、"固定资产清理"等账户；或按所发行股票的面值，贷记"股本"账户。长期股权投资初始成本大于所支付的合并对价账面价值或发行股票面值的差额，贷记"资本公积(资本或股本溢价)"账户；长期股权投资初始成本小于所支付的合并对价账面价值或发行股票面值的差额，则借记"资本公积(资本或股本溢价)"账户，资本公积余额不足时，依次借记"盈余公积"、"利润分配(未分配利润)"账户。

企业合并中合并方发生相关税费时，应分别不同情况进行处理：为进行企业合并发生的各项直接相关费用，包括为进行企业合并支付的审计费用、评估费用、法律服务费用等，应当于发生时计入当期损益(管理费用)；为企业合并发行的债券或承担其他债务支付的手续费、佣金等，应当计入所发行债券及其他债务的初始计量金额(应付债券——利息调整)；为企业合并发行权益性证券发生的手续费、佣金等费用，应当抵减权益性证券溢价收入(资本公积——股本溢价)，溢价收入不足冲减的，冲减留存收益(盈余公积、利润分配——未分配利润)。

例4 甲、乙公司同属丙公司控制。甲公司2×15年3月1日以货币资金1 000万元取得乙公司60%的股份。在丙公司的合并报表中显示的乙公司2×15年3月1日的净资产为2 000万元。

借：长期股权投资	12 000 000	
贷：银行存款		10 000 000
资本公积——股本溢价		2 000 000

例5 甲、乙公司同属丙公司控制。甲公司2×15年3月1日以发行股票方式从乙公司股东手中取得乙公司60%的股份。甲公司发行1 500万股普通股，每股面值1元(每股市价3.50元)。在丙公司的合并报表中显示的乙公司2×15年3月1日的净资产为2 000万元。甲公司2×15年3月

1日的资本公积(股本溢价)为180万元,盈余公积为110万元,未分配利润为200万元。

借:长期股权投资 12 000 000
　资本公积——股本溢价 1 800 000
　盈余公积 1 100 000
　利润分配——未分配利润 100 000
　贷:股本 15 000 000

同一控制下企业合并形成的长期股权投资,如被合并方按照改制时的资产、负债评估价值调整账面价值的,合并方应当按照取得被合并方经评估确认净资产的份额作为长期股权投资的初始投资成本,初始投资成本与支付合并对价的差额调整所有者权益。

企业通过多次交易分步取得同一控制下被投资单位的股权,最终形成企业合并的,应当判断多次交易是否属于"一揽子交易"。属于一揽子交易的,合并方应当将各项交易作为一项取得控制权的交易进行会计处理。不属于"一揽子交易"的,取得控制权日,根据合并后应享有被合并方净资产在最终控制方合并财务报表中的账面价值的份额,确定同一控制下企业合并形成的长期股权投资的初始投资成本。具体会计处理见本章第三节。

(二)非同一控制下企业合并形成的长期股权投资

参与合并的各方在合并前后不受同一方或相同多方最终控制的,为非同一控制下的企业合并。非同一控制下的企业合并,合并方应将企业合并作为一项购买交易,按确定的企业合并成本作为长期股权投资的初始投资成本。合并成本包括为取得被合并方控制权所付出的资产、承担负债、发行权益性证券的公允价值。

企业为企业合并发生的审计、法律服务、评估咨询等中介费用以及其他相关管理费用,以及发行权益性证券或发行债券方式的佣金或手续费,与上述同一控制下的会计处理相同。

在购买日,投资方按确定的初始投资成本,借记"长期股权投资"账户;按享有被投资单位已宣告但尚未支付的现金股利或利润,借记"应收股利"账户;按支付的合并对价的账面价值,贷记"银行存款"、"固定资产清理"等账户;按其差额,借记"营业外支出"或贷记"营业外收入"等账户。

例6 甲、乙公司属非同一控制下的独立公司。甲公司2×15年3月1日以本企业的固定资产对乙公司进行投资,取得乙公司60%的股份。该固定资产原值1 500万元,已提折旧140万元,已提减值准备50万元。投资当日该设备的公允价值为1 250元。乙公司2×15年3月1日的所有者权益为2 000万元。

初始投资成本1 250－账面价值1 310(1 500－140－50)＝－60(万元)

借:固定资产清理 13 100 000
　固定资产减值准备 500 000
　累计折旧 1 400 000
　贷:固定资产 15 000 000
借:长期股权投资——乙公司 12 500 000
　营业外支出——处置非流动资产损失 600 000
　贷:固定资产清理 13 100 000

如果投资方作为合并对价付出的资产为存货的,应作为销售处理,按库存商品的公允价值贷记"主营业务收入"账户,同时结转销售成本。

例7 A、B公司合并前无关联方关系。A公司2×15年3月1日以本企业的库存商品对B公司进行投资,取得B公司65%的股份。该批商品成本为2 100万元,投资当日的公允价值为2 500万元,增值税为425万元。合并中A公司以银行存款支付合并直接相关费用40万元。

初始投资成本2 500＋增值税425＝2 925(万元)

借:长期股权投资——乙公司　　29 250 000
　　贷:主营业务收入　　25 000 000
　　　　应交税费——应交增值税(销项税额)　　4 250 000
借:管理费用　　400 000
　　贷:银行存款　　400 000
借:主营业务成本　　21 000 000
　　贷:库存商品　　21 000 000

如果投资方以发行权益性证券作为合并对价的,应在购买日按照发行的权益性证券的公允价值,借记“长期股权投资”账户;按照发行的权益性证券的面值总额,贷记“股本”账户;按其差额,贷记“资本公积——股本溢价”账户。

例8　如例5中甲、乙公司分属于不同的企业集团,其余条件不变。

借:长期股权投资　　52 500 000
　　贷:股本　　15 000 000
　　　　资本公积——股本溢价　　37 500 000

企业通过多次交易分步实现非同一控制下企业合并的,在编制个别财务报表时,应当按照原持有的股权投资的账面价值加上新增投资成本之和,作为改按成本法核算的初始投资成本。购买日之前持有的股权投资,采用金融工具确认和计量准则进行会计处理的,应当将按照确定的股权投资的公允价值加上新增投资成本之和,作为改按成本法核算的初始投资成本。具体会计处理见本章第三节。

第二节　长期股权投资核算的成本法和权益法

长期股权投资的后续计量包括:根据投资企业持有被投资单位的股份比例不同、对被投资单位的影响程度不同分别采用成本法、权益法的核算,以及长期股权投资减值的处理。关于减值的核算,见本章第四节内容。

一、长期股权投资的成本法

(一)成本法的定义及适用范围

成本法是指长期股权投资按成本计价的方法。成本法适用于投资企业能够对被投资单位实施控制的长期股权投资。

控制是指投资方拥有对被投资单位的权力,通过参与被投资单位的相关活动而享有可变回报,并且有能力运用对被投资单位的权力影响其回报金额。控制的途径通常包括但不限于:

(1)以所有权方式达到控制目的,即拥有50%以上表决权资本。

(2)以所有权和其他方式达到控制目的,即拥有的表决权资本虽不到半数以上,但通过与其他被投资单位的协议,拥有另一方半数以上有表决权资本的控制权;或根据章程或协议,有权控制另一方的财务和经营政策;或有权任免董事会等类似权力机构的多数成员;或在董事会或类似机构会议上有半数以上投票权。

投资企业能够对被投资单位实施控制的,被投资单位为其子公司,投资企业称为母公司,长期股权投资采用成本法核算。但将子公司纳入合并财务报表的合并范围,编制合并财务报表时,应按权益法调整。

(二)成本法的会计处理

长期股权投资成本法的特点是:取得时按初始投资成本入账,长期投资的账面价值不受被投资方净资产变动的影响，除非投资企业追加或收回或长期投资发生永久性贬值等情况，长期股权投资的账面价值应保持不变，反映长期股权投资的成本。

长期股权投资成本法的核算要点如下：

1. 初始投资或追加投资时，应按初始投资成本或追加投资后的投资成本作为长期股权投资的入账价值。

2. 被投资单位宣告分派利润或现金股利，投资企业应按享有的部分确认为当期的投资收益。

例9 A企业2×15年1月1日以银行存款购入C公司60%的股份，相关手续于当日完成，并能够对乙公司实施控制。C公司于2×15年5月2日宣告分派2×14年度的现金股利100 000元。A企业应进行如下账务处理：

借：应收股利 60 000

　贷：投资收益 60 000

企业按照上述规定确认自被投资单位应分得的现金股利或利润后，应当考虑长期股权投资是否发生减值。在判断该类长期股权投资是否存在减值迹象时，应当关注长期股权投资的账面价值是否大于享有被投资单位净资产（包括相关商誉）账面价值的份额等类似情况。出现类似情况时，企业应当按照资产减值准则对长期股权投资进行减值测试，可收回金额低于长期股权投资账面价值的，应当计提减值准备。

子公司将未分配利润或盈余公积直接转增股本（实收资本），且未向投资方提供等值现金股利或利润的选择权时，母公司并没有获得收取现金股利或者利润的权利，上述交易通常属于子公司自身权益结构的重分类，母公司不应确认相关的投资收益。

二、长期股权投资的权益法

（一）权益法的定义及适用范围

权益法是指长期股权投资以初始投资成本计量后，在投资持有期间根据投资企业享有的被投资单位所有者权益份额的变动对投资的账面价值进行调整的方法。

权益法适用于投资企业对被投资单位具有共同控制或重大影响的长期股权投资。

共同控制是指按照相关约定对某项安排所共有的控制，并且该安排的相关活动必须经过分享控制权的参与方一致同意后才能决策。在共同控制的情况下由两方或多方共同决定某项经济活动的财务和经营决策，以合同来约束各方的共同控制权。投资企业与其他方对被投资单位实施共同控制的，被投资单位为其合营企业。

重大影响是指对一个企业的财务和经营决策有参与决策的权力，但并不能够控制或者与其他方一起共同控制这些政策的制定。投资企业对被投资单位具有重大影响，但不是投资者的子公司或合营企业的，被投资单位为其联营企业。企业通常可以通过以下一种或几种情形来判断是否对被投资单位具有重大影响：

（1）在被投资单位的董事会或类似权力机构中派有代表。这种情况下，由于在被投资单位的董事会或类似权力机构中派有代表，并相应享有实质性的参与决策权，投资方可以通过该代表参与被投资单位财务和经营决策的制定，达到对被投资单位施加重大影响。

（2）参与被投资单位财务和经营决策制定过程。这种情况下，在制定决策过程中可以为其自身利益提出建议和意见，从而可以对被投资单位施加重大影响。

（3）与被投资单位之间发生重要交易。有关的交易因对被投资单位的日常经营具有重要性，进而一定程度上可以影响到被投资单位的生产经营决策。

（4）向被投资单位派出管理人员。这种情况下，管理人员有权力主导被投资单位的相关活动，从而能够对被投资单位施加重大影响。

(5)向被投资单位提供关键技术资料。因被投资单位的生产经营需要依赖投资方的技术或技术资料,表明投资方对被投资单位具有重大影响。

长期股权投资准则规定,应当采用权益法核算的长期股权投资包括两类:一是对合营企业投资,二是对联营企业投资。

归纳两种后续计量方法的适用范围如表 6—1 所示。

表 6—1　　成本法和权益法的适用范围

持股比例	20%~50%	不确定	50%~100%
影响程度	重大影响	共同控制	控制
后续计量方法	权益法	权益法	成本法

综上所述,长期股权投资后续计量采用成本法或权益法,主要依据投资方占被投资方股权的比例而定。但同时也要按照实质重于形式的要求,根据投资方对被投资方财务、经营决策的实际影响程度,来决定长期股权投资的核算方法。

(二)权益法的会计处理

长期股权投资权益法的特点是:取得时按初始投资成本入账,投资后,随被投资方可辨认净资产公允价值的变动而相应调整增减长期股权投资的账面价值。期末,长期股权投资的账面价值反映投资方占被投资方净资产的份额。

长期股权投资权益法的核算要点如下:

一是初始投资或追加投资时,按照初始投资成本或追加投资的投资成本,增加长期股权投资的账面价值。

二是比较投资成本与投资时应享有被投资单位可辨认净资产公允价值的份额,对于投资成本小于应享有被投资单位可辨认净资产公允价值份额的,应对长期股权投资的账面价值进行调整,计入取得投资当期的损益。

三是持有投资期间,随着被投资单位所有者权益的变动相应调整增加或减少长期股权投资的账面价值,并分别情况处理:对属于因被投资单位实现净损益产生的所有者权益的变动,投资企业按照持股比例计算应享有的份额,增加或减少长期股权投资的账面价值,同时确认为当期投资损益;对于因被投资单位其他综合收益而产生的所有者权益的变动,投资企业应当按照应享有的份额,增加或减少长期股权投资的账面价值,同时确认其他综合收益;对被投资单位除净损益和其他综合收益以外其他因素导致的所有者权益的变动,在持股比例不变的情况下,按照持股比例计算应享有或应分担的份额,增加或减少长期股权投资的账面价值,同时确认为资本公积(其他资本公积)。

四是被投资单位宣告分派利润或现金股利时,投资企业按持股比例计算应分得的部分,应冲减长期股权投资的账面价值。

在采用权益法核算时,在"长期股权投资"总账下应按被投资单位设置二级账,在二级账下设置下列四个明细项目:

(1)投资成本:核算初始和追加的投资成本;

(2)损益调整:核算被投资单位因净损益影响可辨认净资产公允价值变动而引起投资企业长期股权投资账面价值的调整额;

(3)其他综合收益:核算被投资单位因其他综合收益影响可辨认净资产公允价值变动而引起投资企业长期股权投资账面价值的调整额;

(4)其他权益变动:核算被投资单位除净损益和其他综合收益外其他原因影响可辨认净资产公

允价值变动而引起投资企业长期股权投资账面价值的调整额。

长期股权投资权益法的具体会计处理如下：

1. 初始投资成本的调整

投资企业取得对联营企业、合营企业的长期股权投资后，应将初始投资成本按下列情况分别进行处理：

(1)初始投资成本大于投资时应享有被投资单位可辨认净资产公允价值份额的，该差额系投资企业在购入该项投资过程中，通过购买价体现出的与所取得股权份额相对应的商誉及被投资单位不符合确认条件的资产价值，无需进行调整，确认为长期股权投资成本。

(2)初始投资成本小于投资时应享有被投资单位可辨认净资产公允价值份额的，该差额可看做是被投资单位的股东给予投资企业的让步，或是出于其他方面的考虑被投资单位的原有股东无偿赠予投资企业的价值，因而应确认为当期收益(营业外收入)，同时调整长期股权投资的成本。

例 10 甲企业于2×15年4月1日以600万元购入A公司普通股100万股，占A公司25%的股份，从而能够对A公司的财务经营决策施加重大影响，采用权益法核算该项长期股权投资。A公司2×15年所有者权益构成及变动如表6—2所示(设被投资单位各项可辨认资产、负债的公允价值与其账面价值相同)。

表 6—2　　A公司2×15年所有者权益构成及变动　　单位：万元

日　期	项　目	金　额
2×15年1月1日	股本	1 000
	资本公积——股本溢价	600
	盈余公积	80
	未分配利润	420
2×15年3月20日	分派现金股利	120
2×15年3月31日	一季度净利润	100
2×15年3月31日	所有者权益合计	2 080

投资时A公司所有者权益为2 080万元，初始投资成本600万元大于取得投资时应享有的被投资单位可辨认净资产公允价值的份额520万元(2 080×25%)，两者之间的差额不调整长期股权投资的账面价值。

甲企业应做相关账务处理如下：

借：长期股权投资——A公司(投资成本)　　6 000 000

　贷：银行存款　　6 000 000

如果本例中甲企业的初始投资成本为500万元，其他资料不变，则甲企业的初始投资成本500万元小于取得投资时应享有的被投资单位可辨认净资产公允价值的份额520万元(2 080×25%)，两者之间的差额20万元应计入取得投资当期的营业外收入。

甲企业应做相关会计处理如下：

借：长期股权投资——A公司(投资成本)　　5 200 000

　贷：银行存款　　5 000 000

　　营业外收入　　200 000

例 11 甲公司于2×15年3月1日通过发行普通股股票800万股与乙公司股东交换，取得乙公司20%的股份，准备长期持有，从而导致对乙公司财务和经营决策具有重大影响。该股票每股面值1元,每股市场价3元,为此甲公司以银行存款支付相关费用20万元。同日乙公司可辨认净资产的公允价值为9 150万元。

如前所述,以发行权益性证券取得的初始投资成本应按发行权益性证券的公允价值确认,即2 400万元(800×3),大于投资时应享有被投资单位可辨认净资产公允价值份额1 830万元(9 150×20%),两者之间的差额不调整长期股权投资的账面价值。发行权益性证券支付的相关费用在发行权益性证券的溢价中扣除。

甲企业应做相关会计处理如下:

借:长期股权投资——乙公司(投资成本) 24 000 000
　贷:股本 8 000 000
　　资本公积——股本溢价 15 800 000
　　银行存款 200 000

本例中,如果甲公司发行股票的每股市价为2元,其他资料不变,则甲公司取得该项长期股权投资的初始投资成本1 600万元(800×2),小于投资时应享有被投资单位可辨认净资产公允价值份额1 830万元(9 150×20%),两者之间的差额230万元应计入取得投资当期的营业外收入。

借:长期股权投资——乙公司(成本) 18 300 000
　贷:股本 8 000 000
　　资本公积——股本溢价 7 800 000
　　银行存款 200 000
　　营业外收入 2 300 000

2. 被投资单位实现净利润的处理

长期股权投资采用权益法核算时,由于长期股权投资的账面价值应始终反映投资企业在被投资单位净资产公允价值中所占的份额,而投资后被投资单位实现净利润或发生亏损,都会影响其所有者权益总额变动,所以,投资企业也应按其持股比例相应调整长期股权投资的账面价值。

当被投资单位实现净利润时,投资企业应按享有的被投资单位净利润的份额,借记"长期股权投资(损益调整)"账户,贷记"投资收益"账户。

例12 接例10,假设A公司2×15年4～12月实现净利润50万元,无其他需要调整的情况。甲企业应按持股比例计算应享有的份额12.5万元(50×25%),应做相关账务处理如下:

借:长期股权投资——A公司(损益调整) 125 000
　贷:投资收益 125 000

采用权益法核算的长期股权投资,在确认应享有或应分担被投资单位的净利润或净亏损时,在被投资单位账面净利润的基础上,应考虑以下因素的影响进行适当调整:

(1)被投资单位采用的会计政策及会计期间与投资企业不一致的,应按投资企业的会计政策及会计期间对被投资单位的财务报表进行调整,在此基础上确定被投资单位的损益。因为在权益法下,是将投资企业与被投资单位作为一个整体对待。

(2)以取得投资时被投资单位固定资产、无形资产的公允价值为基础计提的折旧额或摊销额,以及以投资企业取得投资时有关资产的公允价值为基础计算确定的资产减值准备金额等对被投资单位净利润的影响。

由于投资企业取得长期股权投资的成本是以被投资单位有关资产、负债的公允价值为基础确定的,因此,取得投资后应确认的投资收益也应当是被投资单位的资产、负债按公允价值计量的情况下,在一定期间通过经营产生的损益中归属于投资企业的部分。而被投资单位个别利润表中的净利润是以其持有的资产、负债账面价值为基础持续计算的,如果取得投资时有关资产、负债的公允价值与其账面价值不同,则投资后在计算归属于投资企业应享有的净利润或应承担的净亏损时,应考虑对被投资单位计提的折旧额、摊销额以及资产减值准备金额等按资产负债的公允价值进行调整，将被投资单位的账面净利润调整为按资产、负债公允价值调整后的净利润。

在对被投资单位的净利润进行调整时，应考虑重要性原则，投资企业无法合理确定取得投资时被投资单位各项可辨认资产等的公允价值，或投资时被投资单位可辨认资产的公允价值与其账面价值相比，两者之间的差额不具重要性的，或其他原因导致无法取得被投资单位的有关资料，不能按照准则中规定的原则对被投资单位的净损益进行调整的，投资企业可以被投资单位的账面净利润为基础，经调整未实现内部交易损益后，计算确认投资损益，同时应在附注中说明不能调整的事实及其原因。

例 13 A企业2×15年1月5日以2 600万元购入C公司30%的股份，从而对C公司的生产经营决策具有重大影响。取得投资时，C公司可辨认净资产的公允价值为7 800万元，除表6—3所列资产外，其他资产、负债的公允价值与账面价值相同。假定A企业和C公司未发生任何内部交易。

表 6—3 **C公司资产** 单位：万元

项目	账面原价	已提折旧	公允价值	预计使用年限(年)	A企业投资后剩余使用年限(年)
存货	230		200		
固定资产	1 200	300	2 250	20	15
合计	1 400	300	2 030	—	—

上述存货在A企业取得投资后有60%已对外销售，A企业和C公司的会计年度及采用的会计政策相同，固定资产采用直线法计提折旧，预计净残值为零。C公司2×15年实现净利润500万元。

A企业在确定对C公司当年实现净利润应归属其享有的份额时，应先考虑投资时C公司资产账面价值和公允价值差额对利润的影响(假设不考虑所得税的影响)。

存货因公允价值小于账面价值从而减少销售成本应调增的利润额为：

(230－200)×60%＝18(万元)

固定资产因公允价值大于账面价值从而增加折旧费用应调减的利润额为：

1 200÷20－2 250÷15＝－90(万元)

调整后的净利润为：

500＋18－90＝428(万元)

A企业应享有的投资收益为：

428×30%＝128.4(万元)

账务处理如下：

借：长期股权投资——C公司(损益调整)　　1 284 000

　贷：投资收益　　1 284 000

(3)在确认投资收益时，对投资企业与其合营、联营企业之间发生的未实现内部交易损益应予抵销。即：投资企业与联营企业及合营企业之间发生的未实现内部交易损益按照持股比例计算归属于投资企业的部分，应当予以抵销，在此基础上确认投资损益。但投资企业与被投资单位发生的内部交易损失属于资产减值损失的，应当全额确认。

投资企业与联营或合营企业发生内部交易，应当分别顺流交易和逆流交易进行会计处理。顺流交易是指投资方向其联营企业或合营企业投出或出售资产。逆流交易是指联营企业或合营企业向投资方出售资产。

投资方与联营、合营企业之间发生投出或出售资产的交易，该资产构成业务的，有关会计处理如下：

①逆流业务的，投资企业应全额确认与交易相关的利得或损失。

②顺流业务的，投资企业因此取得长期股权投资但未取得控制权的，应以投出业务的公允价值作为新增长期股权投资的初始投资成本，初始投资成本与投出业务的账面价值之差，全额计入当期损益。

例 14　甲公司为某汽车生产厂商。2×15 年 1 月，甲公司以其所属的从事汽车配饰生产的一个分公司(构成业务)，向乙公司投资。投资后，甲公司对乙公司的持股比例为 30%，能对乙公司施加重大影响。上述分公司(构成业务)的净资产(资产与负债的差额，下同)的账面价值为 1 500 万元。该业务的公允价值为 2 800 万元。不考虑相关税费等其他因素的影响。

本例中，甲公司是将一项业务投给联营企业作为增资。甲公司应当按照所投出分公司(业务)的公允价值 2 800 万元作为新取得长期股权投资的初始投资成本，初始投资成本与所投出业务的净资产账面价值 1 500 万元之间的差额 1 300 万元，应全额计入当期损益。

投出或出售的资产不构成业务的，未实现内部交易损益体现在投资方或其联营企业、合营企业持有的资产账面价值中的，在计算确认投资损益时应予抵销。包括顺流(投资企业出售产品给其合营、联营企业)和逆流(合营、联营企业出售产品给其投资企业)交易所带来的损益，在该内部交易损益未实现前，应将该部分损益中归属于投资企业的部分予以抵销后的余额作为确认投资损益的基础。即：在投资企业确认的投资损益中仅限于非关联投资企业在联营或合营中的利益，因此不应包括投资企业与联营或合营企业之间的未实现内部交易损益，待内部交易损益实现时，原抵销的损益部分再确认为投资损益。

①逆流交易。

由合营及联营企业向投资企业销货，如果投资企业未转售给独立的第三方，虽然该交易所产生的未实现损益已全部记入联营及合营企业的利润表，但根据交易实质，投资企业只能确认联营及合营企业在这一交易损益中归属于其他投资企业的份额，即确认投资收益时应当按投资企业持股比例扣除内部交易未实现损益，待投资企业将该资产转售给独立的第三方以后，再确认这一交易损益中归属于自己的份额。

例 15　甲企业于 2×15 年 1 月取得乙公司 20%有表决权股份，能够对乙公司施加重大影响。假定甲、乙公司的会计期间和会计政策一致，甲企业取得该项投资时，乙公司各项可辨认资产、负债的公允价值与其账面价值相同。2×15 年 8 月，乙公司将其成本为 300 万元的某商品以 500 万元的价格出售给甲企业，甲企业将取得的商品作为存货。至 2×15 年资产负债表日，甲企业仍未对外出售该存货。乙公司 2×15 年实现净利润 1 600 万元。假定不考虑所得税影响。

分析：该项逆流交易可以理解为乙公司出售给甲企业的商品中只有 80%实现了对外销售，联营企业乙公司当年个别报表上列示净利润 1 600 万元中包含了该项内部交易未实现损益 200 万元，至年末，甲企业购入的该批商品并未出售，因此，这部分内部交易未实现收益全部在甲企业的存货价值中，如果甲企业以被投资单位的利润为基础确认投资收益，就虚增了投资企业的资产和利润，所以，甲企业按权益法确认投资收益时应按照 20%持股比例计算的归属于投资企业的份额 40 万元，应予抵销，即 A 公司个别报表中只确认投资收益 280 万元{[1 600－(500－300)]×20%}，尚未实现的损益应当同时抵销投资收益和长期股权投资账面价值。

甲公司在按照权益法确认应享有乙公司 2×15 年净损益时，应进行以下会计处理：

借：长期股权投资——乙公司(损益调整)　　　　2 800 000

　　贷：投资收益　　　　　　　　　　　　　　　　2 800 000

甲企业如需要编制合并财务报表，应在合并财务报表中进行调整，编制调整分录如下：

借：长期股权投资(2 000 000×20%)　　400 000

　贷：存货　　400 000

假设2×16年，甲企业将该商品对外部独立的第三方出售，因该部分内部交易损益已经实现，甲企业在确认应享有乙公司2×16年净损益时，应考虑将原来未确认的该部分内部交易损益计入投资收益。

借：长期股权投资——乙公司(损益调整)　　400 000

　贷：投资收益　　400 000

②顺流交易。

投资企业将商品销售给合营及联营企业，如果合营及联营企业未实现对外销售，投资企业对该项内部交易的未实现销售损益只应确认归属于其他投资企业的份额，待投资企业将该资产转售给独立的第三方以后，再确认这一交易损益中归属于自己的份额。

例16　A企业持有B公司有表决权股份的40%，能够对B公司的生产经营施加重大影响。2×15年11月，A公司将其账面价值为600万元的商品以900万元的价格出售给B公司，B公司将取得的商品作为存货核算。假定A、B公司的会计期间和所采用的会计政策一致，A公司取得该项投资时，B公司各项可辨认资产、负债的公允价值与其账面价值相同，两者在以前期间未发生过内部交易。B公司2×15年实现净利润1 000万元。假定不考虑所得税影响。

分析：由于A公司拥有B公司40%的股权，该项顺流交易也可以理解为A公司出售给B公司的商品中只有60%实现了对外销售。由于该项内部交易未实现收益300万元并没有计入联营企业B公司的净利润，因此，投资企业按权益法确认投资收益理应为400万元(1 000×40%)。但是，由于在该项顺流交易中A公司向关联方销售增加了资产，同时产生了归属于A公司的份额120万元(300×40%)未实现收益，因此，应当抵销该项交易未实现销售收益120万元，同时抵销长期股权投资120万元。

需要说明的是，抵销联营及合营企业存货价值中未实现损益，与抵销子公司存货价值中未实现损益相比有所不同：子公司纳入合并报表范围，可以直接抵销存货价值；联营及合营企业不纳入合并报表范围，其存货价值中归属于投资企业的份额反映在投资企业的长期股权投资价值之中，只能通过抵销长期股权投资价值来间接抵销存货价值。

A公司在按照权益法确认应享有B公司2×15年净损益时，应进行以下会计处理：

借：长期股权投资——B公司(损益调整)[(1 000－300)×40%]　　2 800 000

　贷：投资收益　　2 800 000

A公司如需要编制合并财务报表，在合并财务报表中对该未实现内部交易损益应在个别报表已确认投资收益的基础上进行调整，编制调整分录如下：

借：营业收入(900×40%)　　3 600 000

　贷：营业成本(600×40%)　　2 400 000

　　投资收益　　1 200 000

假设2×16年，A公司将该商品对外部独立的第三方出售，因该部分内部交易损益已经实现，A公司在确认应享有B公司2×16年净损益时，应考虑将原来未确认的该部分内部交易损益计入投资收益。

借：长期股权投资——B公司(损益调整)　　1 200 000

　贷：投资收益　　1 200 000

应当说明的是，投资企业与其联营企业及合营企业之间发生的无论是顺流交易还是逆流交易产生的未实现内部交易损失，属于所转让资产发生减值损失的，有关的未实现内部交易损失不应予以抵销。

综上所述，长期股权投资采用权益法调整内部交易损益的具体会计处理归纳如下：

(1)无论是“顺流”还是“逆流”交易，投资企业在确认投资损益时，应当在联营或合营企业已实现损益的基础上抵销内部交易未实现损益中归属于投资企业的部分。即：在投资企业的个别财务报表中确认的投资收益不包含投资企业与其联营或合营企业之间内部交易未实现损益中归属于投资企业的部分。

(2)如果投资企业同时又是其他企业的母公司，且对外提供合并财务报表的，投资企业与其联营或合营企业“顺流”交易中内部未实现损益部分相关的收入、成本等项目，应在合并财务报表中予以抵销，并调整投资收益项目；“逆流”交易则在合并财务报表中抵销存货，并相应调整长期股权投资项目。

(3)当投资企业与其联营或合营企业之间的内部交易损益已经实现时，原已抵销的归属于投资企业的损益部分应确认为投资损益，并调整长期股权投资的账面价值。

3. 取得现金股利或利润的处理

当被投资单位宣告分派现金股利或利润时，由于分配利润使被投资单位所有者权益总额减少，因此，投资企业也应按其持股比例相应调整长期股权投资的账面价值。投资企业应按所享有的份额借记“应收股利”账户，贷记“长期股权投资——被投资单位(损益调整)”账户。

例17　B公司2×14年1月5日以2 000万元购入C公司30%的股份，从而对C公司的生产经营决策具有重大影响。B公司和C公司的会计政策和会计期间一致，取得投资时C公司资产、负债的公允价值与账面价值相同，双方也未发生任何内部交易。C公司2×14年实现净利润500万元，2×15年3月5日宣告分派现金股利550万元。

借：应收股利　　1 650 000

　　贷：长期股权投资——C公司(损益调整)　　1 650 000

4. 被投资单位发生亏损的处理

当被投资单位发生亏损时，会影响其所有者权益总额减少，因此，投资企业也应按其持股比例相应调整长期股权投资的账面价值。投资企业在确认应分担被投资单位发生的亏损时，应将其对被投资单位的长期股权投资及其他实质上构成对被投资单位净投资的长期权益项目的账面价值综合起来考虑。这里的“其他实质上构成对被投资单位净投资的长期权益项目”，通常指对被投资单位的长期应收项目。原则上应以长期股权投资账面价值和长期应收项目减至零为限。投资账面价值指该项股权投资的账面余额减去该项投资已计提的减值准备。具体按照以下顺序处理：

(1)发生投资损失时，借记“投资收益”账户，贷记“长期股权投资——被投资单位(损益调整)”账户。

(2)在长期股权投资的账面价值减记至零的情况下，如果仍有未确认的投资损失，考虑其他实质上构成对被投资单位净投资的长期权益，继续确认的投资损失，借记“投资收益”账户，贷记“长期应收款”账户。

(3)除上述处理外，因投资合同或协议约定导致投资企业仍需要承担额外义务的，按照或有事项准则的规定，对于符合确认条件的义务，应确认为当期损失，同时确认预计负债，借记“投资收益”账户，贷记“预计负债”账户。

除上述情况仍未确认的应分担被投资单位的损失，应在账外备查登记。

在确认了有关的投资损失以后，被投资单位于以后期间实现盈利的，应按以上相反顺序先扣除未确认的亏损分担额，然后再分别减记已确认的预计负债，恢复其他长期权益及长期股权投资的账面价值，同时确认投资收益。即应当按顺序分别借记“预计负债”、“长期应收款”、“长期股权投资”账户，贷记“投资收益”账户。

例18 A企业投资占B企业表决权资本30%，从而能够对B企业施加重大影响。初始投资成本11万元，取得投资时B企业资产、负债的公允价值与账面价值相同，双方采用的会计政策和会计期间也相同，且无内部交易事项。

B企业第一年获利100 000元。A企业应确认投资收益为30 000元（100 000×30%），其账务处理为：

借：长期股权投资——B企业（损益调整）　　30 000

　　贷：投资收益　　30 000

第二年，B企业因所生产的产品市场发生变化，全年亏损600 000元。A企业按照持股比例应确认投资损失为180 000元（600 000×30%），但是长期股权投资的账面价值为140 000元（110 000+30 000），即在确认了应分担的140 000元损失后，长期股权投资的账面价值减至零。A企业应进行账务处理如下：

借：投资收益　　140 000

　　贷：长期股权投资——B企业（损益调整）　　140 000

未确认亏损40 000元（180 000－140 000），经查，在A企业账上有应收B企业的长期应收款23 000元，则A企业应以长期应收款的账面价值为限进一步确认投资损失23 000元，进行账务处理如下：

借：投资收益　　23 000

　　贷：长期应收款　　23 000

经过上述处理，还有未确认亏损17 000元，按照投资合同的规定，投资企业仍需要承担额外损失弥补义务的，假设符合负债确认条件，则A企业应确认预计负债：

借：投资收益　　17 000

　　贷：预计负债　　17 000

第三年，B企业盈利200 000元，A企业按照持股比例应确认的投资收益为60 000元（200 000×30%）。应先依次减记预计负债，恢复长期应收款和长期股权投资的账面价值，进行账务处理如下：

借：预计负债　　17 000

　　长期应收款　　23 000

　　长期股权投资——B企业（损益调整）　　20 000

　　贷：投资收益　　60 000

5. 被投资单位其他综合收益的变动

在采用权益法核算长期股权投资时，因被投资单位可供出售金融资产公允价值变动等引起被投资单位其他综合收益发生变动的，投资企业应按持股比例调整长期股权投资的账面价值，同时增加或减少其他综合收益。在被投资单位其他综合收益增加导致其所有者权益总额增加时，投资单位应借记“长期股权投资——被投资单位（其他综合收益）”账户，贷记“其他综合收益”账户；在被投资单位其他综合收益减少导致其所有者权益总额减少时，投资单位则做相反的分录。已经计入其他综合收益的金额待该项长期股权投资处置时，采用与被投资单位直接处置相关资产或负债相同的基础进行会计处理。

例19 A企业2×15年1月5日以2 600万元购入C公司30%的股份，从而对C公司的生产经营决策具有重大影响。取得投资时，C公司可辨认净资产的公允价值为7 800万元，C公司资产、负债的公允价值与账面价值相同，双方未发生过内部交易。

C公司2×15年实现净利润1 900万元，此外C公司持有的可供出售金融资产的公允价值增值560万元，计入了其他综合收益。

A企业确认应调增长期股权投资账面价值为738万元，其中：应确认为投资收益的为570万元

(1 900×30%)，应计入其他综合收益的为168万元(560×30%)。A企业应进行如下账务处理：

借：长期股权投资——C公司(损益调整)　　5 700 000

　　　　　　　　——C公司(其他综合收益)　　1 680 000

　贷：投资收益　　5 700 000

　　其他综合收益　　1 680 000

6. 被投资单位除净损益、其他综合收益以及利润分配以外的所有者权益的其他变动

被投资单位除净损益、其他综合收益以及利润分配以外的所有者权益的其他变动的因素，主要包括被投资单位接受其他股东的资本性投入、被投资单位发行可分离交易的可转债中包含的权益成分、以权益结算的股份支付、其他股东对被投资单位增资导致投资企业持股比例变动等。投资方应按所持股权比例计算应享有的份额，调整长期股权投资的账面价值，同时计入资本公积——其他资本公积，并在备查簿中予以登记。投资企业在后续处置该项长期股权投资时，将此资本公积——其他资本公积转入当期投资收益。

例20　2×12年3月20日，A、B、C公司分别以现金250万元、350万元和400万元出资设立D公司，分别持有D公司25%、35%、40%的股权。A公司对D公司具有重大影响，采用权益法对有关长期股权投资进行核算。D公司自设立日起至2×15年1月1日实现净损益1 000万元，除此以外，无其他影响净资产的事项。2×15年1月1日，经A、B、C公司协商，B公司对D公司增资500万元，增资后D公司净资产为2 500万元，A、B、C公司分别持有D公司20%、48%、32%的股权。相关手续于当日完成。假定A公司与D公司适用的会计政策、会计期间相同，双方在当期及以前期间未发生其他内部交易。不考虑相关税费等其他因素的影响。

本例中，2×15年1月1日，B公司增资前，D公司的净资产账面价值为2 000万元，A公司应享有D公司权益的份额为500万元(2 000×25%)。B公司单方面增资后，D公司的净资产增加800万元，A公司应享有D公司权益的份额为560万元(2 800×20%)。A公司享有的权益变动60万元(560－500)，属于D公司除净损益、其他综合收益和利润分配以外所有者权益的其他变动，进行如下账务处理：

借：长期股权投资——D公司(其他权益变动)　　600 000

　贷：资本公积——其他资本公积　　600 000

7. 投资方持股比例增加但仍采用权益法核算的处理

投资方因增加投资等原因对被投资单位的持股比例增加，但被投资单位仍然是投资方的联营企业或合营企业时，投资方应当按照新的持股比例对股权投资继续采用权益法进行核算。在新增投资日，如果新增投资成本大于按新增持股比例计算的被投资单位可辨认净资产于新增投资日的公允价值份额，不调整长期股权投资成本；如果新增投资成本小于按新增持股比例计算的被投资单位可辨认净资产于新增投资日的公允价值份额，应按该差额，调整长期股权投资成本和营业外收入。进行上述调整时，应当综合考虑与原持有投资和追加投资相关的商誉或计入损益的金额。

例21　2×10年1月1日，A公司以现金2 500万元向非关联方购买B公司20%的股权，并对B公司具有重大影响。当日，B公司可辨认净资产公允价值与账面价值相等，均为10 000万元。2×10年1月1日至2×15年1月1日期间，B公司实现净损益2 000万元，除此以外，无其他引起净资产发生变动的事项。2×15年1月1日，A公司以现金1 200万元向另一非关联方购买B公司10%的股权，仍对B公司具有重大影响，相关手续于当日完成。当日，B公司可辨认净资产公允价值为1.5亿元。不考虑相关税费等其他因素的影响。

本例中，A公司于2×10年1月1日第一次购买B公司股权时，应享有B公司可辨认净资产公允价值份额为2 000万元(10 000×20%)，A公司支付对价的公允价值为2 500万元，因此，A公司2×10年1月1日确认对B公司长期股权投资的初始投资成本为2 500万元，其中含500万元的内

含商誉。

借：长期股权投资——A公司（投资成本）　　25 000 000

　贷：银行存款　　25 000 000

A公司2×15年1月1日第二次购买B公司股权时，应享有B公司可辨认净资产公允价值份额为1 500万元（15 000×10%），A公司支付对价的公允价值为1 200万元，A公司本应调整第二次投资的长期股权投资成本为1 500万元，并将300万元的负商誉确认300万元的营业外收入，然而，由于A公司第一次权益法投资时确认了500万元的内含正商誉，两次商誉综合考虑后的金额为正商誉200万元，因此，A公司2×15年1月1日确认的对第二次投资的长期股权投资的初始投资成本仍为1 200万元，并在备查簿中记录两次投资各自产生的商誉和第二次投资时综合考虑两次投资产生的商誉后的调整情况。

借：长期股权投资——A公司（投资成本）　　12 000 000

　贷：银行存款　　12 000 000

8. 股票股利的处理

无论采用成本法还是权益法，被投资单位发放股票股利，不会引起其所有者权益总额发生变动，而只是将未分配利润转为股本，从而使所有者权益内部各项目结构发生了变化。股票股利的发放，降低了每股净资产。投资企业既未收到资产，也没有增加长期股权投资价值。因此，投资企业在收到股票股利时，无论采用成本法还是权益法核算，均不做账务处理，仅在备查簿上进行登记，并重新计算每股成本，待处置该项投资时，按重新计算的每股成本结转处置部分的成本。

第三节　长期股权投资核算方法的转换

股权投资在持有期间，由于投资意图等的改变，投资企业会追加或者收回部分投资，使投资企业的持股比例发生变化，从而导致股权投资的计量方法由一种方法转换为另一种方法。

一、成本法转为权益法

因处置投资等原因导致对被投资单位由能够实施控制转为具有重大影响或者与其他投资方一起实施共同控制的，首先应按处置投资的比例结转应终止确认的长期股权投资成本。对于剩余的未处置的股权投资，其核算方法由成本法转换为权益法：

（1）比较剩余长期股权投资的成本与按照剩余持股比例计算原投资时应享有被投资单位可辨认净资产公允价值的份额，前者大于后者的，属于投资作价中体现的商誉部分，不调整长期股权投资的账面价值；前者小于后者的，在调整长期股权投资成本的同时，调整留存收益。

（2）对于原取得投资时至处置投资时（转为权益法核算）之间被投资单位实现净损益中投资企业应享有的份额，一方面应当调整长期股权投资的账面价值，同时，对于原取得投资时至处置投资当期期初被投资单位实现的净损益（扣除已宣告发放的现金股利和利润）中应享有的份额，调整留存收益，对于处置投资当期期初至处置投资之日被投资单位实现的净损益中享有的份额，调整当期损益。

（3）对于原取得投资时至处置投资时（转为权益法核算）之间被投资单位其他综合收益变动中投资企业应享有的份额，在调整长期股权投资账面价值的同时，应当计入其他综合收益。

（4）对于原取得投资时至处置投资时（转为权益法核算）之间被投资单位除净损益、其他综合收益和利润分配外的其他原因导致被投资单位其他所有者权益变动中投资企业应享有的份额，在调整长期股权投资账面价值的同时，应当计入资本公积（其他资本公积）。

长期股权投资自成本法转为权益法后，未来期间应按准则规定计算确认应享有被投资单位实现的净损益及所有者权益其他变动的份额。

例22 A公司原持有B公司60%的股权,其账面余额为7 200万元,未计提减值准备。2×15年1月4日,A公司将其持有的对B公司长期股权投资中的1/4出售给某企业,出售取得价款3 000万元,当日被投资单位可辨认净资产公允价值总额为19 000万元。A公司原取得B公司60%股权时,B公司可辨认净资产公允价值总额为10 000万元(假定公允价值与账面价值相同)。自A公司取得对B公司长期股权投资后至部分处置投资前,B公司实现其他综合收益4 000万元,净利润5 000万元,其中:自A公司取得投资日至2×15年年初实现净利润4 500万元。假定B公司一直未进行利润分配,也未发生计入其他资本公积的交易或事项。A公司按净利润的10%提取盈余公积。

在出售15%的股权后,A公司对B公司的持股比例为45%,在被投资单位董事会中派有代表,但不能对B公司的生产经营决策实施控制,对B公司的长期股权投资应由成本法改为权益法核算。

(1)确认长期股权投资处置损益。

借:银行存款　　30 000 000
　贷:长期股权投资——B公司　　18 000 000
　　投资收益　　12 000 000

(2)调整剩余股权的长期股权投资账面价值。

剩余长期股权投资的账面价值为5 400万元,与原投资时应享有被投资单位可辨认净资产公允价值份额之间的差额900万元(5 400－10 000×45%)为商誉,该部分商誉的价值不需要对长期股权投资的成本进行调整。

借:长期股权投资——B公司　　54 000 000
　贷:长期股权投资——B公司　　54 000 000

(3)原取得投资后至处置投资期间被投资单位可辨认净资产公允价值的变动对长期股权投资账面价值的调整。

原取得投资后至处置投资期间被投资单位可辨认净资产公允价值变动中应享有的份额为4 050万元[(19 000－10 000)×45%],其中:2 025万元(4 500×45%)为被投资单位以前年度实现的净利润,应调整增加长期股权投资的账面价值,同时调整留存收益;225万元(500×45%)为被投资单位本年度实现的净利润,计入当期投资收益;1 800万元(4 050－2 025－225)为被投资单位因其他综合收益引起的可辨认净资产的增加,应调整增加长期股权投资的账面价值,同时计入其他综合收益。编制会计分录如下:

借:长期股权投资——B公司　　22 500 000
　　　　　　　——B公司　　18 000 000
　贷:盈余公积——法定盈余公积(2 025×10%)　　2 025 000
　　利润分配——未分配利润(2 025×90%)　　18 225 000
　　投资收益　　2 250 000
　　其他综合收益　　18 000 000

处置投资并经过对长期股权投资账面价值调整后,A公司对B公司投资的账面价值为9 450万元(7 200－1 800＋2 250＋1 800),其中:8 550万元(19 000×45%)为A公司享有的B公司可辨认净资产的份额,900万元为初始投资作价中体现出的商誉。

二、权益法转为成本法

投资企业因追加投资由原来对被投资单位具有共同控制、重大影响改变为控制而由权益法转为成本法的,实质为企业通过多次交易分步取得被投资单位的股权,最终形成企业合并。需要区分同一控制下的企业合并和非同一控制下的企业合并进行处理。

(一)企业通过多次交易分步取得同一控制下被投资单位的股权,完成企业合并

属于"一揽子交易"的,合并方应当将各项交易作为一项取得控制权的交易进行会计处理。不属于"一揽子交易"的,取得控制权日,应按照以下步骤进行会计处理:

(1)在取得控制权日,根据合并后应享有被合并方净资产在最终控制方合并财务报表中的账面价值的份额,确定长期股权投资的初始投资成本。

(2)取得控制权日长期股权投资的初始投资成本,与达到合并前的长期股权投资账面价值加上合并日进一步取得股份新支付对价的账面价值之和的差额,调整资本公积(资本溢价或股本溢价);资本公积不足冲减的,冲减留存收益。

(3)取得控制权日之前持有的股权投资,因采用权益法核算而确认的其他综合收益,暂不进行会计处理,直至处置该项投资时采用与被投资单位直接处置相关资产或负债相同的基础进行会计处理;因采用权益法核算而确认的被投资单位净资产中除净损益、其他综合收益和利润分配以外的所有者权益其他变动,也暂不进行会计处理,直至处置该项投资时转入当期损益。

例 23 2×13 年 1 月 1 日,甲公司取得同一控制下的 A 公司 25%的股份,实际支付款项 6 000 万元,能够对 A 公司施加重大影响。相关手续于当日办理完毕。当日,A 公司可辨认净资产账面价值为 22 000 万元(假定与公允价值相等)。2×13 年及 2×14 年度,A 公司共实现净利润 1 000 万元,无其他所有者权益变动。2×15 年 1 月 1 日,甲公司以定向增发 2 000 万股普通股(每股面值为 1 元,每股公允价值为 4.5 元)的方式购买同一控制下另一企业所持有的 A 公司 40%股权,相关手续于当日完成。进一步取得投资后,甲公司能够对 A 公司实施控制。

当日,A 公司在最终控制方合并财务报表中的净资产的账面价值为 23 000 万元。假定甲公司和 A 公司采用的会计政策和会计期间相同,均按照 10%的比例提取盈余公积。甲公司和 A 公司一直受同一最终控制方控制。上述交易不属于"一揽子交易"。不考虑相关税费等其他因素的影响。

甲公司有关会计处理如下:

(1)确定合并日长期股权投资的初始投资成本。

合并日追加投资后甲公司持有 A 公司股权比例为 65%(25%+40%)。

合并日甲公司享有 A 公司在最终控制方合并财务报表中净资产的账面价值份额为 14 950 万元(23 000×65%),因此,长期股权投资因追加持股比例改为成本法核算时的入账价值为 14 950 万元。

(2)长期股权投资初始投资成本与合并对价账面价值之间差额的处理。

原 25%的股权投资采用权益法核算,在合并日的原账面价值为 6 250 万元(6 000+1 000×25%)。

借:长期股权投资——A 公司	149 500 000	
贷:长期股权投资——A 公司(投资成本)		60 000 000
——A 公司(损益调整)		2 500 000
股本		20 000 000
资本公积——股本溢价		67 000 000

(二)企业通过多次交易分步取得非同一控制下被投资单位的股权,完成企业合并

企业通过多次交易分步实现非同一控制下企业合并的,在编制个别财务报表时,应当按照原持有股权投资的账面价值加上新增投资成本之和,作为改按成本法核算的初始投资成本。取得控制权日之前因采用权益法核算而确认的相关其他综合收益暂不进行会计处理,等到处置该项投资时采用与被投资单位直接处置相关资产或负债相同的基础进行会计处理;因被投资方除净损益、其他综合收益和利润分配以外的其他所有者权益变动而确认的所有者权益也暂不进行会计处理,等到在处置该项投资时转入当期损益。

例 24 A、B 公司属非同一控制下的独立公司。A 公司于 2×14 年 3 月以 3 000 万元取得 B 公司 30%的股权,因能够对 B 公司施加重大影响,对所取得的长期股权投资采用权益法核算,于

2×14年确认对B公司的投资收益200万元,其他综合收益100万元(由于被投资单位持有的可供出售金融资产公允价值变动产生),资本公积100万元。2×15年4月,A公司又斥资3 600万元自C公司取得B公司另外30%的股权。假定A公司在取得对B公司的长期股权投资以后,B公司并未宣告发放现金股利或利润。A公司按净利润的10%提取盈余公积。A公司对该项长期股权投资未计提任何减值准备。

本例中,A公司是通过分步购买最终达到对非同一控制下的B公司实施控制,形成企业合并。

取得控制权日前,A公司持有B公司的投资作为联营企业进行会计核算,A公司原持有股权的账面价值为3 400万元(3 000+200+100+100)。

本次投资应支付对价的公允价值为3 600万元。

取得控制权日对子公司按成本法核算的初始投资成本为7 000万元(3 400+3 600)。

取得控制权日前A公司原持有股权相关的计入所有权权益中"其他综合收益"和"资本公积——其他资本公积"的其他综合收益100万元以及其他所有者权益变动100万元,在取得控制权日均不进行会计处理。

借:长期股权投资——B公司	70 000 000	
贷:长期股权投资——B公司(投资成本)		30 000 000
——B公司(损益调整)		2 000 000
——B公司(其他综合收益)		1 000 000
——B公司(其他权益变动)		1 000 000
银行存款		36 000 000

三、公允价值计量转为权益法

原持有的对被投资单位的股权投资(不具有控制、共同控制或重大影响的),按照金融工具确认和计量准则确认为可供出售金融资产进行会计处理的,因追加投资等原因导致持股比例上升,能够对被投资单位施加共同控制或重大影响的,应重分类为长期股权投资,采用权益法进行核算:

(1)投资企业应当按照金融工具确认和计量准则确定的原股权投资的公允价值加上为取得新增投资而应支付对价的公允价值,作为改按权益法核算的初始投资成本。原持有的股权投资分类为可供出售金融资产的,其公允价值与账面价值之间的差额,以及原计入其他综合收益的累计公允价值变动,应当转入改按权益法核算的当期损益。

(2)长期股权投资初始投资成本与按照追加投资后全新的持股比例计算确定的应享有被投资单位在追加投资日可辨认净资产公允价值份额之间的差额,前者大于后者的,不调整长期股权投资的账面价值;前者小于后者的,差额应调整长期股权投资的账面价值,并计入当期营业外收入。

例25 2×14年1月,A公司以800万元现金自非关联方处取得B公司10%的股权。A公司根据金融工具确认和计量准则,将其作为可供出售金融资产。2×15年2月2日,A公司又以1 200万元的现金自另一非关联方处取得B公司12%的股权,相关手续于当日完成。当日,A公司对B公司的可供出售金融资产的账面价值为980万元,计入其他综合收益的累计公允价值变动为180万元。B公司可辨认净资产公允价值总额为12 000万元,取得该部分股权后,按照B公司章程规定,A公司能够对B公司施加重大影响,对该项股权投资转为采用权益法核算。不考虑相关税费等其他因素的影响。

本例中,2×15年2月2日,A公司原持有10%股权的公允价值为1 000万元(10%×1 200÷12%),为取得新增投资而支付对价的公允价值为1 200万元,因此,A公司对B公司22%股权的初始投资成本为2 200万元。

A公司对B公司新持股比例为22%,应享有B公司可辨认净资产公允价值的份额为2 640万元(12 000×22%)。由于初始投资成本(2 200 万元)小于应享有 B 公司可辨认净资产公允价值的份额(2 640 万元),因此,A 公司需调整长期股权投资的成本。

2×15 年 2 月 2 日,A 公司确认对 B 公司的长期股权投资,进行会计处理如下:

(1)确认长期股权投资初始投资成本时:

借:长期股权投资——B 公司(投资成本)	22 000 000	
贷:可供出售金融资产——B 公司(成本)		8 000 000
——B 公司(公允价值变动)		1 800 000
银行存款		12 000 000
投资收益		200 000

(2)对初始投资成本进行调整时:

借:长期股权投资——B 公司(投资成本)	4 400 000	
贷:营业外收入		4 400 000

(3)可供出售金融资产形成的其他综合收益重分类进损益时:

借:其他综合收益	1 800 000	
贷:投资收益		1 800 000

四、公允价值计量转为成本法

投资方原持有的对被投资单位不具有控制、共同控制或重大影响的按照金融工具确认和计量准则进行会计处理的权益性投资,因追加投资等原因,能够对被投资单位实施控制的,实质也是企业通过多次交易分步取得被投资单位的股权,最终形成企业合并,因此,也要区分同一控制下的企业合并和非同一控制下的企业合并进行处理。

(一)企业通过多次交易分步取得同一控制下被投资单位的股权,完成企业合并

属于"一揽子交易"的,合并方应当将各项交易作为一项取得控制权的交易进行会计处理。不属于"一揽子交易"的,取得控制权日,应按照以下步骤进行会计处理:

(1)在取得控制权日,根据合并后应享有被合并方净资产在最终控制方合并财务报表中的账面价值的份额,确定长期股权投资的初始投资成本。

(2)取得控制权日长期股权投资的初始投资成本,与达到合并前的长期股权投资账面价值加上合并日进一步取得股份新支付对价的账面价值之和的差额,调整资本公积(资本溢价或股本溢价);资本公积不足冲减的,冲减留存收益。

(3)取得控制权日之前持有的股权投资,因采用金融工具确认和计量准则核算而确认的其他综合收益,暂不进行会计处理,直至处置该项投资时采用与被投资单位直接处置相关资产或负债相同的基础进行会计处理。

(二)企业通过多次交易分步取得非同一控制下被投资单位的股权,完成企业合并

企业通过多次交易分步实现非同一控制下企业合并的,在编制个别财务报表时,应当按照取得控制权日之前因采用金融工具确认和计量准则确定的股权投资的公允价值加上新增投资成本之和,作为改按成本法核算的初始投资成本。原持有股权的公允价值与账面价值之间的差额以及原计入其他综合收益的累计公允价值变动,应当全部转入改按成本法核算的当期投资收益。

例 26 2×13 年 1 月 1 日,A 公司以每股 4 元的价格购入某上市公司 B 公司的股票 100 万股,并由此持有 B 公司 2%的股权。A 公司与 B 公司不存在关联方关系。A 公司将对 B 公司的投资作为可供出售金融资产进行会计处理。2×15 年 3 月 1 日,A 公司以现金 2 亿元为对价,向 B 公司大股东收购 B 公司 60%的股权,相关手续于当日完成。假设 A 公司购买 B 公司 2%的股权和后续购买 60%的股权不构成"一揽子交易",A 公司取得 B 公司控制权之日为 2×15 年 3 月 1 日,B 公司当

日股价为每股8元,B公司可辨认净资产的公允价值为3亿元,A公司原持有可供出售金融资产的账面价值为700万元,记入"成本"明细账的金额为400万元,记入"公允价值变动"明细账的金额为300万元。不考虑相关税费等其他因素的影响。

取得对B公司的控制权日前,A公司持有对B公司的股权投资作为可供出售金融资产进行会计处理,购买日前A公司原持有可供出售金融资产的公允价值为800万元(8×100)。本次追加投资应支付对价的公允价值为20 000万元。

取得对B公司的控制权日对子公司按成本法核算的初始投资成本为20 800万元(20 000+800)。

取得对B公司的控制权日A公司原持有可供出售金融资产公允价值800万元与其账面价值700万元的差额,以及该可供出售金融资产相关的其他综合收益300万元,均转入购买日所属当期投资收益。

借:长期股权投资——B公司	208 000 000	
贷:可供出售金融资产——B公司(成本)		4 000 000
——B公司(公允价值变动)		3 000 000
银行存款		200 000 000
投资收益		1 000 000
借:其他综合收益	3 000 000	
贷:投资收益		3 000 000

五、权益法核算转为公允价值计量

原持有的对被投资单位具有共同控制或重大影响的长期股权投资,因部分处置等原因导致持股比例下降,不能再对被投资单位实施共同控制或重大影响的,应改按金融工具确认和计量准则对剩余股权投资进行会计处理,其在丧失共同控制或重大影响之日的公允价值与账面价值之间的差额计入当期损益。原采用权益法核算的相关其他综合收益应当在终止采用权益法核算时,采用与被投资单位直接处置相关资产或负债相同的基础进行会计处理;因被投资方除净损益、其他综合收益和利润分配以外的其他所有者权益变动而确认的所有者权益,应当在终止采用权益法核算时全部转入当期损益。

例27 甲公司持有乙公司30%的有表决权股份,能够对乙公司施加重大影响,对该股权投资采用权益法核算。2×15年10月,甲公司将该项投资中的50%出售给非关联方,取得价款1 600万元。相关手续于当日完成。甲公司无法再对乙公司施加重大影响,将剩余股权投资转为可供出售金融资产。出售时,该项长期股权投资的账面价值为3 000万元,其中,投资成本为2 200万元,损益调整为400万元,其他综合收益为200万元(性质为被投资单位的可供出售金融资产的累计公允价值变动),除净损益、其他综合收益和利润分配外的其他所有者权益变动为200万元。不考虑相关税费等其他因素的影响。

甲公司有关会计处理如下:

(1)确认有关股权投资的处置损益时:

借:银行存款	16 000 000	
贷:长期股权投资——乙公司(投资成本)		11 000 000
——乙公司(损益调整)		2 000 000
——乙公司(其他综合收益)		1 000 000
——乙公司(其他权益变动)		1 000 000
投资收益		1 000 000

(2)原确认的相关其他综合收益全部重分类进当期损益时：

借：其他综合收益　　2 000 000

　贷：投资收益　　2 000 000

(3)原计入资本公积的其他所有者权益变动全部转入当期损益时：

借：资本公积——其他资本公积　　2 000 000

　贷：投资收益　　2 000 000

(4)剩余股权投资转为可供出售金融资产，当天公允价值为 1 600 万元，账面价值为 1 500 万元，两者差异应计入当期投资收益。

借：可供出售金融资产——乙公司(成本)　　16 000 000

　贷：长期股权投资——乙公司(投资成本)　　11 000 000

　　　　——乙公司(损益调整)　　2 000 000

　　　　——乙公司(其他综合收益)　　1 000 000

　　　　——乙公司(其他权益变动)　　1 000 000

　　投资收益　　1 000 000

六、成本法核算转为公允价值计量

原持有的对被投资单位具有控制的长期股权投资，因部分处置等原因导致持股比例下降，不能再对被投资单位实施控制、共同控制或重大影响的，应改按金融工具确认和计量准则进行会计处理，在丧失控制之日的公允价值与账面价值之间的差额计入当期投资收益。

例 28　甲公司持有乙公司 60%的有表决权股份，能够对乙公司实施控制，对该股权投资采用成本法核算。2×15 年 10 月，甲公司将该项投资中的 90%出售给非关联方，取得价款 9 000 万元。相关手续于当日完成。甲公司无法再对乙公司实施控制，也不能施加共同控制或重大影响，将剩余股权投资转为可供出售金融资产。出售时，该项长期股权投资的账面价值为 9 000 万元，剩余股权投资的公允价值为 1 000 万元。不考虑相关税费等其他因素的影响。

甲公司有关会计处理如下：

(1) 确认有关股权投资的处置损益时：

借：银行存款　　90 000 000

　贷：长期股权投资——乙公司　　81 000 000

　　投资收益　　9 000 000

(2)剩余股权投资转为可供出售金融资产，当天公允价值为 1 000 万元，账面价值为 900 万元，两者差异应计入当期投资收益。

借：可供出售金融资产——乙公司(成本)　　10 000 000

　贷：长期股权投资——乙公司　　9 000 000

　　投资收益　　1 000 000

第四节　长期股权投资的减值与处置

一、长期股权投资的减值

长期股权投资减值是指长期股权投资未来可收回金额低于账面价值所发生的损失。可收回金额是指企业长期投资的出售净价与预期从该投资的持有和投资到期处置中形成的预计未来现金流量的现值两者中的较高者。长期股权投资如果存在减值迹象的，应当按照《企业会计准则第 8

号——资产减值》的规定计提减值准备。

企业为客观反映财务状况，避免高估资产，应对长期投资定期逐项进行检查。如果由于市价持续下跌或被投资单位经营状况变化等原因，导致长期投资未来可收回金额低于其账面价值，应确认长期投资减值损失，计提长期投资减值准备。

长期投资减值损失应按个别项目计算确定，计提长期投资减值准备。计提的减值准备通过设置“长期股权投资减值准备”账户进行核算。该账户属资产备抵账户，贷方反映计提的长期股权投资减值准备；借方反映处置长期股权投资时已提减值准备的转销数；期末余额在贷方，反映企业已计提但尚未转销的长期股权投资减值准备。在“长期股权投资减值准备”总账下，应按被投资单位设置明细账核算。

计提长期股权投资减值准备时，应借记“资产减值损失”账户，贷记“长期股权投资减值准备”账户。长期股权投资减值准备计提后，在以后会计期间不得转回，待该项长期股权投资处置时才可予以结转。

例 29 甲公司对乙公司的投资按权益法核算，该项投资的账面价值为 900 万元，持有乙公司股票 500 万股。由于乙公司的股票市价持续下跌，至 2×15 年 12 月 31 日，乙公司股票的市价下跌为每股 1.10 元。

甲公司对该项长期投资应提取减值准备 350 万元(900－1.10×500)，应编制会计分录如下：

借：资产减值损失	3 500 000	
贷：长期投资减值准备——乙股票		3 500 000

二、长期股权投资的处置

长期股权投资的处置，主要指出售股权、抵偿债务转出、非货币性资产交换转出等情形。这里主要介绍出售股权，其他股权处置见本书“债务重组”和“非货币性资产交换”等相关章节。

长期股权投资的处置收入与其账面价值和已确认尚未收到现金股利之间的差额为处置损益，处置损益应在符合股权转让条件时予以确认。处置时，应按收到的处置收入借记“银行存款”账户，同时结转该项长期股权投资的账面余额、已确认尚未收到的应收股利以及已计提的长期股权投资减值准备，差额列为当期的投资收益。

部分处置某项长期股权投资时，应按该项股权投资总平均成本确定结转处置部分的成本，并按相应比例结转已计提的长期股权投资减值准备。

投资方全部处置权益法核算的长期股权投资时，原按权益法核算的相关其他综合收益应当在终止采用权益法核算时采用与被投资单位直接处置相关资产或负债相同的基础进行会计处理，因被投资方除净损益、其他综合收益和利润分配以外的其他所有者权益变动而确认的所有者权益，应当在终止采用权益法核算时全部转入当期投资收益。投资方部分处置原按权益法核算的长期股权投资，剩余股权仍采用权益法核算的，原按权益法核算的相关其他综合收益应当采用与被投资单位直接处置相关资产或负债相同的基础处理并按比例结转，因被投资方除净损益、其他综合收益和利润分配以外的其他所有者权益变动而确认的所有者权益，应当按比例结转入当期投资收益。

例 30 C 企业按每股 4.20 元的价格出售所持有的 F 公司股票 100 万股中的 20 万股，支付相关税费 2 500 元。C 企业原持有 F 公司 35%的股份，按权益法核算，出售时 C 企业对 F 公司长期股权投资的账面各明细账的余额为：成本 3 900 000 元(借)；损益调整 90 000 元(贷)；其他综合收益 100 000 元(借，由于 F 公司持有的可供出售金融资产公允价值变动产生)；其他权益变动 75 000 元(借)；已计提减值准备 50 000 元。部分股权出售后，C 企业对 F 公司仍具有重大影响。

出售日 C 企业应编制会计分录如下：

借：银行存款(4.20×200 000－2 500)　　837 500
　　长期股权投资减值准备——F公司　　10 000
　　长期股权投资——F公司(损益调整)　　18 000
　　贷：长期股权投资——F公司(投资成本)　　780 000
　　　　　　　　　——F公司(其他综合收益)　　20 000
　　　　　　　　　——F公司(其他权益变动)　　15 000
　　　　投资收益　　50 500

同时，还应将原计入资本公积和其他综合收益的金额按出售比例转入当期损益，会计分录如下：

借：资本公积——其他资本公积　　15 000
　　其他综合收益　　20 000
　　贷：投资收益　　35 000

复习思考题

1. 如何确定企业合并形成的长期股权投资的初始投资成本？
2. 如何确定企业除企业合并以外其他方式形成的长期股权投资的初始投资成本？
3. 企业取得的长期股权投资购入价中包含的已宣告但尚未发放的现金股利或利润应如何进行处理？
4. 非合并方式下取得的长期股权投资发生的直接相关费用应如何进行处理？
5. 长期股权投资成本法适用的范围及核算特点是什么？
6. 长期股权投资权益法适用的范围及核算特点是什么？
7. 采用权益法核算长期股权投资时，应如何调整初始投资成本？
8. 长期股权投资的权益法和成本法在核算上有哪些区别？
9. 应怎样处理长期股权投资核算方法的转换？

第七章 固定资产和投资性房地产

第一节 固定资产概述

一、固定资产的概念与特征

(一)固定资产的概念

根据会计准则的规定,固定资产是指同时具有以下特征的有形资产:

1. 为生产商品、提供劳务、出租或经营管理而持有;

2. 使用寿命超过一个会计年度。

企业生产经营用的房屋建筑物、机器设备等,均属于企业的固定资产。

(二)固定资产的特征

从固定资产的定义可以看出,作为企业的固定资产应具有以下三个特征:

第一,固定资产是为生产商品、提供劳务、出租或经营管理而持有。

企业持有固定资产的目的是为了生产商品、提供劳务、出租或经营管理,这意味着,企业持有的固定资产是企业的劳动工具或手段,而不是直接用于出售的产品。这是固定资产与存货的差异所在,存货持有的最终目的是销售。因此,企业持有的房屋建筑物、机器设备等,若是用于出售,则不属于固定资产,只能属于存货。

第二,固定资产的使用寿命超过一个会计年度。

固定资产的使用寿命,是指企业使用固定资产的预计期间,或者该固定资产所能生产产品或提供劳务的数量。固定资产使用寿命超过一个会计年度,意味着固定资产属于非流动资产;在其使用过程中,虽然原有的实物形态可基本保持不变,但随着使用和磨损,其价值逐渐转移到所生产的产品成本或当期费用中,因此,需要通过计提折旧方式逐渐减少账面价值。对固定资产计提折旧,是固定资产后续计量的重要内容。

第三,固定资产为有形资产。

固定资产具有实物特征,这一特征将固定资产与无形资产区别开来。有些无形资产可能同时符合固定资产的其他特征,如无形资产为生产商品、提供劳务而持有,使用寿命超过一个会计年度,但是由于其没有实物形态,所以不属于固定资产。

二、固定资产的确认条件

一般而言,某资产项目若要作为固定资产确认,除必须满足固定资产的定义外,还必须同时满足下列条件:

1. 与该固定资产有关的经济利益很可能流入企业

资产最基本的特征是预期能给企业带来经济利益,如果某项目预期不能给企业带来经济利益,就不能确认为企业的资产。对固定资产的确认而言,如果某一固定资产预期不能给企业带来经济利益,就不能确认为企业的固定资产。在实务工作中,判断固定资产包含的经济利益是否很可能流入企业，主要依据是与该固定资产所有权相关的风险和报酬是否转移给了企业。其中，与固定资产所有权相关的风险，是指由于经营情况变化造成的相关收益的变动，以及由于资产闲置、技术陈旧等原因造成的损失；与固定资产所有权相关的报酬，是指在固定资产使用寿命内直接使用该资产而获得的收入以及处置该资产所实现的利得等。

通常，取得固定资产的所有权是判断与固定资产所有权相关的风险和报酬转移到企业的一个重要标志，但在有些情况下，例如，融资租入的固定资产，企业虽然不拥有固定资产的所有权，但与固定资产相关的风险和报酬实质上已经转移到了企业（承租人），企业能够控制该固定资产所包含的经济利益，因此，符合固定资产确认的第一个条件。

此外，有些资产如备品备件、维修设备等，虽然具有固定资产的某些特征，如使用期限超过一年，也能够带来经济利益，但由于数量多、单价低，考虑到成本效益原则，在实务中，通常确认为存货；但符合固定资产定义和确认条件的，如企业（民用航空运输）的高价周转件等，应当确认为固定资产。而对于构成固定资产的各组成部分，如果各自具有不同使用寿命或者以不同方式为企业提供经济利益，适用不同折旧率或折旧方法的，该各组成部分实际上是以独立的方式为企业提供经济利益，因此，企业应当分别将各组成部分确认为单项固定资产。例如，飞机的引擎，如果其与飞机机身具有不同的使用寿命，适用不同折旧率或折旧方法，则企业应当将其确认为单项固定资产。

2. 该固定资产的成本能够可靠地计量

成本能够可靠地计量是资产确认的一项基本条件。固定资产作为企业资产的重要组成部分，要予以确认，其为取得固定资产而发生的支出也必须能够可靠地计量。

企业在确定固定资产成本时，有时需要根据所获得的最新资料，对固定资产的成本进行合理的估计。比如，企业对于已达到预定可使用状态的固定资产，在尚未办理竣工结算前，需要根据工程预算、工程造价或者工程师及发生的成本等资料，按估计价值确定固定资产的成本，待办理竣工决算后，再按照实际成本调整原来的暂估价值。

由于企业的经营内容、经营规模等各不相同，固定资产的标准也不可能强求绝对一致，各企业应根据制度中规定的固定资产的标准，结合各自的具体情况，制定适合本企业实际情况的固定资产目录、分类方法、每类或每项固定资产的折旧年限、折旧方法，作为固定资产核算的依据。

三、固定资产的分类

企业所拥有的固定资产，种类很多，为了管好和用好各种固定资产，组织会计核算，有必要对其进行科学而又合理的分类。可根据不同的管理需要和核算要求以及不同的分类标准，对固定资产进行不同的分类。

（一）按经济用途分类

按固定资产的经济用途划分，可分为生产经营用固定资产和非生产经营用固定资产。

1. 生产经营用固定资产，是指直接服务于企业生产、经营过程的各种固定资产，如生产经营用的房屋、建筑物、机器、设备、器具、工具等。

2. 非生产经营用固定资产，是指不直接服务于生产、经营过程的各种固定资产，如食堂、职工宿舍、浴室、理发室等使用的房屋、设备和其他固定资产等。

通过这种分类，可以归类反映和监督企业固定资产的构成和分布变化情况，借以考核和分析企业固定资产的利用情况，有利于企业合理地配置固定资产，充分利用和发挥它的效用。

（二）按使用情况分类

按固定资产的使用情况划分，可分为使用中的固定资产、未使用的固定资产、不需用的固定资产。

1. 使用中的固定资产，是指正在使用中的经营性和非经营性的固定资产。由于季节性经营或大修理等原因暂停使用的固定资产，仍属于企业使用中的固定资产，企业出租（指经营性租赁）给其他单位使用的固定资产和内部替换使用的固定资产也属于使用中的固定资产。

2. 未使用的固定资产，是指已完工或已购建的尚未交付使用的新增固定资产以及因进行改建、扩建等原因暂停使用的固定资产。如企业购建的尚未安装的固定资产、经营任务发生变更而停止使用的固定资产以及主要的备用设备等。

3. 不需用的固定资产，是指本企业多余或不适用的各种固定资产。

通过这种分类，有利于企业充分合理地使用固定资产，了解其比例关系，挖掘潜力，提高固定资产的利用效率。

（三）按所有权分类

按固定资产的所有权分类，可分为自有固定资产和租入固定资产。

1. 自有固定资产，是指企业拥有的可供企业自由地支配使用的固定资产。

2. 租入固定资产，是指企业采用租赁的方式从其他单位租入的固定资产。企业对租入固定资产依照租赁合同拥有使用权，同时负有支付租金的义务，但资产的所有权属于出租单位。租入固定资产可分为经营性租入固定资产和融资租入固定资产。

（四）综合分类

按固定资产的经济用途和使用情况综合分类，可把企业的固定资产划分为以下七类：

1. 生产经营用固定资产。

2. 非生产经营用固定资产。

3. 租出固定资产。其中，“租出”的固定资产，是指用于出租的机器设备类固定资产，不包括以经营租赁方式出租的建筑物，后者属于企业的投资性房地产，不属于固定资产。

4. 未使用固定资产。

5. 不需用固定资产。

6. 土地，指企业过去已经估价单独入账的土地。因征地而支付的补偿费，应计入与土地有关的房屋、建筑物的价值内，不单独作为土地价值入账。企业取得的土地使用权不能作为固定资产管理。

7. 融资租入的固定资产，指企业与融资单位签订合约租入固定资产，在租赁期内视同自有固定资产进行管理。

由于各个企业的经营性质、经营规模各不相同，对固定资产的分类也不可能完全一致，企业可根据自身的规模、经营管理的特点、会计核算的要求，进行必要的分类，编制本企业的固定资产目录，作为核算的依据。

第二节 固定资产的初始计量

固定资产的初始计量，是指确定固定资产的取得成本，也就是固定资产入账价值的确定。一般情况下，固定资产应当按照成本进行初始计量，即固定资产的原始价值。固定资产的成本，是指企业购置某些固定资产达到预定可使用状态前所发生的一切合理、必要的支出。这些支出既有直接发生的，如购置固定资产的价款、运杂费、安装费等；也有间接发生的，如应负担的借款利息、外币借款折合差额以及应分摊的其他间接费用等；对于特殊行业的特定固定资产，确定其初始入账成本时还应考虑弃置费用因素。当然，对于一些特殊方式取得的固定资产，不排除对公允价值、现值以及重置成本等计量属性的运用。

对固定资产取得的核算，企业应设置“固定资产”、“在建工程”等账户。“固定资产”是资产类账户，核算企业所有的固定资产的原始价值。该账户的借方登记增加的原价，贷方登记减少的原价，期末借方余额反映企业现有固定资产的原始价值。该账户可按固定资产类别和项目进行明细核算。融资租入的固定资产，可在本账户设置“融资租入固定资产”明细账户。

“在建工程”是资产类账户，核算企业购建各项工程所发生的实际支出。该账户的借方登记企业各项在建工程的实际支出，贷方登记工程完工交付使用而结转的实际工程成本，期末借方余额反映企业各项尚未完工工程的实际成本。该账户可按“建筑工程”、“安装工程”、“在安装设备”、“待摊支出”以及单项工程等进行明细核算。企业（石油天然气开采）发生的油气勘探支出和油气开发支出，可以单独设置“油气勘探支出”、“油气开发支出”账户。

企业取得固定资产的方式是多种多样的，包括外购、自行建造、投资者投入等，下面根据固定资产的不同来源分别说明其原始价值的构成及相应的会计处理。

一、外购的固定资产

企业外购固定资产的成本，包括购买价款、相关税费、使固定资产达到预定可使用状态前所发生的可归属于该项资产的运输费、装卸费、安装费和专业人员服务费等。

外购固定资产是否达到预定可使用状态，需要根据具体情况进行分析判断。如果购入不需要安装的固定资产，购入后即可发挥作用，则购入后即可达到预定可使用状态。如果购入需要安装的固定资产，则只有安装调试后达到设计要求或合同规定的标准，该项固定资产才可发挥作用，才意味着达到预定可使用状态。

企业购入的固定资产分不需要安装的固定资产和需要安装的固定资产两种情形。前者的取得成本为企业实际支付的买价、包装费、运杂费、保险费、专业人员服务费和相关税费等；后者的取得成本是在前者取得成本的基础上，加上安装调试成本等。

按照 2008 年 11 月 5 日国务院第 34 次常务会议修订通过的《中华人民共和国增值税暂行条例》以及《中华人民共和国增值税暂行条例实施细则》的规定，构建生产型固定资产的增值税可以作为进项税额，但不包括既用于增值税应税项目（不含免征增值税项目）也用于非增值税应税项目、免征增值税（以下简称免税）项目、集体福利或者个人消费的固定资产。

需要特别注意的是，《中华人民共和国增值税暂行条例》以及《中华人民共和国增值税暂行条例实施细则》中所称的准予抵扣的固定资产的范围仅限于现行增值税征税范围内的固定资产，包括机器、机械、运输工具以及其他与生产、经营有关的设备、工具、器具。房屋、建筑物等不动产，虽然在会计制度中允许作为固定资产核算，但不能纳入增值税的抵扣范围，不得抵扣进项税额。非生产经营用的固定资产，也不得抵扣进项税额。

（一）购入不需要安装的固定资产

购入不需要安装的固定资产，直接投入使用，按照应计入固定资产成本的金额，借记“固定资产”账户；按照税法允许抵扣的增值税，借记“应交税费——应交增值税（进项税额）”账户；贷记“银行存款”、“应付票据”等账户。

例 1　A 公司为增值税一般纳税企业，购入不需要安装的生产设备一台，价值 10 000 元，增值税税率为 17%，支付运杂费 600 元，包装费 400 元。款项以银行存款全部支付。假设不考虑其他相关税费。

该固定资产的购置成本＝10 000＋600＋400＝11 000（元）

应编制会计分录如下：

借：固定资产	11 000	
应交税费——应交增值税（进项税额）	1 700	
贷：银行存款		12 700

(二)购入需要安装的固定资产

购入需要安装的生产经营用固定资产,先记入"在建工程"账户,即购入时,借记"在建工程"、"应交税费——应交增值税(进项税额)"账户,贷记"银行存款"等账户;发生的安装费用,借记"在建工程"账户,贷记"银行存款"等账户;安装完毕交付使用,从"在建工程"账户转入"固定资产"账户。

例2 A公司为增值税一般纳税企业,购入一台需要安装的生产设备,增值税专用发票上的设备买价为80 000元,增值税税率为17%,支付的运杂费为3 500元,设备由供货方负责安装,支付的安装费为4 500元。所有的款项公司尚未支付。应编制会计分录如下:

借:在建工程　　83 500
　应交税费——应交增值税(进项税额)　　13 600
　　贷:应付账款　　97 100

借:在建工程　　4 500
　　贷:应付账款　　4 500

当设备安装完毕交付使用时,固定资产的价值为:

83 500+4 500=88 000(元)

借:固定资产　　88 000
　　贷:在建工程　　88 000

(三)以一笔款项购入多项没有单独标价的固定资产

企业可能以一笔款项购入多项没有单独标价的资产。如果这些资产均符合固定资产的定义,并满足固定资产的确认条件,则应将各项资产单独确认为固定资产,并按各项固定资产公允价值的比例对总成本进行分配,分别确定各项固定资产的成本。如果以一笔款项购入的多项资产中还包括固定资产以外的其他资产,也应按类似的方法予以处理。

例3 A公司为增值税一般纳税企业,购入没有单项标价、不需要安装的精密小型组合的生产机床一套,包括机电设备、车床、铣机床各1台。价款400 000元,增值税68 000元,已交付使用。款项开具银行承兑汇票支付。各项资产的公允价值分别为100 000元、250 000元、150 000元。

确定各项固定资产的价值:

机电设备=400 000×[100 000÷(100 000+250 000+150 000)]=80 000(元)

车床=400 000×[250 000÷(100 000+250 000+150 000)]=200 000(元)

铣床=400 000×[150 000÷(100 000+250 000+150 000)]=120 000(元)

交付使用时,应编制会计分录如下:

借:固定资产——机电设备　　80 000
　　　　　——车床　　200 000
　　　　　——铣床　　120 000
　应交税费——应交增值税(进项税额)　　68 000
　　贷:应付票据　　468 000

(四)超过信用条件延期付款购买

企业购买固定资产通常在正常信用条件期限内付款,但也会发生超过正常信用条件(通常在3年以上)购买固定资产的经济业务事项,如采用分期付款方式购买资产,且在合同中规定的付款期限比较长。在这种情况下,该类购货合同实质上具有融资租赁性质,购入资产的成本不能以各期付款额之和确定,而应以各期付款额的现值之和确定。

按照该固定资产递延付款的现值,借记"固定资产"或"在建工程"账户;按可抵扣的增值税额,借记"应交税费——应交增值税(进项税额)"账户;按发票总金额,贷记"长期应付款"账户;按借贷双方的差额,借记"未确认融资费用"账户。未确认的融资费用,应当在信用期间内采用实际利率法进行摊销，其中：满足资本化条件的，应当计入固定资产的成本；不能满足资本化条件的，则应当在信用期内确认为财务费用，计入当期损益。

例4 A公司2×13年1月1日从B公司购入一台机器设备作为生产经营固定资产使用，该机器已收到，不需要安装。购货合同约定，机器的总价款为200万元，增值税为34万元。增值税一次付清，价款分3年支付，2×13年12月31日支付100万元，2×14年12月31日支付60万元，2×15年12月31日支付40万元。A公司在采购时开具转账支票支付了增值税。假定A公司3年期银行借款年利率为6%。

2×13年1月1日采购时，A公司凭发票和相关凭证，计算固定资产的入账价值(现值)：

$$\frac{1\ 000\ 000}{(1+6\%)}+\frac{600\ 000}{(1+6\%)^2}+\frac{400\ 000}{(1+6\%)^3}=1\ 813\ 242(\text{元})$$

借：固定资产　　1 813 242

　　未确认融资费用　　186 758

　　应交税费——应交增值税(进项税额)　　340 000

　贷：长期应付款　　2 000 000

　　　银行存款　　340 000

每年年末，A公司需采用实际利率法摊销未确认融资费用，并按照合同约定偿还长期应付款，计算情况如表7—1所示。

表7—1 未确认融资费用分摊表 单位：元

日　期	分期付款额 ①	确认的融资费用 ②=④×6%	应付本金减少额 ③=①－②	应付本金余额 ④=期初④－③
2×13年1月1日				1 813 242
2×13年12月31日	1 000 000	108 795	891 205	922 037
2×14年12月31日	600 000	55 322	544 678	377 359
2×15年12月31日	400 000	22 641*	377 359	0

*尾数调整：186 758－108 795－55 322＝22 641

2×13年12月31日，会计处理如下：

借：财务费用　　108 795

　贷：未确认融资费用　　108 795

借：长期应付款　　1 000 000

　贷：银行存款　　1 000 000

2×14年12月31日，会计处理如下：

借：财务费用　　55 322

　贷：未确认融资费用　　55 322

借：长期应付款　　600 000

　贷：银行存款　　600 000

2×15年12月31日，会计处理如下：

借：财务费用　　22 641

　贷：未确认融资费用　　22 641

借：长期应付款　　400 000

　贷：银行存款　　400 000

二、自行建造的固定资产

固定资产准则规定，自行建造固定资产的成本，由建造该项资产达到预定可使用状态前所发生的必要支出构成，包括工程用物资成本、人工成本、缴纳的相关税费、应予资本化的借款费用以及应分摊的间接费用等。

企业自行建造固定资产包括自营建造和出包建造两种方式。无论采用何种方式，所建工程都应当按照实际发生的支出确定其工程成本并单独核算。

（一）自营方式建造固定资产

企业以自营方式建造固定资产，意味着企业自行组织工程物资采购、自行组织施工人员从事工程施工。在我国市场经济不断发展的新形势下，随着市场化不断深入，除施工企业外，其他行业的企业较少采用自营方式建造固定资产，即便有，也多为小型土木建筑工程。企业以自营方式建造固定资产，其成本应当按照直接材料、直接人工、直接机械施工费等计量。

企业为建造固定资产准备的各种物资应当按照实际支付的买价、不能抵扣的增值税税额、运输费、保险费等相关税费作为实际成本，并按照各种专项物资的种类进行明细核算。工程完工后，剩余的工程物资转为本企业存货的，按其实际成本或计划成本进行结转。建设期间发生的工程物资盘亏、报废及毁损，减去残料价值以及保险公司、过失人等赔款后的净损失，计入所建工程项目的成本；盘盈的工程物资或处置净收益，冲减所建工程项目的成本。工程完工后发生的工程物资盘盈、盘亏、报废、毁损，计入当期营业外收支。

建造固定资产领用工程物资、原材料或库存商品，应按其实际成本转入所建工程成本。自营方式建造固定资产应负担的职工薪酬，辅助生产部门为之提供的水、电、修理、运输等劳务，以及其他必要支出等，也应计入所建工程项目的成本。上述项目涉及增值税的，还应结转其相应的增值税税额。

符合资本化条件，应计入所建造固定资产成本的借款费用，按照《企业会计准则第 17 号——借款费用》的有关规定处理。

企业以自营方式建造固定资产，应设置“工程物资”账户核算。该账户属于资产类账户，核算企业库存的用于建造或修理本企业固定资产工程项目的各种物资的实际成本，并按照各种专项物资的种类进行明细核算。该账户的借方登记购入工程物资的实际成本，贷方登记领出工程物资的实际成本，期末借方余额反映企业库存工程物资的实际成本。

发生的工程成本应通过“在建工程”账户核算，工程完工达到预定可使用状态时，从“在建工程”账户转入“固定资产”账户。

企业依照国家有关规定提取的安全费用以及具有类似性质的各项费用，应当在所有者权益中的“盈余公积”项下以“专项储备”项目单独反映。企业按规定标准提取安全费用等时，借记“利润分配——提取专项储备”账户，贷记“盈余公积——专项储备”账户。按规定范围使用安全生产储备购建安全防护设备、设施等资产时，按应计入相关资产成本的金额，借记“固定资产”等账户，贷记“银行存款”等账户。对于作为固定资产管理和核算的安全防护设备等，企业应当按规定计提折旧，计入有关成本费用。按规定范围使用安全生产储备支付安全生产检查和评价支出、安全技能培训及进行应急救援演练支出等费用性支出时，应当计入当期损益，借记“管理费用”等账户，贷记“银行存款”等账户。企业按上述规定将安全生产储备用于购建安全防护设备或与安全生产相关的费用性支出等时，应当按照实际使用金额，在所有者权益内部进行结转。即借记“盈余公积——专项储备”账户，贷记“利润分配——提取专项储备”账户，但结转金额以“盈余公积——专项储备”账户余额冲减至零为限。企业未按上述规定进行会计处理的，应当进行追溯调整。

例 5　2×15 年 1 月 1 日，某企业准备自行建造一座厂房。有关资料如下：

(1)1 月 8 日，购入为工程准备的各种物资 500 000 元，支付的增值税额为 85 000 元，款项开具转账支票支付。

(2)2月3日，将采购的工程物资全部领用，用于工程建设。

(3)3月20日，领用本企业生产的水泥一批，实际成本为80 000元，税务部门确定的计税价格为100 000元，增值税税率为17%。

(4)6月30日，领用生产用原材料一批，价值为32 000元，购进该批原材料时支付的增值税进项税额为5 440元。

(5)工程建设期间辅助生产车间为工程提供有关的劳务支出为35 000元。

(6)工程建设期间发生的工程人员职工薪酬为100 000元。

(7)以银行存款支付的其他费用为30 000元。

(8)2×15年6月30日，完工并交付使用。

由于厂房为不动产，不属于《中华人民共和国增值税暂行条例实施细则》中列明的允许抵扣的固定资产范围，因此，为建造该办公楼购买的工程物资的进项税额不予以抵扣。当初购买原材料时计入进项税额中的可抵扣增值税在原材料并用于非应税项目时不允许抵扣，应将其转出。将企业自产的产品用于该非增值税应税项目，应按增值税暂行条例的规定视同销售，计算增值税的销项税额。

账务处理如下：

(1)购入工程物资时：

借：工程物资　585 000

　贷：银行存款　585 000

(2)工程领用工程物资时：

借：在建工程　585 000

　贷：工程物资　585 000

(3)工程领用本企业生产的水泥时：

借：在建工程　97 000

　贷：库存商品　80 000

　　应交税费——应交增值税(销项税额)(100 000×17%)　17 000

(4)工程领用原材料时：

借：在建工程　37 440

　贷：原材料　32 000

　　应交税费——应交增值税(进项税额转出)(32 000×17%)　5 440

(5)辅助生产车间为工程提供劳务支出时：

借：在建工程　35 000

　贷：生产成本——辅助生产成本　35 000

(6)计提工程人员职工薪酬时：

借：在建工程　100 000

　贷：应付职工薪酬　100 000

(7)支付工程发生的其他费用时：

借：在建工程　30 000

　贷：银行存款等　30 000

(8)工程完工交付时：

固定资产的入账价值＝585 000＋97 000＋37 440＋35 000＋100 000＋30 000

＝884 440(元)

借：固定资产 884 440

贷：在建工程 884 440

(二)出包方式建造固定资产

在出包方式下，企业通过招标方式将工程项目发包给建造承包商，由建造承包商(即施工企业)组织工程项目施工。

1. 出包工程的成本构成

企业以出包方式建造固定资产，其成本由建造该项固定资产达到预定可使用状态前所发生的必要支出构成，包括发生的建筑工程支出、安装工程支出以及需要分摊计入各固定资产价值的待摊支出。

(1)建筑工程、安装工程支出

由于建筑工程、安装工程采用出包方式发包给建造承包商承建，因此，工程的具体支出，如人工费、材料费、机械使用费等，由建造承包商核算。对于发包企业而言，建筑工程支出、安装工程支出是构成在建工程成本的重要内容，结算的工程价款计入在建工程成本。

(2)待摊支出

待摊支出是指在建设期间发生的，不能直接计入某项固定资产价值而应由所建造固定资产共同负担的相关费用，包括为建造工程发生的管理费、可行性研究费、临时设施费、公证费、监理费、应负担的税金、符合资本化条件的借款费用、建设期间发生的工程物资盘亏、报废及毁损净损失，以及负荷联合试车费等。其中，征地费是指企业通过划拨方式取得建设用地发生的青苗补偿费、地上建筑物、附着物补偿费等。企业为建造固定资产通过出让方式取得土地使用权而支付的土地出让金不计入在建工程成本，应确认为无形资产(土地使用权)。

2. 出包工程的账务处理

在出包方式下，"在建工程"账户主要是企业与建造承包商办理工程价款的结算账户，企业支付给建造承包商的工程价款作为工程成本通过"在建工程"账户核算。企业应按合理估计的工程进度和合同规定结算的进度款，借记"在建工程——建筑工程(××工程)"、"在建工程——安装工程(××工程)"账户，贷记"银行存款"、"预付账款"等账户。工程完成时，按合同规定补付的工程款，借记"在建工程"账户，贷记"银行存款"等账户。企业将需安装设备运抵现场安装时，借记"在建工程——在安装设备(××设备)"账户，贷记"工程物资——××设备"账户；企业为建造固定资产发生的待摊支出，借记"在建工程——待摊支出"账户，贷记"银行存款"、"应付职工薪酬"、"长期借款"等账户。

在建工程达到预定可使用状态时，首先计算分配待摊支出，待摊支出的分配率可按下列公式计算：

$$待摊支出分配率=\frac{累计发生的待摊支出}{建筑工程支出+安装工程支出+在安装设备支出}\times 100\%$$

某单项工程应分配的待摊支出＝该单项工程的(建筑工程支出＋安装工程支出＋在安装设备支出)×待摊支出分配率

其次，计算确定已完工的固定资产成本：

房屋、建筑物等固定资产成本＝建筑工程支出＋应分摊的待摊支出

需要安装设备的成本＝设备成本＋为设备安装发生的基础、支座等建筑工程支出＋安装工程支出＋应分摊的待摊支出

最后，进行相应的账务处理，借记"固定资产"账户，贷记"在建工程——建筑工程"、"在建工程——安装工程"、"在建工程——待摊支出"等账户。

例6 甲公司准备新建一条生产线。该生产线由3个单项工程组成，包括建造发电机、机床以及铣床。2×14年1月1日,甲公司与乙公司签订合同,将该项目出包给乙公司承建。根据双方签订的合同,建造发电机的价款为500 000元,建造机床的价款为300 000元,建造铣床需要支付安装费用50 000元。建造期间发生的有关事项如下(假定不考虑相关税费):

(1)2×14年1月10日,甲公司按合同约定向乙公司预付10%备料款80 000元,其中发电机50 000元,机床30 000元。

(2)2×14年10月1日,建造发电机和机床的工程进度达到50%,甲公司与乙公司办理工程价款结算400 000元,其中发电机250 000元,机床150 000元。甲公司抵扣了预付备料款后,将余款用银行存款付讫。

(3)2×15年3月10日,发电机和机床主体已完工,甲公司与乙公司办理工程价款结算400 000元,其中发电机250 000元,机床150 000元。甲公司向乙公司开具了一张期限3个月的商业票据。

(4)2×15年5月10日,铣床建造完毕,甲公司与乙公司办理设备安装价款结算50 000元,款项已支付。

(5)工程项目发生管理费、可行性研究费、公证费、监理费共计20 000元,已用银行存款付讫。

(6)2×15年5月,进行机床测试领用本企业材料100 000元,发生其他测试费用5 000元,用银行存款支付;测试期间取得收入18 000元。

(7)2×15年6月1日,完成测试,各项指标达到设计要求,生产线交付使用。

甲公司的账务处理如下:

(1)2×14年1月10日,预付备料款时:

借:预付账款	80 000	
贷:银行存款		80 000

(2)2×14年10月1日,办理建筑工程价款结算时:

借:在建工程——建筑工程(发电机)	150 000	
——建筑工程(机床)	250 000	
贷:银行存款		320 000
预付账款		80 000

(3)2×15年3月10日,办理建筑工程价款结算时:

借:在建工程——建筑工程(发电机)	150 000	
——建筑工程(机床)	250 000	
贷:应付票据		400 000

(4)2×15年5月10日,办理安装工程价款结算时:

借:在建工程——建筑工程(铣床)	50 000	
贷:银行存款		50 000

(5)支付工程发生的管理费、可行性研究费、公证费、监理费时:

借:在建工程——待摊支出	20 000	
贷:银行存款		20 000

(6)进行负荷测试时:

借:在建工程——待摊支出	15 000	
贷:原材料		10 000
银行存款		5 000
借:银行存款	18 000	
贷:在建工程——待摊支出		18 000

(7)结转在建工程,计算分配待摊支出。

待摊支出分配率＝(20 000＋15 000－18 000)÷(500 000＋300 000＋50 000)×100%＝2%

发电机应分配的待摊支出＝500 000×2%＝10 000(元)

机床应分配的待摊支出＝300 000×2%＝6 000(元)

铣床应分配的待摊支出＝50 000×2%＝1 000(元)

结转在建工程：

借:在建工程——建筑工程(发电机)　　10 000
　　　　——建筑工程(机床)　　6 000
　　　　——建筑工程(铣床)　　1 000
　贷:在建工程——待摊支出　　17 000

计算已完工的固定资产的成本：

发电机的成本＝500 000＋10 000＝510 000(元)

机床的成本＝300 000＋6 000＝306 000(元)

铣床的成本＝50 000＋1 000＝51 000(元)

借:固定资产——发电机　　510 000
　　　　——机床　　306 000
　　　　——铣床　　51 000
　贷:在建工程——建筑工程(发电机)　　510 000
　　　　　——建筑工程(机床)　　306 000
　　　　　——建筑工程(铣床)　　51 000

三、投资者投入的固定资产

对于接受固定资产投资的企业，在办理了固定资产移交手续之后，应按投资合同或协议约定的价值加上应支付的相关税费作为固定资产的入账价值，但合同或协议约定价值不公允的除外。

投资转入的固定资产应按投资协议或合同确认的价值，一方面增加“固定资产”账户，另一方面增加“实收资本”账户。

例 7 A公司接受其股东投入的设备一台，账面原价为100 000元，已提折旧20 000元，目前的市价为75 000元；投资协议约定按原固定资产的净值确认投资额(没有证据表明该约定的价值是不公允的)；设备运回时，发生运输费用5 000元(不考虑运费的增值税抵扣)。A公司已用银行存款支付，设备已投入使用。应编制会计分录如下：

借:固定资产　　85 000
　贷:实收资本　　80 000
　　　银行存款　　5 000

四、接受捐赠获得的固定资产

对于接受捐赠获得的固定资产，在办理了固定资产移交手续以后，应当按照相关捐赠方提供的凭证上标明的金额加上应支付的相关税费，作为入账价值。如果捐赠方没有提供有关凭据，应按同类或类似固定资产的市场价格估计的金额，加上应支付的相关税费，作为入账价值；如果同类或类似固定资产不存在活跃市场，应按该接受捐赠的固定资产的预计未来现金流量现值，作为入账价值。如果受赠的是旧的固定资产，应按重置成本作为入账价值。

确定了固定资产的入账价值后，一方面，接受捐赠方应按入账价值，借记“固定资产”或“在建工程”账户；另一方面，应按接受捐赠的金额，贷记“营业外收入”账户；对于企业在接受捐赠过程中发生的计入固定资产价值的由自身承担的支出，贷记“银行存款”等账户。

例 8 A公司接受捐赠复印机5台，捐赠方提供有关凭证记载价值为81 900元；A公司用现金支付了运费100元。

接受捐赠时，A公司应编制会计分录如下：

借：固定资产	82 000	
贷：营业外收入		81 900
库存现金		100

五、其他方式取得的固定资产

企业还可以通过非货币性资产交易、债务重组、企业合并、租赁等方式取得固定资产。这些方式下取得固定资产的成本及初始计量，应当分别按照《企业会计准则第7号——非货币性资产交换》、《企业会计准则第12号——债务重组》、《企业会计准则第20号——企业合并》以及《企业会计准则第21号——租赁》等的规定确定。非货币性资产交易和债务重组取得的固定资产初始计量，将在本书"非货币性资产交换"和"债务重组"中阐述。

当然，企业还可能在固定资产清查的过程中盘盈固定资产。盘盈的固定资产，应作为前期差错处理，在按管理权限报经批准处理前，先通过"以前年度损益调整"账户核算。

六、存在弃置费用的固定资产

对于特殊行业的特定固定资产，确定其初始入账成本时，还应考虑弃置费用。弃置费用通常是指根据国家法律和行政法规、国际公约等规定，企业承担的环境保护和生态恢复等义务所确定的支出，如核电站、核设施等的弃置和恢复环境义务。弃置费用的金额与其现值比较，通常相差较大，需要考虑货币时间价值，对于这些特殊行业的特定固定资产，企业应当根据《企业会计准则第13号——或有事项》的规定，按照现值计算确定应计入固定资产成本的金额和相应的预计负债。在固定资产的使用寿命内按照预计负债的摊余成本和实际利率计算确定的利息费用，应计入财务费用。需要注意的是，一般工商企业的固定资产发生的报废清理费用，不属于弃置费用，应当在发生时作为固定资产处置费用处理。

企业应按照预计弃置费用的现值，借记"固定资产"或"在建工程"账户，贷记"预计负债"账户；在该固定资产使用期间，按实际利率法每年确定该预计负债的利息费用，借记"财务费用"账户，贷记"预计负债"账户。

例 9 A公司主要从事化工产品的生产和销售。2×01年12月31日，甲公司一套化工产品生产线达到预定可使用状态并投入使用，为使固定资产达到预定可使用状态的实际支出为50 000 000元。该固定资产预计使用寿命为15年。根据有关法律，A公司在该生产线使用寿命届满时应对环境进行复原，预计将发生弃置费用2 000 000元。甲公司采用的折现率为10%。

(1)计算固定资产的入账价值，确定其成本时，应考虑弃置费用。

2×01年12月31日弃置费用的现值＝2 000 000×(P/F,10%,15)

＝2 000 000×0.2394

＝478 800(元)

固定资产入账价值＝50 000 000＋478 800＝50 478 800(元)

借：在建工程	50 478 800	
贷：预计负债		478 800
银行存款等		50 000 000
借：固定资产	50 478 800	
贷：在建工程		50 478 800

(2)按实际利率法计算每年应负担的利息,如表7—2所示。

表7—2　　　　**每年应负担的利息(实际利率法)**　　　　单位:元

日　期	利息费用 ①=期初②×10%	预计负债账面价值 ②=期初②+本期①
2×01年12月31日		478 800
2×02年12月31日	47 880	526 680
2×03年12月31日	52 668	579 348
2×04年12月31日	57 934.8	637 282.8
2×05年12月31日	63 728.28	701 011.08
2×06年12月31日	70 101.11	771 112.19
2×07年12月31日	77 111.22	848 223.41
2×08年12月31日	84 822.34	933 045.75
2×09年12月31日	93 304.58	1 026 350.33
2×10年12月31日	102 635.03	1 128 985.36
2×11年12月31日	112 898.54	1 241 883.9
2×12年12月31日	124 188.39	1 366 072.29
2×13年12月31日	136 607.23	1 502 679.52
2×14年12月31日	150 267.95	1 652 947.47
2×15年12月31日	165 294.75	1 818 242.22
2×16年12月31日	181 757.78	2 000 000

2×02年12月31日,应编制会计分录如下:

借:财务费用　　　　47 880

　　贷:预计负债　　　　47 880

以后会计年度的会计处理略。

弃置费用对应的预计负债确认后,由于技术进步、法律要求或市场环境变化等原因,特定固定资产的履行弃置义务可能发生支出金额、预计弃置时点、折现率等变动而引起的预计负债变动,应按照以下原则调整该固定资产的成本:

(1)对于预计负债的减少,以该固定资产账面价值为限扣减固定资产成本。如果预计负债的减少额超过该固定资产账面价值,超出部分确认为当期损益。

(2)对于预计负债的增加,增加该固定资产的成本。

按照上述原则调整的固定资产,在资产剩余使用年限内计提折旧。一旦该固定资产的使用寿命结束,预计负债的所有后续变动应在发生时确认为损益。

第三节　固定资产折旧

一、固定资产折旧的定义

固定资产使用寿命超过一个会计年度,企业固定资产随着使用和磨损,其价值逐渐转移到受益的产品或者企业的其他费用中,这种固定资产在企业受益期间价值逐期转移的过程,会计上称为固定资产折旧。

按照会计准则的定义，固定资产折旧是指在固定资产使用寿命内，按照确定的方法对应计折旧额进行的系统分摊。应计折旧额是指应当计提折旧的固定资产原价扣除其预计净残值后的余额，如果已对固定资产计提减值准备，还应当扣除已计提的固定资产减值准备累计金额。

二、影响折旧的因素

影响固定资产折旧的因素主要有以下几个方面：

第一，固定资产原价，指固定资产的成本或入账价值。

第二，预计净残值，指假定固定资产预计使用寿命已满并处于使用寿命终了时的预期状态，企业目前从该项资产处置中获得的扣除预计处置费用后的金额。同时，要求企业至少于每年年度终了对预计净残值进行复核。

第三，固定资产减值准备，指固定资产已计提的固定资产减值准备累计金额。固定资产计提减值准备后，应当在剩余使用寿命内根据调整后的固定资产账面价值（固定资产账面余额扣减累计折旧和累计减值准备后的金额）和预计净残值，重新计算确定折旧率和折旧额。

第四，固定资产的使用寿命，指企业使用固定资产的预计期间，或者该固定资产所能生产产品或提供劳务的数量。企业至少应当于每年年度终了，对固定资产的使用寿命进行复核。

企业确定固定资产的使用寿命时，应当考虑下列因素：

1. 该项资产预计生产能力或实物产量；

2. 该项资产预计有形损耗，是指固定资产在使用过程中，由于正常使用和自然力的作用而引起的使用价值和价值的损失，如设备使用中发生磨损、房屋建筑物受到自然侵蚀等；

3. 该项资产预计无形损耗，是指由于科学技术的进步和劳动生产率的提高而带来的固定资产价值上的损失，如因新技术的出现而使现有的资产技术水平相对陈旧、市场需求变化使产品过时等；

4. 法律或者类似规定对该项资产使用的限制。

三、计提固定资产折旧的范围

固定资产准则规定，企业应对所有的固定资产计提折旧，但是，已提足折旧仍继续使用的固定资产和单独计价入账的土地除外。

在确定计提折旧的范围时，还应注意以下几点：

1. 固定资产应当按月计提折旧。固定资产应自达到预定可使用状态时开始计提折旧，终止确认时或划分为持有待售非流动资产时停止计提折旧。为了简化核算，固定资产按月初应提折旧的固定资产原价作为计提基础，当月增加的固定资产，当月不计提折旧，从下月起计提折旧；当月减少的固定资产，当月仍计提折旧，从下月起不计提折旧。

2. 固定资产提足折旧后，不论能否继续使用，均不再计提折旧，提前报废的固定资产也不再补提折旧。所谓提足折旧，是指已经提足该项固定资产的应计折旧额。

3. 已达到预定可使用状态但尚未办理竣工决算的固定资产，应当按照估计价值确定其成本，并计提折旧；待办理竣工决算后再按实际成本调整原来的暂估价值，但不需要调整原已计提的折旧额。

四、固定资产折旧方法

固定资产由于损耗而转移到产品成本和期间费用中去的价值，很难用技术方法正确测定，企业应该根据固定资产的性质和消耗方式，恰当地选用折旧方法。目前使用的有平均年限法、工作量法、双倍余额递减法、年数总和法等。折旧方法的选用对企业成本、费用的计算有着直接影响，进一步影响到企业当期的损益，因此，折旧方法的选用必须遵循会计原则中的一致性原则。某种方法一旦确定，不能随意变更；如需变更，应在会计报表的附注中予以说明。

(一)平均年限法(亦称直线法)

平均年限法是将固定资产的折旧总额均衡地分摊到固定资产使用年限内的一种方法。采用这种方法计算的每期折旧额均是等额的。计算公式如下：

年折旧率＝(1－预计净残值率)÷ 规定的折旧年限×100%

月折旧率＝年折旧率÷12

月折旧额＝固定资产原值×月折旧率

固定资产的折旧率分为个别折旧率、分类折旧率和综合折旧率。个别折旧率是根据某项固定资产预计残值率和预计使用年限计算的折旧率，分类折旧率是按照固定资产的类别分类计算的平均折旧率，综合折旧率是按全部固定资产计算的平均折旧率。实际工作中一般采用个别折旧率，对同类固定资产也可以采用分类折旧率。

例 10 A 公司一项机器设备，原值为 100 000 元，预计净残值率为 7%，预计可使用 10 年。假设没有计提减值准备。计算该设备的折旧率和折旧额如下：

年折旧率＝(1－7%)÷10×100%＝9.3%

月折旧率＝9.3%÷12＝0.775%

月折旧额＝100 000×0.775%＝775(元)

(二)工作量法

工作量法是根据工作量计提折旧额的一种方法。计算公式如下：

每单位工作量折旧额＝固定资产原值×(1－净残值率)÷ 预计总工作量

某项固定资产月折旧额＝该项固定资产当月工作量×每单位工作量折旧额

例 11 某企业一辆运货卡车的原价为 600 000 元，预计总行驶里程为 500 000 公里，预计报废时的净残值率为 5%，本月行驶 4 000 公里。假设没有计提减值准备。计算卡车的月折旧额如下：

单位里程折旧额＝600 000×(1－5%)÷500 000＝1.14(元/公里)

本月折旧额＝4 000×1.14＝4 560(元)

(三)双倍余额递减法

双倍余额递减法是指在不考虑固定资产净残值的情况下，根据每期期初固定资产的账面余额乘以两倍的直线法折旧率计算折旧的方法。计算公式如下：

年折旧率＝ 2/预计折旧年限×100%

月折旧率＝年折旧率÷12

月折旧额＝固定资产账面净值×月折旧率

采用双倍余额递减法计提折旧由于未考虑固定资产净残值的因素，所以在固定资产使用的后期应注意，当发现某一年采用双倍余额递减法计算的折旧额小于采用直线法计算的折旧额时，应改为按直线法计提折旧。通常可按下列公式进行判断：

按双倍余额递减法计算的折旧额＜(账面净值－预计净残值)÷剩余使用年限

为简化核算，现行财务制度规定，实行双倍余额递减法计提折旧的固定资产，须在折旧年限到期以前 2 年内，将固定资产净值扣除预计净残值后的余额平均摊销。

例 12 某企业一项固定资产的原价为 1 000 000 元，预计使用年限为 5 年，预计净残值为 4 000 元。按双倍余额递减法计提折旧，每年的折旧额计算如下：

双倍直线折旧率＝2/5 ×100%＝40%

第一年应提折旧额＝1 000 000×40%＝400 000(元)

第二年应提折旧额＝(1 000 000－400 000)×40％＝240 000(元)

第三年应提折旧额＝(600 000－240 000)×40％＝144 000(元)

从第四年起改用年限法(直线法)计提折旧。

第四年、第五年的年折旧额＝[(360 000－144 000)－4 000]÷2＝106 000(元)

(四)年数总和法(亦称合计年数法)

年数总和法是指将固定资产的原值减去预计净残值后的余额，乘以逐年递减的分数计算折旧的方法。这个分数的分子表示固定资产继续可使用的年数，分母表示各年可使用年数的总和。计算公式如下：

年折旧率＝尚可使用年限÷预计使用年限的年数之和×100％

月折旧率＝年折旧率÷12

月折旧额＝(固定资产原值－预计残值)×月折旧率

例 13 某企业自行建造的一条生产线投入使用，该生产线的建造成本为 740 万元，预计使用年限为 5 年，预计净残值为 20 万元。采用年数总和法计提折旧：

年数总和＝5＋4＋3＋2＋1＝15(年)

该仪器各年应提折旧额如表 7－3 所示。

表 7－3　　固定资产折旧表　　单位：元

年次	原始价值减预计净残值	尚可使用年数	折旧率	折旧额
1	7 200 000	5	5/15	2 400 000
2	7 200 000	4	4/15	1 920 000
3	7 200 000	3	3/15	1 440 000
4	7 200 000	2	2/15	960 000
5	7 200 000	1	1/15	480 000

以上介绍的四种固定资产折旧方法中，平均年限法和工作量法属于平均法，双倍余额递减法和年数总和法属于加速折旧法。平均年限法的最大优点是计算简便，但存在两个明显的缺陷：一是忽略了固定资产在不同使用年限的使用强度和使用效率不同的事实，二是忽略了固定资产的维修费用将随着其使用时间的延长而不断增大的事实。因此，用平均年限法计提折旧难以达到收入和费用的正确配比，较适用于各期使用强度和效率大致相同的固定资产。工作量法的计算手续比较简便，而且能够弥补平均年限法只强调使用时间、不考虑使用强度的缺点，因此，对于各期使用程度明显不同的固定资产，较适用于工作量法。但是，这两种平均法都没有考虑固定资产的效能在使用期内随着使用而逐期递减、其维修费用逐期递增的特点。加速折旧法则克服了平均法的缺陷，在固定资产的使用初期多提折旧、后期则少提折旧，从而相对加快折旧速度，以使固定资产成本在使用寿命中加快得到补偿。其优点在于：一是能够使每期计提的折旧额较好地反映固定资产的损耗程度；二是能在一定程度上均衡固定资产各期的使用成本；三是在科技发展日新月异的条件下，可以减少旧技术淘汰时的损失。当然，这类方法的计算工作量相对于平均法而言较大。需要注意的是，对某项固定资产来讲，无论采用平均法还是加速折旧法，它在预计使用年限内应计提的折旧总额都是一样的，仅有以下不同：采用平均法，各年计提的折旧额相同；采用加速折旧法，早期多提折旧，后期少提折旧。

五、固定资产折旧的会计处理

固定资产应当按月计提折旧，由于固定资产折旧代表的是固定资产价值的减少，因此，会计上对于固定资产价值的转移即折旧并没有直接通过贷记“固定资产”账户来体现，而是设置了“累计折旧”账户。该账户是资产类账户，是固定资产的备抵账户。“累计折旧”账户的贷方登记折旧的计提数；借方登记因固定资产减少而转销的折旧数；会计期末“固定资产”账户的期末借方余额抵消“累计折旧”账户的贷方余额，则反映了固定资产截至该会计期末尚存的价值，也称为固定资产的折余价值或净值。在“累计折旧”总账下，可按固定资产的类别或项目进行明细核算。同时，计提的折旧额应根据用途，计入相关资产的成本或者当期损益。

1. 基本生产车间所使用的固定资产，其计提的折旧应计入制造费用。
2. 管理部门所使用的固定资产、未使用及不需用的固定资产，其计提的折旧应计入管理费用。
3. 专设销售机构所使用的固定资产，其计提的折旧应计入销售费用。
4. 企业自行建造固定资产过程中使用的固定资产，其计提的折旧应计入在建工程成本。
5. 经营租出的固定资产，其应提的折旧额应计入其他业务成本。
6. 企业自行研制开发无形资产过程中使用的固定资产，其计提的折旧应计入研发支出成本。
7. 筹建期间发生的固定资产的折旧，应作为开办费直接计入发生当期的管理费用。

例 14 永新厂采用平均年限法提取固定资产折旧。2×15 年 3 月份，该厂根据“固定资产折旧计算表”确定各部门应分配的折旧额为：一车间100 000元，二车间50 000元，厂部管理部门6 500元，专设销售机构3 500元。应编制会计分录如下：

借：制造费用——一车间	100 000	
——二车间	50 000	
销售费用	3 500	
管理费用	6 500	
贷：累计折旧		160 000

六、固定资产使用寿命、预计净残值和折旧方法的复核

固定资产准则规定，企业至少应当于每年年度终了，对固定资产的使用寿命、预计净残值和折旧方法进行复核。

在固定资产使用过程中，其所处的经济环境、技术环境以及其他环境有可能对固定资产使用寿命和预计净残值产生较大影响。例如，固定资产使用强度比正常情况大大加强，致使固定资产实际使用寿命大大缩短；替代该项固定资产的新产品的出现致使其实际使用寿命缩短，预计净残值减少；等等。为了真实反映固定资产为企业提供经济利益的期间及每期实际的资产消耗，企业至少应当于每年年度终了，对固定资产使用寿命和预计净残值进行复核。如果固定资产使用寿命预计数与原先估计数有差异，应当调整固定资产使用寿命；如果固定资产预计净残值预计数与原先估计数有差异，应当调整预计净残值。

固定资产使用过程中所处经济环境、技术环境以及其他环境的变化，也可能致使与固定资产有关的经济利益的预期实现方式发生重大改变。如果固定资产给企业带来经济利益的方式发生重大变化，企业也应相应改变固定资产折旧方法。

固定资产使用寿命、预计净残值和折旧方法的改变应作为会计估计变更，按照《企业会计准则第 28 号——会计政策、会计估计变更和差错更正》处理。

第四节 固定资产的后续支出

固定资产的后续支出是指固定资产使用过程中发生的更新改造支出、修理费用等。后续支出的处理原则划分为资本化的后续支出和费用化的后续支出两类。

一、资本化的后续支出

资本化的后续支出是指与固定资产有关的更新改造等后续支出，符合固定资产确认条件的，应当计入固定资产成本，同时将被替换部分的账面价值扣除。固定资产发生可资本化的后续支出时，企业一般应将该固定资产的原价、已计提的累计折旧和减值准备转销，将固定资产的账面价值转入在建工程，并停止计提折旧。发生的后续支出，通过“在建工程”账户核算。在固定资产发生的后续支出完工并达到预定可使用状态时，再从在建工程转为固定资产，并按重新确定的使用寿命、预计净残值和折旧方法计提折旧。

例 15 甲公司有生产线一条，原价为1 400 000元，预计使用年限为6年，预计净残值为0，采用直线法计提折旧。该生产线已使用3年，已提折旧为700 000元。2×15年6月对该生产线进行改良，以银行存款支付改良支出240 000元。2×15年12月20日改造完成，交付使用。改造后的生产线预计还可使用4年，预计净残值为0。

本例中，生产线改良后，生产能力将大大提高，能够为企业带来更多的经济利益，改良的支出金额也能可靠计量，因此，该后续支出符合固定资产的确认条件，应计入固定资产的成本。有关的会计处理如下：

(1)将生产线的账面价值转入改良工程时：

借：在建工程	700 000	
累计折旧	700 000	
贷：固定资产		1 400 000

(2)支付工程款时：

借：在建工程	240 000	
贷：银行存款		240 000

(3)工程完工交付使用时：

借：固定资产	940 000	
贷：在建工程		940 000

(4)2×15年12月20日转为固定资产后，按重新确定的使用寿命、预计净残值和折旧方法计提折旧。

改造后的生产线年折旧额＝940 000÷4＝235 000(元)

自2×16年起每年计提折旧，应编制会计分录如下：

借：制造费用	235 000	
贷：累计折旧		235 000

企业发生的一些固定资产后续支出可能涉及替换原固定资产的某组成部分，当发生的后续支出符合固定资产确认条件时，应将其计入固定资产成本，同时将被替换部分的账面价值扣除。这样可以避免将替换部分的成本和被替换部分的成本同时计入固定资产成本，导致固定资产成本虚高。

例 16 企业对一条生产线进行更新改造。该生产线的原价为120万元，已提折旧为60万元。改造过程中发生支出30万元，已用银行存款支付；改造过程中一部分零部件被替换，被替换部分的账面价值为15万元，取得变价收入3万元，收到转账支票。

本例中，生产线更新改造后，生产能力将大大提高，能够为企业带来更多的经济利益，更新改造的支出金额也能可靠计量，因此，该后续支出符合固定资产的确认条件，应计入固定资产的成本。有关会计处理如下：

(1)将生产线的账面价值转入更新改造工程时：

借：在建工程　600 000
　　累计折旧　600 000
　　贷：固定资产　1 200 000

(2)支付工程改造款时：

借：在建工程　300 000
　　贷：银行存款　300 000

(3)终止被替换部分的账面价值时：

借：银行存款　30 000
　　营业外支出　120 000
　　贷：在建工程　150 000

(4)更新改造完成、交付使用时：

借：固定资产　750 000
　　贷：在建工程　750 000

企业对固定资产进行定期检查发生的大修理费用，有确凿证据表明符合固定资产确认条件的部分，可以计入固定资产的成本；不符合固定资产确认条件的，应当费用化，计入当期损益。固定资产在定期大修理间隔期间，照提折旧。

二、费用化的后续支出

不满足固定资产确认条件的修理费用等后续支出，应当根据不同情况，分别在发生时计入当期管理费用或销售费用。

一般情况下，固定资产投入使用之后，由于固定资产磨损、各组成部分耐用程度不同，可能导致固定资产的局部损坏，为了维护固定资产的正常运转和使用，充分发挥其使用效能，企业将对固定资产进行必要的维护。固定资产的日常修理费用、大修理费用等支出只是确保固定资产的正常工作状况，一般不产生未来的经济利益。因此，若不符合固定资产的确认条件，在发生时应直接计入当期损益。企业生产车间(部门)和行政管理部门等发生的固定资产修理费用等后续支出，应计入管理费用；企业专设销售机构的，其发生的与专设销售机构相关的固定资产修理费用等后续支出，应计入销售费用。

固定资产更新改造支出不满足固定资产确认条件的，在发生时也直接计入当期损益。

例 17　2×15 年 6 月 1 日，甲公司对现有的一台生产机器设备进行日常修理，修理过程中发生的材料费为100 000元，应支付的维修人员工资为20 000元。

本例中，对机器设备的日常修理没有满足固定资产的确认条件，因此，应将该项固定资产后续支出在其发生时计入当期损益。属于生产车间(部门)和行政管理部门等发生的固定资产修理费用等后续支出，应计入管理费用。甲公司应做如下会计处理：

借：管理费用　120 000
　　贷：原材料　100 000
　　　　应付职工薪酬　20 000

第五节　固定资产的清查与减值

一、固定资产的清查

固定资产是一种单位价值较高、使用期限较长的有形资产，因此，企业应当健全固定资产的使用、保管制度，加强管理，定期或者至少于每年年末对固定资产进行清查盘点，以保证固定资产核算的真实性和完整性。如果清查中发现固定资产的损溢，应及时查明原因，在期末结账前处理完毕。

企业在财产清查中发现固定资产盘亏时，应按固定资产的净值，借记“待处理财产损溢”账户；按已提折旧，借记“累计折旧”账户；按固定资产原价，贷记“固定资产” 账户。经批准转销时，应将盘亏固定资产的损失计入当期损益，借记“营业外支出——固定资产盘亏”账户，贷记“待处理财产损溢” 账户。

例 18 E企业盘点时发现盘亏一台原值为60 000元、已提折旧24 000元的设备。

(1)盘亏时：

借：待处理财产损溢——待处理固定资产损溢	36 000	
累计折旧	24 000	
贷：固定资产		60 000

(2)经批准转销时：

借：营业外支出——盘亏损失	26 000	
贷：待处理财产损溢——待处理固定资产损溢		26 000

企业在财产清查中盘盈的固定资产，作为前期差错处理。盘盈的固定资产，通过“以前年度损益调整”账户核算。

二、固定资产的减值

固定资产减值是指固定资产未来可收回金额低于其账面价值所发生的损失。资产可收回金额的估计，应当根据其公允价值减去处置费用后的净额与资产预计未来现金流量的现值两者之间较高者确定。企业为保证所提供的会计信息的真实、客观，同时符合稳健原则，应定期对固定资产进行逐项检查。如果由于市价持续下跌，或技术陈旧、损坏、长期闲置等原因导致固定资产可收回金额低于其账面价值，应当将资产的账面价值减记至可收回金额，减记的金额确认为资产减值损失，计入当期损益，同时计提相应的资产减值准备。

当企业发生减值时，应当根据所确认的资产减值金额，借记“资产减值损失”账户，贷记“固定资产减值准备”等账户。在期末，企业应当将“资产减值损失”账户的余额转入“本年利润”账户，结转后该账户应当没有余额。

同时需要注意的是，固定资产减值准备一经计提，以后会计期间即使可收回金额回升，也不得转回。

例 19 2×13 年 12 月，甲公司购置设备一台，原价1 200 000元，预计可使用 6 年(假设不考虑净残值)，采用直线法计提折旧。2×15 年 12 月 31 日，发现由于该设备市价大幅度下跌，致使其减值，估计可收回金额为600 000元。计提减值准备后，该设备原预计使用年限、预计净残值、折旧方法保持不变。

2×15 年 12 月 31 日账面价值＝1 200 000 ÷6×4 ＝ 800 000(元)

2×15 年计提减值准备数＝800 000－600 000＝200 000(元)

借：资产减值损失——固定资产减值损失	200 000	
贷：固定资产减值准备		200 000

计提固定资产减值准备后，设备的账面价值变为600 000元，在该设备剩余使用寿命内，企业应当以此为基础计提折旧。

第六节 固定资产的处置

一、固定资产终止确认的条件

固定资产准则规定，固定资产满足下列条件之一的，应当予以终止确认：

1. 该固定资产处于处置状态

固定资产处置包括固定资产的出售、转让、报废或毁损、对外投资、非货币性资产交换、债务重组等。处于处置状态的固定资产不再用于生产商品、提供劳务、出租或经营管理，因此不再符合固定资产的定义，应予终止确认。

2. 该固定资产预期通过使用或处置不能产生经济利益

固定资产的确认条件之一是“与该固定资产有关的经济利益很可能流入企业”，如果一项固定资产预期通过使用或处置不能产生经济利益，它就不再符合固定资产的定义和确认条件，应予终止确认。

二、固定资产处置的会计处理

企业发生固定资产出售、转让、报废或毁损时，应当将处置收入扣除其账面价值和相关税费后的差额计入当期损益。

企业因出售、报废、毁损等原因减少的固定资产，应通过“固定资产清理”账户核算。该账户属于资产类账户，核算企业因出售、报废和毁损等原因转入清理的固定资产净值，及其在清理过程中发生的清理费用和清理收入等。“固定资产清理”账户的借方登记转入清理的固定资产净值、发生的清理费用和应交的税金等，贷方登记清理固定资产的变价收入和应由保险公司或过失人承担的损失等，期末余额反映企业尚未清理完毕的固定资产的净值以及清理净收入(清理收入减去清理费用)。清理完毕后，应将清理损益结转营业外收支，该账户无余额。

会计处理一般需经过以下几个步骤：

第一，固定资产转入清理。企业出售、报废和毁损的固定资产转入清理时，应按清理固定资产的账面价值，借记“固定资产清理”账户；按已提折旧，借记“累计折旧”账户；按已计提的固定资产减值准备，借记“固定资产减值准备”账户；按固定资产原价，贷记“固定资产”账户。

第二，发生的清理费用。固定资产清理过程中发生的清理费用，如清理人员的工资等，应借记“固定资产清理”账户，贷记“银行存款”等账户。

第三，计算缴纳的营业税或增值税。企业销售房屋、建筑物等不动产，按照税法的有关规定，须按销售额计算缴纳营业税，计算的营业税借记“固定资产清理”账户，贷记“应交税费——应交营业税”账户。企业销售动产类固定资产，需按增值税暂行条例的规定按销售额计算缴纳增值税，按收取的含税销售额，借记“银行存款”等账户；按计算的增值税额，贷记“应交税费——应交增值税(销项税额)”或“应交税费——应交增值税”账户；按不含税销售额，贷记“固定资产清理”账户。

第四，出售收入和残料等的处理。企业收回出售固定资产的价款、报废固定资产的残料价值和变价收入等，应冲减清理支出，按实际收到的出售价款及残料变价收入等，借记“银行存款”、“原材料”等账户，贷记“固定资产清理”账户。

第五，保险赔偿的处理。企业计算或收到的由保险公司或过失人赔偿的报废、毁损固定资产的损失，应冲减清理支出，借记“银行存款”、“其他应收款”账户，贷记“固定资产清理”账户。

第六，清理净损益的处理。固定资产清理后的净损益，属于生产经营期间的，计入当期损益，借记“固定资产清理”账户，贷记“营业外收入——处置非流动资产收益”账户，或借记“营业外支出——处置非流动资产损失”账户，贷记“固定资产清理”账户；属于生产经营期间由于自然灾害等非正常原因造成的损失，借记“营业外支出——非常损失”账户，贷记“固定资产清理”账户。

例20 A公司现有一台设备由于性能等原因决定提前报废，原价为500 000元，已计提折旧400 000元，已计提减值准备50 000元。报废时的残值变价收入为20 000元，报废清理过程中发生清理费用3 500元。有关收入、支出均通过银行办理结算。

(1)将报废固定资产转入清理时：

借：固定资产清理	50 000	
累计折旧	400 000	
固定资产减值准备	50 000	
贷：固定资产		500 000

(2)收回残值变价收入时：

借：银行存款	20 000	
贷：固定资产清理		20 000

(3)支付清理费用时：

借：固定资产清理	3 500	
贷：银行存款		3 500

(4)结转报废固定资产发生的净损失时：

借：营业外支出——处置非流动资产损失	33 500	
贷：固定资产清理		33 500

例21 甲公司(增值税一般纳税企业，适用的增值税税率为17%)2×13年7月1日购入一台生产经营用设备，并用银行存款支付设备价款840 000元(不含增值税)。该设备安装调试期间发生安装调试费160 000元，于2×13年12月31日投入使用。该设备预计使用年限为5年，预计净残值率为5%，采用双倍余额递减法计提折旧。2×15年12月31日，甲公司因转产，将该设备出售，开具的增值税专用发票上注明价款450 000元，增值税为76 500元①；出售价税款存入银行。另外，甲公司用银行存款支付清理费用2 000元。该固定资产未计提减值准备。

该设备的入账价值＝840 000＋160 000＝1 000 000(元)

2×14年折旧额＝1 000 000×2/5＝400 000(元)

2×15年折旧额＝(1 000 000－400 000)×2/5＝240 000(元)

(1)将出售固定资产账面价值转入清理时：

借：累计折旧	640 000	
固定资产清理	360 000	
贷：固定资产		1 000 000

(2)出售固定资产时：

借：银行存款	526 500	
贷：固定资产清理		450 000
应交税费——应交增值税(销项税额)		76 500

(3)支付清理费用时：

借：固定资产清理	2 000	
贷：银行存款		2 000

---

① 根据2009年起实施的增值税暂行条例以及实施细则的规定，增值税一般纳税企业销售已使用过的固定资产，若该固定资产当初购买时是允许抵扣进项税额的，出售时按适用的税率征税；若固定资产是没有抵扣过增值税的，按4%减半征收。本例中，设备的入账价值中没有包含增值税，也就是购买时抵扣增值税的，所以出售时按适用的税率17%征税。

(4)结转出售固定资产发生的净利得时：

借：固定资产清理　88 000

　贷：营业外收入　88 000

例22　C企业因火灾而毁损车间建筑物一幢，该车间建筑物的原值为500 000元，已提折旧140 000元，已提减值准备60 000元，残料变价收入据估计为6 000元，残料已入库，并以现金支付清理费用3 500元。保险公司核定赔偿损失150 000元，赔偿款尚未收到。C企业应编制会计分录如下：

(1)将毁损的建筑物转入清理时：

借：固定资产清理　300 000

　　累计折旧　140 000

　　固定资产减值准备　60 000

　贷：固定资产　500 000

(2)残料估价入库时：

借：原材料　6 000

　贷：固定资产清理　6 000

(3)支付清理费用时：

借：固定资产清理　3 500

　贷：库存现金　3 500

(4)保险公司核定赔款时：

借：其他应收款　150 000

　贷：固定资产清理　150 000

(5)结转毁损固定资产发生的净损失时：

借：营业外支出——非常损失　147 500

　贷：固定资产清理　147 500

企业因对外投资、捐赠、债务重组、非货币性交换等原因减少的固定资产，从本质上而言，也应属于固定资产处置。

企业对外捐赠固定资产，应按固定资产的账面价值，借记“固定资产清理”账户；按该固定资产已计提的折旧，借记“累计折旧”账户；按固定资产原价，贷记“固定资产”账户。如果对外捐赠固定资产需支付相关税费，应借记“固定资产清理”账户，贷记“银行存款”、“应交税费”等账户。之后，应结转“固定资产清理”账户的余额，借记“营业外支出——捐赠支出”账户，贷记“固定资产清理”账户。

企业以固定资产进行非货币性交换以及债务重组，将在“非货币性资产交换”以及“债务重组”章节进行阐述。

例23　A公司对外捐赠一台自己使用过的旧设备，该设备的原值为1 000 000元，已提折旧400 000元，已提减值准备200 000元，不考虑捐赠过程中的相关税费。A公司应编制会计分录如下：

借：固定资产清理　400 000

　　累计折旧　400 000

　　固定资产减值准备　200 000

　贷：固定资产　1 000 000

借：营业外支出——捐赠支出　400 000

　贷：固定资产清理　400 000

第七节 投资性房地产

房地产是土地和房屋及其权属的总称。在我国，土地归国家或集体所有，企业只能取得土地使用权。因此，房地产中的土地是指土地使用权。房屋是指土地上的房屋等建筑物及构筑物。随着我国社会主义市场经济的发展和完善，房地产市场日益活跃，出现了将房地产用于赚取租金或增值收益的活动，用于出租(经营租赁出租，不包括融资租赁出租)或增值的房地产就是投资性房地产。

一、投资性房地产及其特征

根据《企业会计准则第 3 号——投资性房地产》的规定，投资性房地产是指为赚取租金或资本增值，或者两者兼有而持有的房地产。投资性房地产应当能够单独计量和出售。投资性房地产的确认、计量和披露适用《企业会计准则第 3 号——投资性房地产》的规定，房地产租金收入的确认、计量和披露适用《企业会计准则第 21 号——租赁》的规定。投资性房地产主要具有以下特征：

(一)投资性房地产业务是一种经营性活动

投资性房地产的主要形式是出租建筑物、出租土地使用权，这实质上属于一种让渡资产使用权行为。房地产租金就是让渡资产使用权取得的使用费收入，是企业为完成其经营目标所从事的经营性活动以及与之相关的其他活动形成的经济利益总流入。投资性房地产的另一种形式是持有并准备增值后转让的土地使用权，尽管其增值收益通常与市场供求、经济发展等因素有关，但目的是为了增值后转让以赚取增值收益，也是企业为完成其经营目标所从事的经营性活动以及与之相关的其他活动形成的经济利益总流入。根据税法的规定，企业房地产出租、国有土地使用权增值后转让均属于一种经营活动，其取得的房地产租金收入或国有土地使用权转让收益应当缴纳营业税等。

就某些企业而言，投资性房地产属于日常经营性活动，形成的租金收入或转让增值收益确认为企业的主营业务收入，但对于大部分企业而言，是与经营性活动相关的其他经营活动，形成的租金收入或转让增值收益构成企业的其他业务收入。

(二)投资性房地产在用途、状态、目的等方面与固定资产、存货存在差异

企业持有的房地产除了用作自身管理、生产经营活动场所和对外销售之外，出现了将房地产用于赚取租金或增值收益的活动，甚至是个别企业的主营业务。因此，企业用于出租或增值的房地产(投资性房地产)，与企业自用的厂房、办公楼等作为生产经营场所的房地产(固定资产)以及房地产开发企业用于销售的房地产(存货)的用途、状态、目的等方面都是不同的。这就需要将投资性房地产单独作为一项资产核算和反映。

二、投资性房地产的范围

根据投资性房地产准则的规定，投资性房地产的范围限定为已出租的土地使用权、持有并准备增值后转让的土地使用权、已出租的建筑物。

(一)已出租的土地使用权

已出租的土地使用权是指企业通过出让或转让方式取得的、以经营租赁方式出租的土地使用权。企业取得的土地使用权通常包括在一级市场上以缴纳土地出让金的方式取得的土地使用权，也包括在二级市场上接受其他单位转让的土地使用权。例如，甲公司与乙公司签署了土地使用权租赁协议，甲公司以年租金 720 万元租赁使用乙公司拥有的 40 万平方米土地使用权。那么，自租赁协议约定的租赁期开始日起，这项土地使用权就属于乙公司的投资性房地产。

对于以经营租赁方式租入土地使用权再转租给其他单位的，不能确认为投资性房地产。

(二)持有并准备增值后转让的土地使用权

持有并准备增值后转让的土地使用权，是指企业取得的、准备增值后转让的土地使用权。这类土地使用权很可能给企业带来资本增值收益，符合投资性房地产的定义。

企业依法取得土地使用权后，应当按照国有土地有偿使用合同或建设用地批准书规定的期限动工开发建设。土地使用者依法取得土地使用权后，未经原批准用地的人民政府同意，超过规定的期限未动工开发建设的建设用地，属于闲置土地。按照国家有关规定认定的闲置土地，不属于持有并准备增值后转让的土地使用权，也就不属于投资性房地产。

(三)已出租的建筑物

已出租的建筑物是指企业拥有产权的、以经营租赁方式出租的建筑物，包括自行建造或开发活动完成后用于出租的建筑物。其特点有三个：一是企业拥有产权的建筑物；二是已出租的建筑物企业已经与其他方签订了租赁协议，约定以经营租赁方式出租的建筑物；三是企业将建筑物出租，按租赁协议向承租人提供的相关辅助服务在整个协议中不重大。企业在判断和确认已出租的建筑物时，应当把握以下要点：

1. 企业以经营租赁方式租入再转租的建筑物，不属于投资性房地产。

2. 一般应自租赁协议规定的租赁期开始日起，经营租出的建筑物才属于已出租的建筑物。通常情况下，对企业持有以备经营出租的空置建筑物，如果董事会或类似机构作出书面决议，明确表明将其用于经营租出且持有意图短期内不再发生变化的，即使尚未签订租赁协议，也应视为投资性房地产。这里的"空置建筑物"，是指企业新购入、自行建造或开发完成但尚未使用的建筑物，以及不再用于日常生产经营活动且经整理后达到可经营出租状态的建筑物。

3. 企业将其办公楼出租，同时向承租人提供维护、保安等日常辅助服务，企业应当将其确认为投资性房地产。

此外，有两类房地产不属于投资性房地产项目：一是自用房地产，二是作为存货的房地产。

(一)自用房地产

自用房地产是指为生产商品、提供劳务或者经营管理而持有的房地产，如企业生产经营用的厂房和办公楼属于固定资产，企业生产经营用的土地使用权属于无形资产。自用房地产的特征在于服务于企业自身的生产经营，其价值会随着房地产的使用而逐渐转移到企业的产品或服务中去，通过销售商品或提供服务为企业带来经济利益，在产生现金流量的过程中与企业持有的其他资产密切相关。

例如，企业出租给本企业职工居住的宿舍，虽然也收取租金，但间接为企业自身的生产经营服务，因此具有自用房地产的性质。又如，企业拥有并自行经营的旅馆、饭店。旅馆、饭店的经营者在向顾客提供住宿服务的同时，还提供餐饮、娱乐等其他服务，其经营目的主要是通过向客户提供服务而取得服务收入，因此，企业自行经营的旅馆、饭店是企业的经营场所，应当属于自用房地产。

(二)作为存货的房地产

作为存货的房地产通常是指房地产开发企业在正常经营过程中销售的或为销售而正在开发的商品房和土地。这部分房地产属于房地产开发企业的存货，其生产、销售构成企业的主营业务活动，产生的现金流量也与企业的其他资产密切相关，因此，具有存货性质的房地产不属于投资性房地产。

从事房地产经营开发的企业依法取得的、用于开发后出售的土地使用权，属于房地产开发企业的存货，即使房地产开发企业决定待增值后再转让其开发的土地，也不得将其确认为投资性房地产。

实务中，存在某项房地产部分自用或作为存货出售、部分用于赚取租金或资本增值的情形。如果某项投资性房地产不同用途的部分能够单独计量和出售的，应当分别确认为固定资产(或无形资产、存货)和投资性房地产。

三、投资性房地产的确认与初始计量

一项房地产作为投资性房地产核算，首先必须符合投资性房地产的定义，其次必须同时满足下列两个条件：(1)与该投资性房地产有关的经济利益很可能流入企业；(2)该投资性房地产的成本能够可靠计量。

对已出租的土地使用权、建筑物，其作为投资性房地产的确认时点一般为租赁期开始日；对于持有并准备增值后转让的土地使用权，其作为投资性房地产的确认时点为企业将自用土地使用权停止自用、准备增值后转让的日期。根据投资性房地产准则的规定，投资性房地产应当按照成本进行初始确认和计量。

为了核算投资性房地产，企业需要设置"投资性房地产"、"投资性房地产累计折旧(摊销)"、"投资性房地产减值准备"等账户进行总分类核算。"投资性房地产"账户核算企业采用成本模式计量的投资性房地产的成本；企业采用公允价值模式计量投资性房地产的，也通过本账户核算，并应当分别"成本"和"公允价值变动"进行明细核算。采用成本模式计量的投资性房地产的累计折旧或累计摊销，可以单独设置"投资性房地产累计折旧(摊销)"账户，比照"累计折旧"等账户进行处理。采用成本模式计量的投资性房地产发生减值的，可以单独设置"投资性房地产减值准备"账户，比照"固定资产减值准备"等账户进行处理。

(一)外购投资性房地产的初始计量

外购的土地使用权和建筑物，只有在购入的同时开始出租，才能作为投资性房地产加以确认。外购的投资性房地产，应当按照取得时的实际成本进行初始计量，其成本包括购买价款、相关税费和可直接归属于该资产的其他支出。企业购入的房地产，部分用于出租(或资本增值)、部分自用，用于出租(或资本增值)的部分应当予以单独确认的，应按照不同部分的公允价值占公允价值总额的比例，将成本在不同部分之间进行合理分配。

例24 2×15年1月，A企业计划购入一栋写字楼用于对外出租。1月10日，A企业与B企业签订了经营租赁合同，约定自写字楼购买日起将这栋写字楼出租给B企业，为期5年。2月1日，A企业购入写字楼，支付价款共计2 000万元(假设不考虑其他因素)。A企业的账务处理如下：

借：投资性房地产	20 000 000	
贷：银行存款		20 000 000

(二)自行建造投资性房地产的初始计量

自行建造的采用成本模式计量的投资性房地产，其成本由建造该项资产达到预定可使用状态前发生的必要支出构成，包括土地开发费、建筑安装成本、应予以资本化的借款费用、支付的其他费用和分摊的间接费用等。建造过程中发生的非正常性损失直接计入当期损益，不计入建造成本。

自行建造投资性房地产分为自营建造和出包建造两种，可比照固定资产的核算方式进行处理。需要注意的是，投资性房地产不属于《中华人民共和国增值税暂行条例实施细则》中列明的允许抵扣进项税额的货物，因此，计入投资性房地产初始计量成本中的金额包括购建该投资性房地产发生的增值税额。

例25 2×15年3月，甲企业从其他单位购入一块土地的使用权，并在该块土地上开始自行建造一栋厂房。2×15年6月，甲企业预计厂房即将完工，与乙公司签订了经营租赁合同，将厂房租赁给乙公司使用。租赁合同约定，该厂房于完工(达到预定可使用状态)时开始起租。2×15年7月5日，厂房完工，达到预定可使用状态。该块土地使用权的成本为600万元，厂房的造价为1 000万元。甲企业2×15年7月5日的账务处理如下：

借：投资性房地产——厂房	10 000 000	
贷：在建工程		10 000 000

借：投资性房地产——土地使用权　　6 000 000

　贷：无形资产——土地使用权　　6 000 000

四、投资性房地产的后续计量

投资性房地产的后续计量通常应当采用成本模式，满足特定条件的情况下也可以采用公允价值模式。但是，同一企业只能采用一种模式对所有投资性房地产进行后续计量，不得对一部分投资性房地产采用成本模式进行后续计量，对另一部分投资性房地产采用公允价值模式进行后续计量。

（一）采用成本模式进行后续计量

采用成本模式进行后续计量的投资性房地产，建筑物和土地使用权应当分别按照固定资产或无形资产的有关规定，按期（月）计提折旧或摊销，借记“其他业务成本”等账户，贷记“投资性房地产累计折旧（摊销）”账户。取得的租金收入，借记“银行存款”等账户，贷记“其他业务收入”等账户。

投资性房地产存在减值迹象的，还应当适用资产减值的有关规定。经减值测试后确定发生减值的，应当计提减值准备，借记“资产减值损失”账户，贷记“投资性房地产减值准备”账户。如果已经计提减值准备的投资性房地产的价值又得以恢复的，不得转回。

若投资性房地产发生减值，则其折旧和摊销的金额应根据减值后的账面价值和尚可使用年限重新确定。

例 26　2×15 年 1 月 1 日，甲企业一栋办公楼出租给乙企业使用，已确认为投资性房地产，采用成本模式进行后续计量。假设该栋办公楼的成本为 3 600 万元，按照直线法计提折旧，使用寿命为 20 年，预计净残值为零。按照经营租赁合同的约定，乙企业每月支付甲企业租金 10 万元。当年 12 月 31 日，经减值测试，其可收回金额为 3 000 万元，以前未计提减值准备。

甲企业的会计处理如下：

(1)每月计提折旧时：

每月计提折旧＝3 600÷20÷12＝15（万元）

借：其他业务成本　　150 000

　贷：投资性房地产累计折旧　　150 000

(2)每月确认租金时：

借：银行存款（或其他应收款）　　100 000

　贷：其他业务收入　　100 000

(3)计提减值准备时：

该投资性房地产 12 月 31 日的账面价值＝3 600－15×12＝3 420（万元）

减值损失＝3 420－3 000＝420（万元）

借：资产减值损失　　4 200 000

　贷：投资性房地产减值准备　　4 200 000

从 2×16 年起，该办公楼的折旧应当按照减值后的新的账面价值 3 000 万元以及尚可使用的年限重新确定。

（二）采用公允价值模式进行后续计量

企业只有存在确凿证据表明其公允价值能够持续可靠取得的，才允许采用公允价值计量模式。企业一旦选择公允价值模式，就应当对其所有投资性房地产采用公允价值模式进行后续计量。采用公允价值模式计量投资性房地产，应当同时满足以下两个条件：(1)投资性房地产所在地有活跃的房地产交易市场；(2)企业能够从房地产交易市场上取得同类或类似房地产的市场价格及其他相关信息，从而对投资性房地产的公允价值做出科学合理的估计。这两个条件必须同时具备,缺一不可。

企业可以参照活跃市场上同类或类似房地产的现行市场价格(市场公开报价)来确定投资性房地产的公允价值;无法取得同类或类似房地产现行市场价格的,可以参照活跃市场上同类或类似房地产的最近交易价格,并考虑交易情况、交易日期、所在区域等因素予以确定。

在投资性房地产按照公允价值模式计量时,企业应当在"投资性房地产"总分类账户下设置"成本"和"公允价值变动"两个明细账户,外购或自行建造时发生的实际成本,记入"投资性房地产(成本)"账户。

投资性房地产采用公允价值模式计量的,不计提折旧或摊销,应当以资产负债表日的公允价值计量。资产负债表日,投资性房地产的公允价值高于其账面余额的差额,借记"投资性房地产(公允价值变动)"账户,贷记"公允价值变动损益"账户;公允价值低于其账面余额的差额,做相反的分录。由于在资产负债表日要按公允价值调整账面,因此也不需考虑减值问题。

取得的租金收入,借记"其他应收款"、"银行存款"等账户,贷记"其他业务收入"等账户。

例27 2×15年1月10日,A公司购买一块土地使用权,购买价款为2 000万元,支付相关手续费30万元,款项全部以银行存款支付。企业购买后准备等其增值后予以转让。A公司对该投资性房地产采用公允价值模式进行后续计量。经复核,该投资性房地产2×15年12月31日的公允价值为2 000万元。A企业的账务处理如下:

(1)2×15年1月10日,A公司购入该土地使用权时:

借:投资性房地产——土地使用权(成本)	20 300 000	
贷:银行存款		20 300 000

(2)2×15年12月31日,按照公允价值为基础调整其账面价值,公允价值与原账面价值之间的差额计入当期损益。

借:公允价值变动损益	300 000	
贷:投资性房地产——土地使用权(公允价值变动)		300 000

(三)后续计量模式的变更

为保证会计信息的可比性,企业对投资性房地产的计量模式一经确定,不得随意变更。只有在房地产市场比较成熟、能够满足采用公允价值模式条件的情况下,才允许企业对投资性房地产从成本模式计量变更为公允价值模式计量。成本模式转为公允价值模式的,应当作为会计政策变更处理,并按计量模式变更时公允价值与账面价值的差额调整期初留存收益。已采用公允价值模式计量的投资性房地产,不得从公允价值模式转为成本模式。

例28 甲公司将其一栋厂房经营租赁出租给乙公司使用,并一直采用成本模式进行后续计量。2×15年10月31日,甲公司认为,出租给乙公司使用的厂房,其所在地的房地产交易市场比较成熟,具备了采用公允价值模式计量的条件,决定对该项投资性房地产转为采用公允价值模式计量。该厂房的原值为80 000 000元,已提折旧为7 200 000元。2×15年10月31日,该厂房的公允价值为85 000 000元。假设甲公司按净利润的10%计提盈余公积。假定不考虑所得税的影响。甲公司的会计处理如下:

借:投资性房地产——厂房(成本)	85 000 000	
投资性房地产累计折旧	7 200 000	
贷:投资性房地产——厂房		80 000 000
利润分配——未分配利润		12 200 000
借:利润分配——未分配利润	1 220 000	
贷:盈余公积		1 220 000

(四)投资性房地产的后续支出

与投资性房地产有关的后续支出，满足投资性房地产确认条件的，应当计入投资性房地产成本。例如，企业为了提高投资性房地产的使用效能，往往需要对投资性房地产进行改建、扩建而使其更加坚固耐用，或者通过装修而改善其室内装潢，改扩建或装修支出满足确认条件的，应当将其资本化。与投资性房地产有关的后续支出，不满足投资性房地产确认条件的，应当在发生时计入当期损益。

1. 资本化的后续支出

企业对某项投资性房地产进行改扩建等再开发且将来仍作为投资性房地产的，在再开发期间应继续将其作为投资性房地产，再开发期间不计提折旧或摊销。投资性房地产发生可资本化的后续支出时，企业一般应将该投资性房地产的原价、已计提的累计折旧和减值准备转销，将投资性房地产的账面价值转入“投资性房地产——××(在建)”明细账户；发生的后续支出，通过“投资性房地产——××(在建)”明细账户核算。在投资性房地产发生的后续支出完工并达到预定可使用状态时，再从“投资性房地产——××(在建)”明细账户转为“投资性房地产——××”账户。采用成本模式计量的投资性房地产，再按重新确定的使用寿命、预计净残值和折旧(摊销)方法计提折旧(摊销)。

例29　2×15年1月，甲企业与乙企业的一项厂房经营租赁合同即将到期，该厂房按照成本模式进行后续计量，原价为1 000万元，已计提折旧300万元。为了提高厂房的租金收入，甲企业决定在租赁期满后对厂房进行改扩建，并与丙企业签订了经营租赁合同，约定自改扩建完工时将厂房出租给丙企业。1月5日，与乙企业的租赁合同到期，厂房随即进入改扩建工程。12月20日，厂房改扩建工程完工，共发生支出100万元，即日按照租赁合同出租给丙企业。

本例中，改扩建支出属于资本化的后续支出，应当计入投资性房地产的成本。甲企业的账务处理如下：

(1)2×15年1月5日，投资性房地产转入改扩建工程时：

借：投资性房地产——厂房(在建)　　7 000 000
　　投资性房地产累计折旧　　3 000 000
　贷：投资性房地产——厂房　　10 000 000

(2)2×15年1月5日～12月20日，发生改扩建支出时：

借：投资性房地产——厂房(在建)　　1 000 000
　贷：银行存款等　　1 000 000

(3)2×15年12月20日，改扩建工程完工时：

借：投资性房地产——厂房　　8 000 000
　贷：投资性房地产——厂房(在建)　　8 000 000

例30　若例29中的厂房采用公允价值模式计量，1月5日厂房账面余额为1 200万元，其中成本1 000万元，累计公允价值变动200万元。其余条件不变，则甲公司的会计处理如下：

(1)2×15年1月5日，投资性房地产转入改扩建工程时：

借：投资性房地产——厂房(在建)　　12 000 000
　贷：投资性房地产——厂房(成本)　　10 000 000
　　　　　　　　——厂房(公允价值变动)　　2 000 000

(2)2×15年1月5日～12月20日，发生改扩建支出时：

借：投资性房地产——厂房(在建)　　1 000 000
　贷：银行存款等　　1 000 000

(3)2×15年12月20日，改扩建工程完工时：

借：投资性房地产——厂房　　13 000 000

　贷：投资性房地产——厂房(在建)　　13 000 000

2. 费用化的后续支出

为了维护投资性房地产的正常运转和使用，充分发挥其使用效能，企业将对投资性房地产进行必要的维护。投资性房地产的日常修理费用、大修理费用等支出只是确保投资性房地产的正常工作状况，一般不产生未来的经济利益，因此，通常不符合固定资产的确认条件，在发生时应直接计入当期损益。该支出发生时，借记“其他业务成本”账户，贷记“银行存款”等账户。

例 31　甲企业对其某项投资性房地产进行日常维修，发生维修支出 15 万元。支出已用银行存款支付。甲企业的会计处理如下：

借：其他业务成本　　150 000

　贷：银行存款　　150 000

五、投资性房地产的转换

房地产的转换，实质上是因房地产用途发生改变而对房地产进行的重新分类。企业必须有确凿证据表明房地产用途发生改变，才能将投资性房地产转换为非投资性房地产或者将非投资性房地产转换为投资性房地产，包括：作为存货的房地产改为出租；自用建筑物或土地使用权停止自用改为出租；自用土地使用权停止自用，改用于资本增值；投资性房地产开始自用。这里的确凿证据包括两个方面：一是企业董事会或类似机构应当就改变房地产用途形成正式的书面决议；二是房地产因用途改变而发生实际状态上的改变，如从自用状态改为出租状态。

(一)作为存货的房地产转换为投资性房地产

作为存货的房地产转换为投资性房地产，通常指房地产开发企业将其持有的开发产品以经营租赁的方式出租，存货相应地转换为投资性房地产。这种情况下，转换日为房地产的租赁期开始日。租赁期开始日是指承租人有权行使其使用租赁资产权利的日期。

1. 采用成本模式计量

企业将作为存货的房地产转换为采用成本模式计量的投资性房地产，应当按该项存货在转换日的账面价值，借记“投资性房地产”账户；原已计提跌价准备的，借记“存货跌价准备”账户；按其账面余额，贷记“开发产品”等账户。

例 32　A 企业是从事房地产开发业务的企业，2×15 年 1 月 10 日，A 企业与乙企业签订了租赁协议，将其开发的一栋写字楼出租给乙企业使用，租赁期开始日为 2×15 年 4 月 1 日。2×15 年 4 月 1 日，该写字楼的账面余额为5 000万元，未计提存货跌价准备。转换后，投资性房地产采用成本模式计量。2×15 年 4 月 1 日，A 企业的账务处理如下：

借：投资性房地产——写字楼　　50 000 000

　贷：开发产品　　50 000 000

2. 采用公允价值模式计量

企业将作为存货的房地产转换为采用公允价值模式计量的投资性房地产时，应当按该项房地产在转换日的公允价值，借记“投资性房地产(成本)”账户；原已计提跌价准备的，借记“存货跌价准备”账户；按其账面余额，贷记“开发产品”等账户。同时，转换日的公允价值小于账面价值的，按其差额，借记“公允价值变动损益”账户；转换日的公允价值大于账面价值的，按其差额，贷记“其他综合收益”账户。待该项投资性房地产处置时，因转换计入其他综合收益的部分应转入当期的其他业务成本，借记“其他综合收益”账户，贷记“其他业务成本”账户。

例 33　若例 32 中转换后的投资性房地产采用公允价值模式计量，4 月 1 日该写字楼的公允价值为 7 000 万元。

2×15 年 4 月 1 日,A 企业的会计处理如下:

借:投资性房地产——写字楼(成本) 70 000 000

贷:开发产品 50 000 000

其他综合收益 20 000 000

(二)自用房地产转换为投资性房地产

企业将原本用于生产商品、提供劳务或者经营管理的建筑物或土地使用权停止自用改为出租,转换日应当为租赁期开始日。应于租赁期开始日,将相应的固定资产或无形资产转换为投资性房地产。

1. 采用成本模式计量

企业将自用土地使用权或建筑物转换为以成本模式计量的投资性房地产时,应当按该项建筑物或土地使用权在转换日的原价、累计折旧、减值准备等,分别转入"投资性房地产"、"投资性房地产累计折旧(摊销)"、"投资性房地产减值准备"科目,按其账面余额,借记"投资性房地产"账户,贷记"固定资产"或"无形资产"账户,按已计提的折旧或摊销,借记"累计折旧"或"累计摊销"账户,贷记"投资性房地产累计折旧(摊销)"账户;原已计提减值准备的,借记"固定资产减值准备"或"无形资产减值准备"账户,贷记"投资性房地产减值准备"账户。

例 34 甲企业拥有一栋办公楼,用于本企业总部办公。2×15 年 1 月 10 日,甲企业与乙企业签订了经营租赁协议,将这栋办公楼整体出租给乙企业使用,租赁期开始日为 2×15 年 2 月 1 日,为期 5 年。2×15 年 2 月 1 日,这栋办公楼的账面余额为55 000万元,已计提折旧 300 万元,已提减值准备 200 万元。该投资性房地产的后续计量采用成本模式。甲企业的会计处理如下:

借:投资性房地产——写字楼 550 000 000

累计折旧 3 000 000

固定资产减值准备 2 000 000

贷:固定资产 550 000 000

投资性房地产累计折旧(摊销) 3 000 000

投资性房地产减值准备 2 000 000

2. 采用公允价值模式计量

企业将自用房地产转换为采用公允价值模式计量的投资性房地产时,应当按该项土地使用权或建筑物在转换日的公允价值,借记"投资性房地产(成本)"账户;按已计提的累计摊销或累计折旧,借记"累计摊销"或"累计折旧"账户;原已计提减值准备的,借记"无形资产减值准备"、"固定资产减值准备"账户;按其账面余额,贷记"固定资产"或"无形资产"账户。同时,转换日的公允价值小于账面价值的,按其差额,借记"公允价值变动损益"账户;转换日的公允价值大于账面价值的,按其差额,贷记"其他综合收益"账户。待该项投资性房地产处置时,因转换计入其他综合收益的部分应转入当期的其他业务成本,借记"其他综合收益"账户,贷记"其他业务成本"账户。

例 35 2×14 年 6 月,甲企业打算搬迁至新建办公楼,由于原办公楼处于商业繁华地段,甲企业准备将其出租,以赚取租金收入。2×14 年 10 月,甲企业完成了搬迁工作,原办公楼停止自用。2×14 年 12 月,甲企业与乙企业签订了租赁协议,将其原办公楼经营租赁出租给乙企业使用,租赁期开始日为 2×15 年 1 月 1 日,租赁期限为 3 年。2×15 年 1 月 1 日,该办公楼的公允价值为55 000万元,其原价为80 000万元,已计提折旧17 250万元;假设甲企业对投资性房地产采用公允价值模式计量。甲企业的会计处理如下:

甲企业应当于租赁期开始日(2×15 年 1 月 1 日)将自用房地产转换为投资性房地产。

借:投资性房地产——办公楼(成本) 550 000 000

公允价值变动损益 77 500 000

累计折旧 172 500 000

贷:固定资产 800 000 000

(三)投资性房地产转换为自用房地产

投资性房地产转换为自用房地产,转换日是指房地产达到自用状态,企业开始将房地产用于生产商品、提供劳务或者经营管理的日期。

1. 采用成本模式计量

企业将原本用于赚取租金或资本增值的房地产改用于生产商品、提供劳务或者经营管理,投资性房地产相应地转换为固定资产或无形资产。例如,企业将出租的厂房收回,并用于生产本企业的产品。

企业将投资性房地产转换为自用房地产时,应当按该项投资性房地产在转换日的账面余额、累计折旧、减值准备等,分别转入"固定资产"、"累计折旧"、"固定资产减值准备"等账户;按投资性房地产的账面余额,借记"固定资产"或"无形资产"账户,贷记"投资性房地产"账户;按已计提的折旧或摊销,借记"投资性房地产累计折旧(摊销)"账户,贷记"累计折旧"或"累计摊销"账户;原已计提减值准备的,借记"投资性房地产减值准备"账户,贷记"固定资产减值准备"或"无形资产减值准备"账户。

例 36 2×15 年 8 月 1 日,甲企业将出租在外的厂房收回,开始用于本企业生产商品。该项房地产在转换前采用成本模式计量,其账面价值为5 000万元,其中,原价8 000万元,累计已提折旧2 500万元,累计已提减值准备 500 万元。甲企业的会计处理如下:

借:固定资产 80 000 000

投资性房地产累计折旧(摊销) 25 000 000

投资性房地产减值准备 5 000 000

贷:投资性房地产——厂房 80 000 000

累计折旧 25 000 000

固定资产减值准备 5 000 000

2. 采用公允价值模式计量

企业将采用公允价值模式计量的投资性房地产转换为自用房地产时,应当以其转换当日的公允价值作为自用房地产的账面价值,公允价值与原账面价值的差额计入当期损益。

转换日,企业应按该项投资性房地产的公允价值,借记"固定资产"或"无形资产"账户,按该项投资性房地产的成本,贷记"投资性房地产——成本"账户;按该项投资性房地产的累计公允价值变动,贷记或借记"投资性房地产——公允价值变动"账户;按其差额,贷记或借记"公允价值变动损益"账户。

例 37 2×15 年 8 月 15 日,甲企业因租赁期满,将出租的写字楼收回,准备作为办公楼用于本企业的行政管理。2×15 年 12 月 1 日,该写字楼正式开始自用,相应由投资性房地产转换为自用房地产,当日的公允价值为 4 300 万元。该项房地产在转换前采用公允价值模式计量,原账面价值为 4 700 万元,其中,成本为 4 500 万元,公允价值变动为增值 200 万元。甲企业的会计处理如下:

借:固定资产 43 000 000

公允价值变动损益 4 000 000

贷:投资性房地产——写字楼(成本) 45 000 000

——写字楼(公允价值变动) 2 000 000

(四)投资性房地产转为存货

房地产开发企业将用于经营出租的房地产重新开发用于对外销售的,从投资性房地产转换为存货。投资性房地产转换为存货,转换日为租赁期届满、企业董事会或权力机构作出书面决议明确表明将其重新开发用于对外销售的日期。

1. 采用成本模式进行计量的投资性房地产转换为存货

企业将投资性房地产转换为存货时，应当按照该项房地产在转换日的账面价值，借记“开发产品”账户；按照已计提的折旧或摊销，借记“投资性房地产累计折旧(摊销)”账户；原已计提减值准备的，借记“投资性房地产减值准备”账户；按其账面余额，贷记“投资性房地产”账户。

例 38 2×15 年 3 月 10 日，由于租赁期满，乙房地产开发公司董事会作出书面决议，决定将自己开发的用于出租的写字楼收回，准备进一步开发后对外销售作为办公楼出售，用于本企业的行政管理。该写字楼在租赁期间采用成本模式计量，原账面价值为8 500万元，其中，成本为10 000万元，累计折旧1 000万元，计提减值准备 500 万元。乙企业的会计处理如下：

借：开发产品	85 000 000
投资性房地产累计折旧	5 000 000
投资性房地产减值准备	10 000 000
贷：投资性房地产——写字楼	100 000 000

2. 采用公允价值模式进行计量的投资性房地产转换为存货

企业将采用公允价值模式计量的投资性房地产转换为存货时，应当以其转换当日的公允价值作为存货的账面价值，公允价值与原账面价值的差额计入当期损益。

转换日，企业应按该项投资性房地产的公允价值，借记“开发产品”等账户；按该项投资性房地产的成本，贷记“投资性房地产——成本”账户；按该项投资性房地产的累计公允价值变动，贷记或借记“投资性房地产——公允价值变动”账户；按其差额，贷记或借记“公允价值变动损益”账户。

例 39 因租赁期满，甲房地产开发企业于 2×15 年 12 月 10 日将出租的写字楼收回，并作出书面决议，将该写字楼重新开发用于对外销售，当日的公允价值为6 500万元。该项房地产在转换前采用公允价值模式计量，原账面价值为5 400万元，其中，成本为4 800万元，公允价值增值为 600 万元。

甲企业 2×15 年 12 月 10 日的账务处理如下：

借：开发产品	65 000 000
贷：投资性房地产——成本	48 000 000
——公允价值变动	6 000 000
公允价值变动损益	11 000 000

六、投资性房地产的处置

当投资性房地产被处置，或者永久退出使用且预计不能从其处置中取得经济利益时，应当终止确认该项投资性房地产。

企业可以通过对外出售或转让的方式处置投资性房地产，取得投资收益。对于那些由于使用而不断磨损直到最终报废，或者由于遭受自然灾害等非正常损失发生毁损的投资性房地产，应当及时进行清理。此外，企业因其他原因，如非货币性交易等而减少投资性房地产，也属于投资性房地产的处置。企业出售、转让、报废投资性房地产或者发生投资性房地产毁损，应当将处置收入扣除其账面价值和相关税费后的金额计入当期损益。

1. 采用成本模式计量

处置采用成本模式计量的投资性房地产时，应当按实际收到的金额，借记“银行存款”等账户，贷记“其他业务收入”账户。按该项投资性房地产的账面价值，借记“其他业务成本”账户；按其账面余额，贷记“投资性房地产”账户；按照已计提的折旧或摊销，借记“投资性房地产累计折旧(摊销)”账户；原已计提减值准备的，借记“投资性房地产减值准备”账户。

例 40 甲公司将其出租的一栋写字楼确认为投资性房地产，采用成本模式计量。租赁期届满后，甲公司将该栋写字楼出售给乙公司，合同价款为50 000万元，乙公司已用银行存款付清。出售时，该栋写字楼的成本为45 000万元，已计提折旧3 000万元，已提减值准备2 000万元。甲企业的会计处理如下：

借：银行存款	500 000 000
贷：其他业务收入	500 000 000
借：其他业务成本	400 000 000
投资性房地产累计折旧（摊销）	30 000 000
投资性房地产减值准备	20 000 000
贷：投资性房地产——写字楼	450 000 000

例 41 甲企业为了满足市场需求、扩大再生产，将生产车间从市中心搬迁到郊区。2×12 年 3 月，董事会作出书面决议，将原厂区陈旧厂房拆除平整后，持有以备增值后转让。土地使用权的账面余额为3 000万元，已计提摊销 900 万元，剩余使用年限为 40 年，按照直线法摊销，不考虑残值。2×15 年 3 月，甲企业将原厂区出售，取得转让收入4 000万元。该投资性房地产采用成本模式计量，假设不考虑相关税费。甲企业的会计处理如下：

(1)转换日(2×12 年 3 月)：

借：投资性房地产——土地使用权	30 000 000
累计摊销	9 000 000
贷：无形资产——土地使用权	30 000 000
投资性房地产累计摊销	9 000 000

(2)计提摊销时(假设按年)：

借：其他业务成本	525 000
贷：投资性房地产累计摊销	525 000

(3)出售时：

借：银行存款	40 000 000
贷：其他业务收入	40 000 000
借：其他业务成本	19 425 000
投资性房地产累计摊销(525 000×3+9 000 000)	10 575 000
贷：投资性房地产——土地使用权	30 000 000

2. 采用公允价值模式计量

处置采用公允价值模式计量的投资性房地产，应当按实际收到的金额，借记“银行存款”等账户，贷记“其他业务收入”账户。按该项投资性房地产的账面余额，借记“其他业务成本”账户；按其成本，贷记“投资性房地产——成本”账户；按其累计公允价值变动，贷记或借记“投资性房地产——公允价值变动”账户。同时结转投资性房地产累计公允价值变动。若存在原转换日计入其他综合收益的金额，也一并结转。

例 42 续例 33，在 2×15 年 4 月 1 日该写字楼转换为以公允价值计量模式的投资性房地产后，2×15年 12 月 31 日的公允价值为6 300万元。2×16年 4 月 1 日，租赁期满，A 企业收回该写字楼并直接出售给甲公司，售价为6 000万元。价款已收讫，不考虑相关税费。A 企业的会计处理如下：

(1)2×15 年 4 月 1 日：

借：投资性房地产——写字楼(成本)	70 000 000
贷：开发产品	50 000 000
其他综合收益	20 000 000

(2)2×15 年 12 月 31 日：

借:公允价值变动损益　　7 000 000

　　贷:投资性房地产——写字楼(公允价值变动)　　7 000 000

(3)2×16 年 4 月 1 日:

借:银行存款　　60 000 000

　　贷:其他业务收入　　60 000 000

借:其他业务成本　　63 000 000

　投资性房地产——写字楼(公允价值变动)　　7 000 000

　　贷:投资性房地产——写字楼(成本)　　70 000 000

借:其他业务成本　　7 000 000

　　贷:公允价值变动损益　　7 000 000

借:其他综合收益　　20 000 000

　　贷:其他业务成本　　20 000 000

复习思考题

1. 什么是固定资产？它有哪些特点？
2. 固定资产有哪些不同的分类方法？各种分类方法各有什么作用？
3. 固定资产计提折旧的范围和方法有哪些？各种折旧方法有哪些优、缺点？
4. 固定资产处置包括哪些内容？怎样进行会计核算？
5. 固定资产盘盈、盘亏怎样进行会计核算？
6. 采用延期付款、实质上具有融资性质方式购入的固定资产,如何确定入账价值？
7. 存在弃置义务的固定资产,如何确定入账价值？
8. 自营方式和出包方式建造的固定资产,应当如何进行会计处理？
9. 不同形式的固定资产的后续支出,应当如何进行会计处理？
10. 什么叫做投资性房地产？它与企业的固定资产、存货的区别是什么？
11. 投资性房地产采用成本模式和公允价值模式进行后续计量有何差异？

第八章 无形资产及其他资产

第一节 无形资产概述

一、无形资产的定义和特征

无形资产是指企业拥有或者控制的没有实物形态的可辨认非货币性资产。与其他资产相比，无形资产除具有其是企业过去的交易或事项形成的、由企业拥有或控制、预期会给企业带来未来经济利益等资产的共性外，还具有以下特征：

(一)无形资产不具有实物形态

没有物质形态，这是无形资产有别于其他形态资产最显著的特点，无形资产通常表现为某种权利、某项技术或是某种获取超额利润的综合能力，它们不具有实物形态，很大程度上是通过自身所具有的技术等优势为企业带来未来经济利益。比如，专利权、非专利技术、土地使用权等。

虽然某些无形资产的存在有赖于实物载体，比如，计算机软件需要存储在磁盘中，但这并不改变无形资产本身不具有实物形态的特性。

(二)无形资产具有可辨认性

可辨认性是指它应能够和企业分离并独立存在，不同的无形资产应可辨认，可以单独转让交易。

可辨认性是无形资产区别于商誉的特性，商誉是不可辨认的资产。某些内部产生的品牌、报刊名以及实质上类似的项目支出，由于其不能与整个业务开发成本区分开来，不能单独辨认，因此，这类项目也不应确认为无形资产。

符合以下条件之一的，可以认为其具有可辨认性：

1. 能够从企业中分离或者划分出来，并能单独用于出售或转让等，而不需要同时处置在同一获利活动中的其他资产，则说明无形资产可以辨认。例如，商标权。

2. 产生于合同性权利或其他法定权利，无论这些权利是否可以从企业或其他权利和义务中转移或者分离。例如，通过法律程序申请获得的专利权。

(三)无形资产属于非货币性资产

非货币性资产是指企业持有的货币资金和将以固定或可确定的金额收取的资产以外的其他资产。无形资产的受益期难以确定，随着市场竞争和高新技术的不断涌现而被替代，在持有过程中给企业带来的未来经济利益不确定，因此属于非货币性资产。

虽然应收账款、其他应收款等资产也不具有实物形态，但由于其属于收回金额固定或可确定的货币性资产，所以不被划分为无形资产。

二、无形资产的确认

企业应在能够控制无形资产所产生的经济利益的情况下确认无形资产。确认无形资产应同时满足以下两个条件：

(一)与该资产有关的经济利益很可能流入企业

资产的基本特征之一就是预期能给企业带来经济利益,如果经济利益不能流入企业,就不能确认为企业的资产。无形资产产生的经济利益体现在增加收入或减少成本支出中。在判断这一条件是否成立时,企业应对无形资产在预计使用年限内存在的各种因素作出稳健的估计。对于企业拥有的不能为其带来未来的经济利益或带来的经济利益很小的专利权、商标权等权利,不应作为无形资产核算。

(二)该无形资产的成本能够可靠地计量

这是资产确认的基本条件,无形资产的入账价值需要根据其取得的成本确定。但是,由于无形资产的价值通常具有不确定性,加之其又缺乏活跃市场,因此成本不能可靠计量的,不能作为企业的无形资产加以确认。

三、无形资产的内容

无形资产主要包括专利权、非专利技术、商标权、著作权、经营特许权、土地使用权等。

(一)专利权

专利权是指国家专利主管机关依法授予发明创造专利申请人,对其发明创造在法定期限内所享有的专有权利。包括发明专利权、实用新型专利权和外观设计专利权。发明专利权的期限为20年,实用新型专利权和外观设计专利权的期限为10年。

(二)非专利技术

非专利技术也称专有技术,是指不为外界所知的、未申请专利,在生产和经济活动的实践中已采用了的、可以带来经济效益的技术及诀窍。非专利技术一般包括工业专有技术、商业贸易专有技术、管理专有技术等。非专利技术虽然具有专利权的效用,但其与专利权有区别:非专利技术不享有法律保护,仅靠保密手段进行自我保护。

(三)商标权

商标是用来辨认特定的商品或劳务的标记。商标权是指专门在某类指定的商品或产品上使用特定的名称或图案的权利。商标经过注册登记,就获得了法律上的保障。注册商标的有效期为10年,期满需继续使用的,可申请续展注册。

(四)著作权

著作权又称版权,是指作者对其创作的文学、科学和艺术作品依法享有的某些特殊权利。著作权包括作品署名权、发表权、修改权和保护作品完整权,还包括复制权、发行权、出租权、展览权、表演权、放映权、广播权、信息网络传播权、摄制权、改编权、翻译权、汇编权以及应当由著作权人享有的其他权利。著作权的法律保护期为作者终生及其死亡后50年。

(五)经营特许权

经营特许权又称特许权、专营权,是指企业在某一地区经营或销售某种特定商品的权利或是一家企业接受另一家企业使用其商标、商号、技术秘密等的权利。经营特许权通常有两种形式:一种是由政府机构授权,准许企业使用或在一定地区享有经营某种业务的特权,如水、电、邮政等专营权、烟草专卖权等;另一种是指企业间依照签订的合同,有限期或无限期使用另一家企业的某些权利,如连锁店分店使用总店的名称等。作为无形资产核算的特许权是指后者,只有花费了代价取得的特许权,才能作为无形资产入账。

(六)土地使用权

土地使用权是指国家准许某一企业在一定期间内对国有土地享有开发、利用、经营的权利。企业取得土地使用权的方式大致有几种:行政划拨取得、外购取得及投资者投资取得。通常情况下,以缴纳土地出让金等方式外购的土地使用权、投资者投入等方式取得的非出租和待增值土地使用权，企业才作为无形资产入账。出租的和有待于增值的土地使用权在投资性房地产范围核算。

第二节　无形资产的初始计量

无形资产通常是按实际成本计量，即以取得无形资产并使之达到预定用途而发生的全部支出作为无形资产的成本。企业从不同渠道取得的无形资产，其初始成本的确定方式也有所不同。

一、购入的无形资产

购入无形资产的成本，包括购买价款、相关税费和直接归属于使该项资产达到预定用途所发生的其他支出。直接归属于使该项资产达到预定用途所发生的其他支出包括使无形资产达到预定用途所发生的专业服务费用、测试无形资产是否能够正常发挥作用的费用等。

为引入新产品进行宣传发生的广告费、管理费用及其他间接费用以及无形资产已经达到预定用途以后发生的支出，计入当期损益，不构成无形资产的成本。

为核算企业持有的无形资产成本，企业应设置“无形资产”账户。该账户属于资产类，借方反映企业从各种来源取得的无形资产成本，贷方反映处置无形资产的账面余额，期末借方余额反映企业无形资产的成本。在“无形资产”总账下，应按无形资产项目设置明细账。购入无形资产时，应按实际支付的价款，借记“无形资产”账户，贷记“银行存款”等账户。

例 1　A企业向B公司购入非专利技术一项，以提高其生产和获利能力。A企业一次性支付价款60 000元，在洽购时，支付咨询费、手续费5 000元，以银行存款支付。

A企业的账务处理为：

非专利技术初始计量成本＝60 000＋5 000＝65 000(元)

借：无形资产——非专利技术　　65 000

　　贷：银行存款　　65 000

需要指出的是，购买无形资产的价款如果超过正常信用条件延期支付(如付款期在3年以上)时，实际上具有融资性质，即采用分期付款方式购买无形资产。此项经济业务实际上可以区分为两项业务：一项业务是购买无形资产，另一项业务实质上是向销售方借款。因此，所支付的货款包括两部分：一是购买无形资产的价款；二是货币的时间价值，即延期付款的利息费用。因此，无形资产的成本为购买价款的现值。现值与应付价款之间的差额作为未确认融资费用，在付款期内按实际利率法确认为财务费用。

企业购入无形资产超过正常信用条件延期支付价款时，应按无形资产购买价款的现值，借记“无形资产”账户；按应支付的价款总额，贷记“长期应付款”账户；按其差额，借记“未确认融资费用”账户。

每期付款时，企业应按照实际支付额，借记“长期应付款”账户，贷记“银行存款”等账户；同时，按照实际利率法摊销未确认融资费用，借记“财务费用”等账户，贷记“未确认融资费用” 账户。

例 2　A公司2×13年1月2日从B公司购买一项土地使用权，由于A公司资金周转比较紧张，经与B公司协商，采用分期付款方式支付款项。合同规定，该项商标权总计9 000万元，每年末付款3 000万元，3年付清。假定银行同期贷款利率为8%。为了简化核算，假定不考虑其他有关税费，其有关计算如下：

无形资产现值＝3 000×$(1+8\%)^{-1}$＋3 000×$(1+8\%)^{-2}$＋3 000×$(1+8\%)^{-3}$＝7 731(万元)

未确认融资费用＝9 000－7 731＝1 269(万元)

表 8-1　　未确认融资费用摊销表　　单位：万元

年　份	分期付款额 ①	融资费用摊销额 ②=期初⑤×8%	还本额 ③=①-②	未确认融资费用 ④=上年④-②	应付本金余额 ⑤=期初⑤-③
				1 269	7 731
2×13	3 000	618.48	2 381.52	650.52	5 349.48
2×14	3 000	427.96	2 572.04	222.56	2 777.44
2×15	3 000	222.56*	2 777.44	0	0
合计	9 000	1 269	7 731		

*222.56=3 000-2 777.44

A公司账务处理如下：

借：无形资产——商标权　　77 310 000
　未确认融资费用　　12 690 000
　贷：长期应付款　　90 000 000

2×13 年底付款时：

借：长期应付款　　30 000 000
　贷：银行存款　　30 000 000
借：财务费用　　6 184 800
　贷：未确认融资费用　　6 184 800

2×14 年底付款时：

借：长期应付款　　30 000 000
　贷：银行存款　　30 000 000
借：财务费用　　4 279 600
　贷：未确认融资费用　　4 279 600

2×15 年底付款时：

借：长期应付款　　30 000 000
　贷：银行存款　　30 000 000
借：财务费用　　2 225 600
　贷：未确认融资费用　　2 225 600

二、自行研究开发的无形资产

对于企业自行研究开发的无形资产项目，应当区分研究阶段与开发阶段分别进行核算。

(一)研究阶段和开发阶段

研究阶段是指为获取新的技术和知识等进行的有计划的调查。研究阶段是建立在有计划的调查基础上，其基本上是探索性的，因此，这一阶段通常不会形成阶段性成果。例如，研究成果或其他知识的应用研究、评价和最终选择，材料、设备、产品、工序、系统或服务替代品的研究，以及新的或经改进的材料、设备、产品、工序、系统或服务的可能替代品的配置、设计、评价和最终选择等，均属于研究活动。

由于研究活动通过开发后是否会形成无形资产均有很大的不确定性，企业也无法证明其一定能够形成带来未来经济利益的无形资产，因此，研究阶段的有关支出在发生时应当费用化，计入当期损益。

开发阶段是指在进行商业性生产或使用前，将研究成果或其他知识应用于某项计划或设计，以生产出新的或具有实质性改进的材料、装置、产品等。开发活动是建立在研究阶段基础上的，对项目的开发具有针对性，且很大程度上形成一项新产品或新技术的基本条件已经具备，形成成果的可能性较大。例如，生产前或使用前的原型和模型的设计、建造和测试，含新技术的工具、夹具、模具和冲模的设计，不具有商业性生产经济规模的试生产设施的设计、建造和运营，新的或改造的材料、设备、产品、工序、系统或服务所选定的替代品的设计、建造和测试等，均属于开发活动。

由于开发阶段相对于研究阶段更进一步，且很大程度上形成一项新产品或新技术的基本条件已经具备，因此，企业在开发阶段所发生的支出，如果能够证明符合无形资产的定义并同时满足下列确认条件的，可予以资本化，确认为无形资产的成本。

1. 完成该无形资产以使其能够使用或出售在技术上具有可行性；

2. 具有完成该无形资产并使用或出售的意图；

3. 无形资产产生经济利益的方式，包括能够证明运用该无形资产生产的产品；

4. 有足够的技术、财务资源和其他资源支持，以完成该无形资产的开发，并有能力使用或出售该无形资产；

5. 归属于该无形资产开发阶段的支出能够可靠计量。

企业对于研究开发活动发生的支出应单独核算，如发生的研究开发人员的工资、材料费等。在企业同时从事多项研究开发活动的情况下，所发生的支出同时用于支持多项研究开发活动的，应按照一定的标准在各项研究开发活动之间进行分配；无法明确分配的，应予费用化，计入当期损益，不计入开发活动的成本。

（二）自行开发无形资产的计量

自行开发活动形成的无形资产成本由可直接归属于该资产的创造、生产并使该资产能够以管理层预定的方式运作的所有必要支出组成。包括：开发该无形资产耗费的材料、劳务成本、注册费，在开发过程中使用的其他专利权和特许权的摊销，按规定资本化的利息支出，以及为使该无形资产达到预定用途前所发生的其他费用。

在开发无形资产过程中发生的除上述可直接归属于无形资产开发活动的其他销售费用、管理费用等间接费用、无形资产达到预定用途前发生的可辨认的无效和初始运作损失、为运行该无形资产发生的培训支出等，不构成无形资产的开发成本。

自行开发无形资产的成本仅包括在满足资本化条件的时点至无形资产达到预定用途前发生的支出总和，对于同一项无形资产在开发过程中达到资本化条件之前已经费用化计入损益的支出不再进行调整。

（三）内部研究开发费用的账务处理

为核算企业进行研究与开发无形资产发生的各项支出，核算中应设置“研发支出”账户。该账户属于成本类，借方反映企业自行开发无形资产发生的研发支出，贷方反映期末结转的不满足资本化条件的费用化支出以及满足资本化条件并已达到预定用途形成无形资产的资本化支出，期末借方余额反映正在进行研发的无形资产项目满足资本化条件的支出。在“研发支出”总账下，应设置“费用化支出”、“资本化支出”两个明细账。

企业发生研发无形资产费用的核算要点如下：

1. 企业研究阶段的支出全部费用化，期末计入发生支出当期损益；

2. 开发阶段的支出符合条件的才能资本化，不符合资本化条件的期末计入当期损益；

3. 如果确实无法区分研究阶段的支出和开发阶段的支出，应将其所发生的研发支出全部费用化，计入当期损益。

自行开发无形资产发生的研发支出，满足资本化条件的，借记“研发支出——资本化支出”账户;不满足资本化条件的,借记“研发支出——费用化支出”账户;按实际发生支出的内容,贷记“银行存款”、“原材料”、“应付职工薪酬”等账户。

资产负债表日,应将不能资本化的支出结转当期损益,借记“管理费用”账户,贷记“研发支出——费用化支出”账户。

研究开发项目达到预定用途时应形成无形资产价值,借记“无形资产”账户,贷记“研发支出——资本化支出”账户。

例3　甲公司2×14年3月1日为降低产品成本,经董事会批准研发某项专利权,研发项目具有可靠的技术和财务资源的支持。在研发过程中领用原材料,实际成本为10 000元(该材料购进时已确认进项税额1 700元),发生研发人员工资及福利费30 000元,以银行存款支付其他费用15 300元。发生的研发支出中60%符合资本化条件,其余计入当期损益。

2×15年1月3日,上述专利权试制成功并申请专利,发生专利登记费等30 000元,以银行存款支付。甲公司的账务处理为:

(1)2×14年发生研发费用时:

借:研发支出——资本化支出	34 200	
——费用化支出	22 800	
贷:原材料		10 000
应交税费——应交增值税(进项税额转出)		1 700
应付职工薪酬		30 000
银行存款		15 300

(2)2×14年年末结转不满足资本化条件的支出时:

借:管理费用	22 800	
贷:研发支出——费用化支出		22 800

(3)2×15年1月3日形成无形资产时:

借:研发支出——资本化支出	30 000	
贷:银行存款		30 000
借:无形资产	64 200	
贷:研发支出——资本化支出		64 200

三、投资者投入的无形资产

投资者投入的无形资产成本,包括投资合同或协议约定的价值以及取得时发生的相关税费。在投资合同或协议约定价值不公允的情况下,应按无形资产的公允价值入账。

接受投资者以无形资产投资时,应在移交有关凭证时按确定的无形资产成本,借记“无形资产”账户;按投资者在法定资本中所占份额,贷记“实收资本(或股本)”账户;按取得时发生的相关税费,贷记“银行存款”等账户;按其差额,贷记“资本公积——资本(或股本)溢价”账户。

例4　甲企业的注册资本为500万元,乙企业占15%,2×15年3月1日甲企业接受乙企业以一项专利权作价投资,甲公司预计使用该项专利后,可以大大提高产品质量,从而使利润增长。投资协议按当前公允价值约定该专利权价值为75万元。甲企业另支付相关税费1.5万元。

专利权初始成本=750 000+15 000=765 000(元)

甲企业的账务处理为:

借:无形资产——专利权	765 000	
贷:实收资本		750 000
银行存款		15 000

四、接受捐赠的无形资产

接受捐赠的无形资产成本，应按以下情况确定：

1. 捐赠方提供了有关凭据的，按凭据上标明的金额加上应支付的相关税费确定。

2. 捐赠方没有提供有关凭据的，按下列顺序确定其实际成本：

(1)同类或类似无形资产存在活跃市场的，按同类或类似无形资产的市场价格估计的金额加上应支付的相关税费作为实际成本；

(2)同类或类似无形资产不存在活跃市场的，按该接受捐赠无形资产预计未来现金流量的现值作为实际成本。

企业接受捐赠非日常经营活动，属偶然发生的交易或事项，因此，接受捐赠取得的无形资产应作为利得计入当期损益，借记"无形资产"账户，贷记"营业外收入"账户。

例 5 甲公司接受F公司捐赠的一项专利权，同类专利权存在活跃市场，估计金额为35万元。甲公司以银行存款支付过户费等1万元。

甲公司接受捐赠时，应编制会计分录如下：

借：无形资产	360 000	
贷：营业外收入		350 000
银行存款		10 000

五、土地使用权的处理

企业取得的土地使用权通常应确认为无形资产。土地使用权的成本构成，包括取得时支付的价款以及相关税费。土地使用权作为无形资产确认后，在企业未开发、建造自用项目前，应分期摊销。用于自行开发建造厂房等地上建筑物时，土地使用权的账面价值不与地上建筑物合并计算其成本，而仍作为无形资产进行核算，土地使用权与地上建筑物分别进行摊销和提取折旧。但下列情况除外：

1. 房地产开发企业取得的土地使用权用于建造对外出售的房屋建筑物，相关的土地使用权应当计入所建造的房屋建筑物成本。

2. 企业外购的房屋建筑物，实际支付的价款中包括土地以及建筑物的价值的，应当对支付的价款按照合理的方法(例如，公允价值)在土地和地上建筑物之间进行分配；如果确实无法在地上建筑物与土地使用权之间进行合理分配的，应当全部作为固定资产核算。

企业如果改变土地使用权的用途，将其作为用于出租或增值目的时，应将其转为投资性房地产。

例 6 2×15年1月1日，D公司购入一块使用期为50年的土地使用权，以银行存款支付9 000万元，并在该土地上自行建造厂房。建造工程领用工程物资6 000万元，发生工资费用5 500万元，以银行存款支付其他相关费用10 000万元。建造的厂房已经完工，达到预定可使用状态，交付生产车间使用，预计使用20年。假设土地与厂房均无残值，D公司都采用直线法摊销。

D公司应做账务处理如下：

(1)取得无形资产时：

借：无形资产——土地使用权	90 000 000	
贷：银行存款		90 000 000

(2)建造厂房发生支出时：

借：在建工程	215 000 000	
贷：工程物资		60 000 000

　　　　应付职工薪酬　　　　　　　　　　　　　　　　　　　　　　　55 000 000
　　　　银行存款　　　　　　　　　　　　　　　　　　　　　　　　　100 000 000

(3)厂房完工达到预定可使用状态时：

借：固定资产　　　　　　　　　　　　　　　　　　　　　215 000 000
　　贷：在建工程　　　　　　　　　　　　　　　　　　　　　　　215 000 000

(4)每年计提厂房折旧和土地使用权摊销时：

厂房年折旧额＝215 000 000÷20＝10 750 000(元)

土地使用权年摊销额＝90 000 000÷50＝1 800 000(元)

借：制造费用　　　　　　　　　　　　　　　　　　　　　10 750 000
　　管理费用　　　　　　　　　　　　　　　　　　　　　　1 800 000
　　贷：累计折旧　　　　　　　　　　　　　　　　　　　　　　　10 750 000
　　　　累计摊销　　　　　　　　　　　　　　　　　　　　　　　　1 800 000

六、非货币性资产交换、债务重组取得的无形资产

通过非货币性资产交换和债务重组取得的无形资产的初始计量，可参见本书第九章和第十二章的相关内容。

第三节　无形资产的后续计量

无形资产的后续计量包括无形资产的摊销额和减值额的确定。

一、无形资产摊销

确定无形资产在使用过程中的累计摊销额，基础是估计其使用寿命。

只有使用寿命有限的无形资产，才需要在估计的使用寿命内采用系统合理的方法进行摊销；对于使用寿命不确定的无形资产不需要摊销，每年进行减值测试。

(一)无形资产使用寿命的确定

企业应当于取得无形资产时分析判断其使用寿命。无形资产的使用寿命如为有限的，应当估计该使用寿命的年限或者构成使用寿命的产量等类似计量单位的数量；无法预见无形资产为企业带来未来经济利益期限的，应当视为使用寿命不确定的无形资产。

无形资产的使用寿命包括法定寿命和经济寿命两个方面。有些无形资产的使用寿命受法律、规章或合同的限制，称为法定寿命。经济寿命是指无形资产可以为企业带来经济利益的年限。由于受技术进步、市场竞争等因素的影响，无形资产的经济寿命往往短于法定寿命。

确定无形资产的经济使用寿命，通常应考虑以下因素：该资产通常的产品寿命周期，以及可获得的类似资产使用寿命的信息；技术、工艺等方面的现实情况及对未来发展的估计；以该资产生产的产品或服务的市场需求情况；现在或潜在的竞争者预期采取的行动；为维持该资产产生未来经济利益的能力预期的维护支出及企业预计支付有关支出的能力；对该资产的控制期限，对该资产使用的法律或类似限制，如特许使用期间、租赁期间等；与企业持有的其他资产使用寿命的关联性等。

无形资产使用寿命确定的基本原则是：

1. 按会计的谨慎性要求，源自合同性权利或其他法定权利取得的无形资产，其使用寿命按合同性权利和其他法定权利两者中较短的确定。但如果企业预计该资产带来未来经济利益的期限短于合同性权利或其他法定权利的期限的，应按企业预计使用期限确定其使用寿命。例如，甲企业从乙企业取得一项专利权，该专利权法律规定的期限尚剩 15 年，合同规定的期限为 10 年，则该专利

权的使用寿命应确定为10年。如果上例中，甲企业购入后，预计用该专利权生产出来的产品销路能维持5年，即该专利权预期为企业带来未来经济利益的期间为5年，则该专利权的使用寿命应确定为5年。

如果合同性权利或其他法定权利能够在到期时因续约等延续，当有证据表明企业续约不需要付出重大成本时，续约期才能够包括在使用寿命的估计中。

2. 没有明确的合同或法律规定期限的无形资产，企业应当综合各方面情况判断，如聘请相关专家进行论证，或与同行业的情况进行比较，或参考企业的历史经验等，以确定无形资产为企业带来未来经济利益的期限。

3. 如果既无合同性权利或其他法定权利的期限，又确实无法合理确定无形资产为企业带来经济利益的期限，应将其作为使用寿命不确定的无形资产。

企业至少应当于每年年度终了时，对无形资产的使用寿命进行复核。如果有证据表明，无形资产的使用寿命不同于以前的估计，或使用寿命不确定的无形资产其使用寿命是有限的，应按照《企业会计准则第28号——会计政策、会计估计变更和差错更正》的规定进行处理。

(二)使用寿命有限的无形资产

使用寿命有限的无形资产，应在其预计的使用寿命内采用系统合理的方法对应摊销金额进行摊销。应摊销金额是指无形资产成本扣除残值和已计提的无形资产减值准备后的余额。

1. 摊销期和摊销方法

无形资产的摊销期，自其可供使用时(即其达到预定用途)开始至终止确认时止。当月增加的无形资产，当月开始摊销；当月减少的无形资产，当月不再摊销。

无形资产的摊销方法包括直线法、生产总量法、加速摊销法等。企业选择无形资产的摊销方法，应依据从资产中获取的预期未来经济利益的预计消耗方式来选择，并一致地运用于不同会计期间。例如，为企业带来未来经济利益在各会计年度比较均衡的，或无法可靠确定其预计方式的无形资产，可采用直线法进行摊销；有特定产量限制的特许经营权或专利权，可采用产量法进行摊销；受技术陈旧因素影响较大的专利权和专有技术等无形资产，可采用类似固定资产加速折旧的方法进行摊销。

持有待售的无形资产不进行摊销，按照账面价值与公允价值减去处置费用后的净额孰低进行计量。

无形资产的摊销一般应计入当期管理费用，但如果某项无形资产是专门用于生产某种产品的，则其所包含的经济利益是通过转入到所生产的产品中体现的，无形资产的摊销费用应构成产品成本的一部分，计入制造费用。

2. 残值的确定

除下列情况外，无形资产的残值一般为零：

(1)有第三方承诺在无形资产使用寿命结束时愿意以一定的价格购买该项无形资产；

(2)根据活跃的市场可以得到无形资产使用寿命结束时的残值信息，并且在无形资产使用寿命结束时该市场还可能存在。

估计无形资产的残值应以资产处置时的可收回金额为基础，此时的可收回金额是指在预计出售日，出售一项使用寿命已满且处于类似使用状况下，同类无形资产预计的处置价格(扣除相关税费)。

残值确定以后，应于每年年末进行复核，预计其残值与原估计金额不同的，应按照会计估计变更进行处理。如果无形资产的残值重新估计以后高于其账面价值的，无形资产不再摊销，直至残值降至低于账面价值时，再恢复摊销。

例7 某企业以120万元取得一项专利技术，法律有效年限为20年，企业预计运用该专利技术生产的A产品在未来6年内会为企业带来经济利益。根据目前企业管理层的持有计划来看,准备在5年内将其出售给第三方。按目前从活跃市场得到的信息,该专利技术的预计残值为15万元。按生产总量法进行摊销,预计5年中使用该专利技术可生产A产品500万件。假设第1~3年生产的A产品分别为180万件、150万件、110万件。到第三年年末,由于市场发生变化,经复核重新估计,该专利技术的预计残值为35万元。

该企业取得专利技术时确定的摊销期为5年,残值为15万元。

该专利权单位产品摊销额=(1 200 000−150 000)÷5 000 000=0.21(元/件)

第一年摊销额=180×0.21=37.8(万元)

第二年摊销额=150×0.21=31.5(万元)

第三年摊销额=110×0.21=23.1(万元)

此时企业已摊销价值为92.4万元,该项专利技术的账面价值为27.6万元,低于重新估计的该专利技术残值,因此不再对该专利技术进行摊销,直至残值低于其账面价值时再恢复摊销。

3. 无形资产摊销的账务处理

为核算企业对使用寿命有限的无形资产计提的累计摊销额,企业应设置"累计摊销"账户。该账户属于资产类,是无形资产的备抵账户。该账户的贷方反映企业按期计提无形资产的摊销,借方反映处置无形资产应结转的累计摊销额,期末贷方余额反映企业无形资产的累计摊销额。在"累计摊销"总账下,应按无形资产项目设置明细账。

例8 甲公司2×15年1月3日以2 000万元的价格外购一项商标权,估计使用10年。同时自行研发的一项专利权申请专利成功,该专利权已经发生的满足资本化条件的研发支出为960万元,专门用于产品生产,法律规定的期限为10年,企业估计使用寿命为6年。设两项无形资产的净残值均为零,采用直线法摊销。

本例中的商标权和专利权均为使用寿命有限的无形资产,商标权的摊销期为10年,摊销金额计入管理费用;专利权虽有10年的法定权利期限,但是企业预计使用期限为6年,则应按6年确定其使用寿命,而且该专利权用于产品生产,其摊销金额应计入制造费用。

甲公司的账务处理如下:

(1)取得无形资产时:

借:无形资产——商标权	20 000 000	
——专利权	9 600 000	
贷:银行存款		20 000 000
研发支出——资本化支出		9 600 000

(2)按年摊销时:

商标权摊销额=20 000 000÷10=2 000 000(元)

专利权摊销额=9 600 000÷6=1 600 000(元)

借:管理费用	2 000 000	
制造费用	1 600 000	
贷:累计摊销		3 600 000

(三)使用寿命不确定的无形资产

根据可获得的情况判断,有确凿证据表明无法合理估计其使用寿命的无形资产,才能作为使用寿命不确定的无形资产。

对于使用寿命不确定的无形资产,在持有期间内不需要摊销,但应当在每个会计期间进行减值测试。当发现其可收回金额小于账面价值时,应按无形资产减值的相关规定计提减值准备。

二、无形资产减值

无形资产存在减值迹象的，应当估计其可收回金额。当可收回金额低于其账面价值时，企业应当确认资产减值损失，借记“资产减值损失”账户，贷记“无形资产减值准备”账户，把无形资产的账面价值减记至可收回金额。

无形资产可收回金额的估计，应当根据其公允价值减去处置费用后的净额与该无形资产预计未来现金流量的现值两者之间较高者确定。确认资产减值损失后，该减值无形资产的摊销额应当在未来期间做相应调整，按照新的无形资产账面价值为基础计提每期摊销。

由于无形资产发生减值后，价值回升的可能性比较小，同时根据谨慎性要求考虑，为了避免确认资产重估增值和操纵利润，资产减值损失一经确认，在以后会计期间不得转回。以前期间计提的资产减值准备，在资产处置时，才可予以转出。

例9 2×11年1月1日，D公司外购专利权A，实际支付价款300万元，根据相关法律，该专利权的有效年限为8年，D公司预计使用5年。

2×12年12月31日，D公司发现用专利权A生产的产品供需情况发生不利变化，估计专利权A的可收回金额为75万元。

2×14年12月31日，D公司发现导致专利权A在2×12年发生减值损失的不利因素已消失，此时估计其可收回金额为60万元。假定不考虑所得税等相关税费的影响。

D公司应做相关的账务处理如下：

1. 确定专利权A的摊销期限：按法律规定有效期限为8年，企业预计受益年限为5年。两者孰短，按5年摊销。

2. 在摊销期间，专利权A的价值变化如表8-2所示。

表8-2 **专利权A的价值变化** 单位：万元

时　间	项　目	金　额
2×11年1月1日	成本	300
2×11年	摊销	60(300÷5)
2×11年12月31日	账面价值	240
2×12年	摊销	60
2×12年12月31日	减值	105(180－75)
2×12年12月31日	账面价值	75
2×13年	摊销	25(75÷3)
2×13年12月31日	账面价值	50
2×14年	摊销	25
2×14年12月31日	账面价值	25
2×15年	摊销	25
2×15年12月31日	账面价值	0

3. 编制会计分录。

(1)2×11年1月1日购入时：

借:无形资产——专利权 3 000 000

贷:银行存款 3 000 000

(2)2×11 年摊销时:

借:管理费用 600 000

贷:累计摊销 600 000

(3)2×12 年摊销时的会计分录同 2×11 年。

(4)2×12 年 12 月 31 日计提减值准备时:

借:资产减值损失 1 050 000

贷:无形资产减值准备 1 050 000

(5)2×13 年摊销时:

借:管理费用 250 000

贷:累计摊销 250 000

(6)2×14 年的摊销同 2×13 年。2×14 年年末,该无形资产的摊余价值为 25 万元,由于影响该无形资产减值的不利因素消失,价值恢复使其可收回金额为 60 万元。按照现行准则的规定已经计提的减值准备,在以后会计期间不得转回。因此,2×15 年的摊销仍与 2×14 年相同。

(7)2×16 年 1 月 1 日摊销完毕,转销无形资产及其减值准备的余额时:

借:无形资产减值准备 1 050 000

累计摊销 1 950 000

贷:无形资产——专利权 3 000 000

第四节 无形资产的处置

无形资产的处置主要是指无形资产出售、对外出租、对外捐赠、非货币性资产交换、债务重组,或者是无法为企业带来未来经济利益时的终止确认。其中涉及以无形资产进行非货币性资产交换或债务重组的核算,可参见本书第九章和第十二章的相关内容。

一、无形资产的出售

无形资产的出售即转让无形资产的所有权,表明企业已不再拥有占有、使用以及处置该项无形资产的权利。企业出售无形资产不属于日常经营活动,而是偶然发生的交易事项,出售损益属利得或损失,应计入当期损益。

企业出售无形资产时,应将实际取得的转让收入,借记"银行存款"等账户;按应缴纳的营业税额,贷记"应交税费"账户;并注销无形资产的账面价值,差额记入"营业外收支"账户。

例 10 甲企业将一项专利权转让给 B 企业,专利权的账面余额为100 000元,已摊销30 000元,已提减值准备15 000元。实际取得的转让收入为50 000元,款项已存入银行,转让无形资产的营业税税率为 5%。假设甲企业和 B 企业均不是营业税改征增值税的试点地区的试点纳税人。甲企业的账务处理为:

借:银行存款 50 000

累计摊销 30 000

无形资产减值准备 15 000

营业外支出 7 500

贷:无形资产——专利权 100 000

应交税费——应交营业税 2 500

如果转让该项专利权取得的收入为65 000元，则甲企业的账务处理为：

借：银行存款　　65 000
　累计摊销　　30 000
　无形资产减值准备　　15 000
　贷：无形资产——专利权　　100 000
　　应交税费——应交营业税　　3 250
　　营业外收入　　6 750

二、无形资产的出租

即企业将无形资产的使用权转让给其他企业，仍保留对所转让无形资产的所有权，并拥有占有、使用以及处置的权利。出租无形资产，属于与企业日常活动相关的其他经营活动取得的收入，在满足收入准则规定的确认条件的情况下，应确认相关的收入及成本。

出租无形资产，在取得租金收入时，应借记"银行存款"账户，贷记"其他业务收入"等账户；摊销出租无形资产的成本时，应借记"其他业务成本"账户，贷记"累计摊销"账户；发生的相关税费，应借记"营业税金及附加"账户，贷记"应交税费"、"银行存款"等账户。

例11　2×15年1月1日，甲企业（非"营改增"试点企业）将一项非专利技术的使用权出租给乙公司，租期为1年，每年租金为50 000元。该项非专利技术的估计受益期为5年，出租无形资产的营业税税率为5%。甲企业的账务处理如下：

(1)收到租金时：

借：银行存款　　50 000
　贷：其他业务收入　　50 000

(2)计算应交营业税及计提当年摊销额时：

借：其他业务成本　　10 000
　营业税金及附加　　2 500
　贷：应交税费——应交营业税　　2 500
　　累计摊销　　10 000

三、对外捐赠的无形资产

企业将无形资产对外捐赠，表明企业放弃了该无形资产的所有权。由于对外捐赠的行为非日常经营活动，属于偶发交易或事项，因此，对外捐赠无形资产的价值应作为损失计入当期损益。

发生对外捐赠时，应当借记"营业外支出——捐赠支出"账户，同时注销该项无形资产的账面价值，按已计提的摊销额和减值准备，借记"累计摊销"和"无形资产减值准备"账户，贷记"无形资产"账户。

例12　2×15年3月，A企业向甲公司捐赠一项专利技术，该专利技术的账面余额为147 000元，已提摊销34 800元，已计提减值准备5 000元，已办妥相关手续，不考虑相关税费。A企业应编制会计分录如下：

借：营业外支出——捐赠支出　　107 200
　累计摊销　　34 800
　无形资产减值准备　　5 000
　贷：无形资产——专利权　　147 000

四、无形资产的报废

如果无形资产预期不能为企业带来未来经济利益，不再符合无形资产的定义，应予以终止确认。例如，非专利技术已被其他新技术所替代，不能为企业带来经济利益；或者专利权的法律保护期限已过，且不能给企业带来经济利益等。

无形资产报废时，应转销其累计摊销额、已计提减值准备及其账面余额，差额计入营业外支出。

例 13 2×15 年年末，A 公司对某项外购专利权的账面价值进行检查时，发现市场上已出现新专利技术所生产的类似产品，从而使 A 公司用其生产的产品已经没有销路，决定予以报废。该专利权的账面原价为 150 万元，摊销期限为 5 年，采用直线法摊销，预计净残值为零，已摊销了 3 年 6 个月，未计提减值准备。则 A 公司的账务处理为：

累计摊销额＝150÷5×3.5＝105(万元)

借：累计摊销	1 050 000	
营业外支出	450 000	
贷：无形资产——专利权		1 500 000

第五节 其他非流动资产

其他非流动资产是指不能包括在流动资产、金融资产、长期股权投资、固定资产、无形资产等以外的资产，主要包括长期待摊费用、长期应收款和其他长期资产。

一、长期待摊费用

企业发生的支出，有些在支出当期便可受益，如支付的水电费；有些本期发生的支出，受益期却在以后各个会计年度。因此，按照权责发生制的会计基础，其虽然在本会计期支付，但由于本期没有受益，就不应作为本期费用处理，而应把它递延到以后各期，于是便形成了长期待摊费用。长期待摊费用是指企业已经支出，但摊销期限在 1 年以上(不含 1 年)的各项费用，包括以经营租赁方式租入的固定资产发生的改建支出、长期的预付租金等。

长期待摊费用的主要特征如下：

(1)长期待摊费用属于长期资产；

(2)长期待摊费用是企业已经支出的各项费用；

(3)长期待摊费用应能使以后会计期间受益。

以经营租赁方式租入的固定资产，与该资产相关的风险和报酬并没有转移给承租方，因此，资产的所有权仍属于出租方，承租方只在协议规定的期限内拥有对该资产的使用权。经营租入固定资产的改建支出，是指改变房屋或者建筑物结构、延长使用年限等发生的支出。因为通过改变房屋或者建筑物的结构，增大了其使用价值或者延长了使用年限，因此能为企业带来一定的经济利益流入。但由于此类固定资产的所有权仍然属于出租方，因此，对经营租入固定资产发生的改建支出不能计入固定资产成本，而应计入长期待摊费用，其受益期也只能局限于合同约定的剩余租赁期限内，其改建支出应当在剩余租赁期限与预计可使用年限两者孰短的期限内平均摊销。

为了核算和监督长期待摊费用的发生、摊销和结存情况，企业应设置“长期待摊费用”账户。该账户属于资产类账户，借方反映企业发生的各项长期待摊费用支出，贷方反映长期待摊费用摊销额，期末借方余额反映尚未摊销完毕的长期待摊费用。在“长期待摊费用”总账下，应按费用项目设置明细账。

企业发生长期待摊费用时，应借记“长期待摊费用”账户，贷记“银行存款”、“在建工程”等账户；

摊销时，应借记“制造费用”、“管理费用”、“销售费用”等账户，贷记“长期待摊费用” 账户。

例 14 A 公司以经营租赁方式租入房屋一幢，租赁期为 4 年，该房屋估计尚可使用 30 年。根据租赁合同，A 公司可以对该房屋进行改建。现委托施工企业将其一楼改造成车间，二楼改造成办公用房，工程开始时以银行存款支付工程款120 000元。房屋改建完毕，交付使用，以银行存款支付余款90 000元。在所发生的改建支出中，60%为改建办公用房的支出，其余为车间改建支出。

(1)支付第一期工程款时：

借：在建工程——改建工程	120 000	
贷：银行存款		120 000

(2)工程完工，交付使用，并支付第二期工程款时：

借：在建工程——改建工程	90 000	
贷：银行存款		90 000
借：长期待摊费用——租入固定资产改良支出	210 000	
贷：在建工程——改建工程		210 000

(3)按月摊销时：

每月摊销额＝210 000÷(4×12)＝4 375(元)

借：制造费用(4 375×40%)	1 750	
管理费用(4 375×60%)	2 625	
贷：长期待摊费用——租入固定资产改良支出		4 375

需要指出的是，长期待摊费用自身没有价值，不可转让，不为企业带来经济效益。所以，企业在进行长期待摊费用的核算时，不能人为地把应计入当期损益的费用计入长期待摊费用。

二、长期应收款

长期应收款是指企业由于经营活动产生的收款期在 1 年以上的应收款项。主要包括本企业因融资租赁产生的应收款项和采用递延方式分期收款、实质上具有融资性质的销售商品和提供劳务等经营活动产生的应收款项。

长期应收款的核算通过设置“长期应收款”账户进行。该账户属于资产类账户，借方反映应收回的各种长期应收款，贷方反映实际收回的长期应收款，期末借方余额反映企业尚未收回的长期应收款。在“长期应收款”总账下，应按债务人设置明细账。

长期应收款的会计处理可参见本书第十四章的相关内容。

三、其他长期资产

其他长期资产主要包括特准储备物资、银行冻结存款以及诉讼中财产等。

特准储备物资是经国家批准储备、具有专门用途、不参加企业生产经营周转的物资。例如，国家为了应付自然灾害需要储备的物资。这些物资具有存货的特征，但是特准储备物资虽然存放在企业，企业未经授权机构批准，不得擅自动用，因而不能作为存货管理和核算。

银行冻结存款是指被银行冻结、不能支取的存款。银行冻结存款由于企业不能随时用于支取，因而不能列入“银行存款”账户核算。

诉讼中财产是指由于发生产权纠纷，进入司法程序后被法院认定为涉及诉讼、尚未判定所有权归属的财产。涉及诉讼的财产，在诉讼未结束前，企业不得随意使用或处置。

其他长期资产可以设置“其他资产”账户进行核算，在“其他资产”总账下，应根据资产的性质及特点单独设置相关明细账户。

复习思考题

1. 什么是无形资产？它有哪些特征？
2. 怎样理解无形资产的可辨认性？判断可辨认性有哪些标准？
3. 不同来源的无形资产的初始成本如何确定？
4. 企业自行研发无形资产的支出应怎样进行账务处理？
5. 无形资产摊销和固定资产折旧在会计核算上有哪些区别？
6. 无形资产的摊销期限如何确定？一般可以采用哪些摊销方法？如何确定？
7. 对于使用寿命不确定的无形资产应如何进行后续计量？
8. 转让无形资产所有权与使用权的核算有什么区别？
9. 其他非流动资产包括哪些内容？

第九章 非货币性资产交换

第一节 非货币性资产交换概述

一、非货币性资产交换的认定

非货币性资产交换是一种非经常性的特殊交易行为，是交易双方主要以存货、固定资产、无形资产和长期股权投资等非货币性资产进行的交换。

货币性资产是指企业持有的货币资金和将以固定或可确定的金额收取的资产，包括现金、银行存款、应收账款和应收票据以及准备持有至到期的债券投资等。非货币性资产是指货币性资产以外的资产。非货币性资产有别于货币性资产的最基本特征是，其在将来为企业带来的经济利益，即货币金额，是不固定的或不可确定的。资产负债表列示的项目中属于非货币性资产的项目通常有：存货（原材料、包装物、低值易耗品、库存商品、委托加工物资、委托代销商品等）、长期股权投资、投资性房地产、固定资产、在建工程、工程物资、无形资产等。

二、非货币性资产交换的特征

非货币性资产交换一般不涉及货币性资产，或只涉及少量货币性资产即补价。

按照《企业会计准则第 7 号——非货币性资产交换》的规定，涉及少量货币性资产的交换为非货币性资产交换。这里所说的“涉及少量货币性资产”，通常以补价占整个资产交换金额的比例是否低于 25%作为参考比例。也就是说，支付的货币性资产占换入资产公允价值（或占换出资产公允价值与支付的货币性资产之和）的比例，或者收到的货币性资产占换出资产公允价值（或占换入资产公允价值与收到的货币性资产之和）的比例低于 25%的，视为非货币性资产交换；高于 25%（含 25%）的，视为货币性资产交换。

三、非货币性资产交换不涉及的交易和事项

（一）与所有者或所有者以外方面的非货币性资产非互惠转让

所谓非互惠转让，是指企业将其拥有的非货币性资产无代价地转让给其所有者或其他企业，或由其所有者或其他企业将非货币性资产无代价地转让给企业。非货币性资产交换准则所述的非货币性资产交换是企业之间主要以非货币性资产形式的互惠转让，即企业取得一项非货币性资产，必须以付出自己拥有的非货币性资产作为代价，而不是单方面的非互惠转让。与所有者或所有者以外方面发生的非货币性资产非互惠转让，适用《企业会计准则第 37 号——金融工具列报》以及《企业会计准则第 16 号——政府补助》的规定。

（二）在企业合并、债务重组中和发行股票取得的非货币性资产

在企业合并、债务重组中取得的非货币性资产，其成本确定分别适用《企业会计准则第 20 号——企业合并》和《企业会计准则第 12 号——债务重组》的规定；企业以发行股票形式取得的非货币性资产，相当于以权益工具（如发行股票方式）换入非货币性资产，其成本确定适用《企业会计

准则第 37 号——金融工具列报》的规定。

第二节 非货币性资产交换的确认与计量

非货币性资产交换的确认与计量与非货币性资产交换是否具有商业实质密切相关。

一、商业实质的判断

根据非货币性资产交换准则的规定，符合下列条件之一的，视为具有商业实质：

(一)换入资产的未来现金流量在风险、时间和金额方面与换出资产显著不同

换入资产的未来现金流量在风险、时间和金额方面与换出资产显著不同，通常包括但不仅限于以下几种情况：

1. 未来现金流量的风险、金额相同，时间不同

比如，某企业以一批存货换入一项设备，因存货流动性强，能够在较短的时间内产生现金流量，设备作为固定资产要在较长的时间内为企业带来现金流量，假定两者产生的未来现金流量风险和总额均相同，但由于两者产生现金流量的时间跨度相差较大，则可以判断上述存货与固定资产的未来现金流量显著不同，因此，这两项资产的交换具有商业实质。

2. 未来现金流量的时间、金额相同，风险不同

比如，A 企业以其用于经营出租的一幢公寓楼，与 B 企业同样用于经营出租的一幢公寓楼进行交换，两幢公寓楼的租期、每期租金总额均相同，但是，A 企业是租给一家财务及信用状况良好的企业(该企业租用该公寓是给其单身职工居住)，B 企业的客户则都是单个租户。相比较而言，A 企业取得租金的风险较小，B 企业由于租给散户，租金的取得依赖于各单个租户的财务和信用状况。因此，两者现金流量流入的风险或不确定性程度存在明显差异，则两幢公寓楼的未来现金流量显著不同，进而可以判断这两项资产的交换具有商业实质。

3. 未来现金流量的风险、时间相同，金额不同

比如，某企业以一项商标权换入另一企业的一项专利技术，预计两项无形资产的使用寿命相同，在使用寿命内预计为企业带来的现金流量总额相同，但是换入的专利技术是新开发的，预计开始阶段产生的未来现金流量明显少于后期，而该企业拥有的商标每年产生的现金流量比较均衡，则两者各年产生的现金流量金额差异明显，则上述商标权与专利技术的未来现金流量显著不同，因此，这两项资产的交换具有商业实质。

(二)换入资产与换出资产的预计未来现金流量现值不同，且其差额与换入资产和换出资产的公允价值相比是重大的

企业如果按照上述第一项条件难以判断某项非货币性资产交换是否具有商业实质，再根据第二项条件，通过计算换入资产和换出资产的预计未来现金流量现值，进行比较后判断。非货币性资产交换准则所指资产的预计未来现金流量现值，应当按照资产在持续使用过程和最终处置时预计产生的税后未来现金流量，根据企业自身而不是市场参与者对资产特定风险的评价，选择恰当的折现率对预计未来现金流量折现后的金额加以确定。

例如，某企业以一项专利权换入另一企业拥有的长期股权投资，假定从市场参与者来看，该项专利权与该项长期股权投资的公允价值相同，两项资产未来现金流量的风险、时间和金额亦相同，但是对换入企业来讲，换入该项长期股权投资使该企业对被投资方由重大影响变为控制关系，从而对换入企业产生的预计未来现金流量现值与换出的专利权有较大差异；另一企业换入的专利权能够解决生产中的技术难题，从而对换入企业产生的预计未来现金流量现值与换出的长期股权投资有明显差异，因此，这两项资产的交换具有商业实质。

不满足上述任何条件的非货币性资产交换，通常认为不具有商业实质。实务中，在确定非货币性资产交换是否具有商业实质时，应当注意交易各方之间是否存在关联方关系，关联方关系的存在可能导致发生的非货币性资产交换不具有商业实质。

二、确认与计量原则

(一)公允价值

非货币性资产交换同时满足下列两个条件的，应当以公允价值和应支付的相关税费作为换入资产的成本，公允价值与换出资产账面价值的差额计入当期损益：

1. 该项交换具有商业实质。

2. 换入资产或换出资产的公允价值能够可靠地计量。资产存在活跃市场，是资产公允价值能够可靠计量的明显证据，但不是唯一要求。属于以下三种情形之一的，公允价值视为能够可靠计量：

(1)换入资产或换出资产存在活跃市场。

(2)换入资产或换出资产不存在活跃市场，但同类或类似资产存在活跃市场。

(3)换入资产或换出资产不存在同类或类似资产可比市场交易，采用估值技术确定的公允价值满足一定的条件。采用估值技术确定的公允价值必须符合以下条件之一，才能视为能够可靠计量：

①采用估值技术确定的公允价值估计数的变动区间很小。这种情况是指虽然企业通过估值技术确定的资产的公允价值不是一个单一的数据，但是介于一个变动范围很小的区间内，可以认为资产的公允价值能够可靠计量。

②在公允价值估计数变动区间内，各种用于确定公允价值估计数的概率能够合理确定。这种情况是指采用估值技术确定的资产公允价值在一个变动区间内，区间内出现各种情况的概率或可能性能够合理确定，企业可以采用类似《企业会计准则第 13 号——或有事项》计算最佳估计数的方法确定资产的公允价值，这种情况视为公允价值能够可靠计量。

换入资产和换出资产的公允价值均能够可靠计量的，应当以换出资产的公允价值作为确定换入资产成本的基础。一般来说，取得资产的成本应当按照所放弃资产的对价来确定，在非货币性资产交换中，换出资产就是放弃的对价，如果其公允价值能够可靠确定，应当优先考虑按照换出资产的公允价值作为确定换入资产成本的基础；如果有确凿证据表明换入资产的公允价值更加可靠的，应当以换入资产的公允价值为基础确定换入资产的成本，这种情况大多发生在非货币性资产交换存在补价的情况，因为存在补价表明换入资产和换出资产的公允价值不相等，一般不能直接以换出资产的公允价值作为换入资产的成本。

(二)账面价值

不具有商业实质或交换涉及资产的公允价值均不能可靠计量的非货币性资产交换，应当按照换出资产的账面价值和应支付的相关税费作为换入资产的成本，无论是否支付补价，均不确认损益；收到或支付的补价作为确定换入资产成本的调整因素，其中，收到补价方应当以换出资产的账面价值减去补价加上应支付的相关税费作为换入资产的成本，支付补价方应当以换出资产的账面价值加上补价和应支付的相关税费作为换入资产的成本。

非货币性资产交换的确认和计量原则可以用图 9－1 表示。

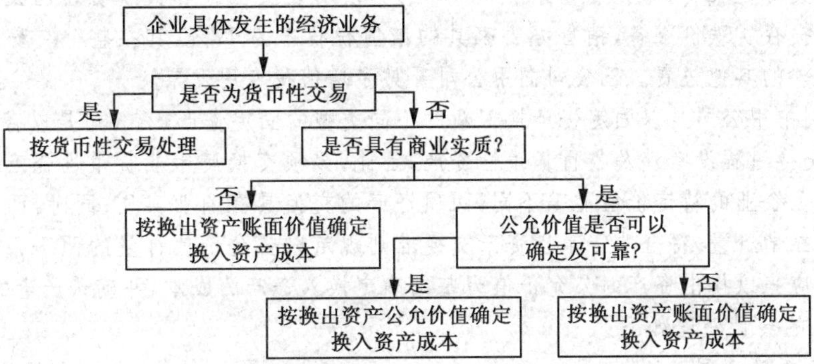

图 9—1　非货币性资产交换的确认和计量原则

第三节　非货币性资产交换的会计处理

一、以公允价值计量的处理

当非货币性资产交换具有商业实质且公允价值能够可靠计量时，应当以换出资产的公允价值和应支付的相关税费作为换入资产的成本，除非有确凿证据表明换入资产的公允价值比换出资产的公允价值更加可靠。需要注意的是，上述提及的相关税费(除增值税)是指换入资产发生的相关税费，换出资产发生的相关税费应当计入资产交换损益。

在以公允价值计量的情况下，不论是否涉及补价，只要换出资产的公允价值与其账面价值不相同，就一定会涉及损益的确认，因为非货币性资产交换损益通常是换出资产公允价值与换出资产账面价值的差额，通过非货币性资产交换予以实现。非货币性资产交换的会计处理，视换出资产的类别不同而有所区别：

(1)换出资产为存货的，应当视同销售处理。按照公允价值确认销售收入，同时结转销售成本，相当于按照公允价值确认的收入和按照账面价值结转的成本之间的差额，也即换出资产公允价值和换出资产账面价值的差额，在利润表中作为营业利润的构成部分予以列示。

(2)换出资产为固定资产、无形资产的，换出资产公允价值和换出资产账面价值的差额计入营业外收入或营业外支出。

(3)换出资产为长期股权投资、可供出售金融资产的，换出资产公允价值和换出资产账面价值的差额计入投资收益。

换入资产与换出资产涉及相关税费的，如换出存货视同销售计算的销项税额，换入资产作为存货应当确认的可抵扣增值税进项税额，以及换出固定资产、无形资产视同转让应缴纳的营业税等，按照相关税收规定计算确定。

值得注意的是，非货币性资产交换由于涉及相关资产的所有权划转，因此，交易双方只有在完成相关资产的所有权划转手续后，才能将换入资产确认为自有资产进行核算。

(一)不涉及补价的会计处理

例 1　2×15 年 8 月，甲公司(增值税一般纳税企业)以生产经营过程中使用的一台设备交换乙家具公司(增值税一般纳税企业)生产的一批办公家具，换入的办公家具作为车间固定资产管理。设备的账面原价为100 000元，在交换日的累计折旧为35 000元，计提的减值准备为5 000元，公允价值为75 000元。办公家具的账面价值为80 000元，在交换日的公允价值为75 000元，计税价格等于公允价值。乙公司换入甲公司的设备是生产家具过程中需要使用的设备。

甲公司在交易过程中，除支付运杂费1 500元外，没有发生其他相关税费。乙公司此前也没有为库存商品计提存货跌价准备，销售办公家具的增值税税率为17%，其在整个交易过程中没有发生除增值税以外的其他税费。乙公司向甲公司开具了增值税专用发票。

分析：本例中甲公司是以固定资产换入新的不同类型的固定资产，乙公司是以存货换入固定资产；整个资产交换过程没有涉及收付货币性资产，因此，该项交换属于非货币性资产交换。两项资产交换后对换入企业的特定价值显著不同，两项资产的交换具有商业实质；同时，两项资产的公允价值都能够可靠地计量，符合非货币性资产交换准则规定以公允价值计量的两个条件，因此，甲公司和乙公司均应当以换出资产的公允价值为基础确定换入资产的成本，并确认产生的损益。

1. 甲公司的会计处理如下：

借：固定资产清理	60 000	
累计折旧	35 000	
固定资产减值准备	5 000	
贷：固定资产——设备		100 000
借：固定资产清理	1 500	
贷：银行存款		1 500
借：固定资产——办公家具	75 000	
应交税费——应交增值税（进项税额）	12 750	
贷：固定资产清理		61 500
营业外收入		26 250

2. 乙公司的账务处理如下：

根据增值税的有关规定，企业以库存商品换入其他资产，视同销售行为发生，应计算增值税销项税额，缴纳增值税。

换出办公家具的增值税销项税额为＝75 000×17%＝12 750（元）

借：固定资产——设备	87 750	
贷：主营业务收入		75 000
应交税费——应交增值税（销项税额）		12 750
借：主营业务成本	80 000	
贷：库存商品——办公家具		80 000

例2　2×15年6月，为了提高产品质量，甲冰箱制造公司以其持有的对丙公司的长期股权投资交换乙冰箱制造公司拥有的一项冰箱无霜专利技术。在交换日，甲公司持有的长期股权投资账面余额为670万元，已计提长期股权投资减值准备余额为40万元，在交换日的公允价值为650万元；乙公司专利技术的账面原价为800万元，累计已摊销金额为120万元，累计计提的减值准备为10万元，在交换日的公允价值为650万元。乙公司原已持有对丙公司的长期股权投资，从甲公司换入对丙公司的长期股权投资后，使丙公司成为乙公司的联营企业。假设整个交易过程中没有发生其他相关税费。

分析：该项资产交换没有涉及收付货币性资产，因此属于非货币性资产交换。本例属于以长期股权投资换入无形资产。对甲公司来讲，换入无霜专利技术能够大幅度改善产品质量，相对于对丙公司的长期股权投资来讲，预计未来现金流量的时间、金额和风险均不相同；对乙公司来讲，换入对丙公司的长期股权投资，使其对丙公司的关系由既无控制、共同控制或重大影响，改变为具有重大影响，因而可通过参与丙公司的财务和经营政策等方式，对其施加重大影响，增加了借此从丙公司活动中获取经济利益的权力，与专利技术预计产生的未来现金流量在时间、风险和金额方面都有所不同。因此，这两项资产的交换具有商业实质；同时，两项资产的公允价值都能够可靠地计量，符合非货币性资产交换准则规定以公允价值计量的条件。甲公司和乙公司均应当以公允价值为基础确定换入资产的成本，并确认产生的损益。

1. 甲公司的账务处理如下：

借：无形资产——专利权　　6 500 000
　　长期股权投资减值准备　　400 000
　　贷：长期股权投资　　6 700 000
　　　　投资收益　　200 000

2. 乙公司的账务处理如下：

借：长期股权投资　　6 500 000
　　累计摊销　　1 200 000
　　无形资产减值准备　　100 000
　　营业外支出　　200 000
　　贷：无形资产——专利权　　8 000 000

(二)涉及补价的情况

非货币性资产交换准则规定，在以公允价值确定换入资产成本的情况下，发生补价的，支付补价方和收到补价方应当分别以下情况处理：

1. 支付补价方：应当以换出资产的公允价值加上支付的补价（即换入资产的公允价值）和应支付的相关税费，作为换入资产的成本；换入资产成本与换出资产账面价值加支付的补价、应支付的相关税费之和的差额，应当计入当期损益。

2. 收到补价方：应当以换入资产的公允价值（或换出资产的公允价值减去补价）和应支付的相关税费，作为换入资产的成本；换入资产成本加收到的补价之和与换出资产账面价值加应支付的相关税费之和的差额，应当计入当期损益。

在涉及补价的情况下，对于支付补价方而言，作为补价的货币性资产构成换入资产所放弃对价的一部分；对于收到补价方而言，作为补价的货币性资产构成换入资产的一部分。

例3　甲公司因变更业务，与乙公司进行资产置换。甲公司将其持有的一栋出租用厂房与乙公司持有的A公司的长期股权投资进行交换。甲公司换出的厂房以成本模式计量，账面原值8 000万元，已提折旧2 000万元，已提减值准备400万元，公允价值7 000万元。乙公司换出的长期股权投资以成本法核算，账面余额5 500万元，已提减值准备500万元，公允价值6 000万元。乙公司另行向甲公司支付1 000万元作为补价（不考虑相关税费与交易费用）。

2×15年4月10日，乙公司开具转账支票向甲公司支付补价款1 000万元。2×15年6月30日，甲、乙公司换出资产的相关所有权划转手续全部办理完毕。甲公司换入的股权投资作为可供出售金融资产核算，乙公司换入的厂房作为固定资产核算。

分析：该项资产交换涉及收付货币性资产，即补价1 000万元。

对甲公司而言，收到的补价1 000万元÷换入资产的公允价值7 000万元（换入股票投资公允价值6 000万元＋收到的补价1 000万元）＝14.3%＜25%，属于非货币性资产交换。

对乙公司而言：支付的补价1 000万元÷换入资产的公允价值7 000万元＝14.3%＜25%，属于非货币性资产交换。

对甲、乙公司而言，股权投资与固定资产带来的未来现金流量在时间、风险方面有显著区别，因而可以判断两项资产的交换具有商业实质。同时，长期股权投资和固定资产的公允价值均能够可靠地计量，因此，甲、乙公司均应当以公允价值为基础确定换入资产的成本，并确认产生的损益。

1. 甲公司的账务处理如下：

(1)2×15年4月10日：

借：银行存款　　10 000 000

贷：预收账款 10 000 000

(2)2×15 年 6 月 30 日：

借：其他业务成本 56 000 000

投资性房地产累计折旧 20 000 000

投资性房地产减值准备 4 000 000

贷：投资性房地产 80 000 000

借：可供出售金融资产 60 000 000

预收账款 10 000 000

贷：其他业务收入 70 000 000

2. 乙公司的账务处理如下：

(1)2×15 年 4 月 10 日：

借：预付账款 10 000 000

贷：银行存款 10 000 000

(2)2×15 年 6 月 30 日：

借：固定资产 70 000 000

长期股权投资减值准备 5 000 000

贷：长期股权投资 55 000 000

预付账款 10 000 000

投资收益 10 000 000

二、以换出资产账面价值计量的处理

当非货币性资产交换不具有商业实质，或者虽然具有商业实质但换入资产和换出资产的公允价值均不能可靠计量的，应当以换出资产账面价值为基础确定换入资产成本，无论是否支付补价，均不确认损益。

一般来讲，如果换入资产和换出资产的公允价值都不能可靠计量，则该项非货币性资产交换通常不具有商业实质，因为在这种情况下，很难比较两项资产产生的未来现金流量在时间、风险和金额方面的差异，很难判断两项资产交换后对企业经济状况改变所起的不同效用，因此，此类资产交换通常不具有商业实质。

例 4 甲公司拥有一台专有设备，该设备账面原价 300 万元，已计提折旧 230 万元；乙公司拥有一幢古建筑物，账面原价 200 万元，已计提折旧 140 万元，两项资产均未计提减值准备。甲公司决定以其专有设备交换乙公司该幢古建筑物，拟改造为办公室使用，该专有设备是生产某种产品必需的设备。由于专有设备系当时专门制造、性质特殊，其公允价值不能可靠计量；乙公司拥有的建筑物因建筑年代久远，性质比较特殊，其公允价值也不能可靠计量。双方商定，乙公司以两项资产账面价值的差额为基础，支付甲公司 10 万元补价。假定交易中没有涉及相关税费。

分析：该项资产交换涉及收付货币性资产，即补价 10 万元。对甲公司而言，收到的补价 10 万元÷换出资产账面价值 70 万元≈14.3%<25%，因此，该项交换属于非货币性资产交换；对乙公司而言，支付的补价 10 万元÷换入资产账面价值 70 万元≈14.3%<25%。由于两项资产的公允价值不能可靠计量，因此，甲、乙公司换入资产的成本均应当按照换出资产的账面价值确定。

1. 甲公司的账务处理如下：

借：固定资产清理 700 000

累计折旧 2 300 000

贷：固定资产——专有设备 3 000 000

借:固定资产——建筑物　　600 000
　银行存款　　100 000
　贷:固定资产清理　　700 000

2. 乙公司的账务处理如下:

借:固定资产清理　　600 000
　累计折旧　　1 400 000
　贷:固定资产——建筑物　　2 000 000

借:固定资产——专有设备　　700 000
　贷:固定资产清理　　600 000
　　银行存款　　100 000

从上例可以看出,尽管乙公司支付了10万元补价,但由于整个非货币性资产交换是以账面价值为基础计量的,支付补价方和收到补价方均不确认损益。对甲公司而言,换入资产是建筑物和银行存款10万元,换出资产专有设备的账面价值为70万元(300－230),因此,建筑物的成本就是换出设备的账面价值减去货币性补价的差额,即60万元(70－10);对乙公司而言,换出资产是建筑物和银行存款10万元,换入资产专有设备的成本等于换出资产的账面价值加上货币性补价之和,即70万元(60＋10)。由此可见,在以账面价值计量的情况下,发生的补价是用来调整换入资产的成本,不涉及确认损益问题。

三、涉及多项非货币性资产交换的处理

涉及多项非货币性资产交换的情况包括:企业以一项非货币性资产同时换入另一企业的多项非货币性资产,或同时以多项非货币性资产换入另一企业的一项非货币性资产,或以多项非货币性资产同时换入多项非货币性资产,也可能涉及补价。在涉及多项非货币性资产的交换中,企业无法将换出的某一资产与换入的某一特定资产相对应。与单项非货币性资产之间的交换一样,涉及多项非货币性资产交换的计量,企业也应当首先判断是否符合非货币性资产交换准则以公允价值计量的两个条件,再分别情况确定各项换入资产的成本。

涉及多项非货币性资产的交换一般可以分为以下几种情况:

1. 资产交换具有商业实质,且各项换出资产和各项换入资产的公允价值均能够可靠计量。在这种情况下,换入资产的总成本应当按照换出资产的公允价值总额为基础确定,除非有确凿证据证明换入资产的公允价值总额更可靠。各项换入资产的成本,应当按照各项换入资产的公允价值占换入资产公允价值总额的比例,对换入资产总成本进行分配,确定各项换入资产的成本。

2. 资产交换具有商业实质,且换入资产的公允价值能够可靠计量,换出资产的公允价值不能可靠计量。在这种情况下,换入资产的总成本应当按照换入资产的公允价值总额为基础确定;各项换入资产的成本应当按照各项换入资产的公允价值占换入资产公允价值总额的比例,对换入资产总成本进行分配,确定各项换入资产的成本。

3. 资产交换具有商业实质,换出资产的公允价值能够可靠计量,但换入资产的公允价值不能可靠计量。在这种情况下,换入资产的总成本应当按照换出资产的公允价值总额为基础确定;各项换入资产的成本应当按照各项换入资产的原账面价值占换入资产原账面价值总额的比例,对按照换出资产公允价值总额确定的换入资产总成本进行分配,确定各项换入资产的成本。

4. 资产交换不具有商业实质,或换入资产和换出资产的公允价值均不能可靠计量。在这种情况下,换入资产的总成本应当按照换出资产原账面价值总额为基础确定;各项换入资产的成本应当按照各项换入资产的原账面价值占换入资产原账面价值总额的比例,对按照换出资产账面价值总额为基础确定的换入资产总成本进行分配,确定各项换入资产的成本。

实际上，上述第1、2、3种情况，换入资产总成本都是按照公允价值计量，但各单项换入资产成本的确定，视各单项换入资产的公允价值能否可靠计量而分别情况处理；第4种情况属于不符合公允价值计量的条件，换入资产总成本按照换出资产账面价值总额确定，各单项换入资产成本按照各单项换入资产的原账面价值占换入资产原账面价值总额的比例确定。

(一)以公允价值计量的情况

例5 甲公司和乙公司均为增值税一般纳税企业，其适用的增值税税率均为17%。甲公司为适应经营业务发展的需要，经与乙公司协商，将甲公司原生产用的发电设备、机床以及原材料，与乙公司的货运车、轿车、客运汽车交换(均作为固定资产核算)。甲公司换出发电设备的账面原价为150 000元，已提折旧为30 000元，公允价值为100 000元；换出机床的账面原价为120 000元，已提折旧为60 000元，公允价值为80 000元；换出原材料的账面价值为300 000元，公允价值和计税价格均为350 000元。乙公司换出货运车的账面原价为150 000元，已提折旧为50 000元，公允价值为150 000元；换出轿车的账面原价为200 000元，已提折旧为90 000元，公允价值为100 000元；换出客运汽车的账面原价为300 000元，已提折旧为80 000元，公允价值为240 000元，另支付补价40 000元。假定甲公司和乙公司换出资产均未计提减值准备，且在交换过程中除增值税外未发生其他相关税费。甲公司换入的乙公司的货运车、轿车、客运汽车均作为固定资产核算。乙公司换入的甲公司的发电设备、机床作为固定资产核算，换入的甲公司的原材料作为库存原材料核算。甲公司开具了增值税专用发票。

分析：本例涉及收付货币性资产，应当计算收到的货币性资产占甲公司换出资产公允价值总额的比例(等于支付的货币性资产占乙公司换出资产公允价值与支付的补价之和的比例)，即：40 000÷(100 000＋80 000＋350 000)＝7.55%＜25%。

由此可以认定，这一涉及多项资产的交换行为属于非货币性资产交换。对于甲公司而言，为了拓展运输业务，需要货运车、轿车、客运汽车等；乙公司为了扩大产品生产，需要发电设备、机床等设备，换入资产对换入企业均能发挥更大的作用，因此，该项涉及多项资产的非货币性资产交换具有商业实质。同时，各单项换入资产和换出资产的公允价值均能可靠计量，因此，甲、乙公司均应当以公允价值为基础确定换入资产的总成本，确认产生的相关损益。同时，按照各单项换入资产的公允价值占换入资产公允价值总额的比例，确定各单项换入资产的成本。

1. 甲公司的账务处理如下：

(1)根据增值税的有关规定，企业以原材料换入其他资产，视同销售行为发生，应计算增值税销项税额，缴纳增值税。

换出原材料的增值税销项税额＝35×17%＝5.95(万元)

(2)计算换出资产、换入资产公允价值总额：

换出资产公允价值总额＝10＋8＋35＝53(万元)

换入资产公允价值总额＝15＋10＋24＝49(万元)

(3)计算换入资产总成本：

换入资产总成本＝换出资产公允价值－补价＋应支付的相关税费

＝(10＋8＋35)－4＋35×17%＝54.95(万元)

(4)计算确定换入各项资产的公允价值占换入资产公允价值总额的比例：

货运车公允价值占换入资产公允价值总额的比例：

15÷(15＋10＋24)×100%＝30.61%

轿车公允价值占换入资产公允价值总额的比例：

10÷(15＋10＋24)×100%＝20.41%

客运汽车公允价值占换入资产公允价值总额的比例：

24÷(15＋10＋24)×100%＝48.98%

(5)计算确定换入各项资产的成本:

货运车的成本=54.95×30.61%=16.82(万元)

轿车的成本=54.95×20.41%=11.215(万元)

客运汽车的成本=54.95×48.98%=26.915(万元)

(6)会计分录:

借:固定资产清理	180 000	
累计折旧	90 000	
贷:固定资产——发电设备		150 000
——机床		120 000
借:固定资产——货运车	168 200	
——轿车	112 150	
——客运汽车	269 150	
银行存款	40 000	
贷:固定资产清理		180 000
其他业务收入		350 000
应交税费——应交增值税(销项税额)		59 500
借:其他业务成本	300 000	
贷:原材料		300 000

2. 乙公司的账务处理如下:

(1)根据增值税的有关规定,企业以其他资产换入原材料,视同购买行为发生,应计算增值税进项税额,抵扣增值税。

换入原材料的增值税进项税额=35×17%=5.95(万元)

(2)计算换入资产、换出资产公允价值总额:

换入资产公允价值总额=10+8+35=53(万元)

换出资产公允价值总额=15+10+24=49(万元)

(3)确定换入资产总成本:

换入资产总成本=换出资产公允价值+支付的补价-可抵扣的增值税进项税额

=49+4-5.95=47.05(万元)

(4)计算确定换入各项资产的公允价值占换入资产公允价值总额的比例:

发电设备公允价值占换入资产公允价值总额的比例为:

10÷(10+8+35)×100%=18.87%

机床公允价值占换入资产公允价值总额的比例为:

8÷(10+8+35)×100%=15.09%

原材料公允价值占换入资产公允价值总额的比例为:

35÷(10+8+35)×100%=66.04%

(5)计算确定换入各项资产的成本:

发电设备的成本=47.05×18.87%=8.878(万元)

机床的成本=47.05×15.09%=7.1(万元)

原材料的成本=47.05×66.04%=31.072(万元)

(6)会计分录:

借:固定资产清理	430 000	
累计折旧	220 000	

贷：固定资产——货运车 150 000

——轿车 200 000

——客运汽车 300 000

借：固定资产——发电设备 88 780

——机床 71 000

原材料 310 720

应交税费——应交增值税(进项税额) 59 500

贷：固定资产清理 430 000

银行存款 40 000

营业外收入 60 000

(二)以账面价值计量的情况

例6 甲公司和乙公司均为增值税一般纳税人，其适用的增值税税率为17%。甲公司因经营战略发生较大调整，原生产用设备、库存原材料等已不符合生产新产品的需要，经与乙公司协商，将其生产用设备、库存原材料与乙公司的生产用设备、专利权和库存商品进行交换。甲公司换出设备的账面原价为800 000元，已提折旧为500 000元，公允价值为400 000元；原材料的账面价值为200 000元，公允价值和计税价格均为220 000元。乙公司生产用设备的账面原价为700 000元，已提折旧为400 000元，公允价值为320 000元；专利权的账面价值为180 000元，公允价值为220 000元；库存商品的账面价值为60 000元，公允价值和计税价格均为80 000元。假定甲公司和乙公司换出资产均未计提减值准备，并假定在交换过程中除增值税以外未发生其他相关税费。甲公司换入的乙公司的设备作为固定资产核算，换入的乙公司的专利权作为无形资产核算，换入的乙公司的库存商品作为库存商品核算。乙公司换入的甲公司的设备作为固定资产核算，换入的甲公司的原材料作为库存原材料核算。假定该项交换不具有商业实质。

分析：本例中，甲公司和乙公司的资产交换属于不涉及补价的多项资产的交换，甲公司换出资产的账面价值合计为500 000元，公允价值合计为620 000元；乙公司换出资产的账面价值合计为540 000元，公允价值合计为620 000元。在此项交换中，由于不具有商业实质，并且甲公司和乙公司换出的各项资产无法直接与其换入各项资产的价值一一对应，因此，应对换出资产的账面价值加上应支付的相关税费进行分配。

1. 甲公司的账务处理如下：

(1)计算甲公司应分配的换入资产价值总额：

$$\begin{array}{c}\text{甲公司应分配的}\\ \text{换入资产价值总额}\end{array}=\begin{array}{c}\text{换出资产}\\ \text{账面价值}\end{array}+\begin{array}{c}\text{应支付的}\\ \text{相关税费}\end{array}-\begin{array}{c}\text{可抵扣的}\\ \text{增值税进项税额}\end{array}$$

$$=500\,000+220\,000\times17\%-80\,000\times17\%=523\,800\text{(元)}$$

(2)计算甲公司换入各项资产应分配的价值：

换入乙公司生产用设备应分配的价值＝300 000÷540 000×523 800＝291 000(元)

换入乙公司专利权应分配的价值＝180 000÷540 000×523 800＝174 600(元)

换入乙公司库存商品应分配的价值＝60 000÷540 000×523 800＝58 200(元)

(3)会计处理：

借：固定资产清理 300 000

累计折旧 500 000

贷：固定资产 800 000

借：固定资产 291 000

无形资产 174 600

库存商品	58 200
应交税费——应交增值税(进项税额)	13 600
贷:固定资产清理	300 000
原材料	200 000
应交税费——应交增值税(销项税额)	37 400

2. 乙公司的账务处理如下:

(1)计算乙公司应分配的换入资产价值总额:

乙公司应分配的换入资产价值总额 = 换出资产账面价值 + 应支付的相关税费 − 可抵扣的增值税进项税额

=540 000+80 000×17%−220 000×17%=516 200(元)

(2)计算乙公司换入各项资产应分配的价值:

换入甲公司生产用设备应分配的价值=300 000÷500 000×516 200=309 720(元)

换入甲公司库存原材料应分配的价值=200 000÷500 000×516 200=206 480(元)

(3)会计处理:

借:固定资产清理	300 000
累计折旧	400 000
贷:固定资产	700 000
借:原材料	206 480
固定资产	309 720
应交税费——应交增值税(进项税额)	37 400
贷:库存商品	60 000
固定资产清理	300 000
应交税费——应交增值税(销项税额)	13 600
无形资产	180 000

例7　甲公司和乙公司均为增值税一般纳税企业,其适用的增值税税率均为17%。甲公司为适应经营业务发展的需要,经与乙公司协商,将甲公司原生产用的厂房、机床等设备,以及库存原材料,与乙公司的办公楼、小轿车、客运汽车交换(均作为固定资产核算)。甲公司换出厂房的账面原价为300 000元,已提折旧为50 000元,公允价值为200 000元;换出机床的账面原价为600 000元,已提折旧为100 000元,公允价值为500 000元;换出原材料的账面价值为300 000元,公允价值和计税价格均为350 000元,另支付补价90 000元。乙公司换出办公楼的账面原价为900 000元,已提折旧为100 000元,公允价值为800 000元;换出小轿车的账面原价为200 000元,已提折旧为90 000元,公允价值为100 000元;换出客运汽车的账面原价为300 000元,已提折旧为80 000元,公允价值为240 000元。同时,甲公司支付给乙公司90 000元补价。假定甲公司和乙公司换出资产均未计提减值准备,并假定在交换过程中除增值税以外未发生其他相关税费。甲公司换入的乙公司的办公楼、小轿车、客运汽车均作为固定资产核算。乙公司换入的甲公司的厂房、机床等设备作为固定资产核算,换入的甲公司的原材料作为库存原材料核算。假定该项交换由于甲公司、乙公司为关联方而不具有商业实质。

分析:

甲公司换出资产的账面价值合计=(300 000−50 000)+(600 000−100 000)+300 000=1 050 000(元)

乙公司换出资产的账面价值合计=(900 000−100 000)+(200 000−90 000)+(300 000−80 000)=1 130 000(元)

因此:

$$\frac{\text{甲公司换入资产}}{\text{的入账价值总额}} = \frac{\text{甲公司换出资产}}{\text{账面价值合计}} + \text{应支付的相关税费} + \text{支付的补价}$$

$$= 1\,050\,000 + 350\,000 \times 17\% + 90\,000 = 1\,199\,500(\text{元})$$

$$\frac{\text{乙公司换入资产}}{\text{的入账价值总额}} = \frac{\text{乙公司换出资产}}{\text{账面价值合计}} + \frac{\text{应支付的}}{\text{相关税费}} - \frac{\text{收到的}}{\text{补价}} - \frac{\text{可抵扣的增值税}}{\text{进项税额}}$$

$$= 1\,130\,000 + 0 - 90\,000 - 350\,000 \times 17\% = 980\,500(\text{元})$$

1. 甲公司换入各项资产的入账价值：

换入乙公司办公楼应分配的价值＝800 000÷1 130 000×1 199 500＝849 203.54(元)

换入乙公司小轿车应分配的价值＝110 000÷1 130 000×1 199 500＝116 765.49(元)

换入乙公司客运汽车应分配的价值＝220 000÷1 130 000×1 199 500＝233 530.97(元)

2. 乙公司换入各项资产的入账价值：

换入甲公司厂房应分配的价值＝250 000÷1 050 000×980 500＝233 452.38(元)

换入甲公司机床应分配的价值＝500 000÷1 050 000 ×980 500＝466 904.76(元)

换入甲公司原材料应分配的价值＝300 000÷1 050 000×980 500＝280 142.86(元)

3. 甲公司的会计分录：

借：固定资产清理	750 000	
累计折旧	150 000	
贷：固定资产		900 000
借：固定资产——办公楼	849 203.54	
——小轿车	116 765.49	
——客运汽车	233 530.97	
贷：固定资产清理		750 000
应交税费——应交增值税(销项税额)		59 500
原材料		300 000
银行存款		90 000

4. 乙公司的会计分录：

借：固定资产清理	1 130 000	
累计折旧	270 000	
贷：固定资产		1 400 000
借：固定资产——厂房	233 452.38	
——机床	466 904.76	
原材料	280 142.86	
应交税费——应交增值税(进项税额)	59 500	
银行存款	90 000	
贷：固定资产清理		1 130 000

复习思考题

1. 什么叫做非货币性资产交换？其特征是什么？
2. 什么是商业实质？如何判断交易是否具有商业实质？
3. 如何判断非货币性资产交换的换入资产的入账价值？
4. 换入多项非货币性资产交换资产时，应当如何计量各项换入资产的价值？

第十章　流动负债

负债按照其偿还期限的长短，可分为流动负债和长期负债。流动负债是指在1年(含1年)或者超过1年的一个营业周期内偿还的债务。流动负债具有以下特点：其一，偿还期限短。流动负债或者需要在债权人提出要求时即期偿付，或者在1年或超过1年的一个营业周期内履行偿付的义务。其二，以企业的资产或者负债清偿。即必须运用资产、提供劳务或者举借新的债务来清偿流动负债。

流动负债的具体内容包括：短期借款、应付票据、应付账款、预收账款、应付职工薪酬、应付股利、应交税费、其他暂收应付款项和1年内到期的长期借款等。

第一节　应付款项

一、应付账款

(一)应付账款核算的内容

应付账款是指因购买材料、商品或接受劳务供应等而发生的债务。这是买卖双方在购销活动中由于取得物资与支付款项的时间不一致而形成的负债。应付账款和其他应付款不同，因购销活动或提供劳务而产生的应付未付款属于应付账款，因购销活动或提供劳务以外的事项而产生的应付未付款属于其他应付款。另外，应付账款与应付票据不同，虽然应付账款和应付票据都是企业在赊购活动中产生的应付未付的款项，但应付票据是承诺付款的书面证明。

为了总括反映企业应付账款负债的增减变化及其变动的结果，在会计核算中应设置“应付账款”账户。该账户的借方登记企业本期实际支付的应付款；贷方登记企业本期形成的或产生的应付未付款；余额一般在贷方，表示期末企业尚未支付的应付账款余额。在“应付账款”总分类账下，应按不同债权人设置“应付账款”明细分类账，详细记录企业与各个债权人的应付账款的增减变动情况及结存的金额。

(二)应付账款的会计核算

应付账款的会计核算主要包括入账时间以及入账金额的确定。

1. 入账时间

应付账款的入账时间应以与所购物资所有权有关的风险和报酬已经转移或已经接受了劳务为标志。应付账款的入账时间视货物的交货条件而定，若购买货物是起运地交货(FOB)，则在货物运出供应方仓库、交付运输单位时，与货物所有权有关的风险和报酬已经转移，在途商品虽尚未验收，但应作为购买方的存货，因此而产生的应付款项，亦应列为购买方的负债。若购买货物是目的地交货(CIF)，则应待货物运抵指定场所并验收后，其所有权有关风险和报酬才得以转移，购买方应在此时才列为存货以及对应的应付账款。但在实际工作中，通常是依据货物与账单是否到达来区别情况处理：如果发票账单与货物同时到达，应付账款一般是在所购货物验收入库后登记入账。如果所购货物已到达企业，发票账单尚未到达企业，一般先组织验收入库，不作会计处理，等发票账单到达企业后再作会计处理；但如果月份终了，发票账单等证单尚未收到，就需要将所购货物以及产生的应付账款按暂估价入账，下月初用红字冲回。如果发票账单先到达企业，应根据发票账单办理结算手续，如未支付货款及增值税等款项，作为应付账款入账。

2. 入账金额

应付账款是企业日常的商业信用所产生的临时性的债务，其付款期限比较短，一般为45天左右，因此，应付账款一般按应付金额入账，不按到期应付金额的现值入账。如果销货方给予一定商业折扣，应按扣除商业折扣后的金额，也就是发票所列的实际金额入账。为了鼓励购货方早日付款，销货方往往会在商品交易条款中附有现金折扣；如果形成的应付账款带有现金折扣，应按照我国目前现行制度规定采用总价法处理，即按不扣除现金折扣的应付账款总额入账。若在折扣期内支付了货款，则属于企业理财有方，可将其作为一项理财收益，获得的现金折扣记入“财务费用”账户的贷方；购货方若在折扣期满后支付货款，则应支付发票上记载的全部应付金额。

例1 A公司为增值税一般纳税人。2×15年1月5日从B公司赊购原材料一批，原价600 000元，B公司给予A公司20%的商业折扣，增值税税率为17%。付款期为1个月，现金折扣条件为2/10、1/20、*n*/30，发票账单已收到，原材料已验收入库。假定计算现金折扣时不考虑增值税。

发票账单的金额是扣除了商业折扣后的金额，即价款＝600 000×(1－20%)＝480 000(元)，增值税＝480 000×17%＝81 600(元)。原材料验收入库时，应编制会计分录如下：

借：原材料	480 000	
应交税费——应交增值税(进项税额)	81 600	
贷：应付账款——B公司		561 600

(1)若A公司在10天内付款，付款金额＝480 000×(1－2%)＋81 600＝552 000(元)。付款时，应编制会计分录如下：

借：应付账款——B公司	561 600	
贷：银行存款		552 000
财务费用		9 600

(2)若A公司在10天以上、20天以内付款，付款金额＝480 000×(1－1%)＋81 600＝556 800(元)。付款时，应编制会计分录如下：

借：应付账款——B公司	561 600	
贷：银行存款		556 800
财务费用		4 800

(3)若A公司在20天以上付款，付款金额为561 600元。付款时，应编制会计分录如下：

借：应付账款——B公司	561 600	
贷：银行存款		561 600

例2 甲公司2×15年5月10日收到所购原材料一批，材料验收入库，但结算凭证尚未收到；截至5月31日，发票等结算凭证仍未到达。月末，公司按照合同价100 000元暂估入账。6月5日，收到上项材料的发票账单等结算凭证，价款92 000元，增值税15 640元，甲公司开出转账支票一张支付货款。

(1)5月10日，材料验收入库，不进行账务处理。

(2)5月31日，暂估入账原材料和应付账款。应编制会计分录如下：

借：原材料	100 000	
贷：应付账款——暂估应付账款		100 000

(3)6月1日，红字冲回暂估入账的金额或做相反的会计分录。应编制会计分录如下：

借：原材料	(100 000)	

贷:应付账款——暂估应付账款 (100 000)

或者:

借:应付账款——暂估应付账款 100 000

贷:原材料 100 000

(4)6 月 5 日,按照结算凭证,编制会计分录如下:

借:原材料 92 000

应交税费——应交增值税(进项税额) 15 640

贷:银行存款 107 640

3. 企业有将应付账款划转给关联企业或确实无法支付而无需承担偿债义务的,按照《企业会计准则》的规定,应视同接受了债权人的捐赠,转作营业外收入。即按应付账款的账面余额,借记"应付账款"账户,贷记"营业外收入"账户。

二、应付票据

(一)应付票据核算的内容

应付票据是指企业购买材料、商品或接受劳务供应等而采用商业汇票方式办理结算而形成的一项流动负债。商业汇票是由出票人出票,由承兑人在指定日期无条件支付确定金额给收款人或持票人的票据。应付票据是一种期票,是延期付款的书面证明。

商业汇票按承兑人的不同,可分为商业承兑汇票和银行承兑汇票。银行承兑汇票的承兑人为银行,银行提供信用,保证收款方按期收回账款,但是付款人仍然是该项债务的承担者,若付款方在票据到期时有足够的货币资金,则必须无条件地支付票面确定的金额;若票据到期,付款人无力支付,则承兑银行先行垫付,同时银行将此款项作为逾期贷款处理,并加收罚金。商业承兑汇票的承兑人为付款人,付款人承认在一定时间内支付票面确定的金额给收款人或持票人。付款人在承兑汇票时,该项流动负债即告形成。商业承兑汇票,银行不提供信用担保,商业承兑汇票到期,若付款人无力支付,银行将拒绝付款。

商业汇票按是否带息,又分为带息票据和不带息票据两种。带息的商业汇票在票据到期时,付款人支付的不仅是票面确定的金额,还需要支付按票据上的利率计算的自票据开出日到票据到期的利息。不带息的商业汇票在票据到期时,付款人只需支付票面确定金额的面值。

由于商品交易、接受劳务供应等而签发并承兑的商业汇票,付款方在账务处理上应设置"应付票据"账户,反映应付票据的增减变动情况及结存金额。该账户的贷方登记形成(或产生)的应付票据的金额,借方登记实际支付应付票据的金额;余额在贷方,表示期末未到期的商业汇票的票面金额。"应付票据"总分类账户应按债权人设置明细分类账。企业还应设置"应付票据"备查簿,详细登记每一应付票据的种类、号数、签发日期、到期日、票面金额、收款人姓名或单位名称、付款日期和金额等详细资料。应付票据到期付清时,应在备查簿内逐笔注销。

(二)应付票据的会计核算

应付票据的会计核算包括应付票据形成的会计核算、带息应付票据利息的会计核算以及应付票据到期的会计核算。

1. 应付票据形成的会计核算

企业形成应付票据一般有两种情况:一是直接因商品交易或者接受劳务供应而产生;二是因以前的商品交易或者接受劳务供应而形成的尚未支付的应付账款,经交易双方商定,改为商业汇票结算方式支付。两种情况都是在商业票据由收款人或付款人(或承兑申请人)签发,并经承兑人承兑后,应付票据这项流动负债产生。应付票据无论商业汇票是否带息,一律按实际发生的金额入账,即按面值入账。

以商品交易为例，增值税一般纳税企业在开出、承兑商业汇票或以承兑商业汇票抵付货款时，应按增值税专用发票上记载的价款，借记"材料采购"、"库存商品"、"原材料"等账户；按增值税专用发票上记载的应交增值税额，借记"应交税费——应交增值税(进项税额)"账户；按商业票据的面值，贷记"应付票据"账户。小规模纳税企业在开出、承兑商业汇票或以承兑商业汇票抵付货款时，应按发票上记载的价款和税款，借记"材料采购"、"库存商品"、"原材料"等账户；按商业票据的面值，贷记"应付票据"账户；支付银行承兑汇票的手续费，作为一般的金融手续费，借记"财务费用"账户，贷记"银行存款"账户。

例 3 甲公司 2×15 年 6 月 1 日向乙公司购入原材料一批，发票材料价款 300 000 元，增值税 51 000 元。经双方协商，采用商业汇票结算方式结算货款。原材料当日运达甲公司并验收入库，甲公司签发并承兑一张 2 个月期限的商业汇票，票面值为 351 000 元。

甲公司在验收材料入库、签发并承兑商业汇票时，应编制会计分录如下：

借:原材料	300 000	
应交税费——应交增值税(进项税额)	51 000	
贷:应付票据——乙公司		351 000

例 4 假定例 3 中甲公司于当日向银行申请办理银行承兑汇票，银行开具了面值为351 000元、3 个月期限的银行承兑汇票，并用现金支付手续费 300 元。

甲公司在验收材料入库、开具银行承兑汇票时，应编制会计分录如下：

借:原材料	300 000	
应交税费——应交增值税(进项税额)	51 000	
贷:应付票据——乙公司		351 000
借:财务费用	300	
贷:库存现金		300

当以前产生的应付账款经双方协商改用商业汇票结算方式时，收款人或付款人(或承兑申请人)签发，并经承兑人承兑后，付款人的应付账款流动负债转化为应付票据流动负债。在会计处理上，应按以前尚未支付的应付款，借记"应付账款"账户；按承兑的商业汇票的面值，贷记"应付票据"账户。

例 5 2×15 年 8 月 5 日，甲公司向乙公司购入某商品 100 件，每件的单价为2 000元，赊购期为 1 个月，价税合计应付金额234 000元。9 月 5 日赊购期满，甲公司暂时无款支付，经双方协商，改为商业汇票结算方式。甲公司向银行申请办理银行承兑汇票，银行开具了面值为234 000元、3 个月期限的银行承兑汇票，并用现金支付手续费 200 元。甲公司将此银行承兑汇票交给乙公司。

(1)8 月 5 日，甲公司在商品验收入库、收到发票账单时，应编制会计分录如下：

借:原材料	200 000	
应交税费——应交增值税(进项税额)	34 000	
贷:应付账款——乙公司		234 000

(2)9 月 5 日，向银行申请办理银行承兑汇票交付乙公司时，应编制会计分录如下：

借:应付账款——乙公司	234 000	
贷:应付票据——乙公司		234 000
借:财务费用	200	
贷:库存现金		200

2. 带息应付票据利息的会计核算

对于带息的商业汇票，企业通常应在期末对尚未支付的应付票据计提利息费用，计入财务费用，即借记"财务费用"账户，贷记"应付利息"账户。

例 6　假定例 3 中甲公司 2×15 年 6 月 1 日签发并承兑的 2 个月期、票面值为351 000元的商业汇票为一张带息汇票，实际年利率为 6%。按照现行会计准则和制度的规定，利息的会计核算如下：

6 月 30 日计提利息费用时：

借：财务费用（351 000×6%/12）	1 755	
贷：应付利息		1 755

3. 应付票据到期的会计核算

应付票据到期，付款人需要支付票据确定金额的面值，若商业汇票为带息票据，付款人除支付确认金额的面值外，还需支付从汇票出票至到期这一段期间的利息。

例 7　承例 5，2×15 年 12 月 5 日，商业汇票到期，乙公司持汇票到银行兑现，银行从甲公司存款账户中转出 234 000 元到乙公司的存款账户。

借：应付票据——乙公司	234 000	
贷：银行存款		234 000

例 8　承例 6，2×15 年 8 月 1 日，商业汇票到期，甲公司通过银行转账偿付了该票据面值以及 2 个月的利息。

借：应付票据——乙公司	351 000	
应付利息	1 755	
财务费用	1 755	
贷：银行存款		354 510

如果汇票到期时，企业无力支付票款，应区分情况处理：当汇票为银行承兑汇票时，由于银行提供了信用担保，可以确保收款人（或持票人）在票据到期时收到确定金额，因此，承兑银行先行垫付，同时银行将此款项作为逾期贷款处理，并加收罚金；在会计处理上，付款人应按汇票的票面金额，借记“应付票据”账户，贷记“短期借款”账户。当汇票为商业承兑汇票时，银行不提供信用担保，商业承兑汇票到期时，若付款人无力支付，银行将拒绝付款；但付款人的偿还义务并未消失，因此，付款人应将“应付票据”转为“应付账款”。

例 9　承例 4，2×15 年 9 月 1 日，商业汇票到期。甲公司未能支付票款，接到承兑银行扣款通知时，“银行存款”账户的余额只有 100 000 元。

借：应付票据——乙公司	351 000	
贷：银行存款		100 000
短期借款		251 000

例 10　承例 6，2×15 年 8 月 1 日，商业汇票到期。银行因甲公司“银行存款”账户余额只有 80 000元而拒绝付款。

首先，甲公司应将承担的汇票利息费用确认为当期的财务费用：

借：财务费用	1 755	
贷：应付利息		1 755

其次，将应付票据的面值以及应该支付的 2 个月的利息转为应付未付的应付账款。

借：应付票据——乙公司	351 000	
应付利息	3 510	
贷：应付账款		354 510

三、预收账款

(一)预收账款核算的内容

预收账款是指企业按照合同规定预收的款项。企业在销售商品、提供劳务等交易实现之前按照交易的合同规定预先收取的货款、劳务款等,形成了企业需要以提供商品或劳务来偿还的现实义务,因此,这是企业尚未赚取的收入,在收到时属于负债而不是收入。

预收账款是否单独设立账户核算,应视供货企业的具体情况而定。如果企业预收业务比较多,可以设置"预收账款"总分类账户核算;预收业务不多的企业可以不设置"预收账款"账户,直接记入"应收账款"账户的相关贷方。

对于设置"预收账款"账户核算的,该账户的贷方反映预收的款项和在销售实现时购货单位补付的款项;借方反映交易的总金额以及销货单位退回多收的款项;期末余额若在贷方表示企业预收的款项,若在借方表示应由购货单位补付的款项。在"预收账款"总分类账下,企业还应按购货单位设置明细分类账,进行明细核算。

(二)预收账款的会计核算

对于预收账款的会计核算,分为设置"预收账款"账户和不设置"预收账款"账户两种情况。

1. 设置"预收账款"账户

如果企业预收业务比较多,可以设置"预收账款"总分类账户核算,并按购货单位设置明细分类账,进行明细核算。

例 11 A公司与B公司进行商品交易,按照合同规定,A公司于2×15年3月1日向B公司收取购货预付款200 000元,3月20日A公司向B公司交货。A公司为增值税一般纳税企业,增值税税率为17%。

A企业2×15年3月1日收到B公司开具转账支票时,应编制会计分录如下:

借:银行存款	200 000	
贷:预收账款——B公司		200 000

3月20日,A公司向B公司交货,货物的不含税价格为200 000元。A公司应进行如下账务处理:

借:预收账款——B公司	234 000	
贷:主营业务收入		200 000
应交税费——应交增值税(销项税额)		34 000

A公司预收B公司货款200 000元,而货物价税合计为234 000元,"预收账款——B公司"账户出现借方余额表示应向B公司补收的货款。若4月25日收到B公司补付的货款34 000元,则A公司4月25日应进行如下账务处理:

借:银行存款	34 000	
贷:预收账款——B公司		34 000

若3月20日A公司向B公司交货,货物的不含税价格为150 000元,A公司应进行如下账务处理:

借:预收账款——B公司	175 500	
贷:主营业务收入		150 000
应交税费——应交增值税(销项税额)		25 500

A公司预收B公司货款200 000元,而货物价税合计为175 500元,"预收账款——B公司"账户出现贷方余额表示应退给B公司多收的货款。若4月25日A公司退还B公司多付的货款24 500元,则A公司4月25日应进行如下账务处理:

借：预收账款——B公司 24 500

贷：银行存款 24 500

2. 不设置“预收账款”账户

若企业预收账款的业务不多，可以不设置“预收账款”账户，直接将偶尔发生预收的款项记入“应收账款”账户的贷方。

例12 若例11中A公司没有设置“预收账款”账户，则：

(1)2×15年3月1日，A公司收到预付货款时：

借：银行存款 200 000

贷：应收账款——B公司 200 000

(2)3月20日，A公司向B公司交货时(货物的不含税价格为200 000元)：

借：应收账款——B公司 234 000

贷：主营业务收入 200 000

应交税费——应交增值税(销项税额) 34 000

(3)4月25日，收到B公司补付的货款34 000元时：

借：银行存款 34 000

贷：应收账款——B公司 34 000

(4)若3月20日A公司向B公司交货，货物的不含税价格为150 000元，则：

借：应收账款——B公司 175 500

贷：主营业务收入 150 000

应交税费——应交增值税(销项税额) 25 500

(5)4月25日，A公司退还B公司多付的货款24 500元时：

借：应收账款——B公司 24 500

贷：银行存款 24 500

第二节 应付职工薪酬

一、职工薪酬的内容

按照《企业会计准则第9号——职工薪酬》(以下简称《职工薪酬准则》)的规定，将职工薪酬界定为“企业为获得职工提供的服务或解除劳动关系而给予的各种形式的报酬或补偿”。也就是说，从性质上看，凡是企业为获得职工提供的服务给予或付出的各种形式的对价，都构成职工薪酬，都应当作为一种耗费，与这些服务产生的经济利益相匹配。与此同时，企业与职工之间因职工提供服务形成的关系，大多数构成企业的现时义务，将导致企业未来经济利益的流出，从而形成企业的一项负债。

这里所指的职工的范围是广义的，包括以下三类人员：

(1)与企业订立劳动合同的所有人员，含全职、兼职和临时职工。按照《劳动法》的规定，企业作为用人单位，应当与劳动者订立劳动合同，《职工薪酬准则》中的职工首先包括这部分人员，即与企业订立了固定期限、无固定期限和以完成一定的工作为期限的劳动合同的所有人员。

(2)未与企业订立劳动合同但由企业正式任命的人员，如董事会成员、监事会成员等。按照《公司法》的规定，公司应当设立董事会和监事会，董事会、监事会成员为企业的战略发展提出建议、进行相关监督等，目的是提高企业整体经营管理水平，对其支付的津贴、补贴等报酬在性质上属于职工薪酬。因此，尽管董事会、监事会成员不是《劳动法》中所称的劳动者，未与企业订立劳动合同，但是属于《职工薪酬准则》所称的职工。

(3)在企业的计划和控制下，虽未与企业订立劳动合同或未由其正式任命，但为其提供与职工类似服务的人员，也属于《职工薪酬准则》所称的职工。比如，企业与有关中介机构签订劳务用工合同，虽然企业并不直接与合同下雇用的人员订立单项劳动合同，也不任命这些人员，但通过劳务用工合同，这些人员在企业相关人员的领导下，按照企业的工作计划和安排，为企业提供与本企业职工类似的服务；换句话说，如果企业不使用这些劳务用工人员，也需要雇用职工，订立劳动合同，提供类似服务，因此，这些劳务用工人员也属于《职工薪酬准则》所称的职工。

职工薪酬的范围也是广义的，既包括提供给职工本人的薪酬，又包括提供给职工配偶、子女或其他被赡养人在医疗、教育等方面的福利；既包括提供给在职职工的薪酬，又包括职工离职后向其提供的辞退福利；既包括货币性薪酬，又包括非货币性薪酬，如企业作为福利向职工提供的自产产品、住房、汽车，或对职工的股份支付，或为职工无偿提供医疗保健服务，或以商业保险形式向职工提供的保险待遇等。《职工薪酬准则》规定的职工薪酬主要包括以下内容：

(1)短期薪酬，是指企业在职工提供相关服务的年度报告期间结束后 12 个月内需要全部予以支付的职工薪酬，因解除与职工的劳动关系给予的补偿除外。短期薪酬具体包括：职工工资、奖金、津贴和补贴，职工福利费，医疗保险费、工伤保险费和生育保险费等社会保险费，住房公积金，工会经费和职工教育经费，短期带薪缺勤，短期利润分享计划，非货币性福利以及其他短期薪酬。

①职工工资、奖金、津贴和补贴，是指企业按照构成工资总额的计时工资、计件工资、支付给职工的超额劳动报酬等的劳动报酬，为了补偿职工特殊或额外的劳动消耗和因其他特殊原因支付给职工的津贴，以及为了保证职工工资水平不受物价影响支付给职工的物价补贴等。其中，企业按照短期奖金计划向职工发放的奖金属于短期薪酬，按照长期奖金计划向职工发放的奖金属于其他长期职工福利。

②职工福利费，是指企业向职工提供的生活困难补助、丧葬补助费、抚恤费、职工异地安家费、防暑降温费等职工福利支出。

③医疗保险费、工伤保险费和生育保险费等社会保险费，是指企业按照国家规定的基准和比例计算，向社会保险经办机构缴存的医疗保险费、工伤保险费和生育保险费。

④住房公积金，是指企业按照国务院《住房公积金管理条例》规定的基准和比例计算，向住房公积金管理机构缴存的住房公积金。

⑤工会经费和职工教育经费，是指企业为了改善职工文化生活、为职工学习先进技术和提高文化水平及业务素质，用于开展工会活动和职工教育及职业技能培训等相关支出。

⑥非货币性福利，是指企业以自己的产品或外购商品发放给职工作为福利，企业提供给职工无偿使用自己拥有的资产或租赁资产供职工无偿使用，比如提供给企业高级管理人员使用的住房，免费为职工提供诸如医疗保健的服务，或向职工提供企业支付了一定补贴的商品或服务等，比如以低于成本的价格向职工出售住房等。

(2)带薪缺勤，是指企业支付工资或提供补偿的职工缺勤，包括年休假、病假、短期伤残、婚假、产假、丧假、探亲假等。

带薪缺勤分为累积带薪缺勤和非累积带薪缺勤。累积带薪缺勤，是指带薪缺勤权利可以结转下期的带薪缺勤，本期尚未用完的带薪缺勤权利可以在未来期间使用。非累积带薪缺勤，是指带薪缺勤权利不能结转下期的带薪缺勤，本期尚未用完的带薪缺勤权利将予以取消，并且职工离开企业时也无权获得现金支付。

如果累积带薪缺勤权利可以结转至超过职工为其提供相关服务的年度报告期间结束后 12 个月，为长期带薪缺勤，应当作为其他长期职工福利进行会计处理。

(3)利润分享计划，是指因职工提供服务而与职工达成的基于利润或其他经营成果提供薪酬的协议。

如果企业在职工为其提供相关服务的年度报告期间结束后12个月内，不需要全部支付利润分享计划产生的应付职工薪酬，该利润分享计划属于其他长期职工福利。

(4)离职后福利，是指企业为获得职工提供的服务而在职工退休或与企业解除劳动关系后，提供的各种形式的报酬和福利，短期薪酬和辞退福利除外。

离职后福利计划，是指企业与职工就离职后福利达成的协议，或者企业为向职工提供离职后福利制定的规章或办法等。离职后福利计划按照企业承担的风险和义务情况，可以分为设定提存计划和设定受益计划。其中，设定提存计划，是指企业向独立的基金缴存固定费用后，不再承担进一步支付义务的离职后福利计划。设定受益计划，是指除设定提存计划以外的离职后福利计划。

设定提存计划和设定受益计划的区分，取决于离职后福利计划的主要条款和条件所包含的经济实质。在设定提存计划下，企业的义务以企业应向独立主体缴存的提存金金额为限，职工未来所能取得的离职后福利金额取决于向独立主体支付的提存金金额，以及提存金所产生的投资回报，从而精算风险和投资风险实质上要由职工来承担。在设定受益计划下，企业的义务是为现在及以前的职工提供约定的福利，并且精算风险和投资风险实质上由企业来承担。

当企业负有下列义务时，该计划就是一项设定受益计划：

①计划福利公式不仅仅与提存金金额相关，且要求企业在资产不足以满足该公式的福利时提供进一步的提存金；

②通过计划间接或直接地对提存金的特定回报作出担保。设定受益计划可能是不注入资金的，或者可能全部或部分地由企业(有时由其职工)向独立主体以缴纳提存金形式注入资金，并由该独立主体向职工支付福利。到期时已注资福利的支付不仅取决于独立主体的财务状况和投资业绩，而且取决于企业补偿独立主体资产不足的意愿和能力。

在设定受益计划下，企业实质上承担着与计划相关的精算风险和投资风险。因此，设定受益计划所确认的费用并不一定是本期应付的提存金金额。

(5)辞退福利，是指企业在职工劳动合同到期之前解除与职工的劳动关系，或者为鼓励职工自愿接受裁减而给予职工的补偿。

辞退福利主要包括：

①在职工劳动合同尚未到期前，不论职工本人是否愿意，企业决定解除与职工的劳动关系而给予的补偿。

②在职工劳动合同尚未到期前，为鼓励职工自愿接受裁减而给予的补偿，职工有权利选择继续在职或接受补偿离职。

辞退福利通常采取解除劳动关系时一次性支付补偿的方式，也采取在职工不再为企业带来经济利益后，将职工工资支付到辞退后未来某一期间的方式。

企业应当根据辞退福利的定义和包括的内容，区分辞退福利与正常退休的养老金。辞退福利是在职工与企业签订的劳动合同到期前，企业根据法律与职工本人或职工代表(如工会)签订的协议，或者基于商业惯例，承诺当其提前终止对职工的雇佣关系时支付的补偿，引发补偿的事项是辞退，因此，企业应当在辞退职工时进行辞退福利的确认和计量。而职工在正常退休时获得的养老金，是其与企业签订的劳动合同到期时，或者职工达到了国家规定的退休年龄时获得的退休后生活补偿金额，引发补偿的事项是职工在职时提供的服务，而不是退休本身，因此，企业应当在职工提供服务的会计期间进行养老金的确认和计量。另外，职工虽然没有与企业解除劳动合同，但未来不再为企业提供服务，不能为企业带来经济利益，企业承诺提供实质上具有辞退福利性质的经济补偿的，如发生“内退”的情况，在其正式退休日期之前应当比照辞退福利处理，在其正式退休日期之后应当按照离职后福利处理。

(6)其他长期职工福利，是指除短期薪酬、离职后福利、辞退福利之外所有的职工薪酬，包括长期带薪缺勤、长期残疾福利、长期利润分享计划等。

由此可见，职工薪酬是企业因接受职工提供服务而产生的所有义务。

二、职工薪酬的确认和计量

（一）职工薪酬的确认

1. 一般职工薪酬的确认原则

《职工薪酬准则》规定，企业应当在职工为其提供服务的会计期间，将应付的职工薪酬确认为负债，除因解除与职工的劳动关系给予的补偿，即辞退福利外，应当根据职工提供服务的受益对象，分别下列情况处理：

（1）应由生产产品、提供劳务负担的职工薪酬，计入产品成本或劳务成本。

（2）应由在建工程、开发无形资产负担的职工薪酬，计入建造固定资产或无形资产成本。

（3）其他职工薪酬，计入管理费用、销售费用等当期损益。

（4）难以认定受益对象的非货币性福利，计入管理费用。

2. 辞退福利的确认

对于辞退福利，《职工薪酬准则》规定，企业在职工劳动合同到期之前解除与职工的劳动关系，或者为鼓励职工自愿接受裁减而提出给予补偿的建议，同时满足下列条件的，应当确认因解除与职工的劳动关系给予补偿而产生的预计负债，同时计入当期管理费用：

（1）企业已经制定正式的解除劳动关系计划或提出自愿裁减建议，并即将实施。

（2）企业不能单方面撤回解除劳动关系计划或裁减建议。如果企业能够单方面撤回解除劳动关系计划或裁减建议，则表明未来经济利益流出不是很可能，因而不符合负债的确认条件。

（二）职工薪酬的计量

为了正确核算企业应付职工的各项薪酬，应设置"应付职工薪酬"总分类账户。该账户的贷方登记本期应发放给职工的薪酬总额，借方登记实际发放给职工的各种薪酬，期末贷方余额反映企业应付未付的职工薪酬。在"应付职工薪酬"总分类账户下，应按"工资"、"职工福利费"、"社会保险费"、"住房公积金"、"工会经费"、"职工教育经费"、"非货币性福利"、"辞退福利"、"累计带薪缺勤"、"设定提存计划"、"利润分享计划"等进行明细核算。

1. 短期薪酬

（1）工资、奖金、津贴和补贴。

工资、奖金、津贴和补贴是企业使用职工的知识、技能、时间和精力而给予职工的劳动报酬。应付工资是企业对职工个人的一项负债，因为企业支付职工工资的发放日与资产负债表的编制日不一致，企业本期工资往往在下一期期初支付，而根据收入与费用的配比原则，尚未支付的本期工资应在本会计期结束时在形成与本期收入配比的费用的同时，就形成了企业对职工的一项负债。

工资、奖金、津贴和补贴总额是企业在一定时间内应支付给本单位全部职工的劳动报酬。工资由以下五部分组成：①计时工资或计件工资；②奖金；③津贴和补贴；④加班加点工资；⑤特殊情况下支付的工资。

应付工资的核算通过在"应付职工薪酬"总分类账户下设置"工资薪金"明细分类账户进行。该账户的贷方反映应付职工的工资，借方反映实际支付给职工的工资，期末贷方余额反映应付未付的工资。应付工资的会计核算主要包括工资结算和工资费用分配两个方面。

工资的结算应视企业的具体情况而定，有些企业根据每位职工的出勤日及日工资单来计算应付工资额，有些企业根据每位职工的生产产量来确定应付工资额。财务会计部分还要计算每位职工的代扣款项，在发放工资时，应从应付工资中扣还的各种款项（如企业代垫的房租、家属药费等）或代扣的各种款项（如职工个人需要缴纳的养老保险、住房公积金、个人所得税等），应根据"工资结算汇总表”中扣还或代扣款项的金额，借记“应付职工薪酬——工资薪金”账户，贷记“其他应收款”、“其他应付款”、“应交税费——应交个人所得税”等账户。实际发放给职工的工资，应借记“应付职工薪酬——工资薪金”账户，贷记“库存现金”、“银行存款”账户。若企业采用现金发放职工工资，对于职工在规定期限内未领取的工资，由发放工资的单位及时交回财务部门，借记“库存现金”账户，贷记“其他应付款”账户。

工资费用的分配是指企业根据职工提供服务情况和职工货币薪酬的标准，计算出应计入职工薪酬的金额后，按照收益对象计入相关成本或当期费用，借记“生产成本”、“制造费用”、“管理费用”、“销售费用”、“在建工程”、“研发支出”等账户，贷记“应付职工薪酬——工资薪金”账户。

(2)以工资为基础计提的工会经费和职工教育经费。

对于工会经费和职工教育经费，企业应当按照国家相关规定，分别按照职工工资总额的2%和1.5%计量应付职工薪酬义务和应相应计入成本费用的薪酬金额。从业人员技术要求高、培训任务重、经济效益好的企业，可以根据国家有关规定，按照职工工资总额的2.5%计量应计入成本费用的职工教育经费。

(3)以工资为基础计提的职工福利费。

企业应当根据历史经验数据和实际情况，合理预计当期应付职工薪酬。当期实际发生金额大于预计金额的，应当补提应付职工薪酬；当期实际发生金额小于预计金额的，应当冲回多提的应付职工薪酬。

(4)以工资为基础计提的社会保险费和住房公积金。

对于医疗保险费、工伤保险费、生育保险费等社会保险费和住房公积金，企业应当按照国务院、所在地政府规定的标准计量应付职工薪酬义务和应相应计入成本费用的薪酬金额。需要注意的是，我国目前的社会保险费和住房公积金分成两部分：一是由职工自己承担、企业代扣代缴的，二是由企业为职工缴纳的。由职工自己承担、企业代扣代缴的部分在工资发放，结算代扣款时，借记“应付职工薪酬——工资薪金”账户，贷记“其他应付款”账户；由企业为职工缴纳的部分在分配时，才是贷记“应付职工薪酬——社会保险费”等明细账户。

例13　甲公司2×15年1月应付工资1 000万元，其中：生产部门直接生产人员工资500万元，生产部门管理人员工资100万元，公司管理部门人员工资180万元，公司专设产品销售机构人员工资50万元，建造厂房人员工资170万元。

根据所在地政府的规定，甲公司分别按照职工工资总额的12%、2%和7%计提医疗保险费、工伤保险费和住房公积金；分别按照职工工资总额的2%和1.5%计提工会经费和职工教育经费；根据2×14年实际发生职工福利费的情况，甲公司预计2×15年度应承担的职工福利费金额为职工工资总额的4.5%。

本月按职工工资总额的2%和7%代扣职工医疗保险费和住房公积金，代扣个人所得税96万元，扣除职工房租4万元，余额发放到各职工的工资卡上。

分析：2×15年1月份，甲公司的有关会计处理如下：

应计入生产成本的薪酬金额＝500×(1＋12%＋2%＋7%＋2%＋1.5%＋4.5%)
＝645(万元)

应计入制造费用的薪酬金额＝100×(1＋12%＋2%＋7%＋2%＋1.5%＋4.5%)
＝129(万元)

应计入管理费用的薪酬金额＝180×(1＋12%＋2%＋7%＋2%＋1.5%＋4.5%)
＝232.2(万元)

应计入销售费用的薪酬金额＝50×(1＋12%＋2%＋7%＋2%＋1.5%＋4.5%)
＝64.5(万元)

应计入在建工程的薪酬金额＝170×(1＋12%＋2%＋7%＋2%＋1.5%＋4.5%)
＝219.3(万元)

①分配这些以工资为基础的货币性职工薪酬时：

借：生产成本	6 450 000	
制造费用	1 290 000	
管理费用	2 322 000	
销售费用	645 000	
在建工程	2 193 000	
贷：应付职工薪酬——工资		10 000 000
——职工福利费		450 000
——社会保险费		1 400 000
——住房公积金		700 000
——工会经费		200 000
——职工教育经费		150 000

②通过银行转账，向职工实际发放工资时：

实发工资＝1 000－1000×(2%＋7%)－96－4＝810(万元)

借：应付职工薪酬——工资	8 100 000	
贷：银行存款		8 100 000

③结算代扣款时：

借：应付职工薪酬——工资	1 900 000	
贷：其他应付款——社会保险费		200 000
——住房公积金		700 000
应交税费——应交个人所得税		960 000
其他应收款		40 000

④开出转账支票，向有关部门缴纳社会保险费、住房公积金以及个人所得税时：

借：其他应付款——社会保险费	200 000	
——住房公积金	700 000	
应交税费——应交个人所得税	960 000	
应付职工薪酬——社会保险费	1 400 000	
——住房公积金	700 000	
贷：银行存款		3 960 000

需要指出的是"应付职工薪酬"账户下专设的"职工福利"明细账户。该账户的贷方登记企业当期估计以及补提的福利费，借方登记企业当期实际发生的以及冲回多提的应付福利费，年终结账后，该明细账户一般无余额。

例14 承例13，甲公司1月份对家庭生活困难职工发放了帮困金50 000元，2×15年1月31日，按照当月应付职工工资预提了当月的应付福利费。

实际发放帮困金时，甲公司应编制会计分录如下：

借：应付职工薪酬——职工福利	50 000	
贷：库存现金		50 000

(5)非货币性福利。

非货币性福利是指企业以自制或外购的商品发放给职工以及无偿向职工提供资产使用权等以非货币的形式向职工提供的薪酬。

①以自产或外购的商品发送给职工作为福利。

企业以其自产产品作为非货币性福利发放给职工的，应当根据受益对象，按照该产品的公允价值，计入相关资产成本或当期损益，同时确认应付职工薪酬，并确认为主营业务收入，其销售成本的结转与正常商品销售相同。

例15 甲公司是一家彩电生产企业，有职工200名，其中，一线生产工人为170名，总部管理人员为30名。2×14年2月，甲公司决定以其生产的液晶彩色电视机作为福利发放给职工。该彩色电视机单位成本为10 000元，单位计税价格(公允价值)为14 000元，适用的增值税税率为17%。甲公司的会计处理如下：

①决定发放非货币性福利时：

借：生产成本 2 784 600

　管理费用 491 400

　贷：应付职工薪酬——非货币性福利 3 276 000

计入生产成本的金额=170×14 000×(1+17%)=2 784 600(元)

计入管理费用的金额=30×14 000×(1+17%)=491 400(元)

②实际发放非货币性福利时：

借：应付职工薪酬——非货币性福利 3 276 000

　贷：主营业务收入 2 800 000

　　应交税费——应交增值税(销项税额) 476 000

借：主营业务成本 2 000 000

　贷：库存商品 2 000 000

企业以外购的商品作为非货币性福利发放给职工的，应当根据受益对象，按照该产品的公允价值和相关税费，计入相关资产成本或当期损益，同时确认应付职工薪酬。

例16 续例15，甲公司为增值税一般纳税企业，于2×15年1月8日采购一批商品作为春节福利发放给职工。增值税专用发票上注明价款为40 000元，增值税为6 800元，所有货款已通过银行存款支付。甲公司的会计处理如下：

①采购时：

借：应付职工薪酬——非货币性福利 46 800

　贷：银行存款 46 800

②发放时：

借：生产成本 39 780

　管理费用 7 020

　贷：应付职工薪酬——非货币性福利 46 800

②企业将拥有或租赁的房屋等资产无偿提供给职工使用。

企业将拥有的房屋等资产无偿提供给职工使用的，应当根据受益对象，将该住房每期应计提的折旧计入相关资产成本或当期损益，同时确认应付职工薪酬。租赁住房等资产供职工无偿使用的，应当根据受益对象，将每期应付的租金计入相关资产成本或当期损益，并确认应付职工薪酬。难以认定受益对象的非货币性福利，直接计入当期损益(管理费用)和应付职工薪酬。

例17 乙公司决定为每位部门经理提供轿车免费使用，同时为每位副总裁租赁一套住房免费使用。乙公司部门经理共有20名，副总裁共有5名。假定每辆轿车的月折旧额为1 000元，每套住房的租金为8 000元。乙公司的会计处理如下：

①计提轿车折旧时：

借：管理费用 20 000

贷:应付职工薪酬——非货币性福利 20 000

借:应付职工薪酬——非货币性福利 20 000

贷:累计折旧 20 000

②确认住房租金费用时:

借:管理费用 40 000

贷:应付职工薪酬——非货币性福利 40 000

借:应付职工薪酬——非货币性福利 40 000

贷:银行存款(或其他应付款) 40 000

(6)短期带薪缺勤。

①累积带薪缺勤。

企业应当在职工提供了服务从而增加了其未来享有的带薪缺勤权利时,确认与累积带薪缺勤相关的职工薪酬,并以累积未行使权利而增加的预期支付金额计量。有些累积带薪缺勤在职工离开企业时,对于未行使的权利,职工有权获得现金支付。职工在离开企业时能够获得现金支付的,企业应当确认企业必须支付的、职工全部累积未使用权利的金额。企业应当根据资产负债表日因累积未使用权利而导致的预期支付的追加金额,作为累积带薪缺勤费用进行预计。

例 18 乙公司共有 800 名职工,从 2×14 年 1 月 1 日起,该公司实行累积带薪缺勤制度。该制度规定,每个职工每年可享受 5 个工作日带薪年休假,未使用的年休假只能向后结转一个日历年度,超过 1 年未使用的权利作废;职工休年休假时,首先使用当年可享受的权利,不足部分再从上年结转的带薪年休假中扣除;职工离开公司时,对未使用的累积带薪年休假无权获得现金支付。

2×14 年 12 月 31 日,每个职工当年平均未使用带薪年休假为 2 天。乙公司预计 2×15 年有 780 名职工将享受不超过 5 天的带薪年休假,剩余 20 名职工每人将平均享受 6 天半年休假,假定这 20 名职工全部为总部管理人员,该公司平均每名职工每个工作日工资为 600 元。

根据上述资料,乙公司职工 2×14 年已休带薪年休假的,由于在休假期间照发工资,因此,相应的薪酬已经计入公司每月确认的薪酬金额中。与此同时,公司还需要预计职工 2×14 年享有但尚未使用的、预期将在下一年度使用的累积带薪缺勤,并计入当期损益或者相关资产成本。在本例中,乙公司在 2×14 年 12 月 31 日预计由于职工累积未使用的带薪年休假权利而导致预期将支付的工资负债即为 30 天(20×1.5 天)的年休假工资金额 18 000 元(30×600),并作如下账务处理:

借:管理费用 18 000

贷:应付职工薪酬——累积带薪缺勤 18 000

②非累积带薪缺勤。

我国企业职工休婚假、产假、丧假、探亲假、病假期间的工资通常属于非累积带薪缺勤。由于职工提供服务本身不能增加其能够享受的福利金额,企业在职工未缺勤时不应当计提相关费用和负债。为此,企业应当在职工实际发生缺勤的会计期间确认与非累积带薪缺勤相关的职工薪酬。企业确认职工享有的与非累积带薪缺勤权利相关的薪酬,视同职工出勤确认的当期损益或相关资产成本。通常情况下,与非累积带薪缺勤相关的职工薪酬已经包括在企业每期向职工发放的工资等薪酬中,因此,不必额外作相应的账务处理。

(7)短期利润分享计划(或奖金计划)。

企业制定有短期利润分享计划的,如当职工完成规定业绩指标,或者在企业工作了特定期限后,能够享有按照企业净利润的一定比例计算的薪酬,企业应当按照准则的规定,进行有关会计处理。

短期利润分享计划同时满足下列条件的,企业应当确认相关的应付职工薪酬,并计入当期损益或相关资产成本:

①企业因过去事项导致现在具有支付职工薪酬的法定义务或推定义务。

②因利润分享计划所产生的应付职工薪酬义务能够可靠估计。

属于下列三种情形之一的，视为义务金额能够可靠估计：

①在财务报告批准报出之前企业已确定应支付的薪酬金额。

②该利润分享计划的正式条款中包括确定薪酬金额的方式。

③过去的惯例为企业确定推定义务金额提供了明显证据。

企业在计量利润分享计划产生的应付职工薪酬时，应当反映职工因离职而没有得到利润分享计划支付的可能性。如果企业预期在职工为其提供相关服务的年度报告期间结束后12个月内，不需要全部支付利润分享计划产生的应付职工薪酬，该利润分享计划应当适用企业会计准则其他长期职工福利的有关规定。

企业根据经营业绩或职工贡献等情况提取的奖金，属于奖金计划，应当比照短期利润分享计划进行处理。

例19 甲公司于2×14年初制定和实施了一项短期利润分享计划，以对公司管理层进行激励。该计划规定，公司全年的净利润指标为2 000万元，如果在公司管理层的努力下完成的净利润超过2 000万元，公司管理层将可以分享超过2 000万元净利润部分的10%作为额外报酬。假定至2×14年12月31日，丙公司全年实际完成净利润2 500万元。假定不考虑离职等其他因素，则甲公司管理层按照利润分享计划可以分享利润50万元[(2 500－2 000)×10%]作为其额外的薪酬。

甲公司2×14年12月31日的相关账务处理如下：

借：管理费用	500 000	
贷：应付职工薪酬——利润分享计划		500 000

2. 离职后福利

离职后福利包括退休福利(如养老金和一次性的退休支付)及其他离职后福利(如离职后人寿保险和离职后医疗保障)。企业向职工提供了离职后福利的，无论是否设立了单独主体接受提存金并支付福利，均应当对离职后福利进行会计处理。

职工正常退休时获得的养老金等离职后福利，是职工与企业签订的劳动合同到期或者职工达到国家规定的退休年龄时，获得的离职后生活补偿金额。企业给予补偿的事项是职工在职时提供的服务而不是退休本身，因此，企业应当在职工提供服务的会计期间对离职后福利进行确认和计量。离职后福利分为设定提存计划和设定受益计划两种类型。

(1)设定提存计划。

对于设定提存计划，企业应当根据在资产负债表日为换取职工在会计期间提供的服务而应向单独主体缴存的提存金，确认为职工薪酬负债，并计入当期损益或相关资产成本。根据设定提存计划，预期不会在职工提供相关服务的年度报告期结束后12个月内支付全部应缴存金额的，企业应当按照规定的折现率，将全部应缴存金额以折现后的金额计量应付职工薪酬。

例20 承例13，甲公司根据所在地政府规定，按照职工工资总额的12%计提基本养老保险费，缴存当地社会保险经办机构。

2×15年1月，甲公司缴存的基本养老保险费，应计入生产成本的金额为60万元，应计入制造费用的金额为12万元，应计入管理费用的金额为21.6万元，应计入销售费用的金额为6万元，应计入在建工程的金额为20.4万元。甲公司的账务处理如下：

借：生成成本	600 000
制造费用	120 000
管理费用	216 000

销售费用　　60 000
在建工程　　204 000
　贷：应付职工薪酬——设定提存计划　　1 200 000

(2)设定受益计划。

设定受益计划是指除设定提存计划以外的离职后福利计划。在设定提存计划下，企业的法定义务是按照约定的金额向基金缴存养老保险金，职工在退休后能获得多少金额取决于在职期间企业为其缴纳的金额在基金运作下产生的收益；因此，精算风险和投资风险实质上要由职工来承担。而在设定受益计划下，企业不仅要承担为职工缴存养老保险金的义务，还要承担精算风险和投资风险。

当企业通过以下方式负有法定义务时，该计划就是一项设定受益计划：

①计划福利公式不仅与提存金金额相关，并且要求企业在资产不足以满足该公式的福利时提供进一步的提存金；

②通过计划间接或直接的对提存金的特定回报作为担保。

企业对设定受益计划的会计处理通常包括下列四个步骤：

步骤一：确定设定受益义务现值和当期服务成本。

企业应当通过下列两步确定设定受益义务现值和当期服务成本。

①根据预期累计福利单位法，采用无偏且相互一致的精算假设对有关人口统计变量（如职工离职率和死亡率）和财务变量（如未来薪金和医疗费用的增加）等作出估计，计量设定受益计划所产生的义务，并确定相关义务的归属期间。

②根据资产负债表日与设定受益计划义务期限和币种相匹配的国债或活跃市场上的高质量公司债券的市场收益率确定折现率，将设定受益计划所产生的义务予以折现，以确定设定受益计划义务的现值和当期服务成本。设定受益义务的现值，是指企业在不扣除任何计划资产的情况下，为履行当期和以前期间职工服务产生的义务所需的预期未来支付额的现值。当期服务成本，是指职工当期提供服务所导致的设定受益计划义务现值的增加额。

例21　假设甲企业在2×14年1月1日设立了一项设定受益计划，并于当日开始实施。该设定受益计划具体规定如下：

①甲企业向所有在职员工提供统筹外补充退休金，这些职工在退休后每年可以额外获得20万元退休金，直至去世。

②职工获得该额外退休金基于自该计划开始日期为公司提供的服务，而且应当自该设定受益计划开始日起一直为公司服务至退休。为简化起见，假定符合计划的职工为100人，当前平均年龄为40岁，退休年龄为60岁，还可以为公司服务20年。假定在退休前无人离职，退休后平均剩余寿命为15年。假定适用的折现率为10%，并且假定不考虑未来通货膨胀影响等其他因素。

计算设定受益计划义务及其现值，如表10—1所示。计算职工服务期间每期服务成本，如表10—2所示。

表10—1　计算设定受益计划义务及其现值　　单位：万元

	退休后第1年	退休后第2年	退休后第3年	退休后第4年	……	退休后第14年	退休后第15年
(1)当年支付	2 000	2 000	2 000	2 000	……	2 000	2 000
(2)折现率	10%	10%	10%	10%	……	10%	10%
(3)复利现值系数	0.9091	0.8264	0.7513	0.6830	……	0.2633	0.2394

续表

	退休后第1年	退休后第2年	退休后第3年	退休后第4年	……	退休后第14年	退休后第15年
(4)退休时点现值=(1)×(3)	1 818	1 653	1 503	1 366	……	527	479
(5)退休时点现值合计	15 212						

表10-2 **计算职工服务期间每期服务成本** 单位:万元

服务年份	服务第1年	服务第2年	……	服务第19年	服务第20年
福利归属			……		
——以前年度	0	760.6	……	13 690.8	14 451.4
——当年	760.6	760.6	……	760.6	760.6
——以前年度+当年	760.6	1 521.2	……	14 451.4	15 212
期初义务	0	124.36	……	11 314.77	13 137.64
利息	0	12.44	……	1 131.48	1 313.76
当期服务成本	124.36*	136.78**	……	691.39***	760.6
期末义务	124.36	253.78		13 137.64	15 212****

注:*124.36=760.6/$(1+10\%)^{19}$

**136.78=760.6/$(1+10\%)^{18}$

***691.39=760.6/(1+10%)

****含尾数调整。

服务第1年至第20年的账务处理如下:

借:管理费用(或相关资产成本) 1 243 600

贷:应付职工薪酬——设定受益计划 1 243 600

服务第2年年末,甲企业的账务处理如下:

借:管理费用(或相关资产成本) 1 367 800

贷:应付职工薪酬——设定受益计划 1 367 800

借:财务费用(或相关资产成本) 124 400

贷:应付职工薪酬——设定受益计划 124 400

服务第3年至第20年,以此类推处理。

步骤二:确定设定受益计划净负债或净资产。

设定受益计划存在资产的,企业应当将设定受益计划义务现值减去设定受益计划资产公允价值所形成的赤字或盈余,确认为一项设定受益计划净负债或净资产。

设定受益计划存在盈余的,企业应当以设定受益计划的盈余和资产上限两项的孰低者计量设定受益计划净资产。其中,资产上限,是指企业可从设定受益计划退款或减少未来对设定受益计划缴存资金而获得的经济利益的现值。

计划资产包括长期职工福利基金持有的资产以及符合条件的保险单,不包括企业应付但未付给基金的提存金以及由企业发行并由基金持有的任何不可转换的金融工具。

例22 假设某企业的设定受益计划的补充养老金,按照预期累计福利单位法计算出设定受益计划的总负债为8 000万元,若该企业专门购置了国债作为计划资产,这笔国债2×15年的公允价值为5 000万元,假设该国债仅能用于偿付企业的福利计划负债(除非在支付所有计划负债后尚有盈余)，且除福利计划负债以外，该企业的其他债权人不能要求用于偿付其他负债，公司没有最低缴存额的现值，则整个设定受益计划净负债为3 000万元。如果该笔国债2×16年的公允价值为1.5亿元，则该项设定受益计划存在盈余为7 000万元，假设该企业可从设定受益计划退款或减少未来对该计划缴存资金而获得的经济利益的现值(即资产上限)为1亿元，则该项设定受益计划净资产为7 000万元。

步骤三：确定应当计入当期损益的金额。

报告期末，企业应当在损益中确认的设定受益计划产生的职工薪酬成本包括服务成本和设定受益净负债或净资产的利息净额。

①服务成本包括当期服务成本、过去服务成本和结算利得或损失。

当期服务成本，是指因职工当期服务导致的设定受益义务现值的增加额。

过去服务成本，是指设定受益计划修改所导致的与以前期间职工服务相关的设定受益计划义务现值的增加或减少。过去服务成本不包括下列各项：

a.以前假定的薪酬增长金额与实际发生金额之间的差额，对支付以前年度服务产生的福利义务的影响；

b.企业对支付养老金增长金额具有推定义务的，对可自行决定养老金增加金额的高估和低估；

c.财务报表中已确认的精算利得或计划资产回报导致的福利变化的估计；

d.在没有新的福利或福利改进的情况下，职工达到既定要求之后导致既定福利(即并不取决于未来雇佣的福利)的增加。

结算利得或损失。企业应当在设定受益计划结算时，确认一项结算利得或损失。设定受益计划结算利得或损失是下列两项的差额：在结算日确定的设定受益计划义务现值；结算价格，包括转移的计划资产的公允价值和企业直接发生的与结算相关的支付。

②设定受益计划净负债或净资产的利息净额。

设定受益计划净负债或净资产的利息净额，是指设定受益计划净负债或净资产在所处期间由于时间流逝产生的变动。包括计划资产的利息收益、设定受益计划义务的利息费用以及资产上限影响的利息。

例23 假设某企业2×15年初有设定受益计划净负债1亿元，2×15年初折现率为10%，假设没有福利支付和提存金缴存，则其利息费用净额为1亿元×10%。2×15年末企业应当进行如下会计处理：

借：财务费用	10 000 000	
贷：应付职工薪酬——设定受益计划		10 000 000

若2×15年初有设定受益计划净资产5 000万元，假设2×15年初折现率为10%，则其利息收入净额为5 000万元×10%。2×16年末企业应当进行如下会计处理：

借：应付职工薪酬——设定受益计划	5 000 000	
贷：财务费用		5 000 000

步骤四：确定应当计入其他综合收益的金额。

设定受益计划净负债或净资产的重新计量应当计入其他综合收益，且在后续期间不应重分类计入损益，但是企业可以在权益范围内转移这些在其他综合收益中确认的金额。

重新计量设定受益计划净负债或净资产所产生的变动包括下列部分：精算利得和损失；计划资产回报，扣除包含在设定受益计划净负债或净资产的利息净额中的金额；资产上限影响的变动，扣除包含在设定受益计划净负债或净资产的利息净额中的金额。

需要特别注意的是，要区分应当计入当期损益的金额和应当计入其他综合收益的金额。计入当期损益的金额包括：①当期服务成本；②过去服务成本；③结算利得和损失；④设定受益计划净负债或净资产的利息净额。计入其他综合收益的金额包括:①精算利得和损失;②计划资产回报,扣除包含在设定受益计划净负债或净资产的利息净额中的金额;③资产上限影响的变动,扣除包含在设定受益计划净负债或净资产的利息净额中的金额。

例 24 假设 2×15 年末甲企业进行精算重估的时候发现折现率变动导致重新计量设定受益计划净负债的增加额共计 500 万元。2×15 年末甲企业应当进行如下会计处理:

借:其他综合收益——设定受益计划净负债重新计量　　5 000 000

　　贷:应付职工薪酬——设定受益计划　　5 000 000

3. 辞退福利

《职工薪酬准则》规定的辞退福利包括两方面内容:一是在职工劳动合同尚未到期前,不论职工本人是否愿意,企业决定解除与职工的劳动关系而给予的补偿。二是在职工劳动合同尚未到期前,为鼓励职工自愿接受裁减而给予的补偿,职工有权利选择继续在职或接受补偿离职。辞退福利包括当公司控制权发生变动时,对辞退的管理层人员进行补偿的情况。

辞退福利的计量因辞退计划中职工有无选择权而有所不同,具体如下:

(1)对于职工没有选择权的辞退计划,应当根据计划条款规定拟解除劳动关系的职工数量、每一职位的辞退补偿等计提应付职工薪酬(预计负债)。

(2)对于自愿接受裁减的建议,因接受裁减的职工数量不确定,企业应当根据《企业会计准则第 13 号——或有事项》的规定,预计将会接受裁减建议的职工数量,根据预计的职工数量和每一职位的辞退补偿等计提应付职工薪酬(预计负债)。

(3)对于辞退福利预期在年度报告期间期末后 12 个月内不能完全支付的辞退福利,企业应当适用关于其他长期职工福利的相关规定,即企业应当选择恰当的折现率,以折现后的金额计量应计入当期管理费用的辞退福利金额,该项金额与实际应支付的辞退福利款项之间的差额,作为未确认融资费用。

由于被辞退的职工不再为企业带来未来经济利益,因此,对于所有辞退福利,均应当于辞退计划满足《职工薪酬准则》预计负债确认条件的当期计入管理费用,同时在"应付职工薪酬"总分类账户下专门设置"辞退福利"明细账户进行核算。

实施职工内部退休计划的,企业应当比照辞退福利处理。在内退计划符合企业会计准则规定的确认条件时,企业应当按照内退计划规定,将自职工停止提供服务日至正常退休日期间、企业拟支付的内退职工工资和缴纳的社会保险费等,确认为应付职工薪酬,一次性计入当期损益,不能在职工内退后各期分期确认因支付内退职工工资和为其缴纳社会保险费等产生的义务。

例 25 东明公司为一家家用电器制造企业,2×15 年 6 月,为了能够在下一年度顺利实施转产,公司管理层制定了一项以职工自愿为基础的辞退计划,其中包括辞退职工所在部门、数量、各级别职工能够获得的补偿以及计划大体实施的时间等具体内容。该计划已与职工沟通,并达成一致意见,并于当年 12 月 10 日经董事会正式批准,辞退计划将于下一个年度内 4 个月内实施完毕。该项辞退计划的详细内容如表 10—3 所示。

表 10—3　　东明公司 2×16 年辞退计划一览表

所属部门	级 别	辞退人数	工 龄	补偿金额(万元/人)	备 注
行政管理部门	科员	3	11～15 年	10	2×15 年开始实施,4 个月内实施完毕
	副主任科员	2	11～20 年	15	
	主任科员	2	20 年以上	30	
生产车间	车间主任	4	21～25 年	25	

东明公司2×15年12月31日预计各级别职工拟接受辞退职工数量的最佳估计数(最可能发生数)及其应支付的补偿如表10—4所示。

表10—4　　东明公司2×16年辞退计划实施预测表

所属部门	级别	辞退人数	工龄	接受人数	每人补偿金额(万元/人)	补偿金额(万元)
行政管理部门	科员	3	11～15年	2	10	20
	副主任科员	2	11～20年	1	15	15
	主任科员	2	20年以上	2	30	60
生产车间	车间主任	4	21～25年	3	25	75
合计		11		8		170

根据表10—4可知,愿意接受辞退职工的最可能数量为8名,预计补偿总额为170万元,则东明公司在2×15年(辞退计划于2×15年12月10日由董事会批准)应做如下账务处理:

借:管理费用　　1 700 000

　　贷:应付职工薪酬——辞退福利　　1 700 000

按照《企业会计准则第13号——或有事项》有关计算最佳估计数的方法,预计接受辞退的职工数量可以根据最可能发生的数量确定,也可以按照各种发生数量及其发生概率计算确定。

三、以现金结算的股份支付

股份支付,是"以股份为基础的支付"的简称,是指企业为获取职工和其他方提供服务而授予权益工具或者承担以权益工具为基础确定的负债的交易。根据股份支付的定义,股份支付具有以下特征:一是股份支付是企业与职工或其他方之间发生的交易。以股份为基础的支付可能发生在企业与股东之间、合并交易中的合并方与被合并方之间或者企业与其职工之间,只有发生在企业与其职工或向企业提供服务的其他方之间的交易,才可能符合股份支付的定义。二是股份支付是以获取职工或其他方服务为目的的交易。企业在股份支付交易中意在获取其职工或其他方提供的服务(费用)或取得这些服务的权利(资产)。企业获取这些服务或权利的目的是用于其正常生产经营,不是转手获利等。三是股份支付交易的对价或其定价与企业自身权益工具未来的价值密切相关。股份支付交易与企业及其职工间其他类型交易的最大不同,是交易对价或其定价与企业自身权益工具未来的价值密切相关。在股份支付中,企业要么向职工支付其自身权益工具,要么向职工支付一笔现金,而其金额高低取决于结算时企业自身权益工具的公允价值。对价的特殊性可以说是股份支付定义中最突出的特征。按照最终职工获得的是股权还是货币性薪酬,股份支付分为以权益结算的股份支付以及以现金结算的股份支付。以权益结算的股份在本书所有者权益章节中介绍,本章主要阐述以现金结算的股份支付的确认、计量。

以现金结算的股份支付,是指企业为获取服务而承担的以股份或其他权益工具为基础计算的交付现金或其他资产的义务的交易。以现金结算的股份支付最常用的工具有两类:模拟股票和现金股票增值权。它们是用现金支付模拟的股权激励机制,即与股票挂钩,但用现金支付。模拟股票模式是指公司授予激励对象一种"虚拟"的股票,激励对象可以据此享受一定数量的分红权和股价升值收益。如果实现公司的业绩目标,则被授予者可以据此享受一定数量的分红,但没有所有权和表决权,不能转让和出售,在离开公司时自动失效。在虚拟股票持有人实现既定目标条件下,公司用现金支付给持有人收益。现金股票增值权是指上市公司授予激励对象在未来一定时期和约定条件下获得规定数量的股票价格上升所带来收益的权利。被授权人在约定条件下行权,上市公司按照行权日与授权日二级市场股票差价乘以授权股票数量，发放给被授权人现金。享有股票增值权的激励对象不实际拥有股票，也不拥有股东表决权、配股权、分红权。股票增值权不能转让和用于担保、偿还债务等。每一份股票增值权与一股股票挂钩。每一份股票增值权的收益＝股票市价－授予价格。其中，股票市价一般为股票增值权持有者签署行权申请书当日的前一个有效交易日的股票收市价。

（一）以现金结算的股份支付的确认和计量

完成等待期内的服务或达到规定业绩条件以后才可行权的以现金结算的股份支付，在等待期内的每个资产负债表日，应当以对可行权情况的最佳估计为基础，按照资产负债表日企业承担的以股份或其他权益工具为基础计算确定的负债的公允价值重新计量，将当期取得的服务计入相关资产成本或费用，同时确认应付职工薪酬。

等待期，是指可行权条件得到满足的期间。

可行权日，是指可行权条件得到满足、职工具有从企业取得权益工具或现金的权利的日期。

对于授予后立即可行权的现金结算的股份支付（如授予虚拟股票或业绩股票的股份支付），企业应当在授予日按照企业承担负债的公允价值计入相关资产成本或费用，同时计入负债，并在结算前的每个资产负债表日和结算日对负债的公允价值重新计量，将其变动计入损益。

（二）以现金结算的股份支付的会计处理

在资产负债表日，企业应当根据最新取得的可行权职工人数变动等后续信息作出最佳估计，修正预计可行权的权益工具数量，计算截至当期累计应确认的成本费用金额，减去前期累计已确认金额，作为当期应确认的成本费用金额，同时确认应付职工薪酬。在可行权日，最终预计可行权权益工具的数量应当与实际可行权数量一致。

在可行权日之后，企业不再调整等待期内确认的成本费用，应付职工薪酬的公允价值变动计入当期损益（公允价值变动损益）。可行权日是指可行权条件得到满足、职工具有从企业取得权益工具或现金的权利的日期。

例 26 2×11 年 1 月 1 日，乙公司为其 100 名中层以上管理人员每人授予 100 份现金股票增值权，这些人员从 2×11 年 1 月 1 日起必须在该公司连续服务 3 年，即可自 2×13 年 12 月 31 日起根据股价的增长幅度获得现金，该增值权应在 2×15 年 12 月 31 日之前行使完毕。乙公司估计，该增值权在负债结算之前的每一资产负债表日以及结算日的公允价值和可行权后的每份增值权现金支出额如表 10－5 所示。

表 10－5 　　**乙公司现金股票增值权的公允价值及现金支出一览表** 　　单位：元

年　份	公允价值	支付现金
2×11	12	
2×12	14	
2×13	15	16
2×14	20	18
2×15		22

2×11 年，有 10 名管理人员离开乙公司，乙公司估计 3 年内还将有 8 名管理人员离开。2×12 年，又有 6 名管理人员离开公司，公司估计还将有 6 名管理人员离开。2×13 年，又有 4 名管理人员离开，假定有 40 人行使股票增值权取得了现金；2×14 年，有 30 人行使股票增值权取得了现金；2×15 年，有 10 人行使股票增值权取得了现金。

根据上述资料，乙公司计算各期应确认的应付职工薪酬和计入当期损益的金额，见表10—6。

当期应计入损益的金额＝应付职工薪酬期末余额＋当期支付的现金－应付职工薪酬期初余额

表10—6　　应付职工薪酬和计入当期损益一览表　　单位：元

年份	应付职工薪酬(1)	支付现金(2)	当期损益(3) (3)＝(1)－上期(1)＋(2)
2×11	(100－10－8)×100×12×1/3＝32 800		32 800
2×12	(100－10－6－6)×100×14×2/3＝72 800		72 800－32 800＝40 000
2×13	(100－10－6－4－40)×100×15＝60 000	40×100×16＝64 000	60 000＋64 000－72 800＝51 200
2×14	(100－10－6－4－40－30)×100×20＝20 000	30×100×18＝54 000	20 000＋54 000－60 000＝14 000
2×15	0	10×100×22＝22 000	0＋22 000－20 000＝2 000
总额	185 600	140 000	140 000

根据表10—6的资料，乙公司的会计处理如下：

(1)2×11年1月1日，不做处理。

(2)2×11年12月31日：

借：管理费用　　32 800

　贷：应付职工薪酬——股份支付　　32 800

(3)2×12年12月31日：

借：管理费用　　40 000

　贷：应付职工薪酬——股份支付　　40 000

(4)2×13年12月31日：

借：管理费用　　51 200

　贷：应付职工薪酬——股份支付　　51 200

借：应付职工薪酬——股份支付　　64 000

　贷：银行存款　　64 000

(5)2×14年12月31日：

借：公允价值变动损益　　14 000

　贷：应付职工薪酬——股份支付　　14 000

借：应付职工薪酬——股份支付　　54 000

　贷：银行存款　　54 000

(6)2×15年12月31日：

借：公允价值变动损益　　2 000

　贷：应付职工薪酬——股份支付　　2 000

借：应付职工薪酬——股份支付　　22 000

　贷：银行存款　　22 000

第三节　应交税费

企业在生产经营过程中，必须依照我国税法和其他法规的有关规定，承担各种税金和附加费的义务。这些应缴纳的税费应根据权责发生制原则的要求，在收入、利润实现当期予以计提入账，在其尚未实际缴纳之前暂时停留在企业中，形成了企业对国家的一项流动负债，即称为应交税费。

应交税费是指企业按照税法规定计算的各种应缴纳的税金及附加费，包括增值税、消费税、营业税、所得税、城市维护建设税、房产税、土地使用税、教育费附加、车船使用税以及企业代扣代缴的个人所得税等。

为了核算企业缴纳的各种税费，会计上需要设置"应交税费"账户，并按应交的税费项目进行明细核算。该账户的贷方登记应该缴纳的各种税费，借方主要登记实际缴纳的各种税费；期末贷方余额反映企业尚未缴纳的税费，期末借方余额反映企业多交或尚未抵扣的税费。

有些不需要申报应交金额和清缴结算的税金，如印花税等，不通过"应交税费"账户核算。

一、应交增值税

增值税是以生产、销售、进口商品和提供加工、修理修配劳务等各个环节上的增值额为征税对象的一种流转税。在中华人民共和国境内销售货物或者提供加工、修理修配劳务以及进口货物的单位和个人，为增值税的纳税人，应当依照 2008 年 11 月 5 日国务院第 34 次常务会议修订通过的《中华人民共和国增值税暂行条例》(以下简称《增值税暂行条例》)缴纳增值税。增值税为价外税，其计算与缴纳涉及企业作为增值税纳税人类型的认定。增值税纳税人的类型有一般纳税人和小规模纳税人两种，一般纳税人采用"购进扣税法"计算增值税额，小规模纳税人采用简易办法计算增值税额。

(一)账户设置

为了能够真实地反映增值税的应交、缴纳、抵扣、减免、退税等情况，避免企业重复纳税或纳税不足，企业需要在"应交税费"总分类账户下设置"应交增值税"二级明细账户，并要求一般纳税人企业对明细账户进一步设置三级明细专栏，其中包括借方的"进项税额"、"应交税费"等专栏，贷方的"销项税额"、"进项税转出"、"出口退税"、"转出多交增值税"、"转出未交增值税"等专栏。小规模纳税人不需要设置专栏进行核算。"应交增值税"明细账户的借方发生额，反映企业购进货物或接受应税劳务支付的进项税额、实际已缴纳的增值税等；贷方发生额，反映销售货物或者提供应税劳务应缴纳的增值税额，出口货物退税、转出已支付或应分担的增值税等；期末借方余额反映企业尚未抵扣的增值税，期末贷方余额反映企业应交未交的增值税。

(二)会计核算

1. 一般纳税人应交增值税的会计核算

按照《增值税暂行条例》的规定，一般纳税人采用"购进扣税法"计算增值税额，即企业购入货物或接受应税劳务支付的增值税(即进项税额)在满足一定条件下，可以从销售货物或提供应税劳务按规定收取的增值税(即销项税额)中抵扣。抵扣之后的增值税，为增值税一般纳税人需要向国家缴纳的增值税额。

(1)销项税额。

纳税人销售货物或者应税劳务，按照销售额和规定的税率计算并向购买方收取的增值税额，为销项税额。销项税额的计算公式为：销项税额＝销售额×税率。其中，销售额为纳税人销售货物或者应税劳务向购买方收取的全部价款和价外费用，但是不包括收取的销项税额。因此，一般纳税人出售货物或者提供应税劳务，如果开具的是增值税专用发票，在符合收入确认条件时，应按发票列示的售价确认收入，同时按发票上列示的增值税额作为销项税额入账；如果一般纳税人开具的是价税合并的普通发票，则应按公式"销售额＝含税销售额÷(1＋增值税税率)"，按还原的不含税销售额作为收入，并按不含税销售额计算销项税额入账。

例 27　A 企业为增值税一般纳税人，销售产品一批，价款 500 000 元，按规定应收取增值税额 85 000元，提货单和增值税专用发票已交给买方，款项尚未收到。A 企业应编制会计分录如下：

借：应收账款	585 000	
贷：主营业务收入		500 000

应交税费——应交增值税(销项税额) 85 000

例 28 M 企业为外单位代加工电脑桌 400 个,每个收取含税加工费 117 元,适用的增值税税率为 17%,加工完成,款项已收到并存入银行。M 企业应编制会计分录如下:

借:银行存款 46 800
　贷:主营业务收入 40 000
　　应交税费——应交增值税(销项税额) 6 800

一般纳税人销售货物或者应税劳务,开具增值税专用发票后,发生销售货物退回或者折让、开票有误等情形,应按国家税务总局的规定开具红字增值税专用发票,按照红字增值税专用发票冲销收入以及增值税销项税额;未按规定开具红字增值税专用发票的,增值税额不得从销项税额中扣减。

例 29 甲公司向乙公司销售一批商品,开出的增值税专用发票上注明的销售价格为80 000元,增值税税额为13 600元。乙公司在验收过程中发现商品质量不合格,要求在价格上给予 5%的折让。假定甲公司已确认销售收入,款项尚未收到,发生的销售折让开具了红字增值税专用发票,允许扣减当期增值税税额,不考虑其他因素。甲公司在发生销售折让时的会计处理如下:

借:主营业务收入 4 000
　应交税费——应交增值税(销项税额) 680
　贷:应收账款 4 680

例 30 甲公司为增值税一般纳税人,2×15 年 5 月 5 日,于 2×14 年 12 月 10 日向乙公司销售的一批商品因质量问题被乙公司退回。该批商品当初销售时开出的增值税专用发票上注明的销售价格为50 000元,增值税税额为8 500元,乙公司已支付所有款项;该批商品的成本为26 000元。甲公司开具了红字增值税专用发票,收回商品并于当日退给乙公司货款。甲公司发生销售退回时的会计处理如下:

借:主营业务收入 50 000
　应交税费——应交增值税(销项税额) 8 500
　贷:银行存款 58 500
借:库存商品 26 000
　贷:主营业务成本 26 000

(2)视同销售。

根据《增值税暂行条例》的规定,单位或者个体工商户的以下行为,视同销售货物,应当征收增值税;同时,对于符合会计收入确认条件的,会计上也视同销售处理:将货物交付其他单位或者个人代销;销售代销货物;设有两个以上机构并实行统一核算的纳税人,将货物从一个机构移送其他机构用于销售,但相关机构设在同一县(市)的除外;将自产或者委托加工的货物用于非增值税应税项目;将自产、委托加工的货物用于集体福利或者个人消费;将自产、委托加工或者购进的货物作为投资,提供给其他单位或者个体工商户;将自产、委托加工或者购进的货物分配给股东或者投资者;将自产、委托加工或者购进的货物无偿赠送给其他单位或者个人。

例 31 甲企业为增值税一般纳税人,将自己生产的产品用于自行建造职工俱乐部。该批产品的成本为 200 000 元,计税价格为 300 000 元,增值税税率为 17%。甲企业的有关会计分录如下:

借:在建工程 251 000
　贷:库存商品 200 000
　　应交税费——应交增值税(销项税额)(300 000×17%) 51 000

例 32 甲公司为增值税一般纳税人,适用的增值税税率为 17%。甲公司用原材料对外长期投资,双方协议按成本作价。该批原材料的成本为 36 万元,计税价格为 41 万元。甲公司的会计处理如下：

借：长期股权投资　　479 700

　贷：其他业务收入　　410 000

　　应交税费——应交增值税（销项税额）　　69 700

借：其他业务成本　　360 000

　贷：原材料　　360 000

（3）进项税额。

按照增值税相关法规的规定，增值税一般纳税人购进货物或者接受应税劳务支付或者负担的增值税额，为进项税额。这里所说的“购进货物”，不包括既用于增值税应税项目（不含免征增值税项目）也用于非增值税应税项目、免征增值税（以下简称免税）项目、集体福利或者个人消费的固定资产。还需要说明的是，上述所称的“固定资产”，是指使用期限超过12个月的机器、机械、运输工具以及其他与生产经营有关的设备、工具、器具等；房屋建筑物等不动产虽然会计上也作为固定资产核算，但不是增值税相关法规中定义的固定资产。也就是说，对于既用于增值税应税项目（不含免征增值税项目）也用于非增值税应税项目、免税项目、集体福利或者个人消费的动产类固定资产以及房屋建筑物等不动产类固定资产上涉及的支付或者负担的增值税额，不能作为进项税额。

按照《增值税暂行条例》的规定，下列进项税额准予从销项税额中抵扣：从销售方取得的增值税专用发票上注明的增值税额；从海关取得的海关进口增值税专用缴款书上注明的增值税额；购进农产品，除取得增值税专用发票或者海关进口增值税专用缴款书外，按照农产品收购发票或者销售发票上注明的农产品买价和13%的扣除率计算的进项税额；购进或者销售货物以及在生产经营过程中支付运输费用的，按照运输费用结算单据上注明的运输费用金额和7%的扣除率计算的进项税额。

因此，增值税一般纳税人购进货物（主要是指存货以及生产经营用的机器、设备等固定资产）或者接受应税劳务，若取得《增值税暂行条例》规定的如增值税专用发票、海关完税凭证等法定扣税凭证，则按对方提供的凭证上的货款为基础确认货物或接受劳务成本，按增值税额作为进项税额入账。若购进货物或者接受应税劳务方收到的是普通发票，由于普通发票不是法定的扣税凭证，因此不能确认进项税额，应将发票的价税合并金额全部作为购入货物或接受劳务的成本。

例33　甲企业为增值税一般纳税人，购入原材料一批，增值税专用发票上注明货款为60 000元，增值税额为10 200元，货物尚未到达，货款和进项税款已用银行存款支付。另购入不需要安装的生产设备一台，价值为100 000元，增值税额为17 000元，开具面值为117 000元的商业承兑汇票一张。甲企业采用实际成本对原材料进行核算。甲企业的有关会计处理如下：

借：在途物资　　60 000

　应交税费——应交增值税（进项税额）　　10 200

　贷：银行存款　　70 200

借：固定资产　　100 000

　应交税费——应交增值税（进项税额）　　17 000

　贷：应付票据　　117 000

例34　A商场（增值税一般纳税人）购入免税农产品一批，价款为100 000元，规定的扣除率为13%，货物已验收入库，货款已用银行存款支付。A商场的有关会计处理如下：

借：库存商品　　87 000

　应交税费——应交增值税（进项税额）（100 000×13%）　　13 000

　贷：银行存款　　100 000

（4）不予抵扣项目。

根据《增值税暂行条例》的规定，下列项目的进项税额不得从销项税额中抵扣：用于非增值税应税项目、免征增值税项目、集体福利或者个人消费的购进货物或者应税劳务，非正常损失的购进货物及相关的应税劳务，非正常损失的在产品、产成品所耗用的购进货物或者应税劳务，国务院财政、税务主管部门规定的纳税人自用消费品，以及上述货物的运输费用和销售免税货物的运输费用。

这里产生了两种情况：一是购进货物或接受应税劳务供应时，已明确用于非增值税应税项目、免征增值税项目、集体福利或者个人消费以及自用消费品的，其支付的增值税应计入所购资产的成本；二是购进货物或接受应税劳务供应时支付的增值税已作为进项税额入账的，当这部分货物用于不能抵扣进项税额的项目后，应将这部分入账的进项税额转出，借记"待处理财产损溢"、"在建工程"等账户，贷记"应交税费——应交增值税(进项税额转出)"账户。

例 35 A企业为增值税一般纳税人，库存材料因保管不善被盗一批，有关增值税专用发票确认的成本为10 000元，增值税额为1 700元。A企业的有关会计处理如下：

借：待处理财产损溢——待处理流动资产损溢	11 700	
贷：原材料		10 000
应交税费——应交增值税(进项税额转出)		1 700

例 36 某企业为增值税一般纳税人，领用生产用原材料50 000元用于自行建造职工俱乐部，原材料购入时取得的增值税专用发票上注明增值税为8 500元。会计处理如下：

借：在建工程	58 500	
贷：原材料		50 000
应交税费——应交增值税(进项税额转出)		8 500

(5)缴纳增值税及转出多交和未交增值税。

对于一般纳税人而言，当期需要向国家缴纳增值税额的计算公式为：

本期应交增值税＝本期销项税额－本期进项税额

企业应按照当期实际缴纳的增值税，记入"应交税费——应交增值税(已交税费)"账户；本期纳税后，应将期末未交或多交的增值税转入"应交税费——未交增值税"明细账户，以分别反映增值税一般纳税人欠交增值税和待抵扣增值税的情况，避免出现企业用当期尚未抵扣的进项税额抵扣以前月份欠交增值税的现象。月份终了，企业应计算当月应交未交的增值税额，借记"应交税费——应交增值税(转出未交增值税)"账户，贷记"应交税费——未交增值税"账户；如当月多交增值税，则借记"应交税费——未交增值税"账户，贷记"应交税费——应交增值税(转出未交增值税)"账户。结转后，"应交税费——应交增值税"账户的借方余额反映企业尚未抵扣的增值税；而"应交税费——未交增值税"账户的借方余额反映多交的增值税，贷方余额则反映欠交的增值税。

对于前期欠交的增值税，企业在实际缴纳时，应借记"应交税费——未交增值税"账户，贷记"银行存款"账户。

例 37 巨贸公司为增值税一般纳税人，2×15年6月初"应交税费——应交增值税"账户的借方余额为50 000元，6月份购货的可抵扣的进项税额为351 000元，销售货物的销项税额为1 360 000元。由于公司资金周转暂时出现困难，经税务机关批准，同意本月缴纳增值税600 000元，余额在7月份缴纳。

巨贸公司6月份应交增值税＝1 360 000－(50 000＋351 000)＝959 000(元)

实际缴纳增值税600 000元时：

借：应交税费——应交增值税(已交税金)	600 000	
贷：银行存款		600 000

月末，将本月应交未交的增值税359 000元(959 000－600 000)结转至"应交税费——未交增值税"账户：

借：应交税费——应交增值税（转出未交增值税） 359 000

贷：应交税费——未交增值税 359 000

7月份补交6月份的剩余增值税时：

借：应交税费——未交增值税 359 000

贷：银行存款 359 000

2. 小规模纳税人应交增值税的会计核算

由于小规模纳税人对增值税采用简易计算办法，所以会计核算中不需要再对“应交税费——应交增值税”账户设置专栏核算。

小规模纳税人在购进货物或接受应税劳务时，无论是否取得增值税专用发票，都不能将支付的增值税额用于抵扣销售货物或提供应税劳务时产生的应纳增值税额，而应将其计入货物或劳务的成本。

小规模纳税人在销售货物或提供应税劳务时，一般只能开具普通发票。因此，在确认销售收入时，需要按照公式“销售额＝含税销售额÷（1＋增值税征收率）”还原为不含税的销售额，并据以计算应交增值税入账。小规模纳税人的增值税征收率为3%。

例38 万通工厂为小规模纳税人。2×15年7月采购一批农产品作为原材料，买价为30 000元，材料已验收入库，货款已用银行存款支付，该材料采用实际成本计价。本月工厂销售自产产品一批，开具普通发票上的金额为103 000元，适用的增值税征收率为3%，收到购货方签发并承兑的不带息商业汇票，面值为103 000元，期限为3个月。

(1)购入原材料时：

借：原材料 30 000

贷：应付账款 30 000

(2)销售产品时：

产品的不含税价格＝103 000÷（1＋3%）＝100 000（元）

应交增值税＝100 000×3%＝3 000（元）

借：应收票据 103 000

贷：主营业务收入 100 000

应交税费——应交增值税 3 000

(3)向税务机关缴纳该月增值税时：

借：应交税费——应交增值税 3 000

贷：银行存款 3 000

需要注意的是，小规模纳税人同样存在视同销售需要计算缴纳增值税的情况，这与增值税一般纳税人的视同销售的情况相同。

3. 营业税改征增值税试点企业的增值税核算

经国务院批准，自2012年1月1日起，在我国部分地区的部分行业开展深化增值税制度改革试点，逐步将营业税改征增值税。目前，交通运输业、邮政业、电信业和部分现代服务业（包括研发和技术服务、信息技术服务、文化创意服务、物流辅助服务、有形资产租赁服务、鉴证咨询服务、广播影视服务）已纳入营业税改征增值税试点。根据财政部、国家税务总局《营业税改征增值税试点方案》的规定，在现行增值税17%标准税率和13%低税率的基础上，新增11%和6%两档低税率。交通运输业、邮政业和基础电信服务适用11%的税率，有形资产租赁的现代服务业适用17%的税率，研发和技术服务、信息技术服务、文化创意服务 、物流辅助服务 、鉴证咨询服务 、广播影视服务的现代服务业以及增值电信服务适用6%的税率。

根据《财政部关于印发〈营业税改征增值税试点有关企业会计处理规定〉的通知》（财会[2012]

13号)的规定,对试点地区一般纳税人和小规模纳税人的会计处理按照以下规定进行处理:

(1)一般纳税人差额征税的会计处理

一般纳税人提供应税服务,试点期间按照营业税改征增值税的有关规定,允许从销售额中扣除其支付给非试点纳税人价款的,应在"应交税费——应交增值税"账户下增设"营改增抵减的销项税额"专栏,用于记录该企业因按规定扣减销售额而减少的销项税额。企业接受应税服务时,按规定允许扣减销售额而减少的销项税额,借记"应交税费——应交增值税(营改增抵减的销项税额)"账户;按实际支付或应付的金额与上述增值税额的差额,借记"主营业务成本"等账户;按实际支付或应付的金额,贷记"银行存款"、"应付账款"等账户。

对于期末一次性进行账务处理的企业,期末,按规定当期允许扣减销售额而减少的销项税额,借记"应交税费——应交增值税(营改增抵减的销项税额)"账户,贷记"主营业务成本"等账户。

例 39 某运输公司为营业税改征增值税试点的增值税一般纳税人,适用的增值税税率为11%。2×14年8月,提供国内货物运输服务取得价税款合计5 550 000元,款项存入银行。支付非试点联运企业运费666 000元,并取得交通运输业专用发票。不考虑其他因素。该运输公司应编制会计分录如下:

①接受联运企业应税服务时:

借:主营业务成本　　600 000

　　应交税费——应交增值税(营改增抵减的销项税额)　　66 000

　贷:银行存款　　666 000

营业税改增值税抵减的销项税额=[666 000 ÷(1+11%)]×11%=66 000(元)

②确认提供货物运输服务应交增值税时:

借:银行存款　　5 550 000

　　贷:主营业务收入　　5 000 000

　　　　应交税费——应交增值税(销项税额)　　550 000

增值税销项税额=[5 550 000÷(1+11%)]×11%=550 000(元)

假设本例中的联运企业也是营业税改征增值税的试点企业(小规模纳税人),其他条件不变。则根据《交通运输业和部分现代服务业营业税改征增值税试点有关事项的规定》的规定,试点纳税人接受试点纳税人中的小规模纳税人提供的交通运输业服务,按照取得的发票上注明的价税合计金额和7%的扣除率计算进项税额。该运输公司应编制会计分录如下:

①接受联运企业应税服务时:

借:主营业务成本　　619 380

　　应交税费——应交增值税(进项税额)　　46 620

　　贷:银行存款　　666 000

营业税改增值税抵减的销项税额=666 000×7%=46 6200(元)

②确认提供货物运输服务应交增值税时:

借:银行存款　　5 550 000

　　贷:主营业务收入　　5 000 000

　　　　应交税费——应交增值税(销项税额)　　550 000

假设本例中的联运企业也是营业税改征增值税的试点企业(一般纳税人),提供联运服务开出增值税专用发票,价税合计金额为666 000元,其他条件不变。该运输公司应编制会计分录如下:

①接受联运企业应税服务时:

借:主营业务成本　　600 000

　　应交税费——应交增值税(进项税额)　　66 000

贷:银行存款 666 000

②确认提供货物运输服务应交增值税时:

借:银行存款 5 550 000

贷:主营业务收入 5 000 000

应交税费——应交增值税(销项税额) 550 000

(2)小规模纳税人差额征税的会计处理。

小规模纳税人提供应税服务,试点期间按照营业税改征增值税的有关规定,允许从销售额中扣除其支付给非试点纳税人价款的,按规定扣减销售额而减少的应交增值税,应直接冲减"应交税费——应交增值税"账户。企业接受应税服务时,按规定允许扣减销售额而减少的应交增值税,借记"应交税费——应交增值税"账户;按实际支付或应付的金额与上述增值税额的差额,借记"主营业务成本"等账户;按实际支付或应付的金额,贷记"银行存款"、"应付账款"等账户。对于期末一次性进行账务处理的企业,期末,按规定当期允许扣减销售额而减少的应交增值税,借记"应交税费——应交增值税"账户,贷记"主营业务成本"等账户。

例 40 甲运输公司为营业税改征增值税试点的增值税的小规模纳税人,2×14 年 9 月取得国内客运收入价税款合计 103 万元,支付非试点联运企业运费 51.5 万元并取得交通运输业专用发票。假设该企业本月无进项税额,期初无留抵税额。不考虑其他因素。甲运输公司应编制会计分录如下:

①接受联运企业应税服务时:

借:主营业务成本 500 000

应交税费——应交增值税 15 000

贷:银行存款 515 000

②确认提供货物运输服务应交增值税时:

借:银行存款 1 030 000

贷:主营业务收入 1 000 000

应交税费——应交增值税 30 000

假设本案例中的联运企业也是营业税改征增值税的试点企业,根据《交通运输业和部分现代服务业营业税改征增值税试点有关事项的规定》的规定,试点纳税人中的小规模纳税人提供交通运输业服务和国际货物运输代理服务,按照国家有关增值税政策规定差额征收增值税的,其支付给试点纳税人的价款,也允许从其取得的全部价款和价外费用中扣除。因此,其会计处理与联运企业是营业税改征增值税的非试点企业完全相同。

二、应交消费税

消费税是在货物流转环节普遍征收增值税的基础上对部分高档消费品或国家不鼓励消费的商品加收的一种流转税。与增值税不同的是,消费税实行价内征收,是为取得营业收入而发生的费用,其会计核算应遵循配比原则。

消费税的核算应通过设置"应交税费——应交消费税"账户核算。该账户的贷方反映应缴纳的消费税,借方反映已缴纳的消费税;期末贷方余额反映应交未交的消费税,借方余额则反映多交的消费税额。

(一)销售应税消费品的会计核算

消费税作为一种价内税,由销售方负担。企业将生产的应税消费品销售应缴纳的消费税,应分别以下情况进行处理:

1. 企业将生产的应税消费品直接对外销售的,其应缴纳的消费税,通过"营业税金及附加"账户核算，借记“营业税金及附加”账户，贷记“应交税费——应交消费税”账户。

例 41 甲公司为增值税一般纳税人，2×15 年 5 月销售应缴纳消费税的商品一批，不含增值税的价款为 100 000 元，适用的增值税税率为 17%，消费税税率为 30%。所有款项尚未收到。

应交增值税＝100 000×17%＝17 000(元)

应交消费税＝100 000×30%＝30 000(元)

销售成立时的会计分录如下：

借：应收账款	117 000	
贷：主营业务收入		100 000
应交税费——应交增值税(销项税额)		17 000
借：营业税金及附加	30 000	
贷：应交税费——应交消费税		30 000

从上例的账务处理中可以看出：(1)企业销售应税消费品双重征税，既征收增值税又征收消费税，两者的计税基础相同，均为不含增值税的销售额。(2)增值税为价外税，在售价之外向购货方收取；消费税为价内税，由销售方自行负担。

2. 企业将生产的应税消费品用于在建工程、非生产机构等其他方面，按规定应缴纳的消费税，借记“固定资产”、“在建工程”、“营业外支出”等账户，贷记“应交税费——应交消费税”账户；将自产应税消费品用于对外投资、分配给职工等，应借记“营业税金及附加”账户，贷记“应交税费——应交消费税”账户。

例 42 某企业在建工程领用自产柴油 50 000 元，应纳增值税 10 200 元，应纳消费税 6 000 元。该企业的有关会计处理如下：

借：在建工程	66 200	
贷：库存商品		50 000
应交税费——应交增值税(销项税额)		10 200
——应交消费税		6 000

例 43 某企业领用自产产品一批，作为非货币性福利发放给车间生产工人，该产品的账面价值为40 000元，市场价格为60 000元(不含增值税)，适用的消费税税率为 10%，增值税税率为 17%。该企业的有关会计处理如下：

借：生产成本	70 200	
贷：应付职工薪酬——非职工福利		70 200
借：应付职工薪酬——非职工福利	70 200	
贷：主营业务收入		60 000
应交税费——应交增值税(销项税额)		10 200
借：主营业务成本	40 000	
贷：库存商品		40 000
借：营业税金及附加	6 000	
贷：应交税费——应交消费税		6 000

(二)委托加工应税消费品的会计核算

按照税法规定，企业委托加工应税消费品应承担消费税，并由受托方代扣代缴(除委托加工或翻新金银首饰由受托方缴纳消费税外)，这部分消费税的计税依据为受托方同类消费品的销售价格。没有同类消费品销售价格的，按组成计税价格计算应交消费税。组成计税价格的计算公式为：

$$组成计税价格=\frac{材料成本+加工费}{1-消费税税率}$$

由委托方负担的消费税应区别以下不同情况进行账务处理：

1. 委托方的应税消费品收回后直接销售的，其已纳消费税款应构成委托加工应税消费品的成本，借记“委托加工物资”账户，贷记“应交税费——应交消费税”账户；销售时，不需要再缴纳消费税。

2. 委托方的应税消费品收回后连续生产应税消费品的，其被代扣代缴的消费税应与委托加工费分离，单独记入“应交税费——应交消费税”账户的借方核算；待最终加工完毕销售应税消费品时，从应缴纳的消费税额中抵扣，以避免重复纳税。

例 44 M公司为增值税一般纳税人，本月委托B公司加工一批应税消费品，发出材料的实际成本为30 000元(按实际成本计价)，应支付加工费10 000元，增值税税率为17%，消费税税率为20%。款项已以银行存款结清。加工后，货物已验收入库。

应交增值税＝10 000×17%＝1 700(元)

$$应交消费税=\frac{30\,000+10\,000}{1-20\%}\times 20\%=10\,000(元)$$

(1)发出材料时：

借：委托加工物资	30 000	
贷：原材料		30 000

(2)支付加工费和税款时：

①若委托加工的应税消费品收回后用于连续生产应税消费品，则：

借：委托加工物资	10 000	
应交税费——应交增值税(进项税额)	1 700	
——应交消费税	10 000	
贷：银行存款		21 700

②若委托加工的应税消费品收回后用于直接销售，则：

借：委托加工物资	20 000	
应交税费——应交增值税(进项税额)	1 700	
贷：银行存款		21 700

(3)收回的委托加工物资验收入库时：

①若委托加工的应税消费品收回后用于连续生产应税消费品，则：

借：原材料	40 000	
贷：委托加工物资		40 000

②若委托加工的应税消费品收回后用于直接销售，则：

借：库存商品	50 000	
贷：委托加工物资		50 000

三、应交营业税

营业税是对提供应税劳务、转让无形资产或销售不动产征收的一种流转税。对营业税的核算也应遵循配比原则。这里的“应税劳务”是指属于交通运输业、建筑业、金融保险业、邮电通信业、文化体育业、娱乐业、服务业等，不包括应交增值税的加工和修理修配劳务。但纳入营业税改征增值税试点地区的交通运输业、邮政业、电信业和部分现代服务业，包括研发和技术服务、信息技术服务、文化创意服务、物流辅助服务、有形资产租赁服务、鉴证咨询服务、广播影视服务，不再属于营业税的范围。

营业税的计税依据是营业额，包括向对方收取的全部价款和价外费用。营业税额核算通过设置“应交税费——应交营业税”账户进行。该账户的贷方反映应缴纳的营业税，借方反映已缴纳的营业税；期末贷方余额反映应交未交的营业税，借方余额则反映多交的营业税额。

(一)提供应税劳务相关营业税的会计核算

企业提供营业税应税劳务的，应按所取得收入及其适用的营业税税率计算确定应交营业税额，借记“营业税金及附加”或“其他业务成本”账户，贷记“应交税费——应交营业税”账户。

例 45 2×14 年 10 月 31 日，甲企业收到出租仓库收入 600 000 元，款项存入银行，适用的营业税税率为 5%。甲公司应编制会计分录如下：

(1)确认应交营业税时：

借：营业税金及附加 30 000

贷：应交税费——应交营业税 30 000

应交营业税＝600 000×5%＝30 000(元)

(2)缴纳营业税时：

借：应交税费——应交营业税 30 000

贷：银行存款 30 000

(二)转让土地使用权相关营业税的会计核算

商标、专利、非专利技术、特许权、著作权等无形资产，无论是使用权还是所有权的转让，均属于文化创意服务，改征增值税。当前属于营业税征税范围的无形资产的转让主要是土地使用权的转让，包括所有权和使用权的转让。土地使用权在会计上可划分为无形资产、投资性房地产以及房地产开发企业的开发产品。对于作为投资性房地产的土地使用权转让，无论是使用权的转让还是所有权的转让，其承担的营业税应通过“营业税金及附加”账户核算；房地产开发企业作为开发产品核算的土地使用权或所有权的转让，也属其日常经营活动，其承担的营业税也应通过“营业税金及附加”账户核算；作为无形资产核算的土地使用权或所有权的转让即无形资产的出售，因转让损益作为营业外收支核算，因此，按出售价格应交的营业税则与无形资产的账面价值、转让所得款项、其他转让支出等一并轧抵后，记入“营业外收入”或“营业外支出”账户。

例 46 甲企业将其持有的土地使用权以经营租赁的形式出租给乙公司使用，租赁期开始日为 2×14 年 1 月 1 日，租赁期限为 1 年，年租金为 500 万元。该土地使用权划分为投资性房地产进行核算，采用公允价值后续计量模式。租赁开始日，该土地使用权的账面价值为 40 000 万元，公允价值为 45 000 万元。2×14 年 12 月 31 日，该项投资性房地产的公允价值为 48 000 万元，租金尚未收到。2×15 年 2 月，甲企业以 50 000 万元出售该土地使用权，出售款项已收讫。营业税税率为 5%。

甲企业的账务处理如下：

(1)2×14 年 1 月 1 日，无形资产转换为投资性房地产时：

借：投资性房地产——成本 450 000 000

贷：无形资产 400 000 000

其他综合收益 50 000 000

(2)2×14 年 12 月 31 日，公允价值变动时：

借：投资性房地产——公允价值变动 30 000 000

贷：公允价值变动损益 30 000 000

(3)2×14 年 12 月 31 日，确认租金收入和营业税时：

借：其他应收款 5 000 000

贷：其他业务收入 5 000 000

借：营业税金及附加 250 000

贷：应交税费——应交营业税 250 000

(4)2×15 年 2 月，出售投资性房地产时：

借：银行存款　　500 000 000
　　贷：其他业务收入　　500 000 000
借：营业税金及附加　　25 000 000
　　贷：应交税费——应交营业税　　25 000 000
借：其他业务成本　　480 000 000
　　贷：投资性房地产——成本　　450 000 000
　　　　　　　　——公允价值变动　　30 000 000
借：公允价值变动损益　　30 000 000
　　其他综合收益　　50 000 000
　　贷：其他业务成本　　80 000 000

(三)销售不动产相关营业税的会计核算

非房地产开发企业销售不动产承担的营业税，应作为固定资产清理过程中的一项费用支出，借记“固定资产清理”账户，贷记“应交税费——应交营业税”账户；房地产开发企业销售不动产承担的营业税，应借记“营业税金及附加”账户，贷记“应交税费——应交营业税”账户。

例 47　2×14 年 8 月，乙企业出售一栋原作为固定资产的办公楼，取得收入 4 500 000 元，已存入银行。该办公楼的账面原价为 6 250 000 元，已提折旧 4 000 000 元，未计提减值准备；在办公楼清理过程中，用银行存款支付清理费用 25 000 元，办公楼已清理完毕。办公楼适用的营业税税率为 5%。乙企业应编制会计分录如下：

(1)该固定资产转入清理时：

借：固定资产清理　　2 250 000
　　累计折旧　　4 000 000
　　贷：固定资产　　6 250 000

(2)收到出售价款时：

借：银行存款　　4 500 000
　　贷：固定资产清理　　4 500 000

(3)支付清理费用时：

借：固定资产清理　　25 000

(4)计算应交营业税时：

应交营业税＝4 500 000×5%＝225 000(元)

借：固定资产清理　　225 000
　　贷：应交税费——应交营业税　　225 000

(5)结转销售该固定资产的净收益时：

借：固定资产清理　　2 000 000
　　贷：营业外收入　　2 000 000

四、应交所得税

企业所得税是对企业的生产经营所得和其他所得征收的一种税。它是企业的一项资产流出，因此，一般认为所得税是与企业当期收入配比的一项费用。所得税额核算通过设置“应交税费——应交所得税”账户进行。该账户的贷方反映应缴纳的所得税，借方反映已缴纳的所得税；期末贷方余额反映应交未交的所得税，借方余额反映多交的所得税额。同时，企业应将所得税确认为一项费用，在“所得税费用”账户中核算。

计入当期利润的所得税费用是计算税后净利润时从利润总额中扣减的项目，其金额受到会计上对所得税的认识及处理方法的影响。当期应交所得税属于企业纳税义务和责任，是根据税法规定所确定的。2006年发布的《企业会计准则第18号——所得税》要求企业采用资产负债表债务法对企业的所得税进行会计核算，具体会计处理将在“高级财务会计”课程中阐述。

五、其他应交税费

(一)应交城市维护建设税

城市维护建设税是国家为加强城市的维护建设、扩大和稳定城市维护建设资金来源而开征的一种税。城市维护建设税具有附加税的性质，它本身没有特定的、独立的征税对象，是以纳税人实际缴纳的增值税、营业税、消费税(简称“三税”)税额为计税依据，附加于“三税”的税额。其计算公式如下：

应交城市维护建设税＝纳税人实际缴纳的“三税”× 适用的税率

应交的城市维护建设税在进行会计核算时，应借记“营业税金及附加”账户，贷记“应交税费——应交城市维护建设税”账户。

例48 丙企业本期销售商品实际缴纳增值税51 000元，消费税50 000元，营业税15 000元，该企业适用的城市维护建设税税率为7%。丙企业应做会计处理如下：

应交城市维护建设税＝(51 000＋50 000＋15 000)×7%＝8 120(元)

借：营业税金及附加　　8 120

　　贷：应交税费——应交城市维护建设税　　8 120

(二)应交教育费附加

教育费附加是国家为了发展我国教育事业、提高人民文化素质而征收的。教育费附加作为一种附加费，是以纳税人实际缴纳的增值税、营业税、消费税三种税额为计税依据计算的。企业应通过设置“应交税费——应交教育费附加”账户核算该项税费。

进行会计核算时，企业按规定应缴纳的教育费附加，借记“营业税金及附加”账户，贷记“应交税费——应交教育费附加”账户；实际上缴时，按实际缴纳的金额，借记“应交税费——应交教育费附加”账户，贷记“银行存款”账户。

例49 续例48，丙企业适用的教育费附加率为3%，则应做会计处理如下：

应交教育费附加＝(51 000＋50 000＋15 000)×3%＝3 480(元)

借：营业税金及附加　　3 480

　　贷：应交税费——应交教育费附加　　3 480

(三)应交房产税、应交土地使用税、应交车船使用税和印花税

应交房产税、应交土地使用税、应交车船使用税和印花税是企业在生产经营中因生产经营的各种需要而承担的各项纳税义务。会计上根据重要性的信息质量要求对此做简化处理，将按税法规定确认的上述各项应交税费，都计入管理费用。

具体而言，企业按规定计算应交的房产税、土地使用税、车船使用税时，借记“管理费用”账户，贷记“应交税费——应交房产税(或应交土地使用税、应交车船使用税)”账户；与投资性房地产相关的房产税、土地使用税，借记“营业税金及附加”账户，贷记“应交税费——应交房产税(或应交土地使用税、应交车船使用税)”账户；实际上缴税款时，借记“应交税费——应交房产税(或应交土地使用税、应交车船使用税)”账户，贷记“银行存款”账户。

企业缴纳的印花税，一般情况下，需要预先购买印花税票，待发生应税行为时，再根据计算出的应纳税额，将已购买的印花税票粘贴在应纳税凭证上。因此，企业缴纳的印花税，不会发生应付未付税款的情况，不需要通过“应交税费”账户核算，于实际缴纳或者购买印花税票时，直接借记“管理

费用”账户，贷记“银行存款”账户。

（四）耕地占用税

耕地占用税是国家为了利用土地资源、加强土地管理、保护农用耕地而征收的一种税。耕地占用税以实际占用的耕地面积计税，按照规定税额一次征收。企业缴纳的耕地占用税，不需要通过“应交税费”账户核算。企业按规定计算缴纳耕地占用税时，借记“在建工程”账户，贷记“银行存款”账户。

第四节　其他流动负债

一、短期借款

短期借款是指企业向银行或其他金融机构等借入的期限在1年以下（含1年）的各种借款。短期借款是为了解决企业由于季节性、临时性营运资金的短缺，保证企业生产经营正常进行的一种借款方式。

企业通过设置“短期借款”总分类账户核算短期借款而形成的负债。该账户的贷方反映企业借入的各种短期借款的本金，借方反映企业归还的短期借款的本金，期末贷方余额反映企业尚未偿还的短期借款。

企业应按借入的各种短期借款的本金，借记“银行存款”账户，贷记“短期借款”账户；归还借款时，按归还的借款本金，借记“短期借款”账户，贷记“银行存款”账户。

计算确定短期借款的利息费用时，一般采用实际利率法。在资产负债表日，应按实际利率法计算确定的短期借款利息的金额，计入当期财务费用；同时，贷记“银行存款”、“应付利息”等账户。如果短期借款的实际利率与合同约定的名义利率差异不大，也可以采用合同约定的名义利率计算确定利息费用。

如果利息费用按季支付或者到期时一次性支付，且金额不大，根据重要性原则，也可在实际支付时将利息记入 “财务费用”等账户。

例 50　A公司于2×15年1月1日向银行借入一笔生产经营用短期借款，共计120 000元，期限为9个月，年利率为8%。根据与银行签署的借款协议，该项借款的本金到期后一次归还；利息分月预提，按季支付。A公司的有关会计处理如下：

(1)1月1日，借入短期借款时：

借：银行存款	120 000	
贷：短期借款		120 000

(2)1月末，计提1月份应计利息时：

借：财务费用	800	
贷：应付利息(120 000×8%÷12)		800

2月末计提2月份利息费用的处理与1月份相同。

(3)3月末，支付利息时：

借：财务费用	800	
应付利息	1 600	
贷：银行存款		2 400

6月末、9月末支付利息的会计处理与3月末相同。

(4)到期偿还本金时：

借：短期借款	120 000	
贷：银行存款		120 000

二、其他应付款

其他应付款是指企业除应付票据、应付账款、预收账款、应付职工薪酬、应付利息、应付股利、应交税费、长期应付款等以外的其他各项应付、暂收的款项，包括暂收的押金和存入的保证金、应付租入固定资产和包装物的租金，以及各项应付应缴的社会保险费和住房公积金。企业应设置“其他应付款”账户核算企业因这些应付、暂收的款项而形成的负债。该账户的贷方反映企业应付、暂收的各种其他款项，借方反映企业实际支付或者退回的其他各项应付、暂收的款项，期末贷方余额反映企业应付未付的其他应付款项。

因暂收款形成的此项负债，应在收到款项时，借记“银行存款”、“库存现金”等账户，贷记“其他应付款”账户；偿还时，借记“其他应付款”账户，贷记“银行存款”、“库存现金”等账户。

因结算形成的此项负债，如结算租入固定资产的租金和结算发放职工薪酬时应代职工缴纳的养老保险费等，在结算时，借记“制造费用”、“管理费用”、“销售费用”或“应付职工薪酬”等账户，贷记“其他应付款”账户；实际支付时，借记“其他应付款”账户，贷记“银行存款”、“库存现金”等账户。

三、应付股利

应付股利是指企业根据股东大会或类似机构审议批准分配的现金股利或利润。经股东大会或类似机构审议批准的现金股利或利润分配方案，使企业对股东形成了一项现实义务，应在方案批准通过时确认为对股东的负债。企业应设置“应付股利”账户核算该项负债。该账户的贷方反映应付给股东的现金股利或利润，借方反映实际支付给股东的现金股利或利润，期末贷方余额反映企业应付未付的现金股利或利润。

企业根据股东大会或类似机构审议批准的利润分配方案，按应支付的现金股利或利润，借记“利润分配——应付现金股利或利润”账户，贷记“应付股利”账户。实际支付现金股利或利润时，借记“应付股利”账户，贷记“银行存款”等账户。

董事会或类似机构通过的利润分配方案中拟分配的现金股利或利润，不做账务处理，但应在附注中披露。

企业分派股票股利，不通过“应付股利”账户核算。当企业办妥增资的相关手续实际发放股票股利时，应借记“利润分配——转作股本的股利”账户，贷记“股本”等账户。

四、应付利息

应付利息包括分期付息到期还本的长期借款、企业债券等应支付的利息。企业采用合同约定的名义利率计算确定利息费用时，应按名义利率计算的应付利息的金额，借记“财务费用”等账户，贷记“应付利息”账户；实际支付时，借记“应付利息”账户，贷记“银行存款”等账户。

五、以公允价值计量且其变动计入当期损益的金融负债

（一）以公允价值计量且其变动计入当期损益的金融负债的内容和特点

企业发行的金融工具，若满足以下条件之一的，则作为金融负债进行会计核算：

1. 向其他单位交付现金或其他金融资产的合同义务；

2. 在潜在不利条件下，与其他单位交换金融资产或金融负债的合同义务；

3. 将来须用或可用企业自身权益工具进行结算的非衍生工具的合同义务，企业根据该合同将交付非固定数量发行方的自身权益工具；

4. 将来须用或可用发行方自身权益工具进行结算的衍生工具的合同义务，但企业以固定金额

的现金或其他金融资产换取固定数量的自身权益工具的衍生工具合同义务除外。

金融负债在初始确认时，分为：(1)以公允价值计量且其变动计入当期损益的金融负债；(2)其他金融负债。以公允价值计量且其变动计入当期损益的金融负债可进一步分为交易性金融负债和直接指定为以公允价值计量且其变动计入当期损益的金融负债。

(二)以公允价值计量且其变动计入当期损益的金融负债的会计处理

1. 企业初始确认交易性金融负债，应当按照公允价值计量。相关交易费用应当直接计入当期损益(投资收益)。

2. 资产负债表日，按交易性金融负债的票面利率计算利息，借记"投资收益"账户，贷记"应付利息"账户。并且，企业应当按照公允价值进行后续计量，其公允价值变动形成的利得或损失，除与套期保值有关外，应当计入当期损益(公允价值变动损益)。

3. 处置(偿还)该负债时，应当按照实际偿付金额和负债账面价值的差额，确认为投资收益；同时，原计入"公允价值变动损益"累计公允价值变动应当转出为已实现的投资收益。

例 51 2×14 年 7 月 1 日，甲公司经批准按面值公开发行 200 万元人民币短期融资券，期限为 1 年，票面年利率为 8%，每张面值为 100 元，到期一次性还本付息。所募集资金主要用于甲公司购买生产经营所需的原材料及配套件等。甲公司将该短期融资券指定为以公允价值计量且其变动计入当期损益的金融负债。假定发行短期融资券相关的交易费用为 10 万元。2×14 年 12 月 31 日，该短期融资券的市场价格为每张 110 元(不含利息)；2×15 年 3 月 31 日，该短期融资券的市场价格为每张 105 元(不含利息)；2×15 年 6 月 30 日，该短期融资券到期兑付完成。

分析：假定不考虑其他相关因素，且甲公司按季度提供财务报告，则甲公司从发行短期融资券至其到期的会计处理如下：

(1)2×14 年 10 月 1 日，发行短期融资券时：

借：银行存款	1 900 000	
投资收益	100 000	
贷：交易性金融负债——成本	2 000 000	

(2)2×14 年 12 月 31 日，确认公允价值变动和利息费用时：

借：公允价值变动损益	200 000	
贷：交易性金融负债——公允价值变动		200 000
借：投资收益	80 000	
贷：应付利息		80 000

(3)2×15 年 3 月 31 日，确认公允价值变动和利息费用时：

借：交易性金融负债——公允价值变动	100 000	
贷：公允价值变动损益		100 000
借：投资收益	80 000	
贷：应付利息		80 000

(4)2×15 年 6 月 30 日，短期融资券到期时：

借：投资收益	80 000	
贷：应付利息		80 000
借：交易性金融负债——成本	2 000 000	
——公允价值变动	100 000	
应付利息	160 000	
贷：银行存款		2 160 000
投资收益		100 000

借:投资收益　　100 000

　　贷:公允价值变动损益　　100 000

复习思考题

1. 什么是流动负债? 它有什么特点?

2. 如何确认与计量应付账款? 与应付票据、预收账款、其他应付款相比,应付账款在核算内容、账务处理环节等方面有何特点?

3. 职工薪酬的含义是什么? 包括哪些具体的内容?

4. 什么是短期借款? 企业如何进行短期借款的核算?

5. 什么是应交税费? 企业对于应交税费应该怎样进行会计核算?

6. 一般纳税人应交增值税主要有哪些核算环节?

7. 职工薪酬包括辞退福利和股份支付,应如何分别进行确认、计量? 有何区别?

8. 委托加工应税消费品时,应交消费税如何进行处理?

第十一章　非流动负债

非流动负债是指偿还期限在1年或者超过1年的一个营业周期以上的债务，是企业向债权人筹集可供长期使用的资金而形成的。非流动负债不需即期偿付，金额较大，且有多种偿付方式：企业可以采用分期偿付的方式，或分期偿付利息，到期偿还本金，以及到期一次还本付息等。

企业的非流动负债可以因向银行或其他金融机构借入期限在1年以上(不含1年)的借款而产生，也可以是因企业发行1年以上的企业债券而产生；当企业融资租入固定资产或者超过正常信用期限延期付款购买资产时，也会产生企业的非流动负债；此外，或有事项产生的义务在满足一定条件的情况下，也会形成企业的非流动负债。

第一节　长期借款

一、长期借款核算的内容

长期借款是指企业向银行或其他金融机构借入的期限在1年以上(不含1年)的借款。与短期借款相比，长期借款期限长，风险较高，因而利率高于短期借款。同时，银行审查程序更为严格，协议中的限制性条款也更多。

长期借款按偿还方式，可分为到期一次还本付息、分期付息到期一次还本和等额偿还本息等方式。

二、长期借款的核算

企业借入的长期借款，应通过设置“长期借款”账户核算。在该总分类账户下，应按贷款单位和贷款种类，分别设置“本金”、“利息调整”、“应计利息”等明细账户。该账户的借方反映企业归还的长期借款，贷方登记企业借入的长期借款及其利息，期末贷方余额反映企业尚未偿还的长期借款的摊余成本。

长期借款的核算包括长期借款的取得、计息以及长期借款的归还。

(一)借入长期借款

企业借入长期借款，应按实际收到的金额，借记“银行存款”账户；按借款的本金，贷记“长期借款——本金”账户；如存在差额，还应借记或贷记“长期借款——利息调整”账户。

(二)计提和支付利息

资产负债表日，企业应按摊余成本和实际利率计算确定的长期借款的利息费用，借记“在建工程”、“制造费用”、“财务费用”、“研发支出”等账户；按合同约定的名义利率计算确定的应付利息金额，贷记“长期借款——应计利息”账户或“应付利息”账户；按其差额，贷记“长期借款——利息调整”账户。实际利率与合同约定的名义利率差异很小的，也可以采用合同约定的名义利率计算确定利息费用。

(三)归还长期借款本金

企业归还长期借款本金时，应借记“长期借款——本金”账户，贷记“银行存款”账户。同时，按应转销的利息调整、应计利息金额，借记或贷记“在建工程”、“制造费用”、“财务费用”、“研发支出”等账户，贷记或借记“长期借款——利息调整(或应计利息)”账户。

例1 甲公司于2×10年1月1日向银行借入5 000万元的借款，借款的年利率为6%，期限为5年，每年年初支付利息，到期偿还本金。假定实际利率等于合同约定的借款利率6%。

(1)2×10年1月1日取得借款时：

借：银行存款　　50 000 000

　　贷：长期借款——本金　　50 000 000

(2)2×10年12月31日计提利息时：

借：财务费用　　3 000 000

　　贷：应付利息　　3 000 000

(3)2×11年1月1日支付利息时：

借：应付利息　　3 000 000

　　贷：银行存款　　3 000 000

以后每年年末计提利息、年初偿付利息的会计分录同上。

(4)2×15年1月1日偿还本金时：

借：长期借款——本金　　50 000 000

　　贷：银行存款　　50 000 000

若上例的长期借款还款方式为到期一次还本付息，则每年年末计提利息以及到期偿还本息的会计处理如下：

(1)2×10年12月31日计提利息时：

借：财务费用　　3 000 000

　　贷：长期借款——应计利息　　3 000 000

以后每年年末计提利息的会计分录同上。

(2)2×15年1月1日偿还本息时：

借：长期借款——本金　　50 000 000

　　　　　　——应计利息(3 000 000×5)　　15 000 000

　　贷：银行存款　　65 000 000

第二节　应付债券

应付债券是企业按照法定程序发行、约定在一定时期内还本付息的一种书面凭证。企业发行的债券按照是否可以转换为股票，分为可转换债券和不可转换债券。企业发行的超过1年期以上的债券，构成了企业的长期负债。对于此项长期负债，企业应设置“应付债券”总分类账户，核算企业为筹集(长期)资金而发行债券的本金和利息；并按“面值”、“利息调整”、“应计利息”等设置明细账户，进行明细核算。企业发行的可转换公司债券，应将负债和权益成分进行分拆，分拆后形成的负债成分在“应付债券”账户中核算。

一、一般公司债券

(一)债券的发行

企业发行的债券上必须载明债券面值、债券利率(又称票面利率或名义利率)、付息日及到期日。面值是债券上载明的名义金额，是发行企业将要偿付给债券持有人的本金。票面利率是用来计算以面值为基础的应支付利息的比率，是企业在制定债券发行方案时根据债券市场利率状况、企业的信用状况、项目获利能力等因素确定的。但由于债券发行要经过决议、申请、批转、委托等程序，因此，在发行时可能会出现票面利率与市场利率不同的情况。由于票面利率是早已确定、无法变更的，在这种情况下，发行企业只能调整债券的发行价格，使债券的发行价格等于其内在的经济价值，即以市场利率为折现率计算的债券存续期间现金流量的现值。其计算公式如下：

$$债券的发行价格=\frac{债券面值}{(1+市场利率)^n}+\sum_{t=1}^{n}\frac{债券面值\times 票面利率}{(1+市场利率)^t}$$

式中，n 表示债券的存续期数，t 表示付息期数（$t=1,2,\cdots,n$）。若债券为到期一次还本付息，则表示只有到债券到期时才存在现金流；在这种情况下，债券发行价格的计算公式可简化为：

$$债券的发行价格=\frac{债券面值+\sum 债券面值\times 票面利率}{(1+市场利率)^n}$$

因此，公司债券的发行方式有三种，即面值发行、溢价发行、折价发行。假设其他条件不变，债券的票面利率高于同期银行存款利率时，可按超过债券票面价值的价格发行，称为溢价发行；溢价是企业以后各期多付利息而预先得到的补偿。如果债券的票面利率低于同期银行存款利率，只能按低于债券票面价值的价格发行才可能发行成功，称为折价发行；折价是企业以后各期少付利息而预先给投资者的补偿。如果债券的票面利率等于同期银行存款利率，在债券为分次付息、到期一次还本的情况下，可按债券票面价值的价格发行，称为面值发行。

企业发行的一般公司债券，无论是面值发行还是溢价发行或折价发行，均按债券面值，记入“应付债券”账户的“面值”明细账户；按实际收到的款项与面值的差额，记入“利息调整”明细账户。企业发行债券时，应按实际收到的款项，借记“银行存款”等账户；按债券的票面价值，贷记“应付债券——面值”账户；按实际收到的款项与票面价值之间的差额，贷记或借记“应付债券——利息调整”账户。

例 2　甲公司为了筹集生产经营所需资金，于 2×11 年 1 月 1 日发行 5 年期债券 5 000 张，每张面值为 1 000 元，票面利率为 10%，于每年 12 月 31 日支付利息，到期偿还本金（不考虑任何发行费用）。

1. 当 2×11 年 1 月 1 日实际利率为 10%时：

$$\begin{aligned}发行价格&=\frac{5\ 000\ 000}{(1+10\%)^5}+\frac{5\ 000\ 000\times 10\%}{(1+10\%)^1}+\frac{5\ 000\ 000\times 10\%}{(1+10\%)^2}+\frac{5\ 000\ 000\times 10\%}{(1+10\%)^3}\\&\quad+\frac{5\ 000\ 000\times 10\%}{(1+10\%)^4}+\frac{5\ 000\ 000\times 10\%}{(1+10\%)^5}\\&=5\ 000\ 000(元)\end{aligned}$$

债券按面值发行。

借：银行存款	5 000 000	
贷：应付债券——面值		5 000 000

2. 当 2×11 年 1 月 1 日实际利率为 12%时：

$$\begin{aligned}发行价格&=\frac{5\ 000\ 000}{(1+12\%)^5}+\frac{5\ 000\ 000\times 10\%}{(1+12\%)^1}+\frac{5\ 000\ 000\times 10\%}{(1+12\%)^2}+\frac{5\ 000\ 000\times 10\%}{(1+12\%)^3}\\&\quad+\frac{5\ 000\ 000\times 10\%}{(1+12\%)^4}+\frac{5\ 000\ 000\times 10\%}{(1+12\%)^5}\\&=4\ 639\ 522(元)\end{aligned}$$

债券折价发行。

借：银行存款	4 639 522	
应付债券——利息调整	360 478	
贷：应付债券——面值		5 000 000

3. 当2×11年1月1日实际利率为8%时：

$$发行价格=\frac{5\ 000\ 000}{(1+8\%)^5}+\frac{5\ 000\ 000\times10\%}{(1+8\%)^1}+\frac{5\ 000\ 000\times10\%}{(1+8\%)^2}+\frac{5\ 000\ 000\times10\%}{(1+8\%)^3}+\frac{5\ 000\ 000\times10\%}{(1+8\%)^4}+\frac{5\ 000\ 000\times10\%}{(1+8\%)^5}$$

$$=5\ 399\ 271(元)$$

债券溢价发行。

借：银行存款　　5 399 271

　　贷：应付债券——面值　　5 000 000

　　　　　　　　——利息调整　　399 271

(二)利息的计提和折溢价的摊销

债券存续期间，企业应于资产负债表日按债券的面值和票面利率对应付债券的利息计提，并同时进行利息调整，即按实际利率法摊销折溢价及发行费等辅助费用。

当公司溢价或折价发行债券时，发行公司实质上是按市场利率承担利息费用。由于债券溢价是发行公司在债券存续期间因每期多付利息而预先得到的补偿，因此，发行公司的实际利息费用总额，应为按票面利率计算的利息总额扣除债券溢价摊销。溢价总额应该在债券存续期间逐期摊销，抵减按票面利率计算的每期利息费用。由于债券折价是发行公司在债券存续期间因每期少付利息而预先给投资者的补偿，因此，发行公司的实际利息费用总额，应为按票面利率计算的利息总额加上债券折价摊销。折价总额应该在债券存续期间逐期摊销，增加按票面利率计算的每期利息费用。

按照我国会计准则的要求，对债券溢价或折价的摊销采用实际利率法。在实际利率法下，企业应当按照期初债券的摊余价值乘以实际利率计算确定每期利息费用。实际利率是企业在借款期限内未来应支付的利息和本金折现为债券当前账面价值的利率。在实际利率法下，各期实际利息及摊销额的计算如下：

当期实际利息费用＝当期期初债券摊余成本×实际利率

当期溢价摊销额＝当期应付利息－当期实际利息费用

当期折价摊销额＝当期实际利息费用－当期应付利息

当期应付利息＝债券面值(或借款本金)×名义(票面)利率

对于一次还本付息的长期债券，资产负债表日，应按摊余成本和实际利率计算确定的长期债券的实际利息费用，借记"在建工程"、"制造费用"、"财务费用"等账户；按票面利率计算确定的应付未付利息，贷记"应付债券——应计利息" 账户；按其差额，借记或贷记"应付债券——利息调整" 账户。

对于分期付息、到期一次还本的长期债券，资产负债表日，应按摊余成本和实际利率计算确定的长期债券的实际利息费用，借记"在建工程"、"制造费用"、"财务费用"等账户；按票面利率计算确定的应付未付利息，贷记"应付利息" 账户；按其差额，借记或贷记"应付债券——利息调整" 账户。

实际利率与合同约定的名义或票面利率差异不大的，也可以采用合同约定的名义或票面利率计算确定利息费用。

例3　承例2，计息期末账务处理如下：

1. 实际利率为10%时，债券按面值发行。

2×11年12月31日：

借：财务费用　　500 000

　　贷：应付利息　　500 000

实际支付本期利息时：

借：应付利息　500 000

　　贷：银行存款　500 000

其余各期所做会计处理相同。

2. 实际利率为12%时，债券折价发行，发行价格为4 639 522元。

按实际利率法编制折价摊销表，见表10—1。

表10—1　**公司债券折价摊销表(实际利率法)**　单位：元

日　期	利息费用 (1)＝上期(5)×12%	应付利息 (2)＝面值×10%	摊销额 (3)＝(1)－(2)	利息调整余额 (4)＝上期(4)－(3)	期末摊余成本 (5)＝上期(5)＋(3)
2×11年1月1日				360 478	4 639 522
2×11年12月31日	556 742	500 000	56 742	303 735	4 696 265
2×12年12月31日	563 552	500 000	63 552	240 183	4 759 816
2×13年12月31日	571 178	500 000	71 178	169 005	4 830 994
2×14年12月31日	579 719	500 000	79 719	89 286	4 910 714
2×15年12月31日	589 287	500 000	89 287	0	5 000 000
合　计	2 860 478	2 500 000	360 478	—	—

(1)2×11年12月31日：

借：财务费用　556 742

　　贷：应付利息　500 000

　　　　应付债券——利息调整　56 742

实际支付本期利息时：

借：应付利息　500 000

　　贷：银行存款　500 000

(2)2×12年12月31日：

借：财务费用　563 552

　　贷：应付利息　500 000

　　　　应付债券——利息调整　63 552

实际支付本期利息时：

借：应付利息　500 000

　　贷：银行存款　500 000

(3)2×13年12月31日：

借：财务费用　571 178

　　贷：应付利息　500 000

　　　　应付债券——利息调整　71 178

实际支付本期利息时：

借：应付利息　500 000

　　贷：银行存款　500 000

(4)2×14年12月31日：

借：财务费用　579 719

　　贷：应付利息　500 000

　　　　应付债券——利息调整　79 719

实际支付本期利息时：

借：应付利息 500 000

贷：银行存款 500 000

(5)2×15 年 12 月 31 日：

借：财务费用 589 287

贷：应付利息 500 000

应付债券——利息调整 89 287

实际支付本期利息时：

借：应付利息 500 000

贷：银行存款 500 000

3. 实际利率为 8%时，债券溢价发行，发行价格为 5 399 271 元。

按实际利率法编制溢价摊销表，见表 10—2。

表 10—2 公司债券溢价摊销表(实际利率法) 单位：元

日 期	利息费用 (1)＝上期(5)×8%	应付利息 (2)＝面值×10%	摊销额 (3)＝(2)－(1)	利息调整余额 (4)＝上期(4)－(3)	期末摊余成本 (5)＝上期(5)－(3)
2×11 年 1 月 1 日				399 271	5 399 271
2×11 年 12 月 31 日	431 942	500 000	68 058	331 213	5 331 213
2×12 年 12 月 31 日	426 497	500 000	73 503	257 710	5 257 710
2×13 年 12 月 31 日	420 617	500 000	79 383	178 327	5 178 326
2×14 年 12 月 31 日	414 266	500 000	85 734	92 593	5 092 593
2×15 年 12 月 31 日	407 407	500 000	92 593	0	5 000 000
合 计	2 100 729	500 000	399 271	—	—

(1)2×11 年 12 月 31 日：

借：财务费用 431 942

应付债券——利息调整 68 058

贷：应付利息 500 000

实际支付本期利息时：

借：应付利息 500 000

贷：银行存款 500 000

(2)2×12 年 12 月 31 日：

借：财务费用 426 497

应付债券——利息调整 73 503

贷：应付利息 500 000

实际支付本期利息时：

借：应付利息 500 000

贷：银行存款 500 000

(3)2×13 年 12 月 31 日：

借:财务费用 420 617

应付债券——利息调整 79 383

贷:应付利息 500 000

实际支付本期利息时:

借:应付利息 500 000

贷:银行存款 500 000

(4)2×14 年 12 月 31 日:

借:财务费用 414 266

应付债券——利息调整 85 734

贷:应付利息 500 000

实际支付本期利息时:

借:应付利息 500 000

贷:银行存款 500 000

(5)2×15 年 12 月 31 日:

借:财务费用 407 407

应付债券——利息调整 92 593

贷:应付利息 500 000

实际支付本期利息时:

借:应付利息 500 000

贷:银行存款 500 000

(三)债券的偿还

债券应根据债券发行时订立的合同条款偿还本金和利息。发行企业偿还本金的方式主要有到期偿还、提前偿还等。

对于到期偿还的,债券到期时,无论是折价发行还是溢价发行,折价或溢价均已经摊销完毕,发行企业按面值偿还本金。企业应借记"应付债券——面值" 账户,贷记"银行存款"账户。

例 4 承例 2,2×16 年 1 月 1 日债券到期时,无论债券当初发行是按面值发行、折价发行还是溢价发行,偿还本金应做的会计处理均相同:

借:应付债券——面值 5 000 000

贷:银行存款 5 000 000

例 5 A 公司为了筹集生产经营所需资金,于 2×14 年 1 月 1 日发行 3 年期债券 1 000 张,每张面值为 1 000 元,票面利率为 10%,债券到期一次还本付息,债券发行时的实际利率为 8%(不考虑任何发行费用)。A 公司与该债券有关的会计处理如下:

债券的发行价格=1 000 000×(1+3×10%)÷$(1+8\%)^3$= 1 031 982(元)

2×14 年 1 月 1 日债券发行时:

借:银行存款 1 031 982

贷:应付债券——面值 1 000 000

——利息调整 31 982

按实际利率法编制溢价摊销表,见表 10-3。

表 10－3　　公司债券溢价摊销表（实际利率法）　　单位：元

日　期	利息费用 (1)＝上期(5)×8%	本期应计利息 (2)＝面值×10%	累计应计利息 (3)	摊销额 (4)＝(2)－(1)	利息调整余额 (5)＝上期(5)－(4)	期末摊余成本 (6)＝上期(6)－(4)＋(3)
2×14 年 1 月 1 日					31 982	1 031 982
2×14 年 12 月 31 日	82 559	100 000	100 000	17 441	14 541	1 114 541
2×15 年 12 月 31 日	89 163	100 000	200 000	10 837	3 704	1 203 704
2×16 年 12 月 31 日	96 296	100 000	300 000	3 704	0	1 300 000
合　计	268 018	300 000	—	31 982	—	—

2×14 年 12 月 31 日计提利息时：

借：财务费用　　82 559

　应付债券——利息调整　　17 441

　　贷：应付债券——应计利息　　100 000

2×15 年 12 月 31 日计提利息时：

借：财务费用　　89 163

　应付债券——利息调整　　10 837

　　贷：应付债券——应计利息　　100 000

2×16 年 12 月 31 日计提利息时：

借：财务费用　　96 296

　应付债券——利息调整　　3 704

　　贷：应付债券——应计利息　　100 000

债券到期，归还本息时：

借：应付债券——本金　　1 000 000

　　　　——应计利息　　300 000

　　贷：银行存款　　1 300 000

二、可转换公司债券

（一）可转换公司债券的性质和特点

如果在债券合约中规定，债券持有者可以在特定时期按照约定的转换比率或者转股价格将持有的债券转换为发行公司的股票（通常为普通股），这种债券就称为可转换公司债券。

可转换公司债券是一种混合性债券，兼有权益性证券和债务性证券的双重性质，其所包含的转股权和债券不可分离交易。可转换公司债券在转换之前属于债务性证券，持有人在规定的付息日取得利息。如果持有人在转股期间未转股，则发行公司负有到期无条件还本付息的义务；如果持有人在转股期间转股，可转换公司债券变为权益性证券，持有人按所换得的普通股股份享有普通股股东的权益，同时发行公司的债务解除。

可转换公司债券的要素除了一些一般公司债券的基本要素外，还具有一些特定的要素，包括：(1)基准股票，即债券可以转换为的股票；(2)转股价格，即约定的将债券转换为普通股的每股价格；(3)转股期，即可转换公司债券持有人行使转股权的有效期限；(4)赎回条款，指当公司股票在一段时间内连续高于转股价格达到一定幅度时，发行人可以提前赎回其未到期的债券；(5)回售条款，指当公司股票在一段时间内连续低于转股价格达到一定幅度时，可转换公司债券持有人按事先约定的价格将所持有债券出售给发行人。

对发行企业而言，与发行股票相比，可转换公司债券既有明显的优点，也蕴涵着某些风险。其优点在于：(1)发行可转换公司债券的筹资成本较低。由于转股权具有潜在的收益性，使发行公司可以以比同等条件下更高的价格或更低的利率发行债券，从而降低筹资成本；同时，避免了发行股票所需的高额的发行费用。(2)在股票市场不景气、发行股票较困难的情况下，发行可转换公司债券更容易被市场接受。(3)由于设定了转股期，避免了发行股票所带来的股本迅速扩张所造成的股权稀释。(4)可转换公司债券的某些条款赋予发行公司一定的空间，发行公司可以根据自己的资本结构的需要，通过诱导转换等方式控制转股的节奏和数量，从而改善资产负债比率。

但发行可转换公司债券筹资也有一定的风险：(1)每股收益稀释的风险。当投资者纷纷行使股权，使得股本扩张而收益没有实现同步增长时，公司的每股收益将会被稀释。(2)转换失败的风险。当公司确需股票筹资，而进入转股期由于股价并未上升使持有人放弃行使转股权时，发行公司将承受还本付息的压力。(3)回售风险。当股票价格在一段时期内持续低于转股价格而达到某一幅度时，可转换公司债券持有人可按事先约定的价格将所持有的债券回售给发行公司，发行公司将承受损失和面临资金支付的压力。

(二)可转换公司债券的会计核算

可转换公司债券是一种混合性质的债券，理论上其价值由两部分构成：一是负债部分的价值，即按债券的本金和利息按实际利率折现的现值；二是转股权的价值，即若转股期的股票价格上升到转股价之上时，债券持有者可以通过转股而获得股票增值的收益。按照我国企业会计准则的要求，对于可转换公司债券，应区分负债成分和权益成分进行核算。对于负债部分，应在“应付债券”总分类账下专门设置“可转换公司债券”明细分类账，进行明细核算。

1. 可转换公司债券的发行

公司发行可转换公司债券，应先按负债成分的未来现金流量进行折现，确定负债成分的初始确认金额；再按发行价格总额扣除负债成分的初始确认金额后的金额，确定权益成分的初始确认金额。发行可转换公司债券的交易费用，应在负债成分和权益成分之间按照公允价值进行分摊。发行时，应按实际收到的金额，借记“银行存款”等账户；同时，按面值贷记“应付债券——可转换公司债券(面值)”账户；按权益部分的公允价值，贷记“其他权益工具”账户；按其差额，借记或贷记“应付债券——可转换公司债券(利息调整)”账户。

例6　甲公司经批准于2×12年1月1日发行1 000份可转换公司债券，每份面值为1 000元，实际发行价格为每份950元，取得总收入950 000元。该债券的期限为5年，票面利率为6%，每年1月1日为付息日；债券发行1年后可转换为普通股股票，按应付债券面值每10元转为1股。公司发行该债券时，二级市场上与之类似但没有转股权的债券的市场利率为8%。假定不考虑其他相关税费。

首先对负债部分的未来现金流量按照市场利率8%进行折现，以确定负债部分的初始入账金额：

1 000 000×$(P/V,5,8\%)$+60 000×$(P/A,5,8\%)$=920 162(元)

债券的利息调整(折价)=1 000 000－920 162=79 838(元)

权益部分的初始入账价值=950 000－920 162=29 838(元)

借：银行存款	950 000	
应付债券——可转换公司债券(利息调整)	79 838	
贷：应付债券——可转换公司债券(面值)		1 000 000
其他权益工具		29 838

2. 转换之前的会计核算

可转换公司债券在转换为股票之前，其所包含的负债属于应付债券的部分，应当比照一般应付债券计提利息、摊销溢价和折价。由于企业无法准确预计债券持有人行使转股权的时间和数额，所以，假定债券一直发行在外，折价或溢价在整个债券期间摊销。

例 7 承例 6，按照实际利率法编制溢价摊销表（见表 10—4）。

表 10—4 **公司债券溢价摊销表（实际利率法）** 单位：元

日 期	利息费用 (1)＝上期(5)×8%	支付利息 (2)＝面值×6%	摊销额 (3)＝(1)－(2)	利息调整余额 (4)＝上期(4)－(3)	期末摊余成本 (5)＝上期(5)＋(3)
2×12 年 1 月 1 日				79 838	920 162
2×12 年 12 月 31 日	73 612.96	60 000	13 612.96	66 225.04	933 774.96
2×13 年 12 月 31 日	74 702.00	60 000	14 702.00	51 523.04	948 476.9568
2×14 年 12 月 31 日	75 878.16	60 000	15 878.16	35 644.89	964 355.1133
2×15 年 12 月 31 日	77 148.41	60 000	17 148.41	18 496.48	981 503.5224
2×16 年 12 月 31 日	78 496.48*	60 000	18 496.48	0	1 000 000
合 计	379 838.00	300 000	79 838.00	—	—

*78 496.48＝18 496.48＋60 000

2×12 年 12 月 31 日：

借：财务费用 73 612.96

　贷：应付利息 60 000

　　应付债券——可转换公司债券（利息调整） 13 612.96

2×13 年 1 月 1 日实际支付本期利息时：

借：应付利息 60 000

　贷：银行存款 60 000

3. 可转换公司债券的转换

当可转换公司债券进入转股期后，持有者可以行使转股权，将其持有的债券转换为股票。可转换公司债券的市价受基准股票市价的影响，当基准股票价格上升时，意味着转股后可获得更多的股票增值，可转换公司债券的转股权价值上升，可转换公司债券的市价也随之上升。当基准股票价格下降时，可转换公司债券的转股权价值下降，可转换公司债券的市价也随之下降。但一般而言，可转换公司债券的市价不会随基准股票价格下跌而无限下降，而是以债券的现值为限，即此时转股权价值为零。

按照我国企业会计准则的规定，当可转换公司债券的持有人将债券转换为股票时，发行公司应将债券的面值连同尚未摊销的折溢价、发行费用一并转销；同时，采用账面价值法确定增加的股东权益，即按转换部分可转换公司债券的账面价值计入所有者权益。

在转换日，企业应按可转换公司债券的账面余额，借记"应付债券——可转换公司债券（面值）"账户，借记或者贷记"应付债券——可转换公司债券（利息调整）"账户；按"其他权益工具"账户中属于该项可转换公司债券的权益成分的金额，借记"其他权益工具"账户；按股票面值和转换的股数计算的股票面值总额，贷记"股本"账户；按其差额，贷记"资本公积——股本溢价"账户。

例 8 承例 6，2×13 年 1 月 1 日，可转换公司债券全部转换为普通股，当时股票市价为每股 20 元。

由于转股价为 10 元/股，故转换的股份数为 1 000 000÷10＝100 000（股），应做会计处理如下：

借：应付债券——可转换公司债券（面值） 1 000 000

　其他权益工具 29 838

　贷：应付债券——可转换公司债券（利息调整） 66 225.04

　　股本 100 000

　　资本公积——股本溢价 863 612.96

4. 可转换公司债券的偿付

对投资者而言，购买可转换公司债券主要是看中其包含的转股权。进入转股期后，如果普通股市价上升并高于转股价，投资者就可以通过行使转换权获得股票增值收益。但有的时候，由于种种原因，转换期内的股票市价低于转股价，如果实施转换，显然对投资者不利，此时投资者可以选择继续持有可转换公司债券直至到期。

根据可转换公司债券的特征，如果持有人在转股期间没有转股，则可转换公司债券仍然保持普通债券的特性，发行公司负有到期无条件还本付息的义务，其会计处理与普通债券到期相同。

例 9 承例 6，由于某些原因，可转换公司债券持有人一直没有转换为普通股，所有的可转换公司债券持有人都持有到期。

在这种情况下，可转换公司债券的利息偿付、到期还本的会计处理和例 3 中债券折价发行的会计处理完全相同。

第三节 长期应付款

长期应付款是指企业除长期借款和应付债券以外的其他各种长期应付款项，包括应付融资租入固定资产的租赁费、以分期付款方式购入固定资产、无形资产等发生的应付款项等。

对于企业由于除长期借款和应付债券以外的长期应付款项形成的债务，企业应设置“长期应付款”账户进行核算。该账户的借方反映企业实际偿还的除长期借款和应付债券以外的长期应付款项的金额，贷方反映企业形成的除长期借款和应付债券以外的长期应付款项的金额，期末贷方余额反映企业尚未偿付的除长期借款和应付债券以外的长期应付款项的金额。企业还应按照长期应付款的种类和债权人设置明细账，进行明细核算。

一、应付融资租入固定资产的租赁费

根据《企业会计准则第 21 号——租赁》的规定，符合以下条件之一的租赁为融资租赁：①租赁期届满时，租赁资产的所有权转移给承租人；②即使资产的所有权不转移，但租赁期占租赁资产使用寿命的大部分，这里的“大部分”，通常指在租赁期占租赁资产使用寿命的 75%以上（含 75%）；③承租人在租赁开始日的最低租赁付款额现值，几乎相当于租赁开始日租赁资产的公允价值；④出租人在租赁开始日的最低租赁收款额现值，几乎相当于租赁开始日租赁资产的公允价值。按照经济实质重于形式原则，当企业采用融资租赁方式租入固定资产时，在租赁期开始日，应按计入固定资产成本的金额（租赁开始日租赁资产公允价值与最低租赁付款额现值两者中较低者，加上初始直接费用），借记“在建工程”或“固定资产”账户；按最低租赁付款额，贷记“长期应付款”账户；按发生的初始直接费用，贷记“银行存款”等账户；按其差额，借记“未确认融资费用” 账户。按期支付的租金，借记“长期应付款”账户，贷记“银行存款”等账户。这种长期应付款的核算，将在“高级财务会计”课程中做具体阐述。

二、具有融资性质的延期付款购买资产

企业购买固定资产等长期资产通常在正常信用条件期限内付款，但也会发生超过正常信用条件购买固定资产等长期资产的经济业务事项，如采用分期付款方式购买资产，且在合同中规定的付款期限比较长，超过了正常信用条件，通常在 3 年以上。在这种情况下，该类购货合同实质上具有融资租赁性质，购入资产的成本不能以各期付款额之和确定，而应以各期付款额的现值之和确定。

企业购入固定资产等长期资产时，应按购买价款的现值，借记“固定资产”或“在建工程”等账户；按应支付的金额，贷记“长期应付款”账户；按其差额，借记“未确认融资费用”账户。资产购买价

款的现值，应当按照各期支付的购买价款选择恰当的折现率进行折现后的金额加以确定。折现率是反映当前市场货币时间价值和延期付款债务特定风险的利率。该折现率实质上是供货企业的必要报酬率。各期实际支付的价款与购买价款的现值之间的差额，符合企业会计准则中规定的资本化条件的，应当计入资产成本；其余部分应当在信用期间内确认为财务费用，计入当期损益。按期支付的价款，应借记“长期应付款”账户，贷记“银行存款”账户。这种长期应付款的核算，具体例题见本书第七章的相关内容。

第四节　预计负债

预计负债产生于或有事项，或有事项相关的义务同时满足相关条件时，确认为预计负债进行计量，并与其他负债共同列示于资产负债表中。因此，对预计负债的阐述，首先应从或有事项开始。

一、或有事项形成的或有资产、或有负债

(一)或有事项的概念及其特征

在市场经济条件下，企业在经营活动中有时会面临诉讼、仲裁、重组等具有较大不确定性的经济事项，有的企业为其他单位提供债务担保、对消费者提供产品质量保证等，也是如此。这些不确定事项对企业的财务状况和经营成果可能会产生较大的影响，在会计上被称为或有事项。

根据《企业会计准则第13号——或有事项》(以下简称《或有事项准则》的规定，或有事项是指过去的交易或者事项形成的，其结果须由某些未来事项的发生或不发生才能决定的不确定事项。常见的或有事项主要包括未决诉讼或未决仲裁、债务担保、产品质量保证(含产品安全保证)、亏损合同、重组义务、环境污染整治、承诺等。或有事项具有以下特征：

1. 或有事项是由过去的交易或者事项形成的

或有事项作为一种不确定事项，是由企业过去的交易或者事项形成的。由过去的交易或者事项形成，是指或有事项的现存状况是过去交易或者事项引起的客观存在。

由于或有事项具有因过去的交易或者事项而形成这一特征，因此，未来可能发生的自然灾害、交通事故、经营亏损等事项，不属于《或有事项准则》规范的或有事项。

2. 或有事项的结果具有不确定性

或有事项的结果具有不确定性，是指或有事项的结果是否发生具有不确定性或者或有事项的结果预计将会发生，但发生的具体时间或金额具有不确定性。

例如，有些未决诉讼，被告是否会败诉，在案件审理过程中有时是难以确定的，需要根据法院判决情况加以确定。

再如，某企业因生产排污治理不力并对周围环境造成污染而被起诉，如无特殊情况，该企业很可能败诉。但是，在诉讼成立时，该企业因败诉将支出多少金额，或者何时将发生这些支出，可能是难以确定的。

3. 或有事项的结果须由未来事项决定

由未来事项决定，是指或有事项的结果只能由未来不确定事项的发生或不发生才能决定。或有事项对企业是有利影响还是不利影响，或已知是有利影响或不利影响但影响多大，在或有事项发生时是难以确定的，只能由未来不确定事项的发生或不发生才能证实。例如，企业为其他单位提供债务担保，该担保事项最终是否会要求企业履行偿还债务的连带责任，一般只能看被担保方的未来经营情况和偿债能力。如果被担保方经营情况和财务状况良好且有较好的信用，企业将不需要履行该连带责任。只有在被担保方到期无力还款时，企业(担保方)才承担偿还债务的连带责任。

(二)或有负债和或有资产

或有事项的结果可能会产生或有负债或者或有资产。

1. 或有负债

或有负债,是指过去的交易或者事项形成的潜在义务,其存在须通过未来不确定事项的发生或不发生予以证实;或过去的交易或者事项形成的现时义务,履行该义务不是很可能导致经济利益流出企业或该义务的金额不能可靠计量。

或有负债涉及潜在义务和现时义务两类义务。潜在义务是指结果取决于不确定未来事项的可能义务。也就是说,潜在义务最终是否转变为现时义务,由某些未来不确定事项的发生或不发生才能决定。或有负债作为一项潜在义务,其结果如何只能由未来不确定事项的发生或不发生来证实。现时义务是指企业在现行条件下已承担的义务。或有负债作为现时义务,其特征在于:该现时义务的履行不是很可能导致经济利益流出企业,或者该现时义务的金额不能可靠地计量。

履行或有事项相关义务导致经济利益流出的可能性,通常按照一定的概率区间加以判断。一般情况下,发生的概率分为以下几个层次:基本确定,很可能,可能,极小可能。其中,"基本确定"是指,发生的可能性大于95%但小于100%;"很可能"是指,发生的可能性大于50%但小于或等于95%;"可能"是指,发生的可能性大于5%但小于或等于50%;"极小可能"是指,发生的可能性大于0但小于或等于5%。

2. 或有资产

或有资产,是指过去的交易或者事项形成的潜在资产,其存在须通过未来不确定事项的发生或不发生予以证实。或有资产作为一种潜在资产,其结果具有较大的不确定性,只有随着经济情况的变化,通过某些未来不确定事项的发生或不发生,才能证实其是否会形成企业真正的资产。

3. 或有负债和或有资产转化为负债(预计负债)和资产

如果或有负债和或有资产不符合负债要素或资产要素的定义和确认条件,企业不应当确认或有负债和或有资产,而应当按照《或有事项准则》的规定进行相应的披露。

但是,影响或有负债和或有资产的多种因素处于不断变化之中,企业应当持续地对这些因素予以关注。随着时间的推移和事态的进展,或有负债对应的潜在义务可能转化为现时义务,原本不是很可能导致经济利益流出的现时义务也可能被证实将很可能导致企业流出经济利益,并且现时义务的金额也能够可靠计量。这时,或有负债就转化为企业的负债或预计负债,符合负债(预计负债)的确认条件,应当予以确认,但企业不应当就未来经营亏损确认为预计负债。或有资产也是一样,其对应的潜在资产最终是否能够流入企业会逐渐变得明确,如果某一时点企业基本确定能够收到这项潜在资产并且其金额能够可靠计量,则应当将其确认为企业的资产。

具体而言,若或有事项可能导致经济利益流出企业,符合负债确认条件的,应确认为企业负债(预计负债);不符合条件的,作为或有负债,在报表附注中披露,但极小可能导致经济利益流出企业的或有负债不需披露。若或有事项可能导致经济利益流入企业,很有可能收到时,应作为或有资产在报表附注中披露;基本确定能够收到且其金额能够可靠计量时,确认为资产(其他应收款)。

二、预计负债的确认和计量

或有事项的确认和计量通常是指预计负债的确认和计量。或有事项形成的或有资产只有在企业基本确定能够收到的情况下,才转变为真正的资产,从而应当予以确认。

(一)预计负债的确认条件

与或有事项相关的义务同时满足下列条件的,应当确认为预计负债:

1. 该义务是企业承担的现时义务

该义务是企业承担的现时义务,是指与或有事项相关的义务是在企业当前条件下已承担的义务，企业没有其他现实的选择，只能履行该现时义务。

2. 履行该义务很可能导致经济利益流出企业

履行该义务很可能导致经济利益流出企业，是指履行与或有事项相关的现时义务时，导致经济利益流出企业的可能性超过50%但小于或等于95%。

3. 该义务的金额能够可靠地计量

该义务的金额能够可靠地计量，是指与或有事项相关的现时义务的金额能够合理地估计。由于或有事项具有不确定性，因或有事项产生的现时义务的金额也具有不确定性，需要估计。要对或有事项确认一项预计负债，相关现时义务的金额应当能够可靠估计。

(二)预计负债的计量

1. 最佳估计数的确定

预计负债应当按照履行相关现时义务所需支出的最佳估计数进行初始计量。最佳估计数的确定应当分别以下两种情况处理：

(1)所需支出存在一个连续范围，且该范围内各种结果发生的可能性相同，则最佳估计数应当按照该范围内的中间值，即上、下限金额的平均数确定。

例10 2×15年12月3日，A公司因无故拖欠已到期的银行贷款本金和利息的偿还被银行起诉。截至2×15年12月31日，法院尚未对该诉讼进行判决。但A公司的法律顾问告知A公司，如无特殊情况，很可能败诉。为此，A公司不仅须偿还贷款本金和利息，还需要支付罚息、诉讼费等费用。A公司预计将要支付的罚息估计在50万元至56万元之间，而且这个区间内每个金额的可能性都大致相同，则最佳估计数为(50+56)÷2=53(万元)。

(2)所需支出不存在一个连续范围，或者虽然存在一个连续范围，但该范围内各种结果发生的可能性不相同。在这种情况下，最佳估计数应按照以下方法确定：

①或有事项涉及单个项目的，按照最可能发生金额确定。“涉及单个项目”指或有事项涉及的项目只有一个，如一项未决诉讼、一项未决仲裁或一项债务担保等。

例11 甲公司因与乙公司签订了互相担保协议，成为相关诉讼的第二被告。截至2×15年12月31日，诉讼尚未判决。但由于乙公司经营困难，甲公司很可能要承担连带还款责任。据预计，甲公司承担还款金额500万元责任的可能性为60%，承担还款金额300万元责任的可能性为40%(假定不考虑诉讼费)。

本例中，甲公司因连带责任而承担了现时义务，该义务的履行很可能导致经济利益流出企业，且该义务的金额能够可靠地计量，满足预计负债确认的条件，甲公司应在2×15年12月31日确认一项预计负债500万元(最可能发生金额)。

②或有事项涉及多个项目的，按照各种可能结果及相关概率计算确定。“涉及多个项目”指或有事项涉及的项目不止一个，如产品质量保证。在产品质量保证中，提出产品保修要求的可能有许多客户。相应地，企业对这些客户负有保修义务。

例12 2×15年，A企业的销售额为5 000万元。A企业的产品质量保证条款规定：产品售出后1年内，如发生正常质量问题，乙企业将免费负责修理。根据以往的经验，如果出现较小的质量问题，则须发生的修理费为销售额的1%；而如果出现较大的质量问题，则须发生的修理费为销售额的2%。据预测，本年度已售产品中，有80%不会发生质量问题，有15%将发生较小质量问题，有5%将发生较大质量问题。

本例中，A企业由于合约规定而承担了现时义务，该义务的履行很可能导致经济利益流出企业，且该义务的金额能够可靠地计量；满足预计负债确认的条件，20×9年年末A企业应确认的预计负债金额(最佳估计数)=(5 000×15%)×1%+(5 000×5%)×2%=12.5(万元)。

2. 预期可获得的补偿

企业清偿预计负债所需支出全部或部分预期由第三方补偿的，补偿金额只有在基本确定能够收到时，才能作为资产单独确认。确认的补偿金额不应当超过预计负债的账面价值。

首先，企业预期从第三方获得的补偿，是一种潜在资产，其最终是否真的会转化为企业真正的资产（即企业是否能够收到这项补偿）具有较大的不确定性，企业只能在基本确定能够收到补偿时，才能对其进行确认。其次，根据资产和负债不能随意抵消的原则，预期可获得的补偿在基本确定能够收到时应当确认为一项资产，而不能作为预计负债金额的扣减。

补偿金额的确认涉及两个问题：一是确认时间，补偿只有在"基本确定"能够收到时才能予以确认；二是确认金额，确认金额是基本确定能够收到的金额，而且不能超过相关预计负债的金额。

例 13 2×15 年 12 月 18 日，某公司因产品质量问题被提起诉讼，企业估计很可能败诉，需支付的赔偿金等估计为 50 万元。同时，公司对该产品已向保险公司投保，预计能获得保险赔偿金 13 万元，可基本确认收到。2×15 年 12 月 31 日，诉讼尚未判决。

根据以上情况，该公司应于 2×15 年 12 月 31 日确认一项预计负债 50 万元、一项资产 13 万元。

3. 预计负债的后续计量

预计负债的后续计量主要是资产负债表日对预计负债的复核。企业应当在资产负债表日对预计负债的账面价值进行复核。有确凿证据表明该账面价值不能真实反映当前最佳估计数的，应当按照当前最佳估计数对该账面价值进行调整。

三、预计负债的会计处理

企业对于因或有事项而确认的负债，应设置"预计负债"账户核算。该账户核算企业确认的未决诉讼或未决仲裁、债务担保、产品质量保证（含产品安全保证）、亏损合同、重组义务、环境污染整治、承诺等预计负债，应按形成预计负债的交易或事项分别设置"产品质量保证"、"未决诉讼"、"债务担保"等明细账户，进行明细核算。

企业应根据预计负债费用的用途，借记"管理费用"、"营业外支出"、"销售费用"等账户；按确认的预计负债的金额，贷记"预计负债"账户。按实际清偿或冲减的预计负债，借记"预计负债"账户，贷记"银行存款"、"应付职工薪酬"、"其他应付款"等账户。根据确凿证据对已确认的预计负债进行调整的，在资产负债表日，按调整增加的金额，借记"管理费用"、"营业外支出"、"销售费用"等账户，贷记"预计负债"账户；按调整减少的金额，借记"预计负债"账户，贷记"管理费用"、"营业外支出"、"销售费用"等账户。

（一）未决诉讼或未决仲裁

例 14 续例 10，A 公司败诉还需支付的诉讼费为 5 万元。A 公司应在 2×15 年 12 月 31 日做如下会计处理：

借：管理费用——诉讼费　　50 000
　　营业外支出——罚息支出　　530 000
　　贷：预计负债——未决诉讼　　580 000

例 15 例 11 的有关账务处理如下：

借：营业外支出——赔偿支出　　5 000 000
　　贷：预计负债——未决诉讼　　5 000 000

企业当期实际发生的担保诉讼损失金额与已计提的相关预计负债之间的差额，应分别以下情况处理：

1. 企业在前期资产负债表日，依据当时实际情况和所掌握的证据合理估计诉讼损失而确认的预计负债，应当将当期实际发生的诉讼损失金额与已计提的相关预计负债之间的差额，直接计入或冲减当期营业外支出。

2. 企业在前期资产负债表日，依据当时实际情况和所掌握的证据原本应当能够合理估计诉讼损失，但企业所做的估计却与当时的事实严重不符的(如未合理预计损失或不恰当地多计或少计损失)，应当按照重大前期差错更正的方法进行处理。

3. 企业在前期资产负债表日，依据当时实际情况和所掌握的证据，确实无法合理预计诉讼损失，因而未确认预计负债的，应在该项损失实际发生的当期，直接计入当期营业外支出。

4. 企业在资产负债表日后至财务报告批准报出日之间发生的需要调整或说明的未决诉讼，应当按照《企业会计准则第29号——资产负债表日后事项》的有关规定进行处理。

(二)债务担保

企业对外提供债务担保常常会涉及诉讼，这时可以分别以下不同情况进行处理：

1. 企业已被判决败诉的，应当按照法院判决的应承担的损失金额，确认为预计负债。

2. 已判决败诉，但企业正在上诉，或者经上一级法院裁定暂缓执行，或者由上一级法院发回重审等，企业应当在资产负债表日根据已有判决结果合理估计损失金额，确认为预计负债。

3. 法院尚未判决的，企业应当向其律师或法律顾问等咨询，估计败诉的可能性以及败诉后可能发生的损失金额，并取得有关书面意见。如果败诉的可能性大于胜诉的可能性，并且损失金额能够合理估计的，应当在资产负债表日将预计损失金额确认为预计负债。

例16 2×14年8月7日，甲公司因与乙公司签订了一项债务相互担保协议，成为相关诉讼的第二被告。截至2×14年12月31日，诉讼尚未判决。但由于乙公司经营困难，无法偿还到期的债务，甲公司很可能要承担连带还款责任。根据公司的律师书面意见，甲公司估计败诉的可能性为80%。如败诉，承担还款金额为800万元。2×15年4月20日，法院作出判决：甲公司承担还款金额1 000万元，甲公司不再上诉。截至2×15年12月31日，赔偿尚未支付。

分析：甲公司因债务担保而承担连带还款义务，该义务很可能导致经济利益流出企业，且该义务的金额能够可靠计量。因此，甲公司应在2×14年12月31日确认一项预计负债800万元。2×15年4月20日，甲公司应根据法院判决的结果，调增200万元的负债。同时，在各年年末都应附注披露相关信息。有关账务处理如下：

(1)2×14年12月31日：

借：营业外支出——债务担保支出	8 000 000	
贷：预计负债——债务担保		8 000 000

(2)2×15年4月20日：

借：营业外支出——债务担保支出	200 000	
预计负债——债务担保	8 000 000	
贷：其他应付款——债务担保		10 000 000

(三)产品质量保证

产品质量保证通常指销售商或制造商在销售产品或提供劳务后，对客户提供服务的一种承诺。在约定期内，若产品或劳务在正常使用过程中出现质量或者与之相关的其他属于正常范围的问题，则企业负有更换产品、免费或只收成本价进行修理等责任。为此，企业应当在复核确认条件的情况下，于销售成立时确认预计负债。

在对产品质量保证确认预计负债时，需要注意以下几点：

1. 如果发现保证费用的实际发生额与预计数相差较大，应及时对预计比例进行调整。

2. 如果企业针对特定批次产品确认预计负债，则在保修期结束时，应将"预计负债——产品质量保证"账户的余额冲销，不留余额。

3. 已对其确认预计负债的产品，如企业不再生产了，那么应在相应的产品质量保证期满后，将

"预计负债——产品质量保证"账户的余额冲销,不留余额。

例 17 甲公司为生产制造企业,2×15 年第一季度、第二季度、第三季度、第四季度分别销售其生产的产品 100 件、150 件、200 件和 175 件,每件售价为 25 000 元。对购买其产品的消费者,甲公司做出如下承诺:该产品售出后 3 年内如出现非意外事件造成的产品故障和质量问题,甲公司免费负责保修。根据以往的经验,发生的保修费一般在销售额的 1%~1.5%之间。假定甲公司 2×15 年四个季度实际发生的维修费分别为 10 000 元、100 000 元、90 000 元和 17 500 元;同时,假定 2×14年"预计负债——产品质量保证"账户的年末余额为 60 000 元。

分析:甲公司因销售该产品而承担了现时义务,该义务的履行很可能导致经济利益流出甲公司,且该义务的金额能够可靠地计量。甲公司根据规定应在每季度末确认一项预计负债。

(1)第一季度:

发生产品质量保证费用时:

借:预计负债——产品质量保证 10 000

贷:银行存款等 10 000

应确认的产品质量保证负债金额=100×25 000×(1%+1.5%)÷2=31 250(元)

借:销售费用——产品质量保证 31 250

贷:预计负债——产品质量保证 31 250

第一季度末,"预计负债——产品质量保证"账户的余额为 81 250 元。

(2)第二季度:

发生产品质量保证费用时:

借:预计负债——产品质量保证 100 000

贷:银行存款等 100 000

应确认的产品质量保证负债金额=150×25 000×(1%+1.5%)÷2=46 875(元)

借:销售费用——产品质量保证 46 875

贷:预计负债——产品质量保证 46 875

第二季度末,"预计负债——产品质量保证"账户的余额为 28 125 元。

(3)第三季度:

发生产品质量保证费用时:

借:预计负债——产品质量保证 90 000

贷:银行存款等 90 000

应确认的产品质量保证负债金额=200×25 000×(1%+1.5%)÷2=62 500(元)

借:销售费用——产品质量保证 62 500

贷:预计负债——产品质量保证 62 500

第三季度末,"预计负债——产品质量保证"账户的余额为 625 元。

(4)第四季度:

发生产品质量保证费用时:

借:预计负债——产品质量保证 17 500

贷:银行存款等 17 500

应确认的产品质量保证负债金额=175×25 000×(1%+1.5%)÷2=54 687.5(元)

借:销售费用——产品质量保证 54 687.5

贷:预计负债——产品质量保证 54 687.5

第四季度末,"预计负债——产品质量保证"账户的余额为 37 812.5 元。

第五节 借款费用

一、借款费用概述

在市场经济条件下，资金是企业生存和发展的生命源泉，其需求大量增加，来源日益多元化，但无论使用任何资金，都有资金成本。借款费用是企业因借入资金所付出的代价，这表明借款费用是企业负债融资发生的资金成本。借款费用包括借款利息、折价或者溢价的摊销、辅助费用以及因外币借款而发生的汇兑差额等。

(一)借款利息

因借款而发生的利息，包括企业向银行或者其他金融机构等借入资金发生的利息、发行公司债券发生的利息，以及为购建或者生产符合资本化条件的资产而发生的带息债务所承担的利息等。这里所指的利息，是按照合同利率确定的票面利息。

(二)折溢价的摊销

因借款而发生的折价或者溢价主要是指发行债券等所发生的折价或者溢价。发行债券中的折价或者溢价，通过摊销实质是对债券票面利息的调整(即将债券票面利率调整为实际利率)，因此，折溢价的摊销也构成借款费用的组成部分。

(三)外币借款汇兑差额

因外币借款而发生的汇兑差额，是指由于汇率变动对外币借款本金及其利息的记账本位币金额所产生的影响金额。由于汇率的变化往往和利率的变化相联动，它是企业外币借款所需承担的风险，因此，因外币借款相关汇率变化所导致的汇兑差额属于借款费用的有机组成部分。

(四)辅助费用

因借款而发生的辅助费用，是指企业在借款过程中发生的诸如手续费、佣金等费用，由于这些费用是因安排借款而发生的，也属于借入资金所付出的代价，是借款费用的构成部分。

值得注意的是，融资租赁发生的费用本质上也属于借款费用，但其处理由《企业会计准则第 21 号——租赁》规范。

二、借款费用的确认

借款费用的确认主要解决的是将每期发生的借款费用资本化、计入相关资产的成本，还是将有关借款费用费用化、计入当期损益的问题。根据《企业会计准则第 17 号——借款费用》的规定，借款费用确认的基本原则是：企业发生的借款费用，可直接归属于符合资本化条件的资产的购建或者生产的，应当予以资本化，计入相关资产成本；其他借款费用，应当在发生时根据其发生额确认为费用，计入当期损益。

(一)借款费用资本化的借款范围

借款包括专门借款和一般借款。专门借款是指为购建或者生产符合资本化条件的资产而专门借入的款项。专门借款通常应当有明确的用途，即为购建或者生产某项符合资本化条件的资产而专门借入的，并通常应当具有标明该用途的借款合同。一般借款是指除专门借款之外的借款，相对于专门借款而言，一般借款在借入时，其用途通常没有特指用于符合资本化条件的资产的购建或者生产。

根据借款费用资本化的条件，为购建或者生产符合资本化条件的资产的专门借款以及为购建或者生产符合资本化条件的资产而占用的一般借款而发生的借款费用才能资本化。与符合资本化条件的资产的购建或者生产无关的借款发生的借款费用不能资本化，只能计入当期损益，如财务费用等。

(二)借款费用资本化的资产范围

符合资本化条件的资产是指需要经过相当长时间的购建或者生产活动才能达到预定可使用或者可销售状态的固定资产、投资性房地产和存货等资产。建造合同成本、确认为无形资产的开发支出等在符合条件的情况下,也可以认定为符合资本化条件的资产。符合资本化条件的存货,主要包括房地产开发企业开发的用于对外出售的房地产开发产品、企业制造的用于对外出售的大型机器设备等。这类存货通常需要经过相当长时间的建造或者生产过程,才能达到预定可销售状态。其中,"相当长时间"应当是指为资产的购建或者生产所必需的时间,通常为1年以上(含1年)。

在实务中,如果由于人为或者故意等非正常因素导致资产的购建或者生产时间相当长的,则该资产不属于符合资本化条件的资产。购入即可使用的资产,或者购入后需要安装但所需安装时间较短的资产,或者需要建造或者生产但所需建造或者生产时间较短的资产,均不属于符合资本化条件的资产。

(三)借款费用资本化的时间范围

企业只有对发生在资本化期间内的有关借款费用,才允许资本化,资本化期间的确定是借款费用确认和计量的重要前提。借款费用资本化期间是指从借款费用开始资本化时点到停止资本化时点的期间,但不包括借款费用暂停资本化的期间。

1. 借款费用开始资本化的时点

借款费用允许开始资本化必须同时满足以下三个条件:

(1)资产支出已经发生,包括支付现金、转移非现金资产和承担带息债务形式所发生的支出。

支付现金,是指用货币资金支付符合资本化条件的资产的购建或者生产支出。转移非现金资产,是指企业将自己的非现金资产直接用于符合资本化条件的资产的购建或者生产。承担带息债务,是指企业为了购建或者生产符合资本化条件的资产所需用物资等而承担的带息应付款项(如带息应付票据)。如果企业赊购这些物资承担的是不带息债务,就不应当将购买价款计入资产支出,因为该债务在偿付前不需要承担利息,也没有占用借款资金。企业只有等到实际偿付债务、发生了资源流出时,才能将其作为资产支出。如果企业赊购物资承担的是带息债务,则企业要为这笔债务付出代价,支付利息,与企业向银行借入款项用于支付资产支出在性质上是一致的。

(2)借款费用已经发生,即企业已经发生了因购建或者生产符合资本化条件的资产而专门借入款项的借款费用或者所占用的一般借款的借款费用。

(3)为使资产达到预定可使用或者可销售状态所必要的购建或者生产活动已经开始,即符合资本化条件的资产的实体建造或者生产工作已经开始,如主体设备的安装、厂房的实际开工建造等。它不包括仅仅持有资产但没有发生为改变资产形态而进行的实质上的建造或者生产活动。

企业只有在上述三个条件同时满足的情况下,有关借款费用才可开始资本化,只要其中有一个条件没有满足,借款费用就不能开始资本化。

2. 借款费用暂停资本化的时间

符合资本化条件的资产在购建或者生产过程中发生非正常中断且中断时间连续超过3个月的,应当暂停借款费用的资本化。中断的原因必须是非正常中断,属于正常中断的,相关借款费用仍可资本化。

非正常中断,通常是由于企业管理决策上的原因或者其他不可预见的原因等所导致的中断。比如,企业因与施工方发生了质量纠纷,或者工程、生产用料没有及时供应,或者资金周转发生了困难,或者施工、生产发生了安全事故,或者发生了与资产购建、生产有关的劳动纠纷等原因,导致资产购建或者生产活动发生中断,均属于非正常中断。

非正常中断与正常中断显著不同。正常中断通常仅限于因购建或者生产符合资本化条件的资产达到预定可使用或者可销售状态所必要的程序，或者事先可预见的不可抗力因素导致的中断。比如，某些工程建造到一定阶段必须暂停下来进行质量或者安全检查，检查通过后才可继续下一阶段的建造工作，这类中断是在施工前可以预见的，而且是工程建造必须经过的程序，属于正常中断。某些地区的工程在建造过程中，由于可预见的不可抗力因素（如雨季或冰冻季节等原因）导致施工出现停顿，也属于正常中断。

3. 借款费用停止资本化的时点

购建或者生产符合资本化条件的资产达到预定可使用或者可销售状态时，借款费用应当停止资本化。如果所购建或者生产的资产分别建造、分别完工的，企业应当区别情况界定借款费用停止资本化的时点。

资产达到预定可使用或者可销售状态，是指所购建或者生产的符合资本化条件的资产已经达到建造方、购买方或者企业自身等预先设计、计划或者合同约定的可以使用或者可以销售的状态。企业在确定借款费用停止资本化的时点时需要运用职业判断，应当遵循实质重于形式的原则，针对具体情况，依据经济实质判断所购建或者生产的符合资本化条件的资产达到预定可使用或者可销售状态的时点。具体可从以下几个方面进行判断：

(1)符合资本化条件的资产的实体建造（包括安装）或者生产活动已经全部完成或者实质上已经完成。

(2)所购建或者生产的符合资本化条件的资产与设计要求、合同规定或者生产要求相符或者基本相符，即使有极个别与设计、合同或者生产要求不相符的地方，也不影响其正常使用或者销售。

(3)继续发生在所购建或生产的符合资本化条件的资产上的支出金额很少或者几乎不再发生。

(4)购建或者生产符合资本化条件的资产需要试生产或者试运行的，在试生产结果表明资产能够正常生产出合格产品，或者试运行结果表明资产能够正常运转或者营业时，应当认为该资产已经达到预定可使用或者可销售状态。

在符合资本化条件的资产的实际购建或者生产过程中，如果所购建或者生产的资产分别建造、分别完工，企业也应当遵循实质重于形式的原则，区别下列情况，界定借款费用停止资本化的时点：

(1)所购建或者生产的符合资本化条件的资产的各部分分别完工，每部分在其他部分继续建造或者生产过程中可供使用或者可对外销售，且为使该部分资产达到预定可使用或可销售状态所必要的购建或者生产活动实质上已经完成的，应当停止与该部分资产相关的借款费用的资本化，因为该部分资产已经达到了预定可使用或者可销售状态。

(2)购建或者生产的资产的各部分分别完工，但必须等到整体完工后才可使用或者对外销售的，应当在该资产整体完工时停止借款费用的资本化。在这种情况下，即使各部分资产已经分别完工，也不能认为该部分资产已经达到了预定可使用或者可销售状态，企业只能在所购建或者生产的资产整体完工时，才能认为资产已经达到了预定可使用或者可销售状态，借款费用才可停止资本化。

三、借款费用的会计处理

(一)借款利息（包括折溢价的摊销）的处理

1. 专门借款利息费用的资本化金额

为购建或者生产符合资本化条件的资产而借入专门借款的，应当以专门借款当期实际发生的利息费用，减去将尚未动用的借款资金存入银行取得的利息收入或进行暂时性投资取得的投资收益后的金额确定。

2. 一般借款利息费用的资本化金额

企业在购建或者生产符合资本化条件的资产时，如果专门借款资金不足，占用了一般借款资金的，或者企业为购建或者生产符合资本化条件的资产并没有借入专门借款，而占用的都是一般借款资金，则企业应当根据为购建或者生产符合资本化条件的资产而发生的累计资产支出超过专门借款部分的资产支出加权平均数乘以所占用一般借款的资本化率，计算确定一般借款应予资本化的利息金额。资本化率应当根据一般借款的加权平均利率计算确定。如果符合资本化条件的资产的购建或者生产没有借入专门借款，则应以累计资产支出的加权平均数为基础计算所占用一般借款利息的资本化金额。即企业占用一般借款资金购建或者生产符合资本化条件的资产时，一般借款的借款费用的资本化金额的确定应当与资产支出相挂钩。

$$\text{一般借款利息费用资本化金额}=\text{累计资产支出超过专门借款部分的资产支出加权平均数}\times\text{所占用一般借款的资本化率}$$

$$\text{累计资产支出的加权平均数}=\sum(\text{每笔资产支出金额}\times\text{每笔资产在当期所占用的天数}\div\text{当期天数})$$

$$\text{所占用一般借款的资本化率}=\text{所占用一般借款的加权平均利率}=\text{所占用一般借款当期实际发生的利息之和}\div\text{所占用一般借款本金的加权平均数}$$

$$\text{所占用一般借款本金的加权平均数}=\sum\left(\text{所占用每笔一般借款本金}\times\frac{\text{每笔一般借款在当期所占用的天数}}{}\div\text{当期天数}\right)$$

每一会计期间的利息资本化金额，不应当超过当期相关借款实际发生的利息金额。

企业在确定每期利息（包括折价或溢价的摊销）的资本化金额时，应当首先判断符合资本化条件的资产在购建或者生产过程中所占用的资金来源，如果所占用的资金是专门借款资金，则应当在资本化期间内，根据每期实际发生的专门借款利息费用，确定应予资本化的金额。在企业将闲置的专门借款资金存入银行取得利息收入或者进行暂时性投资获取投资收益的情况下，企业还应当将这些相关的利息收入或者投资收益从资本化金额中扣除，以如实反映符合资本化条件的资产的实际成本。

例18　大地公司于2×14年1月1日动工兴建一栋办公楼，工程采用出包方式，每半年支付一次工程进度款。工程于2×15年6月30日完工，达到预定可使用状态。大地公司建造工程资产支出情况如下：

(1)2×14年1月1日，支出3 000万元。

(2)2×14年7月1日，支出5 000万元，累计支出8 000万元。

(3)2×15年1月1日，支出3 000万元，累计支出11 000万元。

大地公司为建造办公楼，于2×14年1月1日专门借款4 000万元，借款期限为3年，年利率为8%，按年支付利息。除此之外，无其他专门借款。

办公楼的建造还占用两笔一般借款：

(1)从A银行取得长期借款4 000万元，期限为2×13年12月31日至2×15年12月31日，年利率为6%，按年支付利息。

(2)按面值发行公司债券20 000万元，发行日为2×13年1月1日，期限为5年，年利率为8%，按年支付利息。

闲置专门借款资金用于固定收益债券临时性投资，假定暂时性投资的月收益率为0.5%，款项未收到。假定全年按360天计。

分析：

(1)专门借款。

2×14年专门借款利息资本化金额＝4 000×8%－1 000×0.5%×6＝290（万元）

2×15年专门借款利息资本化金额＝$4\ 000\times8\%\times\frac{180}{360}$＝160（万元）

(2)一般借款。

一般借款资本化率（年）＝（4 000×6%＋20 000×8%）÷（4 000＋20 000）×100%＝7.67%

2×14 年占用了一般借款资金的资产支出加权平均数＝4 000×$\frac{180}{360}$＝2 000（万元）

2×14 年一般借款利息资本化金额＝2 000×7.67%＝153.40（万元）

2×15 年占用了一般借款资金的资产支出加权平均数＝（4 000＋3 000）×$\frac{180}{360}$＝3 500（万元）

2×15 年一般借款利息资本化金额＝3 500×7.67%＝268.45（万元）

（3）借款利息资本化金额。

2×14 年借款利息资本化金额＝290＋153.40＝443.4（万元）

2×15 年借款利息资本化金额＝160＋268.45＝428.45（万元）

（4）会计处理。

①2×14 年 12 月 31 日：

借：在建工程	4 434 000	
应收利息	300 000	
财务费用	16 866 000	
贷：应付利息		21 600 000

②2×15 年 12 月 31 日：

借：在建工程	4 284 500	
财务费用	17 315 500	
贷：应付利息		21 600 000

例 19　某公司于 2×15 年 1 月 1 日动工兴建一幢办公楼，工期为 1 年，工程采用出包方式，分别于 2×15 年 1 月 1 日、7 月 1 日和 10 月 1 日支付工程进度款 1 500 万元、3 000 万元和 1 000 万元。办公楼于 2×15 年 12 月 31 日完工，达到预定可使用状态。

公司为建造办公楼发生了两笔专门借款，分别为：（1）2×15 年 1 月 1 日，专门借款 2 000 万元，借款期限为 1 年，年利率为 8%，利息按年支付；（2）2×15 年 7 月 1 日，专门借款 2 000 万元，借款期限为 2 年，年利率为 10%，利息按年支付。闲置专门借款资金均用于固定收益债券短期投资，假定该短期投资的月收益率为 0.5%，款项已收到。

一般借款有两笔，分别为：（1）向 A 银行长期借款 2 000 万元，期限为 2×12 年 12 月 31 日至 2×17年 12 月 31 日，年利率为 6%，按年支付利息；（2）发行公司债券 10 000 万元，于 2×12 年 1 月 1 日发行，期限为 5 年，年利率为 8%，到期支付利息。

工程于 2×15 年 5 月 1 日至 8 月 30 日由于安全事故造成的工人罢工而停工。

会计处理如下：

专门借款 2×15 年利息＝2 000×8%＋2 000×10%÷2＝260（万元）

一般借款 2×15 年利息＝2 000×6%＋10 000×8%＝920（万元）

一般借款资本化率＝（2 000×6%＋10 000×8%）÷（2 000＋10 000）×100%＝7.67%

5～8 月 4 个月因非正常中断暂停资本化。

闲置专门借款利息收入＝500×0.5%×6＝15（万元），可资本化冲减成本的为 4 个月 10 万元。

专门借款利息费用资本化＝2 000×8%×$\frac{8}{12}$＋2 000×10%×$\frac{4}{12}$－10＝163.3（万元）

一般借款利息费用资本化＝（4 500－4 000）×$\frac{4}{12}$×7.67%＋1 000×$\frac{3}{12}$×7.67%

＝31.96（万元）

借:在建工程	1 952 600	
财务费用	9 697 400	
银行存款	15 000	
贷:应付利息		3 800 000
应付债券——应计利息		8 000 000

(二)借款辅助费用资本化金额的确定

辅助费用是企业为了安排借款而发生的必要费用,包括借款手续费(如发行债券手续费)、佣金等。如果企业不发生这些费用,就无法取得借款,因此,辅助费用是企业借入款项所付出的一种代价,是借款费用的有机组成部分。

对于企业发生的专门借款辅助费用,在所购建或者生产的符合资本化条件的资产达到预定可使用或者可销售状态之前发生的,应当在发生时根据其发生额予以资本化;在所购建或者生产的符合资本化条件的资产达到预定可使用或者可销售状态之后所发生的,应当在发生时根据其发生额确认为费用,计入当期损益。由于辅助费用的发生将导致相关借款实际利率的上升,从而需要对各期利息费用做相应调整,因此,在确定借款辅助费用资本化金额时实际上是结合借款利息资本化金额一起计算的。

(三)外币专门借款汇兑差额资本化金额的确定

当企业为购建或者生产符合资本化条件的资产所借入的专门借款为外币借款时,由于企业取得外币借款日、使用外币借款日和会计结算日往往并不一致,而外汇汇率又在随时发生变化,因此,外币借款会产生汇兑差额。相应地,在借款费用资本化期间内,为购建固定资产而专门借入的外币借款所产生的汇兑差额是购建固定资产的一项代价,应当予以资本化,计入固定资产成本。出于简化核算的考虑,借款费用准则规定,在资本化期间内,外币专门借款本金及其利息的汇兑差额应当予以资本化,计入符合资本化条件的资产的成本。除外币专门借款之外的其他外币借款本金及其利息所产生的汇兑差额应当作为财务费用,计入当期损益。

复习思考题

1. 什么是非流动负债?常见的非流动负债有哪几种?
2. 长期借款和短期借款的核算有什么相同点和不同点?
3. 什么叫做实际利率法确定利息费用?具体的会计处理应该怎样进行?
4. 债券的折价、溢价是怎样形成的?折价、溢价以及辅助费用的摊销对每期的利息费用有什么影响?
5. 可转换公司债券有什么特点?简述其核算要点。
6. 长期应付款包括哪些内容?简述其核算要点。
7. 或有事项的特征是什么?或有事项形成的预计负债确认应满足什么条件?其计量原则是什么?
8. 借款费用包括哪些主要内容?
9. 借款费用资本化期间如何确定?如何判断借款费用开始资本化的时点?如何判断借款费用暂停资本化以及停止资本化?
10. 借款费用资本化金额如何计算确定?

第十二章　债务重组

第一节　债务重组概述

一、债务重组的概念

债务重组是指在债务人发生财务困难的情况下，债权人按照其与债务人达成的协议或者法院的裁定作出让步的事项。债务重组涉及债权人与债务人，对债权人而言，为“债权重组”；对债务人而言，为“债务重组”。为便于表述，统称为“债务重组”。

债务重组概念中强调了债务人处于财务困难的前提条件，并突出了债权人做出让步的实质内容，从而排除了债务人不处于财务困难条件下的债务重组、处于清算或改组时的债务重组，以及虽然修改了债务条件，但实质上债权人并未做出让步的债务重组事项，如在债务人发生财务困难时，债权人同意债务人用等值库存商品抵偿到期债务，但不调整偿还金额，实质上债权人并未做出让步，不属于《企业会计准则第 12 号——债务重组》(以下简称《债务重组准则》)规范的内容。

债务人发生财务困难、债权人作出让步是《债务重组准则》所定义的债务重组的基本特征。“债务人发生财务困难”，是指因债务人出现资金周转困难、经营陷入困境或者其他原因，导致其无法或者没有能力按原定条件偿还债务。“债权人作出让步”，是指债权人同意发生财务困难的债务人现在或者将来以低于重组债务账面价值的金额或者价值偿还债务。债权人作出让步的情形包括债权人减免债务人部分债务本金或者利息、降低债务人应付债务的利率等。

二、债务重组的方式

债务重组的方式主要包括以下几种：

(一)以资产清偿债务

以资产清偿债务，是指债务人转让其资产给债权人以清偿债务的债务重组方式。债务人用于清偿债务的资产包括现金资产和非现金资产，主要有现金、存货、各种投资(包括股票投资、债券投资、基金投资、权证投资等)、固定资产、无形资产等。

(二)将债务转为资本

将债务转为资本，是指债务人将债务转为资本，同时债权人将债权转为股权的债务重组方式。将债务转为资本时，对股份有限公司而言，是将债务转为股本；对其他企业而言，是将债务转为实收资本。其结果是，债务人因此而增加股本(或实收资本)，债权人因此而增加长期股权投资。债务人根据转换协议将应付可转换公司债券转为资本，属于正常情况下的转换，不能作为债务重组处理。

(三)修改其他债务条件

修改其他债务条件，是指不包括上述两种方式在内的修改其他债务条件进行的债务重组方式，如减少债务本金、减少或免去债务利息等。

(四)以上三种方式的组合

以上三种方式的组合，是指采用以上三种方式共同清偿债务的债务重组方式。其组合偿债方式可能是：债务的一部分以资产清偿，一部分转为资本，另一部分则修改其他债务条件。

第二节 债务重组的会计处理

一、以资产清偿债务

（一）以现金清偿债务的会计处理

1. 债务人的会计处理

以现金清偿债务的，债务人应当将重组债务的账面价值与实际支付现金之间的差额，计入当期损益。以低于应付债务账面价值的现金清偿债务的，应按应付债务的账面余额，借记“应付账款”等账户；按实际支付的金额，贷记“银行存款”账户；按其差额，贷记“营业外收入——债务重组利得”账户。

2. 债权人的会计处理

以现金清偿债务的，债权人应当将重组债权的账面余额与收到现金之间的差额，计入当期损益。债权人已对债权计提减值准备的，应当先将该差额冲减减值准备；减值准备不足以冲减的部分，计入当期损益。

企业收到债务人清偿债务的现金金额小于该项应收账款账面价值的，应按实际收到的现金金额，借记“银行存款”等账户；按重组债权已计提的坏账准备，借记“坏账准备”账户；按重组债权的账面余额，贷记“应收账款”等账户；按其差额，借记“营业外支出”账户。

企业收到债务人清偿债务的现金金额大于该项应收账款账面价值的，应按实际收到的现金金额，借记“银行存款”等账户；按重组债权已计提的坏账准备，借记“坏账准备”账户；按重组债权的账面余额，贷记“应收账款”等账户；按其差额，贷记“资产减值损失”账户。

例 1 2×14 年 10 月 10 日，甲公司销售一批材料给乙公司，不含税价格为 200 万元，增值税税率为 17%。2×15 年 2 月 28 日，乙公司财务发生困难，无法按期偿还债务，经双方协商，甲公司同意减免乙公司 30 万元债务，余款乙公司用现金立即还清，甲公司已对该项应收债权计提坏账准备 20 万元。

(1)乙公司 2×15 年 2 月 28 日的会计处理如下：

借：应付账款——甲公司	2 340 000	
贷：银行存款		2 040 000
营业外收入		300 000

(2)甲公司 2×15 年 2 月 28 日的会计处理如下：

借：银行存款	2 040 000	
坏账准备	200 000	
营业外支出	100 000	
贷：应收账款——乙公司		2 340 000

若甲公司已对该项应收债权计提坏账准备 35 万元，则甲公司 3 月 20 日的会计处理如下：

借：银行存款	2 040 000	
坏账准备	350 000	
贷：应收账款——乙公司		2 340 000
资产减值损失		50 000

（二）以非现金资产清偿债务的会计处理

企业以非现金资产清偿债务的，非现金资产的类别不同，其会计处理也略有不同。

1. 债务人的会计处理

以非现金资产清偿债务的，债务人应分清债务重组利得与资产转让损益的界限，并于债务重组当期予以确认。

债务重组利得是指重组债务的账面价值超过非现金资产（即抵债资产）的公允价值之间的差额。对于增值税应税项目，如果债权人不向债务人另行支付增值税，则债务重组利得应为转让非现金资产的公允价值和该非现金资产的增值税销项税额与重组债务账面价值的差额；如果债权人向债务人另行支付增值税，则债务重组利得应为转让非现金资产的公允价值与重组债务账面价值的差额。债务重组利得应计入营业外收入。

非现金资产的公允价值应当按照下列规定进行计量：

(1)非现金资产属于企业持有的股票、债券、基金等金融资产，且该金融资产存在活跃市场的，应当以金融资产的市价作为非现金资产的公允价值。

(2)非现金资产属于金融资产但该金融资产不存在活跃市场的，应当采用《企业会计准则第22号——金融工具确认和计量》规定的估值技术等合理的方法确定其公允价值。

(3)非现金资产属于存货、固定资产、无形资产等其他资产，且存在活跃市场的，应当以其市场价格为基础确定其公允价值；不存在活跃市场但与其类似资产存在活跃市场的，应当以类似资产的市场价格为基础确定其公允价值；在上述两种情况下仍不能确定非现金资产公允价值的，应当采用估值技术等合理的方法确定其公允价值。

资产转让损益是指抵债的非现金资产的公允价值与其账面价值之间的差额。债务人在转让非现金资产的过程中发生的一些税费，如资产评估费、运杂费等，直接计入转让资产损益。非现金资产公允价值与账面价值的差额，应按照准则规定处理：

(1)非现金资产为存货的，应当作为销售处理。

(2)非现金资产为固定资产的，应视同固定资产处置。

(3)非现金资产为无形资产的，应视同无形资产处置。

(4)非现金资产为企业投资的，非现金资产的公允价值扣除投资的账面价值（对投资计提减值准备的，还应将相关的减值准备予以结转）及直接相关费用之后的余额确认为转让资产损益，计入投资收益。

非现金资产的账面价值，一般为非现金资产的账面余额扣除其资产减值准备后的金额。其中，非现金资产的账面余额是指非现金资产账户在期末的实际金额，即账户未扣除其资产减值准备之前的余额。未计提减值准备的非现金资产，其账面价值就是账面余额。

2. 债权人的会计处理

对债权人来说，以非现金资产清偿债务的，债权人应当对受让的非现金资产按其公允价值入账，债权人收到非现金资产发生的相关税费（除增值税），应计入相关资产价值。重组债权的账面余额与受让的非现金资产的公允价值之间的差额，确认为债务重组损失，计入营业外支出。重组债权已经计提减值准备的，应当先将上述差额冲减已计提的减值准备，冲减后仍有损失的，计入营业外支出（债务重组损失）；冲减后减值准备仍有余额的，应予转回并抵减当期资产减值损失。对于增值税应税项目，如果债权人不向债务人另行支付增值税，则增值税进项税额可以作为冲减重组债权的账面余额处理；如果债权人向债务人另行支付增值税，则增值税进项税额不能作为冲减重组债权的账面余额处理。

企业接受的债务人用于清偿债务的非现金资产，应按该项非现金资产的公允价值和收到非现金资产发生的相关税费（除增值税），借记“原材料”、“库存商品”、“固定资产”、“无形资产”等账户；按可抵扣的增值税额，借记“应交税费——应交增值税（进项税额）”账户；按重组债权的账面余额，贷记“应收账款”等账户；按应支付的相关税费和其他费用，贷记“银行存款”、“应交税费”等账户；按其差额,借记"营业外支出"账户。

例2 2×15年1月1日,甲公司销售一批产品给乙公司,含税价为200万元,乙公司尚未付款。2×15年7月10日,乙公司发生财务困难,无法按合同规定偿还债务,经双方协议,甲公司同意其用产品抵偿该应收账款。该产品的市价为130万元,增值税税率为17%,产品成本为100万元。甲公司为债权计提了坏账准备20万元。乙公司向甲公司开具了增值税专用发票。假定不考虑其他税费(甲、乙公司均为增值税一般纳税人,适用的增值税税率均为17%)。

(1)乙公司的会计处理如下:

第一,计算债务重组利得:

应付账款账面价值－所转产品公允价值－增值税销项税额＝200－130－130×17%

＝47.9(万元)

产品公允价值与成本之间的差额体现为销售产品的利润。

第二,编制会计分录如下:

借:应付账款——甲公司	2 000 000	
贷:主营业务收入		1 300 000
应交税费——应交增值税(销项税额)		221 000
营业外收入——债务重组利得		479 000
借:主营业务成本	800 000	
存货跌价准备	200 000	
贷:库存商品		1 000 000

(2)甲公司的会计处理如下:

第一,计算债务重组损失:

应收账款账面价值－受让资产的公允价值－增值税进项税额

＝(200－20)－(130＋130×17%)＝27.9(万元)

第二,编制会计分录如下:

借:库存商品	1 300 000	
应交税费——应交增值税(进项税额)	221 000	
坏账准备	200 000	
营业外支出——债务重组损失	279 000	
贷:应收账款——乙公司		2 000 000

例3 甲公司于2×14年7月1日销售给乙公司一批产品,含增值税价值为900 000元,乙公司于2×14年7月1日开出6个月承兑的不带息商业汇票。由于乙公司财务发生困难,短期内不能支付货款,经与甲公司协商,甲公司同意乙公司以其所拥有的某公司股票偿还债务,乙公司拥有的该股票成本为600 000元,乙公司作为可供出售金融资产管理,2×14年12月31日,该股票的公允价值为800 000元。甲公司取得后划分为交易性金融资产管理。甲公司为该项应收债权提取了80 000元坏账准备。已于2×15年1月30日办理了相关转让手续,并于当日办理了债务解除手续;当日该股票的公允价值为830 000元。在转让过程中,甲公司和乙公司各发生相关转让手续费5 000元,都以银行存款支付。

债务重组日为2×15年1月30日。

(1)甲公司(债权人)的会计处理如下:

交易性金融资产的入账价值＝受让股票的公允价值＋甲公司发生的手续费

＝830 000＋5 000＝835 000(元)

借:交易性金融资产——成本	835 000	

坏账准备　　80 000

　贷:应收票据　　900 000

　　资产减值损失　　10 000

　　银行存款　　5 000

(2)乙公司(债务人)的会计处理如下:

债务重组利得＝重组债务的账面价值－转让的非现金资产的公允价值

＝900 000－830 000＝70 000(元)

资产转让损益＝转让的非现金资产公允价值－转让的非现金资产账面价值－转让过程中的相关税费

＝830 000－800 000－5 000＝25 000(元)

借:应付票据　　900 000

　贷:可供出售金融资产——成本　　600 000

　　　　——公允价值变动　　200 000

　　营业外收入——债务重组利得　　70 000

　　投资收益　　25 000

　　银行存款　　5 000

借:其他综合收益　　200 000

　贷:投资收益　　200 000

例4　甲公司于2×14年1月1日销售给乙公司一批材料,价值4 000 000元(包括应收取的增值税税额),按购销合同约定,乙公司应于2×14年10月31日前支付货款,但至2×15年1月31日乙公司尚未支付货款。由于乙公司发生财务困难,短期内不能支付货款。2×15年2月3日,经过协商,甲公司同意乙公司以一栋厂房偿还债务。该厂房的账面原价为3 500 000元,已提折旧500 000元,厂房的公允价值为3 600 000元。甲公司对该项应收账款提取坏账准备200 000元。厂房的所有权转移手续已于2×15年3月10日办妥。甲公司发生厂房的清理费用以及转让手续费8 000元,已开具转账支票支付,厂房转让的营业税率为5%。乙公司在受让厂房的过程中发生相关手续费6 000元,已用银行存款支付。

(1)乙公司的会计处理如下:

第一,计算固定资产清理损益(转让资产损益):

固定资产公允价值－固定资产账面价值－固定资产清理费用－转让手续费－应交的营业税

＝3 600 000－3 000 000－8 000－3 600 000×5%＝412 000(元)

第二,计算债务重组利得:

应付账款的账面价值－固定资产公允价值＝4 000 000－3 600 000＝400 000(元)

第三,编制会计分录如下:

借:固定资产清理　　3 000 000

　累计折旧　　500 000

　贷:固定资产　　3 500 000

借:固定资产清理　　188 000

　贷:银行存款　　8 000

　　应交税费——应交营业税　　180 000

借:应付账款——甲公司　　4 000 000

　贷:固定资产清理　　3 600 000

　　营业外收入——债务重组利得　　400 000

借：固定资产清理　412 000
　　贷：营业外收入——处置固定资产利得　412 000

(2)甲公司的会计处理如下：

收到的固定资产入账价值＝受让厂房的公允价值＋受让资产的相关手续费
＝3 600 000＋6 000＝3 606 000(元)

债务重组损失＝应收账款账面价值－受让厂房的公允价值
＝(4 000 000－200 000)－3 600 000＝200 000(元)

借：固定资产　3 606 000
　　坏账准备　200 000
　　营业外支出——债务重组损失　200 000
　　贷：应收账款——乙公司　4 000 000
　　　　银行存款　6 000

例5　甲公司于2×14年7月1日销售给乙公司一批产品，价值450 000元(包括应收取的增值税税额)，乙公司于当日开出6个月承兑的商业汇票。乙公司于2×14年12月31日尚未支付货款。由于乙公司发生财务困难，故短期内不能支付货款。经与甲公司协商，甲公司同意乙公司以其所拥有并作为长期股权投资的某公司股票抵偿债务。

对该长期股权投资，乙公司采用成本法核算，账面余额400 000元，已计提减值准备30 000元，目前的公允价值为380 000元。甲公司为该项应收账款提取了坏账准备40 000元。用于抵债的股票已于2×15年1月22日办理了相关转让手续，甲公司将取得的某公司股票作为以公允价值计量且其变动计入当期损益的金融资产。甲公司已将该项应收票据转入应收账款，乙公司已将应付票据转入应付账款。

(1)乙公司的账务处理如下：

第一，计算债务重组利得：

应付账款的账面余额－股票的公允价值＝450 000－380 000＝70 000(元)

第二，计算转让股票收益：

股票的公允价值－股票的账面价值＝380 000－(400 000－30 000)＝10 000(元)

第三，编制会计分录如下：

借：应付账款——甲公司　450 000
　　长期股权投资减值准备　30 000
　　贷：长期股权投资　400 000
　　　　营业外收入——债务重组利得　70 000
　　　　投资收益　10 000

(2)甲公司的账务处理如下：

第一，计算债务重组损失：

应收账款账面价值－受让资产的公允价值＝(450 000－40 000)－380 000＝30 000(元)

第二，编制会计分录如下：

借：交易性金融资产——成本　380 000
　　营业外支出——债务重组损失　30 000
　　坏账准备　40 000
　　贷：应收账款——乙公司　450 000

二、以债务转为资本

1. 债务人的会计处理

对债务人而言，将债务转为资本，应当将债权人放弃债权而享有股份的面值总额（或者股权份额）确认为股本（或者实收资本），股份的公允价值总额与股本（或者实收资本）之间的差额确认为股本溢价（或者资本溢价），计入资本公积。

重组债务账面价值超过股份的公允价值总额（或者股权的公允价值）的差额，确认为债务重组利得，计入当期营业外收入。

对于上市公司，其发行的股票有市价，因此，应以市价作为股份或者股权的公允价值；对于其他企业，债权人因放弃债权而享有的股份或者股权可能没有市价，因此，应当采用恰当的估值技术确定其公允价值。

以债务转为资本，债务人可能会发生一些税费、与股票发行直接相关的手续费等，可以作为抵减资本公积处理；其他税费，可以直接计入当期损益，如印花税等。

以债务转为资本，应按应付债务的账面余额，借记“应付账款”等账户；按债权人因放弃债权而享有的股权的公允价值，贷记“实收资本”或“股本”、“资本公积——资本溢价或股本溢价”账户；按其差额，贷记“营业外收入——债务重组利得”账户。

2. 债权人的会计处理

债务重组采用债务转为资本方式的，债权人应当将因放弃债权而享有股份的公允价值确认为对债务人的投资，重组债权的账面价值与股份的公允价值之间的差额，确认为债务重组损失，计入营业外支出。债权人已对债权计提减值准备的，应当先将该差额冲减减值准备；减值准备不足以冲减的部分，确认为债务重组损失，计入营业外支出。

将债权转为投资，企业应按应享有股份的公允价值，借记“长期股权投资”账户；按重组债权的账面余额，贷记“应收账款”等账户；按应支付的相关税费，贷记“银行存款”、“应交税费”等账户；按其差额，借记“营业外支出”账户。

例6 2×15年2月10日，乙公司销售一批材料给甲公司，应收账款300 000元，合同约定6个月后结清款项。6个月后，由于甲公司发生财务困难，无法支付货款，与乙公司协商进行债务重组。经双方协议，乙公司同意甲公司以其股权抵偿该账款。乙公司对该项应收账款计提了坏账准备15 000元。假设转账后甲公司的注册资本为15 000 000元，净资产的公允价值为22 800 000元，抵债股权占甲公司注册资本的1%。相关手续已办理完毕。假定不考虑其他相关税费。

(1)甲公司(债务人)的会计处理如下：

债务重组利得＝重组债务应付账款的账面价值－所转股权的公允价值之间的差额

　　　　　　＝300 000－22 800 000×1%＝72 000(元)

所转股份的公允价值228 000元与实收资本150 000元(15 000 000×1%)的差额78 000元作为资本公积。

借：应付账款——乙公司	300 000	
贷：实收资本		150 000
资本公积——资本溢价		78 000
营业外收入——债务重组利得		72 000

(2)乙公司(债权人)的会计处理如下：

债务重组损失＝重组债权应收账款的账面价值－所转让股权的公允价值

　　　　　　＝(300 000－15 000)－22 800 000×1%＝57 000(元)

借：长期股权投资——甲公司	228 000	
营业外支出——债务重组损失	57 000	
坏账准备	15 000	
贷：应收账款——甲公司		300 000

三、以修改其他债务条件清偿债务

修改其他债务条件清偿债务，是指债务人不以其资产清偿债务，也不将其债务转为资本，而是与债权人达成债务重组协议，以减少未来债务本金、降低利率、减少或免除债务利息等方式清偿债务。

企业采用修改其他债务条件进行债务重组的，应当区分是否涉及或有应付（或应收）金额进行会计处理。所谓"或有应付（或应收）金额"，是指需要根据未来某种事项出现而发生的应付（或应收）金额，而且该未来事项的出现具有不确定性。例如，重组协议中约定若债务人在重组后第二年扭亏为盈，则加收一定的利息。债务人在重组后第二年是否能够扭亏为盈，在债务重组时不能确定，具有不确定性，因此，债务人依据未来是否盈利而发生的这笔利息支出，即为或有应付金额。

（一）债务人的会计处理

修改其他债务条件的，债务人应当将修改其他债务条件后债务的公允价值作为重组后债务的入账价值。重组债务的账面价值与重组后债务的入账价值之间的差额，作为债务重组利得，通过营业外收入计入当期损益。具体而言，债务人应按重组债务的账面价值，借记"应付账款——某客户"等账户；按重组后债务的公允价值，贷记"应付账款——债务重组"等账户；按其差额，贷记"营业外收入——债务重组利得"账户。

修改后的债务条款如果涉及或有应付金额，且该或有应付金额符合或有事项中有关预计负债确认条件的，债务人应当将该或有应付金额确认为预计负债。重组债务的账面价值与重组后债务的入账价值和预计负债金额之和的差额，作为债务重组利得，计入营业外收入。需要说明的是，在附或有支出的债务重组方式下，债务人应当在每期末，按照或有事项确认和计量要求，确定其最佳估计数，期末所确定的最佳估计数与原预计数的差额，计入当期损益。具体而言，债务人应按重组债务的账面价值，借记"应付账款——某客户"等账户；按重组后债务的公允价值，贷记"应付账款——债务重组"等账户；按未来或有应付金额，贷记"预计负债"账户；按重组债务的账面价值与重组后债务的入账价值和预计负债金额之和的差额，贷记"营业外收入——债务重组利得"账户。

上述或有应付金额在随后会计期间没有发生的，企业应当冲销已确认的预计负债，同时确认营业外收入。

（二）债权人的会计处理

债务重组以修改其他债务条件进行的，债权人应当将修改其他债务条件后债权的公允价值作为重组后债权的账面价值，重组债权的账面余额与重组后债权的账面价值之间的差额，计入当期损益。债权人已对债权计提减值准备的，应当先将该差额冲减减值准备，减值准备不足以冲减的部分，计入当期损益。

修改后的债务条款中涉及或有应收金额的，债权人不应当确认或有应收金额，不得将其计入重组后债权的账面价值。根据谨慎性要求，或有应收金额属于或有资产，或有资产不予确认。只有在或有应收金额实际发生时，才计入当期损益（冲减当期财务费用）。

例 7 2×12 年 6 月 30 日，甲公司向乙公司采购固定资产，款项未付，计入应付账款中的金额为 160 000 元。现因甲公司财务困难，发生亏损，于 2×13 年 12 月 31 日进行债务重组，乙公司同意展期 2 年，2×15 年 12 月 31 日再收回该款项，并且减收 60 000 元，但附有一个条件：债务重组后，如果甲公司自第二年起有盈利，则按减少后的本金以 10%的利率收取利息；如果无盈利，则按减少后的本金以 7%的利率每年收取利息。乙公司对该应收账款计提坏账准备 30 000 元。债务重组后，每年年底支付利息。

(1)甲公司债务重组后新债务的入账价值＝100 000(元)

乙公司债务重组后新债权的入账价值＝100 000(元)

甲公司应确认的预计负债=100 000×(10%-7%)=3 000(元)

(2)甲公司的会计处理如下：

①2×13 年 12 月 31 日：

债务重组利得=重组债务账面价值-重组后债务入账价值-确认的预计负债

=160 000-100 000-3 000

=57 000(元)

借：应付账款——乙公司　　160 000
　贷：应付账款——债务重组　　100 000
　　预计负债　　3 000
　　营业外收入——债务重组利得　　57 000

②2×14 年 12 月 31 日：

借：财务费用　　7 000
　贷：银行存款　　7 000

③假设甲公司第二年有盈利，甲公司 2×15 年 12 月 31 日支付本息时，应做如下账务处理：

借：应付账款——债务重组　　100 000
　财务费用　　7 000
　预计负债　　3 000
　贷：银行存款　　110 000

④假设甲公司第二年无盈利，甲公司 2×15 年 12 月 31 日支付本息时，应做如下账务处理：

借：应付账款——债务重组　　100 000
　财务费用　　7 000
　贷：银行存款　　107 000
借：预计负债　　3 000
　贷：营业外收入——债务重组利得　　3 000

(3)乙公司的会计处理如下：

债务重组损失=重组债权的账面价值-重组后债权的入账价值

=(160 000-30 000)-100 000

=30 000(元)

①2×13 年 12 月 31 日：

借：应收账款——债务重组　　100 000
　坏账准备　　30 000
　营业外支出——债务重组损失　　30 000
　贷：应收账款——甲公司　　160 000

②2×14 年 12 月 31 日：

借：银行存款　　7 000
　贷：财务费用　　7 000

③假设甲公司第二年有盈利，甲公司 2×15 年 12 月 31 日支付本息时，乙公司应做如下账务处理：

借：银行存款　　110 000
　贷：应收账款——债务重组　　100 000
　　财务费用　　10 000

④假设甲公司第二年无盈利，甲公司 2×15 年 12 月 31 日支付本息时，乙公司应做如下账务处理：

借:银行存款 107 000
　　贷:应收账款——债务重组 100 000
　　　　财务费用 7 000

四、以组合方式清偿债务

(一)债务人的会计处理

债务重组以现金、非现金资产、债务转为资本、修改其他债务条件等方式组合进行的,对债务人来说,应当依次以支付的现金、转让的非现金资产公允价值、债权人享有股份的公允价值冲减重组债务的账面价值,修改其他债务条件的,应当将修改其他债务条件后债务的公允价值作为重组后债务的入账价值。重组债务的账面价值与重组后债务的入账价值之间的差额,作为债务重组利得,计入营业外收入。修改后的债务条款如涉及或有应付金额,且该或有应付金额符合预计负债确认条件的,债务人应当将该或有应付金额确认为预计负债。重组债务的账面价值,与重组后债务的入账价值和预计负债金额之和的差额,计入营业外收入。以上所产生的债务重组利得、资产转让损益等,均于债务重组当期确认。

(二)债权人的会计处理

债务重组采用以现金、非现金资产、债务转为资本、修改其他债务条件等方式组合进行的,对债权人来说,应先以收到的现金、受让非现金资产的公允价值、因放弃债权而享有的股权的公允价值冲减重组债权的账面余额,差额与将来应收金额进行比较,据此计算债务重组损失。债权人已对债权计提减值准备的,应当先将该差额冲减减值准备,减值准备不足以冲减的部分,作为债务重组损失,计入营业外支出。以上所产生的债务重组损失,于债务重组当期确认。

例 8 A 公司为上市公司,于 2×14 年 1 月 31 日销售一批商品给 B 股份有限公司,销售价款 7 000万元,增值税税率为 17%。同时,收到 B 公司签发并承兑的一张期限为 6 个月、票面年利率为 4%、到期还本付息的商业承兑汇票。票据到期,B 公司因资金周转发生困难,无法按期兑付该票据本息。

2×14 年 12 月,B 公司与 A 公司进行债务重组,其相关资料如下:

(1)免除积欠利息。

(2)B 公司以一项专利技术按照公允价值抵偿部分债务,该专利技术的账面原值为 420 万元,累计摊销为 70 万元,计提的减值准备为 28 万元,公允价值为 350 万元。该专利技术于 2×14 年 12 月 31 日办理好所有权转让手续,发生相关转让手续费 1 万元,已用银行存款支付。

(3)将上述债务中的 6 000 万元转为 B 公司的 3 000 万股普通股,每股面值 1 元,市价 2 元。B 公司于 2×14 年 12 月 31 日办理了有关增资批准手续,并向 A 公司出具了出资证明。

(4)将剩余债务的偿还期限延长至 2×15 年 12 月 31 日(不考虑其他相关税费)。

解析:

(1)A 公司重组债权的账面价值 $=7\,000\times(1+17\%)\times(1+4\%\times\frac{6}{12})$

$=8\,353.8$(万元)

将来应收(应付)金额 $=8\,353.8-7\,000\times(1+17\%)\times4\%\times\frac{6}{12}-350-6\,000$

$=1\,840$(万元)

(2)A 公司的会计处理如下:

债务重组损失=重组债权账面价值-受让非现金资产公允价值-重组后债权入账价值

$=8\,353.8-(350+3\,000\times2)-1\,840=163.8$(万元)

借:长期股权投资——B公司　　60 000 000
　无形资产　　3 500 000
　应收账款——债务重组　　18 400 000
　营业外支出——债务重组损失　　1 638 000
　　贷:应收票据——B公司　　80 000 000
　　　应收利息　　3 538 000

(3)B公司的会计处理如下:

债务重组利得=重组债务账面价值-转让非现金资产公允价值-重组后债务入账价值

=8 353.8-(350+3 000×2)-1 840=163.8(万元)

无形资产转让损益=无形资产公允价值-无形资产账面价值-无形资产转让手续费

=350-(420-70-28)-1=27(万元)

借:应付票据——A公司　　80 000 000
　应付利息　　3 538 000
　无形资产减值准备　　280 000
　累计摊销　　700 000
　　贷:无形资产　　4 200 000
　　　应付账款——债务重组　　18 400 000
　　　股本　　30 000 000
　　　营业外收入——债务重组收益　　1 638 000
　　　　　　　　——处置资产利得　　270 000
　　　资本公积——股本溢价　　30 000 000
　　　银行存款　　10 000

复习思考题

1. 什么叫债务重组? 其主要方式有哪些?

2. 以非现金资产抵偿债务时债务重组利得(损失)与资产处置损益如何进行确认?

3. 在将债务转为资本的债务重组方式下,债权人和债务人在进行会计处理时应当注意哪些问题?

4. 债务重组中发生的债务重组损益应当如何处理?

5. 在涉及或有应付(或应收)金额的修改其他债务条件进行债务重组方式下,债权人和债务人应当如何确认债务重组损失或收益?

第十三章 所有者权益

所有者权益是指企业资产扣除负债后由所有者享有的剩余权益。公司的所有者权益又称为股东权益。所有者权益是所有者对企业资产的剩余索取权，它是企业资产中扣除债权人权益后应由所有者享有的部分，既可反映所有者投入资本的保值增值情况，又体现了保护债权人权益的理念。负债反映的是企业债权人对企业资产的索取权，而且通常债权人对企业资产的索取权要优先于所有者对企业资产的索取权，因此，所有者权益和负债在性质上有本质区别，企业在会计确认、计量和报告中应当严格区分负债和所有者权益，以如实反映企业的财务状况。

所有者权益具有以下特征：

1.除非发生减资、清算或分派现金股利，企业不需要偿还所有者权益；

2.企业清算时，只有在清偿所有负债后，所有者权益才返还给所有者；

3.所有者凭借所有者权益能够参与企业的利润分配。

所有者权益的来源包括所有者投入的资本、直接计入所有者权益的利得和损失(其他综合收益)、留存收益等。所有者权益通常由资产负债表中的实收资本(或股本)、其他权益工具、资本公积(含资本溢价或股本溢价、其他资本公积)、其他综合收益、盈余公积和未分配利润项目反映。

所有者投入的资本是指所有者投入企业的资本部分，它既包括构成企业注册资本或者股本部分的金额，在资产负债表中的“实收资本”或“股本”项目下反映；也包括投入资本超过注册资本或者股本部分的金额，即资本溢价或者股本溢价，在资产负债表中的“资本公积”项目下反映。

直接计入所有者权益的利得和损失，是指不应计入当期损益、会导致所有者权益发生增减变动、与所有者投入资本或者向所有者分配利润无关的利得或者损失。利得包括直接计入所有者权益的利得和直接计入当期利润的利得，直接计入所有者权益的利得是指由企业非日常活动所形成、会导致所有者权益增加、与所有者投入资本无关的经济利益的流入。损失包括直接计入所有者权益的损失和直接计入当期利润的损失，直接计入所有者权益的损失是指由企业非日常活动所发生、会导致所有者权益减少、与向所有者分配利润无关的经济利益的流出。直接计入所有者权益的利得和损失主要包括可供出售金融资产的公允价值变动额等，在资产负债表中的“其他综合收益”项目下反映。

留存收益是企业历年实现的净利润留存于企业的部分，主要包括累计计提的盈余公积和未分配利润。

第一节 所有者权益核算的基本要求

一、相关概念

(一)金融工具

金融工具，是指形成一个企业的金融资产，并形成其他单位的金融负债或权益工具的合同。

(1)分类：基本金融工具(债券、股票等)，衍生金融工具(期货、期权、互换等)。

(2)核算：企业发行金融工具，应当按照该金融工具的实质，以及金融资产、金融负债和权益工具的定义,在初始确认时将该金融工具或其组成部分确认为金融资产、金融负债或权益工具。

例如,股票是金融工具,发行方形成权益工具,购买方形成金融资产;发行债券也是金融工具,发行方形成金融负债,购买方形成金融资产。

(二)金融负债

金融负债是指企业的下列负债:

(1)向其他单位交付现金或其他金融资产的合同义务;

(2)在潜在不利条件下,与其他单位交换金融资产或金融负债的合同义务;

(3)将来须用或可用企业自身权益工具进行结算的非衍生工具的合同义务,企业根据该合同将交付非固定数量发行方的自身权益工具;

(4)将来须用或可用发行方自身权益工具进行结算的衍生工具的合同义务,但企业以固定金额的现金或其他金融资产换取固定数量的自身权益工具的衍生工具合同义务除外。

(三)权益工具

权益工具是指能证明拥有某个企业在扣除所有负债后的资产中的剩余权益的合同。

同时满足下列条件的,发行方应当将发行的金融工具分类为权益工具:

(1)该金融工具不包括交付现金或其他金融资产给其他方,或在潜在不利条件下与其他方交换金融资产或金融负债的合同义务。

(2)将来须用或可用企业自身权益工具结算该金融工具的,如该金融工具为非衍生工具(如甲公司发行了一项无固定期限、能够自主决定支付本息的可转换优先股等),不包括交付可变数量的自身权益工具进行结算的合同义务;如为衍生工具(如认股权证等),企业只能通过以固定数量的自身权益工具交换固定金额的现金或其他金融资产结算该金融工具。

二、权益工具与金融负债的基本原则

根据上述权益工具与金融负债的定义,对于企业发行的金融工具,可按以下原则进行划分:

<table>
<tr><td colspan="2">金融工具具有交付现金或其他金融资产给其他单位的合同义务,在潜在不利条件下与其他单位交换金融资产或金融负债的合同义务</td><td>金融负债</td></tr>
<tr><td colspan="2">金融工具没有包括交付现金或其他金融资产给其他单位的合同义务,也没有包括在潜在不利条件下与其他单位交换金融资产或金融负债的合同义务</td><td>权益工具</td></tr>
<tr><td>须用或可用发行方自身权益工具进行结算</td><td>非衍生工具:不包括交付非固定数量的发行方自身权益工具进行结算的合同义务
衍生工具:只能通过交付固定数量的发行方自身权益工具换取固定的现金或其他金融资产进行结算</td><td>权益工具</td></tr>
</table>

第二节 实收资本和其他权益工具

一、实收资本

(一)实收资本概述

实收资本是指投资人按照企业章程或合同、协议的约定实际投入企业的资本,是企业注册登记的法定资本总额(注册资本)的来源。在企业注册资本全部到位的情况下,实收资本等于注册资本。所有者向企业投入的资本,一般情况下无需偿还,可以长期周转使用。实收资本的构成比例也就是投资者的出资比例或股东的股份比例,是确定所有者在企业所有者权益中所占份额和参与企业经

营决策的基础，是企业向投资者进行利润或股利分配的主要依据，同时还是清算时确定所有者对净资产的要求权的依据。实收资本按照投资者的性质不同，可以分为国家投资、法人投资、个人投资和外商投资。

我国目前实行注册资本制，注册资本是指企业在工商行政管理部门登记注册的资本。我国有关法律、法规规定，企业申请开业，必须具备符合国家规定并与其生产经营和服务规模相适应的资金数额。公司成立的必备条件之一就是股东出资达到法定资本最低限额，以保证企业正常运行所必需的资金。我国2006年1月1日实施的《公司法》对公司注册资本的最低限额有明确规定。公司全体股东的首次出资额不得低于注册资本的20%，也不得低于法定的注册资本最低限额，其余部分由股东自公司成立之日起2年内缴足。有限责任公司注册资本的最低限额为人民币3万元，股份有限公司注册资本的最低限额为人民币500万元。

根据《中华人民共和国公司法》的规定，有限责任公司的股东可以用货币出资，也可以用实物、知识产权、土地使用权等可以用货币估价并可以依法转让的非货币财产作价出资。全体股东的货币出资金额不得低于有限责任公司注册资本的30%。企业收到投资者投入企业的资本时，必须聘请注册会计师验资，出具验资报告，并由企业签发出资证明，以保护债权人和各方投资者的合法权益。投资者投入资本后，不允许抽回投资。若在企业成立后，有抽逃行为的，责令改正，处以所抽逃资金5%以上、15%以下的罚款；构成犯罪的，依法追究刑事责任。

会计上为了反映投资者投入资本的情况，有限责任公司应设置“实收资本”账户进行核算。该账户的贷方登记企业收到所有者投入的各种资本的价值；借方登记按规定程序减少注册资本的价值；余额在贷方，反映投资者实际投入的资本。该账户应按投资主体设置明细账户，进行明细核算。此外，还应设置“实收资本备查簿”，详细记录核定的资本总额、各投资人的出资比例和认缴的资本金数额。

股份有限公司是指全部资本由等额股份构成并通过发行股票筹集资本、股东以其认购的股份为限对公司承担责任、公司以其全部财产对公司债务承担责任的企业法人。股份有限公司的设立有两种方式，即发起式和募集式。发起式设立的特点是公司的股份全部由发起人认购，不向发起人之外的任何人募集股份；募集式设立的特点是公司股份除发起人认购外，还可以采用向其他法人或自然人发行股票的方式进行募集。公司设立方式不同，筹集资本的风险也不同。发起式设立公司，其所需资本由发起人一次认足，一般不会发生设立公司失败的情况，因此，其筹资风险小。社会募集股份，其筹资对象广泛，在资本市场不景气或股票发行价格不恰当的情况下，有发行失败(即股票未被全部认购)的可能，因此，其筹资风险大。按照有关规定，发行失败损失由发起人负担，包括承担筹建费用、公司筹建过程中的债务和对认股人已缴纳的股款支付银行同期存款利息等责任。

股份有限公司与其他企业相比较，最显著的特点就是将企业的全部资本划分为等额股份，并通过发行股票的方式来筹集资本。股东以其所认购股份对公司承担有限责任。股份是很重要的指标。股票的面值与股份总数的乘积为股本，股本应等于企业的注册资本，所以，股本也是很重要的指标。为了直观地反映这一指标，在会计处理上，股份有限公司应设置“股本”账户。该账户属于所有者权益账户，贷方登记股东投入的股本数额；借方登记公司按法定程序批准减少的股本数额；余额在贷方，反映公司股本的实有数额。企业应将核定的股本总额、股份总数、每股面值在“股本”账户中做备查记录。为了提供企业股份的构成情况，企业可在“股本”账户下按股东单位或姓名设置明细账。企业的股本应在核定的股本总额范围内，通过发行股票取得。但值得注意的是，企业发行股票取得的收入与股本总额往往不一致：公司发行股票取得的收入大于股本总额的，称为溢价发行；小于股本总额的，称为折价发行；等于股本总额的，为面值发行。我国不允许企业折价发行股票。在采用溢价发行股票的情况下，企业应将相当于股票面值的部分记入“股本”账户；其余部分在扣除发行手续费、佣金等发行费用后，记入“资本公积——股本溢价”账户。

(二)接受投资者投资的会计处理

1. 接受投资者以货币资金投入的资本

接受投资者以现金投入的资本,应当以实际收到或者存入企业开户银行的金额作为实收资本入账,借记"库存现金"或"银行存款"账户,贷记"实收资本"账户。对于实际收到或存入企业开户银行的金额超过投资者在企业注册资本中所占份额部分,应记入"资本公积"账户。

例1 甲、乙、丙共同投资设立A有限责任公司,注册资本为2 000 000元,甲、乙、丙的持股比例分别为60%、25%和15%。按照章程规定,甲、乙、丙的投入资本分别为1 200 000元、500 000元和300 000元。A公司已如期收到各投资者一次缴足的款项。

A有限责任公司在进行会计处理时,应编制会计分录如下:

借:银行存款　　2 000 000
　贷:实收资本——甲　　1 200 000
　　　　　　——乙　　500 000
　　　　　　——丙　　300 000

例2 太原股份有限公司委托海通证券公司代理发行普通股700 000股,每股面值1元,每股发行价格4元。太原股份有限公司按发行收入的1%向海通证券公司支付发行费用,发行完毕,股款已存入银行。应编制会计分录如下:

太原公司股票发行费用=700 000×4×1%=28 000(元)

太原公司发行股票实收股款=700 000×4−28 000=2 772 000(元)

差额=(4−1)×700 000−28 000=2 072 000(元)

借:银行存款　　2 772 000
　贷:股本　　700 000
　　　资本公积——股本溢价　　2 072 000

2. 接受投资者以非现金资产投入的资本

企业在接受非现金资产投资时,应按投资合同或协议约定价值确定非现金资产价值(但投资合同或协议约定价值不公允的除外)和在注册资本中应享有的份额。在办理有关产权转移手续后,应借记"固定资产"、"原材料"、"库存商品"、"无形资产"等账户,贷记"实收资本"账户。对于投资各方确认的资产价值超过其在注册资本中所占份额的部分,记入"资本公积"账户。

例3 甲有限责任公司于设立时收到乙公司作为资本投入的不需要安装的机器设备一台,该设备的原值为1 200 000元,合同约定该机器设备的价值为800 000元,不考虑其他因素。

甲有限责任公司进行会计处理时,应编制会计分录如下:

借:固定资产　　800 000
　贷:实收资本——乙公司　　800 000

例4 乙有限责任公司于设立时收到B公司作为资本投入的原材料一批,该批原材料投资合同或协议约定价值(不含可抵扣的增值税进项税额部分)为100 000元,增值税进项税额为17 000元。B公司已开具了增值税专用发票。假设合同约定的价值与公允价值相符,该进项税额允许抵扣。不考虑其他因素。

乙有限责任公司在进行会计处理时,应编制会计分录如下:

借:原材料　　100 000
　　应交税费——应交增值税(进项税额)　　17 000
　贷:实收资本——B公司　　117 000

例5 丁有限责任公司于设立时收到B公司作为资本投入的非专利技术一项,该非专利技术投资合同的约定价值为90 000元,同时收到C公司作为资本投入的土地使用权一项,投资合同约定价值为 80 000 元。假设丁公司接受该非专利技术和土地使用权符合国家注册资本管理的有关规定，可按合同约定做实收资本入账，合同约定的价值与公允价值相符，不考虑其他因素。

丁有限责任公司在进行会计处理时，应编制会计分录如下：

借：无形资产——非专利技术　　90 000
　　　　　　——土地使用权　　80 000
　贷：实收资本——B 公司　　90 000
　　　　　　　——C 公司　　80 000

(三)实收资本增减变化的会计处理

一般情况下，企业的实收资本应相对固定不变，但在某些特定情况下，实收资本也可能发生增减变化。《中华人民共和国公司登记管理条例》规定，公司增加注册资本的，有限责任公司股东认缴新增资本的出资和股份有限公司的股东认购新股，应当分别依照《公司法》设立有限责任公司缴纳出资和设立股份有限公司缴纳股款的有关规定执行。公司法定公积金转增为注册资本的，验资证明应当载明留存的该项公积金不少于转增前公司注册资本的 25%。公司减少注册资本的，应当自公告之日起 45 日后申请变更登记，并应当提交公司在报纸上登载公司减少注册资本公告的有关证明和公司债务清偿或债务担保情况的说明。公司减资后的注册资本不得低于法定的最低限额。公司变更实收资本的，应当提交依法设立的验资机构出具的验资证明，并应当按照公司章程载明的出资时间、出资方式缴纳出资。公司应当自足额缴纳出资或股款之日起 30 日内申请变更登记。

1. 实收资本(或股本)的增加

(1)企业增加资本的一般途径

一般企业增加资本主要有三个途径：一是所有者(包括企业所有者和新投资人)投入。企业接受投资人投入的资本，应借记"银行存款"、"固定资产"、"无形资产"、"长期股权投资"等账户，贷记"实收资本"或"股本"等账户。二是将资本公积转增为实收资本或股本。具体会计处理见本章第二节，会计上应借记"资本公积——资本溢价"或"资本公积——股本溢价"账户，贷记"实收资本"或"股本"账户。三是将盈余公积转增为实收资本或股本。具体会计处理见本章第三节。需要注意的是，由于资本公积和盈余公积均属于所有者权益，用其转增资本时，如果是独资企业，直接结转即可；如果是股份有限公司或有限责任公司，应该按照原投资者的出资比例相应增加各投资者的出资额。

例 6 甲、乙、丙三人共同投资设立 A 有限责任公司，原注册资本为 1 000 000 元，甲、乙、丙分别出资 500 000 元、300 000 元和 200 000 元。为扩大经营规模，经批准，A 公司注册资本扩大为 3 000 000元，甲、乙、丙按照原出资比例分别追加投资 1 000 000 元、600 000 元和 400 000 元。A 公司如期收到甲、乙、丙追加的现金投资。A 公司应编制会计分录如下：

借：银行存款　　2 000 000
　贷：实收资本——甲　　1 000 000
　　　　　　　——乙　　600 000
　　　　　　　——丙　　400 000

(2)股份有限公司发放股票股利

股份有限公司采用发放股票股利实现增资的，在发放股票股利时，按照股东原来持有的股数分配，如股东所持股份按比例分配的股利不足 1 股时，应采用恰当的方法处理。例如，股东会决议按股票面额的 10%发放股票股利时(假定新股发行价格及面额与原股相同)，对于所持股票不足 10 股的股东，将会发生不能领取 1 股的情况。在这种情况下，有两种方法可供选择：一是将不足 1 股的股票股利改为现金股利，用现金支付；二是由股东相互转让，凑为整股。股东大会批准的利润分配方案中分配的股票股利，应在办理增资手续后，借记"利润分配"账户，贷记"股本"账户。

2. 实收资本(或股本)的减少

企业实收资本减少的原因大体有两种：一是资本过剩，二是企业发生重大亏损而需要减少实收资本。企业因资本过剩而减资，一般要发还股款。有限责任公司和一般企业发还股款的会计处理比较简单，按法定程序报经批准减少注册资本的，借记“实收资本”账户，贷记“库存现金”、“银行存款”等账户。

由于股份有限公司采用的是发行股票的方式筹集股本，发还股款时，则要回购发行的股票，发行股票的价格与股票面值可能不同，回购股票的价格也可能与发行价格不同，会计处理较为复杂。回购股票通过设置“库存股”账户核算。该账户属于所有者权益的备抵账户，借方核算企业收购本公司股份时实际支付的金额，贷方核算企业转让或注销库存股的账面余额，期末借方余额表示企业持有尚未转让或注销的本公司股份的金额。股份有限公司因减少注册资本而回购本公司股份的，应按实际支付的金额，借记“库存股”账户，贷记“银行存款”等账户。注销库存股时，应按股票面值和注销股数计算的股票面值总额，借记“股本”账户；按注销库存股的账面余额，贷记“库存股”账户；按其差额，冲减股票发行时原计入资本公积的溢价部分，借记“资本公积——股本溢价”账户；回购价格超过上述冲减“股本”及“资本公积——股本溢价”账户的部分，应依次借记“盈余公积”、“利润分配——未分配利润”等账户。如果回购价格低于回购股份所对应的股本，所注销库存股的账面余额与所冲减股本的差额作为增加股本溢价处理，按回购股份所对应的股本面值，借记“股本”账户；按注销库存股的账面余额，贷记“库存股”账户；按其差额，贷记“资本公积——股本溢价”账户。

例7 A公司2×15年12月31日的股本为100 000 000股，面值为1元，资本公积（股本溢价）为30 000 000元，盈余公积为40 000 000元。经股东大会批准，A公司以现金回购本公司股票20 000 000股并注销。假定A公司按每股2元回购股票，不考虑其他因素。A公司的会计处理如下：

(1)回购本公司股票时：

借：库存股（20 000 000×2）	40 000 000	
贷：银行存款		40 000 000

(2)注销本公司股票时：

借：股本	20 000 000	
资本公积——股本溢价（20 000 000×2－20 000 000×1）	20 000 000	
贷：库存股		40 000 000

例8 承例7，假定A公司按每股3元回购股票，其他条件不变。A公司的会计处理如下：

(1)回购本公司股票时：

借：库存股（20 000 000×3）	60 000 000	
贷：银行存款		60 000 000

(2)注销本公司股票时：

借：股本	20 000 000	
资本公积——股本溢价	30 000 000	
盈余公积	10 000 000	
贷：库存股		60 000 000

由于应冲减的资本公积大于公司现有的资本公积，所以只能冲减资本公积30 000 000元，剩余的10 000 000元应冲减盈余公积。

例9 承例7，假定A公司按每股0.95元回购股票，其他条件不变。A公司的会计处理如下：

(1)回购本公司股票时：

借：库存股（20 000 000×0.95）	19 000 000	
贷：银行存款		19 000 000

(2)注销本公司股票时：

借：股本　20 000 000

　　贷：库存股　19 000 000

　　　　资本公积——股本溢价　1 000 000

二、其他权益工具确认与计量及会计处理

企业发行的除普通股(作为实收资本或股本)以外，按照金融负债和权益工具区分原则分类为权益工具的其他权益工具，按照以下原则进行会计处理：

(一)其他权益工具会计处理的基本原则

对于归类为权益工具的金融工具，无论其名称中是否包含“债”，其利息支出或股利分配都应当作为发行企业的利润分配，其回购、注销等作为权益的变动处理；对于归类为金融负债的金融工具，无论其名称中是否包含“股”，其利息支出或股利分配原则上按照借款费用进行处理，其回购或赎回产生的利得或损失等计入当期损益。

企业(发行方)发行金融工具，其发生的手续费、佣金等交易费用，如分类为债务工具且以摊余成本计量的，应当计入所发行工具的初始计量金额；如分类为权益工具的，应当从权益(其他权益工具)中扣除。

(二)科目设置

根据企业发行的金融工具的不同分类，分别记入如下会计科目：

1.“应付债券”科目，用于核算发行方归类为金融负债的金融工具。发行时，借记“银行存款”账户，贷记“应付债券”账户。详见本书第十一章。

2.“衍生工具”科目，用于核算需要拆分且形成衍生金融负债或衍生金融资产。

3.“交易性金融负债”科目，用于核算企业发行的且嵌入了非紧密相关的衍生金融资产或衍生金融负债的金融工具，如果发行方选择将其整体指定为以公允价值计量且其变动计入当期损益的。详见本书第十章。

4.“其他权益工具”科目，用于核算企业发行的除普通股以外的归类为权益工具的各种金融工具。发行时，借记“银行存款”账户，贷记“其他权益工具”账户。

(三)主要账务处理

1. 发行方的账务处理

(1)发行方发行的金融工具归类为债务工具并以摊余成本计量的，与应付债券的核算相同。

(2)发行方发行的金融工具归类为权益工具的，账务处理如下：

借：银行存款

　　贷：其他权益工具——优先股、永续债等

在存续期间分派股利时：

借：利润分配——应付优先股股利、应付永续债利息等

　　贷：应付股利——优先股股利、永续债利息等

(3)发行方发行的金融工具为复合金融工具的，与可转换公司债券的核算相同。

(4)发行的金融工具本身是衍生金融负债或衍生金融资产或者内嵌了衍生金融负债或衍生金融资产的，按照金融工具确认和计量准则中有关衍生工具的规定进行处理。

(5)权益工具与金融负债重分类，具体如下：

①权益工具重分类为金融负债的：

借：其他权益工具——优先股、永续债等(账面价值)

贷:应付债券——优先股、永续债等(面值)

——优先股、永续债等(利息调整)(应付债券公允价值与面值的差额)(或借方)

资本公积——资本溢价(或股本溢价)(重分类后公允价值与应付债券账面价值的差额)(或借方)

【提示】如果资本公积不够冲减的,依次冲减盈余公积和未分配利润,下同。

②金融负债重分类为权益工具的:

借:应付债券——优先股、永续债等(面值)

——优先股、永续债等(利息调整)(利息调整余额)(或贷方)

贷:其他权益工具——优先股、永续债等

(6)发行方按合同条款约定赎回所发行的除普通股以外的分类为权益工具的金融工具。

①回购时:

借:库存股——其他权益工具

贷:银行存款

②注销时:

借:其他权益工具

贷:库存股——其他权益工具

资本公积——资本溢价(或股本溢价)(或借方)

发行方按合同条款约定赎回所发行的分类为金融负债的金融工具,按该工具赎回日的账面价值,借记"应付债券"等账户;按赎回价格,贷记"银行存款"等账户;按其差额,借记或贷记"财务费用"账户。

(7)发行方按合同条款约定将发行的除普通股以外的金融工具转换为普通股的,账务处理如下:

借:应付债券(账面价值)

其他权益工具(账面价值)

贷:实收资本(或股本)(面值)

资本公积——资本溢价(或股本溢价)(差额)

银行存款(支付现金)

2. 投资方的账务处理

如果投资方因持有发行方发行的金融工具而对发行方拥有控制、共同控制或重大影响,按照《企业会计准则第 2 号——长期股权投资》和《企业会计准则第 20 号——企业合并》进行确认和计量;投资方需要编制合并财务报表的,按照《企业会计准则第 33 号——合并财务报表》的规定编制合并财务报表。

第三节 资本公积和其他综合收益

一、资本公积概述

资本公积是企业收到投资者超过其在企业注册资本(或股本)中所占份额的投资,以及直接计入所有者权益的利得和损失等。资本公积包括资本(或股本)溢价、直接计入所有者权益的利得和损失等。根据我国《公司法》等法律的规定,资本公积主要用于转增资本(或股本)。

资本(或股本)溢价是企业收到投资者的超出其在企业注册资本(或股本)中所占份额的投资。

其来源有溢价发行股票、投资者超额缴入资本等。

资本公积不同于盈余公积。资本公积是从企业外部得到的，而不是从利润转化而来的，本质上属于投入资本的范畴；盈余公积则是从企业实现的净利润中转化而来的，属于留存收益的组成部分。

为了核算企业资本公积的形成及其使用情况，企业需设置“资本公积”账户。该账户属于所有者权益性质，其贷方登记资本公积的增加数；借方登记资本公积的减少数；余额在贷方，表示资本公积的结余额。“资本公积”账户应当按形成的类别设置明细账，进行明细分类核算，一般设置“资本（或股本）溢价”和“其他资本公积”等明细账户。

二、资本公积的会计处理

（一）资本（或股本）溢价的会计处理

1. 资本溢价

资本溢价是指企业投资者投入的资金超过其在注册资本中所占份额的部分。企业创立时，出资者认缴的出资额往往与注册资本一致，不会产生资本公积。但在企业重组或者有新的投资者加入时，为了维护原投资者的权益，新加入的投资者的出资额，并不一定全部作为实收资本处理。这是因为，在企业正常经营过程中投入的资金即使与企业创立时投入的资金在数量上一致，其获利能力却可能不一致。企业创立时，要经过筹建、试生产经营、为产品寻找市场、开辟市场等过程，从投入资金到取得投资回报，往往需要很长时间，企业原投资者承担了投资风险，这时的资本利润率很低。而当企业进入正常生产经营后，资本利润率通常要高于企业初创阶段。而这高于初创阶段的资本利润率是初创时原投资者必要的垫支资本带来的，企业原投资者为此付出了代价，应当得到补偿。另外，企业经营过程中实现利润的一部分留在企业，形成留存收益，新加入的投资者如要与原投资者共享这部分留存收益，也要求其付出大于原投资者的出资额，才能取得与原投资者相同的出资比例。新投资者投入的资本大于按其投资比例计算的实收资本额部分，应计入资本公积。企业收到新投资者的投资，应按实际收到的现金或非现金资产的价值，借记“银行存款”、“固定资产”等账户；按其在注册资本中所占的份额，贷记“实收资本”账户；按其差额，贷记“资本公积——资本溢价”账户。

例 10 某有限责任公司由甲、乙、丙三位股东各自出资 100 万元设立。设立时的实收资本为 300 万元。经过 3 年的经营，该企业的留存收益为 150 万元。这时，又有丁投资者有意加入该企业，并表示愿意出资 180 万元，而仅占该企业股份的 25%。此时，只能将丁股东投入资金中的 100 万元记入“实收资本”账户，其余 80 万元记入“资本公积”账户。应编制会计分录如下：

借：银行存款	1 800 000	
贷：实收资本——丁		1 000 000
资本公积——资本溢价		800 000

2. 股本溢价

股份有限公司是以发行股票的方式筹集股本的。股本溢价产生的原因是股票的发行价格高于股票面值，即出现股票溢价发行的情况。股票溢价发行的原因是多方面的，如资金供求、不同投资者对股票价值评估不同等。我国不允许股票折价发行。股份有限公司溢价发行股票，在收到现金等资产时，应按实际收到的金额，借记“库存现金”、“银行存款”等账户；按股票面值和发行股份总数的乘积计算的金额，贷记“股本”账户；按溢价部分，贷记“资本公积——股本溢价”账户。

股本溢价的会计处理参见本章例 2。

（二）其他资本公积的会计处理

其他资本公积是指扣除资本溢价（或股本溢价）项目以外所形成的资本公积。

1. 以权益结算的股份支付

以权益结算的股份支付，是指企业为获取服务而以股份或其他权益工具作为对价进行结算的交易。以权益结算的股份支付最常用的工具有两类：限制性股票和股票期权。

限制性股票是指职工或其他方按照股份支付协议规定的条款和条件，从企业获得一定数量的本企业股票。企业授予职工一定数量的股票，在一个确定的等待期内或在满足特定业绩指标之前，职工出售股票要受到持续服务期限条款或业绩条件的限制。

股票期权是指企业授予职工或其他方在未来一定期限内以预先确定的价格和条件购买本企业一定数量股票的权利。

(1)以权益结算的股份支付的确认和计量原则

①换取职工服务的股份支付。

对于换取职工服务的股份支付，企业应当以股份支付所授予的权益工具的公允价值计量。企业应在等待期内的每个资产负债表日，以对可行权权益工具数量的最佳估计为基础，按照权益工具在授予日的公允价值，将当期取得的服务计入相关资产成本或当期费用，同时计入资本公积中的其他资本公积。

对于授予后立即可行权的换取职工提供服务的权益结算的股份支付(如授予限制性股票的股份支付)，应在授予日按照权益工具的公允价值，将取得的服务计入相关资产成本或当期费用，同时计入资本公积中的股本溢价。

②换取其他方服务的股份支付。

对于换取其他方服务的股份支付，企业应当按照其他方服务在取得日的公允价值，将取得的服务计入相关资产成本或费用。如果其他方服务的公允价值不能可靠计量，但权益工具的公允价值能够可靠计量，企业应当按照权益工具在服务取得日的公允价值，将取得的服务计入相关资产成本或费用。

(2)以权益结算的股份支付的会计处理

①不同时点的会计处理。

● 授予日。

对授予后需要经过等待期、满足可行权条件时才能行权的以权益结算的股份支付，在授予日不需要做会计处理。

● 等待期。

等待期为授予日与可行权日之间的期限。在等待期内的每个资产负债表日，应该按照本公司股份在授予日的公允价值和预计将行权的职工人数及授予股份的数量，计算确认各年职工提供服务应确认的薪酬费用，并且计入资本公积，不确认后续公允价值变动对股份支付的影响。即，应借记“管理费用”等账户，贷记“资本公积——其他资本公积”账户。

当期应确认的薪酬费用＝截至当期累计应确认的成本费用金额－前期累计已确认金额

累计应确认的薪酬费用＝预计行权人数×支付股权数×权益工具的公允价值×累计会计期间

● 可行权日之后。

在可行权日之后，不再对已确认的成本费用和所有者权益总额进行调整；全部或部分权益工具未被行权而失效或作废的，应在行权有效期截止日在所有者权益内部结转，不冲减成本费用。

企业应在行权日根据行权情况，确定股本和股本溢价，同时结转等待期内确认的资本公积(其他资本公积)。即应根据实际行权情况确定的金额，借记“资本公积——其他资本公积”账户；按应计入股本的金额，贷记“股本”等账户。

②不同行权条件的会计处理。

股份支付中通常涉及可行权条件，具体包括服务期限条件和业绩条件。在满足这些条件之前，职工无法获得股份。业绩条件是指企业达到特定业绩目标的条件，具体包括市场条件和非市场条件。

市场条件是指行权价格、可行权条件以及行权可能性与权益工具的市场价格相关的业绩条件，如股份支付协议规定了股价上升至何种水平职工可相应取得多少股份或者规定了股价增长率最低应达到多少以上职工才可以行权。非市场条件是指除市场条件之外的其他业绩条件，如股份支付协议中关于达到最低盈利目标或销售目标才可行权的规定。

对于可行权条件为业绩条件的股份支付，企业在确定权益工具的公允价值时，应考虑市场条件的影响，而不考虑非市场条件的影响；市场条件是否得到满足，不影响企业对预计可行权情况的估计。只要职工满足了其他所有非市场条件，企业就应当确认已取得的服务。

例 11　甲上市公司于 2×13 年 1 月 1 日向其 200 名管理人员每人授予 400 份股份期权，到期行权的条件为：这些人员从 2×13 年 1 月 1 日起必须在本公司连续服务 3 年，行权价格为每股 3 元。甲公司股份期权在授予日的公允价值为人民币 15 元。

授予股份期权后，甲公司管理人员的变动情况如下：2×13 年有 20 名管理人员离开，估计 3 年中离开的管理人员比例将达到 10%；2×14 年有 10 名管理人员离开公司，估计 3 年中离开的管理人员比例将达到 15%；2×15 年实际离开的人数为 8 名。2×15 年年末，实际行权总人数为 162 人(200－20－10－8)。

费用计算过程如表 13－1 所示。

表 13－1　　**费用计算过程**　　单位：元

年份	累计费用计算过程	累计费用	当期费用计算过程	当期费用
2×13	200×400×(1－10%)×15×1/3	360 000	360 000	360 000
2×14	200×400×(1－15%)×15×2/3	680 000	680 000－360 000	320 000
2×15	162×400×15	972 000	972 000－680 000	292 000

甲公司的会计处理如下：

①2×13 年 1 月 1 日，授予日不做会计处理。

②2×13 年 12 月 31 日，应确认薪酬费用：

借：管理费用等　　360 000

贷：资本公积——其他资本公积　　360 000

③2×14 年 12 月 31 日，应确认薪酬费用：

借：管理费用等　　320 000

贷：资本公积——其他资本公积　　320 000

④2×15 年 12 月 31 日，应确认薪酬费用：

借：管理费用等　　292 000

贷：资本公积——其他资本公积　　292 000

⑤2×15 年 12 月 31 日(假定 162 名人员全部行权)：

借：银行存款(162×400×3)　　194 400

资本公积——其他资本公积　　972 000

贷：股本(162×400×1)　　64 800

资本公积——资本溢价　　1 101 600

例 12　2×13 年 1 月 1 日，乙上市公司与其管理层成员签署股份支付协议，规定如果管理层成员在其后 3 年中都在公司中任职，并且公司股价每年均提高 10%以上，管理层成员即可以低于市价的价格购买一定数量的本公司股票。乙公司的股份期权在授予日的公允价值为9 000 000元。

授予日，乙公司估计3年内管理层离职的比例为每年10%；2×14年年末，乙公司估计管理层成员的离职率为8%；2×15年年末，乙公司估计管理层成员的实际离职率为6%。2×13年，公司股价提高了11%，2×14年提高了12%，2×15年提高了8%。公司在2×13年、2×14年末均预计下年能实现当年股价增长10%以上的目标。

本例中，有两个可行权条件，其中服务满3年是一项服务期限条件，10%的股价增长要求是一项市场业绩条件。尽管最终股价年增长10%以上的市场条件未得到满足，94%的管理层成员满足了市场条件之外的服务年限条件，即乙公司在3年中收到了94%的管理层提供的服务，应确认与管理层提供服务相关的费用。

费用计算过程如表13—2所示。

表13—2 **费用计算过程** 单位：元

年份	累计费用计算过程	累计费用	当期费用计算过程	当期费用
2×13	9 000 000×(1−10%)×1/3	2 700 000	2 700 000	2 700 000
2×14	9 000 000×(1−8%)×2/3	5 520 000	5 520 000−2 700 000	2 820 000
2×15	9 000 000×(1−6%)	8 460 000	8 460 000−5 520 000	2 940 000

甲公司的会计处理如下：

①2×13年1月1日，授予日不做会计处理。

②2×13年12月31日，应确认薪酬费用：

借：管理费用等 2 700 000

贷：资本公积——其他资本公积 2 700 000

③2×14年12月31日，应确认薪酬费用：

借：管理费用等 2 820 000

贷：资本公积——其他资本公积 2 820 000

④2×15年12月31日，应确认薪酬费用：

借：管理费用等 2 940 000

贷：资本公积——其他资本公积 2 940 000

③回购股份进行职工期权激励的会计处理。

企业以回购股份形式奖励本企业职工的，属于权益结算的股份支付。企业回购股份时，应按回购股份的全部支出作为库存股处理，借记“库存股”账户，贷记“银行存款”等账户，同时进行备查登记。按照《企业会计准则第11号——股份支付》对职工权益结算股份支付的规定，企业应当在等待期内每个资产负债日按照权益工具在授予日的公允价值，将取得的职工服务计入成本费用，同时增加资本公积(其他资本公积)，即借记成本费用等账户，贷记“资本公积——其他资本公积”账户。在职工行权购买本企业股份时，企业应转销交付职工的库存股成本，等待期内资本公积(其他资本公积)累计金额，同时，按照其差额调整资本公积(股本溢价)，即借记“银行存款”、“资本公积——其他资本公积”账户，贷记“库存股”账户，借记或贷记“资本公积——股本溢价”账户。

④换取其他方服务的股份支付的会计处理与换取职工服务的股份支付基本类似。

2. 采用权益法核算的长期股权投资

(1)被投资单位除净损益、其他综合收益和利润分配以外的所有者权益的其他变动，投资方按持股比例计算应享有的份额，会计分录如下：

借：长期股权投资——其他权益变动

贷：资本公积——其他资本公积

或做相反的会计分录。

(2)处置采用权益法核算的长期股权投资时,会计分录如下:

借:资本公积——其他资本公积

　　贷:投资收益

或做相反的会计分录。

(三)资本公积转增资本的会计处理

按照我国《公司法》的规定,法定公积金(资本公积金和盈余公积金)转为资本的,所留存的该项公积金不得少于转增前公司注册资本的25%。经股东大会或类似机构决议,用资本公积转增资本时,应冲减资本公积,同时按照转增前的实收资本(股本)的结构或比例,将转增的金额记入"实收资本"(或"股本")账户下各所有者的明细分类账。如果是股份有限公司或有限责任公司,应该按照原投资者出资比例相应增加各投资者的出资额。

例13　甲、乙、丙三人共同投资设立A有限责任公司,原注册资本为3 000 000元,甲、乙、丙分别出资1 500 000元、900 000元和400 000元。因扩大经营规模需要,经批准,A公司按原出资比例将资本公积1 000 000元转增资本。A公司的会计分录如下:

借:资本公积	1 000 000	
贷:实收资本——甲		500 000
——乙		300 000
——丙		200 000

三、其他综合收益概述

其他综合收益,是指企业根据其他会计准则规定未在当期损益中确认的各项利得和损失,包括以后会计期间不能重分类进损益的其他综合收益和以后会计期间满足规定条件时将重分类进损益的其他综合收益两类。

(一)以后会计期间不能重分类进损益的其他综合收益项目

主要包括重新计量设定受益计划净负债或净资产导致的变动,以及按照权益法核算因被投资单位重新计量设定受益计划净负债或净资产变动导致的权益变动,投资企业按持股比例计算确认的该部分其他综合收益项目。

(二)以后会计期间满足规定条件时将重分类进损益的其他综合收益项目

1. 可供出售金融资产公允价值的变动

可供出售金融资产公允价值变动形成的利得,除减值损失和外币货币性金融资产形成的汇兑差额外,编制会计分录如下:

借:可供出售金融资产——公允价值变动

　　贷:其他综合收益

或做相反的会计分录。

2. 可供出售外币非货币性项目的汇兑差额

对于发生的汇兑损失,编制会计分录如下:

借:其他综合收益

　　贷:可供出售金融资产

对于发生的汇兑收益,做相反的会计分录。

3. 金融资产的重分类

(1)将可供出售金融资产重分类为采用成本或摊余成本计量的金融资产。

重分类日该项金融资产的公允价值或账面价值作为成本或摊余成本,该项金融资产没有固定到期日的，与该金融资产相关、原直接计入所有者权益的利得或损失，仍应记入“其他综合收益”账户，在该金融资产被处置时转入当期损益。

(2)将持有至到期投资重分类为可供出售金融资产，并以公允价值进行后续计量。

借：可供出售金融资产（金融资产的公允价值）

持有至到期投资减值准备

贷：持有至到期投资

其他综合收益（差额，或借方）

产生的“其他综合收益”在该可供出售金融资产发生减值或终止确认时，转入当期损益。

(3)按规定应当以公允价值计量，但以前公允价值不能可靠计量的可供出售金融资产，在其公允价值能够可靠计量时改按公允价值计量，将相关账面价值与公允价值之间的差额记入“其他综合收益”账户，在该可供出售金融资产发生减值或终止确认时，转入当期损益。

4. 采用权益法核算的长期股权投资

(1)被投资单位其他综合收益变动，投资方按持股比例计算应享有的份额，编制会计分录如下：

借：长期股权投资——其他综合收益

贷：其他综合收益

被投资单位其他综合收益减少时，做相反的会计分录。

(2)处置采用权益法核算的长期股权投资时，编制会计分录如下：

借：其他综合收益

贷：投资收益（或相反分录）

5. 存货或自用房地产转换为投资性房地产

(1)企业将作为存货的房地产转为采用公允价值模式计量的投资性房地产，其公允价值大于账面价值的：

借：投资性房地产——成本（转换日的公允价值）

贷：开发产品等

其他综合收益（差额）

企业将自用房地产转为采用公允价值模式计量的投资性房地产，其公允价值大于账面价值的：

借：投资性房地产——成本（转换日的公允价值）

累计折旧

固定资产减值准备

贷：固定资产

其他综合收益（差额）

(2)处置该项投资性房地产时，因转换计入其他综合收益的金额应转入当期其他业务成本：

借：其他综合收益

贷：其他业务成本

6. 现金流量套期工具产生的利得或损失中属于有效套期的部分

现金流量套期工具利得或损失中属于有效套期部分，直接确认为其他综合收益。

7. 外币财务报表折算差额

按照外币折算的要求，企业在处置境外经营的当期，将已列入合并财务报表所有者权益的外币报表折算差额中与该境外经营相关部分，自其他综合收益项目转入处置当期损益。如果是部分处置境外经营，应当按处置的比例计算处置部分的外币报表折算差额，转入处置当期损益。

第四节 留存收益

一、留存收益概述

留存收益是指企业从历年实现的利润中提取或形成的留存于企业内部的积累。留存收益来源于企业在生产经营活动中所实现的净利润。企业实现的净利润不全部分配给投资者,而是将一部分留存于企业作为留存收益,一方面可以满足企业维持或扩大在生产经营活动的需要,保持或提高企业的获利能力;另一方面可以保证企业有足够的资金弥补以后年度可能出现的经营亏损;另外,还可以使企业有足够的资金用于偿还债务,以保证债权人的权益。留存收益是所有者权益的一个组成部分,包括盈余公积和未分配利润两个部分。

根据《公司法》等有关法律、法规的规定,企业当年实现的净利润,一般应当按照以下顺序进行分配:

1. 提取法定公积金

公司制企业的法定公积金按照税后利润的10%提取(非公司制企业也可按照超过10%的比例提取),在计算提取法定盈余公积的基数时,不应包括企业年初未分配利润。公司法定公积金累计额为公司注册资本的50%以上时,可以不再提取法定公积金。公司的法定盈余公积不足以弥补以前年度亏损的,在提取法定盈余公积之前,应当先用当年利润弥补亏损。

2. 提取任意公积金

公司从税后利润中提取法定公积金后,经股东会或者股东大会决议,还可以从税后利润中提取任意公积金。非公司制企业经类似权力机构批准,也可提取任意盈余公积。任意盈余公积的提取比例没有统一规定。

3. 向投资者分配利润或股利

公司弥补亏损和提取盈余公积后所余税后利润,有限责任公司股东按照实缴的出资比例分取红利,但是,全体股东约定不按照出资比例分取红利的除外;股份有限公司按照股东持有的股份比例分配,但是,股份有限公司章程规定不按持股比例分配的除外。股东会、股东大会或者董事会违反规定,在公司弥补亏损和提取法定公积金之前向股东分配利润的,股东必须将违反规定分配的利润退还公司。公司持有的本公司股份不得分配利润。

其中,第一步、第二步分配的利润在公司制企业资产负债表中的"盈余公积"项目反映,第三步分配的利润在企业资产负债表中的"未分配利润"项目反映。

(一)盈余公积

1. 盈余公积的组成

盈余公积是企业按照规定从净利润中提取的积累资金,是有指定用途的留存收益。公司制企业的盈余公积包括两个部分:一是法定盈余公积,二是任意盈余公积。法定盈余公积和任意盈余公积的区别在于其各自计提的依据不同,前者以国家的法律或法令为依据提取,后者则由企业自行决定提取。

2. 盈余公积的用途

根据有关规定,企业提取的盈余公积主要可以用于以下两个方面:

(1)弥补亏损。

企业发生亏损时,应由企业自行弥补。弥补亏损的渠道主要有三条:一是用以后年度的税前利润弥补。按照税法的规定,企业发生亏损时,可以用以后5年内实现的税前利润来弥补,也就是说,企业用税前利润弥补亏损的期限为5年。二是用以后年度的税后利润弥补。企业发生的亏损经过

5年期间未弥补完的，未弥补的亏损应使用以后年度所实现的所得税后利润弥补。三是以盈余公积弥补。企业以盈余公积弥补亏损时，应当由公司董事会提议，并经股东大会批准，或由类似的机构批准后方可实施。用盈余公积弥补亏损后，盈余公积的余额不得少于注册资本的25%。

(2)转增资本或股本。

当企业提取的盈余公积累积比较多时，可以将盈余公积转增资本(股本)，但是必须先办理增资手续，并经股东大会或类似机构批准。在实际将盈余公积转增资本时，要按股东原有持股比例结转。按照《公司法》的规定，公司以法定公积金(资本公积和盈余公积)转增资本时，转增后所留存的法定公积金不得少于转增前公司注册资本的25%。

企业提取的盈余公积，无论是用于弥补亏损，还是用于转增资本，只不过是在企业所有者权益内部做结构上的调整，比如企业以盈余公积弥补亏损时，实际是减少盈余公积留存的数额，以此抵补未弥补亏损的数额，并不引起企业所有者权益总额的变动；企业以盈余公积转增资本时，也只是减少盈余公积结存的数额，但同时增加企业实收资本或股本的数额，也并不引起所有者权益总额的变动。

(二)未分配利润

未分配利润是企业留待以后年度进行分配的结存利润，是企业所有者权益的组成部分。相对于所有者权益的其他部分来说，企业对于未分配利润的使用分配有较大的自主权。从数量上来说，未分配利润是期初未分配利润，加上本期实现的税后利润，减去提取的各种盈余公积和分配利润后的余额。未分配利润有两层含义：一是留待以后年度分配的利润，二是未指定特定用途的利润。

二、留存收益的会计处理

(一)盈余公积的会计处理

为了核算和监督盈余公积的提取和使用情况，企业应设置“盈余公积”账户。该账户属于所有者权益账户，贷方登记企业按照规定从净利润中提取而形成的盈余公积，借方登记企业将盈余公积用于弥补亏损、转增资本的减少数额，贷方余额反映企业提取尚未转出的盈余公积结余额。该账户应设置“法定盈余公积”和“任意盈余公积”明细账户，进行明细核算。外商投资企业还应分别设置“储备基金”、“企业发展基金”明细账户，进行明细核算。

1. 提取盈余公积

企业按照规定从净利润中提取各项盈余公积时，应当按照提取的各项盈余公积，借记“利润分配——提取法定盈余公积”、“利润分配——提取任意盈余公积”账户，贷记“盈余公积——法定盈余公积”、“盈余公积——任意盈余公积”账户。

例14 荷氏公司本年实现的税后利润为7 000 000元，按10%的比例提取法定盈余公积，按5%的比例提取任意盈余公积。应编制会计分录如下：

借：利润分配——提取法定盈余公积	700 000	
——提取任意盈余公积	350 000	
贷：盈余公积——法定盈余公积		700 000
——任意盈余公积		350 000

2. 盈余公积弥补亏损

企业用盈余公积弥补亏损，应当按照当期弥补亏损的数额，借记“盈余公积”账户，贷记“利润分配——盈余公积补亏”账户。

例15 荷氏公司经研究决定用以前年度提取的法定盈余公积弥补当前亏损，数额为400 000元。应编制会计分录如下：

借：盈余公积——法定盈余公积	400 000	
贷：利润分配——盈余公积补亏		400 000

3. 盈余公积转增资本或股本

一般企业用提取的盈余公积转增资本时，应按照批准的转增资本数额，借记“盈余公积”账户，贷记“实收资本”账户。股份有限公司经过股东大会决议，用盈余公积转增股本时，应按派送新股计算的金额，借记“盈余公积”账户；按股票面值和派送新股总数计算的股票面值总额，贷记“股本”账户。企业将盈余公积转增资本或股本时，应按照转增资本前的实收资本结构比例，将盈余公积转增资本的数额记入“实收资本”或“股本”账户下各所有者的明细账户。

例16 甲、乙、丙三人共同投资设立A有限责任公司，原注册资本为3 000 000元，甲、乙、丙分别出资1 500 000元、900 000元和600 000元。因扩大经营规模需要，经批准，A公司按原出资比例将以前年度提取的任意盈余公积800 000元转增资本。A公司应编制会计分录如下：

借：盈余公积——任意盈余公积	800 000	
贷：实收资本——甲		400 000
——乙		240 000
——丙		160 000

(二)未分配利润的会计处理

为了核算和监督企业的利润分配和未分配利润的结存情况，应设置“利润分配”账户。该账户属于所有者权益账户，其贷方登记转入的本年净利及用盈余公积弥补亏损的数额；借方登记转入的本年亏损及利润分配的数额；余额可能在贷方，也可能在借方，贷方余额反映累计未分配的利润，借方余额反映累计未弥补的亏损。在该账户下，应当设置“提取法定盈余公积”、“提取任意盈余公积”、“应付现金股利(或利润)”、“盈余公积补亏”、“转作股本的股利”和“未分配利润”等明细账户，进行明细核算。其中，“利润分配——未分配利润”账户是核算未分配利润的明细账户。

1. 分配股利或利润的会计处理

经股东大会或类似机构决议，分配给股东或投资者的现金股利或利润，应借记“利润分配——应付现金股利(或利润)”账户，贷记“应付股利”或“应付利润”账户。经股东大会或类似机构决议，分配给股东的股票股利，应在办理增资手续后，借记“利润分配——转作股本的股利”账户，贷记“股本”账户。

2. 年末结转的会计处理

年度终了，企业应将本年实现的净利润或净亏损从“本年利润”账户转入“利润分配——未分配利润”账户。如企业当年实现盈利，应借记“本年利润”账户，贷记“利润分配——未分配利润”账户；如企业发生亏损，应借记“利润分配——未分配利润”账户，贷记“本年利润”账户。同时，将“利润分配”账户下除“未分配利润”的其他明细账户的余额转入“利润分配——未分配利润”账户。经过以上结转后，“利润分配”账户下除“未分配利润”明细账户外，其他明细账户应无余额。“利润分配——未分配利润”账户的贷方余额，表示未分配的利润；“利润分配——未分配利润”账户的借方余额，表示未弥补的亏损。

例17 A股份有限公司的股本为100 000 000元，每股面值1元。2×15年初，未分配利润为贷方80 000 000元，2×15年实现净利润50 000 000元。

假定A公司按照2×15年实现净利润的10%提取法定盈余公积，5%提取任意盈余公积，同时向股东按每股0.2元派发现金股利，按每10股送3股的比例派发股票股利。2×16年3月15日，A公司以银行存款支付了全部现金股利，新增股本也已经办理完股权登记和相关增资手续。A公司的会计处理如下：

(1)2×15年度终了时，A公司结转本年实现的净利润：

借：本年利润	50 000 000	
贷：利润分配——未分配利润		50 000 000

(2)提取法定盈余公积和任意盈余公积时：

借：利润分配——提取法定盈余公积　　5 000 000

　　　　　　——提取任意盈余公积　　2 500 000

　贷：盈余公积——法定盈余公积　　5 000 000

　　　　　　　——任意盈余公积　　2 500 000

(3)结转"利润分配"的明细账户时：

借：利润分配——未分配利润　　7 500 000

　贷：利润分配——提取法定盈余公积　　5 000 000

　　　　　　　——提取任意盈余公积　　2 500 000

A公司2×15年底"利润分配——未分配利润"账户的余额为：

80 000 000＋50 000 000－7 500 000＝122 500 000(元)

即贷方余额122 500 000元，反映企业的累计未分配利润为122 500 000元。

(4)批准发放现金股利时：

100 000 000×0.2＝20 000 000(元)

借：利润分配——应付现金股利　　20 000 000

　贷：应付股利　　20 000 000

(5)2×16年3月15日，实际发放现金股利时：

借：应付股利　　20 000 000

　贷：银行存款　　20 000 000

(6)2×16年3月15日，发放股票股利时：

100 000 000×1×30%＝30 000 000(元)

借：利润分配——转作股本的股利　　30 000 000

　贷：股本　　30 000 000

3. 弥补亏损的会计处理

由于未弥补亏损形成的时间长短不同等原因，以前年度未弥补亏损有的可以以当年实现的税前利润弥补，有的则须用税后利润弥补。以当年实现的利润弥补以前年度结转的未弥补亏损，不需要进行专门的账务处理。企业应将当年实现的利润自"本年利润"账户，转入"利润分配——未分配利润"账户的贷方，其贷方发生额与"利润分配——未分配利润"账户的借方余额自然抵补。无论是以税前利润还是以税后利润弥补亏损，其会计处理方法均相同。但是，两者在计算缴纳所得税时的处理是不同的。在以税前利润弥补亏损的情况下，其弥补的数额可以抵减当期企业应纳税所得额；而以税后利润弥补的数额，则不能作为纳税所得扣除处理。

例18　甲企业2×10年发生经营性亏损200万元，2×11～2×15年连续5年用税前利润弥补了180万元，2×16年实现利润50万元，所得税税率为25%。甲企业按10%提取法定盈余公积，按5%提取任意盈余公积。

根据以上业务，甲企业应做有关会计处理如下：

(1)结转2×11～2×15年税前利润：

借：本年利润　　1 800 000(累计数)

　贷：利润分配——未分配利润　　1 800 000

(2)按2×16年实现的利润总额计算应交所得税125 000元(500 000×25%)：

借：所得税费用　　125 000

　贷：应交税费——应交所得税　　125 000

借:本年利润　　125 000
　贷:所得税费用　　125 000

(3)结转2×16年实现的净利润375 000元(500 000−125 000):

借:本年利润　　375 000
　贷:利润分配——未分配利润　　375 000

(4)2×16年计提盈余公积:

法定盈余公积计提数=(当年实现净利润375 000−未弥补亏损200 000)×10%=17 500(元)

任意盈余公积计提数=(当年实现净利润375 000−未弥补亏损200 000)×5%=8 750(元)

借:利润分配——提取法定盈余公积　　17 500
　　　　　——提取任意盈余公积　　8 750
　贷:盈余公积——法定盈余公积　　17 500
　　　　　——任意盈余公积　　8 750

(5)2×16年末,结转利润分配有关明细账户:

借:利润分配——未分配利润　　26 250
　贷:利润分配——提取法定盈余公积　　17 500
　　　　　——提取任意盈余公积　　8 750

复习思考题

1. 所有者权益的定义是什么?
2. 所有者权益与债权人权益有何不同?
3. 实收资本增减可能由什么原因引起?分别如何处理?
4. 资本公积增加可能由什么原因引起?分别如何处理?
5. 留存收益包括哪些内容?
6. 我国企业利润分配的顺序如何?
7. 利润分配应如何处理?

第十四章　收　入

第一节　收入概述

一、收入的概念

收入是指企业在日常活动中形成、会导致所有者权益增加、与所有者投入资本无关的经济利益的总流入。

收入具有以下特征：

1. 收入是从企业日常活动中产生的经济利益的总流入

日常活动是指企业为完成某经营目标而从事的经常性活动以及与之相关的其他活动。企业在一定会计期间的经济利益总流入包括了收入和利得。收入是指企业在日常活动中形成、会导致所有者权益增加的经济利益的总流入。例如，工商企业销售商品产品、提供工业性劳务所产生的收入，咨询公司提供咨询服务所取得的收入，安装企业提供的安装劳务收入，企业出售多余原材料的收入，出租固定资产、无形资产所取得的收入，企业对外投资取得的利息收入、股利收入等。利得是指来自于日常活动以外的活动收益，通常是偶然发生的交易事项取得的。例如，企业处置固定资产、无形资产所取得的收益，其虽然也会导致所有者权益的增加，但它是一种偶发的收益，不是企业为完成其经营目标所从事的经常性活动以及与之相关的其他活动，所以这是利得。

界定收入时，应当注意收入与利得的区别，那些不属于日常活动而由此流入企业的经济利益不构成收入，而是利得，利得计入利润要素。

2. 收入会导致所有者权益增加，但与所有者投入资本无关

收入能导致所有者权益增加，这是收入的基本特征。根据会计等式：资产－负债＝所有者权益，不会导致所有者权益增加的经济利益流入就不是收入。例如，企业向银行借入款项，虽然也引起了经济利益流入企业，增加了企业的资产，但同时企业也承担了一项负债，所有者权益并未增加，因此不应确认收入；企业为第三方或客户代收的款项也会增加企业的资产，但另一方面也增加了企业的负债，因而不增加企业的所有者权益，也不属于本企业的经济利益，所以也不能作为企业的收入来核算。投资者投入资本也会使企业的资产和所有者权益增加，但它不能作为收入。

二、收入的分类

1. 按收入的性质分，可分为销售商品（产品）收入（以下统称为商品销售收入）、提供劳务收入、让渡资产使用权收入、建造合同收入等。

销售商品收入是指企业通过销售商品实现的收入，包括取得货币资产方式的商品销售及以商品抵偿债务的交易取得的收入。例如，制造企业销售自产产品的收入、商品流通企业销售商品的收入。

提供劳务收入是指企业通过职工的某种特殊技能，向客户提供服务所实现的收入。例如，提供的设备安装、培训、咨询等服务取得的收入。

让渡资产使用权收入是指企业让他人使用本企业资产得到的收入。例如,企业转让固定资产、无形资产的使用权得到的收入。

建造合同收入是指企业承担建造合同所实现的收入。例如,建筑企业根据与客户签订的合同要求为其建造厂房的收入。

2. 按企业从事日常活动在企业的重要性分,可分为主营业务收入和其他业务收入。

主营业务收入是企业为完成其经营目标从事的经常性经营活动所实现的收入。主营业务通常是指日常活动中的主要经营活动。例如,制造企业的主营业务是销售产品、提供工业性劳务等,主营业务形成的收入称为主营业务收入。

其他业务收入是指与企业为完成其经营目标所从事的经常性活动相关的活动实现的收入。其他业务通常是指企业主营业务以外的其他日常活动。例如,工业企业出租无形资产、销售多余材料等,其他业务形成的收入称为其他业务收入。

第二节　商品销售收入的确认和计量

一、商品销售收入的确认

商品,主要指企业为销售而购进或生产的商品,包括工业企业的产成品和商业企业的库存商品,企业销售的原材料、包装物也视同商品。

(一)商品销售收入的确认条件

企业商品销售收入的确认必须同时符合下列五个条件:

1. 企业已将商品所有权上的主要风险和报酬转移给购货方

商品所有权上的主要风险是指由商品所有者承担的商品由于贬值、损坏、报废等造成的损失;商品所有权上的主要报酬是指商品所有者预期可获得的商品中包含的未来经济利益,表现为商品的升值、商品使用权所形成的经济利益等。当一项商品所发生的任何损失均不需由本企业承担,带来的经济利益也不归本企业所有时,则意味着该商品所有权上的主要风险和报酬已经转移出该企业。

判断一项商品所有权上的主要风险和报酬是否已转移给买方,应当关注交易的实质,同时考虑所有权凭证的转移或实物的交付。通常随着所有权凭证的转移或实物的交付,商品所有权上的主要风险和报酬也随之转移,如大多数商品零售、预收款销售商品、订货销售商品、托收承付方式销售商品、分期收款发出商品等。

某些情况下,转移商品所有权凭证或交付实物后,商品所有权上的主要风险和报酬随之转移,企业只保留商品所有权上的次要风险和报酬,如交款提货方式销售商品、视同买断方式委托代销商品等。在这种情形下,应当视同商品所有权上的所有风险和报酬已经转移给购货方。

例1　甲公司销售一批商品给丙公司。丙公司已根据甲公司开出的发票账单支付了货款,取得了提货单,但丙公司因储存场地的原因尚未来提货。

根据本例的资料,甲公司采用交款提货的销售方式,即购买方已根据销售方开出的发票账单支付货款,并取得卖方开出的提货单。在这种情况下,购买方支付货款并取得提货单,说明商品所有权上的主要风险和报酬已转移给购买方,虽然商品未实际交付,甲公司仍可以认为商品所有权上的主要风险和报酬已经转移,应当确认收入。

2. 企业既没有保留与所有权相联系的继续管理权,也没有对已售出的商品实施有效控制

如果企业将商品所有权上的主要风险和报酬转移给买方后,仍保留有与该商品的所有权相联系的继续管理权或仍对售出商品实施有效控制,则说明该项销售商品的交易没有完成,销售不成

立，不能确认收入。例如，企业销售商品后，在销售合同或协议中约定将于某一个时间将所售商品回购的，这说明购货方购入商品后对该商品没有处置权，表明销售方仍对该售出商品实施控制，此项销售没有完成，因此也就不能确认销售收入实现。需要指出的是，此处是指与该商品所有权有关的继续管理权，如继续管理权与商品所有权无关，销售收入仍可确认。

3. 收入的金额能够可靠地计量

收入的金额能够可靠地计量，是指收入能够合理地予以估计。通常情况下，企业在销售商品时，商品销售价格已经确定，企业应当按已收或应收的合同或协议价款确定收入金额。有时，由于销售商品过程中某些不确定因素的影响，也有可能存在商品销售价格发生变动的情况，如附有销售退回条件的商品销售。如果企业不能合理估计退货的可能性，则无法确定销售商品收入总额，也就不能够合理地估计收入的金额。在这种情况下，在发出商品时不应确认收入，而应当在售出商品退货期满、商品销售价格能够可靠计量时确定收入。

4. 相关的经济利益能够流入企业

经济利益是指直接或间接取得的现金及现金等价物。与交易相关的经济利益能够流入企业是指销售商品价款收回的可能性超过50%。销售商品的价款能否有把握收回，这是确认收入的一个重要条件。企业在确定销售商品价款收回的可能性时，应当结合以前和买方交往的直接经验、政府有关政策、其他方面取得信息等因素进行分析。如果企业销售商品确认收入的其他条件均已满足，但估计价款收回的可能性不大，也不能确认收入。例如，企业在销售时得知买方在另一项交易中发生了巨额亏损，资金周转十分困难；或在出口商品时不能肯定进口企业所在国政府是否允许将款项汇出等，就可能会出现与销售商品相关的经济利益不能流入的情况，企业应推迟确认收入，直至这些不确定因素消除。

在实务中，如果企业售出的商品符合合同或协议的要求，企业也已将发票账单交付买方，买方也承诺付款，即说明销售商品的价款能够收回。如果企业判断不能收回，则应提供可靠的证据。需要指出的是，如果企业判断销售商品收入满足确认条件确认了一笔应收债权，以后由于购货方资金周转困难无法收回该债权时，不应调整原确认的收入，而应对该债权计提坏账准备、确认坏账损失。

5. 相关的已发生或将发生的成本能够可靠地计量

为取得该收入而发生的成本费用不能可靠地计量，即使销售商品的货款已经收到，也不能确认收入。

通常情况下，销售商品相关的已发生或将发生的成本能够合理地估计。如果库存商品是外购的，则购买成本能够可靠计量；如果是本企业生产的，其生产成本也能够可靠计量。但是，也会发生销售商品相关的已发生或将发生的成本不能够合理估计的情况，此时企业不应确认收入，已收到的价款应确认为负债。

例2 2×15年5月15日，A公司与B公司签订协议，约定A公司生产并向B公司销售一批商品。限于自身生产能力不足，A公司将该批商品的一个部件委托C公司生产。A公司与C公司签订的协议约定：按C公司生产该部件发生的经A公司确认的成本的105%，确定A公司应支付给C公司的款项。同年5月30日，A公司和C公司的生产任务均已完成，并由A公司组装后将商品运抵B公司，B公司验收合格后及时支付了货款。但是，C公司尚未将由其负责的该部件相关的成本资料交付A公司认定。

本例中，虽然A公司已将商品交付B公司，且已收到货款，但是，由于A公司为该批商品发生的相关成本因C公司相关资料未送达而不能可靠地计量，也不能合理估计。因此，A公司收到货款时不应确认为收入。如果A公司基于以往经验能够合理估计出该批商品的成本，仍应认为满足本确认条件。

企业销售商品同时满足上述收入确认的五个条件时，应当按照从销货方已收或应收的合同或协议价款确定收入金额；合同或协议价款延期收取、具有融资性质时，企业应按应收的合同或协议价款的公允价值确定收入金额；已收或应收的价款不公允的，企业应按公允的交易价格确定收入金额。

(二)商品销售收入确认的时点

根据上述商品销售收入确认的五个条件，通常按以下时点确认不同方式下的销售收入，但有证据表明不满足收入确认条件的除外：

1. 商品销售采用托收承付结算方式的，在办妥托收手续时确认收入。

2. 商品采用分期收款、预收款、订货方式销售的，在发出商品时确认收入。

3. 商品以委托代销方式销售的，在采用视同买断方式下，如果受托方取得的代销商品是否卖出、获利均与委托方无关，则委托方在发出商品并开具发票时确认收入；如果受托方取得的代销商品在没有售出或销售出现亏损时可以退还或要求补偿的，则委托方应在收到代销清单时确认收入。

委托代销采用支付手续费方式的，应在收到受托方代销清单时确认收入。

4. 销售的商品需要安装或检验的，应在商品发出、安装、检验完毕时确认收入；如果安装程序比较简单，则在发出商品时确认收入。

5. 商品销售附有销售退回条件的，如果企业能合理估计退货的可能性，则应在商品发出时确认收入；如果不能合理估计退货的可能性，则在退货期满时确认收入。

6. 商品以旧换新方式销售的，销售的商品符合销售商品收入确认的条件时确认收入，回收的旧商品作为购进商品处理。

二、账户设置

企业对商品销售收入的核算，主要应设置下列账户：

1.“主营业务收入”账户，属收入类账户，核算企业确认的销售商品、提供劳务等主营业务的收入。该账户的贷方反映企业销售商品、产品、自制半成品、代制品、代修品、对外提供工业性劳务等所实现的销售收入，借方反映销售退回、销售折让以及期末转入“本年利润”账户的主营业务收入净额，期末结转后该账户无余额。在“主营业务收入”总账下，应按主营业务的种类设置明细账。

2.“主营业务成本”账户，属费用类账户，核算已确认的销售商品、提供劳务等主营业务收入时应结转的成本。该账户的借方反映结转已销商品及已对外提供的工业性劳务的生产成本，贷方反映销售退回及期末转入“本年利润”账户的已销商品成本，期末结转后该账户无余额。在“主营业务成本”总账下，应按主营业务的种类设置明细账。

3.“其他业务收入”账户，属收入类账户，核算已确认的除主营业务活动以外的其他经营活动实现的收入，包括出租固定资产、投资性房地产、无形资产、包装物及销售材料等所取得的收入。该账户的贷方反映企业实现的其他业务收入，借方反映期末转入“本年利润”账户的其他业务收入数，期末结转后该账户无余额。在“其他业务收入”总账下，应按其他业务收入的种类设置明细账。

4.“其他业务成本” 账户，属费用类账户，核算企业确认的除主营业务活动以外的其他经营活动发生的支出，包括出租固定资产、投资性房地产(采用成本模式计量)的折旧额，出租无形资产的摊销额，出租包装物的成本或摊销额，销售材料的成本等。该账户的借方反映发生的其他业务成本，贷方反映期末转入“本年利润”账户的其他业务成本，期末结转后该账户无余额。在“其他业务成本”总账下，应按其他业务成本的种类设置明细账。

5.“发出商品”账户，属资产类账户，核算企业未满足收入确认条件但已发出商品的实际成本(或计划成本)。该账户的借方反映企业已发出的未满足收入确认条件的商品实际成本(或计划成本)，贷方反映退回的发出商品实际成本(或计划成本)以及发出商品满足收入确认条件时结转的销售成本数，期末借方余额反映企业发出商品的实际成本(或计划成本)。在“发出商品”总账下，可按购货单位、商品类别和品种设置明细账。

三、一般业务商品销售收入的核算

(一)商品销售基本业务的会计处理

企业销售商品应同时满足五个条件才能确认销售收入,销售收入在确认时,应按确认的收入金额与应收取的增值税,借记"应收账款"、"应收票据"、"银行存款"等账户;按确认的收入金额,贷记"主营业务收入"或"其他业务收入"账户;按应收取的增值税,贷记"应交税费——应交增值税"账户。

例3 A企业2×15年3月12日采用托收承付结算方式向B企业销售产品一批,增值税专用发票上列示售价为300 000元,增值税为51 000元。商品已发出,并办妥托收手续。该产品的成本为225 000元。

如果该项销售已符合销售收入的确认条件,确认时应编制会计分录如下:

借:应收账款——B企业　　351 000
　　贷:主营业务收入　　300 000
　　　　应交税费——应交增值税(销项税额)　　51 000

在月末或确认销售收入的同时,企业按先进先出法、加权平均法或移动加权平均法等方法确定销售商品的实际成本,结转销售成本:

借:主营业务成本　　225 000
　　贷:库存商品　　225 000

收到款项时:

借:银行存款　　351 000
　　贷:应收账款——B企业　　351 000

如果企业售出的商品不符合销售收入确认五个条件中的任何一条,均不应确认销售收入,因而销售成本也不能结转,但商品已发出。为了单独反映已发生但尚未确认销售收入的商品成本,企业应通过"发出商品"账户过渡。

例4 如果例3中A企业在销售时就已知购货方资金周转发生暂时困难,但考虑到为了促销,以免存货积压,而且对方财务上的暂时困难度过后,未来仍有可能收回货款,所以仍将商品销售给对方,并开出发票。

由于此项收入在目前收回的可能性不大,不符合销售收入的确认条件,因此,A企业的会计处理如下:

发出商品时:

借:发出商品　　225 000
　　贷:库存商品　　225 000

同时按专用发票上注明的增值税额:

借:应收账款——B企业　　51 000
　　贷:应交税费——应交增值税(销项税额)　　51 000

【注】 如果销售该商品纳税义务尚未发生,则不做此分录。

假设2×15年12月15日A企业得知购货方财务情况好转,购货方承诺近期付款,则A企业可以确认收入:

借:应收账款——B企业　　300 000
　　贷:主营业务收入　　300 000

同时结转销售成本:

借:主营业务成本 225 000

  贷:发出商品 225 000

12 月 27 日收到货款时:

借:银行存款 351 000

  贷:应收账款——B 企业 351 000

(二)销售折扣和折让的会计处理

1. 销售折扣

销售折扣是指企业为推销商品和尽早收回货款而给予购货方的价格优惠。销售折扣包括商业折扣和现金折扣两种形式。

商业折扣是指企业根据市场的供需情况或针对不同顾客,在商品标价上给予的折扣。商业折扣一般在交易时已确定,在买卖双方会计上均不做反映。

现金折扣是指债权人为鼓励债务人在规定的时间内付款而向债务人提供的债务扣除。对于现金折扣的入账,有总价法和净价法两种,我国现行准则规定采用总价法核算。它是债权人为了尽快回笼资金而发生的理财费用,因此,在实际发生时列入财务费用。

商业折扣和现金折扣的区别如下:一是折扣的目的不同。现金折扣是销货方为了尽早收回货款而给予购货方的价格优惠,商业折扣则是为促销而给予的价格扣除。二是发生折扣的时间不同。现金折扣发生在销售后,它取决于购货方的付款情况;商业折扣发生在销售时,销售方只需按扣除商业折扣后的净额确定销售收入,账上不需要做任何处理。

例 5 A 企业 2×15 年 6 月 5 日销售多余原材料一批,材料已发出,增值税专用发票上列示售价为 150 000 元,增值税为 25 500 元。折扣条件为 2/10、1/20、*n*/30(假设增值税不予折扣),该批商品成本为 110 000 元,以现金支付销售运费 800 元。

(1)6 月 5 日,销售收入实现时:

借:应收账款 175 500

  贷:其他业务收入 150 000

    应交税费——应交增值税(销项税额) 25 500

借:其他业务成本 110 000

  贷:原材料 110 000

借:销售费用 800

  贷:库存现金 800

(2)如果买方 6 月 14 日付清货款,即可享受 2%的折扣 3 000 元(150 000×2%)。

借:银行存款 172 500

  财务费用 3 000

  贷:应收账款 175 500

(3)如果买方 6 月 24 日付清货款,即可享受 1%的折扣 1 500 元(150 000×1%)。

借:银行存款 174 000

  财务费用 1 500

  贷:应收账款 175 500

(4)如果买方 6 月 25 日后才付货款,则按全额支付。

借:银行存款 175 500

  贷:应收账款 175 500

2. 销售折让

销售折让是指商品销售后,由于商品在外观、质量上不符合购货方的要求,经购销双方协商,同意在售价上给予购货方一定比例的减让。发生销售折让不影响销售成本的结转。

对于销售折让，企业应按不同情况处理：

(1)企业给予买方的销售折让如发生在销售收入确认之前，其处理方法与商业折扣相同。

(2)企业给予买方的销售折让如发生在销售收入确认之后，则应在实际发生时冲减发生当期的收入。按规定允许扣减当期增值税销项税额的，应同时冲减"应交税费——应交增值税(销项税额)"账户。

(3)已确认收入的销售折让属于资产负债表日后事项的，应当按照资产负债表日后事项的相关规定处理。

例 6 A企业销售商品一批，增值税专用发票上列示：售价 400 000 元，增值税 68 000 元，货款尚未收到。该批商品成本为 310 000 元。销售后，因质量问题同意给购货方折让 10%。

(1)销售实现时：

借：应收账款	468 000	
贷：主营业务收入		400 000
应交税费——应交增值税(销项税额)		68 000
借：主营业务成本	310 000	
贷：库存商品		310 000

(2)发生销售折让时(假设允许冲减增值税)：

借：主营业务收入	40 000	
应交税费——应交增值税(销项税额)	6 800	
贷：应收账款		46 800

(3)收到货税款时：

借：银行存款	421 200	
贷：应收账款		421 200

(三)销售退回的会计处理

销售退回是指企业销售的商品，由于质量、品种不符合要求等原因而发生的退货。发生销售退回一般有三种情况：一是销售退回发生在企业确认销售收入之前，二是销售退回发生在确认销售收入之后，三是在资产负债表日及之前售出的商品在资产负债表日至财务报告批准报出日之间发生退回。

1. 销售退回发生在确认收入之前

在这种情况下，由于收入尚未确认，销售成本还未结转，所以，只要将已记入"发出商品"账户的商品成本转回"库存商品"账户即可，借记"库存商品"账户，贷记"发出商品"账户。

2. 销售退回发生在确认收入之后

如果企业确认收入后发生销售退回的，对于退回的商品，不论是本年度还是以前年度销售的，都冲减退回月份的销售收入。如果按规定允许扣减当期增值税销项税额的，同时应调整"应交税费——应交增值税(销项税额)"账户。如果该项销售已发生现金折扣的，应一并调整"财务费用"账户，同时冲减退回月份的销售成本。退回商品销售成本的冲减，可以按退回月份的成本计算，也可以按销售月份的成本计算。

例 7 A企业 2×15 年 1 月 23 日销售甲商品一批，售价为 100 000 元，增值税为 17 000 元，成本为 66 000 元。合同规定的现金折扣条件为 2/15、n/30，增值税不予折扣。购货方于 2 月 6 日付款，享受折扣 2 000 元。该批商品的 60%于 2×15 年 3 月 10 日因质量问题被退回。A企业应做如下会计处理：

(1)2×15 年 1 月销售收入实现时：

借:应收账款 117 000
  贷:主营业务收入 100 000
    应交税费——应交增值税(销项税额) 17 000
借:主营业务成本 66 000
  贷:库存商品 66 000

(2)2×15年2月6日收到货款时:

借:银行存款 115 000
  财务费用 2 000
  贷:应收账款 117 000

(3)2×15年3月商品退回时:

借:主营业务收入 60 000
  应交税费——应交增值税(销项税额) 10 200
  贷:银行存款 69 000
    财务费用 1 200
借:库存商品 39 600
  贷:主营业务成本 39 600

3. 在资产负债表日及之前售出的商品在资产负债表日至财务报告批准报出日之间发生退回

在这种情况下,应作为资产负债表日后发生的调整事项,冲减报告年度的收入、成本和税金等。由于此时报告年度的"主营业务收入"等损益类账户已结清,故企业应另设"以前年度损益调整"账户进行核算,具体核算见本书第十七章的相关内容。

四、特殊业务商品销售收入的核算

(一)分期收款销售的会计处理

分期收款销售商品是指商品已经交付,但货款分期收回的销售方式。在这种销售方式下,企业将商品交付给购货方,通常表明与商品所有权有关的风险和报酬已经转移给购货方,在满足收入确认的其他条件时,应当根据应收款项的公允价值(或现行售价)一次确认收入。

如果企业分期收款的时间较短,可按合同或协议约定的价款在发出商品时确认收入。如果分期收款的时间较长(通常为超过3年),延期收取的货款具有融资性质的,企业向购货方分期收回的销货款总额实质上不仅包括了所销售商品的价值,还包括了企业向购货方提供信贷的融资收益。因此,在这种情况下,企业应当按照应收的合同或协议价款的公允价值确定收入金额。应收的合同或协议价款的公允价值,通常应当按照其未来现金流量现值或商品现销价格计算确定。

应收的合同或协议价款与其公允价值之间的差额为未实现融资收益。未实现融资收益应当在合同或协议期间内,按照应收款项的摊余成本和实际利率计算确定的金额进行摊销,作为财务费用的抵减处理。按照实际利率法摊销与直线法摊销结果相差不大的,也可以采用直线法进行摊销。

实际利率是指具有类似信用等级的企业发行类似工具的现时利率,或者将应收的合同或协议价款折现为商品现销价格时的折现率等。

企业发生具有融资性质的分期收款销售业务,应按合同或协议价款,借记"长期应收款"账户;按应收合同或协议价款的公允价值(现值),贷记"主营业务收入"账户;按其差额,贷记"未实现融资收益"账户。

"长期应收款"账户为资产类账户,核算企业在1年或长于1年的一个营业周期以上应收取的款项,包括融资租赁产生的应收款项、具有融资性质的销售商品和提供劳务等产生的应收款项等。该账户的借方反映实际发生的各项长期应收款,贷方反映收回的长期应收款,期末借方余额反映企业尚未收回的长期应收款。在"长期应收款"总账下，应按债务人设置明细账。

"未实现融资收益"账户为长期应收款的备抵账户，核算企业分期计入租赁收入和利息收入的未实现融资收益。该账户的贷方反映未实现融资收益的增加额，借方反映摊销额，期末贷方余额反映企业尚未转入当期收益的未实现融资收益。在"未实现融资收益"总账下，应按未实现融资收益的项目设置明细账。

例 8　2×12 年 1 月 1 日，甲公司采用分期收款方式向乙公司销售一套大型设备，合同约定的销售价格为 1 000 万元，分 4 次于每年 12 月 31 日收取。第一次收取 40%，余款分 3 年平均收取。该大型设备的成本为 700 万元。根据当前银行贷款利率及还款风险，甲公司确定的折现率为 8%。甲公司发出商品时已开出增值税专用发票，注明的增值税额为 170 万元，并于当天收到增值税额 170 万元。

(1)甲公司 2×12 年 1 月 1 日计算该大型设备的现值，确认的销售商品收入见表 14—1。

表 14—1　　**甲公司确认的销售商品收入**

年　份	收款金额(万元)	折现率	现值系数	现值(万元)
2×12	400	8%	0.9259	370.36
2×13	200	8%	0.8573	171.46
2×14	200	8%	0.7938	158.76
2×15	200	8%	0.7350	147.00
合　计	1 000			847.58

该大型设备应确认销售收入＝847.58(万元)

未确认融资收益＝1 000－847.58＝152.42(万元)

根据计算结果，甲公司应编制会计分录如下：

借：银行存款　　1 700 000
　　贷：应交税费——应交增值税(销项税额)　　1 700 000
借：长期应收款——乙公司　　10 000 000
　　贷：主营业务收入　　8 475 800
　　　　未实现融资收益　　1 524 200
借：主营业务成本　　7 000 000
　　贷：库存商品　　7 000 000

(2)每年末收取款项及确认融资收益，未实现融资收益摊销见表 14—2。

表 14—2　　**未实现融资收益摊销表**　　单位：万元

日　期	未收本金	收现总额	确认融资收益	已收本金
	①＝上期①－上期④	②	③＝①×8%	④＝②－③
2×12 年 12 月 31 日	847.58	400	67.81	332.19
2×13 年 12 月 31 日	515.39	200	41.23	158.77
2×14 年 12 月 31 日	356.62	200	28.53	171.47
2×15 年 12 月 31 日	185.15	200	14.85*	185.15
合　计		1 000	152.42	847.58

*尾数调整 14.85＝200－185.15

根据表14—2的计算结果，甲公司各期的账务处理如下：

①2×12年12月31日收取货款及确认融资收益时：

借：银行存款　　4 000 000

　　贷：长期应收款　　4 000 000

借：未实现融资收益　　678 100

　　贷：财务费用　　678 100

②2×13年12月31日收取货款及确认融资收益时：

借：银行存款　　2 000 000

　　贷：长期应收款　　2 000 000

借：未实现融资收益　　412 300

　　贷：财务费用　　412 300

③2×14年12月31日收取货款及确认融资收益时：

借：银行存款　　2 000 000

　　贷：长期应收款　　2 000 000

借：未实现融资收益　　285 300

　　贷：财务费用　　285 300

④2×15年12月31日收取货款及确认融资收益时：

借：银行存款　　2 000 000

　　贷：长期应收款　　2 000 000

借：未实现融资收益　　148 500

　　贷：财务费用　　148 500

(二)委托代销的会计处理

委托代销是指委托方根据协议委托受托方代销商品的一种销售方式，具体可分为视同买断和收取手续费两种不同的做法。

1. 视同买断

视同买断是指委托方和受托方签订协议，委托方按协议收取代销的价款，受托方实际对外售价可以自定，实际售价和协议价的差额归受托方所有。

在视同买断的方式下，如果委托方与受托方签订的代销协议明确表明，受托方在取得代销商品后，是否卖出、获利与否均与委托方无关，则此代销交易与委托方直接销售给受托方无实质区别，委托方应在发出商品并开具发票、符合销售收入确认条件时确认相关的销售收入。如果委托方和受托方签订的代销协议明确表明，受托方取得的代销商品在没有售出时可以退还给委托方，或者受托方因代销商品销售出现亏损时，可要求委托方予以一定补偿，则委托方发出商品时，商品所有权上的主要风险和报酬并未转移，因此不确认销售收入，受托方也不做购进处理；待受托方对外销售后，按实际售价确认销售收入，并向委托方开具代销清单，委托方收到代销清单时，再按协议价确认收入的实现。

例9　甲、乙公司均为增值税一般纳税人，适用的增值税税率为17%。2×15年3月15日，甲公司委托乙公司代销商品一批，商品成本为200万元，协议不含税价为240万元，商品已经发出。2×15年4月6日，甲公司收到乙公司开来的代销清单，注明已销售代销商品的10%。2×15年4月20日，甲公司收到货款。乙公司对外不含税实际销售价格为26万元。

第一种情况：代销协议规定，对代销商品，乙公司是否售出、是否获利，均与甲公司无关。

甲公司(委托方)的会计处理如下：

(1)甲公司将商品交付乙公司，开出增值税专用发票时：

借：应收账款——乙公司　　2 808 000
　　贷：主营业务收入　　2 400 000
　　　　应交税费——应交增值税(销项税额)　　408 000
借：主营业务成本　　2 000 000
　　贷：库存商品　　2 000 000

(2)收到乙公司支付的代销款时：

借：银行存款　　280 800
　　贷：应收账款——乙公司　　280 800

乙公司(受托方)的会计处理如下：

(1)乙公司收到甲公司代销商品并收到增值税专用发票时：

借：库存商品　　2 400 000
　　应交税费——应交增值税(进项税额)　　408 000
　　贷：应付账款——甲公司　　2 808 000

(2)乙公司实现对外销售时：

借：银行存款　　304 200
　　贷：主营业务收入　　260 000
　　　　应交税费——应交增值税(销项税额)　　44 200
借：主营业务成本　　240 000
　　贷：库存商品　　240 000

(3)向甲公司支付代销款时：

借：应付账款——甲公司　　280 800
　　贷：银行存款　　280 800

第二种情况：代销协议规定，如果乙公司没有将代销商品售出，可以将商品退还甲公司。

甲公司(委托方)的会计处理如下：

(1)甲公司将商品交付乙公司时：

借：发出商品　　2 000 000
　　贷：库存商品　　2 000 000

(2)收到乙公司代销清单，开出增值税专用发票时：

借：应收账款——乙公司　　280 800
　　贷：主营业务收入　　240 000
　　　　应交税费——应交增值税(销项税额)　　40 800
借：主营业务成本　　200 000
　　贷：发出商品　　200 000

(3)收到乙公司支付的代销款时：

借：银行存款　　280 800
　　贷：应收账款——乙公司　　280 800

乙公司(受托方)的会计处理如下：

(1)乙公司收到甲公司代销商品时：

借：受托代销商品　　2 400 000
　　贷：受托代销商品款　　2 400 000

(2)乙公司实现对外销售时：

借:银行存款　　304 200

　　贷:主营业务收入　　260 000

　　　　应交税费——应交增值税(销项税额)　　44 200

借:主营业务成本　　240 000

　　贷:受托代销商品　　240 000

(3)收到甲公司增值税专用发票时:

借:受托代销商品款　　240 000

　　应交税费——应交增值税(进项税额)　　40 800

　　贷:应付账款——甲公司　　280 800

(4)向甲公司支付代销款时:

借:应付账款——甲公司　　280 800

　　贷:银行存款　　280 800

"受托代销商品"账户核算企业不承担风险的代理销售商品的价值,借方反映收到受托代销商品的约定的价格,贷方反映售出代销商品的金额,期末借方余额反映受托代销商品的价值。在"受托代销商品"总账下,应按委托单位设置明细账。

"受托代销商品款"核算企业不承担风险的代销业务收到的款项,贷方反映代销商品出售后应支付给委托方的代销商品款,借方反映售出代销商品后实际支付给委托方的代销商品款,期末贷方余额反映尚未售出、支付的代销商品款。在"受托代销商品款"总账下,应按委托单位设置明细账。

受托方的处理中涉及的"受托代销商品"和"受托代销商品款"是一对对应账户,两者在期末资产负债表的"存货"项目内相互抵消。设置这两个账户是为了便于管理这部分商品与反映应付代销商品款,但又不影响受托方的存货总额。

2. 收取手续费

收取手续费是指受托方根据所代销商品的数量向委托方收取手续费的代销方式。在这种代销方式下,受托方实质上是向委托方提供代销劳务,因此,受托方不得自行定价,必须按委托方规定的价格对外销售,商品销售后,不确认商品销售收入,按合同或协议约定的计算方法确定的手续费确认劳务收入。而委托方发出代销商品时,由于并没有转移商品所有权上的主要风险和报酬,因此,确认收入的时点是在收到受托方代销清单时,而非在发出商品时。

例 10 甲、乙公司均为增值税一般纳税人,增值税税率为 17%。2×15 年 7 月 2 日,甲公司委托乙公司代销某种商品 1 000 件,每件成本为 80 元,代销价格为每件 100 元(不含税)。协议约定乙公司按售价的 10%收取手续费。2×15 年 7 月,乙公司按照协议价卖出 800 件,卖出时向买方开具增值税专用发票。7 月 31 日,乙公司向甲公司开具代销清单,收到甲公司开具的相同金额的专用发票。乙公司扣除手续费后,将余款支付给甲公司。

甲公司(委托方)的会计处理如下:

(1)甲公司将商品交付乙公司时:

借:委托代销商品　　80 000

　　贷:库存商品　　80 000

(2)甲公司收到乙公司代销清单时:

借:应收账款——乙公司　　93 600

　　贷:主营业务收入　　80 000

　　　　应交税费——应交增值税(销项税额)　　13 600

借:主营业务成本　　64 000

　　贷:委托代销商品　　64 000

乙公司代销手续费＝80 000×10％＝8 000(元)

借：销售费用	8 000	
贷：应收账款——乙公司		8 000

(3)收到乙公司支付的代销款时：

借：银行存款(93 600－8 000)	85 600	
贷：应收账款——乙公司		85 600

乙公司(受托方)的会计处理如下：

(1)乙公司收到甲公司代销商品时：

借：受托代销商品	100 000	
贷：受托代销商品款		100 000

(2)乙公司实现对外销售时：

借：银行存款	93 600	
贷：应付账款		80 000
应交税费——应交增值税(销项税额)		13 600

(3)向甲公司提供代销清单、计算代销手续费并支付代销款时：

①借：应付账款	80 000	
应交税费——应交增值税(进项税额)	13 600	
贷：银行存款		85 600
其他业务收入		8 000
②借：受托代销商品款	80 000	
贷：受托代销商品		80 000

(三)预收款销售及订货销售的会计处理

预收款销售是指购买方在商品尚未收到前按合同或协议约定分期付款，销售方在收到最后一笔款项时才交货的销售方式。在这种方式下，销售方直到收到最后一笔款项才将商品交付购货方，表明商品所有权上的主要风险和报酬只有在收到最后一笔款项时才转移给购货方，企业通常应在发出商品时确认收入，在此之前预收的货款应确认为负债。

订货销售是指已收到全部或部分货款而库存没有现货，需要通过制造等程序才能将商品交付购买方的销售方式。在这种销售方式下，企业通常应在发出商品并符合收入确认条件时确认收入，在此之前预收的货款应确认为负债。

例 11　C公司与D公司签订协议，采用预收款方式向D公司销售商品一批，该批商品的成本为14 500元。协议约定该批商品的售价为20 000元，增值税为3 400元，D公司应在签订协议时按售价预付40％的货款，余款在2个月后支付。

C公司的账务处理如下：

(1)预收货款时：

借：银行存款	8 000	
贷：预收账款——D公司		8 000

(2)收到余款提供商品时：

借：银行存款	15 400	
贷：预收账款——D公司		15 400
借：预收账款——D公司	23 400	
贷：主营业务收入		20 000
应交税费——应交增值税(销项税额)		3 400

(四)附有销售退回条件商品销售的会计处理

附有销售退回条件的商品销售是指购买方依照有关协议有权退货的销售方式。在这种销售方式下,企业根据以往经验能够合理估计退货可能性且确认与退货相关负债的,通常应在发出商品时确认收入,但估计可能退货部分不能确认收入;企业不能合理估计退货可能性的,通常应在售出商品退货期满时确认收入。

例12　甲公司为增值税一般纳税人,增值税税率为17%。2×15年1月1日,甲公司向丙公司销售A商品2 000件,单位销售价格为100元,单位成本为70元,开出的增值税专用发票上注明的销售价格为200 000元,增值税额为34 000元。协议约定,丙公司应于2月1日之前支付货款,在6月30日之前有权退还商品。商品已经发出,款项尚未收到。假定甲公司根据过去的经验,估计该批商品的退货率约为10%,实际发生销售退回时有关的增值税额允许冲减。

甲公司的账务处理如下:

(1)1月1日发出A商品时:

借:应收账款——丙公司　　234 000
　贷:主营业务收入　　200 000
　　应交税费——应交增值税(销项税额)　　34 000
借:主营业务成本　　140 000
　贷:库存商品　　140 000

(2)1月31日确认估计的销售退回时:

借:主营业务收入　　20 000
　贷:主营业务成本　　14 000
　　预计负债　　6 000

(3)2月1日前收到货款时:

借:银行存款　　234 000
　贷:应收账款——丙公司　　234 000

(4)6月30日发生销售退回,实际退货量为200件,款项已经支付。实际退货的数量和原先估计的一致,无需再冲减主营业务收入与主营业务成本。

借:库存商品(200×70)　　140 000
　应交税费——应交增值税(销项税额)(200×100×17%)　　3 400
　预计负债　　6 000
　贷:银行存款　　23 400

如果实际退货量为150件,实际退货数量小于原估计数,应将原估计时多冲销的50件商品销售收入和销售成本转回:

借:库存商品(150×70)　　10 500
　应交税费——应交增值税(销项税额)(150×100×17%)　　2 550
　主营业务成本(50×70)　　3 500
　预计负债　　6 000
　贷:银行存款(150×100+2 550)　　17 550
　　主营业务收入(50×100)　　5 000

如果实际退货量为260件,实际退货数量大于原估计数,应将原估计时未冲减的60件商品销售收入和销售成本冲销:

借:库存商品(260×70)　　18 200
　应交税费——应交增值税(销项税额)(260×100×17%)　　4 420

主营业务收入(60×100) 6 000
预计负债 6 000
贷:主营业务成本(60×70) 4 200
银行存款(260×100+4 420) 30 420

例 13 假定甲公司无法根据过去的经验估计该批商品的退货率,商品发出时纳税义务已经发生。甲公司的账务处理如下:

(1)1 月 1 日发出商品时:

借:应收账款——丙公司 34 000
贷:应交税费——应交增值税(销项税额) 34 000
借:发出商品 140 000
贷:库存商品 140 000

(2)2 月 1 日前收到货款时:

借:银行存款 234 000
贷:预收账款——丙公司 200 000
应收账款——丙公司 34 000

(3)6 月 30 日退货期满,没有发生退货时:

借:预收账款——丙公司 200 000
贷:主营业务收入 200 000
借:主营业务成本 140 000
贷:发出商品 140 000

(4)6 月 30 日退货期满,发生 200 件退货时:

借:预收账款——丙公司 200 000
应交税费——应交增值税(销项税额)(200×100×17%) 3 400
贷:主营业务收入(1 800×100) 180 000
银行存款(200×100+3 400) 23 400
借:主营业务成本(1 800×70) 126 000
库存商品(200×70) 14 000
贷:发出商品 140 000

(五)商品需要安装、检验销售的会计处理

商品需要安装、检验销售,是指售出的商品需要通过安装、检验等过程。这种商品销售业务在商品安装、检验完毕之前,商品所有权上的主要风险和报酬还未转移,因此不能确认收入的实现,待商品安装、检验完成时再确认收入。商品发出时,按发出商品的实际成本,借记"发出商品"账户,贷记"库存商品"账户;销售收入实现时,再将"发出商品"账户的金额转为销售成本,记入"主营业务成本"账户。

但是,如果安装程序比较简单,或者检验是最终确定合同价格而必须进行的程序,则可在发出商品时确认收入。

(六)售后回购的会计处理

售后回购是指销售商品的同时,销售方同意日后再将同样或类似的商品购回的销售方式。在这种方式下,销售方应根据合同或协议条款判断销售商品是否满足收入确认条件。通常情况下,售后回购属于融资交易,销售方对出售商品仍实施控制,因此不应确认收入,收到的款项应确认为负债。

售后回购业务的核算要点如下:

1. 通过“其他应付款”和“发出商品”账户，分别核算销售价格和发出商品成本，不确认收入。

2. 如果回购价格大于原售价，则差价在销售与回购期内按期计提利息费用，一方面计入财务费用，另一方面计入其他应付款。

3. 日后回购商品时，按回购价冲减“其他应付款”账户，同时按商品成本冲减“发出商品”账户。

例 14 甲公司在 2×15 年 6 月 1 日与乙公司签订一项销售合同，根据合同向乙公司销售一批商品，开出的增值税专用发票上注明的销售价格为 500 万元，增值税额为 85 万元。商品尚未发出，款项已收到。该批商品的成本为 420 万元。6 月 1 日，合同约定，甲公司应于 11 月 30 日将所售商品购回，回购价格为 522.5 万元(不含增值税额)。

甲公司的账务处理如下：

(1)2×15 年 6 月 1 日：

借:发出商品	4 200 000	
贷:库存商品		4 200 000
借:银行存款	5 850 000	
贷:应交税费——应交增值税(销项税额)		850 000
其他应付款		5 000 000

(2)回购价格大于原售价的差额 22.5 万元，应在回购期间按期计提利息，计入财务费用。由于回购期间为 6 个月，货币时间价值影响不大，因此，采用直线法计提利息费用。每月计提利息费用为 3.75 万元(225 000÷6)。

借:财务费用	37 500	
贷:其他应付款		37 500

(3)2×15 年 11 月 30 日回购商品时，收到的增值税专用发票上注明商品价款为 522.5 万元，增值税额为 88.825 万元，款项已支付。

借:财务费用	37 500	
贷:其他应付款		37 500
借:应交税费——应交增值税(进项税额)	888 250	
其他应付款	5 225 000	
贷:银行存款(或应付账款)		6 113 250

(七)售后租回的会计处理

售后租回是指销售商品的同时，销售方承诺在日后再租回所售商品的销售方式。售后租回属于融资交易，在这种销售方式下，由于销售方保留了与商品所有权相联系的继续管理权，或能够对该商品继续实施有效的控制，因此，销售方在销售商品时不满足收入确认的条件，不应确认销售收入的实现。出售资产的损益应确认为递延收益，并区分融资性租赁和经营性租赁分期摊销。

1. 售后租回为融资性租赁的，出售资产售价与资产账面价值的差额列为“递延收益”账户。由于租入的资产所有权上的主要风险和报酬已经转移给承租方，因此，承租方作为自有资产核算与管理，租入资产为固定资产的，还应计提折旧。这部分递延收益在租赁资产计提折旧时，逐年冲减折旧费用。

2. 售后租回为经营性租赁的，售价与资产之间的差额也确认为递延收益，但是由于是经营性租赁方式，租入资产不作为承租方的资产入账，因而不计提折旧，则递延收益在租赁期内按租金比例分摊，冲减租金费用。如果有确凿证据表明经营性租赁的售后租回交易的价值公允，销售的商品应按售价确认为收入。

“递延收益”属于负债类账户，核算企业确认的应在以后各期计入当期损益的各项递延损益。该账户的贷方反映实际发生的应计入以后各期损益的递延收益以及递延损失的分期摊销额，借方反映实际发生的应计入以后各期损益的递延损失以及递延收益的分期摊销额，期末借方或贷方余额反映企业尚未摊销的、应在以后期间计入当期损益的递延损益。在"递延收益"总账下，应按递延损益的项目设置明细账。

例 15 B公司为增值税一般纳税人，2×14年12月21日与D公司签订一项售后租回合同，出售商品102万元，增值税17.34万元，成本60万元。出售后同日作为固定资产租回，交生产车间使用。该设备的估计使用年限为5年(不考虑净残值)。

(1)如果售后租回形成一项融资性租赁的，租期为5年，B公司的会计处理如下：

①出售商品时：

借：银行存款　　1 193 400

　贷：库存商品　　600 000

　　应交税费——应交增值税(销项税额)　　173 400

　　递延收益——未实现售后租回损益　　420 000

②租回后作为固定资产入账，并从2×15年1月开始计提固定资产折旧。2×15年1月31日，确认1月份应分摊的未实现售后租回收益：

借：制造费用——折旧费　　×××

　贷：累计折旧　　×××

借：递延收益——未实现售后租回损益(420 000÷5÷12)　　7 000

　贷：制造费用——折旧费　　7 000

(2)如果售后租回形成一项经营性租赁的，租期为2.5年，年租金为21万元，按月支付。B公司的会计处理如下：

①出售商品时：

借：银行存款　　1 193 400

　贷：库存商品　　600 000

　　应交税费——应交增值税(销项税额)　　173 400

　　递延收益——未实现售后租回损益　　420 000

②按月支付租金时：

借：制造费用(210 000÷12)　　17 500

　贷：银行存款　　17 500

③确认1月份应分摊的未实现售后租回收益：

借：递延收益——未实现售后租回损益(420 000÷2.5÷12)　　14 000

　贷：制造费用——折旧费　　14 000

如果上例有确凿证据表明认定为经营性租赁的售后租回交易是按照公允价值达成的，销售的商品应按照售价确认收入，并按账面价值结转成本。B公司出售商品的账务处理如下：

借：银行存款　　1 193 400

　贷：主营业务收入　　1 020 000

　　应交税费——应交增值税(销项税额)　　173 400

借：主营业务成本　　600 000

　贷：库存商品　　600 000

(八)以旧换新销售的会计处理

以旧换新是指销售方在销售商品的同时回收与所售商品相同的旧商品。在这种销售方式下，销售的商品在符合销售商品收入确认的条件时确认收入，回收的旧商品作为购进商品处理。

第三节　提供劳务收入的确认和计量

劳务收入是指以活劳动的形式为他人提供某种特殊使用价值的劳动所取得的收入。提供的劳务一般分为不跨年度的劳务和跨年度的劳务。不跨年度的劳务其交易的开始和完成均在同一个年度,如理发、照相、餐饮等。跨年度的劳务其交易的开始和完成分属于不同的年度,如培训、远洋运输等。对于提供劳务所取得的收入,应根据完成的时间长短不同以及劳务结果是否能够可靠计量,分别按不同的情况确认和计量。

提供劳务取得的收入,一般按照企业与接受劳务方签订的合同或协议的金额确定。如有现金折扣的,应在实际发生时计入财务费用。

一、提供劳务交易的结果能够可靠估计

对于在同一会计年度内开始并完成的劳务,即不跨年度的劳务,应在完成劳务时按合同、发票金额确认收入。具体确认标准参照销售商品收入的确认原则。

对于在不同会计年度内开始并完成的劳务,即跨年度的劳务,如果企业在资产负债表日对劳务的结果能够可靠地估计,则按完工百分比法确认劳务收入,即按劳务完成程度确认收入和费用。

(一)提供劳务交易的结果能够可靠估计的条件

提供劳务交易的结果能够可靠估计,是指同时满足下列条件:

1. 收入的金额能够可靠地计量,指提供劳务收入的总额能够合理地估计。

2. 相关的经济利益很可能流入企业,指提供劳务收入总额收回的可能性大于不能收回的可能性。如果企业判断提供劳务收入总额不是很可能流入企业,应当提供确凿证据。

3. 交易的完工进度能够可靠地确定,指交易的完工进度能够合理地估计。

4. 交易中已发生和将发生的成本能够可靠地计量,指交易中已经发生和将要发生的成本能够合理地估计。

劳务的完成程度能够可靠地确定,这一点对按完成进度确认劳务收入是至关重要的。在资产负债表日,如果对劳务的完成程度不能可靠地确定,也就无法确定资产负债表日应确认多少收入和相关成本。劳务的完成程度通常采用以下三种方法来确定:

(1)已完工作的测量,这是由专业测量师对已经提供的劳务进行测量,并按一定方法确定提供劳务交易的完工程度。

(2)已经提供的劳务占应提供劳务总量的比例,这是以劳务量为标准确定提供劳务交易的完工程度。

(3)已经发生的成本占估计总成本的比例,这是以成本为标准确定提供劳务交易的完工程度。只有已提供劳务的成本才能包括在已经发生的成本中,只有已提供或将提供劳务的成本才能包括在估计总成本中。

在实务中,如果特定时期内提供劳务交易的数量不能确定,则该期间的收入应当采用直线法确认,除非有证据表明采用其他方法能更好地反映完工进度。当某项作业相比其他作业都重要得多时,应当在该项重要作业完成之后确认收入。

(二)提供劳务交易的结果能够可靠估计的会计处理

对于一次完成的劳务,企业应在劳务完成时确认劳务收入,并结转劳务成本。劳务收入在确认时,应按确定的收入金额借记“应收账款”、“银行存款”等账户,贷记“主营业务收入”账户,同时结转成本。

例 16　某企业 2×15 年 4 月 10 日接受一项运输劳务,当日完成。合同总收入为 3 000 元,实

际成本为2 000元，假设均为职工薪酬。款项收到并存入银行。

借：银行存款　　3 000

　　贷：主营业务收入　　3 000

借：主营业务成本　　2 000

　　贷：应付职工薪酬　　2 000

对年内开始并完成，但要持续一段时间的劳务，企业可增设“劳务成本”账户先归集有关支出，待劳务完成后再转入“主营业务成本”账户。该账户属于成本类账户，核算企业对外提供劳务发生的成本。该账户的借方反映企业发生的各项劳务成本，贷方反映劳务完成时或按完工进度结转劳务的成本，期末借方余额反映尚未完成或尚未结转的劳务成本。在“劳务成本”总账下，应按提供劳务的种类设置明细账。对一次完成的劳务，也可不设“劳务成本”账户，发生的有关成本费用直接通过“主营业务成本”账户核算。

若上例运输劳务要持续一段时间才能完成，在发生有关支出时：

借：劳务成本　　2 000

　　贷：应付职工薪酬　　2 000

待运输劳务完成，结转劳务成本时：

借：主营业务成本　　2 000

　　贷：劳务成本　　2 000

对跨年度的劳务，在资产负债表日能对该项交易的结果做出可靠估计的，应按完工百分比法确认收入。完工百分比法是指按照劳务的完成程度确认收入和费用的方法。用完工百分比法确认收入，仅适用于提供劳务的交易。当劳务的开始和完成分属不同的会计年度时，为了准确反映每一会计年度的收入、费用和利润情况，企业应在资产负债表日按劳务的完成程度确认收入和相关费用。收入和相关费用的计算公式如下：

本年确认的劳务收入＝劳务总收入×本年末止劳务的完成程度－以前年度已确认的收入

本年确认的劳务费用＝劳务总成本×本年末止劳务的完成程度－以前年度已确认的费用

例17　甲软件开发公司自2×14年4月1日起为东方企业开发一项系统软件。合同约定工期2年，合同总收入100万元，预计总成本70万元。2×14年4月1日，东方企业支付项目价款45万元，余款于软件开发完成时收取。甲公司截至2×14年12月31日根据专业测量师计算已完成软件开发的37%，累计实际发生成本30万元。2×15年，甲公司已完成软件开发的80%，实际发生成本32万元，预计还将发生成本13万元。该项目于2×16年4月1日完成并交付给东方企业，收到余款存入银行，2×16年1月1日至4月1日实际发生成本13万元。假定甲公司为该项目发生的实际成本其中60%为研发人员的工资，其余均用银行存款支付。要求用完工百分比法核算该项目，并进行相应的会计处理。

甲软件开发公司应做会计处理如下：

(1)2×14年4月1日预收项目款时：

借：银行存款　　450 000

　　贷：预收账款——东方企业　　450 000

(2)2×14年发生费用支出时：

借：劳务成本　　300 000

　　贷：应付职工薪酬　　180 000

　　　　银行存款　　120 000

(3)2×14年12月31日确认2×14年的劳务收入和劳务费用时：

2×14年度确认的劳务收入＝1 000 000×37%－0＝370 000(元)

2×14 年度确认的劳务费用＝700 000×37％－0＝259 000(元)

借：预收账款——东方企业　370 000
　　贷：主营业务收入　370 000
借：主营业务成本　259 000
　　贷：劳务成本　259 000

“劳务成本”账户的期末借方余额 41 000 元，列入 2×14 年 12 月 31 日资产负债表的“存货”项目反映。

(4)2×15 年发生费用支出时：

借：劳务成本　320 000
　　贷：应付职工薪酬　192 000
　　　　银行存款　128 000

(5)2×15 年 12 月 31 日确认 2×15 年的劳务收入和劳务费用时：

2×15 年度确认的劳务收入＝1 000 000×80％－370 000＝430 000(元)

2×15 年度确认的劳务费用＝750 000×80％－259 000＝341 000(元)

借：预收账款——东方企业　430 000
　　贷：主营业务收入　430 000
借：主营业务成本　341 000
　　贷：劳务成本　341 000

“劳务成本”账户的期末借方余额 20 000 元，列入 2×15 年 12 月 31 日资产负债表的“存货”项目反映。

(6)2×16 年发生费用支出时：

借：劳务成本　130 000
　　贷：应付职工薪酬　78 000
　　　　银行存款　52 000

(7)2×16 年 4 月 1 日，完成系统开发项目，确认 2×16 年的劳务收入和劳务费用及收到余款时：

2×16 年度确认的劳务收入＝1 000 000×100％－800 000＝200 000(元)

2×16 年度确认的劳务费用＝750 000×100％－600 000＝150 000(元)

借：预收账款——东方企业　200 000
　　贷：主营业务收入　200 000
借：主营业务成本　150 000
　　贷：劳务成本　150 000
借：银行存款　550 000
　　贷：预收账款——东方企业　550 000

劳务收入应缴纳的营业税、城市建设维护税、教育费附加等税费，应在确认时借记“营业税金及附加”账户，贷记“应交税费”账户。

二、提供劳务交易的结果不能可靠估计

企业在资产负债表日对劳务的结果不能可靠地估计时，企业应正确预计已经发生的劳务成本能够得到补偿和不能得到补偿，分别进行会计处理：

1. 已经发生的劳务成本预计能够得到补偿的，基于谨慎性要求考虑，应按已经发生的能够得到补偿的劳务成本金额确认提供劳务收入，并结转已经发生的劳务成本，此时没有利润形成。

2. 已经发生的劳务成本预计全部不能得到补偿的，应将已经发生的劳务成本计入当期损益（主营业务成本），不确认提供劳务收入。

例 18 甲公司于2×14年12月17日接受乙公司委托，为其提供设备大修，修理期为6个月，2×15年1月1日开始停工检修。协议约定，乙公司应向甲公司支付的修理费总额为90 000元，第一次支付20%，余款分两次等额支付，第一次在大修开工时支付，第二次在3月1日支付，第三次在大修结束、交付使用时支付。

2×15年1月1日，乙公司预付第一次修理费。截至2×15年2月28日，甲公司发生修理成本26 000元（假定均为大修人员薪酬）。2×15年3月1日，甲公司得知乙公司经营发生困难，后两次修理费能否收回难以确定。

甲公司的账务处理如下：

(1)2×15年1月1日收到乙公司预付的修理费时：

借：银行存款　　18 000

　　贷：预收账款——乙公司　　18 000

(2)1～2月实际发生修理支出时：

借：劳务成本　　26 000

　　贷：应付职工薪酬　　26 000

(3)2×15年2月28日确认劳务收入并结转劳务成本时：

借：预收账款——乙公司　　18 000

　　贷：主营业务收入　　18 000

借：主营业务成本　　26 000

　　贷：劳务成本　　26 000

由于后两次修理费难以确定是否能收到，因此在收到前不再确认收入。

三、同时销售商品和提供劳务交易

企业与其他企业签订的合同或协议既包括销售商品、又包括提供劳务时，例如，销售电梯的同时负责安装工作，销售软件后继续提供技术支持，这时企业应当分别不同情况进行处理：

1. 销售商品部分和提供劳务部分能够区分且能够单独计量的，企业应当分别进行核算，将销售商品收入的部分作为销售商品收入处理，将提供劳务收入的部分作为提供劳务收入处理。

2. 销售商品部分和提供劳务部分不能够区分，或虽能区分但不能够单独计量的，企业应当将销售商品部分和提供劳务部分全部作为销售商品收入进行会计处理。

四、特殊劳务收入的确认

企业提供下列劳务，满足收入条件的，应按规定的时点确认相关的劳务收入：

1. 安装费，如果安装费与商品销售分开的，应在资产负债表日根据安装完工进度确认收入；如果安装费是商品销售收入的一部分，则应与所销售的商品同时确认收入。

2. 宣传媒介收费，应在广告公之于众时确认收入；广告制作费，应在资产负债表日按完工进度确认收入。

3. 定制软件收费，应在资产负债表日按完工进度确认收入。

4. 包括在商品售价内的服务费收入，商品销售收入实现时，按售价扣除该项服务费后的余额确认商品销售收入，服务费递延至提供劳务期间确认收入。

5. 艺术表演、招待宴会和其他特殊活动的收费，在相关活动发生时确认收入。收费涉及几项活动的，预售的款项应在几项活动中合理分配，分别确认收入。

6. 申请入会费和会员费，应按提供服务的性质为依据确认收入。仅为一次性取得会籍的，应在款项收回不存在重大不确定性时确认为收入；分期提供服务的，应在整个受益期内分期确认收入。

7. 特许费收入，提供后续服务的，应在提供服务时分期确认收入；提供设备和其他有形资产的，应在资产所有权转移时确认收入。

8. 长期为客户提供重复劳务定期收取的劳务费，应在相关劳务活动发生时确认收入。

第四节　让渡资产使用权收入的确认和计量

让渡资产使用权收入主要包括利息收入和使用费收入。

利息收入是指因他人使用本企业现金而取得的收入。例如，金融企业向其他企业提供贷款形成的利息收入、同业之间发生往来形成的利息收入等。

使用费收入是指因他人使用本企业的无形资产、固定资产、投资性房地产等而形成的收入。例如，企业出租投资性房地产所得到的租金收入、出租专利权得到的租金收入等。

一、让渡资产使用权收入的确认

让渡资产使用权收入同时满足下列条件时确认：

1. 相关的经济利益能够流入企业

相关的经济利益能够流入企业是指让渡资产使用权收入收回的可能性超过不能收回的可能性。企业可以根据对方的信誉、当年的效益、交易的结算方式以及付款期限等达成的协议等方面进行综合判断。如估计收回款项的可能性不大，就不应确认收入。

2. 收入的金额能够可靠地计量

收入的金额能够可靠地计量是指让渡资产使用权的收入能够合理地予以估计。

二、让渡资产使用权收入的计量

企业让渡资产使用权收入可分别下列情况确定：

利息收入可于每个会计期末，根据他人使用本企业货币资金的时间和实际利率计算确定利息收入金额。

使用费收入按有关合同或协议规定的收费时间和方法计算确定。如果合同或协议规定一次性收取让渡资产使用权的使用费，不再提供后续服务的，应当视同销售该项资产，一次性确认收入；如果提供后续服务的，则应在合同或协议规定的有效期内分期确认收入。如果合同或协议规定分期收取使用费的，通常应按合同或协议规定的收款时间和金额或规定的收费方法计算确定的金额分期确认收入。

例 19　A公司向B公司转让甲商品的商标使用权，协议约定B公司每年年末按甲商品年销售收入的6%支付使用费，使用期为5年。第一年，B公司实现销售收入200万元；第二年，B公司实现销售收入220万元。假定A公司均于每年年末收到使用费，不考虑其他因素。A公司的账务处理如下：

(1)第一年年末确认使用费收入时：

借：银行存款	120 000	
贷：其他业务收入		120 000

(2)第二年年末确认使用费收入时：

借：银行存款	132 000	
贷：其他业务收入		132 000

第五节 建造合同收入的确认和计量

飞机、船舶、房屋、道路、大型机械设备等产品的体积大，产品的价值高，建造或生产产品的周期长，往往跨越一个或几个会计期间，这类企业在开始建造或生产产品之前，通常要与产品的需求方(即客户)签订建造合同。由于产品的生产和销售有其特殊性，因此，其收入的确认和计量也不同于一般的商品销售。

一、建造合同的概念

建造合同是指为建造一项或数项在设计、技术、功能、最终用途等方面密切相关的资产而订立的合同。合同的甲方称为客户，乙方称为建造承包商。

建造合同的主要特征如下：

1. 先有买主(客户)，后有标底(资产)，建造资产的造价在签订合同时已经确定；

2. 资产的建设期长，一般都要跨越一个会计年度，有的长达数年；

3. 建造的资产体积大，造价高；

4. 建造合同一般为不可撤销的合同。

建造合同分为两类：一类是成本加成合同，另一类是固定造价合同。

成本加成合同是指以合同约定或其他方式议定的成本为基础，加上该成本的一定比例或定额费用确定工程价款的建造合同。例如，某建造承包商与一客户签订一项建造合同，为客户建造一座厂房，合同规定以建造该厂房的实际成本为基础，另加 800 万元计取工程价款。该项合同即是成本加成合同。

固定造价合同是指按照固定的合同价或固定单价确定工程价款的建造合同。例如，某建造承包商与一客户签订一项建造合同，为客户建造一条 80 公里的高速公路，合同规定每公里单价为 500 万元。该项合同即是固定造价合同。

二、合同的分立和合并

企业与客户签订的建造合同有其多样性，通常，建造一项资产要签订一个合同，但有时建造数项资产只签订一个合同，或者为建造一项资产或数项资产而同时签订一组合同。

在上述情况下，对同一企业来讲，确定不同的会计核算对象，会产生不同的核算结果。例如，某建造承包商同时签订了一组建造合同，在执行合同中，有的可能盈利，有的可能亏损，如果将该组合同单独分别核算或合并在一起核算，就会产生不同的损益。因此，为了正确核算建造合同的损益，防止人为操纵利润，应按规定进行合同的分立与合并。

(一)合同分立

一项包括建造数项资产的建造合同，同时满足下列条件的，每项资产应当分立为单项合同：

(1)每项资产均有独立的建造计划；

(2)与客户就每项资产单独进行谈判，双方能够接受或拒绝与每项资产有关的合同条款；

(3)每项资产的收入和成本可以单独辨认。

如果不同时具备上述三个条件，则不能将建造合同进行分立，仍应将其作为一个合同进行会计处理。

例 20 某建筑公司与一客户签订一项建造合同，该合同规定，建筑公司为客户建造一座厂房和一座餐厅。在签订合同时，建筑公司与客户分别就所建厂房和餐厅进行谈判，并达成一致意见；厂房的工程造价为 500 万元，餐厅的工程造价为 150 万元。厂房和餐厅均有独立的施工图预算，厂房的预算成本为460万元,餐厅的预算成本为130万元。

分析:由于厂房和餐厅均有独立的施工图预算,表明符合条件(1);由于在签订合同时,建筑公司与客户分别就所建厂房和餐厅进行谈判,并达成一致意见,表明符合条件(2);由于厂房和餐厅均有单独的造价和预算成本,表明符合条件(3)。因此,该项建造合同同时符合合同分立的条件,建筑公司应将建造厂房和餐厅分立为两个单项合同进行会计处理。

假如该项建造合同中,没有明确规定厂房和餐厅各自的工程造价,而是以650万元的总金额签订了该项合同,也未作出各自的预算成本,则建筑公司不能将该项建造合同分立为两个单项合同,而应作为一个单项合同进行会计处理。

(二)合同合并

一组合同无论对应单个客户还是多个客户,同时满足下列条件的,应当合并为单项合同:

(1)该组合同按一揽子交易签订;

(2)该组合同密切相关,每项合同实际上已构成一项综合利润率工程的组成部分;

(3)该组合同同时或依次履行。

如果不同时符合上述三个条件,则不能将该组合同进行合并,而应以各单项合同进行会计处理。

例21 某建造承包商为承包建造一所学校而与客户一揽子签订了三项建造合同,这三项合同分别是建造一幢教学楼、一个食堂和两幢学生宿舍。根据合同规定,这三个工程将由该建造承包商同时施工,并根据整个项目的施工进度办理价款结算。

分析:由于这三项建造合同是一揽子签订的,表明符合条件(1)。对客户而言,只有这三项合同全部完工交付使用时,学校才能对外招生。对建造承包商而言,这三项合同的各自完工进度直接关系到整个建设项目的完工进度和价款结算。因此,该组合同密切相关,已构成一项综合利润率工程项目,表明符合条件(2)。该组合同同时履行,表明符合条件(3)。因此,这三项建造合同符合合同合并的三个条件,该建造承包商应将该组合同合并为一个合同进行会计处理,统一核算该组合同的损益。

(三)追加资产建造

有时,在建造合同的履行过程中,客户可能会提出追加建造资产的要求。追加资产的建造,满足下列条件之一的,应当作为单项合同:

(1)该追加资产在设计、技术或功能上与原合同包括的一项或数项资产存在重大差异。

(2)议定该追加资产的造价时,不需要考虑原合同价款。

例22 某建筑商与客户签订一项建造办公楼的合同,合同履行一段时间后,客户又要求追加建造一座地上车库,并与建筑商协商一致,变更了原合同的内容。

分析:由于地上车库在设计、技术、功能上与原合同包括的办公楼存在重大差异,符合条件(1),因此,该追加资产的建造虽然只是变更了原合同的内容,没有签订新的合同,但还是应作为一项单项合同进行会计处理。

三、合同收入和合同成本的内容

(一)合同收入

合同收入包括两部分内容:

1. 合同中规定的初始收入,即建造承包商与客户在双方签订的合同中最初商定的合同总金额,构成了合同收入的基本内容。

2. 因合同变更、索赔、奖励等形成的收入。这部分收入并不构成合同双方在签订合同时已在合同中商定的合同总金额,而是在执行合同过程中由于合同变更、索赔、奖励等原因形成的追加收入。建造承包商不能随意确认这部分收入，只有在符合规定条件时才能构成合同总收入。

合同收入应以收到或应收的工程价款计量。

合同变更是指客户为改变合同规定的作业内容而提出的调整。因合同变更而增加的收入，应在同时具备下列条件时予以确认：(1)客户能够认可变更而增加的收入；(2)收入能够可靠计量。

例 23 某建造承包商与一客户签订了一份金额为 3 000 万元的固定造价合同，建造一幢办公楼，合同规定的建设期为 2 年。1 年后，客户改变部分设计，要求建造承包商将原设计中的分体式空调改为中央空调，并同意增加变更收入 100 万元。

分析：此例中，该项建造合同的初始收入为 3 000 万元，变更收入为 100 万元，符合上述两个条件，建造承包商便可在第二年将因合同变更而增加的收入 100 万元确认为合同收入的组成部分。第二年的合同总收入应为 3 000＋100＝3 100(万元)。假如客户承认因变更而增加收入，但双方只达成增加金额为 60 万元，则只能将 60 万元确认为合同收入的组成部分，第二年的合同总收入应为 3 000＋60＝3 060(万元)。

索赔款是指因客户或第三方的原因造成的、由建筑承包商向客户或第三方收取的、用于补偿不包括在合同造价中的成本的款项。因索赔款而形成的收入，应在同时具备下列条件时予以确认：(1)根据谈判情况，预计对方能够同意这项索赔；(2)对方同意接受的金额能够可靠计量。

例 24 某建造承包商与一客户签订了一份金额为 8 000 万元的建造合同，建造一座水电站。合同规定的建设期是 2×12 年 3 月至 2×15 年 8 月，同时规定，发电机由客户采购，于 2×14 年 8 月交付建造承包商进行安装。该项合同在执行过程中，客户于 2×15 年 1 月才将发电机交付建造承包商。建造承包商因客户交货延期，要求客户支付延误工期款 100 万元。

分析：此例中，该项建造合同的初始收入为 8 000 万元。根据双方谈判情况，客户同意向建造承包商支付延误工期款 100 万元，符合上述两个条件，建造承包商便可于 2×15 年将因索赔而增加的收入 100 万元确认为合同收入的组成部分，2×15 年该项建造合同的总收入应为 8 000＋100＝8 100(万元)。假如客户不同意支付延误工期款，则不能将 100 万元计入合同总收入，合同总收入仍为 8 000 万元。假如客户同意这项索赔，但只同意支付延误工期款 50 万元，则建造承包商只能将 50 万元确认为合同收入的组成部分。在这种情况下，2×15 年该项建造合同的总收入应为 8 000＋50＝8 050(万元)。

奖励款是指工程达到或超过规定的标准时，客户同意支付给建造承包商的额外款项。奖励而形成的收入，应在同时具备下列条件时予以确认：(1)根据目前合同完成情况，足以判断工程质量能够达到或超过既定的标准；(2)奖励金额能够可靠地计量。

例 25 某建造承包商与一客户签订一项金额为 5 000 万元的建造合同，建造一座图书馆，合同规定的建设期为 2×13 年 12 月 20 日至 2×15 年 12 月 20 日。该合同在执行中于 2×15 年 8 月主体工程已基本完工，工程质量符合设计要求，有望提前 3 个月竣工。客户同意向建造承包商支付提前竣工奖 100 万元。

分析：此例中，该项建造合同的初始收入为 5 000 万元，提前竣工奖为 100 万元，符合上述两个条件，建造承包商应于 2×15 年将因奖励款而形成的收入 100 万元确认为合同收入的组成部分，2×14年该项建造合同的总收入应为 5 000＋100＝5 100(万元)。假定该项合同的主体工程虽于 2×15年 8 月基本完工，但是经工程监理人员认定，工程质量未达到设计要求，还需进一步施工。在这种情况下，建造承包商不能确认奖励款。

综上所述，合同收入的内容如图 14－1 所示。

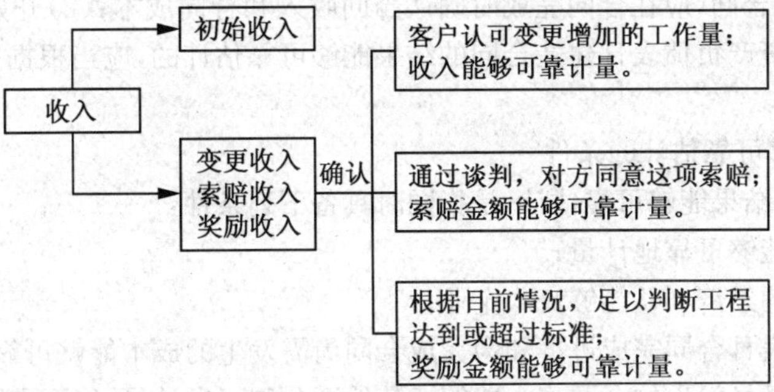

图 14—1 合同收入的内容

(二)合同成本

合同成本应包括从合同签订开始至合同完成为止所发生的、与执行合同有关的直接费用和间接费用。

直接费用是指为完成合同所发生的、可以直接计入合同成本核算对象的各项费用支出。直接费用包括耗用的人工费用、耗用的材料费用、耗用的机械使用费和其他直接费用。其中,其他直接费用包括有关的设计和技术援助费用,以及施工现场材料的二次搬运费、生产工具和用具使用费、检验试验费、工程定位费、工程点交费用、场地清理费用等。由于直接费用在发生时能够分清受益对象,所以直接费用在发生时直接计入合同成本。

间接费用是指企业下属的施工单位或生产单位为组织、管理施工生产活动而发生的间接性费用。间接费用包括临时设施摊销费用和施工、生产单位管理人员工资、奖金、职工福利费、劳动保护费、固定资产折旧费及修理费、物料消费、低值易耗品摊销、取暖费、水电费、办公费、差旅费、财产保险费、工程保修费、排污费等。间接费用虽然也构成了合同成本的组成内容,但是,间接费用在发生时一般不易直接归属于受益对象,因为间接费用是在企业下属的直接组织和管理施工生产活动的单位发生的费用,这些单位如果同时组织实施几项合同,则其发生的费用应由这几项合同的成本共同负担,因此,间接费用应在资产负债表日按照系统、合理的方法分摊计入合同成本。

合同成本不包括下列费用:(1)企业行政管理部门为组织和管理生产经营活动所发生的管理费用;(2)船舶等制造企业的销售费用;(3)企业筹集生产经营所需资金而发生的财务费用。企业因订立合同而发生的差旅费、投标费等有关费用,应直接确认为当期管理费用。

综上所述,合同成本的内容如图 14—2 所示。

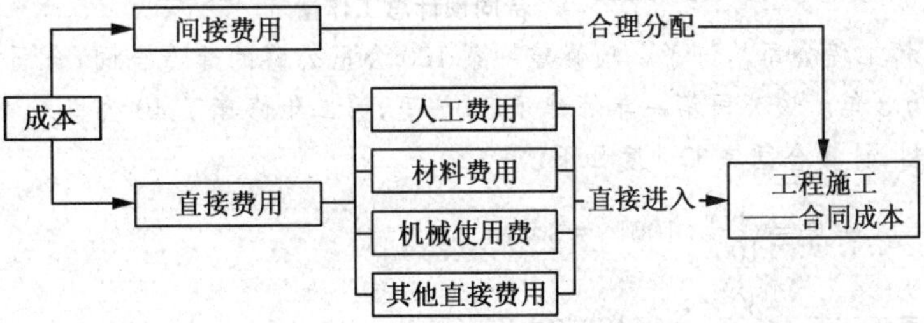

图 14—2 合同成本的内容

四、合同收入和合同成本的确认与计量

(一)合同结果能够可靠估计

在合同结果能够可靠估计的情况下,建造合同收入和费用确认的原则是:(1)开始和完成在同

一个会计年度的建造合同，应在合同完成时确认合同收入和合同成本；(2)开始和完成在不同会计年度的建造合同，在资产负债表日建造合同的结果能够可靠估计的，应当根据完工百分比法确认合同收入和合同成本。

1. 合同结果能够可靠估计的条件

固定造价合同的结果能够可靠估计，是指同时具备下列条件：

(1)合同总收入能够可靠地计量；

(2)与合同相关的经济利益能够流入企业；

(3)在资产负债表日合同完成进度和为完成合同尚需发生的成本能够可靠确定；

(4)为完成合同已经发生的合同成本能够清楚地区分和可靠计量，以便实际合同成本能够与以前的预计成本相比较。

成本加成合同的结果能够可靠估计，是指同时具备下列条件：

(1)与合同相关的经济利益能够流入企业；

(2)实际发生的合同成本能够清楚地区分并且能够可靠计量。

2. 合同完工进度的确定方法

(1)根据累计实际发生的合同成本占合同预计总成本的比例确定。

该方法是确定合同完工进度较常用的方法。用计算公式表示如下：

$$合同完工进度=\frac{累计实际发生的合同成本}{合同预计总成本}\times 100\%$$

例 26 某建筑公司签订了一项总金额为 1 000 万元的建造合同，合同规定的建设期为 3 年。第一年，实际发生合同成本 300 万元，年末预计为完成合同尚需发生成本 520 万元；第二年，实际发生合同成本 400 万元，年末预计为完成合同尚需发生成本 150 万元。

根据上述资料，计算合同完工进度如下：

$$第一年合同完工进度=\frac{300}{300+520}\times 100\%=37\%$$

$$第二年合同完工进度=\frac{300+400}{300+400+150}\times 100\%=82\%$$

(2)根据已经完成的合同工作量占合同预计总工作量的比例确定。

该方法适用于合同工作量容易确定的建造合同，如道路工程、土石方挖掘、砌筑工程等。用计算公式表示如下：

$$合同完工进度=\frac{已经完成的合同工作量}{合同预计总工作量}\times 100\%$$

例 27 某路桥工程公司签订了一项修建一条 100 公里公路的建造合同，合同规定的总金额为 8 000万元，工期为 3 年。该公司第一年修建了 30 公里，第二年修建了 40 公里。

根据上述资料，计算合同完工进度如下：

$$第一年合同完工进度=\frac{30}{100}\times 100\%=30\%$$

$$第二年合同完工进度=\frac{30+40}{100}\times 100\%=70\%$$

(3)根据实际测定的完工进度确定。

该方法是在无法根据上述两种方法确定合同完工进度时所采用的一种特殊的技术测量方法，适用于一些特殊的建造合同，如水下施工工程等。需要指出的是，这种技术测量并不是由建造承包商自行随意测定的，而应由专业人员现场进行科学测定。

例 28 某建筑公司承建一项水下作业工程，在资产负债表日，已经专业人员现场测定，已经完成的工作量已达合同总工作量的80%，则该合同的完工进度为80%。

3. 完工百分比法的运用

建造合同收入的核算，除应用与一般企业相同的账户外，建筑施工企业专设的主要账户有：

(1)“工程施工”，属于成本类账户，核算企业(建造承包商)实际发生的合同成本和合同毛利。该账户的借方反映建造工程发生的直接费用、间接费用和工程毛利，贷方反映合同完工时与相关合同的“工程结算”账户的对冲数，期末借方余额反映企业尚未完工的建造合同成本和合同毛利。在“工程施工”总账下，应按建造合同设置“合同成本”、“间接费用”、“合同毛利”明细账。

(2)“工程结算”，属于成本类账户，核算企业(建造承包商)根据建造合同约定向业主办理结算的累计金额。该账户的贷方反映向业主办理结算的工程价款，借方反映合同完工时与相关合同的“工程施工”账户的对冲数，期末贷方余额反映尚未完工建造合同已办理结算的累计金额。在“工程结算”总账下，应按建造合同设置明细账。

完工百分比法是根据合同完工进度确认合同收入和费用的方法。根据完工百分比法确认和计量当期收入和费用的计算公式如下：

当期确认的合同收入＝(合同总收入×完工进度)－以前会计年度累计已确认的收入

当期确认的合同费用＝(合同预计总成本×完工进度)－以前会计年度累计已确认的费用

当期确认的合同毛利＝当期确认的合同收入－当期确认的合同费用

在运用上述公式计算确认相关的收入、毛利和费用时，应当注意：

(1)在当年开工当年未完工的建造合同的情况下，企业在运用上述公式时，以前会计年度累计已确认的合同收入和合同毛利均为零。

(2)在当年开工当年完工的建造合同的情况下当期确认和计量的合同收入，等于该项合同的总收入；当期确认和计量的合同费用，就等于该项合同的实际总成本。

例29 甲公司于2×14年7月1日承建乙公司的一栋办公楼，合同总收入为500万元，合同预计总成本为400万元，工期1年半，预计在2×15年年末完工。采用完工百分比法核算建造合同收入。

(1)2×14年。

①2×14年发生工程施工成本156万元，其中工资40万元，用银行存款支付其他费用116万元：

借：工程施工——合同成本	1 560 000	
贷：应付职工薪酬		400 000
银行存款		1 160 000

②2×14年末，按照工程进度，应收工程款130万元，实际收到115万元：

借：银行存款	1 150 000	
应收账款	150 000	
贷：工程结算		1 300 000

③2×14年末，由于物价大幅上涨，预计合同总成本为416万元，合同总收入仍为500万元。

按照完工程度确认收入和费用：

完工进度＝累计发生的合同成本÷合同预计总成本＝156÷416＝37.5%

当期合同收入＝500×37.5%＝187.5(万元)

当期合同费用＝416×37.5%＝156(万元)

当期合同毛利＝187.5－156＝31.5(万元)

借：主营业务成本	1 560 000	
工程施工——合同毛利	315 000	
贷：主营业务收入		1 875 000

(2)2×15 年。

①2×15 年发生工程施工成本 260 万元，其中工资 60 万元，用银行存款支付其他费用 200 万元：

借：工程施工——合同成本　　2 600 000

　贷：应付职工薪酬　　600 000

　　银行存款　　2 000 000

②2×15 年末，按照工程进度，应收工程款 370 万元，实际收到 380 万元：

借：银行存款　　3 800 000

　贷：工程结算　　3 700 000

　　应收账款　　100 000

③2×15 年末，按照完工程度确认收入：

完工进度＝累计发生的合同成本÷合同预计总成本＝416÷416＝100%

当期合同收入＝500－187.5＝312.5(万元)

当期合同费用＝416－156＝260(万元)

当期合同毛利＝312.5－260＝52.5(万元)

借：主营业务成本　　2 600 000

　工程施工——合同毛利　　525 000

　贷：主营业务收入　　3 125 000

④工程完工，结转工程施工与工程结算余额

借：工程结算　　5 000 000

　贷：工程施工——合同成本　　4 160 000

　　——合同毛利　　840 000

建造合同核算中涉及的主要账户之间的关系如图 14－3 所示。

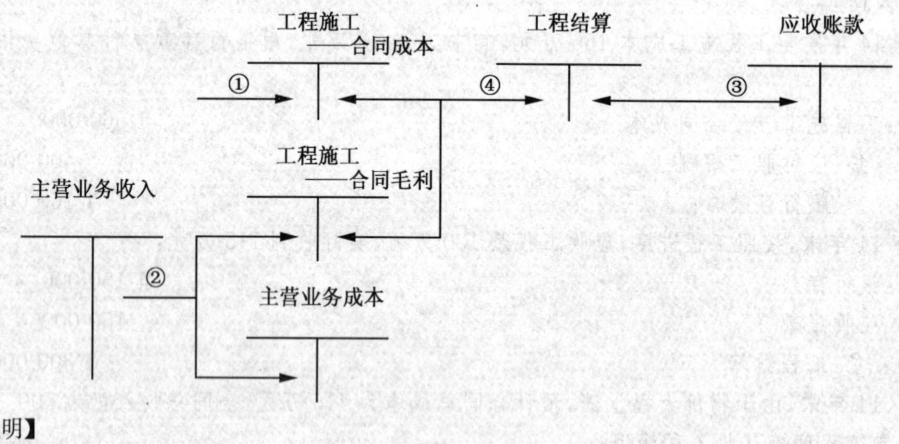

【说明】

①将发生的成本计入“工程施工——合同成本”账户。

②资产负债表日将确认的合同收入和合同费用记入“主营业务收入”和“主营业务成本”账户，差额记入“工程施工——合同毛利”账户。

③工程款结算，借记“应收账款”账户，贷记“工程结算”账户。

④完工之后，将“工程施工”账户余额与“工程结算”账户对冲。

图 14－3　建造合同核算中涉及的主要账户之间的关系

(二)合同结果不能可靠估计

如果建造合同的结果不能够可靠估计,则企业不能采用完工百分比法确认合同收入和费用,建造合同收入和费用确认的原则是:(1)合同成本能够收回的,合同收入根据能够收回的实际合同成本加以确认,合同成本在其发生的当期确认为合同费用;(2)合同成本不可能收回的,应在发生时立即确认为合同费用,不确认合同收入。

例 30 某建筑公司与客户签订了一项总金额为 100 万元的建造合同。第一年实际发生工程成本 40 万元,双方均能履行合同规定的义务。但建筑公司在年末时对该项工程的完工进度无法可靠估计。

在这种情况下,该公司不能采用完工百分比法确认收入,但由于客户能够履行合同,当年发生的成本均能收回,所以,公司可将当年发生的成本金额同时确认为当年的收入和费用,当年不确认利润。其账务处理如下:

借:主营业务成本	400 000	
贷:主营业务收入		400 000

假定该公司当年与客户只办理价款结算 15 万元,由于客户出现财务危机,其余款项可能收不回来。在这种情况下,该公司只将 15 万元确认为当年的收入,40 万元应确认为当年的费用。其账务处理如下:

借:主营业务成本	400 000	
贷:主营业务收入		150 000
工程施工——合同毛利		250 000

使建造合同的结果不能可靠估计的不确定因素不复存在的,应当改为按照完工百分比法确认与建造合同有关的收入和费用。

(三)合同预计损失的处理

企业应于期末对建造合同进行减值测试。如果建造合同预计总成本将超过合同预计总收入,应按预计损失确认减值损失,计提减值准备。合同完工时,将已计提的减值准备冲减合同费用。

例 31 某建筑公司签订了一项总金额为 100 万元的固定造价合同,最初预计总成本为 90 万元。第一年实际发生成本 63 万元,年末,预计为完成合同尚需发生成本 42 万元。假定该合同的结果能够可靠地估计。该公司应在年末时进行如下会计处理:

$$\text{第一年合同完工进度}=\frac{63}{63+42}\times 100\%=60\%$$

$$\begin{aligned}\text{第一年确认的合同收入}&=\text{合同总收入}\times 60\%\\&=100\times 60\%\\&=60(\text{万元})\end{aligned}$$

$$\begin{aligned}\text{第一年应确认的合同费用}&=(63+42)\times 60\%\\&=63(\text{万元})\end{aligned}$$

借:主营业务成本	630 000	
贷:主营业务收入		600 000
工程施工——合同毛利		30 000

该项合同预计总成本为 105 万元,合同总收入为 100 万元,预计总损失为 5 万元。由于在第一年已经在“工程施工——合同毛利”中反映了 3 万元,因此,应将剩余的、为完成工程将发生的预计损失 2 万元确认为当期损失:

借:资产减值损失	20 000	
贷:存货跌价准备		20 000

综上所述，在进行建造合同的会计处理时，一般应当按照如下程序(见图14－4)：

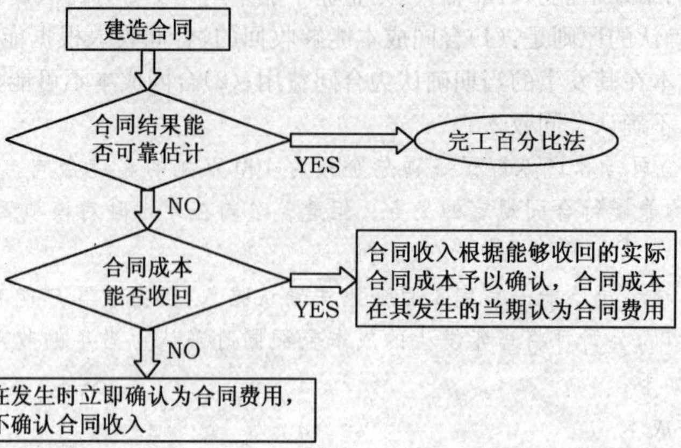

图14－4 建造合同会计处理的程序

复习思考题

1. 什么是收入？收入有哪些特征？
2. 确认商品销售收入需要符合哪些条件？
3. 什么是现金折扣？什么是销售折让？两者在核算上有什么不同？
4. 分期收款销售确认的时间点是什么？怎样确认？
5. 如何按劳务完成时间确认和计量劳务收入？
6. 举例说明让渡资产使用权收入包括的主要内容。对这类收入，应如何确认和计量？
7. 为什么要探究建造合同的分立与合并？建造合同分立、合并的条件有哪些？
8. 建造合同收入和费用确认的原则是什么？

第十五章 费用和利润

第一节 费用

一、费用的概念与特征

费用是指企业在日常活动中发生的、会导致所有者权益减少的、与向所有者分配利润无关的经济利益的总流出。根据费用的定义，费用具有以下特征：

(一)费用是企业在日常活动中形成的

费用是企业在其日常活动中所形成的，这些日常活动的界定与收入定义中涉及的日常活动的界定相一致。因日常活动所产生的费用通常包括销售成本(营业成本)、期间费用等。将费用界定为日常活动所形成的，目的是为了将其与损失相区分。企业非日常活动所形成的经济利益的流出不能确认为费用，而应当计入损失。

(二)费用会导致所有者权益的减少

与费用相关的经济利益的流出应当会导致所有者权益的减少，不会导致所有者权益减少的经济利益的流出不符合费用的定义，不应确认为费用。

(三)费用是与向所有者分配利润无关的经济利益的总流出

费用的发生应当会导致经济利益的流出，从而导致资产的减少或者负债的增加(最终也会导致资产的减少)。其表现形式包括现金或者现金等价物的流出，存货、固定资产和无形资产等的流出或者消耗等。鉴于企业向所有者分配利润也会导致经济利益的流出，而该经济利益的流出显然属于所有者权益的抵减项目，不应确认为费用，应当将其排除在费用的定义之外。

费用的确认除了应当符合定义外，也应当满足严格的条件，即费用只有在经济利益很可能流出从而导致企业资产减少或者负债增加、经济利益的流出额能够可靠计量时才能予以确认。因此，费用的确认至少应当符合以下条件：一是与费用相关的经济利益应当很可能流出企业，二是经济利益流出企业的结果会导致资产的减少或者负债的增加，三是经济利益的流出额能够可靠计量。

二、费用的内容

费用是资产的耗费或负债的增加；资产的耗费有的形成费用，有的形成另一种资产。费用有时有支出相伴随，但支出不一定是当期费用。因此，需要明确费用确认的原则。确认费用应首先遵循划分收益性支出与资本性支出原则。所谓收益性支出，是指支出的效益仅及于本会计期间(或一个营业周期)；所谓资本性支出，是指支出的效益及于几个会计期间(或几个营业周期)。由于资本性支出的效益可在几个连续的会计期间发挥作用，其形成的是企业的长期资产，不是费用；收益性支出的效益只在当期发挥作用，才可能形成费用。其次，要遵循配比原则。配比原则是根据收入与费用的内在联系，要求将一定期间内的收入与为取得收入所发生的费用在同一期间进行确认和计量。由于发生费用的目的是为了取得收入，因而费用的确认与收入的确认相联系。为生产产品或提供劳务等发生的对象化的支出构成产品或者劳务成本，在确认产品或劳务收入时，配比确认为费用，即营业成本;无法对象化的费用或者不符合资产定义和确认条件的费用,直接在发生时作为期间费用计入当期损益。在会计核算工作中的配比包含因果配比和时间配比:因果配比是指将收入与其对应的成本相配比,如将主营业务收入与主营业务成本相配比,将其他业务收入和其他业务成本相配比;时间配比是指将一定期间的收入与同时期的费用相配比,如将当期的收入与期间费用相配比。最后,费用的确认要遵循权责发生制,即对于应属本期的各项费用,无论其是否实际支付款项,均应确认为本期费用;对于不属于本期的费用,即使款项已于本期付出,也不应确认为本期费用。

因此,企业的费用主要包括与企业的收入存在直接因果关系的营业成本或与收入不存在直接因果关系,但与会计期间紧密相连的期间费用两大类。对于这两大类费用,确认的方法不同:

1. 营业成本是按照配比原则在收入确认的同期确认。

2. 期间费用由于与收入没有直接关系,却与会计期间紧密相连,因此,采用发生时直接作为费用予以确认的方法直接计入当期损益。

需要注意的是,费用是通过所使用或所耗用的资产或劳务的价值进行计量的,其计量标准一般采用实际成本,不得以计划成本或估计成本代替实际成本。

三、费用的会计核算

(一)营业成本

对于遵循配比原则中的因果配比形成的与企业取得收入有直接关系的营业成本,企业应该设置“主营业务成本”、“其他业务成本”以及“营业税金及附加”总分类账户进行核算。

1. 主营业务成本

“主营业务成本”账户核算企业确认销售商品、提供劳务等主营业务收入时应结转的成本。企业应按主营业务的种类进行明细核算。

期(月)末,企业应根据本期(月)销售各种商品、提供各种劳务等的实际成本,计算应结转的主营业务成本,借记“主营业务成本”账户,贷记“库存商品”、“劳务成本”等账户。采用计划成本或售价核算库存商品的,平时的营业成本按计划成本或售价结转,月末,还应结转本月销售商品应分摊的产品成本差异或商品进销差价。本期(月)发生的销售退回,如已结转销售成本的,借记“库存商品”等账户,贷记“主营业务成本”账户。期末,应将本账户的余额转入“本年利润”账户,结转后本账户无余额。

2. 其他业务成本

“其他业务成本”账户核算企业确认的除主营业务活动以外的其他经营活动所发生的支出,包括销售材料的成本、经营租赁方式出租固定资产的折旧额、出租无形资产的摊销额、出租包装物的成本或摊销额等。企业应按其他业务成本的种类进行明细核算。

企业发生的其他业务成本,借记“其他业务成本”账户,贷记“原材料”、“周转材料”、“累计折旧”、“累计摊销”、“应付职工薪酬”、“银行存款”等账户。期末,应将本账户的余额转入“本年利润”账户,结转后本账户无余额。

3. 营业税金及附加

“营业税金及附加”账户核算企业经营活动发生的营业税、消费税、城市维护建设税、资源税和教育费附加等相关税费。房产税、车船使用税、土地使用税、印花税在“管理费用”账户核算,但与投资性房地产相关的房产税、土地使用税在本账户核算。

企业按规定计算确定的与经营活动相关的税费,借记“营业税金及附加”账户,贷记“应交税费”账户。期末,应将本账户的余额转入“本年利润”账户,结转后本账户无余额。

(二)期间费用

期间费用是指不能归集于某个特定产品或劳务项目的费用。它的发生虽然与企业的经营有关，但与具体的产品品种和劳务项目无直接关系。因此，不能计入产品成本，而应在发生的当期直接从营业收入中扣除。期间费用包括管理费用、财务费用和销售费用。

1. 管理费用

管理费用是指企业为管理和组织生产、经营活动而发生的各项费用。企业为组织和管理企业生产经营所发生的管理费用，包括企业在筹建期间内发生的开办费、董事会和行政管理部门在企业的经营管理中发生的或者应由企业统一负担的公司经费(包括行政管理部门职工工资及福利费、物料消耗、低值易耗品摊销、办公费和差旅费等)、工会经费、董事会费(包括董事会成员津贴、会议费和差旅费等)、聘请中介机构费、咨询费(含顾问费)、诉讼费、业务招待费、房产税、车船使用税、土地使用税、印花税、技术转让费、矿产资源补偿费、研究费用、排污费等。

企业应设置“管理费用”账户，借方登记本期发生的各项管理费用支出，期末将本期发生的管理费用通过该账户的贷方转入“本年利润”账户，结转后该账户无余额。该账户应按管理费用项目设置多栏式明细账，按费用项目进行明细核算。

商品流通企业管理费用不多的，可不设置“管理费用”账户，并入“销售费用”账户核算。

(1)企业在筹建期间内发生的开办费，包括人员工资、办公费、培训费、差旅费、印刷费、注册登记费以及不计入固定资产成本的借款费用等，在实际发生时，借记“管理费用”账户，贷记“银行存款”等账户。

(2)行政管理部门人员以及难以认定受益对象的职工薪酬，借记“管理费用”账户，贷记“应付职工薪酬”账户。

(3)行政管理部门计提的固定资产折旧，借记“管理费用”账户，贷记“累计折旧”账户。发生的办公费、水电费、业务招待费、聘请中介机构费、咨询费、诉讼费、技术转让费、研究费用、排污费等，借记“管理费用”账户，贷记“银行存款”等账户。

(4)按规定计算确定的应交矿产资源补偿费、房产税、车船使用税、土地使用税，借记“管理费用”账户，贷记“应交税费”账户。

(5)按规定缴纳的印花税，借记“管理费用”账户，贷记“银行存款”等账户。

(6)企业生产车间(部门)和行政管理部门等发生的固定资产修理费用等后续收益性的支出，借记“管理费用”账户，贷记“银行存款”等账户。

(7)期末，应将“管理费用”账户的余额转入“本年利润”账户，结转后“管理费用”账户无余额。

2. 财务费用

财务费用是指企业为筹集生产经营所需资金等而发生的筹资费用，包括利息支出(减利息收入)、汇兑损益以及相关的手续费、企业发生的现金折扣或收到的现金折扣等。

企业应设置“财务费用”账户，借方登记本期发生的财务费用，期末将本期发生的财务费用通过该账户的贷方转入“本年利润”账户，结转后该账户无余额。该账户应按费用项目设置多栏式明细账，进行明细核算。当企业取得银行存款利息收入、汇兑收益时，应贷记“财务费用”账户。企业对外进行债券投资取得的利息收入，不在本账户核算。为购建或生产满足资本化条件的资产发生的应予资本化的借款费用，在“在建工程”等账户核算，也不在本账户核算。

企业发生的财务费用，借记“财务费用”账户，贷记“银行存款”等账户。企业发生的应冲减财务费用的利息收入、汇兑损益、现金折扣，借记“银行存款”、“应付账款”等账户，贷记“财务费用”账户。期末，应将“财务费用”账户余额转入“本年利润”账户，结转后“财务费用”账户无余额。

3. 销售费用

销售费用是指企业销售商品和材料、提供劳务的过程中发生的各种费用，包括保险费、包装费、展览费和广告费、商品维修费、预计产品质量保证损失、运输费、装卸费等以及为销售本企业商品而专设的销售机构(含销售网点、售后服务网点等)的职工薪酬、业务费、折旧费等经营费用。

企业应设置“销售费用”账户，借方登记本期发生的销售费用，期末将本期发生的销售费用通过该账户的贷方转入“本年利润”账户，结转后该账户无余额。该账户应按费用项目设置多栏式明细账，进行明细核算。

企业在销售商品过程中发生的包装费、保险费、展览费和广告费、运输费、装卸费等费用，借记“销售费用”账户，贷记“库存现金”、“银行存款”等账户。发生的为销售本企业商品而专设的销售机构的职工薪酬、业务费等经营费用，借记“销售费用”账户，贷记“应付职工薪酬”、“银行存款”、“累计折旧”等账户。企业发生的与专设销售机构相关的固定资产修理费用等后续支出，借记“销售费用”账户，贷记“银行存款”等账户。期末，应将“销售费用”账户的余额转入“本年利润”账户，结转后“销售费用”账户无余额。

第二节　利　润

一、利润的概念与构成

利润是指企业在一定会计期间的经营成果，包括收入减去费用后的净额、直接计入当期利润的利得和损失等。

利润通常作为评价经营业绩的主要指标。利润是预测企业盈利能力和发展前景的重要依据，也是计算如每股收益、总资产收益率、净资产收益率等其他财务指标的基础。

利润按照企业内涵不同，可分为以下几种不同的利润：

(一)营业利润

营业利润主要反映企业经营、投资、筹资日常活动产生的经济利益的净流入(或净流出)，可按以下公式计算得出：

营业利润＝营业收入－营业成本－营业税金及附加－销售费用－管理费用－财务费用－资产减值损失＋公允价值变动收益(－公允价值变动损失)＋投资收益(－投资损失)

营业利润的各组成部分都已在前面相关章节中进行了介绍和阐述，这里不再赘述。

(二)利润总额

利润总额又称税前利润，是在营业利润的基础上加上直接计入当期损益的利得，减去直接计入损益的损失后计算得出的，可按下列公式计算：

利润总额＝营业利润＋营业外收入－营业外支出

(三)净利润

净利润又称税后利润，为企业所有者或股东所享有。利润总额扣减所得税费用后的金额即为净利润，可按下列公式计算：

净利润＝利润总额－所得税费用

二、营业外收支

营业外收支是指企业发生的与日常活动无直接关系的各项利得和损失。利得是指由企业非日常活动所形成的、会导致所有者权益增加的、与所有者投入资本无关的经济利益的流入。损失是指由企业非日常活动所发生的、会导致所有者权益减少的、与向所有者分配利润无关的经济利益的流出。换言之，收入和费用分别反映的是日常活动中经济利益的总流入，而利得和损失则反映的是非日常活动经济利益的净流入和净流出。因此，利得与收入、损失与费用发生的频率、产生的原因不同，对其进行分别核算，有助于提高会计信息的可比性及相关性，有助于财务报表使用者进行经济决策。

利得和损失在发生的时候有的直接计入所有者权益，如长期股权投资权益法下被投资公司除净利润引起的所有者权益的其他变化等；有的则直接计入当期损益，作为利润会计要素进行界定，主要是与企业正常的生产经营业务没有直接关系的营业外收支，包括营业外收入和营业外支出。营业外收支虽然与企业生产经营活动没有多大关系，但从企业主体来考虑，同样带来收入或形成企业的支出，也是增加或减少利润的因素，对企业的利润总额及净利润产生较大的影响。

(一)营业外收入

营业外收入是指企业发生的与其经营活动无直接关系的各项利得，主要包括非流动资产处置利得、非货币性资产交换利得、债务重组利得、政府补助利得、现金盘盈利得、接受捐赠利得、确实无法支付按规定转销的应付款项等。

为了核算和监督营业外收入的发生和结转情况，企业应设置“营业外收入”账户，并按营业外收入项目进行明细核算。实现的各种应计入当期利润的利得，贷记“营业外收入”账户，借记“固定资产清理”、“无形资产”、“原材料”、“库存商品”、“应付账款”、“递延收益”等账户；期末，应将本账户的余额转入“本年利润”账户，计入当期损益，结转后本账户无余额。

具体的营业外收入的会计处理，已在本书前面章节的相关内容中举例说明，这里不再赘述。至于政府补助利得，将在“高级财务会计”课程中进行介绍。

(二)营业外支出

营业外支出是指企业发生的与其经营活动无直接关系的各项损失，包括非流动资产处置损失、非货币性资产交换损失、债务重组损失、公益性捐赠支出、非常损失、盘亏损失等。

为了核算和监督营业外支出的发生和结转情况，企业应设置“营业外支出”账户，并按支出项目进行明细核算。企业确认各项计入当期利润的损失时，借记“营业外支出”账户，贷记“固定资产清理”、“无形资产”、“原材料”、“库存商品”、“应付账款”、“待处理财产损溢”等账户；期末，应将本账户的余额转入“本年利润”账户，结转后本账户无余额。

需要注意的是，营业外收入和营业外支出应当分别进行会计核算，两者之间不能相互冲减。具体的营业外支出的会计处理，也已在本书前面章节的相关内容中举例说明，这里也不再赘述。

三、所得税费用

所得税是根据企业生产经营所得和其他所得的一定比例缴纳的一种税金，是企业在日常活动中发生、导致所有者权益减少的经济利益流出，因此，应交所得税引起的企业经济利益流出是企业的一项费用，称为所得税费用。

当期应交所得税属于企业纳税义务和责任，是根据税法规定所确定的。由于会计制度与企业所得税法在确定收入、费用的口径和时间等方面不一致，使得根据会计制度规定计算得到的会计利润总额与税法规定的纳税所得会产生一定的出入，所以，必须先计算应纳税所得额，再据以计算本期应交所得税。

所得税的计算公式如下：

应交所得税＝应纳税所得额×所得税税率

应纳税所得额＝会计利润总额＋(或－)纳税调整项

计入当期利润的所得税费用是计算税后净利润时从利润总额中扣减的项目，其金额受到会计上对所得税的认识及处理方法的影响。2006 年发布的《企业会计准则第 18 号——所得税》，要求企业采用资产负债表债务法对企业的所得税进行会计核算。所得税费用采用资产负债表债务法确定金额及其会计处理，将在“高级财务会计”课程中做具体讲解。

所得税费用的核算通过设置“所得税费用”账户进行。该账户属于费用类账户，核算企业确认的应当从当期利润总额中扣除的所得税费用。该账户的借方反映应从本期损益中扣除的所得税费用，贷方反映期末转入“本年利润”账户的所得税费用额，期末结转后本账户无余额。

例 1 甲公司 2×15 年度按企业会计准则计算的税前会计利润为 19 100 000 元，所得税税率为 25%。当年按税法核定的全年业务招待费为 1 200 000 元，甲公司全年实际发生的业务招待费为2 000 000元；经查，甲公司当年营业外支出中有 100 000 元为税款滞纳罚金。假定甲公司全年无其他纳税调整因素。

分析：本例中，甲公司有两项纳税调整因素：一是已计入当期费用但超过税法规定标准的业务招待费支出，二是已计入当期营业外支出但按税法规定不允许扣除的税款滞纳金，这两个因素均应调整增加应纳税所得额。甲公司当期所得税的计算如下：

纳税调整数＝2 000 000－1 200 000＋100 000＝900 000(元)

应纳税所得额＝19 100 000＋900 000＝20 000 000(元)

当期应交所得税额＝20 000 000×25%＝5 000 000(元)

甲公司的会计处理如下：

借：所得税费用　　5 000 000

　　贷：应交税费——应交所得税　　5 000 000

实际上缴所得税时：

借：应交税费——应交所得税　　5 000 000

　　贷：银行存款　　5 000 000

四、利润的核算

每月月末，企业都需要计算当月实现的利润；年末，企业将每月实现的利润汇总，即得到当年实现的利润总额。利润总额扣减企业需要缴纳的所得税后，就是由股东(或投资者)享有的税后净利润。企业对利润的计算是通过利润的结转这一业务体现出来的，需要设置“本年利润”账户进行利润的核算。

“本年利润”账户核算企业当期实现的净利润(或发生的净亏损)。企业期(月)末结转利润时，应将各损益类账户的金额转入本账户，结平各损益类账户。结转收益类账户时，借记“主营业务收入”、“其他业务收入”、“营业外收入”等账户，贷记“本年利润”账户；结转费用损失类账户时，借记“本年利润”账户，贷记“主营业务成本”、“其他业务成本”、“营业外支出”、“管理费用”、“财务费用”、“销售费用”、“所得税费用”等账户；结转后本账户的贷方余额为当期实现的净利润，借方余额为当期发生的净亏损。年度终了，应将本年收入和支出相抵后结出的本年实现的净利润，转入“利润分配”账户，借记“本年利润”账户，贷记“利润分配——未分配利润”账户；如为净亏损，则做相反的会计分录。结转后本账户应无余额。

例 2 甲公司 2×15 年有关损益类账户的年末余额如表 15－1 所示(该企业采用表结法年末一次结转损益类账户，所得税税率为 25%)。

表 15－1　甲公司 2×15 年有关损益类账户的年末余额　　单位：元

账户名称	结账前借方余额	结账前贷方余额
主营业务收入		6 000 000
其他业务收入		700 000
公允价值变动损益	150 000	
投资收益		600 000
营业外收入		50 000

续表

账户名称	结账前借方余额	结账前贷方余额
主营业务成本	4 000 000	
其他业务成本	400 000	
营业税金及附加	80 000	
销售费用	500 000	
管理费用	770 000	
财务费用	200 000	
资产减值损失	100 000	
营业外支出	250 000	

甲公司2×15年末结转本年利润的会计分录如下：

1. 将各损益类账户的年末余额结转入“本年利润”账户：

(1)结转各项收入、利得类账户：

借：主营业务收入 6 000 000
　　其他业务收入 700 000
　　投资收益 600 000
　　营业外收入 50 000
　贷：本年利润 7 350 000

(2)结转各项费用、损失类账户：

借：本年利润 6 450 000
　贷：主营业务成本 4 000 000
　　　其他业务成本 400 000
　　　营业税金及附加 80 000
　　　销售费用 500 000
　　　管理费用 770 000
　　　财务费用 200 000
　　　资产减值损失 100 000
　　　营业外支出 250 000
　　　公允价值变动损益 150 000

2. 经过上述结转后，“本年利润”账户的贷方发生额合计7 350 000元减去借方发生额合计6 450 000元，即为税前会计利润900 000元。假设将该税前会计利润进行纳税调整后，应纳税所得额为1 000 000元，则应交所得税额＝1 000 000×25%＝250 000(元)。假定将该应交所得税按照会计准则进行调整后计算确认的所得税费用也为250 000元。

(1)确认所得税费用，会计分录如下：

借：所得税费用 250 000
　贷：应交税费——应交所得税 250 000

(2)将所得税费用结转入“本年利润”账户：

借：本年利润 250 000
　贷：所得税费用 250 000

(3)将“本年利润”账户的年末余额 650 000 元(900 000－250 000)转入“利润分配——未分配利润”账户：

借：本年利润　　650 000

　　贷：利润分配——未分配利润　　650 000

五、利润分配

企业对于实现的净利润，应按照国家的有关规定在各相关方面进行合理的分配，这就进入了利润分配过程，会计同样需要对该过程中涉及的业务进行会计核算。

利润分配是企业依据《公司法》等有关法律法规及本公司的《公司章程》、投资合同或协议等约定，由董事会或类似的权力机构提请股东大会或类似批准机构批准的、对企业可供分配利润指定其特定用途和分配给股东(或投资者)的行为。利润分配的过程和结果不仅关系到每个股东(或投资者)的权益是否得到保障，而且还关系到企业的未来发展问题，因此，必须做好企业利润分配工作，正确地对利润分配的具体内容进行会计核算。

(一)利润分配的一般程序

根据我国有关的法律法规规定，企业本年实现的净利润加上年初未分配利润为本年可供分配的利润。企业一般按以下程序进行利润分配：

1. 弥补以前年度的亏损。这里的弥补亏损，指的是超过税前利润弥补亏损期限后只能用税后利润进行的亏损弥补。

2. 提取法定盈余公积。法定盈余公积应当按照本年实现利润扣除第 1 项后余额的一定比例提取，公司法规定：公司制企业按照公司税后利润的 10％提取；其他企业可以根据需要确定提取比例，但不得低于 10％。企业提取的法定盈余公积累计额超过注册资本 50％以上的，可以不再提取。

3. 提取任意盈余公积。公司从税后利润中提取法定盈余公积金后，经股东会或者股东大会决议，还可以从税后利润中提取任意盈余公积。任意盈余公积的提取比例由企业根据自身的特点和要求自行确定。

4. 向企业所有者或者公司股东分配利润或股利。企业实现的净利润扣除上述第 1 项和第 2 项后，再加上年初未分配利润和其他转入数(公积金弥补亏损等)，形成了可供投资者分配的利润，可根据投资者的投资合同或协议的约定进行可供投资者分配的利润的分配。

在企业弥补亏损、提取法定盈余公积之前，不得向所有者或者公司股东分配利润或股利。

(二)向所有者分配利润的形式

对于股份有限公司制企业，向所有者分配利润的主要形式有现金股利和股票股利两种方式。采用不同的股利分配政策会对企业的资产总额、所有者权益总额、股本、货币资金等产生影响，从而影响企业的财务指标。对上市公司而言，公司股利政策还会对其股票市场价格产生影响。

分派现金股利是用现金形式将企业创造的一部分税后利润支付给所有者或股东，不会增加或减少股本，但会减少企业的货币资金和所有者权益。

分派股票股利是以公司额外发行股票的形式将企业创造的一部分税后利润分派给所有者或股东，不会影响所有者权益总额，会引起所有者权益内部结构的调整，但对企业的资产没有任何影响。

可供投资者分配的利润，对于公司制企业，应按下列顺序进行分配：

1. 支付优先股股利，是指企业按照利润分配方案分配给优先股股东的现金股利，优先股股利是按照约定的股利率计算支付的。

2. 提取任意盈余公积。

3. 支付普通股股利，是指企业按照利润分配方案分配给普通股股东的现金股利，普通股股利一般按照各股东持有股份的比例进行分配。

4. 转作资本(或股本)的普通股股利,即企业按照利润分配方案以分派股票股利的形式转作的资本(或股本)。

可供投资者分配的利润经过上述分配之后,为企业的未分配利润(或未弥补亏损)。年末未分配利润可用下式计算:

本年末未分配利润=可供投资者分配的利润-优先股股利-提取的任意盈余公积-普通股股利

未分配利润是企业留待以后年度进行分配的利润或用于后续发展的利润,它是所有者权益的一个重要组成部分。相对于所有者权益的其他部分而言,企业对于未分配利润的使用分配有较大的自主权,而企业的法定盈余公积和任意盈余公积主要用于弥补亏损、扩大公司生产经营或者转为增加公司资本。按照《公司法》的规定,法定盈余公积转为资本时,所留存的该项公积金不得少于转增前公司注册资本的25%。需要注意的是,盈余公积用于扩大企业生产经营的用途,并不是指其实际占用形态,提取盈余公积也并不是单独将这部分资金从企业资金周转过程中抽出。企业盈余公积的结存数,实际只表现为企业所有者权益的组成部分,表明企业生产经营资金的一个来源而已。其形成的资金可能表现为一定的货币资金,也可能表现为一定的实物资产,如存货和固定资产等,随同企业的其他来源所形成的资金进行循环周转,用于企业的生产经营。

(三)利润分配的会计核算

为了核算企业利润分配的具体过程和结果,需要设置"利润分配"账户。"利润分配"账户用于核算企业利润的分配(或亏损的弥补)和历年分配(或弥补)后的余额。本账户应当分别"提取法定盈余公积"、"提取任意盈余公积"、"应付现金股利或利润"、"转作股本的股利"、"盈余公积补亏"和"未分配利润"等,进行明细核算。

年度终了,企业应将本年实现的净利润自"本年利润"账户转入"利润分配"账户的贷方,为净亏损的自"本年利润"账户转入"利润分配"账户的借方;企业进行利润分配时,按规定提取盈余公积、向股东或投资者分配现金股利或利润等时,应借记"利润分配"账户;用盈余公积弥补亏损时,则贷记"利润分配"账户(盈余公积补亏);进行利润分配后,再将"利润分配"账户所属其他明细账户的余额转入"利润分配"账户的"未分配利润"明细账户。结转后,"利润分配"账户除"未分配利润"明细账户外,其他明细账户应无余额。若"未分配利润"明细账户的余额在贷方,表示留待以后年度分配的利润;若在借方,则表示尚未弥补的亏损。

企业利润的分配由董事会或类似权力机构根据企业的经营业绩和未来生产经营计划提出利润分配方案并形成决议,上市公司还需经股东大会审议批准后方可执行。

1. 以利润弥补亏损

无论是用税前利润弥补亏损还是用税后利润弥补亏损,均无需专门编制以利润弥补亏损的会计分录。因为年终结账的账务处理完成后,本年利润结转至"利润分配——未分配利润"账户,自然而然地就与该账户借方的以前年度亏损进行抵消了。

用税前利润弥补亏损与用税后利润弥补亏损的区别在于所得税的计算、申报不同。我国所得税法规定,企业经营过程中出现的亏损,可用以后5年内的税前利润予以弥补;若超过了税前利润弥补亏损的时限,就只能用税后利润或者盈余公积进行亏损的弥补。因此,若是用税前利润弥补亏损,企业是将本年实现的利润总额首先扣减以前年度亏损后再计算缴纳所得税;若是用税后利润弥补亏损,企业是直接以本年实现的利润总额为基础计算缴纳所得税。

2. 提取盈余公积

例3　续例2,甲公司按当年净利润的10%提取法定盈余公积金,按净利润的20%提取任意盈余公积金。

当年提取的法定盈余公积=650 000×10%=65 000(元)

当年提取的任意盈余公积=650 000×20%=130 000(元)

甲公司应编制会计分录如下：

借：利润分配——提取法定盈余公积　　65 000

　　贷：盈余公积——法定盈余公积　　65 000

借：利润分配——提取任意盈余公积　　130 000

　　贷：盈余公积——任意盈余公积　　130 000

3. 分派现金股利

例 4　续例 2，甲公司按当年净利润的 20%向投资者分配现金股利。

分配的现金股利总额＝650 000×20%＝130 000(元)

公司通过股东大会决议，宣告分配给股东现金股利时：

借：利润分配——应付现金股利　　130 000

　　贷：应付股利　　130 000

公司用银行存款向投资者发放股利时：

借：应付股利　　130 000

　　贷：银行存款　　130 000

4. 分派股票股利

企业经股东大会或类似权力机构决议分配给股东股票股利时，不需要做出账务处理，等到企业办理增资手续完毕、股票股利发放时，才进行账务处理。

例 5　续例 2，甲公司向投资者分配股票股利 100 000 元，增资手续办理完毕。

借：利润分配——转作股本的股利　　100 000

　　贷：股本　　100 000

需要注意的是，对于上市公司发放股票股利，公司需要在办理增资手续完毕、股票股利发放时，按照发放日股票的市场价格为基础确定股票股利的总金额，借记"利润分配——转作股本的股利"账户；以增加的注册资本，贷记"股本"账户；差额记入"资本公积——股本溢价"账户。

5. 用盈余公积补亏及转增资本

用盈余公积补亏及转增资本时，借记"盈余公积"账户，表示企业盈余公积的减少；贷记"实收资本"、"利润分配——盈余公积补亏"等账户，表示盈余公积的用途以及企业所有者权益的变化。

例 6　续例 2，甲公司以前年度累计未弥补亏损 50 000 元，已经超过用税前利润弥补的期限。经股东大会决议，用任意盈余公积全部弥补。

借：盈余公积——任意盈余公积　　50 000

　　贷：利润分配——盈余公积补亏　　50 000

例 7　乙公司经股东大会决议，用法定盈余公积转增资本 800 000 元，已办理增资手续。

借：盈余公积——法定盈余公积　　800 000

　　贷：实收资本　　800 000

6. 年末利润分配明细账的结转

年末，在利润分配后，需将"利润分配"账户所属其他明细账户的余额转入"利润分配"的"未分配利润"明细账户。结转后，"利润分配"账户除"未分配利润"明细账户外，其他明细账户应无余额。

例 8　承例 2 至例 6，结清"利润分配"账户所属的各明细账户。

借：利润分配——未分配利润　　425 000

　　贷：利润分配——提取法定盈余公积　　65 000

　　　　　　　　——提取任意盈余公积　　130 000

　　　　　　　　——应付现金股利　　130 000

　　　　　　　　——转作股本的股利　　100 000

借:利润分配——盈余公积补亏 50 000
　　贷:利润分配——未分配利润 50 000

通过结转,"利润分配"账户除"未分配利润"明细账户之外,其他所属明细账户全部结清。"未分配利润"明细账户的余额为贷方的225 000元(−50 000+650 000−425 000+50 000)。

第三节 每股收益

每股收益(earnings per share,简称EPS)是指普通股股东每持有一股所能享有的企业利润或需承担的企业亏损。每股收益通常被用来反映企业的经营成果,衡量普通股的获利水平及投资风险,是投资者、债权人等信息使用者据以评价企业盈利能力、预测企业成长潜力、进而做出相关经济决策的一项重要的财务指标。计算和披露每股收益指标,有助于投资者评价单位股份的获利能力,也有利于同一会计期间内不同会计主体之间以及同一会计主体在不同会计期间的业绩比较。

每股收益包括基本每股收益和稀释每股收益两类。基本每股收益仅考虑当期实际发行在外的普通股股份,而稀释每股收益的计算和列报主要是为了避免每股收益虚增可能带来的信息误导。

一、基本每股收益

基本每股收益只考虑当期实际发行在外的普通股股份,按照归属于普通股股东的当期净利润除以当期实际发行在外普通股的加权平均数计算确定。

基本每股收益=归属于普通股股东的当期净利润÷当期实际发行在外普通股的加权平均数

(一)归属于普通股股东的当期净利润

归属于普通股股东的当期净利润,即企业当期实现的可供普通股股东分配的净利润或应由普通股股东分担的净亏损金额。发生亏损的企业,每股收益以负数列示。以合并财务报表为基础计算的每股收益,分子应当是归属于母公司普通股股东的当期合并净利润,即扣减少数股东损益后的余额。与合并财务报表一同提供的母公司财务报表中企业自行选择列报每股收益的,以母公司个别财务报表为基础计算的每股收益,分子应当是归属于母公司全部普通股股东的当期净利润。

若企业还发行了优先股,企业当期承担的应付优先股股东的现金股利,应当从净利润中扣除,才能得到归属于普通股股东的当期净利润。

(二)当期实际发行在外普通股的加权平均数

计算基本每股收益时,分母为当期发行在外普通股的算术加权平均数。由于报告期股份数量会变动,所以,计算当期发行在外普通股的算术加权平均数时,应该按照期初发行在外普通股股数。根据当期新发行或回购的普通股股数与相应时间权数的乘积进行调整后的股数。其中,作为权数的已发行时间、报告期时间和已回购时间通常按天数计算,在不影响计算结果合理性的前提下,也可以采用简化的计算方法,如按月数计算。

值得注意的是,公司库存股不属于发行在外的普通股,且无权参与利润分配,应当在计算分母时扣除。

新发行普通股股数应当根据发行合同的具体条款,从应收对价之日起计算确定。一般情况下,应收对价之日即为股票发行日;但在一些特定发行情况下,两个日期可能并不一致,企业应当以应收对价之日为准。例如,企业购买一项资产,并以未来将发行的一定普通股股份作为支付对价,那么,这部分普通股股数应当自资产确认之日起计入发行在外普通股加权平均数。

例9 某上市公司2×15年初发行在外的普通股为50 000万股;4月1日,新发行普通股12 000万股;9月1日,回购普通股6 000万股,以备将来奖励职工之用。该公司当年度实现的净利润为8 000万元。公司没有发行优先股。则2×15年度基本每股收益计算如下:

$$发行在外普通股加权平均数=50\ 000\times\frac{12}{12}+12\ 000\times\frac{9}{12}-6\ 000\times\frac{4}{12}=57\ 000(万股)$$

$$基本每股收益=\frac{8\ 000}{57\ 000}=0.14(元)$$

二、稀释每股收益

存在稀释性潜在普通股的复杂股权结构的公司，不仅应当计算和列报基本每股收益，还应当根据稀释性潜在普通股的影响计算和列报稀释每股收益。

(一)基本计算原则

稀释每股收益是以基本每股收益为基础，假设企业所有发行在外的稀释性潜在普通股均已转换为普通股，从而分别调整归属于普通股股东的当期净利润以及发行在外普通股的加权平均数计算而得的每股收益。

1. 稀释性潜在普通股

潜在普通股是指赋予其持有者在报告期或以后期间享有取得普通股权利的一种金融工具或其他合同。目前，我国企业发行的潜在普通股主要有可转换公司债券、认股权证、股份期权等。

稀释性潜在普通股是指假设当期转换为普通股会减少每股收益的潜在普通股。对于亏损企业而言，稀释性潜在普通股是指假设当期转换为普通股会增加每股亏损金额的潜在普通股。计算稀释每股收益时只考虑稀释性潜在普通股的影响，而不考虑不具有稀释性的潜在普通股。

2. 分子的调整

计算稀释每股收益时，应当根据下列事项对归属于普通股股东的当期净利润进行调整：(1)当期已确认为费用的稀释性潜在普通股的利息；(2)稀释性潜在普通股转换时将产生的收益或费用。上述调整应当考虑相关的所得税影响。对于包含负债和权益成分的金融工具，仅需调整属于金融负债部分的相关利息、利得或损失。

3. 分母的调整

计算稀释每股收益时，当期发行在外普通股的加权平均数应当为计算基本每股收益时普通股的加权平均数与假定稀释性潜在普通股转换为已发行普通股而增加的普通股股数的加权平均数之和。

假定稀释性潜在普通股转换为已发行普通股而增加的普通股股数，应当根据潜在普通股的条件确定。当存在不止一种转换基础时，应当假定会采取从潜在普通股持有者角度看最有利的转换率或执行价格。

假定稀释性潜在普通股转换为已发行普通股而增加的普通股股数，应当按照其发行在外时间进行加权平均。以前期间发行的稀释性潜在普通股，应当假设在当期期初转换为普通股；当期发行的稀释性潜在普通股，应当假设在发行日转换为普通股；当期被注销或终止的稀释性潜在普通股，应当按照当期发行在外的时间加权平均计入稀释每股收益；当期被转换或行权的稀释性潜在普通股，应当从当期期初至转换日(或行权日)计入稀释每股收益中，从转换日(或行权日)起所转换的普通股计入基本每股收益中。

(二)可转换公司债券对每股收益的影响

在“非流动负债”一章中，我们已经说明可转换公司债券是指发行公司依法发行、在一定期间内依据约定的条件可以转换成股份的公司债券。对于可转换公司债券，可以采用假设转换法判断其稀释性，并计算稀释每股收益。首先，假设这部分可转换公司债券在当期期初(或发行日)即已转换成普通股，从而一方面增加了发行在外的普通股股数，另一方面节约了公司债券的利息费用，增加了归属于普通股股东的当期净利润。然后，用增加的净利润除以增加的普通股股数，得出增量股的每股收益，与原来的每股收益比较。如果增量股的每股收益小于原每股收益，则说明该可转换公司债券具有稀释作用，应当计入稀释每股收益的计算中。

计算稀释每股收益时，以基本每股收益为基础，分子的调整项目为可转换公司债券当期已确认为费用的利息等的税后影响额，分母的调整项目为假定可转换公司债券当期期初(或发行日)转换为普通股的股数加权平均数。

需要注意的是，在计算发行可转换公司债券下的稀释每股收益时，按理应考虑可转换公司债券在负债和权益成分之间的分拆，只需调整可转换公司债券中属于负债部分的相关利息等。在实务中，可以采用假设转换法判断其稀释性，并计算稀释每股收益。首先，假设这部分可转换公司债券在当期期初(或发行日)即已转换成普通股，从而一方面增加了发行在外的普通股股数，另一方面节约了公司债券的利息费用，增加了归属于普通股股东的当期净利润。然后，用增加的净利润除以增加的普通股股数，得出增量股的每股收益，与原来的每股收益比较。如果增量股的每股收益小于原每股收益，则说明该可转换公司债券具有稀释作用，应当计入稀释每股收益的计算中。

例 10 某上市公司 2×15 年归属于普通股股东的净利润为 24 000 万元，期初发行在外的普通股股数为 10 000 万股，年内普通股股数未发生变化。2×15 年 1 月 1 日，公司按面值发行 2 000 万元的 3 年期可转换公司债券，债券每张面值为 100 元，票面固定年利率为 2%，利息自发行之日起每年支付一次，即每年 12 月 31 日为付息日。该批可转换公司债券自发行结束 12 个月以后即可转换为公司股票，即转股期为发行 12 个月后至债券到期日止的期间。转股价格为每股 10 元，即每 100 元债券面值可转换为 10 股面值为 1 元的普通股。债券利息不符合资本化条件，直接计入当期损益，所得税税率为 25%(假设不考虑可转换公司债券负债和权益成分之间的分拆)。

2×15 年度每股收益计算如下：

基本每股收益＝24 000÷10 000＝2.4(元)

由于转化而减少的利息费用导致净利润的增加＝2 000×2%×(1－25%)＝30(万元)

由于转化而增加的普通股股数＝2 000÷100×10＝200(万股)

增量股的每股收益＝30÷200＝0.15(元)

增量股的每股收益小于基本每股收益，可转换公司债券具有稀释作用，因此：

稀释每股收益＝(24 000＋30)÷(10 000＋200)＝2.356(元)

例 11 续例 10，假设不具备转换选择权的类似债券的市场利率为 4%。公司在对该批可转换公司债券初始确认时，将负债和权益成分进行了分拆。2×15 年度稀释每股收益计算如下：

每年支付利息＝2 000×2%＝40(万元)

负债成分公允价值＝40÷(1＋4%)＋40÷$(1+4\%)^2$＋2 040÷$(1+4\%)^3$＝1 889(万元)

权益成分公允价值＝2 000－1 889＝111(万元)

由于转换所增加的净利润＝1 889×4%×(1－25%)＝56.67(万元)

由于转换所增加的普通股股数＝2 000÷100×10＝200(万股)

增量股的每股收益＝56.67÷200＝0.28(元)

增量股的每股收益小于基本每股收益，可转换公司债券具有稀释作用，因此：

稀释每股收益＝(24 000＋56.67)÷(10 000＋200)＝2.358(元)

复习思考题

1. 什么是费用？费用确认的原则是什么？
2. 什么是营业成本？它包括哪些会计科目？如何进行相关的会计处理？
3. 什么是期间费用？它包括哪些会计科目？如何进行相关的会计处理？
4. 营业成本、期间费用与生产成本、制造费用的区别与联系是什么？

5. 收入与利得、费用与损失的联系与区别是什么？
6. 利润的构成包括什么？
7. 利润分配的程序是什么？
8. 什么叫做每股收益？如何计算两种不同的每股收益？

第十六章 财务会计报告

第一节 财务会计报告概述

一、财务会计报告的定义和内容

企业主要通过财务会计报告对外提供会计信息。财务会计报告是指企业对外提供的反映某一特定日期财务状况和某一会计期间经营成果和现金流量等会计信息的文件。完整的财务会计报告应当包括财务会计报表和其他应当在财务报告中披露的相关信息和资料。

财务会计报表是以日常核算资料为依据，通过整理、汇总定期编制的，用于集中反映企业某一特定日期财务状况以及某一特定时期经营成果和现金流动情况的书面报告。财务会计报表是财务报告的核心，编制财务会计报表是企业会计账务处理的最终环节。会计核算从经济业务发生取得或填制凭证到登记账簿，日常核算资料繁多而且分散，不能集中、概括、系统地反映企业一定时期内的经济活动情况。因此，必须在日常核算资料的基础上定期编制企业财务会计报表，为不同的报表使用者提供所需的会计信息。

财务会计报表的主要内容包括：(1)资产负债表；(2)利润表；(3)现金流量表；(4)所有者权益变动表；(5)附注。

报表附注是对财务会计报表所列示项目的文字描述、详细资料或补充说明。

二、财务会计报表列报的基本要求

(一)应当依据各项会计准则确认和计量的结果编制财务会计报表

企业应当根据实际发生的交易和事项，遵循各项具体会计准则的规定，对交易和事项进行正确的确认和计量，并在此基础上编制财务报表。

(二)以持续经营为列报基础

持续经营是企业会计确认、计量、记录和报告的基本前提之一，在持续经营前提下，会计确认、计量、记录和报告应当以企业持续、正常的生产经营活动为前提。企业会计准则体系是以企业持续经营为前提加以制定和规范的，因此，财务报表应以持续经营为基础编制。如果财务报表不是以持续经营为基础编制的，应当披露这一事实，并披露之所以不能持续经营的原因。

(三)报表项目的列报应体现重要性

财务报表的有关项目是单独列报还是合并列报，应按照会计信息的重要性质量要求作出判断。如果某项目单个看不具有重要性，则可将其与其他项目合并列报；如果具有重要性，则应当单独列报。具体来说，对于重要的项目和性质或功能不同的项目，应当在财务报表中单独列报。例如，存货和固定资产在性质上和功能上都有本质差别，必须分别在资产负债表上单独列报。不具有重要性的项目以及性质或功能类似的项目可以合并列报。例如，原材料、低值易耗品、库存商品等项目在性质上类似，因此可以合并为“存货”项目在资产负债表中列报。重要性应当根据其所处环境和实际情况，从项目的性质和金额大小两个方面加以判断。

项目单独列报的要求不仅适用于报表，还适用于附注。某些项目在财务会计报表中可能不具有重要性，但对附注而言却可能具有重要性，在这种情况下，应当在附注中单独披露。例如存货，对某制造业企业而言，原材料、包装物及低值易耗品、在产品、库存商品等项目的重要性程度对整个资产负债表而言不足以单独列示，因此在资产负债表上合并以"存货"列示，但是鉴于其对该制造业企业的重要性，应当在附注中单独披露。

需要指出的是，无论是财务报表列报准则规定的单独列报项目，还是其他具体会计准则规定单独列报的项目，企业都应当予以单独列报。

(四)报表项目应保持一致性

财务报表列报的项目(包括财务会计报表的项目名称、项目分类、排列顺序等)应按照会计信息的可比性质量要求，在各个会计期间保持一致，不得随意变更，除非准则要求改变或企业主要经营业务发生重大变化。一致性要求的目的是使同一企业的不同时期和同一期间不同企业的财务报表具有可比性。

(五)报表项目金额不能相互抵销

财务报表中列示的资产和负债、收入和费用项目的金额不能相互抵销以净额列示。这实质上是要求企业财务报表应以总额列报，因为总量能真实地反映业务的规模，财务报表的使用者可以据以判断企业的总量水平。如果相互抵销，所提供的信息就不完整，信息的可比性大为降低，报表使用者难以据以做出判断。例如，A企业欠客户的应付款为4 800万元，客户欠A企业的应收款为5 000万元。从A企业的规模分析，应收账款的总量较大，应该加紧债权的清理，防止坏账损失发生。但是，如果两者互相抵销，应收账款只为200万元，金额并不是很大。由此可见，以总额和净额列示的信息含量显然不同，相互抵销掩盖了企业财务状况的实质。再如，收入和费用反映了企业投入和产出之间的关系，是企业经营成果的两个方面。为了更好地反映经济交易的实质、考核企业经营管理水平以及预测企业未来现金流量，收入和费用也不得相互抵销。

但需要指出的是，以下三种情况不属于抵销，可以以净额列示：(1) 一组类似交易形成的利得和损失以净额列示，不属于抵销，如汇兑损益以净额列报。(2)资产或负债项目按扣除备抵项目后的净额列示，不属于抵销。(3)非日常活动产生的利得和损失，以同一交易形成的收益扣减相关费用后的净额列示更能反映交易的实质，不属于抵销。因为资产项目按扣除减值准备后的净额列示，真正反映了资产当时的真实价值。例如，A企业存货的账面余额为230万元，已提存货跌价准备40万元，在期末资产负债表上"存货"项目列示的金额为190万元，正是反映了该企业存货可收回的实际价值，更符合资产的定义。而非日常活动是企业偶然发生的交易或事项，按重要性要求来衡量，非日常活动产生的损益以收入和费用抵消后的净额列示，对公允反映企业财务状况和经营成果影响不大，抵消后反而更能有利于报表使用者的理解。例如，企业报废某项固定资产取得残值收入1 200元，发生清理费用1 000元，在现金流量表上对该项固定资产处置以取得现金净额200元列示，对该企业整个现金流量的影响不大，也便于报表使用者理解。

(六)财务报表应提供比较信息

企业在列报财务报表时，至少应当提供所有列报项目上一可比期间的比较数据以及与理解当期财务报表相关的说明，目的是向报表使用者提供对比数据，以反映企业财务状况、经营成果以及现金流量的发展趋势，提高信息在会计期间的可比性，有利于报表使用者作出正确判断与决策。

但是，在财务会计报表项目的列报发生变更的情况下，企业应当对上期比较数据按照当期的列报要求进行调整，并在附注中披露调整的原因和性质，以及调整的金额。如果在某些情况下，对上期比较数据进行调整是不切实可行的，则应当在附注中披露不能调整的原因。

(七)财务报表表首的列报

企业财务报表表首应当列示：(1)编报企业的名称。(2)对资产负债表而言，须披露资产负债表日,而对利润表、现金流量表、所有者权益变动表而言,须披露报表涵盖期间。(3)货币名称和单位。按照我国企业会计准则的规定,企业应当以人民币为记账本位币列报,并标明金额单位,如人民币元。(4)财务报表是合并财务报表的,应当予以标明。

(八)财务报表的报告期间

企业至少应当编制年度财务报表。根据我国会计法的规定,会计年度自公历1月1日起至12月31日止。如果年度财务报表涵盖的期间短于1年,例如在年度中间新设立的企业,企业应当披露年度财务报表的实际涵盖期间及其短于1年的原因,并应当说明由此引起财务报表项目与比较数据不具可比性这一事实。

三、财务会计报表的种类

财务会计报表可以按照不同标准进行分类,主要的分类有:

(一)按编报的期间分类

1. 中期财务报表,指是以短于一个完整会计年度的报告期间为基础编制的财务报表,包括月报、季报和半年报等。

2. 年度财务报表,指于会计年度末编制的会计报表。

(二)按编报的主体分类

1. 个别财务报表,指由企业在自身会计核算基础上对账簿记录进行加工而编制的财务报表,它主要用于反映企业自身的财务状况、经营成果和现金流量情况。

2. 合并财务报表,指以母公司和子公司组成的企业集团为会计主体,根据母公司和所属子公司的财务报表,由母公司编制的综合反映企业集团财务状况、经营成果及现金流量的财务报表。

第二节　资产负债表

一、资产负债表的作用

资产负债表是反映企业在某一特定日期财务状况的会计报表。资产负债表是企业主要的会计报表之一,主要有以下作用:

1. 通过资产负债表可以反映企业某一特定日期所拥有或控制的经济资源、所承担的现时义务和所有者对净资产的要求权。

2. 通过资产负债表可以提供某一日期资产的总额及其结构,表明企业拥有或控制的资源及其分布情况,使用者可以一目了然地从资产负债表中了解企业在某一特定日期所拥有的资产总量及其结构。

3. 通过资产负债表可以反映某一特定日期的负债总额及其结构,分析企业的偿债能力,表明企业未来需要用多少资产或劳务偿还债务及清偿的时间,使报表使用者能够了解企业面临的财务风险,以作出正确的决策。

4. 通过资产负债表可以反映投资人在企业资产总额中所占的份额,了解企业所有者权益的结构情况,据以判断资本保值、增值的情况,以及对负债的保障程度。

此外,通过对不同时期资产负债表的分析,可以了解企业财务状况的变化情况及变化趋势,以使报表使用者能及时对企业未来作出预测。

二、资产负债表的内容和结构

(一)资产负债表的内容

资产负债表主要分为表首、正表两个部分。

1. 表首,包括报表名称、编制单位、报表日期和货币计量单位。

2. 正表,包括资产、负债及所有者权益。其中,资产包括流动资产、非流动资产,负债包括流动负债、非流动负债,所有者权益包括投资者投入资本、直接计入所有者权益的利得和损失以及留存收益。

(二)资产负债表的结构

资产负债表是根据"资产=负债+所有者权益"会计等式的原理设置的,格式主要有账户式和报告式两种。报告式是上下平衡,账户式是左右平衡。根据现行会计准则的规定,我国企业资产负债表采用账户式结构。

账户式资产负债表分为左、右两方,左方为资产,右方为负债及所有者权益。全部项目按流动性强弱确定排列顺序,流动性通常按资产的变现或耗用时间长短或者负债的偿还时间长短来确定。先列报流动性强的资产或负债,再列报流动性弱的资产或负债。根据会计的平衡原理,左、右两方的金额总计必须相等,保持平衡。

资产负债表的格式如表16-3所示。

三、资产和负债按流动性列报

根据财务报表列报准则的规定,资产负债表中资产和负债应当按照流动性分别分为流动资产和非流动资产、流动负债和非流动负债列示。

(一)资产的流动性划分

资产满足下列条件之一的,应当归类为流动资产:(1)预计在一个正常营业周期中变现、出售或耗用;(2)主要为交易目的而持有;(3)预计自资产负债表日起1年内(含1年)变现;(4)自资产负债表日起1年内,交换其他资产或清偿负债的能力不受限制的现金或现金等价物。

需要特别注意的是,并非所有交易性金融资产均为流动资产,如自资产负债表日起超过12个月到期且预期持有超过12个月的衍生工具应当划分为非流动资产或非流动负债。

(二)负债的流动性划分

负债满足下列条件之一的,应当归类为流动负债:(1)预计在一个正常营业周期中清偿;(2)主要为交易目的而持有;(3)自资产负债表日起1年内到期应予以清偿;(4)企业无权自主地将清偿推迟至资产负债表日后1年以上。

需要注意的是,对于划分为持有待售的非流动资产(既包括单项资产,也包括处置组),应当归类为流动资产,在"划分为持有待售的资产"项目列报;被划分为持有待售的处置组中的与转让资产相关的负债,应当归类为流动负债,在"划分为持有待售的负债"项目列报。其中,处置组是指在一项交易中作为整体通过出售或其他方式一并处置的一组资产以及在该交易中转让的与这些资产直接相关的负债。

(三)资产负债表日后事项对流动负债与非流动负债划分的影响

1. 自资产负债表日起1年内到期的负债

对于自资产负债表日起1年内到期的负债,企业预计能够自主地将清偿义务展期至资产负债表日后1年以上的,应当归类为非流动负债;不能自主地将清偿义务展期的,即使在资产负债表日后、财务报告批准报出日前签订了重新安排清偿计划协议,从资产负债表日来看,此项负债仍应当归类为流动负债。

2. 违约长期债务

企业在资产负债表日或之前违反了长期借款协议，导致贷款人可随时要求清偿的负债，应当归类为流动负债。这是因为，在这种情况下，债务清偿的主动权并不在企业，企业只能被动地无条件归还贷款，而且该事实在资产负债表日即已存在，所以该负债应当作为流动负债列报。但是，如果贷款人在资产负债表日或之前同意提供在资产负债表日后1年以上的宽限期，企业能够在此期限内改正违约行为，且贷款人不能要求随时清偿时，在资产负债表日的此项负债并不符合流动负债的判断标准，应当归类为非流动负债。

四、资产负债表的编制方法

资产负债表正表根据财务报表列报准则的规定，企业需要提供比较数据，以便报表使用者通过比较不同时点资产负债表的数据，掌握企业财务状况的变动情况及发展趋势。所以，资产负债表正表各项目分"年初余额"和"期末余额"两栏分别填列。"年初余额"栏内各项目数字，应根据上年末资产负债表"期末余额"栏的数字填列。如果本年度资产负债表规定的项目名称和内容与上年不一致，应先对上年末资产负债表各项目的数字按本年度的规定进行调整，然后再填入本表"年初余额"栏，以后期间，如果企业发生了会计政策变更、前期差错更正，应当对"年初余额"栏中的有关项目进行相应调整。"期末余额"栏内各项目数字，主要是根据各资产、负债、所有者权益类账户的期末余额填列的。表中各项目名称虽然与会计账户基本一致，但是反映的内容和各会计账户的内容却不完全一致，因此，资产负债表的部分项目可直接根据有关账户的余额直接填列，有些项目则需根据有关总账和明细账的余额分析计算后才能填列。

资产负债表中各项目"期末余额"栏数字的具体计算填列方法如下：

（一）资产项目的填列方法

1."货币资金"项目，反映企业库存现金、银行结算户存款、外埠存款、银行汇票存款、银行本票存款、信用卡存款、信用证保证金存款等的合计数。本项目应根据"库存现金"、"银行存款"、"其他货币资金"账户期末借方余额的合计数填列。

2."交易性金融资产"项目，反映企业持有的以公允价值计量且其变动计入当期损益的为交易目的所持有的债券投资、股票投资、基金投资、权证投资等金融资产。本项目应根据"交易性金融资产"账户的期末借方余额填列。

3."应收票据"项目，反映企业因销售商品、提供劳务等而收到的商业汇票，包括银行承兑汇票和商业承兑汇票。本项目应根据"应收票据"账户的期末借方余额，减去"坏账准备"账户中有关应收票据计提的坏账准备期末贷方余额后的金额填列。

4."应收账款"项目，反映企业因销售商品、提供劳务等经营活动应收取的款项。本项目应根据"应收账款"和"预收账款"总账下所属明细账的期末借方余额合计数，减去"坏账准备"账户中有关应收账款计提的坏账准备期末贷方余额后的金额填列。

5."预付账款"项目，反映企业按照购货合同规定预付给供应单位的款项等。本项目应根据"预付账款"、"应付账款"总账下所属明细账的期末借方余额合计数，减去"坏账准备"账户中有关预付款项计提的坏账准备期末贷方余额后的金额填列。

6."应收利息"项目，反映企业应收取的债券投资等的利息。本项目应根据"应收利息"账户的期末借方余额，减去"坏账准备"账户中有关应收利息计提的坏账准备期末贷方余额后填列。

7."应收股利"项目，反映企业应收取的现金股利和应收取其他单位分配的利润。本项目应根据"应收股利"账户的期末借方余额，减去"坏账准备"账户中有关应收股利计提的坏账准备期末贷方余额后填列。

8."其他应收款"项目，反映企业除应收票据、应收账款、预付账款、应收股利、应收利息等经营活动以外的其他各种应收、暂付的款项。本项目应根据“其他应收款”账户的期末借方余额，减去“坏账准备”账户中有关其他应收款计提的坏账准备期末贷方余额后的金额填列。

9.“存货”项目，反映企业期末在库、在途和在加工中的各种存货的可变现净值。本项目应根据“材料采购”、“在途物资“、“原材料”、“周转材料(或低值易耗品、包装物)”、“发出商品”、“委托加工物资”、“生产成本”、“库存商品”、“委托代销商品”、“受托代销商品”等账户的期末借方余额合计数，减去“受托代销商品款”、“存货跌价准备”账户的期末贷方余额后的金额填列。存货采用计划成本核算的，以及库存商品采用售价核算的企业，还应按加或减去“材料成本差异”、“商品进销差价”账户后的金额填列。

10.“一年内到期的非流动负债”项目，反映企业将于1年内到期的非流动资产项目金额。本项目应根据“持有至到期投资”、“长期待摊费用”等有关账户的期末借方余额分析填列。

11.“其他流动资产”项目，反映企业除货币资金、交易性金融资产、应收票据、应收账款、存货等流动资产以外的其他流动资产。本项目应根据除上述流动资产外的其他有关流动资产账户的期末借方余额填列。

12.“可供出售金融资产”项目，反映企业持有的以公允价值计量的可供出售的股票投资、债券投资等金融资产。本项目应根据“可供出售金融资产”账户的期末借方余额填列。

13.“持有至到期投资”项目，反映企业持有的以摊余成本计量的持有至到期投资。本项目应根据“持有至到期投资”账户的期末借方余额，减去“持有至到期投资减值准备”账户期末贷方余额后的金额填列。

14.“长期应收款”项目，反映企业融资租赁产生的应收款项、采用递延方式具有融资性质的销售商品和提供劳务等产生的长期应收款项等。本项目应根据“长期应收款”账户的期末借方余额，减去相应的“未实现融资收益”账户和“坏账准备”账户所属相关明细账户期末贷方余额后的金额填列。

15.“长期股权投资”项目，反映企业持有的对子公司、联营企业和合营企业的长期股权投资。本项目应根据“长期股权投资”账户的期末借方余额，减去“长期股权投资减值准备”账户期末贷方余额后的金额填列。

16.“投资性房地产”项目，反映企业持有的投资性房地产。企业采用成本模式计量投资性房地产的，本项目应根据“投资性房地产”账户的期末借方余额，减去“投资性房地产累计折旧(摊销)”和“投资性房地产减值准备”账户期末贷方余额后的金额填列；企业采用公允价值模式计量投资性房地产的，本项目应根据“投资性房地产”账户的期末借方余额填列。

17.“固定资产”项目，反映企业各种固定资产原价减去累计折旧和累计减值准备后的净额。本项目应根据“固定资产”账户的期末借方余额，减去“累计折旧”和“固定资产减值准备”账户期末贷方余额后的金额填列。

18.“在建工程”项目，反映企业期末各项未完工程的实际支出，包括交付安装的设备价值、未完建筑安装工程已经耗用的材料、工资和费用支出、预付出包工程的价款等的可收回金额。本项目应根据“在建工程”账户的期末借方余额减去“在建工程减值准备”账户的期末贷方余额后的金额填列。

19.“工程物资”项目，反映企业尚未使用的各项工程物资的实际成本。本项目应根据“工程物资”账户的期末借方余额填列。

20.“固定资产清理”项目，反映企业因出售、毁损、报废等原因转入清理但尚未清理完毕的固定资产的净值，以及固定资产清理过程中所发生的清理费用和变价收入等各项金额的差额。本项目应根据“固定资产清理”账户的期末借方余额填列。该账户期末若为贷方余额的，以“—”号填列。

21.“生产性生物资产”项目，反映企业持有的生产性生物资产。本项目应根据“生产性生物资产”账户的期末借方余额，减去“生产性生物资产累计折旧”和“生产性生物资产减值准备”账户期末贷方余额后的金额填列。

22.“油气资产”项目，反映企业持有的矿区权益和油气井及相关设施的原价减去累计折耗和累计减值准备后的净额。本项目应根据“油气资产”账户的期末借方余额，减去“累计折耗”账户期末贷方余额和相应减值准备后的金额填列。

23.“无形资产”项目，反映企业持有的无形资产，包括专利权、非专利技术、商标权、著作权、土地使用权等。本项目应根据“无形资产”账户的期末借方余额，减去“累计摊销”和“无形资产减值准备”账户的期末贷方余额后的金额填列。

24.“开发支出”项目，反映企业开发无形资产过程中能够资本化形成无形资产成本的支出部分。本项目应根据“研发支出”账户中所属的“资本化支出”明细账户的期末借方余额填列。

25.“商誉”项目，反映企业合并中形成的商誉的价值。本项目应根据“商誉”账户的期末借方余额，减去相应减值准备后的金额填列。

26.“长期待摊费用”项目，反映企业已经发生但应由本期和以后各期负担的分摊期限在1年以上的各项费用。长期待摊费用中在1年内(含1年)摊销的部分，在资产负债表“一年内到期的非流动资产”项目填列。本项目应根据“长期待摊费用”账户的期末借方余额减去将于1年内(含1年)摊销的数额后的金额填列。

27.“递延所得税资产”项目，反映企业确认的可抵扣暂时性差异产生的递延所得税资产。本项目应根据“递延所得税资产”账户的期末借方余额填列。

28.“其他非流动资产”项目，反映企业除长期股权投资、固定资产、在建工程、工程物资、无形资产等资产以外的其他非流动资产。本项目应根据除上述长期资产账户外的其他有关长期资产账户的期末借方余额填列。

以上非流动资产各项目中从编表日算起，凡将于1年内到期的非流动资产，应在流动资产项下单设的“一年内到期的非流动资产”项目反映。上述各非流动资产项目均应根据有关账户的期末借方余额扣除将于1年内到期的非流动资产后的余额填列。

(二)负债项目的填列方法

1.“短期借款”项目，反映企业向银行或其他金融机构等借入的期限在1年以下(含1年)的各种借款。本项目应根据“短期借款”账户的期末贷方余额填列。

2.“交易性金融负债”项目，反映企业承担的以公允价值计量且其变动计入当期损益的为交易目的所持有的金融负债。本项目应根据“交易性金融负债”账户的期末贷方余额填列。

3.“应付票据”项目，反映企业购买材料、商品和接受劳务供应等而开出、承兑的商业汇票，包括银行承兑汇票和商业承兑汇票。本项目应根据“应付票据”账户的期末贷方余额填列。

4.“应付账款”项目，反映企业因购买材料、商品和接受劳务供应等经营活动应支付的款项。本项目应根据“应付账款”和“预付账款”总账下所属明细账的期末贷方余额合计数填列。

5.“预收账款”项目，反映企业按照购货合同规定预付给供应单位的款项。本项目应根据“预收账款”和“应收账款”总账下所属明细账的期末贷方余额合计数填列。

6.“应付职工薪酬”项目，反映企业根据有关规定应付给职工的工资、职工福利、社会保险费、住房公积金、工会经费、职工教育经费、非货币性福利、辞退福利等各种薪酬。外商投资企业按规定从净利润中提取的职工奖励及福利基金，也在本项目列示。本项目应根据“应付职工薪酬”账户的期末贷方余额填列。该账户期末若为借方余额的，应以“－”号填列。

7.“应交税费”项目，反映企业按照税法规定计算应缴纳的各种税费，包括增值税、消费税、营业税、所得税、资源税、土地增值税、城市维护建设税、房产税、土地使用税、车船使用税、教育费附加、矿产资源补偿费等。企业代扣代缴的个人所得税，也通过本项目列示。本项目应根据“应交税费”

账户的期末贷方余额填列。该账户期末若为借方余额的，应以“－”号填列。

8.“应付利息”项目，反映企业按照规定应当支付的利息，包括分期付息、到期还本的长期借款应支付的利息、企业发行的企业债券应支付的利息等。本项目应当根据“应付利息”账户的期末贷方余额填列。

9.“应付股利”项目，反映企业分配的现金股利或利润。企业分配的股票股利，不通过本项目列示。本项目应根据“应付股利”账户的期末贷方余额填列。

10.“其他应付款”项目，反映企业除应付票据、应付账款、预收款项、应付职工薪酬、应付股利、应付利息、应交税费等经营活动以外的其他各项应付、暂收的款项。本项目应根据“其他应付款”账户的期末贷方余额填列。

11.“一年内到期的非流动负债”项目，反映企业非流动负债中将于资产负债表日后1年内到期部分的金额。本项目应根据“长期借款”、“应付债券”、“长期应付款”等有关账户的期末贷方余额分析填列。

12.“其他流动负债”项目，反映企业除短期借款、交易性金融负债、应付票据、应付账款、应付职工薪酬、应交税费等流动负债以外的其他流动负债。本项目应根据除以上流动负债账户以外的其他有关流动负债账户的期末贷方余额填列。

13.“长期借款”项目，反映企业向银行或其他金融机构借入的期限在1年以上(不含1年)的各项借款。本项目应根据“长期借款”账户的期末贷方余额填列。

14.“应付债券”项目，反映企业为筹集长期资金而发行的债券本金和利息。本项目应根据“应付债券”账户的期末贷方余额填列。

15.“长期应付款”项目，反映企业除长期借款和应付债券以外的其他各种长期应付款项。本项目应根据“长期应付款”账户的期末贷方余额减去“未确认融资费用”账户的期末借方余额后的金额填列。

16.“专项应付款”项目，反映企业取得政府作为企业所有者投入的具有专项或特定用途的款项。本项目应根据“专项应付款”账户的期末贷方余额填列。

17.“预计负债”项目，反映企业确认的对外提供担保、未决诉讼、产品质量保证、重组义务、亏损性合同等预计负债。本项目应根据“预计负债”账户的期末贷方余额填列。

18.“递延所得税负债”项目，反映企业确认的应纳税暂时性差异产生的递延所得税负债。本项目应根据“递延所得税负债”账户的期末贷方余额填列。

19.“其他非流动负债”项目，反映企业除长期借款、应付债券等负债以外的其他非流动负债。本项目应根据除以上非流动负债账户以外的其他有关非流动负债账户的期末贷方余额填列。

以上长期负债各项目中从编表日算起，凡将于1年内到期的非流动负债，均应在流动负债项下单设的“一年内到期的非流动负债”项目反映。上述各非流动负债项目均应根据有关账户的期末贷方余额扣除将于1年内到期的非流动负债后的余额填列。

(三)所有者权益项目的填列方法

1.“实收资本(或股本)”项目，反映企业各投资者实际投入的资本(或股本)总额。本项目应根据“实收资本(或股本)”账户的期末贷方余额填列。

2.“资本公积”项目，反映企业资本公积的期末余额。本项目应根据“资本公积”账户的期末贷方余额填列。

3.“其他权益工具”项目，反映企业发行的除普通股以外的权益工具的期末余额。本项目应根据“其他权益工具”账户的期末贷方余额填列。

4.“库存股”项目，反映企业持有尚未转让或注销的本公司股份金额。本项目应根据“库存股”账户的期末借方余额填列。

5.“其他综合收益”项目，反映企业积累的直接计入所有者权益的利得和损失的余额。本项目按照“其他综合收益”账户的期末余额填列(若为借方余额，则以“－”号填列)。

6.“盈余公积”项目，反映企业盈余公积的期末余额。本项目应根据“盈余公积”账户的期末贷方余额填列。

7.“未分配利润”项目，反映企业尚未分配的利润。本项目应根据“本年利润”和“利润分配”账户的期末余额分析填列。未弥补亏损在本项目以“－”号填列。

五、资产负债表编制实例

TCA股份有限公司为增值税一般纳税人，所得税税率为25%，对外发行普通股为1 500万股。该公司有关资料如下：

1. 2×15年1月1日有关账户的余额如表16－1所示。

表16－1　　**2×15年1月1日有关账户的余额**　　单位：元

会计科目	借方余额	会计科目	贷方余额
库存现金	5 000	坏账准备	1 200
银行存款	1 238 000	累计折旧	500 000
其他货币资金	117 000	累计摊销	100 000
交易性金融资产	20 000	短期借款	360 000
应收票据	340 000	应付票据	310 000
应收账款	400 000	应付账款	780 000
预付账款	105 000	其他应付款	7 000
其他应收款	5 000	应付职工薪酬	279 000
在途物资	330 000	应交税费	30 000
原材料	900 000	应付股利	13 800
周转材料	123 000	应付利息	2000
生产成本	28 000	长期借款	800 000
库存商品	1 177 000	股本	6 000 000
长期待摊费用	112 000	资本公积	11 000
长期股权投资	344 000	盈余公积	300 000
固定资产	2 682 000	利润分配	332 000
在建工程	1 000 000		
无形资产	900 000		
合　计	9 826 000	合　计	9 826 000

2. TCA公司2×15年发生的经济业务如下：

(1)向银行借入3年期借款500 000元，存入银行。

(2)购入不需要安装设备1台，买价为960 000元，增值税为163 200元。款项以银行存款支付，设备已交付车间使用。

(3)以银行存款购入工程物资182 000元(含增值税)，准备建造厂房。

(4)销售产品一批，售价为2 000 000元，增值税为340 000元。货款已收到，并存入银行。

(5)购入原材料一批，买价为100 000元，增值税为17 000元。货税款以银行存款支付，材料尚未到达。

(6)转让购入作为交易性金融资产核算的股票，收到转让收入 22 000 元，存入银行，该股票的购入成本为 18 000 元，持有期间公允价值增加 2 000 元。

(7)收到银行通知，以银行存款支付到期的商业承兑汇票 20 000 元。

(8)以银行存款支付产品广告费 20 000 元。

(9)以银行汇票支付采购材料价款，其中：买价为 99 800 元，增值税为 16 966 元，并收到银行转来的银行汇票多余款 234 元。原材料已验收入库。

(10)销售产品一批，售价为 500 000 元，增值税为 85 000 元。产品已发出，货款尚未收到。

(11)提取现金 400 000 元，准备发工资。

(12)以现金支付工资 400 000 元，其中：生产人员工资 250 000 元，车间管理人员工资 20 000 元，行政管理人员工资 30 000 元，在建工程人员工资 100 000 元。

(13)在建工程应负担可资本化的长期借款利息 110 000 元。

(14)设备更新改造工程完工，完工工程成本为 900 000 元。已办理竣工手续，交付生产使用。

(15)收到原材料一批，实际成本为 330 000 元。材料已验收入库，货款已于上月支付。

(16)基本生产车间报废设备一台，原价为 300 000 元，已提折旧 260 000 元，发生清理费用 1 000 元，残值收入 2 000 元，均以银行存款收付，该项设备已清理完毕。

(17)销售产品一批，售价为 300 000 元，增值税为 51 000 元，收到票面为 351 000 元的商业承兑汇票一张。

(18)将上述汇票到银行办理贴现，贴现票据不附追索权，贴现息为 31 000 元。

(19)归还短期借款本金 300 000 元、应付利息 15 000 元。

(20)收到作为持有至到期投资核算的国债利息 40 000 元，已存入银行，该债券的票面利率等于实际利率。

(21)产品生产领用原材料 940 000 元，基本生产车间领用低值易耗品 63 000 元，采用一次摊销法。

(22)按银行收账通知，收到到期的无息银行承兑汇票票款 300 000 元。

(23)出售不需用设备一台，收到价款 400 000 元，该设备原价 430 000 元，已提折旧 100 000 元，设备已运走。

(24)以银行存款支付产品展览费 30 000 元。

(25)收回应收账款 85 000 元，存入银行。

(26)应付可计入本期损益的银行借款利息 30 000 元，其中：应付短期借款利息 14 000 元、应付长期借款利息 16 000 元。

(27)分配应支付的职工工资 300 000 元，其中：生产人员工资 250 000 元，车间管理人员工资 20 000元，行政管理人员工资 30 000 元。

(28)按工资总额的 24%、6%计提养老保险等社会保险费和职工福利费。

(29)分配在建工程人员工资 100 000 元，并按工资总额的 24%、6%计提社会保险费 24 000 元，职工福利费 6 000 元。

(30)计提固定资产折旧 120 000 元，其中：基本生产车间负担 90 000 元，行政管理部门负担 30 000元。

(31)摊销无形资产 80 000 元。

(32)本期结转制造费用。

(33)结转本期完工产品成本 1 390 800 元。

(34)以银行存款支付养老保险等应付社会保险费 96 000 元，其中 24 000 元为在建工程人员的。

(35)期末按应收账款余额的3‰计提坏账准备。

(36)本期销售产品应交教育费附加为8 300元。

(37)结转本期产品销售成本2 080 000元。

(38)将本年收入、费用结转到“本年利润”账户。

(39)计算本年应交所得税(假设除国债利息收入4万元不计入应税所得需调整外,无其他纳税调整事项)。

(40)以银行存款缴纳所得税100 000元、增值税270 000元、教育费附加8 300元。

(41)结转本年净利润。

(42)按本年税后利润的10%计提法定盈余公积,5%计提任意盈余公积。

(43)将利润分配各明细账的余额转入“利润分配——未分配利润”明细账户。

(44)以银行存款偿还长期借款本金900 000元。

根据以上资料,TCA公司应编制会计分录如下:

(1)借:银行存款	500 000	
贷:长期借款——本金		500 000
(2)借:固定资产	960 000	
应交税费——应交增值税(进项税额)	163 200	
贷:银行存款		1 123 200
(3)借:工程物资	182 000	
贷:银行存款		182 000
(4)借:银行存款	2 340 000	
贷:主营业务收入		2 000 000
应交税费——应交增值税(销项税额)		340 000
(5)借:在途物资	100 000	
应交税费——应交增值税(进项税额)	17 000	
贷:银行存款		117 000
(6)借:银行存款	22 000	
公允价值变动损益	2 000	
贷:交易性金融资产——成本		18 000
——公允价值变动		2 000
投资收益		4 000
(7)借:应付票据	20 000	
贷:银行存款		20 000
(8)借:销售费用——广告费	20 000	
贷:银行存款		20 000
(9)借:原材料	99 800	
应交税费——应交增值税(进项税额)	16 966	
银行存款	234	
贷:其他货币资金		117 000
(10)借:应收账款	585 000	
贷:主营业务收入		500 000
应交税费——应交增值税(销项税额)		85 000

(11)借:库存现金　400 000
　　贷:银行存款　400 000
(12)借:应付职工薪酬——工资　400 000
　　贷:库存现金　400 000
(13)借:在建工程　110 000
　　贷:应付利息　110 000
(14)借:固定资产　900 000
　　贷:在建工程　900 000
(15)借:原材料　330 000
　　贷:在途物资　330 000
(16)借:固定资产清理　40 000
　　　累计折旧　260 000
　　贷:固定资产　300 000
　借:固定资产清理　1 000
　　贷:银行存款　1 000
　借:银行存款　2 000
　　贷:固定资产清理　2 000
　借:营业外支出——处置非流动资产损失　39 000
　　贷:固定资产清理　39 000
(17)借:应收票据　351 000
　　贷:主营业务收入　300 000
　　　　应交税费——应交增值税(销项税额)　51 000
(18)借:财务费用　31 000
　　　银行存款　320 000
　　贷:应收票据　351 000
(19)借:短期借款　300 000
　　　应付利息　15 000
　　贷:银行存款　315 000
(20)借:银行存款　40 000
　　贷:投资收益　40 000
(21)借:生产成本　940 000
　　贷:原材料　940 000
　借:制造费用　63 000
　　贷:周转材料　63 000
(22)借:银行存款　300 000
　　贷:应收票据　300 000
(23)借:固定资产清理　330 000
　　　累计折旧　100 000
　　贷:固定资产　430 000
　借:银行存款　400 000
　　贷:固定资产清理　400 000
　借:固定资产清理　70 000

贷:营业外收入——处置非流动资产收益		70 000
(24)借:销售费用——展览费	30 000	
贷:银行存款		30 000
(25)借:银行存款	85 000	
贷:应收账款		85 000
(26)借:财务费用	30 000	
贷:应付利息		30 000
(27)借:生产成本	250 000	
制造费用	20 000	
管理费用	30 000	
贷:应付职工薪酬——工资		300 000
(28)借:生产成本	75 000	
制造费用	6 000	
管理费用	9 000	
贷:应付职工薪酬——设定提存计划		72 000
——职工福利		18 000
(29)借:在建工程	130 000	
贷:应付职工薪酬——工资		100 000
——设定提存计划		24 000
——职工福利		6 000
(30)借:制造费用——折旧费	90 000	
管理费用——折旧费	30 000	
贷:累计折旧		120 000
(31)借:管理费用——无形资产摊销	80 000	
贷:累计摊销		80 000
(32)借:生产成本	179 000	
贷:制造费用		179 000
(33)借:库存商品	1 390 800	
贷:生产成本		1 390 800
(34)借:应付职工薪酬——设定提存计划	96 000	
贷:银行存款		96 000
(35)借:资产减值损失(900 000×3‰－1 200)	1 500	
贷:坏账准备		1 500
(36)借:营业税金及附加	8 300	
贷:应交税费——应交教育费附加		8 300
(37)借:主营业务成本	2 080 000	
贷:库存商品		2 080 000
(38)借:主营业务收入	2 800 000	
营业外收入	70 000	
投资收益	44 000	
贷:本年利润		2 914 000
借:本年利润	2 390 800	

贷:主营业务成本 2 080 000

营业税金及附加 8 300

销售费用 50 000

管理费用 149 000

财务费用 61 000

营业外支出 39 000

资产减值损失 1 500

公允价值变动损益 2 000

(39)借:所得税费用[(2 914 000－2 390 800－40 000)×25%] 120 800

贷:应交税费——应交所得税 120 800

借:本年利润 120 800

贷:所得税费用 120 800

(40)借:应交税费——应交所得税 100 000

——应交增值税 270 000

——应交教育费附加 8 300

贷:银行存款 378 300

(41)本年净利润＝523 200－120 800＝402 400(元)

借:本年利润 402 400

贷:利润分配——未分配利润 402 400

(42)借:利润分配——提取法定盈余公积 40 240

——提取任意盈余公积 20 120

贷:盈余公积——法定盈余公积 40 240

——任意盈余公积 20 120

(43)借:利润分配——未分配利润 60 360

贷:利润分配——提取法定盈余公积 40 240

——提取任意盈余公积 20 120

(44)借:长期借款 900 000

贷:银行存款 900 000

根据会计分录登记账户,计算各账户 2×15 年 12 月 31 日的发生额及余额。(略)

根据账户记录编制总分类账试算平衡表(如表 16－2 所示)。

表 16－2 **总分类账试算平衡表** 单位:元

会计科目	期初余额		本期发生额		期末余额	
	借方	贷方	借方	贷方	借方	贷方
库存现金	5 000		400 000	400 000	5 000	
银行存款	1 238 000		4 009 234	3 582 500	1 664 734	
其他货币资金	117 000			117 000	0	
交易性金融资产	20 000			20 000	0	
应收票据	340 000		351 000	651 000	40 000	
应收账款	400 000		585 000	85 000	900 000	

续表

会计科目	期初余额		本期发生额		期末余额	
	借方	贷方	借方	贷方	借方	贷方
坏账准备		1 200		1 500		2 700
预付账款	105 000				105 000	
其他应收款	5 000				5 000	
在途物资	330 000		100 000	330 000	100 000	
原材料	900 000		429 800	940 000	389 800	
周转材料	123 000			63 000	60 000	
生产成本	28 000		1 444 000	1 390 800	81 200	
库存商品	1 177 000		1 390 800	2 080 000	487 800	
长期股权投资	344 000				344 000	
固定资产	2 682 000		1 860 000	730 000	3 812 000	
累计折旧		500 000	360 000	120 000		260 000
固定资产清理			441 000	441 000	0	
工程物资			182 000		182 000	
在建工程	1 000 000		240 000	900 000	340 000	
无形资产	900 000				900 000	
累计摊销		100 000		80 000		180 000
长期待摊费用	112 000				112 000	
短期借款		360 000	300 000			60 000
应付票据		310 000	20 000			290 000
应付账款		780 000				780 000
其他应付款		7 000				7 000
应付职工薪酬		279 000	496 000	520 000		303 000
应交税费		30 000	575 466	605 100		59 634
应付股利		13 800				13 800
应付利息		2 000	15 000	140 000		127 000
长期借款		800 000	900 000	500 000		400 000
股本		6 000 000				6 000 000
资本公积		11 000				11 000
盈余公积		300 000		60 360		360 360
利润分配		332 000	120 720	462 760		674 040
本年利润			2 914 000	2 914 000		

续表

会计科目	期初余额		本期发生额		期末余额	
	借方	贷方	借方	贷方	借方	贷方
制造费用			179 000	179 000		
主营业务收入			2 800 000	2 800 000		
主营业务成本			2 080 000	2 080 000		
营业税金及附加			8 300	8 300		
销售费用			50 000	50 000		
财务费用			61 000	61 000		
管理费用			149 000	149 000		
资产减值损失			1 500	1 500		
公允价值变动损益			2 000	2 000		
投资收益			44 000	44 000		
营业外收入			70 000	70 000		
营业外支出			39 000	39 000		
所得税费用			120 800	12 0800		
合　计	9 826 000	9 826 000	22 738 620	22 738 620	9 528 534	9 528 534

根据上述资料编制 TCA 公司 2×15 年 12 月 31 日的资产负债表，如表 16－3 所示。

表 16－3　　资产负债表

编制单位：TCA 股份有限公司　　2×15 年 12 月 31 日　　单位：元

资　产	期末余额	年初余额	负债及所有者权益	期末余额	年初余额
流动资产：			流动负债：		
货币资金	1 669 734	1 360 000	短期借款	60 000	360 000
交易性金融资产		20 000	交易性金融负债		
应收票据	40 000	340 000	应付票据	290 000	310 000
应收账款	897 300	398 800	应付账款	780 000	780 000、
预付款项	105 000	105 000	预收款项		
应收利息			应付职工薪酬	303 000	279 000
应收股利			应交税费	59 634	30 000
其他应收款	5 000	5 000	应付利息	127 000	2 000
存货	1 118 800	2 558 000	应付股利	13 800	13 800
一年内到期的非流动资产			其他应付款	7 000	7 000
其他流动资产			一年内到期的非流动负债		
流动资产合计	3 835 834	4 786 800	其他流动负债		

续表

资产	期末余额	年初余额	负债及所有者权益	期末余额	年初余额
非流动资产：			流动负债合计	1 640 434	1 781 800
可供出售金融资产			非流动负债：		
持有至到期投资			长期借款	400 000	800 000
长期应收款			应付债券		
长期股权投资	344 000	344 000	长期应付款		
投资性房地产			专项应付款		
固定资产	3 552 000	2 182 000	预计负债		
在建工程	340 000	1 000 000	递延所得税负债		
工程物资	182 000		其他非流动负债		
固定资产清理			非流动负债合计	400 000	800 000
生产性生物资产			负债合计	2 040 434	2 581 800
油气资产			所有者权益(或股东权益)：		
无形资产	720 000	800 000	实收资本(或股本)	6 000 000	6 000 000
开发支出			资本公积	11 000	11 000
商誉			减:库存股		
长期待摊费用	112 000	112 000	盈余公积	360 360	300 000
递延所得税资产			未分配利润	674 040	332 000
其他流动资产			所有者权益合计	7 045 400	6 643 000
非流动资产合计	5 250 000	4 438 000			
资产总计	9 085 834	9 224 800	负债及所有者权益总计	9 085 834	9 224 800

第三节 利润表

一、利润表的作用

利润表又称损益表，是反映企业在一定期间经营成果的会计报表，是企业主要的会计报表之一。利润表反映企业经营业绩的主要来源和构成，有助于使用者判断净利润的质量及其风险，预测净利润的持续性，从而做出正确的决策。因此，无论是企业的投资人、债权人还是经营者，都对企业的利润表十分关心。利润表的主要作用如下：

1. 通过利润表，可以反映企业一定会计期间收入的实现和费用耗费情况，从总体上反映企业在一定时期内取得的全部收入和发生的全部费用、损失等，从而了解企业利润或亏损的构成情况。例如，本期实现的营业收入有多少、耗费的营业成本有多少等。

2. 通过利润表，可以反映企业生产经营活动的成果，即净利润的实现情况，反映企业的投资报酬和偿付能力，测试投资人和债权人的风险程度，据以判断资本保值、增值等情况，从而也在一定程度上评价企业的经营效益和管理水平，促使企业改善经营管理。

3. 可将利润表中与资产负债表中的信息相结合，提供进行财务分析的基本资料。例如，将赊销收入净额与应收账款平均余额进行比较，计算出应收账款周转率；将净利润与资产总额进行比较，计算出资产收益率等，从而反映企业资金周转情况及企业的盈利能力和水平，便于报表使用者判断企业未来的发展趋势，做出经济决策。

4. 通过对不同时期利润表收入、费用、利润增减变化情况的分析，可以预测企业未来一定时期的盈利趋势，便于报表使用者判断企业未来的发展趋势，做出经济决策。

二、利润表的内容和结构

利润表主要分为表首和正表两个部分。

表首，包括报表名称、编制单位、报表时期和货币计量单位。

正表的结构有单步式和多步式两种。单步式利润表是将当期所有的收入列在一起，然后将所有的费用列在一起，两者相减得出当期净损益。多步式利润表把利润的计算分解为多个步骤，通过对当期的收入、费用、支出项目按性质加以归类，按利润形成的主要环节列示一些中间性利润指标，分步计算当期净损益。

我国《企业会计准则第 30 号——财务报表列报》规定，利润表中的费用采用“功能法”列报，即按照费用在企业所发挥的功能进行分类列报，分为从事经营业务发生的成本、管理费用、销售费用和财务费用等，以有助于使用者了解费用发生的活动领域。利润表采用多步式结构，净利润的计算分为三个步骤：

第一步，以营业收入为基础，减去营业成本、营业税金及附加、销售费用、管理费用、财务费用以及资产减值损失，加上公允价值变动收益（减去公允价值变动损失）和投资收益（减去投资损失），计算得到营业利润。

第二步，以营业利润为基础，加上营业外收入，减去营业外支出，计算得到利润总额（或亏损总额）。

第三步，以利润总额为基础，减去所得税费用，计算得到净利润（或净亏损）。

第四步，以净利润为基础加上（或减去）企业根据会计准则确认的直接计入所有者权益的各项利得（或损失）的税后金额，计算得到综合收益总额。

普通股或潜在普通股已公开交易的企业，以及正处于公开发行普通股或潜在普通股过程中的企业，还应当在利润表中列示每股收益信息。

此外，为了使报表使用者通过比较不同期间的利润的实现情况，判断企业经营成果的未来发展趋势，企业需要提供比较利润表，利润表还应就各项目再分为“本期金额”和“上期金额”两栏分别填列。

利润表的格式如表 16－4 所示。

三、利润表的编制方法

为了使报表使用者通过比较不同期间利润的实现情况，判断企业经营成果的未来发展趋势，利润表正表各项目应填列“本期金额”和“上期金额”两栏。“本期金额”栏内各项目数字应根据本期损益类账户的本期发生额填列，具体填列方法如下：

1. “营业收入”项目，反映企业经营主要业务和其他业务所确认的收入总额。本项目应根据“主营业务收入”和“其他业务收入”账户的贷方发生额分析填列。

2. “营业成本”项目，反映企业经营主要业务和其他业务所发生的成本总额。本项目应根据“主营业务成本”和“其他业务成本”账户的借方发生额分析填列。

3. “营业税金及附加”项目，反映企业经营业务应负担的消费税、营业税、城市建设维护税、资源税、土地增值税和教育费附加等。本项目应根据“营业税金及附加”账户的借方发生额填列。

4.“销售费用”项目，反映企业在销售商品过程中发生的包装费、广告费等费用和为销售本企业商品而专设的销售机构的职工薪酬、业务费等经营费用。本项目应根据“销售费用”账户的借方发生额填列。

5.“管理费用”项目，反映企业为组织和管理生产经营发生的管理费用。本项目应根据“管理费用”账户的借方发生额填列。

6.“财务费用”项目，反映企业为生产经营筹集资金所发生的各项费用，应根据“财务费用”账户的借方发生额填列(如累计为贷方发生额，则以“—”号填列)。

7.“资产减值损失”项目，反映企业各项资产发生的减值损失。本项目应根据“资产减值损失”账户的借方发生额填列。

8.“公允价值变动收益”项目，反映企业应当计入当期损益的资产或负债公允价值变动收益。本项目应根据“公允价值变动损益”账户的贷方发生额填列(如为净损失，则以“—”号填列)。

9.“投资收益”项目，反映企业以各种方式对外投资所取得的收益。本项目应根据“投资收益”账户的贷方发生额填列(如为投资损失，则以“—”号填列)。

10.“营业外收入”项目，反映企业发生的与经营业务无直接联系的各项收入。本项目应根据“营业外收入”账户的贷方发生额填列。

11.“营业外支出”项目，反映企业发生的与经营业务无直接联系的各项支出。本项目应根据“营业外支出”账户的借方发生额填列。

12.“所得税费用”项目，反映企业应从当期利润总额中扣除的所得税费用。本项目应根据“所得税费用”账户的借方发生额填列。

“营业利润”、“利润总额”和“净利润”项目应根据前述公式中包括的项目计算后填列，如为亏损，则以“—”号填列。

13.“其他综合收益税后净额”项目，是指企业根据其他会计准则规定未在当期损益中确认的各项利得和损失(即直接计入所有者权益的利得和损失的当期发生额)在扣除所得税影响后的税后金额。“其他综合收益税后净额”项目应当根据其他相关会计准则的规定分为下列两类列报：

(1)“以后会计期间不能重分类进损益的其他综合收益”项目，主要包括重新计量设定受益计划净负债或净资产导致的变动、按照权益法核算的在被投资单位以后会计期间不能重分类进损益的其他综合收益变动中所享有的份额等。

(2)“以后会计期间在满足规定条件时将重分类进损益的其他综合收益”项目，主要包括按照权益法核算的在被投资单位以后会计期间在满足规定条件时将重分类进损益的其他综合收益变动中所享有的份额、可供出售金融资产公允价值变动形成的利得或损失、持有至到期投资重分类为可供出售金融资产形成的利得或损失、现金流量套期工具产生的利得或损失中属于有效套期的部分、外币财务报表折算差额、自用房地产或作为存货的房地产转换为以公允价值模式计量的投资性房地产在转换日公允价值大于账面价值部分等。

本项目应该根据“其他综合收益”的本期发生额分析计算填列。

14.“综合收益总额”项目，是指企业在某一期间除与所有者以其所有者身份进行的交易之外的其他交易或事项所引起的所有者权益变动。“综合收益总额”项目反映净利润和其他综合收益扣除所得税影响后的净额相加后的合计金额。

15. 每股收益，是指普通股股东每持有 1 股所能享有的企业利润或需承担的企业亏损。每股收益通常被用来反映企业的经营成果，衡量普通股的获利水平及投资风险，是投资者、债权人等信息使用者据以评价企业盈利能力、预测企业成长潜力进而做出相关经济决策的一项重要的财务指标。每股收益包括基本每股收益和稀释每股收益两类。

(1)基本每股收益。

基本每股收益只考虑当期实际发行在外的普通股股份，按照归属于普通股股东的当期净利润除以当期实际发行在外普通股的加权平均数计算确定。

(2)稀释每股收益。

稀释每股收益是以基本每股收益为基础，假设企业所有发行在外的稀释性潜在普通股均已转换为普通股，从而分别调整归属于普通股股东的当期净利润以及发行在外普通股的加权平均数计算而得的每股收益。

稀释性潜在普通股是指假设当期转换为普通股会减少每股收益的潜在普通股。计算稀释每股收益前，应先判断是否存在潜在普通股。潜在普通股是指赋予其持有者在报告期或以后期间享有取得普通股权利的一种金融工具或其他合同。目前，我国企业发行的潜在普通股主要有可转换公司债券、认股权证、股份期权等。

利润表"上期金额"栏内各项数字，应根据上年该期利润表"本期金额"栏内所列数字填列。如果上年该期利润表规定的各个项目的名称和内容同本期不相一致，应对上年该期利润表各项目的名称和数字按本期的规定进行调整，填入利润表"上期金额"栏内。以后期间，如果企业发生了会计政策变更、前期差错更正，应当对"年初余额"栏中的有关项目进行相应调整。

利润表中各项利润的计算过程如表16－4所示。

表16－4　　　　利润计算过程

项　目	计算过程
营业收入	营业收入＝主营业务收入＋其他业务收入
营业利润	营业利润＝营业收入－营业成本－营业税金及附加－销售费用－管理费用－财务费用－资产减值损失±公允价值变动收益(损失)±投资收益(损失)
利润总额	利润总额＝营业利润＋营业外收入－营业外支出
净利润	净利润＝利润总额－所得税费用
其他综合收益税后净额	反映企业根据企业会计准则规定未在损益中确认的各项利得和损失扣除所得税影响后的净额
综合收益总额	反映企业净利润与其他综合收益的税后净额的合计金额

例1　仍以前述TCA公司的资料为例，说明该公司2×15年度利润表的编制方法(见表16－5)。

表16－5　　　　利　润　表

编制单位：TCA股份有限公司　　　　2×15年度　　　　单位：元

项　目	本期金额	上期金额
一、营业收入	2 800 000	(略)
减：营业成本	2 080 000	
营业税金及附加	8 300	
减：销售费用	50 000	
管理费用	149 000	
财务费用	61 000	

续表

项　目	本期金额	上期金额
资产减值损失	1 500	
加：公允价值变动收益（损失以"一"号填列）	−2 000	
投资收益（损失以"一"号填列）	44 000	
其中：对联营企业和合营企业的投资收益		
二、营业利润（亏损以"一"号填列）	492 200	
加：营业外收入	70 000	
减：营业外支出	39 000	
其中：非流动资产处置损失	39 000	
三、利润总额	523 200	
减：所得税费用	120 800	
四、净利润	402 400	
五、其他综合收益税后净额		
六、综合收益总额		
七、每股收益		
（一）基本每股收益	0.0268	
（二）稀释每股收益		

第四节　现金流量表

一、现金流量表的作用

现金流量表是反映企业一定会计期间现金和现金等价物流入和流出的会计报表。

企业的现金流转情况在很大程度上影响着企业的生存和发展，轻则影响企业的正常生产经营，重则危及企业的生存。因此，现金管理已经成为企业财务管理的一个重要方面，受到企业管理人员、投资者、债权人以及政府监管部门的关注。现金流量表是企业主要的会计报表之一，其作用主要表现在以下几个方面：

1. 通过现金流量表可以反映企业一定时期内现金流入的来源与流出的用途

现金流量表从现金的流入和流出两个方面，揭示了企业一定时期经营活动、投资活动和筹资活动产生的现金流量，说明了企业现金的来源和去向。

2. 通过现金流量表可以帮助报表使用者分析评价企业的偿债能力、支付能力和周转能力，有助于分析企业收益质量

企业的偿债能力、支付能力和周转能力虽然也可以通过对资产负债表和利润表的分析体现，但它们主要取决于企业获取现金的能力。资产负债表能够提供企业在特定时点的财务状况，反映企业的负债是否有足够的资产作保证，但是却不能反映是否有足够的现金还债；而利润表是采用权责

发生制编制的,企业在经营活动中取得了收益,但是不一定都流入了现金。现金流量表是以收付实现制为基础,它真实地反映了企业当期实际收入的现金及其来源、实际支出的现金及其用途以及现金流入、流出相抵后的净额,直接地反映说明了为什么有的企业利润表上反映盈利但却偿还不了到期债务的原因,以利于分析企业收益的质量,正确评价企业的经营成果,从而更加客观地反映了企业的偿债能力、支付能力和周转能力。因此,现金流量表是对资产负债表和利润表所提供信息的必要补充。

3. 通过现金流量表可有助于预测企业未来的现金流量

现金流量表披露的经营活动产生的现金流量净额本质上反映了企业自身创造现金的能力。虽然企业也可以通过对外投资和筹资活动获取现金,但是,投资活动取得的现金是间接的,它依赖于被投资企业经营状况的好坏;而举债所取得的现金最终还是要用其他渠道取得的现金去偿还。因此,如果企业经营活动产生的现金流量占总现金流量的比例逐年提高,且现金流入与流出无重大异常波动,则说明该企业的经营情况和未来创造现金流量的能力良好。

二、现金流量表的编制基础

现金流量表是以现金及现金等价物为基础编制的,即现金流量表中的"现金"包括了现金及现金等价物。

(一)现金

现金是指企业库存现金以及可以随时用于支付的存款。不能随时用于支付的存款不属于现金。现金主要包括:

1. 库存现金,是指企业持有可随时用于支付的现金,与"库存现金"账户的核算内容一致。

2. 银行存款,是指企业存入金融机构、可以随时用于支取的存款,与"银行存款"账户的核算内容基本一致,但不包括不能随时用于支付的存款。

3. 其他货币资金,是指存放在金融机构的外埠存款、银行汇票存款、银行本票存款、信用卡存款、信用证保证金存款和存出投资款等,与"其他货币资金"账户的核算内容一致。

(二)现金等价物

现金等价物是指企业持有的期限短、流动性强、易于转换为已知金额现金、价值变动风险很小的投资。

现金等价物虽然不是现金,但其可以随时变现。根据现金等价物的概念,判断一项投资是否属于现金等价物,应同时符合以下四个条件:(1)期限短;(2)流动性强;(3)易于转换为已知金额的现金;(4)价值变动风险很小。其中,"期限短"一般是指从购买日起3个月内到期。例如,可在证券市场上流通的3个月内到期的短期债券等。权益性投资变现的金额通常不确定,因而不属于现金等价物。

(三)现金流量

现金流量是指企业现金及现金等价物的流入与流出。现金及现金等价物的收入与支出之差为现金净流量。

需要指出的是,企业发生的现金及现金等价物的流入与流出并不一定都构成现金流量。按照现金流量表的编制基础,企业发生的业务可以分成以下三类:

1. 引起现金项目之间发生增减变动的业务。例如,从银行存款中提取现金、以银行存款购买3个月到期的债券等。这类业务使现金或现金等价物此增彼减,并不影响现金流量总额发生增减变动,因此,此类经济业务不纳入现金流量表披露的范畴。

2. 引起非现金项目之间发生增减变动的业务。例如,购入原材料、货款未付,接受投资人以固定资产的投资等。这类业务未涉及现金或现金等价物的增减,因此,也不影响现金流量总额发生增减变动。

3. 引起现金和非现金项目发生增减变动的业务。例如，收回应收账款存入银行、以银行存款购入设备等。这类经济业务引起了现金及现金等价物的增减变动，影响企业现金流量总额发生变化。

因此，现金流量表主要反映企业引起现金流量总额发生增减变动的业务，即上述第三类经济业务。不影响现金流量总额发生增减变动的经济业务，如果属于重要的投资和筹资活动，应在现金流量表补充资料中反映。

三、现金流量表的内容和结构

现金流量表分为表首、正表和补充资料三个部分。

(一)表首

表首包括报表名称、编制单位、报表时期和货币计量单位。

(二)正表

正表以现金及现金等价物为基础编制，将企业在一定期间产生的现金流量划分为经营活动、投资活动和筹资活动，并分别从现金流入与流出两个方面来反映企业现金的增减变动，将权责发生制下的盈利信息调整为收付实现制下的现金流量信息。

1. 经营活动产生的现金流量

经营活动是指企业投资活动和筹资活动以外的所有交易和事项，包括销售商品、提供劳务、购买商品、接受劳务、支付税费、支付职工薪酬、支付销售广告费用等。经营活动产生的现金流量是企业自身现金流量的主要来源，可以说明企业在不动用对外筹得资金的情况下，是否能够维持企业的正常生产经营、偿还债务、支付股利和利息、对外投资等对现金的需求量。经营活动产生的现金流量包括：

(1)“销售商品、提供劳务收到的现金”项目，反映企业销售商品、提供劳务实际收到的现金(包括销售收入和应向购买者收取的增值税销项税额)，前期销售商品、提供劳务本期收到的现金和本期预收的款项，减去本期销售、本期退回的商品和前期销售、本期退回的商品支付的现金。企业销售材料和代购代销业务收到的现金，也在本项目反映。

(2)“收到的税费返还”项目，反映企业收到返还的增值税、营业税、所得税、消费税、关税和教育费附加返还款等各种税费。

填列本项目应注意：本项目只反映企业上缴后由税务等政府部门返还的款项，不应包括其他方面的补贴或返还款项。企业收到的非税款返还的款项，应在“收到的其他与经营活动有关的现金”项目中反映。

(3)“收到的其他与经营活动有关的现金”项目，反映企业除上述各项目外，收到的其他与经营活动有关的现金。如罚款收入、经营租赁固定资产收到的现金、流动资产损失中由个人赔偿的现金收入、除税费返还外的其他政府补助收入等。收到其他与经营活动有关的现金，如果金额较大的，应单列项目反映。

(4)“购买商品、接受劳务支付的现金”项目，反映企业本期购买材料、商品、接受劳务实际支付的现金(包括支付的增值税进项税额)，本期支付前期购买商品、接受劳务的未付款项和本期预付款项，减去本期发生的购货退回收到的现金。

填列本项目应注意：为购置存货而发生的借款利息资本化部分，应在“分配股利、利润或偿付利息支付的现金”项目中反映。

(5)“支付给职工以及为职工支付的现金”项目，反映企业实际支付给职工的工资、奖金、各种津贴和补贴等各种形式的报酬以及其他相关支出，以及企业为职工支付的医疗、养老、失业、工伤、生育等社会保险基金、补充养老保险、住房公积金，企业为职工缴纳的商业保险金，因解除与职工劳动关系给予的补偿，现金结算的股份支付，以及企业支付给职工或为职工支付的其他福利费用等。

填列本项目应注意：应由在建工程、无形资产负担的职工薪酬以及企业为在建工程、研发无形资产人员支付的养老保险等福利支出，应在"购建固定资产、无形资产和其他长期资产支付的现金"项目中反映。

(6)"支付的各项税费"项目，反映企业本期发生并支付的税费，以及本期支付以前各期发生的税费和预交的税金，包括支付的教育费附加、印花税、房产税、土地增值税、车船使用税、营业税、增值税、所得税等。

填列本项目应注意：本项目不包括本期退回的增值税、所得税，以及支付的应计入固定资产价值的耕地占用税等。本期退回的增值税、所得税等应在"收到的税费返还"项目中反映，应计入固定资产价值的税费应在"购建固定资产、无形资产和其他长期资产支付的现金"项目反映。

(7)"支付的其他与经营活动有关的现金"项目，反映企业除上述各项目外，支付的其他与经营活动有关的现金，如罚款支出、支付的差旅费、业务招待费、保险费、经营租赁支付的现金等。其他与经营活动有关的现金支出，如果金额较大，应单列项目反映。

2. 投资活动产生的现金流量

投资活动是指企业长期资产的购建和不包括在现金等价物范围内的投资及其处置活动。长期资产是指固定资产、无形资产、在建工程、其他资产等持有期限在1年或1个营业周期以上的资产。这里所说的"投资活动"，既包括实物资产投资，也包括金融资产投资。通过投资活动产生的现金流量，可以说明投资活动对企业现金流量净额的影响程度。投资活动产生的现金流量包括：

(1)"收回投资收到的现金"项目，反映企业出售、转让或到期收回除现金等价物以外的交易性金融资产、持有至到期投资、可供出售金融资产、长期股权投资、投资性房地产而收到的现金。

填列本项目应注意：本项目不包括债权性投资收回的利息、收回的非现金资产，以及处置子公司及其他营业单位收到的现金净额。债权性投资收回的本金，在本项目反映，债权性投资收回的利息，在"取得投资收益收到的现金"项目中反映；处置子公司及其他营业单位收到的现金，在"处置子公司和其他营业单位收到的现金净额"项目中反映。

(2)"取得投资收益收到的现金"项目，反映企业因股权性投资而分得的现金股利，从子公司、联营企业或合营企业分回利润而收到的现金，因债权性投资而取得的现金利息收入。

填列本项目应注意：股票股利不在本项目中反映；包括在现金等价物范围内的债券性投资，其利息收入在本项目中反映。

(3)"处置固定资产、无形资产和其他长期资产收回的现金净额"项目，反映企业出售固定资产、无形资产和其他长期资产所取得的现金，减去为处置这些资产而支付的有关费用后的净额。

填列本项目应注意：由于自然灾害等原因所造成的固定资产等长期资产报废、毁损而收到的保险赔偿收入，在本项目中反映。如处置固定资产、无形资产和其他长期资产所收回的现金净额为负数，则应作为投资活动产生的现金流量，在"支付的其他与投资活动有关的现金"项目中反映。

(4)"处置子公司和其他营业单位收到的现金净额"项目，反映企业处置子公司和其他营业单位所取得的现金，减去相关处置费用以及子公司或其他营业单位持有的现金和现金等价物后的净额。

填列本项目应注意：处置子公司和其他营业单位收到的现金净额如为负数，则将该金额填列至"支付的其他与投资活动有关的现金"项目中。

(5)"收到的其他与投资活动有关的现金"项目，反映企业除上述各项目外，收到的其他与投资活动有关的现金。包括企业收回的购买股票、债券时支付的已宣告但尚未领取的现金股利和已到付息期但尚未领取的债券利息。收到其他与投资活动有关的现金，如果金额较大，应单列项目反映。

(6)“购建固定资产、无形资产和其他长期资产支付的现金”项目,反映企业购建固定资产、取得无形资产和其他长期资产支付的现金及增值税款,应由在建工程、无形资产负担的职工薪酬等支出。

填列本项目应注意:

①为购建固定资产而发生的借款利息资本化的部分,应在“分配股利、利润或偿付利息支付的现金”项目中反映。

②融资租入固定资产支付的租赁费不包括在本项目中,而应在“支付的其他与筹资活动有关的现金”项目中反映。

(7)“投资支付的现金”项目,反映企业进行除现金等价物以外的权益性投资和债权性投资所支付的现金,包括企业取得的交易性金融资产、持有至到期投资、可供出售金融资产而支付的现金以及支付的佣金、手续费等交易费用。企业购买债券的价款中含有债券利息的,以及溢价或折价购入的,均按实际支付的金额反映。

填列本项目应注意:企业购买股票和债券时,实际支付的价款中包含的已宣告但尚未领取的现金股利或已到付息期但尚未领取的债券利息,应在“支付的其他与投资活动有关的现金”项目中反映;收回购买股票和债券时支付的已宣告但尚未领取的现金股利或已到付息期但尚未领取的债券利息,应在“收到的其他与投资活动有关的现金”项目中反映。

(8)“取得子公司和其他营业单位支付的现金净额”项目,反映企业取得子公司及其他营业单位购买出价中以现金支付的部分,减去子公司或其他营业单位持有的现金和现金等价物后的净额。

(9)“支付的其他与投资活动有关的现金”项目,反映企业除上述各项目外,支付的其他与投资活动有关的现金,包括企业购买股票、债券时支付的已宣告但尚未领取的现金股利和已到付息期但尚未领取的债券利息。支付的其他与投资活动有关的现金,如果金额较大,应单列项目反映。

3. 筹资活动产生的现金流量

筹资活动是指导致企业资本及债务规模和构成发生变化的活动。这里所说的“资本”,既包括实收资本(股本),也包括资本溢价(股本溢价);这里所说的“债务”,指对外举债,包括向银行借款、发行债券以及偿还债务等。通常情况下,应付账款、应付票据等属于经营活动,不属于筹资活动。通过筹资活动产生的现金流量,可以说明筹资活动对企业现金流量净额的影响程度。筹资活动产生的现金流量包括:

(1)“吸收投资收到的现金”项目,反映企业以发行股票、债券等方式筹集资金实际收到的款项减去直接支付给金融企业的手续费、宣传费、咨询费、印刷费等发行费用后的净额。

填列本项目应注意:以发行股票等方式筹集资金而由企业支付的审计、咨询等费用,不在本项目中反映,而在“支付的其他与筹资活动有关的现金”项目中反映。

(2)“借款收到的现金”项目,反映企业举借各种短期、长期借款而收到的现金。

(3)“收到的其他与筹资活动有关的现金”项目,反映企业除上述各项目外,收到的其他与筹资活动有关的现金。收到的其他与筹资活动有关的现金,如果金额较大,应单列项目反映。

(4)“偿还债务支付的现金”项目,反映企业以现金偿还债务的本金,包括归还金融企业的借款本金、偿付企业到期的债券本金等。

填列本项目应注意:企业偿还的借款利息、债券利息,在“分配股利、利润或偿付利息支付的现金”项目中反映,不在本项目中反映。

(5)“分配股利、利润或偿付利息支付的现金”项目,反映企业实际支付的现金股利、支付给其他投资单位的利润或用现金支付的借款利息、债券利息。不同用途的借款,其利息的开支渠道不一样,如在建工程、财务费用等,均在本项目中反映。

(6)“支付的其他与筹资活动有关的现金”项目,反映企业除上述各项目外,支付的其他与筹资活动有关的现金,如以发行股票、债券等方式筹集资金而由企业直接支付的审计、咨询等费用,融资租赁所支付的现金等。支付的其他与筹资活动有关的现金,如果金额较大,应单列项目反映。

对于企业日常活动之外特殊的、不经常发生的特殊项目,如自然灾害损失、保险赔款、捐赠等,应当归并到相关类别中反映。比如,对于自然灾害损失和保险赔款,如果能够确定其属于流动资产损失,应当列入经营活动产生的现金流量;属于固定资产损失,应当列入投资活动产生的现金流量。如果不能确定,则可将其列入经营活动产生的现金流量。捐赠收入和支出,可以列入经营活动。如果特殊项目的现金流量金额不大,则可以列入现金流量类别下的“其他”项目,不单列项目。

4. 汇率变动对现金及现金等价物的影响

“汇率变动对现金及现金等价物的影响”项目,反映企业外币现金流量及境外子公司的现金流量折算成记账本位币时,所采用的是现金流量发生日的汇率或按照系统合理的方法确定的、与现金流量发生日即期汇率近似的汇率,而现金流量表“现金及现金等价物净增加额”项目中的外币现金净增加额是按资产负债表日的即期汇率折算的。这两者的差额,即为汇率变动对现金及现金等价物的影响。

(三)补充资料

补充资料主要反映将净利润调节为经营活动现金流量、不涉及现金收支的投资和筹资活动,现金及现金等价物的净增加情况。

现金流量表的格式如表16－8、表16－9所示。

四、现金流量表的编制方法

(一)经营活动现金流量的列报方法

现金流量表经营活动产生的现金流量净额的列报方法有两种:直接法和间接法。

直接法是指按现金收入来源和现金支出去向的主要类别直接反映企业经营活动产生的现金流量,如销售商品、提供劳务收到的现金,购买商品、接受劳务支付的现金等,就是按现金收入和现金支出的来源、用途的类别直接反映的。即:

经营活动现金净增加额＝经营活动的现金流入－经营活动的现金流出

直接法的优点是在现金流量表上能直接显示出各项现金流入的来源与现金流出的用途,预测企业现金流量的未来前景。

间接法是以本期净利润为起点,调整不影响现金实际收支的收入、费用以及其他有关项目的增减变动,剔除投资活动、筹资活动对现金流量的影响,将在利润表中以权责发生制确定的净利润调整为按收付实现制确定的经营活动的现金流量。间接法的优点是便于对净利润与经营活动的现金流量进行比较,进一步了解净利润与经营活动产生的现金流量差异的原因,从现金流量的角度分析企业利润的质量。

我国现金流量表准则规定:现金流量表的正表按直接法编制,同时要求在附注中提供以净利润为基础调节到经营活动现金流量的信息,兼顾了两种方法的优点。

(二)现金流量表正表的编制方法

现金流量表正表采用直接法列示各项活动产生的现金流量净额,具体编制时,企业可以根据业务量的大小及复杂程度,选用不同的方法。主要方法有:根据有关涉及现金收支经济业务的直接填列法、根据有关账户记录的分析填列法、工作底稿法、T型账户法。

1. 直接填列法

直接填列法是根据企业一定时期内涉及现金增减变动的经济业务直接填列现金流量表的方法。采用这种方法,应归纳导致一定时期内涉及现金流量发生增减变动的全部经济业务,逐笔分析现金流入的来源和现金支出的用途,将其归入现金流量表的相关项目,最后得出每个项目的合计数，据以填列正式的现金流量表。

例2 以前述TCA公司的资料为例，编制现金流量表如下：

(1)向银行借入3年期借款500 000元，存入银行。

向银行借入款项流入的现金500 000元，应当在现金流量表筹资活动的“借款收到的现金”项目反映。

(2)购入不需要安装的设备一台，买价为960 000元，增值税为163 200元，款项以银行存款支付，设备已交付车间使用。

购入固定资产由此流出的现金1 123 200万元，应当在现金流量表投资活动的“购建固定资产、无形资产和其他长期资产支付的现金”项目反映。

(3)以银行存款购入工程物资182 000元，准备建造厂房。

购入工程物资支付的现金182 000元是为购建固定资产准备的，应当在现金流量表投资活动的“购建固定资产、无形资产和其他长期资产支付的现金”项目反映。

(4)销售产品一批，售价为2 000 000元，增值税为340 000元。货款已收到，并存入银行。

销售产品收到现金2 340 000元，应当在现金流量表经营活动的“销售商品、提供劳务收到的现金”项目反映。

(5)购入原材料一批，买价为100 000元，增值税为17 000元。货税款以银行存款支付，材料已验收入库。

购入材料支付现金117 000元，应当在现金流量表经营活动的“购买商品、接受劳务支付的现金”项目反映。

(6)转让购入作为交易性金融资产核算的股票，收到转让收入22 000元，存入银行，该股票的购入成本为18 000元，持有期间公允价值增加2 000元。

出售交易性金融资产流入的现金22 000元，应当在现金流量表投资活动的“收回投资收到的现金”项目反映。

(7)收到银行通知，以银行存款支付到期的商业承兑汇票20 000元。

商业汇票是因购买原材料等开出的，支付到期商业汇票引起现金流出20 000元，应当在现金流量表经营活动的“购买商品、接受劳务支付的现金”项目反映。

(8)以银行存款支付产品广告费20 000元。

支付广告费属于经营活动，由此流出现金20 000元应当在现金流量表经营活动的“支付的其他与经营活动有关的现金”项目反映。

(9)以银行汇票支付采购材料价款，其中，买价为99 800元，增值税为16 966元，并收到银行转来的银行汇票多余款234元，原材料已验收入库。

以其他货币资金购入原材料，由此流出现金116 766元，应当在现金流量表经营活动的“购买商品、接受劳务支付的现金”项目反映。

(10)销售产品一批，售价为500 000元，增值税为85 000元。产品已发出，货款尚未收到。

此经济业务未涉及现金的增减变动，在现金流量表中不反映。

(11)提取现金400 000元，准备发工资。

此经济业务未引起现金流量总额发生增减变动，在现金流量表中不反映。

(12)以现金支付工资400 000元，其中：生产人员工资250 000元，车间管理人员工资20 000元，行政管理人员工资30 000元，在建工程人员工资100 000元。

发放工资支付现金400 000元，其中：生产经营人员工资300 000元应当在现金流量表经营活动的“支付给职工以及为职工支付的现金”项目反映，在建工程人员工资100 000元应当在投资活动的“购建固定资产、无形资产和其他长期资产支付的现金”项目反映。

(13)在建工程应负担可资本化的长期借款利息 110 000 元。

(14)设备更新改造工程完工,完工工程成本为 900 000 元。已办理竣工手续,交付生产使用。

(15)收到原材料一批,实际成本为 330 000 元,材料已验收入库,货款已于上月支付。

经济业务(13)~(15)未涉及现金的增减变动,在现金流量表中不反映。

(16)基本生产车间报废设备一台,原价为 300 000 元,已提折旧 260 000 元,发生清理费用 1 000 元,残值收入 2 000 元,均以银行存款收付,该项设备已清理完毕。

报废固定资产残值收入 2 000 元减去支付清理费用 1 000 元,收入现金净额 1 000 元应当在现金流量表投资活动的"处置固定资产、无形资产及其他长期资产收到的现金"项目反映。

(17)销售产品一批,售价为 300 000 元,增值税为 51 000 元,收到票面为 351 000 元的商业承兑汇票一张。

此经济业务未涉及现金的增减变动,在现金流量表中不反映。

(18)将上述汇票到银行办理贴现,贴现票据不附追索权,贴现息为 31 000 元。

应收票据贴现净收入现金 320 000 元,应当在现金流量表经营活动的"销售商品、提供劳务收到的现金"项目反映。

(19)归还短期借款本金 300 000 元、应付利息 15 000 元。

归还短期借款本金流出现金 300 000 元应当在现金流量表筹资活动的"偿还债务支付的现金"项目反映,支付利息 15 000 元应当在筹资活动的"分配股利、利润或偿付利息支付的现金"项目反映。

(20)收到作为持有至到期投资核算的国债利息 40 000 元,已存入银行,该债券票面利率等于实际利率。

收到国债利息流入现金 40 000 元,应当在现金流量表投资活动的"取得投资收益收到的现金"项目反映。

(21)产品生产领用原材料 940 000 元,基本生产车间领用低值易耗品 63 000 元,采用一次摊销法。

此经济业务未涉及现金的增减变动,在现金流量表中不反映。

(22)按银行收账通知,收到到期的无息银行承兑汇票票款 300 000 元。

应收票据因销售商品等产生,收回到期的商业汇票款流入现金 300 000 元,应当在现金流量表经营活动的"销售商品、提供劳务收到的现金"项目反映。

(23)出售不需用设备一台,收到价款 400 000 元,该设备原价 430 000 元,已提折旧 100 000 元,设备已运走。

出售固定资产流入现金 400 000 元,应当在现金流量表投资活动的"处置固定资产、无形资产及其他长期资产收到的现金"项目反映。

(24)以银行存款支付产品展览费 30 000 元。

支付产品展览费属于经营活动,由此流出现金 30 000 元应当在现金流量表经营活动的"支付的其他与经营活动有关的现金"项目反映。

(25)收回应收账款 85 000 元,存入银行。

收回应收账款流入现金 85 000 元,应当在现金流量表经营活动的"销售商品、提供劳务收到的现金"项目反映。

(26)应付可计入本期损益的银行借款利息 30 000 元,其中:应付短期借款利息 14 000 元,应付长期借款利息 16 000 元。

(27)分配应支付的职工工资 300 000 元,其中:生产人员工资 250 000 元,车间管理人员工资 20 000元,行政管理人员工资 30 000 元。

(28)按工资总额的24%、6%计提养老保险等社会保险费和职工福利费。

(29)分配在建工程人员工资100 000元,并按工资总额的24%、6%计提社会保险费24 000元、职工福利费6 000元。

(30)计提固定资产折旧120 000元,其中:基本生产车间负担90 000元,行政管理部门负担30 000元。

(31)摊销无形资产80 000元。

(32)本期结转制造费用。

(33)结转本期完工产品成本1 390 800元。

业务(26)~(33)均未涉及现金的增减变动,在现金流量表中不反映。

(34)以银行存款支付养老保险等应付社会保险费96 000元。其中,24 000元为在建工程人员的。

为职工支付社会保险费现金96 000元,其中:生产经营人员的72 000元应当在现金流量表经营活动的"支付给职工以及为职工支付的现金"项目反映,在建工程人员的24 000元应当在投资活动的"购建固定资产、无形资产和其他长期资产支付的现金"项目反映。

(35)期末按应收账款余额的3‰计提坏账准备。

(36)本期销售产品应交教育费附加为8 300元。

(37)结转本期产品销售成本2 080 000元。

(38)将本年收入、费用结转到"本年利润"账户。

(39)计算本年应交所得税。

业务(35)~(39)均未涉及现金的增减变动,在现金流量表中不反映。

(40)以银行存款缴纳所得税100 000元、增值税270 000元、教育费附加8 300元。

缴纳所得税、增值税、教育费附加流出现金378 300元,应当在现金流量表经营活动的"支付的各项税款"项目反映。

(41)结转本年净利润。

(42)按本年税后利润的10%计提法定盈余公积,5%计提任意盈余公积。

(43)将利润分配各明细账的余额转入"利润分配——未分配利润"明细账户。

业务(41)~(43)均未涉及现金的增减变动,在现金流量表中不反映。

(44)以银行存款偿还长期借款本金900 000元。

归还长期借款本金流出现金300 000元应当在现金流量表筹资活动的"偿还债务支付的现金"项目反映。

根据上述分析,编制TCA公司2×15年的现金流量表,如表16-6所示。

表16-6　　现金流量表

编制单位:TCA股份有限公司　　2×15年度　　单位:元

项　目	计算过程(万元)	本期金额
一、经营活动产生的现金流量		
销售商品、提供劳务收到的现金	(4)234+(8)32+(22)30+(25)8.5	3 045 000
收到的税费返还		0
收到的其他与经营活动有关的现金		0
经营活动现金流入小计		3 045 000
购买商品、接受劳务支付的现金	(5)11.7+(7)2+(9)11.6766	253 766
支付给职工以及为职工支付的现金	(12)30+(34)7.2	372 000

续表

项　目	计算过程(万元)	本期金额
支付的各项税费	(40)37.83	378 300
支付的其他与经营活动有关的现金	(8)2＋(24)3	50 000
经营活动现金流出小计		1 054 066
经营活动产生现金流量净额		1 990 934
二、投资活动产生的现金流量		
收回投资收到的现金	(6)2.2	22 000
取得投资收益收到的现金	(20)4	40 000
处置固定资产、无形资产及其他长期资产收回的现金净额	(16)0.1＋(23)40	401 000
处置子公司和其他营业单位收到的现金净额		0
收到的其他与投资活动有关的现金		0
投资活动现金流入小计		463 000
购建固定资产、无形资产和其他长期资产支付的现金	(2)112.32＋(3)18.2＋(12)10＋(34)2.4	1 429 200
投资支付的现金		0
取得子公司和其他营业单位支付的现金净额		0
支付的其他与投资活动有关的现金		0
投资活动现金流出小计		1 429 200
投资活动产生现金流量净额		－966 200
三、筹资活动产生的现金流量		
吸收投资收到的现金		
借款收到的现金	(1)50	500 000
收到的其他与筹资活动有关的现金		0
筹资活动现金流入小计		500 000
偿还债务支付的现金	(19)30＋(44)90	1 200 000
分配股利、利润或偿付利息支付的现金	(19)1.5	15 000
支付的其他与筹资活动有关的现金		0
筹资活动现金流出小计		1 215 000
筹资活动产生现金流量净额		－715 000
四、汇率变动对现金及现金等价物的影响		0
五、现金及现金等价物净增加额		309 734
加:期初现金及现金等价物余额		1 360 000
六、期末现金及现金等价物余额		1 669 734

2. 分析填列法

分析填列法是根据资产负债表、利润表和有关明细账的记录分析计算出现金流量表各项目金额,并据以编制现金流量表的方法。

(1)“销售商品、提供劳务收到的现金”项目。

本项目根据“库存现金”、“银行存款”、“应收票据”、“应收账款”、“预收账款”、“主营业务收入”、“其他业务收入”账户的记录分析填列。计算公式如下:

本期销售商品、提供劳务收到的现金=本期营业收入* +应交税费(应交增值税-销项税额)+应收账款(期初余额-期末余额)+应收票据(期初余额-期末余额)+预收账款(期末余额-期初余额)+本期收回前期核销的坏账损失-应收票据贴现利息

【注】 带有“*”的为报表项目金额,下同。

以前述 TCA 公司的资料为例,说明该公司 2×15 年度现金流量表的编制方法。计算如下:

本期销售商品、提供劳务收到的现金 3 045 000=本期营业收入 2 800 000+本期增值税销项税额 476 000+应收账款(期初余额 400 000-期末余额 900 000)+应收票据(期初余额 340 000-期末余额 40 000)-应收票据贴现利息 31 000

(2)“收到的税费返还”项目。

本项目根据“库存现金”、“银行存款”、“营业税金及附加”、“营业外收入”等账户的记录分析填列。

(3)“收到的其他与经营活动有关的现金”项目。

本项目根据“库存现金”、“银行存款”、“管理费用”、“营业费用”等账户的记录分析填列。

(4)“购买商品、接受劳务支付的现金”项目。

本项目根据“库存现金”、“银行存款”、“应付票据”、“应付账款”、“预付账款”、“主营业务成本”、“其他业务成本”等账户的记录分析填列。计算公式如下:

本期购买商品、接受劳务支付的现金=本期营业成本* +应交税费(应交增值税-销项税额)+应付账款(期初余额-期末余额)+应付票据(期初余额-期末余额)+预付账款(期末余额-期初余额)-存货* (期初余额-期末余额)-当期列入生产成本、制造费用的职工薪酬-当期列入生产成本、制造费用的折旧费和固定资产修理费

以前述 TCA 公司的资料为例,计算如下:

本期购买商品、接受劳务支付的现金 253 766=本期营业成本 2 080 000+本期增值税进项税额 33 966+应付票据(期初余额 310 000-期末余额 290 000)-存货(期初余额 2 558 000-期末余额1 118 800)-当期列入生产成本、制造费用的职工薪酬 351 000-当期列入生产成本、制造费用的折旧费和固定资产修理费 90 000

(5)“支付给职工以及为职工支付的现金”项目。

本项目根据“库存现金”、“银行存款”、“应付职工薪酬”等账户的记录分析填列。计算公式如下:

支付给职工以及为职工支付的现金=生产成本、制造费用、管理费用中的职工薪酬+应付职工薪酬(期初余额-期末余额)-应付职工薪酬(在建工程)(期初余额-期末余额)

以前述 TCA 公司的资料为例,计算如下:

【注】 假设前述 TCA 公司资料“应付职工薪酬”账户的期初余额均为生产经营人员薪酬。

支付给职工以及为职工支付的现金 372 000=生产成本、制造费用、管理费用中的职工薪酬 390 000+应付职工薪酬(期初余额 279 000-期末余额 303 000)-应付职工薪酬(在建工程)(期初余额 0-期末余额 6 000)

(6)“支付的各项税费”项目。

本项目根据“应交税费”、“库存现金”、“银行存款”等账户分析填列。

以前述 TCA 公司的资料为例，计算如下：

支付的各项税费 378 300＝以现金缴纳的(所得税 100 000＋增值税 270 000＋教育费附加 8 300)

(7)“支付的其他与经营活动有关的现金”项目。

本项目根据“库存现金”、“银行存款”、“管理费用”、“销售费用”、“营业外支出”等账户的记录分析填列。

以前述 TCA 公司的资料为例，计算如下：

支付的其他与经营活动有关的现金 50 000＝以现金支付的广告费 20 000＋展览费 30 000

(8)“收回投资收到的现金”项目。

本项目根据“交易性金融资产”、“持有至到期投资”、“可供出售金融资产”、“长期股权投资”、“投资性房地产”、“库存现金”、“银行存款”等账户的记录分析填列。

以前述 TCA 公司的资料为例，计算如下：

收回投资收到的现金 22 000＝转让的交易性金融资产 22 000

(9)“取得投资收益收到的现金”项目。

本项目根据“应收股利”、“应收利息”、“投资收益”、“库存现金”、“银行存款”等账户的记录分析填列。

以前述 TCA 公司的资料为例，计算如下：

取得投资收益收到的现金 40 000＝国债利息 40 000

(10)“处置固定资产、无形资产及其他长期资产收回的现金净额”项目。

本项目根据“固定资产清理”、“库存现金”、“银行存款”等账户的记录分析填列。

以前述 TCA 公司的资料为例，计算如下：

处置固定资产、无形资产和其他长期资产收回的现金净额 401 000＝报废固定资产(2 000－1 000)＋出售固定资产 400 000

(11)“处置子公司和其他营业单位收到的现金净额”项目。

本项目根据“长期股权投资”、“银行存款”、“库存现金”等账户的记录分析填列。

(12)“收到的其他与投资活动有关的现金”项目。

本项目根据“应收股利”、“应收利息”、“银行存款”、“库存现金”等账户的记录分析填列。

(13)“购建固定资产、无形资产和其他长期资产支付的现金”项目。

本项目根据“固定资产”、“在建工程”、“工程物资”、“无形资产”、“库存现金”、“银行存款”等账户的记录分析填列。

以前述 TCA 公司的资料为例，计算如下：

购建固定资产、无形资产和其他长期资产支付的现金 1 429 200＝购买固定资产 1 123 200＋购买工程物资 182 000＋支付在建工程人员薪酬等 124 000

(14)“投资支付的现金”项目。

本项目根据“交易性金融资产”、“持有至到期投资”、“可供出售金融资产”、“投资性房地产”、“长期股权投资”、“库存现金”、“银行存款”等账户的记录分析填列。

(15)“取得子公司及其他营业单位支付的现金净额”项目。

本项目根据“长期股权投资”、“银行存款”、“库存现金”等账户的记录分析填列。

(16)“支付的其他与投资活动有关的现金”项目。

本项目根据“应收股利”、“应收利息”、“银行存款”、“库存现金”等账户的记录分析填列。

(17)“吸收投资收到的现金”项目。

本项目根据“实收资本(或股本)”、“资本公积”、“库存现金”、“银行存款”等账户的记录分析填列。

(18)“借款收到的现金”项目。

本项目根据“短期借款”、“长期借款”、“交易性金融负债”、“应付债券”、“库存现金”、“银行存款”等账户的记录分析填列。

以前述 TCA 公司的资料为例,计算如下:

借款收到的现金 500 000=借入长期借款 500 000

(19)“收到的其他与筹资活动有关的现金”项目。

本项目根据“银行存款”、“库存现金”、“营业外收入”等账户的记录分析填列。

(20)“偿还债务支付的现金”项目。

本项目根据“短期借款”、“长期借款”、“交易性金融负债”、“应付债券”、“库存现金”、“银行存款”等账户的记录分析填列。

以前述 TCA 公司的资料为例,计算如下:

偿还债务所支付的现金 1 200 000=偿还短期借款 300 000+偿还长期借款 900 000

(21)“分配股利、利润或偿付利息支付的现金”项目。

本项目根据“应付股利”、“应付利息”、“利润分配”、“财务费用”、“在建工程”、“制造费用”、“研发支出”、“库存现金”、“银行存款”等账户的记录分析填列。

以前述 TCA 公司的资料为例,计算如下:

分配股利、利润或偿付利息支付的现金 15 000=支付短期借款利息 15 000

(22)“支付的其他与筹资活动有关的现金”项目。

本项目根据“长期应付款”、“营业外支出”、“库存现金”、“银行存款”等账户的记录分析填列。

(23)“汇率变动对现金及现金等价物的影响”项目。

本项目可逐笔计算外币业务发生的汇率变动对现金的影响,也可不必逐笔计算汇率变动对现金的影响,通过现金流量表补充资料中“现金及现金等价物净增加额”数额与现金流量表中“经营活动产生的现金流量净额”、“投资活动产生的现金流量净额”、“筹资活动产生的现金流量净额”三项之和比较,其差额即为“汇率变动对现金的影响额”。

3. 工作底稿法

工作底稿法即以工作底稿为手段,以利润表和资产负债表的数据为基础,对每一项目进行分析,并编制调整分录,从而据以编制现金流量表的方法。现金流量表工作底稿的格式如表 16—6 所示。

采用工作底稿法编制现金流量表的程序是:

第一步,根据年度资产负债表,将年初数、期末数过入工作底稿的“期初数”栏和“期末数”栏。

第二步,对当期业务进行分析,编制调整分录:

编制调整分录时,要以利润表项目为基础,从“营业收入”开始,结合资产负债表项目逐一进行分析。在调整分录中,有关现金和现金等价物的事项,并不直接借记或贷记现金,而是分别计入“经营活动产生的现金流量”、“投资活动产生的现金流量”、“筹资活动产生的现金流量”有关项目,借记表示现金流入,贷记表示现金流出。

第三步,将调整分录过入工作底稿的相关栏目中。

第四步,核对调整分录:

(1)调整分录借方、贷方合计数应当相等;

(2)资产负债表项目的期初数加减调整分录中的借贷金额后,应当等于期末数。

第五步,根据工作底稿中的现金流量表项目编制正式的现金流量表正表部分。

例 3　仍以前述 TCA 公司的资料为例,编制该企业 2×15 年度的现金流量表。具体步骤如下:

第一步,将资产负债表的年初数和期末数过入工作底稿的相关栏目,见图表 16—6 所示。

第二步，对当期业务进行分析，编制调整分录。

编制的调整分录从利润表的"营业收入"开始，结合资产负债表的有关项目逐一进行分析调整。本例调整分录如下：

(1)分析调整营业收入：

借：经营——销售商品收到的现金	3 077 500	
应收账款	498 500	
贷：营业收入		2 800 000
应收票据		300 000
应交税费		476 000

【注】 涉及现金流量表中三类活动的收入与支出，此处为简便起见，简称"经营"、"投资"、"筹资"(下同)。

以营业收入为起点进行调整，这是假设本期销售收入都收到了现金，但是，由于利润表中的营业收入是按权责发生制确认的，因此，应调整应收及预收项目的增减变动，将其转换为收付实现制。本例应收账款共增加了498 500元，说明营业收入中有498 500元未增加现金，所以应减少本期销售商品收到的现金；而应收票据减少了300 000元，说明应收票据收回增加了本期的现金收入，应增加本期销售商品收到的现金。另外，销售商品收到的增值税销项税额476 000元，也应增加销售商品的现金收入，但未包括在营业收入中，此处应调整。

(2)分析调整营业成本：

借：营业成本	2 080 000	
应交税费	33 966	
应付票据	20 000	
贷：存货		1 439 200
经营——购买商品支付的现金		694 766

以营业成本为起点进行调整，这是假设本期销售的商品都是本期购入的，并且在购入时都支付了现金，但是实际情况并不一定如此，因此应调整应付及预付项目。应付票据减少了20 000元，这使本期购买商品的现金支出增加了20 000元。存货减少了1 439 200元，说明本期耗用或销售的存货不都是本期用现金购入的，而是原先库存的，因此使购买商品支付的现金减少了1 439 200元。另外，购买材料支付了增值税进项税额33 966元，也增加了购买商品支付的现金，但未包括在营业成本中，此处应调整。

(3)调整营业税金及附加：

借：营业税金及附加	8 300	
贷：经营——支付的各项税费		8 300

本例利润表所列主营业务税金及附加与按收付实现制确认的数额相同。

(4)调整销售费用：

借：销售费用	50 000	
贷：经营——支付的其他与经营活动有关的现金		50 000

本例销售费用全部用现金支付。

(5)分析调整管理费用：

借：管理费用	149 000	
贷：固定资产		30 000
无形资产		80 000
应付职工薪酬		39 000

本期发生的管理费用不是都支付现金，其中，计提固定资产折旧 30 000 元、摊销无形资产 80 000元、应付行政管理人员工资及社会保险费等 39 000 元都不涉及现金的支付。

(6)分析调整财务费用：

借：财务费用　61 000

　贷：应付利息　30 000

　　经营——销售商品收到的现金　31 000

本期财务费用 61 000 元中计提短期、长期借款利息 30 000 元，未支付现金。另 31 000 元是票据贴现利息，由于在上述调整应收票据时已全数记入了“经营——销售商品收到的现金”项目，所以此处应冲回，不能作为现金流入。

(7)分析调整资产减值损失：

借：资产减值损失　1 500

　贷：经营——销售商品收到的现金　1 500

计提坏账准备减少了应收账款，但是并没有现金流入，由于上述调整应收账款时已全数记入了“经营——销售商品收到的现金”项目，所以此处应冲回，不能作为现金流入。

(8)分析调整投资收益及公允价值变动收益：

借：投资——收回投资收到的现金　22 000

　　——取得投资收益收到的现金　40 000

　公允价值变动收益　2 000

　贷：投资收益　44 000

　　交易性金融资产　20 000

本期投资收益 44 000 元由两部分组成：一部分是出售交易性金融资产 4 000 元，但其中 2 000 元是公允价值变动收益转入，并未增加现金流入；另一部分是分得现金股利 40 000 元，应增加投资活动的现金收入。在调整投资收益的同时，一并调整交易性金融资产。

(9)分析调整营业外收入：

借：投资——处置固定资产收到的现金　400 000

　贷：营业外收入　70 000

　　固定资产　330 000

本期营业外收入 70 000 元系处置固定资产的净收益。

(10)分析调整营业外支出：

借：营业外支出　39 000

　投资——处置固定资产收到的现金　1 000

　贷：固定资产　40 000

本期营业外支出 39 000 元系处置固定资产的损失。在处置过程中收付的现金应以净额列示。

(11)分析调整所得税费用：

借：所得税费用　120 800

　贷：应交税费　20 800

　　经营——支付的各项税费　100 000

本期应交所得税 120 800 元中以现金缴纳 100 000 元。

(12)结转净利润：

借：净利润　402 400

　贷：未分配利润　402 400

此调整分录不涉及现金收支，只是为核对资产负债表“未分配利润”项目期末、期初的变化情况。

在对利润表的有关项目进行分析调整结转后，可将调整分录过入工作底稿，然后核对工作底稿上资产负债表的有关项目，对没有调整到位的项目，再结合相关账户的发生额和本年度有关投资、筹资等事项进行分析调整。

(13)分析调整固定资产：

借：固定资产	1 860 000	
应交税费	163 200	
贷：投资——购建固定资产支付的现金		1 123 200
在建工程		900 000
借：经营——购买商品支付的现金	90 000	
贷：固定资产		90 000

第一笔分录是调整本期固定资产增加1 860 000元，其中：购入设备960 000元，在建工程完工转入900 000元。另外，购入固定资产支付了增值税163 200元。购入设备的部分减少投资活动的现金流量，而在建工程完工转入的部分并不直接支出现金。

第二笔分录是调整计提的折旧，本期计提折旧120 000元，其中列入管理费用的30 000元已在调整分录(5)中调整，计入产品成本的折旧费90 000元因上述调整存货时已全数记入了“经营——购买商品支付的现金”项目，所以此处应冲回，不能作为现金流出。

本期固定资产的减少已在上述调整分录(9)、(10)中与营业外收支一并调整。

(14)分析调整在建工程：

借：在建工程	240 000	
贷：应付职工薪酬		6 000
应付利息		110 000
投资——购建固定资产支付的现金		124 000

本期在建工程增加240 000元，其中：支付职工薪酬及养老保险金124 000元，计提福利费6 000元，长期借款利息110 000元。本期在建工程的减少已在上述(13)中做了调整。

(15)分析调整工程物资：

借：工程物资	182 000	
贷：投资——购建固定资产支付的现金		182 000

购买工程物资的现金支出。

(16)分析调整短期借款：

借：短期借款	300 000	
贷：筹资——偿还债务支付的现金		300 000

归还短期借款增加筹资活动的现金支出。

(17)分析调整应付职工薪酬：

借：应付职工薪酬	372 000	
贷：经营——支付给职工以及为职工支付的现金		372 000
借：经营——购买商品支付的现金	351 000	
贷：应付职工薪酬		351 000

本期应付职工薪酬项目的期末数比期初数增加24 000元，并不意味着本期支付给职工的工资为24 000元，因此，应根据“应付职工薪酬”账户的本期发生额计算调整。本期“应付职工薪酬”账户的借方发生额为496 000元，其中：124 000元为支付在建工程人员薪酬等，在调整分录(14)中已经做了调整；372 000元为支付生产经营人员薪酬等，在上述第(17)笔分录的第一笔分录中调整。贷方发生额520 000元，其中：351 000元在工资费用分配时已计入生产成本、制造费用，而生产成

本、制造费用已结转分配到存货成本中，存货已在调整分录(2)中做了调整，所以此处应冲回；计入管理费用的39 000元已在调整分录(5)中做了调整；在建工程应负担的职工薪酬等124 000元已在上述调整分录(14)中做了调整。

(18)分析调整应付利息：

借：应付利息 15 000

贷：筹资——偿付利息支付的现金 15 000

以现金支付短期借款利息。

(19)分析调整应交税费：

借：应交税费 270 000

贷：经营——支付的各项税费 270 000

本期应交税费的增减主要涉及增值税、所得税和教育费附加，所得税和教育费附加已在上述调整分录(3)、(11)中进行了调整，所以此处调整的是增值税。购货和销货发生的增值税进项税额、销项税额在调整分录(1)、(2)中已做调整，因此，此处调整的是实际以现金缴纳的增值税额。

(20)分析调整长期借款：

借：筹资——借款收到的现金 500 000

贷：长期借款 500 000

借：长期借款 900 000

贷：筹资——偿还债务支付的现金 900 000

第一笔分录调整的是借入长期借款收到的现金，第二笔分录调整的是以现金偿还的长期借款。

(21)提取盈余公积：

借：未分配利润 60 360

贷：盈余公积 60 360

提取盈余公积并不影响现金收支，只是为核对资产负债表"盈余公积"及"未分配利润"项目期末、期初的变化情况。

(22)调整现金及现金等价物净变化额：

借：货币资金 309 734

贷：现金及现金等价物净增加额 309 734

本例中无现金等价物的增减变化。

第三步，将上述调整分录过入现金流量表工作底稿的相应栏目，如表16—7所示。

第四步，核对调整分录，检查资产负债表项目的年初数加减调整分录的借贷金额后是否等于期末数，检查调整分录的借方合计数是否等于贷方合计数。

第五步，根据工作底稿中的现金流量表项目，编制正式的现金流量表正表部分，如表16—8所示。

表16—7 **现金流量表工作底稿**

编制单位：TCA股份有限公司 2×15年度 单位：元

项　目	期初数	调整分录		期末数
		借　方	贷　方	
资产负债表项目				
借方项目：				
货币资金	1 360 000	(22)309 734		1 669 734
交易性金融资产	20 000		(8) 20 000	0

续表

项目	期初数	调整分录		期末数
		借方	贷方	
应收票据	340 000		(1)300 000	40 000
应收账款	398 800	(1)498 500		897 300
预付账款	105 000			105 000
其他应收款	5 000			5 000
存货	2 558 000		(2)1 439 200	1 118 800
长期股权投资	344 000			344 000
固定资产	2 182 000	(13)1 860 000	(5)30 000 (9)330 000 (10)40 000 (13)90 000	3 552 000
在建工程	1 000 000	(14)240 000	(13)900 000	340 000
工程物资		(15)182 000		182 000
无形资产	800 000		(5)80 000	720 000
长期待摊费用	112 000			112 000
借方项目合计	9 224 800			9 085 834
贷方项目：				
短期借款	360 000	(16)300 000		60 000
应付票据	310 000	(2) 20 000		290 000
应付账款	780 000			780 000
应付职工薪酬	279 000	(17)372 000	(5)39 000 (14) 6 000 (17)351 000	303 000
应交税费	30 000	(2)33 966 (15)163 200 (19)270 000	(1)476 000 (11) 20 800	59 634
应付利息	2 000	(18)15 000	(6) 30 000 (14)110 000	127 000
应付股利	13 800			13 800
其他应付款	7 000			7 000
长期借款	800 000	(20)900 000	(20)500 000	400 000
股本	6 000 000			6 000 000

续表

项　目	期初数	调整分录		期末数
		借　方	贷　方	
资本公积	11 000			11 000
盈余公积	300 000		(21)60 360	360 360
未分配利润	332 000	(21) 60 360	(12)402 400	674 040
贷方项目合计	9 224 800			9 085 834
利润表项目				
营业收入			(1)2 800 000	2 800 000
营业成本		(2)2 080 000		2 080 000
营业税金及附加		(3) 8 300		8 300
销售费用		(4) 50 000		50 000
管理费用		(5)149 000		149 000
财务费用		(6) 61 000		61 000
资产减值损失		(7) 1 500		1 500
公允价值变动收益		(8) 2 000		−2 000
投资收益			(8)44 000	44 000
营业外收入			(9)70 000	70 000
营业外支出		(10) 39 000		39 000
所得税费用		(11)120 800		120 800
净利润		(12)402 400		402 400
现金流量表项目				
一、经营活动产生的现金流量				
销售商品、提供劳务收到的现金		(1)3 077 500	(6)31 000 (7) 1 500	3 045 000
收到的税费返还				
收到的其他与经营活动有关的现金				
经营活动现金流入小计				3 045 000
购买商品、接受劳务支付的现金		(13) 90 000 (17)351 000	(2)694 766	253 766
支付给职工以及为职工支付的现金			(17)372 000	372 000
支付的各项税费			(3) 8 300 (11)100 000 (19)270 000	378 300
支付的其他与经营活动有关的现金			(4) 50 000	50 000
经营活动现金流出小计				1 054 066

续表

项　目	期初数	调整分录		期末数
		借　方	贷　方	
经营活动产生现金流量净额				1 990 934
二、投资活动产生的现金流量				
收回投资收到的现金		(8) 22 000		22 000
取得投资收益收到的现金		(8)40 000		40 000
取得债券利息收入收到的现金				
处置固定资产、无形资产和其他长期资产收回的现金净额		(9)400 000 (10) 1 000		401 000
收到其他与投资活动有关的现金				
投资活动现金流入小计				463 000
购建固定资产、无形资产和其他长期资产支付的现金			(14)124 000 (13)1 123 200 (15)182 000	1 429 200
投资支付的现金				
支付的其他与投资活动有关的现金				
投资活动现金流出小计				1 429 200
投资活动产生现金流量净额				—966 200
三、筹资活动产生的现金流量				
吸收投资收到的现金				
取得借款收到的现金		(20)500 000		500 000
收到其他与筹资活动有关的现金				
筹资活动现金流入小计				500 000
偿还债务支付的现金			(16)300 000 (20)900 000	1 200 000
分配股利、利润或偿付利息支付的现金			(18)15 000	15 000
支付的其他与筹资活动有关的现金				
筹资活动现金流出小计				1 215 000
筹资活动产生现金流量净额				—715 000
四、现金及现金等价物净增加额			(22)309 734	309 734
借贷分录合计		12 620 260	12 620 260	

表 16—8　　现金流量表

编制单位:TCA 股份有限公司　　2×15 年度　　单位:元

项　目	本期金额	上期金额
一、经营活动产生的现金流量		略
销售商品、提供劳务收到的现金	3 045 000	
收到的税费返还	0	
收到的其他与经营活动有关的现金	0	
经营活动现金流入小计	3 045 000	
购买商品、接受劳务支付的现金	253 766	
支付给职工以及为职工支付的现金	372 000	
支付的各项税费	378 300	
支付的其他与经营活动有关的现金	50 000	
经营活动现金流出小计	1 054 066	
经营活动产生现金流量净额	1 990 934	
二、投资活动产生的现金流量		
收回投资收到的现金	22 000	
取得投资收益收到的现金	40 000	
处置固定资产、无形资产和其他长期资产收回的现金净额	401 000	
处置子公司和其他营业单位收到的现金净额	0	
收到其他与投资活动有关的现金	0	
投资活动现金流入小计	463 000	
购建固定资产、无形资产和其他长期资产支付的现金	1 429 200	
投资支付的现金	0	
取得子公司和其他营业单位支付的现金净额	0	
支付的其他与投资活动有关的现金	0	
投资活动现金流出小计	1 429 200	
投资活动产生现金流量净额	—966 200	
三、筹资活动产生的现金流量		
吸收投资收到的现金	0	
借款收到的现金	500 000	
收到的其他与筹资活动有关的现金	0	
筹资活动现金流入小计	500 000	
偿还债务支付的现金	1 200 000	
分配股利、利润或偿付利息支付的现金	15 000	

续表

项　目	本期金额	上期金额
支付的其他与筹资活动有关的现金	0	
筹资活动现金流出小计	1 215 000	
筹资活动产生现金流量净额	−715 000	
四、汇率变动对现金及现金等价物的影响	0	
五、现金及现金等价物净增加额	309 734	
加:期初现金及现金等价物余额	1 360 000	
六、期末现金及现金等价物余额	1 669 734	

4. T型账户法

采用T型账户法编制现金流量表,是以T型账户为手段,以资产负债表和利润表数据为基础,对每一项目进行分析并编制调整分录,从而编制现金流量表。T型账户法的程序是:

第一步,为所有的非现金项目(包括资产负债表项目和利润表项目)分别开设T型账户,并将各自的期末、期初变动数过入各相关账户。如果项目的期末数大于期初数,则将差额过入与项目余额相同的方向;反之,则过入相反的方向。

第二步,开设一个大的"现金及现金等价物"T型账户,每边分为经营活动、投资活动和筹资活动三个部分,左边记现金流入,右边记现金流出。与其他账户一样,过入期末、期初变动数。

第三步,以利润表项目为基础,结合资产负债表分析每一个非现金项目的增减变动,并据此编制调整分录。

第四步,将调整分录过入各T型账户,并进行核对,该账户借贷相抵后的余额与原先过入的期末、期初变动数应当一致。

第五步,根据大的"现金及现金等价物"T型账户,编制正式的现金流量表。

(三)现金流量表补充资料的填列

1. 将净利润调节为经营活动的现金流量

这是按间接法计算的经营活动产生的现金流量,其计算结果应与正表中的相应项目核对相符。

从净利润出发,将净利润调节为经营活动的现金流量,这是假设构成净利润的收入利得都流入了现金,损失费用都支付了现金,并且它们都是经营活动所产生的。但净利润不仅包含了经营活动的收入和费用,而且还包括了投资和筹资活动的损益;同时,由于净利润是按权责发生制确定的,构成净利润的收入利得、费用损失不一定都收入或支付了现金。因此,要将净利润调节为经营活动的现金流量,不仅要剔除净利润中包含的投资、筹资活动的损益,还要剔除经营活动中不涉及现金收支的收入、费用等。

在净利润基础上需要进行调整的项目主要有以下三类:

第一类,不涉及现金收支的收入利得、费用损失项目。

构成净利润的收入利得与费用损失中,有些事项的发生并没有涉及现金的收支,而这些项目在计算净利润时已增加或减少了本期损益,所以应当调整。如计提固定资产折旧、摊销无形资产、计提资产减值准备等。

第二类,不属于经营活动的投资、筹资活动项目。

构成净利润的损益中也包含了投资、筹资活动产生的损益,例如,财务费用中的利息支出属于筹资活动,而这部分利息费用已从净利润中扣除;又如,处置固定资产、无形资产和其他长期资产的损益、投资损益等，这些项目都已经增减了当期的净利润，但它们并不属于经营活动，所以应从净利润中剔除。

第三类，未包括在净利润中，但影响经营活动现金流量发生增减变化的资产、负债变动项目。

主要指各种发生变动的经营性应收、应付以及存货项目。例如，应收账款、应收票据、预付账款、其他应收款以及应付账款、应付票据、应交税费、应付职工薪酬、其他应付款等(不包括与投资、筹资活动有关的项目)。当经营性应收项目的期末数大于期初数时，说明营业收入的现金流入数比利润表中所列的营业收入要少，即已经作为净利润增加的收入中有一部分并没有收入现金。所以，经营性应收项目的增加数要从净利润中减去，反之则应加回本期净利润。当经营性应付项目的期末数大于期初数时，说明购货等事项支付的现金比利润表所列的营业成本和有关费用要少，即购入的存货及发生的费用中有一部分没有支付现金，因此，本期所列示的营业成本及费用并不全部是现金流出。所以，经营性应付项目的增加数应加回本期净利润中，反之则应从净利润中减去。

将净利润调节为经营活动的现金流量各项目的填列方法如下：

(1)净利润。

按同会计期利润表中的相关项目填列。

以前述 TCA 公司为例，利润表“净利润”项目的金额为 402 400 元。

(2)资产减值准备。

这里所指的“资产减值准备”包括坏账准备、存货跌价准备、投资性房地产减值准备、长期股权投资减值准备、持有至到期投资减值准备、固定资产减值准备、在建工程减值准备、工程物资减值准备、生物性资产减值准备、无形资产减值准备、商誉减值准备等。由于企业计提的各项资产减值准备已作为利润的扣减项目，但并没有支出现金，所以，在将净利润调节为经营活动的现金流量时，需要加回。本项目可根据“资产减值损失”账户的记录分析填列。

以前述 TCA 公司为例，本期“资产减值准备”项目的金额为 1 500 元。

(3)固定资产折旧、油气资产折耗、生产性生物资产折旧。

企业计提的固定资产折旧，计入管理费用中的部分，作为期间费用在计算净利润时从中扣除，但没有发生现金流出；计入制造费用中已经变现的部分，在计算净利润时通过销售成本予以扣除，但也没有发生现金流出；计入制造费用中没有变现的部分，既不涉及现金收支，也不影响企业当期净利润，而在调节存货时已经从中扣除，所以在此处将净利润调节为经营活动的现金流量时，计提的固定资产折旧需要予以加回。同理，企业计提的油气资产折耗、生产性生物资产折旧，也需要予以加回。本项目可根据“累计折旧”、“累计折耗”、“生产性生物资产折旧”账户的贷方发生额分析填列。

以前述 TCA 公司为例，本期计提固定资产折旧 120 000 元。

(4)无形资产及长期待摊费用摊销。

无形资产计提的摊销计入管理费用或制造费用，而长期待摊费用的摊销，有的计入管理费用和销售费用，有的计入制造费用。计入管理费用等期间费用和计入制造费用中已变现的部分，在计算净利润时已从中扣除，但没有发生现金流出；计入制造费用中没有变现的部分，在调节存货时已经从中扣除，但不涉及现金收支，所以，在此处将净利润调节为经营活动的现金流量时，需要予以加回。这个项目可根据“累计摊销”、“长期待摊费用”账户的贷方发生额分析填列。

以前述 TCA 公司为例，本期计提无形资产摊销 80 000 元。

(5)处置固定资产、无形资产和其他长期资产的损失(减:收益)。

企业处置固定资产、无形资产和其他长期资产不属于经营活动，而属于投资活动，因此，其所产生的损益在将净利润调节为经营活动的现金流量时应从净利润中转出。处置损失应加回净利润；处置收益从净利润中减去，以“—”号填列。本项目应根据“营业外收入”、“营业外支出”账户的明细资料分析填列。

以前述 TCA 公司为例，本期出售固定资产处置收益 70 000 元，以负数填列。

(6)公允价值变动损失(减：收益)。

公允价值变动损益反映企业的交易性金融资产或金融负债因公允价值变动形成的应计入当期损益的利得或损失。企业发生的公允价值变动损益通常与企业的投资活动或筹资活动有关，而且并不影响企业当期的现金流量。为此，应当将其从净利润中剔除。公允价值变动损失，在将净利润调节为经营活动的现金流量时，应当加回；公允价值变动收益则应当在净利润中扣除，以"—"号填列。本项目可以根据"公允价值变动损益"账户的发生额分析填列。

以前述 TCA 公司为例，本期发生公允价值变动损失 2 000 元。

(7)固定资产报废损失。

企业发生的固定资产报废损益属于投资活动产生的损益，不属于经营活动产生的损益，所以，在将净利润调节为经营活动的现金流量时，需要予以剔除。同样，投资性房地产发生报废、毁损而产生的损失，也需要予以剔除。如为净损失，在将净利润调节为经营活动的现金流量时，应当加回；如为净收益，则应当扣除。本项目可以根据"营业外支出"、"营业外收入"等账户所属有关明细账户的记录分析填列。

以前述 TCA 公司为例，本期报废固定资产损失 39 000 元。

(8)财务费用。

企业发生的财务费用可分别归属经营活动、投资活动和筹资活动，如利息支出属筹资活动，购买固定资产产生的汇兑损益属投资活动，应收票据的贴现利息属经营活动。但这些财务费用都减少了当期的净利润，因此，应把属于投资、筹资活动的部分从净利润中剔除，即加回净利润中。本项目可以根据"财务费用"账户的本期发生额分析填列；如为收益，以"—"号填列。

以前述 TCA 公司为例，本期发生财务费用 61 000 元，其中 31 000 元为应收票据贴现利息，属于经营活动的费用；30 000 元为利息费用，属于筹资活动，应予剔除。

(9)投资损失(减：收益)。

企业发生的投资损益属投资活动产生的损益，但列入了净利润的计算中，所以，在将净利润调节为经营活动的现金流量时，需要予以剔除。投资收益应从净利润中减去，投资损失则应加回净利润中，以"—"号填列。本项目可以根据利润表中"投资收益"项目的数字填列。

以前述 TCA 公司为例，本期投资收益 44 000 元，以负数填列。

(10)递延所得税资产减少(减：增加)。

递延所得税资产反映了暂时性差异影响所得税的金额，它是计列的所得税费用和应交所得税之间的差额。由于实际缴纳所得税是按应税所得计算的，递延所得税资产并没有发生现金的流入与流出，但却作为所得税费用列入了净利润中，所以应调节净利润。

递延所得税资产减少使计入所得税费用的金额大于当期应交的所得税金额，其差额没有发生现金流出，但在计算净利润时已经扣除，在将净利润调节为经营活动的现金流量时，应当加回；递延所得税资产增加则使计入所得税费用的金额小于当期应交的所得税金额，二者之间的差额并没有发生现金流入，但在计算净利润时已经包括在内，因此应当从净利润中扣除。本项目可以根据资产负债表"递延所得税资产"项目的期初、期末余额分析填列。

(11)递延所得税负债增加(减：减少)。

递延所得税负债增加使计入所得税费用的金额大于当期应交的所得税金额，其差额没有发生现金流出，但在计算净利润时已经扣除，在将净利润调节为经营活动的现金流量时，应当加回；递延所得税负债减少则使计入当期所得税费用的金额小于当期应交的所得税金额，其差额并没有发生现金流入，但在计算净利润时已经包括在内，因此应当从净利润中扣除。本项目可以根据资产负债表"递延所得税负债"项目的期初、期末余额分析填列。

(12)存货的减少(减:增加)。

存货的增减变动属于经营活动,但在净利润中包含的只是本期耗用或销售的那部分。若某一时期存货期末数大于期初数,则说明本期购入的存货还剩余一部分,而这部分存货也支付了现金,所以,在将净利润调节为经营活动的现金流量时,应从净利润中减去。相反,如果本期存货期末数小于期初数,说明本期耗用或销售的存货中有一部分是以前购入的,而这部分存货在本期没有发生现金支出,所以应加回净利润中。如果存货的增减变化过程属于投资活动,如在建工程领用存货,应当将这一因素剔除。本项目可以根据资产负债表中"存货"项目的期初数、期末数之间的差额填列;期末数大于期初数的差额,以"一"号填列。

若存货发生赊购,除调整存货外,还应另外在"经营性应付项目的增加(减:减少)"项目中调整应付款项的增减变动来反映赊购对现金的影响。

以前述 TCA 公司为例,存货期末数为 1 118 800 元,期初数为 2 558 000 元,本期减少1 439 200 元。

(13)经营性应收项目的减少(减:增加)。

经营性应收项目包括应收票据、应收账款、预付账款以及长期应收款、其他应收款中与经营活动有关的部分(包括应收的增值税销项税额)。如果经营性应收项目的期末余额小于经营性应收项目的期初余额,说明本期收回的现金大于利润表中所确认的营业收入,所以,在将净利润调节为经营活动的现金流量时,需要加回。如果经营性应收项目的期末余额大于经营性应收项目的期初余额,说明本期销售收入中有一部分没有收回现金,但是,在计算净利润时这部分营业收入已包括在内,所以应当在净利润中扣除。本项目应当根据有关账户期末余额与期初余额的差额分析填列;如为增加,以"一"号填列。

以前述 TCA 公司为例,经营性应收项目计算如下:

应收账款=期末数 900 000－期初数 400 000＝ 500 000(元)

应收票据=期末数 40 000－期初数 340 000＝－300 000(元)

经营性应收项目增加 200 000(元)

(14)经营性应付项目的增加(减:减少)。

经营性应付项目包括应付票据、应付账款、预收账款、应付职工薪酬、应交税费、应付利息、长期应付款、其他应付款中与经营活动有关的部分(包括应付的增值税进项税额)。如果经营性应付项目的期末余额大于经营性应付项目的期初余额,说明本期购入的存货中有一部分没有支付现金,但是,在计算净利润时却通过营业成本减少了经营活动的现金流量,因此,在将净利润调节为经营活动的现金流量时,需要加回;相反,如果经营性应付项目的期末余额小于经营性应付项目的期初余额,说明本期支付的现金大于利润表中所确认的营业成本,所以,应当在调节时减少经营活动的现金流量。本项目应当根据有关账户的期初、期末余额分析填列;如为减少,以"一"号填列。

以前述 TCA 公司为例,经营性应付项目计算如下:

应付票据=期末数 290 000－期初数 310 000 ＝－20 000(元)

应付职工薪酬=期末数 303 000－期初数 279 000－在建工程人员福利费 6 000＝ 18 000(元)

应交税费=期末数 59 634－期初数 30 000＋购入固定资产增值税 163 200＝192 834(元)

经营性应付项目增加 190 834(元)

2. 不涉及现金收支的重大投资和筹资活动

企业发生的某些投资和筹资活动虽然不影响当期的现金收支,但却会对以后各期的现金流量产生影响。例如,融资租入固定资产在租入当期可能并不涉及现金的支出,但在以后的会计期却要用现金偿付租赁款。为了使报表使用者充分了解企业的财务状况,企业应通过现金流量表的补充资料来披露这些在一定时期内影响资产或负债但不涉及该期现金收支的所有重大投资和筹资活动的信息。

本项目应根据有关投资、筹资活动的明细资料填列。

3. 现金及现金等价物净变动情况

本项目通过对库存现金、银行存款、其他货币资金账户及现金等价物的期末余额和期初余额的比较得出，应根据资产负债表"货币资金"、"交易性金融资产"项目的期末数、期初数的差额分析填列，并与现金流量表正表中最后一项"现金及现金等价物净增加额"的金额核对相符。

例 4 以前述 TCA 公司的资料为例，编制 TCA 公司 2×15 年度现金流量表的补充资料，如表 16－9所示。

表 16－9 现金流量表补充资料 单位：元

补充资料	本期金额	上期金额
1. 将净利润调节为经营活动的现金流量		
净利润	402 400	
加：资产减值准备	1 500	
固定资产折旧、油气资产折耗、生产性生物资产折旧	120 000	
无形资产摊销	80 000	
长期待摊费用摊销	0	
处置固定资产、无形资产和其他长期资产的损失（收益以"－"号填列）	－70 000	
公允价值变动损失（收益以"－"号填列）	2 000	
固定资产报废损失（收益以"－"号填列）	39 000	
财务费用（收益以"－"号填列）	30 000	
投资损失（收益以"－"号填列）	－44 000	
递延所得税资产减少（增加以"－"号填列）	0	
递延所得税负债增加（减少以"－"号填列）	0	
存货的减少（增加以"－"号填列）	1 439 200	
经营性应收项目的减少（增加以"－"号填列）	－200 000	
经营性应付项目的增加（减少以"－"号填列）	190 834	
其他	0	
经营活动产生的现金流量净额	1 990 934	
2. 不涉及现金收支的重大投资和筹资活动		
债务转为资本	0	
一年内到期的可转换公司债券	0	
融资租入固定资产	0	

续表

补充资料	本期金额	上期金额
3. 现金及现金等价物净变动情况		
现金的期末余额	1 669 734	
减:现金的期初余额	1 360 000	
加:现金等价物的期末余额	0	
减:现金等价物的期初余额	0	
现金及现金等价物净增加额	309 734	

第五节 所有者权益变动表

一、所有者权益变动表的内容、结构及作用

(一)所有者权益变动表的内容

所有者权益是指企业资产扣除负债后由所有者享有的剩余权益。所有者权益的来源包括所有者投入的资本(包括实收资本和资本溢价等资本公积)、其他综合收益、留存收益(包括盈余公积和未分配利润)等。

根据《企业会计准则第 30 号——财务报表列报》的规定,所有者权益变动表应当反映构成所有者权益的各组成部分当期的增减变动情况。综合收益和与所有者(或股东)的资本交易导致的所有者权益的变动,应当分别列示。与所有者的资本交易,是指与所有者以其所有者身份进行的、导致企业所有者权益变动的交易。

(二)所有者权益变动表的结构

企业应当以矩阵的形式列示所有者权益变动表:一方面,列示导致所有者权益变动的交易或事项,按所有者权益变动的来源对一定时期所有者权益变动情况进行全面反映;另一方面,按照所有者权益各组成部分(包括实收资本、资本公积、其他权益工具、其他综合收益、盈余公积、未分配利润、库存股等)及其总额列示相关交易或事项对所有者权益的影响。

根据《企业会计准则第 30 号——财务报表列报》的规定,企业需要提供比较所有者权益变动表,所有者权益变动表还就各项目再分为"本年金额"和"上年金额"两栏分别填列。

所有者权益变动表主要分为表首和正表两个部分。

表首包括报表名称、编制单位、报表时期和货币计量单位。

企业应当单独列示正表的内容,反映下列信息项目:

1. 综合收益总额;
2. 会计政策变更和差错更正的累计影响金额;
3. 所有者投入资本和向所有者分配利润等;
4. 提取的盈余公积;
5. 所有者权益各组成部分的期初和期末余额及调节情况。

为了清楚地表明构成所有者权益的各组成部分当期的增减变动情况,所有者权益变动表以矩阵的形式列示。一方面,列示导致所有者权益变动的交易或事项,按所有者权益变动的来源对一定时期所有者权益变动情况进行全面反映;另一方面,按照所有者权益各组成部分(包括实收资本、资

本公积、其他权益工具、其他综合收益、盈余公积、未分配利润和库存股)及其总额列示交易或事项对所有者权益的影响。

所有者权益变动表的格式如表16－10所示。

(三)所有者权益变动表的作用

所有者权益的变动反映了企业一定时期净资产的变动情况,其主要作用如下:

1. 所有者权益变动表不仅包括所有者权益总量的增减变动,还包括所有者权益结构增减变动的重要性信息,特别是反映了直接计入所有者权益的利得和损失,为报表使用者准确理解所有者权益增减变动的根源提供了信息。

2. 通过所有者权益变动表可在一定程度上反映企业的综合收益。综合收益是指企业在某一期间与所有者之外的其他方面进行交易或发生其他事项所引起的净资产变动。综合收益的构成包括两部分:净利润和直接计入所有者权益的利得和损失。其中,前者是企业已实现并已确认的收益,后者是企业未实现但根据会计准则的规定已确认的收益。用公式表示如下:

综合收益＝净利润±直接计入所有者权益的利得和损失

其中:

净利润＝收入－费用±直接计入当期损益的利得和损失

二、所有者权益变动表的编制方法

为了使报表使用者了解、比较不同期间所有者权益的变动情况,企业需要提供相关的比较信息,因此,所有者权益变动表各项目分为"本年金额"和"上年金额"两栏分别填列。"本年金额"栏的金额应根据"实收资本(或股本)"、"资本公积"、"其他权益工具"、"其他综合收益"、"盈余公积"、"利润分配"、"库存股"、"以前年度损益调整"等账户的发生额分析填列。具体填列方法如下:

1."上年年末余额"项目,反映企业上年资产负债表中实收资本(或股本)、资本公积、盈余公积、未分配利润的年末余额。本项目应根据"实收资本"、"资本公积"、"其他权益工具"、"其他综合收益"、"盈余公积"、"利润分配"等账户的上年余额填列。如果上年度所有者权益变动表规定的各个项目的名称和内容与本年度不一致,应对上年所有者权益变动表各项目的名称和数字按照本年度的规定进行调整,填入所有者权益变动表"上年金额"栏内。

2."会计政策变更"和"前期差错更正"项目,分别反映企业采用追溯调整法处理的会计政策变更的累积影响金额和采用追溯重述法处理的会计差错更正的累积影响金额。本项目应当在上期期末所有者权益余额的基础上进行调整得出本期期初所有者权益,根据"盈余公积"、"利润分配"、"以前年度损益调整"等账户的发生额分析填列。

3."本年增减变动金额"项目中:

(1)"综合收益总额"项目,反映企业当年实现的净利润(或净亏损)和其他综合收益净额,对应列在"未分配利润"和"其他综合收益"栏。本项目应根据"利润分配"和"其他综合收益"账户的发生额分析填列。

(2)"所有者投入和减少资本"项目,反映企业当年所有者投入的资本和减少的资本。本项目应根据"实收资本(或股本)"、"资本公积"和"其他权益工具"账户的发生额分析填列。其中:

"所有者投入资本"项目,反映企业接受投资者投入形成的实收资本(或股本)和资本溢价或股本溢价,对应列在"实收资本"和"资本公积"栏;还反映企业发行的如优先股、永续债等其他权益工具所吸收的投资者的投资,对应列在"其他权益工具"栏。

"股份支付计入所有者权益的金额"项目,反映企业处于等待期中的权益结算的股份支付当年计入资本公积的金额,对应列在"资本公积"栏。

(3)"利润分配"下各项目,反映当年对所有者(或股东)分配的利润(或股利)金额和按照规定提取的盈余公积金额，对应列在“未分配利润”和“盈余公积”栏。本项目应根据“利润分配”账户的发生额分析填列。其中：

“提取盈余公积”项目，反映企业按照规定提取的法定盈余公积和任意盈余公积。

“对所有者（或股东）的分配”项目，反映对所有者（或股东）分配的利润（或股利）金额。

（4）“所有者权益内部结转”下各项目，反映不影响当年所有者权益总额的所有者权益各组成部分之间当年的增减变动，包括资本公积转增资本（或股本）、盈余公积转增资本（或股本）、盈余公积弥补亏损等项金额。为了全面反映所有者权益各组成部分的增减变动情况，所有者权益内部结转也是所有者权益变动表的重要组成部分。本项目应根据“实收资本（或股本）”、“资本公积”、“盈余公积”、“利润分配”账户的发生额分析填列。其中：

“资本公积转增资本（或股本）”项目，反映企业以资本公积转增资本或股本的金额。

“盈余公积转增资本（或股本）”项目，反映企业以盈余公积转增资本或股本的金额。

“盈余公积弥补亏损”项目，反映企业以盈余公积弥补亏损的金额。

4.“本年年末余额”项目，反映企业实收资本（或股本）、资本公积、盈余公积、未分配利润等的年末余额。本项目应根据上述各行各栏金额计算得到，并与年末资产负债表各相关项目核对相符。

所有者权益变动表“上年金额”栏内各项数字，应根据上年度所有者权益变动表“本年金额”栏内所列数字填列。如果上年度所有者权益变动表规定的各个项目的名称和内容同本年度不相一致，应对上年度所有者权益变动表各项目的名称和数字按本年度的规定进行调整，填入所有者权益变动表“上年金额”栏内。

例 5　仍以前述 TCA 公司的资料为例，说明该公司 2×15 年度所有者权益变动表的编制方法（见表 16－10）。

表 16－10　　**所有者权益变动表**

编制单位：TCA 股份有限公司　　2×15 年度　　单位：元

项　目	本年金额								上年金额							
	实收资本（或股本）	资本公积	其他权益工具	其他综合收益	减：库存股	盈余公积	未分配利润	所有者权益合计	实收资本（或股本）	资本公积	其他权益工具	其他综合收益	减：库存股	盈余公积	未分配利润	所有者权益合计
一、上年年末余额	6 000 000	11 000	0	0	0	300 000	332 000	6 643 000								
加：会计政策变更																
前期差错更正																
二、本年年初余额	6 000 000	11 000	0	0	0	300 000	332 000	6 643 000								
三、本年增减变动金额（减少以“－”号填列）																
（一）综合收益							402 000	402 000								
（二）所有者投入和减少资本																
1. 所有者投入资本																
2. 股份支付计入所有者权益的金额																
3. 其他																
（三）利润分配																
1. 提取盈余公积						60 360	－60 360	0								
2. 对所有者（股东）的分配																
3. 其他																
（四）所有者权益内部结转																
1. 资本公积转增资本（股本）																

续表

项目	本年金额								上年金额							
	实收资本(或股本)	资本公积	其他权益工具	其他综合收益	减:库存股	盈余公积	未分配利润	所有者权益合计	实收资本(或股本)	资本公积	其他权益工具	其他综合收益	减:库存股	盈余公积	未分配利润	所有者权益合计
2. 盈余公积转增资本(股本)																
3. 盈余公积弥补亏损																
4. 其他																
四、本年年末余额	6 000 000	11 000	0	0	0	360 360	674 040	7 045 400								

第六节 报表附注

一、报表附注的概念及披露的基本要求

(一)报表附注的概念

报表附注是指对在资产负债表、利润表、现金流量表和所有者权益变动表等报表中列示项目的文字描述或明细资料,以及对未能在这些报表中列示项目的说明等。

财务报告的核心是财务会计报表,财务会计报表是以数字向企业外界传递会计信息的,表中的数字是经过分类与汇总后的结果,是对企业发生的经济业务的高度简化和浓缩。为了便于使用者理解,就需要对报表中一些被高度浓缩的项目进行进一步解释、分解和补充,因此,报表附注是财务报告不可或缺的组成部分。

(二)报表附注披露的基本要求

1. 披露的信息应定量、定性相结合,从而能从量和质两个角度对企业经济事项完整地进行反映。报表附注应当对报表中的重要项目数据进行分解和解释,用文字和数字说明产生各项目的会计方法。

2. 报表附注应当按照一定的结构进行系统合理的排列和分类,有顺序地披露信息。由于附注的内容繁多,因此,应按逻辑顺序排列,分类披露,以使会计信息具有可比性和可理解性,对于重要项目可做更深入的了解。

3. 报表附注相关信息应当与资产负债表、利润表、现金流量表和所有者权益变动表等报表中列示的项目相互参照,以有助于使用者联系相关联的信息,并由此从整体上更好地理解财务报表。

需要指出的是,报表附注中的定量和定性说明都不能用来更正表内的错误,也不能以此代替报表正文中的正常分类、计价和描述,或与正文数据发生矛盾。

二、报表附注披露的内容

报表附注应当按照以下顺序披露有关内容:

(一)企业的基本情况

1. 企业注册地、组织形式和总部地址。

2. 企业的业务性质和主要经营活动,如企业所处的行业、所提供的主要产品或服务、客户的性质、销售策略、监管环境的性质等。

3. 母公司以及集团最终母公司的名称。

4. 财务报告批准报出者和财务报告批准报出日,或者以签字人及其签字日期为准。

5. 企业期限有限的企业,还应当披露有关营业期限的信息。

(二)财务报表的编制基础

财务报表的编制应当以持续经营为基础。处于非持续经营状态下的企业,应当采用其他基础编制财务报表,并在报表附注中做出未以持续经营为基础的声明,并说明原因及所采用的编制基础。

(三)遵循企业会计准则的声明

企业应当声明编制的财务报表符合企业会计准则的要求,真实、完整地反映了企业的财务状况、经营成果和现金流量等有关信息,以此明确企业编制财务报表所依据的制度基础。如果企业编制的财务报表只是部分地遵循了企业会计准则,则附注中不得做出这种表述。

(四)重要会计政策和会计估计

根据财务报表列报准则的规定,企业应当披露采用的重要会计政策和会计估计,不重要的会计政策和会计估计可以不披露。

1. 重要会计政策的说明

会计政策是指企业在确认、计量和报告中所采用的原则、基础和会计处理方法。由于企业经济业务的复杂性和多样化,某些经济业务可以有多种会计处理方法,即存在不止一种可供选择的会计政策。例如,存货的计价可以有先进先出法、加权平均法、个别计价法等,投资性房地产的后续计量是采用成本模式还是公允价值模式。企业在发生某项经济业务时,可以从允许的会计处理方法中选择适合本企业特点的会计政策,不同的会计处理方法会影响企业的财务状况和经营成果,进而编制出不同的财务报表。为了有助于报表使用者理解,有必要对这些会计政策加以披露。重要会计政策的说明应当披露以下内容:

(1)应当披露重要的会计政策,例如,发出存货成本的计量、长期股权投资后续计量的方法、资产期末计价的方法、借款费用的处理方法等。

(2)应当披露财务报表项目的计量基础。会计计量属性包括历史成本、重置成本、可变现净值、现值和公允价值,例如,存货是按成本还是可变现净值计量等。报表项目采用不同的计量基础会影响报表金额,从而影响使用者的分析判断。

(3)应当披露会计政策的确定依据。对某一事项的判断会直接影响其在报表中确认的项目以及金额,例如,企业如何判断持有的金融资产是持有至到期投资而不是可供出售投资。这项披露要求有助于使用者理解企业选择和运用会计政策的背景,增加财务报表的可理解性。

2. 重要会计估计的说明

会计估计是指企业对结果不确定的交易或事项以最近可利用的信息为基础所做的判断。由于会计估计的存在是受经济活动中不确定因素的影响,而这些不确定因素在下一会计期间内很可能导致对资产、负债的账面价值进行重大调整。因此,企业应当披露会计估计中所采用的关键假设和不确定因素的确定依据。例如,未决诉讼预计负债最佳估计数的确定,将影响本期损益和负债,如果确定不合理,还会影响下一会计年度的相关项目,因此,应当在报表附注中说明最佳估计数的确定依据,以使财务报表更具有可理解性。

(五)会计政策和会计估计变更以及差错更正的说明

企业应当按照相关会计准则的规定,披露会计政策和会计估计变更以及差错更正的有关情况。主要包括:重要会计政策变更的内容、原因及变更对当期和前期相关项目的影响数,会计估计变更的内容、原因及变更对当期的影响数,重大前期差错的内容和更正金额等。

(六)报表重要项目的说明

企业应当按照资产负债表、利润表、现金流量表、所有者权益变动表的顺序及其项目列示的顺序,以文字和数字描述相结合、尽可能以列表形式披露报表重要项目的构成或当期增减变动情况,以对财务报表高度浓缩的项目做具体的分解、补充和解释。报表重要项目的明细金额合计,应当与报表项目金额相衔接。

报表重要项目主要包括交易性金融资产、应收账款、应收票据、预付账款、其他应收款、存货及存货跌价准备、可供出售金融资产、长期股权投资、投资性房地产、固定资产、无形资产、递延所得税资产和递延所得税负债、资产减值准备、交易性金融负债、应付职工薪酬、应交税费、短期和长期借款、应付债券、长期应付款、营业收入、公允价值变动收益、投资收益、资产减值损失、营业外收入、营业外支出等项目。

(七)其他需要说明的重要事项

主要包括或有事项、资产负债表日后事项、关联方关系及其交易。

1. 或有事项的说明

或有事项是指过去的交易或事项形成的,其结果须由某些未来事项的发生或不发生才能决定的不确定事项。企业应当按照相关的会计准则,对预计负债、或有负债的内容、形成原因以及经济利益流出的不确定进行说明,如果或有资产很有可能收到,也应当披露其形成原因,预计产生的财务影响等。

2. 资产负债表日后事项的说明

资产负债表日后事项是指资产负债表日至财务报告批准报出日之间发生的有利或不利事项。资产负债表日后事项包括调整事项和非调整事项。重要的非调整事项的发生虽然不影响资产负债表日的报表数字,但是可能影响资产负债表日后的财务状况和经营成果,如果不加以披露,将会影响报表使用者做出正确判断和决策,因此,企业应当披露各项重要的资产负债表日后非调整事项的性质、内容以及对财务状况和经营成果的影响。

3. 关联方关系及其交易的说明

关联方关系的存在,可能会使交易有失公允。

(1)企业无论是否发生关联方交易,均应当在附注中披露与该企业之间存在直接控制关系的母子公司有关的信息。

(2)企业与关联方发生关联方交易的,应当在附注中披露关联方关系的性质、交易的类型及交易的要素。交易要素包括交易金额、定价政策、未结算项目金额、条款和条件,以及未结算应收项目的坏账准备金额。

(3)对外提供合并财务报表的,对于已经包括在合并范围内各企业之间的交易不予披露。

(八)有助于财务报表使用者评价企业管理资本的目标、政策及程序的信息

复习思考题

1. 财务会计报表列报的基本要求有哪些?
2. 什么是资产负债表?它有哪些作用?请说明编制方法。
3. 什么是利润表?它有哪些作用?请说明编制方法。
4. 什么是现金流量表?它有哪些作用?
5. 现金流量表的编制基础是什么?它包括哪些内容?
6. 现金流量表采用直接法和间接法列报经营活动的现金流量的作用是什么?
7. 净利润和经营活动现金流量的差异说明什么问题?
8. 什么是所有者权益变动表?它有哪些作用?
9. 什么是综合收益?它与净利润有什么区别?

第十七章　资产负债表日后事项

第一节　资产负债表日后事项概述

一、资产负债表日后事项的定义

资产负债表日后事项是指资产负债表日至财务报告批准报出日之间发生的有利或不利事项。

(一)资产负债表日

资产负债表日是指会计年度末和会计中期期末。其中,年度资产负债表日是指公历12月31日;会计中期通常包括半年度、季度和月度等,会计中期期末相应地是指公历半年末、季末和月末等。

如果母公司或者子公司在国外,无论该母公司或子公司如何确定会计年度和会计中期,其向国内提供的财务报告都应根据我国《会计法》和会计准则的要求确定资产负债表日。

(二)财务报告批准报出日

财务报告批准报出日是指董事会或类似机构批准财务报告报出的日期,通常是指对财务报告的内容负有法律责任的单位或个人批准财务报告对外公布的日期。

财务报告的批准者包括所有者、所有者中的多数、董事会或类似的管理单位、部门和个人。根据《公司法》的规定,董事会有权制定公司的年度财务预算方案、决算方案、利润分配方案和弥补亏损方案,因此,公司制企业的财务报告批准报出日是指董事会批准财务报告报出的日期。对于非公司制企业,财务报告批准报出日是指经理(厂长)会议或类似机构批准财务报告报出的日期。

(三)有利事项和不利事项

资产负债表日后事项包括有利事项和不利事项。"有利或不利事项"的含义是指,资产负债表日后事项肯定对企业财务状况和经营成果具有一定影响(既包括有利影响,也包括不利影响)。如果某些事项的发生对企业并无任何影响,那么,这些事项既不是有利事项,也不是不利事项,也就不属于这里所说的资产负债表日后事项。

二、资产负债表日后事项涵盖的期间

资产负债表日后事项涵盖的期间是自资产负债表日次日起至财务报告批准报出日止的一段时间。具体而言,资产负债表日后事项涵盖的期间应当包括:

1. 报告期下一期间的第一天至董事会或类似机构批准财务报告对外公布的日期。

2. 财务报告批准报出以后、实际报出之前又发生与资产负债表日后事项有关的事项,并由此影响财务报告对外公布日期的,应以董事会或类似机构再次批准财务报告对外公布的日期为截止日期。

如果公司管理层由此修改了财务报表,注册会计师应当根据具体情况实施必要的审计程序,并针对修改后的财务报表出具新的审计报告。

例1　A上市公司2×14年的年度财务报告于2×15年2月20日编制完成，注册会计师完成年度财务报表审计工作并签署审计报告的日期为2×15年4月11日，董事会批准财务报告对外公布的日期为2×15年4月16日，财务报告实际对外公布的日期为2×15年4月20日，股东大会召开日期为2×15年5月10日。

根据资产负债表日后事项涵盖期间的规定，本例中，该公司2×14年年报资产负债表日后事项涵盖的期间为2×15年1月1日至2×15年4月16日。如果在4月16日至20日之间发生了重大事项，需要调整财务报表相关项目的数字或需要在财务报表附注中披露，经调整或说明后的财务报告再经董事会批准报出的日期为2×15年4月23日，实际报出的日期为2×15年4月30日，则资产负债表日后事项涵盖的期间为2×15年1月1日至2×15年4月23日。

三、资产负债表日后事项的内容

资产负债表日后事项包括资产负债表日后调整事项（以下简称调整事项）和资产负债表日后非调整事项（以下简称非调整事项）。

（一）调整事项

资产负债表日后调整事项，是指对资产负债表日已经存在的情况提供了新的或进一步证据的事项。

如果资产负债表日及所属会计期间已经存在某种情况，但当时并不知道其存在或者不能知道确切结果，资产负债表日后发生的事项能够证实该情况的存在或者确切结果，则该事项属于资产负债表日后事项中的调整事项。如果资产负债表日后事项对资产负债表日的情况提供了进一步证据，证据表明的情况与原来的估计和判断不完全一致，则需要对原来的会计处理进行调整。

企业发生的资产负债表日后调整事项，通常包括下列各项：(1)资产负债表日后诉讼案件结案，法院判决证实了企业在资产负债表日已经存在现时义务，需要调整原先确认的与该诉讼案件相关的预计负债，或确认一项新负债；(2)资产负债表日后取得确凿证据，表明某项资产在资产负债表日发生了减值或者需要调整该项资产原先确认的减值金额；(3)资产负债表日后进一步确定了资产负债表日前购入资产的成本或售出资产的收入；(4)资产负债表日后发现了财务报表舞弊或差错。需要注意的是，资产负债表日后调整事项包括以上各项但不仅限于以上各项。实务中，会计人员应当按照资产负债表日后调整事项的判断原则，确定资产负债表日后发生的事项中哪些属于调整事项。

例2　B公司因产品质量问题被消费者起诉。2×14年12月31日法院尚未判决，考虑到消费者胜诉要求甲公司赔偿的可能性较大，甲公司为此确认了400万元的预计负债。2×15年2月20日，在B公司2×14年度财务报告对外报出之前，法院判决消费者胜诉，要求甲公司支付赔偿款600万元。

本例中，B公司在2×14年12月31日结账时已经知道消费者胜诉的可能性较大，但不能知道法院判决的确切结果，因此确认了400万元的预计负债。2×15年2月20日法院判决结果为甲公司预计负债的存在及金额提供了进一步的证据。此时，按照2×14年12月31日存在状况编制的财务报表所提供的信息已不能真实反映企业的实际情况，应据此对财务报表相关项目的数字进行调整。

（二）非调整事项

资产负债表日后非调整事项，是指表明资产负债表日后发生的情况的事项。非调整事项的发生不影响资产负债表日企业的财务报表数字，只说明资产负债表日后发生了某些情况。对于财务报告使用者而言，非调整事项说明的情况有的重要，有的不重要。其中，重要的非调整事项虽然不影响资产负债表日的财务报表数字，但可能影响资产负债表以后的财务状况和经营成果，不加以说明将会影响财务报告使用者做出正确估计和决策，因此需要适当披露。

企业发生的资产负债表日后非调整事项，通常包括下列各项：(1)资产负债表日后发生重大诉讼、仲裁、承诺；(2)资产负债表日后资产价格、税收政策、外汇汇率发生重大变化；(3)资产负债表日后因自然灾害导致资产发生重大损失；(4)资产负债表日后发行股票和债券以及其他巨额举债；(5)资产负债表日后资本公积转增资本；(6)资产负债表日后发生巨额亏损；(7)资产负债表日后发生企业合并或处置子公司。需要注意的是，资产负债表非调整事项包括以上各项，但不仅限于以上各项。实务中，会计人员应当按照资产负债表日后非调整事项的判断原则，确定资产负债表日后发生的事项中哪些属于非调整事项。

例 3　C公司2×14年度财务报告于2×15年3月10日经董事会批准对外公布。2×15年2月27日，C公司董事会作出与债权人进行债务重组的决议。

本例中，C公司董事会作出与债权人进行债务重组的决议的事项发生在2×15年度，且在公司2×14年度财务报告尚未批准对外公布的期间内，即该事项发生在资产负债表日后事项所涵盖的期间内。该事项在2×14年12月31日尚未发生，与资产负债表日存在的状况无关，不影响资产负债表日企业的财务报表数字。但是，该事项属于重要事项，会影响公司以后期间的财务状况和经营成果，因此，需要在附注中予以披露。

(三)调整事项与非调整事项的区别

资产负债表日后发生的某一事项究竟是调整事项还是非调整事项，取决于该事项表明的情况在资产负债表日或资产负债表日以前是否已经存在。若该情况在资产负债表日或之前已经存在，则属于调整事项；反之，则属于非调整事项。

例 4　因为债务人E公司的财务情况恶化，债权人D公司发生坏账损失。假设分别两种情况：(1)2×14年12月31日，E公司的财务状况良好，D公司预计应收账款可按时收回；E公司一周后发生重大火灾，导致D公司50%的应收账款无法收回。(2)2×14年12月31日，D公司根据掌握的资料判断，E公司有可能破产，D公司估计对E公司的应收账款将有10%无法收回，故按10%的比例计提坏账准备。一周后，D公司接到通知，E公司已被宣告破产清算，D公司估计有70%的债权无法收回。

本例中，情况(1)导致D公司2×14年度应收账款损失的因素是火灾，应收账款发生损失这一事实在资产负债表日以后才发生，因此，E公司发生火灾导致D公司应收款项发生坏账的事项属于非调整事项。情况(2)导致D公司2×15年度应收账款无法收回的事实是E公司的财务状况恶化，该事实在资产负债表日已经存在，E公司被宣告破产只是证实了资产负债表日财务状况恶化的情况，因此，该事项属于调整事项。

第二节　资产负债表日后调整事项的会计处理

一、资产负债表日后调整事项的处理原则

企业发生的资产负债表日后调整事项，应当调整资产负债表日的财务报表。对于年度财务报告而言，由于资产负债表日后事项发生在报告年度的次年，报告年度的有关账目已经结转，特别是损益类账户在结账后已无余额。因此，年度资产负债表日后发生的调整事项，应具体分别以下情况进行处理：

1. 涉及损益的事项，通过“以前年度损益调整”账户核算。调整增加以前年度利润或调整减少以前年度亏损的事项，记入“以前年度损益调整”账户的贷方；调整减少以前年度利润或调整增加以前年度亏损的事项，记入“以前年度损益调整”账户的借方。

涉及损益的调整事项，如果发生在资产负债表日所属年度(即报告年度)所得税汇算清缴前的，

应调整报告年度应纳税所得额、应纳所得税税额；发生在报告年度所得税汇算清缴后的，应调整本年度（即报告年度的次年）应纳所得税税额。

由于以前年度损益调整增加的所得税费用，记入“以前年度损益调整”账户的借方，同时贷记“应交税费——应交所得税”等账户；由于以前年度损益调整减少的所得税费用，记入“以前年度损益调整”账户的贷方，同时借记“应交税费——应交所得税”等账户。

调整完成后，将“以前年度损益调整”账户的贷方或借方余额，转入“利润分配——未分配利润”账户。

2. 涉及利润分配调整的事项，直接在“利润分配——未分配利润”账户核算。

3. 不涉及损益及利润分配的事项，调整相关账户。

4. 通过上述账务处理后，还应同时调整财务报表相关项目的数字，包括：(1)资产负债表日编制的财务报表相关项目的期末数或本年发生数；(2)当期编制的财务报表相关项目的期初数或上年数；(3)经过上述调整后，如果涉及报表附注内容的，还应当做出相应调整。

二、资产负债表日后调整事项的具体会计处理方法

为简化处理，如无特殊说明，本章所有的例子均假定如下：财务报告批准报出日是次年3月31日，所得税税率为25%，按净利润的10%提取法定盈余公积，提取法定盈余公积后不再做其他分配；调整事项按税法规定均可调整应缴纳的所得税；涉及递延所得税资产的，均假定未来期间很可能取得用来抵扣暂时性差异的应纳税所得额；不考虑报表附注中有关现金流量表项目的数字。

(一)资产负债表日后诉讼案件结案，法院判决证实了企业在资产负债表日已经存在现时义务，需要调整原先确认的与该诉讼案件相关的预计负债，或确认一项新负债

这一事项是指导致诉讼的事项在资产负债表日已经发生，但尚不具备确认负债的条件而未确认，资产负债表日后至财务报告批准报出日之间获得了新的或进一步的证据（法院判决结果），表明符合负债的确认条件，因此，应在财务报告中确认为一项新负债；或者虽已在资产负债表日确认，但需要根据判决结果调整已确认负债的金额。

例5 F公司与G公司签订一项销售合同，合同中订明F公司应在2×14年8月销售给G公司一批物资。由于F公司未能按照合同发货，致使G公司发生重大经济损失。2×14年12月，G公司将F公司告上法庭，要求F公司赔偿450万元。2×14年12月31日，法院尚未判决，F公司按或有事项准则对该诉讼事项确认预计负债300万元。2×15年2月10日，经法院判决，F公司应赔偿G公司400万元，甲、乙双方均服从判决。判决当日，F公司向G公司支付赔偿款400万元。甲、乙公司2×14年所得税汇算清缴均在2×15年3月20日完成（假定该项预计负债产生的损失不允许在预计时税前抵扣，只有在损失实际发生时，才允许税前抵扣）。公司适用的所得税税率为25%。

本例中，2×15年2月10日的判决证实了甲、乙公司在资产负债表日（即2×14年12月31日）分别存在现实赔偿义务和获赔权利，因此，两家公司都应将“法院判决”这一事项作为调整事项进行处理。F公司和G公司2×14年所得税汇算清缴均在2×15年3月20日完成，因此，应根据法院判决结果调整报告年度应纳税所得额和应纳所得税税额。

1. F公司的账务处理如下：

(1)2×15年2月10日记录并支付赔款，调整所得税。

①增记应支付的赔款。

因为法院判决的赔款额比原来预计的多100万元，因此需要补记这100万元。如果不是追溯调整，会计分录应为：借记“营业外支出”账户，贷记“其他应付款”账户，因为是在调整以前年度的会计记录，所以应将分录中的损益类账户“营业外支出”换成“以前年度损益调整”。

借：以前年度损益调整(4 000 000－3 000 000)　　1 000 000
　　贷：其他应付款　　1 000 000

②预计负债转为实际负债，并支付赔偿款。

由于判决已生效，赔款将被实际支付，所以，需要将原来确认的"预计负债"转入"其他应付款"。

借：预计负债　　3 000 000
　　贷：其他应付款　　3 000 000
借：其他应付款　　4 000 000
　　贷：银行存款　　4 000 000

③对所得税的调整。

2×14 年 12 月 31 日，F 公司已经确认了预计负债 300 万元，该负债的账面价值 300 万元大于计税基础 0，产生可抵扣暂时性差异，确认了递延所得税资产 75 万元(300×25%)(即借记"递延所得税资产"账户，贷记"所得税费用"账户)。在资产负债表日后期间，法院判决生效，赔款损失实际发生，此时应将递延所得税资产转回，由于是在调整以前年度的会计记录，所以，损益类账户"所得税费用"应换成"以前年度损益调整"。

借：以前年度损益调整(3 000 000 ×25%)　　750 000
　　贷：递延所得税资产　　750 000

此外，实际的赔款损失由于发生在所得税汇算清缴前，会减少当期所得税负债 100 万元(400×25%)，因此，需要冲减确认的所得税费用和当期所得税负债(即借记"应交税费"账户，贷记"所得税费用"账户)，由于是在调整以前年度的会计记录，所以，损益类账户"所得税费用"应换成"以前年度损益调整"。

借：应交税费——应交所得税　　1 000 000
　　贷：以前年度损益调整(4 000 000×25%)　　1 000 000

(2)将"以前年度损益调整"账户的余额转入未分配利润。

借：利润分配——未分配利润　　750 000
　　贷：以前年度损益调整(1 000 000＋750 000－1 000 000)　　750 000

(3)因净利润减少，相应调减盈余公积。

借：盈余公积　　75 000
　　贷：利润分配——未分配利润(750 000×10%)　　75 000

(4)调整 2×14 年年度财务报表。

①对资产负债表项目年末数的调整。

调减递延所得税资产 75 万元；调增其他应付款 400 万元，调减应交税费 100 万元，调减预计负债 300 万元；调减盈余公积 7.5 万元，调减未分配利润 67.5 万元。见表 17—1。

表 17—1　　**资产负债表**

编制单位：F 公司　　2×14 年 12 月 31 日　　单位：元

资产	年末数调整	负债和股东权益	年末数调整
资产		负债：	
		其他应付款	＋400 万
		应交税费	－100 万
		预计负债	－300 万
		负债合计	0

续表

资产	年末数调整	负债和股东权益	年末数调整
		股东权益：	
		盈余公积	−7.5万
递延所得税资产	−75万	未分配利润	−67.5万
		股东权益合计	−75万
资产合计	−75万	负债和股东权益合计	−75万

②对利润表项目本年数的调整。

调增营业外支出100万元，调减所得税费用25万元，调减净利润75万元。

利润表略。

③对所有者权益变动表项目本年数的调整。

在“本年增减变动金额”行下，调减“净利润”行“未分配利润”列的项目75万元，调减“提取盈余公积”行“盈余公积”列的项目7.5万元，调增“提取盈余公积”行“未分配利润”列的项目7.5万元。

在“本年年末余额”行中，调减“盈余公积”列的项目7.5万元，调减“未分配利润”列的项目67.5万元。

所有者权益变动表略。

2. G公司的账务处理如下：

该事项对于G公司也属于资产负债表日后调整事项，应根据相关规定进行处理。

(1)2×15年2月10日，记录收到的赔款并调整所得税。

①记录应收赔偿款。

本应借记“其他应收款”账户，贷记“营业外收入”账户；由于是在调整以前年度的会计记录，需要把损益类账户“营业外收入”换成“以前年度损益调整”。

借：其他应收款　　4 000 000

　贷：以前年度损益调整　　4 000 000

②调整所得税。

由于G公司增加了营业外收入且尚未完成所得税的汇算清缴，所以要多交税，调增2×14年当年的所得税费用和负债，应借记“所得税费用”账户，贷记“应交税费”账户；由于是在调整以前年度的会计记录，需要把损益类账户“所得税费用”换成“以前年度损益调整”。所以：

借：以前年度损益调整（4 000 000×25%）　　1 000 000

　贷：应交税费——应交所得税　　1 000 000

③收到赔偿款。

借：银行存款　　4 000 000

　贷：其他应收款　　4 000 000

(2)将“以前年度损益调整”账户的余额转入未分配利润。

借：以前年度损益调整(4 000 000−1 000 000)　　3 000 000

　贷：利润分配——未分配利润　　3 000 000

(3)因净利润增加，补提盈余公积。

借：利润分配——未分配利润　　300 000

　贷：盈余公积(3 000 000×10%)　　300 000

(4)调整报告年度财务报表相关项目的数字(财务报表略)。

①对资产负债表项目年末数的调整。

调增其他应收款 400 万元,调增应交税费 100 万元,调增盈余公积 30 万元,调增未分配利润 270 万元。

②对利润表项目本年数的调整。

调增营业外收入 400 万元,调增所得税费用 100 万元,调增净利润 300 万元。

③对所有者权益变动表项目本年数的调整。

在"本年增减变动金额"行下,调增"净利润"行"未分配利润"列的项目 300 万元,调增"提取盈余公积"行"盈余公积"列的项目 30 万元,调减"提取盈余公积"行"未分配利润"列的项目 30 万元。

在"本年年末余额"行中,调增"盈余公积"列的项目 30 万元,调增"未分配利润"列的项目 270 万元。

值得注意的是,资产负债表日后事项如果涉及货币资金收支项目,均不调整报告年度资产负债表货币资金项目和现金流量表各项目的数字。因此,本例中 G 公司不就收到赔偿款这一事项而对报告年度的相关报表数字进行调整。

(二)资产负债表日后取得确凿证据,表明某项资产在资产负债表日发生了减值或者需要调整该项资产原先确认的减值金额

这一事项是指在资产负债表日,根据当时的资料判断某项资产可能发生了损失或减值,但没有最后确定是否会发生,因而按照当时的最佳估计金额反映在财务报表中;但在资产负债表日至财务报告批准报出日之间,所取得的确凿证据能证明该事实成立,即某项资产已经发生了损失或减值,则应对资产负债表日所作的估计予以修正。

例 6　2×14 年 7 月,H 公司销售给 I 公司一批产品,货款为 60 000 元(含增值税),I 公司于 8 月份收到所购物资并验收入库,按合同规定,I 公司应于收到所购物资后 1 个月内付款。由于 I 公司财务状况不佳,到 2×14 年 12 月 31 日仍未付款。H 公司于 12 月 31 日编制 2×14 年度财务报表时,已为该项应收账款提取坏账准备 3 000 元。H 公司于 2×15 年 2 月 2 日(所得税汇算清缴前)收到法院通知,I 公司已宣告破产清算,无力偿还所欠部分货款。H 公司预计可收回应收账款的 30%。适用的所得税税率为 25%。

本例中,H 公司在收到法院通知后,首先可判断该事项属于资产负债表日后调整事项;然后应根据调整事项的处理原则进行处理。具体过程如下:

(1)补提坏账准备。

应补提的坏账准备＝60 000× 70%－3 000＝39 000(元)

补提坏账准备时,本应借记"资产减值损失"账户,贷记"坏账准备"账户;由于是在调整以前年度的会计记录,损益类账户"资产减值损失"应换成"以前年度损益调整"。

借:以前年度损益调整	39 000	
贷:坏账准备		39 000

(2)调整递延所得税资产。

税法规定,企业提取的应收账款坏账准备不允许税前扣除,因此,企业补提坏账准备(39 000 元)会引起可抵扣暂时性差异,从而进一步增加递延所得税资产 9 750 元(39 000×25%)。本应借记"递延所得税资产"账户,贷记"所得税费用"账户,由于是在调整以前年度的会计记录,损益类账户"所得税费用",应换成"以前年度损益调整"。

借:递延所得税资产	9 750	
贷:以前年度损益调整(39 000×25%)		9 750

(3)将"以前年度损益调整"账户的余额转入利润分配。

借：利润分配——未分配利润　　29 250

　　贷：以前年度损益调整(39 000－9 750)　　29 250

(4)调整利润分配有关数字。

由于补提坏账准备，利润减少，计提的盈余公积也随之减少。

借：盈余公积　　2 925

　　贷：利润分配——未分配利润(29 250×10%)　　2 925

(5)调整报告年度财务报表(财务报表略)。

①对资产负债表项目年末数的调整。

调减应收账款年末数 39 000 元；调增递延所得税资产 9 750 元；调减盈余公积 2 925 元；调减未分配利润 26 325 元。

②对利润表项目本年数的调整。

调增资产减值损失 39 000 元，调减所得税费用 9 750 元，调减净利润 29 250 元。

③对所有者权益变动表项目本年数的调整。

在"本年增减变动金额"行下，调减"净利润"行"未分配利润"列的项目 29 250 元，调减"提取盈余公积"行"盈余公积"列的项目 2 925 元，调增"提取盈余公积"行"未分配利润"列的项目 2 925 元。

在"本年年末余额"行中，调减"盈余公积"列的项目 2 925 元，调减"未分配利润"列的项目 26 325元。

(三)资产负债表日后进一步确定了资产负债表日前购入资产的成本或售出资产的收入

这类调整事项包括两个方面的内容：(1)若资产负债表日前购入的资产已经按暂估金额等入账，资产负债表日后获得证据，可以进一步确定该资产的成本，则应对已入账的资产成本进行调整。(2)企业在资产负债表日已根据收入确认条件确认资产销售收入，但资产负债表日后获得关于资产收入的进一步证据，如发生销售退回等，此时也应调整财务报表相关项目的金额。需要说明的是，资产负债表日后发生的销售退回，既包括报告年度或报告中期销售的商品在资产负债表日后发生的销售退回，也包括以前期间销售的商品在资产负债表日后发生的销售退回。

资产负债表所属期间或以前期间所售商品在资产负债表日后退回的，应作为资产负债表日后调整事项处理。发生于资产负债表日后至财务报告批准报出日之间的销售退回事项，可能发生于年度所得税汇算清缴之前，也可能发生于年度所得税汇算清缴之后，其会计处理分别为：

1. 资产负债表日后事项中涉及报告年度所属期间的销售退回发生于报告年度所得税汇算清缴之前的，应调整报告年度利润表的收入、成本等，并相应调整报告年度的应纳税所得额以及报告年度应缴纳的所得税等。

例 7　J 公司 2×14 年 10 月 8 日销售一批商品给 K 公司，取得收入 12 万元(不含税，增值税税率为 17%)。J 公司发出商品后，按照正常情况已确认收入，并结转成本 8 万元。2×14 年 12 月 31 日，该笔货款尚未收到，J 公司未对应收账款计提坏账准备。2×15 年 1 月 10 日，由于产品质量问题，本批货物被退回。J 公司于 2×15 年 2 月 28 日完成 2×14 年所得税汇算清缴。公司适用的所得税税率为 25%。

本例中，销售退回业务发生在资产负债表日后事项涵盖期间内，属于资产负债表日后调整事项。由于销售退回发生在 J 公司报告年度所得税汇算清缴之前，因此，在所得税汇算清缴时，应扣除该部分销售退回所实现的应纳税所得额。

J 公司的账务处理如下：

(1)2×15 年 1 月 10 日，调减销售收入。

销售退回调减销售收入时，本应借记"主营业务收入"账户，由于是在调整以前年度的会计记录，需将该损益类账户换为"以前年度损益调整"。

借：以前年度损益调整　120 000
　应交税费——应交增值税(销项税额)　20 400
　　贷：应收账款　140 400

(2)调减销售成本。

调减销售收入的同时也应调减销售成本，本应贷记“主营业务成本”账户，由于是在调整以前年度的会计记录，需将该损益类账户换为“以前年度损益调整”。

借：库存商品　80 000
　　贷：以前年度损益调整　80 000

(3)调整应缴纳的所得税。

由于销售退回使利润减少，当期的所得税费用也随之减少，本应贷记“所得税费用”账户，由于是在调整以前年度的会计记录，需将该损益类账户换为“以前年度损益调整”。

借：应交税费——应交所得税[(120 000－80 000)×25%]　10 000
　　贷：以前年度损益调整　10 000

(4)将“以前年度损益调整”账户的余额转入利润分配。

借：利润分配——未分配利润(120 000－80 000－10 000)　30 000
　　贷：以前年度损益调整　30 000

(5)调整盈余公积。

由于销售退回使利润减少，盈余公积也相应地减少。

借：盈余公积(30 000×10%)　3 000
　　贷：利润分配——未分配利润　3 000

(6)调整相关财务报表(财务报表略)。

①对资产负债表项目年末数的调整。

调减应收账款 140 400 元，调增库存商品 80 000 元，调减应交税费 30 400 元，调减盈余公积 3 000元，调减未分配利润 27 000 元。

②对利润表项目本年数的调整。

调减营业收入 120 000 元，调减营业成本 80 000 元，调减所得税费用 10 000 元，调减净利润 30 000元。

③对所有者权益变动表项目本年数的调整。

在“三、本年增减变动金额”行下，调减“净利润”行“未分配利润”列的项目 30 000 元，调减“提取盈余公积”行“盈余公积”列的项目 3 000 元，调增“提取盈余公积”行“未分配利润”列的项目3 000 元。

在“四、本年年末余额”行中，调减“盈余公积”列的项目 3 000 元，调减“未分配利润”列的项目 27 000元。

2. 资产负债表日后事项中涉及报告年度所属期间的销售退回发生于报告年度所得税汇算清缴之后的，应调整报告年度会计报表的收入、成本等，但按照税法规定在此期间的销售退回所涉及的应缴所得税，应作为本年的纳税调整事项。

例 8　沿用例 7，假定销售退回的时间改为 2×15 年 3 月 13 日。

J 公司的账务处理如下：

(1)2×15 年 1 月 10 日，调减销售收入。

销售退回调减销售收入时，本应借记“主营业务收入”账户，由于是在调整以前年度的会计记录，需将该损益类账户换为“以前年度损益调整”。

借：以前年度损益调整　120 000

应交税费——应交增值税(销项税额)　　20 400
　　贷:应收账款　　140 400

(2)调减销售成本。

调减销售收入的同时也应调减销售成本,本应贷记“主营业务成本”账户,由于是在调整以前年度的会计记录,需将该损益类账户换为“以前年度损益调整”。

借:库存商品　　80 000
　　贷:以前年度损益调整　　80 000

(3)将“以前年度损益调整”账户的余额转入利润分配。

借:利润分配——未分配利润(120 000－80 000)　　40 000
　　贷:以前年度损益调整　　40 000

(4)调整盈余公积。

由于销售退回使利润减少,盈余公积也相应地减少。

借:盈余公积(40 000×10%)　　4 000
　　贷:利润分配——未分配利润　　4 000

(5)调整相关财务报表(财务报表略)。

①对资产负债表项目年末数的调整。

调减应收账款 140 400 元,调增库存商品 80 000 元,调减应交税费 20 400 元,调减盈余公积 4 000元,调减未分配利润36 000元。

②对利润表项目本年数的调整。

调减营业收入 120 000 元,调减营业成本 80 000 元,调减净利润 40 000 元。

③对所有者权益变动表项目本年数的调整。

在“三、本年增减变动金额”行下,调减“净利润”行“未分配利润”列的项目 40 000 元,调减“提取盈余公积”行“盈余公积”列的项目 4 000 元,调增“提取盈余公积”行“未分配利润”列的项目4 000 元。

在“四、本年年末余额”行中,调减“盈余公积”列的项目 4 000 元,调减“未分配利润”列的项目 36 000元。

从以上会计处理中可以看出,“报告年度所得税汇算清缴之后”条件下的处理与“报告年度所得税汇算清缴之前”条件下的处理最重要的区别是对应交所得税的处理。资产负债表日后调整事项发生在汇算清缴之前的,可以调整报告年度的“应交税费——应交所得税”;资产负债表日后调整事项发生在汇算清缴之后的,不能调整报告年度的“应交税费——应交所得税”,因为报告年度的所得税已经与税务部门进行了清算,只有到汇算清缴下一年度的所得税时,才能对“应交税费——应交所得税”进行相应的调整。

(四)资产负债表日后发现了财务报表舞弊或差错

这一事项是指资产负债表日后发现报告期或以前期间存在的财务报表舞弊或差错。企业发生这一事项后,应当将其作为资产负债表日后调整事项,调整报告期间财务报告相关项目的数字,具体会计处理可以参见第十八章的相关内容。

第三节　资产负债表日后非调整事项的会计处理

一、资产负债表日后非调整事项的处理原则

资产负债表日后发生的非调整事项,是表明资产负债表日后发生的情况的事项,与资产负债表

日存在状况无关，不应当调整资产负债表日的财务报表。但有的非调整事项对财务报告使用者具有重大影响，如不加以说明，将不利于财务报告使用者做出正确估计和决策，因此，应在附注中加以披露。

二、资产负债表日后非调整事项的具体会计处理

资产负债表日后发生的非调整事项，应当在报表附注中披露每项重要的资产负债表日后非调整事项的性质、内容，及其对财务状况和经营成果的影响。无法作出估计的，应当说明原因。

资产负债表日后非调整事项的主要例子有：

（一）资产负债表日后发生重大诉讼、仲裁、承诺

资产负债表日后发生的重大诉讼等事项，对企业影响较大，为防止误导投资者及其他财务报告使用者，应当在报表附注中披露。

（二）资产负债表日后资产价格、税收政策、外汇汇率发生重大变化

资产负债表日后发生的资产价格、税收政策和外汇汇率的重大变化，虽然不会影响资产负债表日财务报表相关项目的数据，但对企业资产负债表日后期间的财务状况和经营成果有重大影响，应当在报表附注中予以披露。

例 9 L公司2×14年8月采用融资租赁方式从英国购入某重型机械设备，租赁合同规定，该重型机械设备的租赁期为15年，年租金为40万英镑。L公司在编制2×14年度财务报表时，已按2×14年12月31日的汇率对该笔长期应付款进行了折算。假设国家规定从2×15年1月1日起进行外汇管理体制改革，人民币对英镑的汇率发生了重大变化。

本例中，L公司在资产负债表日已经按照当天的资产计量方式进行处理，或按规定的汇率对有关账户进行调整，因此，无论资产负债表日后汇率如何变化，均不影响资产负债表日的财务状况和经营成果。但是，如果资产负债表日后外汇汇率发生重大变化，应对由此产生的影响在报表附注中进行披露。

（三）资产负债表日后因自然灾害导致资产发生重大损失

例 10 M公司2×14年12月购入商品一批，共计8 000万元，至2×14年12月31日该批商品已全部验收入库，货款也已通过银行支付。2×15年1月7日，甲公司所在地发生地震，该批商品全部被损毁。

自然灾害导致资产重大损失对企业资产负债表日后财务状况的影响较大，如果不加以披露，有可能使财务报告使用者做出错误的决策，因此，应作为非调整事项在报表附注中进行披露。本例中地震发生于2×15年1月7日，属于资产负债表日后才发生的事项，应当在2×14年度报表附注中作为非调整事项进行披露。

（四）资产负债表日后发行股票和债券以及其他巨额举债

企业发行股票、债券以及向银行或非银行金融机构举借巨额债务都是比较重大的事项，虽然这一事项与企业资产负债表日的存在状况无关，但这一事项的披露能使财务报告使用者了解相关情况及可能带来的影响，因此，应在报表附注中进行披露。

（五）资产负债表日后资本公积转增资本

企业以资本公积转增资本将会改变企业的资本（或股本）结构，影响较大，应当在报表附注中进行披露。

（六）资产负债表日后发生巨额亏损

企业资产负债表日后发生巨额亏损将会对企业报告期以后的财务状况和经营成果产生重大影响，应当在报表附注中及时披露该事项，以便为投资者或其他财务报告使用者做出正确决策提供信息。

(七)资产负债表日后发生企业合并或处置子公司

企业合并或处置子公司的行为可以影响股权结构、经营范围等方面，对企业未来的生产经营活动能产生重大影响，应当在报表附注中进行披露。

(八)资产负债表日后，企业利润分配方案中拟分配的以及经审议批准宣告发放的股利或利润

资产负债表日后，企业制定利润分配方案，拟分配或经审议批准宣告发放股利或利润的行为，并不会导致企业在资产负债表日形成现时义务，虽然该事项的发生可导致企业负有支付股利或利润的义务，但支付义务在资产负债表日尚不存在，不应该调整资产负债表日的财务报告，因此，该事项为非调整事项。但由于该事项对企业资产负债表日后的财务状况有较大影响，可能导致现金大规模流出、企业股权结构变动等，为便于财务报告使用者更充分了解相关信息，企业需要在财务报告中适当披露该信息。

复习思考题

1. 资产负债表日后事项的定义是什么？涵盖的期间是什么？
2. 资产负债表日后事项包括哪两种事项？划分依据是什么？
3. 资产负债表日后调整事项可能包括哪些内容？
4. 资产负债表日后非调整事项可能包括哪些内容？
5. 资产负债表日后调整事项和非调整事项在会计处理上有何差异？

第十八章 会计政策、会计估计变更和差错更正

第一节 会计政策变更

一、会计政策概述

(一)会计政策的定义

会计政策是指企业在会计确认、计量和报告中所采用的原则、基础和会计处理方法。会计政策包括会计原则、基础和处理方法。

1. 原则，是指按照企业会计准则规定的、适合于企业会计核算所采用的具体会计原则。例如，《企业会计准则第 14 号——收入》规定的以交易已经完成、经济利益能够流入企业、收入和成本能够可靠计量作为收入确认的标准，就属于收入确认的具体会计原则。

2. 基础，是指为了将会计原则应用于交易或者事项而采用的基础，主要是计量基础(即计量属性)，包括历史成本、重置成本、可变现净值、现值和公允价值等。

3. 会计处理方法，是指企业在会计核算中按照法律、行政法规或者国家统一的会计制度等规定采用或者选择的、适合于本企业的具体会计处理方法。

(二)会计政策的判断

原则、基础和会计处理方法构成了会计政策相互关联的有机整体，对会计政策的判断通常应当考虑从会计要素角度出发，根据各项资产、负债、所有者权益、收入、费用等会计确认条件、计量属性以及两者相关的处理方法、列报要求等确定相应的会计政策。比如：

在资产方面，存货的取得、发出和期末计价的处理方法，长期投资的取得及后续计量中的成本法和权益法，投资性房地产的确认及后续计量模式，固定资产、无形资产的确认条件及其减值政策、金融资产的分类等，属于资产要素的会计政策。

在负债方面，借款费用资本化的条件、债务重组的确认和计量、预计负债的确认条件、应付职工薪酬和股份支付的确认和计量、金融负债的分类等，属于负债要素的会计政策。

在所有者权益方面，权益工具的确认和计量、混合金融工具的分析等，属于所有者权益要素的会计政策。

在收入方面，商品销售收入和提供劳务的确认条件、建造合同、租赁合同、保险合同、贷款合同等合同收入的确认与计量方法，属于收入要素的会计政策。

在费用方面，商品销售成本及劳务成本的结转、期间费用的划分等，属于费用要素的会计政策。

除会计要素相关会计政策外，财务报表列报方面所设计的编制现金流量表的直接法和间接法、合并财务报表合并范围的判断、分部报告中报告分部的确定，也属于会计政策。

二、会计政策变更的条件

会计政策变更是指企业对相同的交易或者事项由原来采用的会计政策改用另一会计政策的行为。为保证会计信息的可比性，使财务报表使用者在比较企业一个以上期间的财务报表时，能够正

确判断企业的财务状况、经营成果和现金流量的趋势，一般情况下，企业采用的会计政策，在每一会计期间和前后各期应当保持一致，不得随意变更。否则，势必削弱会计信息的可比性。但是，满足下列前两个条件之一的，可以变更会计政策：

1. 法律、行政法规或者国家统一的会计制度等要求变更。这种情况是指，按照法律、行政法规以及国家统一的会计制度的规定，要求企业采用新的会计政策，则企业应按照法律、行政法规以及国家统一的会计制度的规定改变原会计政策，执行新的会计政策。

例 1 《企业会计准则第 1 号——存货》规定，不允许企业采用后进先出法核算发出存货成本，这就要求执行企业会计准则体系的企业按照新规定，原来采用后进先出法计算发出存货的成本的企业应采用准则规定可以采用的会计政策计算发出存货的成本。

2. 会计政策变更能够提供更可靠、更相关的会计信息。由于经济环境、客观情况的改变，使企业原采用的会计政策所提供的会计信息，已不能恰当地反映企业的财务状况、经营成果和现金流量等情况。在这种情况下，企业须改变原有会计政策，按变更后新的会计政策进行会计处理，以便对外提供更可靠、更相关的会计信息。

例 2 A 企业一直采用成本模式对投资性房地产进行后续计量，如果该企业能够从房地产交易市场上持续地取得同类或类似房地产的市场价格及其他相关信息，从而能够对投资性房地产的公允价值做出合理的估计，此时采用公允价值模式对投资性房地产进行后续计量可以提供更相关的会计信息。在这种情况下，该企业可以将投资性房地产的后续计量方法由成本模式变更为公允价值模式。

需要注意的是，除法律、行政法规以及国家统一的会计制度要求变更会计政策的，应当按照国家的相关规定执行外，企业因满足上述第 2 个条件变更会计政策时，必须有充分、合理的证据表明其变更的合理性，并说明变更会计政策后，能够提供关于企业财务状况、经营成果和现金流量等更可靠、更相关的会计信息的理由。

对会计政策的变更，企业仍应经股东大会或董事会、经理（厂长）会议或类似机构批准，并按照法律、行政法规等的规定报送有关各方备案。如无充分、合理的证据表明会计政策变更的合理性，或者未重新经股东大会或董事会、经理（厂长）会议或类似机构批准擅自变更会计政策的，或者连续、反复地自行变更会计政策的，视为滥用会计政策，按照前期差错更正的方法进行处理。上市公司的会计政策目录及变更会计政策后重新制定的会计政策目录，除应当按照信息披露的要求对外公布外，还应当报公司上市地交易所备案。未报公司上市地交易所备案的，视为滥用会计政策，按照前期差错更正的方法进行处理。

3. 不属于会计政策变更的情况。

(1)本期发生的交易或者事项与以前相比具有本质差别而采用新的会计政策。

例 3 B 旅游集团公司以往租入的大型长途客车均为临时需要而租入的，因此按经营租赁会计处理方法核算，但自 2×15 年起租入的设备均采用融资租赁方式，则该企业自本年度起对新租赁的客车采用融资租赁会计处理方法核算。由于该企业原租入的客车均为经营性租赁，本年度起租赁的客车均改为融资租赁，经营租赁和融资租赁有着本质差别，因而改变会计政策不属于会计政策变更。

(2)对初次发生的或不重要的交易或者事项采用新的会计政策。

例 4 C 建工公司第一次签订一项建造合同，为 A 公司建造三栋厂房，C 公司对该项建造合同采用完工百分比法确认收入。由于 C 公司第一次发生该项交易，采用完工百分比法确认该项交易的收入，不属于会计政策变更。

三、会计政策变更与会计估计变更的划分

企业应以该事项是否涉及会计确认、计量基础选择或列报项目的变更作为划分会计政策变更

和会计估计变更的基础。当至少涉及上述一项划分基础变更时，该事项是会计政策变更；不涉及上述划分基础变更时，该事项是会计估计变更。企业通过判断会计政策变更和会计估计变更划分基础仍然难以对某项变更进行区分的，应当将其作为会计估计变更处理。

1. 以会计确认是否发生变更作为判断基础。《企业会计准则——基本准则》规定了资产、负债、所有者权益、收入、费用和利润六项会计要素的确认标准，是会计处理的首要环节。一般地，对会计确认的指定或选择是会计政策，其相应的变更是会计政策变更。会计确认的变更一般会引起列报项目的变更。

例5　D上市公司在2006年前将某项内部研发支出计入当期损益，而2007年开始按照《企业会计准则第6号——无形资产》的规定，该项支出符合无形资产的确认条件，应当确认为无形资产。2007年前将该研发支出确认为费用，而2007年将其确认为资产，会计确认发生了变化，所以该变更属于会计政策变更。

2. 以计量基础是否发生变更作为判断基础。《企业会计准则——基本准则》规定了历史成本、重置成本、可变现净值、现值和公允价值五项会计计量属性，是会计处理的计量基础。一般地，对计量基础的指定或选择是会计政策，其相应的变更是会计政策变更。

例6　E公司在2×15年前对购入的价款超过正常信用条件延期支付的固定资产采用历史成本进行初始计量，而2×15年首次执行会计准则，按照《企业会计准则第4号——固定资产》的规定，该类固定资产应以购买价款的现值为基础进行初始计量。该事项的计量基础发生了变化，所以该变更属于会计政策变更。

例7　F企业2×15年前采用年数总和法法计提固定资产折旧，根据固定资产使用的实际情况，企业决定从2×15年起改用直线法计提固定资产折旧。该事项前后采用的两种折旧方法都是以历史成本作为计量基础，对该事项的会计确认和列报项目也未发生变更，只是固定资产折旧、固定资产净值等相关金额发生了变化。因此，该事项属于会计估计变更。

3. 以列报项目是否发生变更作为判断基础。《企业会计准则第30号——财务报表》规定了财务报表项目应采用的列报原则。一般地，对列报项目的指定或选择是会计政策，其相应的变更是会计政策变更。列报项目的变更往往伴随着会计确认的变更。

例8　G商业类上市公司在2007年前将商品采购费用列入营业费用，2007年起根据《企业会计准则第1号——存货》的规定，将采购费用列入成本。因为列报项目发生了变化，所以该变更是会计政策变更。当然，这里也涉及会计确认的变更。

4. 根据会计确认、计量基础和列报项目所选择的、为取得与该项目有关的金额或数值所采用的处理方法，不是会计政策，而是会计估计，其相应的变更是会计估计变更。

例9　H企业需要对X资产采用公允价值进行计量，而公允价值的确定需要根据市场情况选择不同的方法。在不存在销售协议和资产活跃市场的情况下，需要根据同行业类似资产的近期交易价格对该项资产进行估计；在不存在销售协议但存在资产活跃市场的情况下，其公允价值应当按照该项资产的市场价格为基础进行估计。因为企业所确定的公允价值是与该项资产有关的金额，所以，为确定公允价值所采用的方法是会计估计，不是会计政策。相应地，当企业面对的市场情况发生变化时，其采用的确定公允价值的方法的变更是会计估计变更，不是会计政策变更。

总之，在单个会计期间，会计政策决定了财务报表所列报的会计信息和列报方式，会计估计是用来确定与财务报表所列报的会计信息有关的金额和数值。

四、会计政策变更的处理方法

1. 法律、行政法规或者国家统一的会计制度等要求变更且国家已发布相关会计处理办法的，应按照国家发布的相关会计处理规定进行处理。

2. 在法律、行政法规或者国家统一的会计制度等要求变更会计政策且国家没有发布相关会计处理办法或会计政策变更能够提供更可靠、更相关的会计信息的情况下，企业应当采用追溯调整法进行会计处理，将会计政策变更累积影响数调整列报前期最早期初留存收益，其他相关项目的期初余额和列报前期披露的其他比较数据也应当一并调整，但确定会计政策变更对列报前期影响数不切实可行的除外。

追溯调整法是指对某项交易或事项变更会计政策，视同该项交易或事项初次发生时即采用变更后的会计政策，并以此对财务报表相关项目进行调整的方法。采用追溯调整法时，对于比较财务报表期间的会计政策变更，应调整各期间净损益各项目和财务报表其他相关项目，视同该政策在比较财务报表期间上一直采用。对于比较财务报表可比期间以前的会计政策变更的累积影响数，应调整比较财务报表最早期间的期初留存收益，财务报表其他相关项目的数字也应一并调整。

追溯调整法通常由以下步骤构成：第一步，计算会计政策变更的累积影响数：第二步，编制相关项目的调整分录；第三步，调整列报前期最早期初财务报表相关项目及其金额；第四步，附注说明。

其中，会计政策变更的累积影响数，是指按照变更后的会计政策对以前各期追溯计算的列报前期最早期初留存收益应有金额与现有金额之间的差额。根据上述定义的表述，会计政策变更的累积影响数可以分解为以下两个金额之间的差额：(1)在变更会计政策当期，按变更后的会计政策对以前各期追溯计算，所得到列报前期最早期初留存收益金额；(2)在变更会计政策当期，列报前期最早期初留存收益金额。上述留存收益金额，包括盈余公积和未分配利润等项目，不考虑由于损益的变化而应当补分的利润或股利。例如，由于会计政策变化，增加了以前期间可供分配的利润，该企业通常按净利润的20%分派股利。但在计算调整会计政策变更当期期初的留存收益时，不应当考虑由于以前期间净利润的变化而需要分派的股利。

在财务报表只提供列报项目上一个可比会计期间比较数据的情况下，上述第(2)项，在变更会计政策当期，列报前期最早期初留存收益金额，即为上期资产负债表所反映的期初留存收益，可以从上年资产负债表项目中获得；需要计算确定的是第(1)项，即按变更后的会计政策对以前各期追溯计算，所得到的上期期初留存收益金额。

累积影响数通常可以通过以下各步骤计算获得：第一步，根据新会计政策重新计算受影响的前期交易或事项；第二步，计算两种会计政策下的差异；第三步，计算差异的所得税影响金额；第四步，确定前期中每一期的税后差异；第五步，计算会计政策变更的累积影响数。

需要注意的是，对以前年度损益进行追溯调整或追溯重述的，应当重新计算各列报期间的每股收益。

例10 A公司2×15年、2×16年分别以225 000元和55 000元的价格购入甲、乙两只以交易为目的的股票(假设不考虑购入股票发生的交易费用)，市价一直高于购入成本。公司采用成本与市价孰低法对购入的股票进行计量。2×17年，A公司首次执行《企业会计准则》，从2×17年起对其以交易为目的购入的这两只股票由成本与市价孰低法改为公允价值计量，公司保存的会计资料比较齐备，可以通过会计资料追溯计算。假设A公司适用的所得税税率为25%，公司按净利润的10%提取法定盈余公积。公司发行股票份额为100万股。采用两种方法计量的交易性金融资产账面价值如表18－1所示。

表18－1　　采用两种方法计量的交易性金融资产的账面价值　　单位：元

会计政策 股票	成本与市价孰低法	2×15年年末公允价值	2×16年年末公允价值
甲股票	225 000	255 000	255 000
乙股票	55 000	—	65 000

根据上述资料,A公司的会计处理如下:

(1)计算改变交易性金融资产计量方法后的累积影响数,如表18—2所示。

表18—2　改变交易性金融资产计量方法后的累积影响数　单位:元

年　份	公允价值	成本与市价孰低	税前差异	所得税影响	税后差异
2×15	255 000	225 000	30 000	7 500	22 500
2×16	65 000	55 000	10 000	2 500	7 500
合　计	320 000	280 000	40 000	10 000	30 000

A公司2×17年12月31日的比较财务报表列报前期最早期初为2×16年1月1日。

A公司在2×15年年末按公允价值计量的账面价值为255 000元,按成本与市价孰低计量的账面价值为225 000元,两者的所得税影响合计为7 500元,两者差异对税后净利润的影响额为22 500元,即为该公司2×16年年初由成本与市价孰低改为公允价值的累积影响数。

A公司在2×16年年末按公允价值计量的账面价值为320 000元,按成本与市价孰低计量的账面价值为280 000元,两者的所得税影响合计为10 000元,两者差异对税后净利润的影响额为30 000元,其中,22 500元是2×16年年初由成本与市价孰低改为公允价值的累积影响数,7 500元是2×16年当年由成本与市价孰低改为公允价值产生的累积影响数。

(2)编制有关项目的调整分录。

①对2×15年有关事项的调整分录。

- 调整交易性金融资产:

借:交易性金融资产——公允价值变动　30 000
　贷:利润分配——未分配利润　22 500
　　递延所得税负债　7 500

- 调整利润分配:

由于A公司按照净利润的10%提取法定盈余公积,对盈余公积的影响额为22 500×10%=2 250(元)。

借:利润分配——未分配利润　2 250
　贷:盈余公积　2 250

②对2×16年有关事项的调整分录。

- 调整交易性金融资产:

借:交易性金融资产——公允价值变动　10 000
　贷:利润分配——未分配利润　7 500
　　递延所得税负债　2 500

- 调整利润分配:

由于A公司按照净利润的10%提取法定盈余公积,对盈余公积的影响额为7 500×10%=750(元)。

借:利润分配——未分配利润　750
　贷:盈余公积　750

(3)财务报表调整和重述(财务报表略)。

A公司在列报2×17年财务报表时,应调整2×17年资产负债表有关项目的年初余额、利润表有关项目的上年金额及所有者权益变动表有关项目的上年金额和本年金额。

①资产负债表项目的调整。

调增交易性金融资产年初余额 40 000 元，调增递延所得税负债年初余额 10 000 元，调增盈余公积年初余额 3 000 元，调增未分配利润年初余额 27 000 元。

②利润表项目的调整。

调增公允价值变动收益上年金额 10 000 元，调增所得税费用上年金额 2 500 元，调增净利润上年金额 7 500 元，调增基本每股收益上年金额 0.0 075 元。

③所有者权益变动表项目的调整。

调增会计政策变更项目中盈余公积上年金额 2 250 元，未分配利润上年金额 20 250 元，所有者权益合计上年金额 22 500 元。

调增会计政策变更项目中盈余公积本年金额 750 元，未分配利润本年金额 6 750 元，所有者权益合计本年金额 7 500 元。

3. 确定会计政策变更对列报前期影响数不切实可行的，应当从可追溯调整的最早期间期初开始应用变更后的会计政策。在当期期初确定会计政策变更对以前各期累积影响数不切实可行的，应当采用未来适用法处理。

不切实可行，是指企业在采取所有合理的方法后，仍然不能获得采用某项规定所必需的相关信息而导致无法采用该项规定，则该项规定在此时是不切实可行的。

对于以下特定前期，对某项会计政策变更(或前期差错影响数)应用追溯调整法(追溯重述法)是不切实可行的：

(1)应用追溯调整法或追溯重述法的累积影响数不能确定。

(2)应用追溯调整法或追溯重述法要求对管理层在该期当时的意图做出假定。

(3)应用追溯调整法或追溯重述法要求对有关金额进行重大估计，并且不可能将提供有关交易发生时存在状况的证据(例如，有关金额确认、计量或披露日期存在事实的证据，以及在受变更影响的当期和未来期间确认会计估计变更的影响的证据)和该期间财务报表批准报出时能够取得的信息这两类信息与其他信息客观地加以区分。

例如，企业因账簿、凭证超过法定保存期限而销毁，或因不可抗力而毁坏、遗失，如火灾、水灾等，或因人为因素，如盗窃、故意毁坏等，可能使当期期初确定会计政策变更对以前各期累积影响数无法计算，即不切实可行，在这种情况下，会计政策变更应当采用未来适用法进行处理。

未来适用法，是指将变更后的会计政策应用于变更日及以后发生的交易或者事项，或者在会计估计变更当期和未来期间确认会计估计变更影响数的方法。

在未来适用法下，不需要计算会计政策变更产生的累积影响数，也无需重编以前年度的财务报表。企业会计账簿记录及财务报表上反映的金额，变更之日仍保留原有的金额，不因会计政策变更而改变以前年度的既定结果，并在现有金额的基础上再按新的会计政策进行核算。

例 11　乙上市公司原采用后进先出法对发出存货进行核算，由于新准则不允许采用后进先出法，乙公司从 2×15 年 1 月 1 日起改用加权平均法对发出存货进行核算。2×15 年 1 月 1 日存货的价值为 600 000 元，公司 2×15 年购入存货的实际成本为 150 000 元，2×15 年 12 月 31 日按加权平均法计算确定的存货价值为 400 000 元，2×15 年销售额为 1 000 000 元，假设该年度其他费用为 120 000 元，所得税税率为 25%。2×15 年 12 月 31 日按后进先出法计算的存货价值为 250 000 元。

乙公司由于会计准则变化而改变会计政策，假定对其采用未来适用法进行处理，即对存货采用加权平均法从 2×15 年及以后才适用，不需要计算 2×15 年 1 月 1 日以前按加权平均法计算存货应有的余额以及对留存收益的影响金额。

计算确定会计政策变更对2×15年净利润的影响数，如表18—3所示。

表18—3 会计政策变更对2×15年净利润的影响数计算表 单位：元

项 目	加权平均法	后进先出法
营业收入	1 000 000	1 000 000
减：营业成本	350 000	500 000
减：其他费用	120 000	120 000
利润总额	530 000	380 000
减：所得税	132 500	95 000
净利润	397 500	285 000
差 额	112 500	

公司由于会计政策变更，使当期净利润增加了112 500元。其中，采用加权平均法的销售成本为：期初存货＋购入存货实际成本－期末存货＝600 000＋150 000－400 000＝350 000(元)；采用后进先出法的销售成本为：期初存货＋购入存货实际成本－期末存货＝600 000＋150 000－250 000＝500 000(元)。

五、会计政策变更的披露

企业应当在财务报表附注中披露与会计政策变更有关的下列信息：

1. 会计政策变更的性质、内容和原因。包括：对会计政策变更的简要阐述、变更的日期、变更前采用的会计政策和变更后采用的新会计政策及会计政策变更的原因。

2. 当期和各个列报前期财务报表中受影响的项目名称和调整金额。包括：采用追溯调整法时，计算出的会计政策变更的累积影响数；当期和各个列报前期财务报表中需要调整的净损益及其影响金额，以及其他需要调整的项目名称和调整金额。

3. 无法进行追溯调整的，应说明该事实和原因以及开始应用变更后的会计政策的时点、具体应用情况。包括：无法进行追溯调整的事实，确定会计政策变更对列报前期影响数不切实可行的原因，在当期期初确定会计政策变更对以前各期累积影响数不切实可行的原因，开始应用新会计政策的时点和具体应用情况。

例12 沿用例10，应在财务报表附注中做以下说明：

本公司2×17年按照会计准则的规定，对交易性金融资产的计量由成本与市价孰低改为以公允价值计量。此项会计政策变更采用追溯调整法，2×17年比较财务报表已重新表述。2×16年年初运用新会计政策追溯计算的会计政策变更累积影响数为22 500元，调增2×16年的年初留存收益22 500元，其中，调增盈余公积2 250元，调增未分配利润20 250元。会计政策变更对2×17年度财务报表本年金额的影响为调增净利润7 500元，调增盈余公积750元，调增未分配利润6 750元。

例13 沿用例11，应在财务报表附注中做以下说明：

本公司对存货原采用后进先出法计价，由于施行新会计准则改用加权平均法计价。按照《企业会计准则第38号——首次执行企业会计准则》的规定，对该项会计政策变更应当采用未来适用法。由于该项会计政策变更，当期净利润增加112 500元。

第二节 会计估计变更

一、会计估计概述

(一)会计估计的定义

会计估计是指企业对结果不确定的交易或者事项以最近可利用的信息为基础所做的判断。由于商业活动中内在的不确定因素的影响,许多财务报表中的项目不能精确地计量,而只能加以估计。估计涉及以最近可利用的、可靠的信息为基础所做的判断。

(二)会计估计的特点

1. 会计估计的存在是由于经济活动中内在的不确定因素的影响。在会计核算中,企业总是力求保持会计核算的准确性,但有些经济业务本身具有不确定性(如坏账、固定资产折旧年限、固定资产残余价值、无形资产摊销年限、收入确认等),因而需要根据经验做出估计。在进行会计核算和相关信息披露的过程中,会计估计是不可避免的,但不削弱会计信息的可靠性。

2. 进行会计估计时,往往以最近可利用的信息或资料为基础。企业在会计核算中,由于经营活动中内在的不确定性,不得不经常进行估计。一些估计的主要目的是为了确定资产或负债的账面价值,例如,坏账准备、担保责任引起的负债;另一些估计的主要目的是确定将在某一期间记录的收益或费用的金额,例如,某一期间的折旧、摊销的金额。企业在进行会计估计时,通常应根据当时的情况和经验,以一定的信息或资料为基础。但是,随着时间的推移、环境的变化,进行会计估计的基础可能会发生变化,因此,进行会计估计所依据的信息或者资料不得不经常发生变化。由于最新的信息是最接近目标的信息,以其为基础所做的估计最接近实际,所以,进行会计估计时,应以最近可利用的信息或资料为基础。

3. 进行会计估计并不会削弱会计确认和计量的可靠性。企业为了定期、及时地提供有用的会计信息,将连续不断的经营活动人为划分为一定的期间,并在权责发生制的基础上对企业的财务状况和经营成果进行定期确认和计量。例如,在会计分期的情况下,许多企业的交易跨越若干会计年度,以至于需要在一定程度上作出决定:某一年度发生的开支,哪些可以合理地预期能够产生其他年度以收益形式表示的利益,从而全部或部分向后递延;哪些可以合理地预期在当期能够得到补偿,从而确认为费用。也就是说,需要决定在结算日,哪些开支可以在资产负债表中处理,哪些开支可以在损益表中作为当年费用处理。因此,由于会计分期和货币计量的前提,在确认和计量过程中,不得不对许多尚在延续中、其结果尚未确定的交易或事项予以估计入账。

(三)会计估计的判断

会计估计的判断,应当考虑与会计估计相关项目的性质和金额,通常情况下,下列属于会计估计:

1. 存货可变现净值的确定。
2. 采用公允价值模式下投资性房地产公允价值的确定。
3. 固定资产的预计使用寿命与净残值,固定资产的折旧方法、弃置费用的确定。
4. 消耗性生物资产可变现净值的确定、生物资产的预计使用寿命、预计净残值。
5. 使用寿命有限的无形资产的预计使用寿命、残值、摊销方法。
6. 非货币性资产公允价值的确定。
7. 固定资产、无形资产、长期股权投资等非流动资产可回收金额的确定。
8. 职工薪酬金额的确定。
9. 与股份支付相关的公允价值的确定。

10. 与债务重组相关的公允价值的确定。

11. 预计负债金额的确定。

12. 收入金额的确定、提供劳务完工进度的确定。

13. 建造合同完工进度的确定。

14. 一般借款资本化金额的确定。

15. 应纳税暂时性差异和可抵扣暂时性差异的确定。

16. 与金融工具相关的公允价值的确定、摊余成本的确定、金融减值损失的确定等。

二、会计估计变更

会计估计变更是指由于资产和负债的当前状况及预期经济利益和义务发生了变化，从而对资产或负债的账面价值或者资产的定期消耗金额进行调整。

由于企业经营活动中内在的不确定因素，许多财务报表项目不能准确地计量，只能加以估计，估计过程涉及以最近可以得到的信息为基础所做的判断。但是，估计毕竟是就现有资料对未来所做的判断，随着时间的推移，如果赖以进行估计的基础发生了变化，或者由于取得了新的信息、积累了更多的经验，可能不得不对估计进行修订，但会计估计变更的依据应当真实、可靠。会计估计变更的情形包括：

1. 赖以进行估计的基础发生了变化。企业进行会计估计，总是依赖于一定的基础。如果其所依赖的基础发生了变化，则会计估计也应相应发生变化。例如，企业的某项无形资产摊销年限原定为10年，以后发生的情况表明，该资产的受益年限已不足10年，应相应调减摊销年限。

2. 取得了新的信息、积累了更多的经验。企业进行会计估计是就现有资料对未来所做的判断，随着时间的推移，企业有可能取得新的信息、积累更多的经验，在这种情况下，企业可能不得不对会计估计进行修订，即发生会计估计变更。例如，企业原根据当时能够得到的信息，对应收账款每年按其余额的3%计提坏账准备。现在掌握了新的信息，判定不能收回的应收账款比例已达15%，企业应改按15%的比例计提坏账准备。

会计估计变更，并不意味着以前期间的会计估计是错误的，只是由于情况发生了变化，或者掌握了新的信息，积累了更多的经验，使得变更会计估计能够更好地反映企业的财务状况和经营成果。如果以前期间的会计估计是错误的，则属于会计差错按会计差错更正的会计处理办法进行处理。

三、会计估计变更的会计处理

企业对会计估计变更应当采用未来适用法处理，即在会计估计变更当期及以后期间采用新的会计估计不改变以前期间的会计估计，也不调整以前期间的报告结果。

1. 会计估计变更仅影响变更当期的，其影响数应当在变更当期予以确认。

2. 会计估计变更既影响变更当期、又影响未来期间的，其影响数应当在变更当期和未来期间予以确认。例如，企业的某项可计提折旧的固定资产，其有效使用年限或预计净残值的估计发生的变更，常常影响变更当期及资产以后使用年限内各个期间的折旧费用，这类会计估计的变更，应于变更当期及以后各期确认。

会计估计变更的影响数应计入变更当期与前期相同的项目中。为了保证不同期间的财务报表具有可比性，如果以前期间的会计估计变更的影响数计入企业日常经营活动损益，则以后期间也应计入日常经营活动损益；如果以前期间的会计估计变更的影响数计入特殊项目中，则以后期间也应计入特殊项目。

例14 X公司有一台管理用设备，原始价值为510 000元，预计使用寿命为10年，净残值为

10 000元,自2×08年1月1日起按直线法计提折旧。自2×15年年初起,公司对原预计使用寿命和净残值作出修正,修改后的预计使用寿命为15年,净残值为5 000元。X公司适用的所得税税率为25%。假定税法允许按变更后的折旧额在税前扣除。

(1)分析:

X公司对上述会计估计变更的处理如下:①不调整以前各期折旧,也不计算累积影响数;②变更日以后发生的经济业务改按新估计使用寿命提取折旧。

(2)计算:

按原估计,每年折旧额为50 000元[(510 000－10 000)÷10],已提折旧7年,共计350 000元,固定资产净值为160 000元,则2×15年1月1日有关账户的年初余额如表18－4所示:

表18－4　　X公司2×15年年初相关账户余额表　　单位:元

项　目	金　额
固定资产	510 000
减:累计折旧	350 000
固定资产净值	160 000

改变估计使用寿命后,自2×15年1月1日起,每年计提的折旧费用为19 375元[(160 000－5 000)÷(15－7)]。2×15年不必对以前年度已提折旧进行调整,只需按重新预计的尚可使用寿命和净残值计算确定年折旧费用。

(3)2×15年,X公司应编制会计分录如下:

借:管理费用　　19 375

　贷:累计折旧　　19 375

四、会计估计变更的披露

企业应当在财务报表附注中披露与会计估计变更有关的下列信息:

(1)会计估计变更的内容和原因,包括变更的内容、变更日期以及为什么要对会计估计进行变更。

(2)会计估计变更对当期和未来期间的影响数,包括会计估计变更对当期和未来期间损益的影响金额,以及对其他各项目的影响金额。

(3)会计估计变更的影响数不能确定的,应当披露这一事实和原因。

例15　沿用例14,应在财务报表附注中做以下说明:

本公司一台管理用设备,原始价值为510 000元,原预计使用寿命为10年,预计净残值为10 000元,按直线法计提折旧。本公司于2×15年年初变更该设备的使用寿命为15年,预计净残值为5 000元,以反映该设备的真实耐用寿命和净残值。此估计变更影响本年度净利润增加数为22 968.75元[(50 000－19 375)×(1－25%)]。

第三节　前期会计差错更正

一、前期差错概述

前期差错是指由于没有运用或错误运用下列两种信息,而对前期财务报表造成省略或错报:(1)编报前期财务报表时预期能够取得并加以考虑的可靠信息;(2)前期财务报告批准报出时能够取得的可靠信息。前期差错通常包括计算错误、应用会计政策错误、疏忽或曲解事实以及舞弊产生的影响以及存货、固定资产盘盈等。没有运用或错误运用上述两种信息而形成前期差错的情形主要有：

1. 计算以及账户分类错误。例如，企业购入5年期国债，意图长期持有，但在记账时记入了交易性金融资产，导致账户分类上的错误，并导致在资产负债表上流动资产和非流动资产的分类也有误。

2. 采用法律、行政法规或者国家统一的会计制度等不允许的会计政策。例如，按照《企业会计准则第17号——借款费用》的规定，为购建固定资产的专门借款而发生的借款费用，满足一定条件的，在固定资产达到预定可使用状态前发生的，应予资本化，计入所购建固定资产的成本；在固定资产达到预定可使用状态后发生的，计入当期损益。如果企业固定资产已达到预定可使用状态后发生的借款费用也计入该固定资产的价值，予以资本化，则属于采用法律或会计准则等行政法规、规章所不允许的会计政策。

3. 对事实的疏忽或曲解，以及舞弊。例如，企业对某项建造合同应按建造合同规定的方法确认营业收入，但该企业却按确认商品销售收入的原则确认收入。

4. 在期末对应计项目与递延项目未予调整。例如，企业应在本期摊销的费用在期末未予摊销。

5. 漏记已完成的交易。例如，企业销售一批商品，商品已经发出，开出增值税专用发票，商品销售收入确认条件均已满足，但企业在期末时未将已实现的销售收入入账。

6. 提前确认尚未实现的收入或不确认已实现的收入。例如，在采用委托代销商品的销售方式下，应以收到代销单位的代销清单时，确认商品销售收入的实现，如企业在发出委托代销商品时即确认为收入，则为提前确认尚未实现的收入。

7. 资本性支出与收益性支出划分差错等。例如，企业发生的管理人员的工资一般作为收益性支出，而发生的在建工程人员工资一般作为资本性支出。如果企业将发生的在建工程人员工资计入了当期损益，则属于资本性支出与收益性支出的划分差错。

二、前期差错更正的会计处理

如果财务报表项目的遗漏或错误表述可能影响财务报表使用者根据财务报表所作出的经济决策，则该项目的遗漏或错误是重要的。重要的前期差错是指足以影响财务报表使用者对企业财务状况、经营成果和现金流量作出正确判断的前期差错。不重要的前期差错是指不足以影响财务报表使用者对企业财务状况、经营成果和现金流量作出正确判断的会计差错。

前期差错的重要性取决于在相关环境下对遗漏或错误表述的规模和性质的判断。前期差错所影响的财务报表项目的金额或性质，是判断该前期差错是否具有重要性的决定性因素。一般来说，前期差错所影响的财务报表项目的金额越大、性质越严重，其重要性水平越高。

(一)不重要的前期差错的会计处理

对于不重要的前期差错，企业不需要调整财务报表相关项目的期初数，但应调整发现当期与前期相同的相关项目。属于影响损益的，应直接计入本期与上期相同的净损益项目；属于不影响损益的，应调整本期与前期相同的相关项目。

例16　Y公司2×12年12月31日发现，一台价值60 000元、应计入固定资产并于2×11年3月1日开始计提折旧的管理用设备，在2×11年计入了当期费用。该公司的固定资产折旧采用直线法，该资产的估计使用年限为4年，假设不考虑净残值因素。2×12年12月31日Y公司更正此差错的会计分录为：

借：固定资产	60 000	
贷：管理费用		32 500
累计折旧[60 000÷(4×12)×22]		27 500

如果该项差错直到2×15年3月后才发现，则不需要做任何分录，因为该项差错已经抵销了。

(二)重要的前期差错的会计处理

对于重要的前期差错，企业应当在其发现当期的财务报表中，调整前期比较数据。具体地说，企业应当在重要的前期差错发现当期的财务报表中，通过下述处理对其进行追溯更正：

1. 追溯重述差错发生期间列报的前期比较金额；

2. 如果前期差错发生在列报的最早前期之前，则追溯重述列报的最早前期的资产、负债和所有者权益相关项目的期初余额。

企业应当采用追溯重述法更正重要的前期差错，但确定前期差错累积影响数不切实可行的除外。追溯重述法是指在发现前期差错时，视同该项前期差错从未发生过，从而对财务报表相关项目进行更正的方法。

对于发生的重要的前期差错，如影响损益，应将其对损益的影响数调整发现当期的期初留存收益，财务报表其他相关项目的期初数也应一并调整；如不影响损益，应调整财务报表相关项目的期初数。

在编制比较财务报表时，对于比较财务报表期间的重要的前期差错，应调整各该期间的净损益和其他相关项目，视同该差错在产生的当期已经更正；对于比较财务报表期间以前的重要的前期差错，应调整比较财务报表最早期间的期初留存收益，财务报表其他相关项目的数字也应一并调整。

确定前期差错影响数不切实可行的，可以从可追溯重述的最早期间开始调整留存收益的期初余额，财务报表其他相关项目的期初余额也应当一并调整，也可以采用未来适用法。当企业确定前期差错对列报的一个或者多个前期比较信息的特定期间的累积影响数不切实可行时，应当追溯重述切实可行的最早期间的资产、负债和所有者权益相关项目的期初余额(可能是当期)；当企业在当期期初确定前期差错对所有前期的累积影响数不切实可行时，应当从确定前期差错影响数切实可行的最早日期开始采用未来适用法追溯重述比较信息。

需要注意的是，为了保证经营活动的正常进行，企业应当建立健全内部稽核制度，保证会计资料的真实、完整。对于年度资产负债表日至财务报告批准报出日之间发现的报告年度的会计差错及报告年度前不重要的前期差错，应按照《企业会计准则第29号——资产负债表日后事项》的规定进行处理。

例17 Z公司在2×15年发现，2×14年公司漏记一项管理部门固定资产的折旧费用40 000元，所得税申报表中未扣除该项费用。假设Z公司2×14年适用的所得税税率为25%，无其他纳税调整事项。Z公司按净利润的10%提取法定盈余公积。假定税法允许调整应交所得税。

(1)分析前期差错的影响数。

2×14年少计折旧费用40 000元，多计所得税费用和应交税费10 000元(40 000×25%)，多计净利润30 000元，多提法定盈余公积3 000元(30 000×10%)。

(2)编制有关项目的调整分录。

①补提折旧。

借：以前年度损益调整	40 000	
贷：累计折旧		40 000

②调整应交所得税。

借：应交税费——应交所得税	10 000	
贷：以前年度损益调整		10 000

③将“以前年度损益调整”账户的余额转入“利润分配”账户。

借：利润分配——未分配利润	30 000	
贷：以前年度损益调整		30 000

④调整利润分配有关数字。

借:盈余公积　　3 000

　　贷:利润分配——未分配利润　　3 000

(3)财务报表调整和重述(财务报表略)。

B公司在列报2×15年财务报表时,应调整2×15年12月31日资产负债表有关项目的年初余额、2×15年利润表有关项目的上年金额和所有者权益变动表的上年金额。

①资产负债表项目的调整。

调增累计折旧40 000元,调减应交税费10 000元,调减盈余公积3 000元,调减未分配利润27 000元。

②利润表项目的调整。

调增管理费用上年金额40 000元,调减所得税费用上年金额10 000元,调减净利润上年金额30 000元。

③所有者权益变动表项目的调整。

调减前期差错更正项目中盈余公积上年金额3 000元,调减未分配利润上年金额27 000元,调减所有者权益合计上年金额30 000元。

三、前期差错更正的披露

企业应当在财务报表附注中披露与前期差错更正有关的下列信息:

1. 前期差错的性质。

2. 各个列报前期财务报表中受影响的项目名称和更正金额。

3. 无法进行追溯重述的,应说明该事实和原因以及对前期差错开始进行更正的时点、具体更正情况。

在以后期间的财务报表中,不需要重复披露在以前期间的附注中已披露的前期差错更正的信息。

例18　沿用例17,应在财务报表附注中做以下说明:

本年度发现2×14年漏记固定资产折旧40 000元,在编制2×15年与2×14年比较财务报表时,已对该项差错进行了更正。更正后,调减2×14年净利润及2×14年末留存收益30 000元,调增2×14年末累计折旧40 000元。

复习思考题

1. 会计政策的定义是什么?
2. 会计政策变更的条件是什么?
3. 对会计政策变更进行会计处理应该采用什么方法?
4. 会计估计变更的定义是什么?
5. 会计估计变更的条件是什么?
6. 对会计估计变更进行会计处理应采用什么方法?
7. 对前期差错更正进行会计处理应采用什么方法?

全国普通高等教育金牌会计丛书

《中级财务会计》习题与解答

（第二版）

杨慧辉　李　琳　主编

上海财经大学出版社

编者语

本书是《中级财务会计》教材的配套练习，根据《中级财务会计》教材编写。会计练习是会计教学的重要环节，对于巩固和消化所学知识点、提高分析和思考能力、增强实务操作的技能，具有重要的作用。本习题集编写了各种类型的练习题，包括单项选择题、多项选择题、判断题和计算分析题。在编写中，各类练习题都注意了难易程度以及对各章节基本知识点、重点、难点的覆盖，并附有参考答案，方便读者进行自我测试。

本书由上海对外经贸大学杨慧辉、李琳任主编，其中：第二、六、七、九、十、十一、十二、十四、十五章由杨慧辉编写，第一、三、四、五、八、十三、十六、十七、十八章由李琳编写。杨慧辉负责全书定稿前的校对、修订工作。上海对外经贸大学硕士研究生武惠冉、乔珊、周安石、靳欢欢、孙阳、吴含玉、江霞、梅丽珍、孙弘非、刘笛、韩洪祥为本书的资料收集做了大量的前期工作，并参与了本书的修订工作。若有错误和不当之处，敬请读者批评指正。

编　者

2015 年 7 月

目 录

第一章　总　论

一、单项选择题

1. 下列各项中，关于财务会计的说法，不正确的是（　　）。
A. 主要向企业内部信息使用者提供信息
B. 运用确认、计量、记录和报告程序
C. 以公认会计原则和准则为依据
D. 以货币计量为手段
2. 我国现行会计规范体系不包括（　　）。
A. 会计法　　B. 基本准则　　C. 具体会计准则　　D. 会计原则
3. 以下关于基本准则的说法，不正确的是（　　）。
A. 类似于美国财务会计准则委员会的《财务会计概念公告》
B. 统驭具体准则的制定
C. 为会计实务中出现的、具体准则尚未规范的新问题给出了操作性规定
D. 为会计实务中出现的、具体准则尚未规范的新问题提供会计处理依据
4. 我国现行企业会计准则与国际会计准则的差异不包括（　　）。
A. 关联方关系及其交易的披露
B. 长期资产减值准备的转回
C. 非同一控制下的企业合并
D. 公允价值的计量
5. 对企业具体交易或者事项的会计处理加以规范的是（　　）。
A. 具体会计准则　　B. 会计准则应用指南
C. 会计准则解释　　D. 基本准则
6. 对实务中遇到的实施问题加以规范的是（　　）。
A. 具体准则　　B. 会计准则应用指南　　C. 会计准则解释　　D. 基本准则
7. 由全国人民代表大会常务委员会通过、国家主席签署颁布的会计规范是（　　）。
A. 会计制度　　B. 具体会计准则
C. 会计准则解释　　D. 基本准则
E. 会计法
8. 与国际会计准则理事会的《编报财务报表的框架》对应的我国会计规范是（　　）。
A. 会计制度　　B. 具体会计准则
C. 会计准则解释　　D. 基本准则
E. 会计法

二、多项选择题

1. 我国现行会计规范体系包括的内容是（　　）。

A. 法律　B. 行政法规　C. 行业规定　D. 部门规章
E. 规范性文件

2. 我国企业会计准则体系由(　　)组成。
A. 会计制度　B. 具体准则　C. 应用指南　D. 会计准则解释
E. 基本准则

3. 以下对基本准则的作用的描述,正确的是(　　)。
A. 规范对具体交易或事项的会计处理
B. 统驭具体准则的制定
C. 对具体准则的重点、难点作出操作性规定
D. 为出现的具体准则尚未规范的新问题提供会计理论依据
E. 对实务中遇到的实施问题做出具体解释

4. 我国曾有过的会计规范包括(　　)。
A. 股份有限公司会计制度　B. 有限责任公司会计制度
C. 企业财务通则　D. 企业会计制度
E. 企业财务会计披露条例

5. 与《IAS 39——金融工具:确认和计量》对应的我国企业会计准则包括(　　)。
A.《企业会计准则第 22 号——金融工具确认和计量》
B.《企业会计准则第 23 号——金融资产转移》
C.《企业会计准则第 25 号——原保险合同》
D.《企业会计准则第 24 号——套期保值》
E.《企业会计准则第 2 号——长期股权投资》

6. 与我国《企业会计准则第 2 号——长期股权投资》对应的国际会计准则包括(　　)。
A.《IAS 27——合并财务报表和单独财务报表》
B.《IAS 39——金融工具:确认和计量》
C.《IAS 28——联营中的投资》
D.《IFRS 7——金融工具:披露》
E.《IAS 31——合营中的权益》

三、判断题

1. 财务会计报告的目标是向财务会计报告使用者提供与企业财务状况、经营成果和现金流量等有关的会计信息,反映企业管理层受托责任履行情况,有助于财务会计报告使用者做出经济决策。(　　)
2. 我国企业会计准则的内容与国际会计准则完全相同。(　　)
3. 我国根据实际情况,单独制定了持有待售的非流动资产和终止经营这一准则项目。(　　)
4. 我国现行企业会计准则强调适度、谨慎地引入公允价值。(　　)
5. 我国在资产减值准则中规定,所有资产减值损失一经确认,不得转回。(　　)
6. 我国企业会计准则和国际会计准则一样只明确了非同一控制下企业合并的会计规范。(　　)
7. 我国《企业会计准则——基本准则》是由我国财政部以部长令公布的部门规章。(　　)
8. 我国财政部发布的会计准则具体准则及其应用指南属于部门规章。(　　)

第二章　货币资金

一、单项选择题

1. 下列项目中，不允许使用现金的是(　　)。

A. 向个人收购废旧物资　　B. 支付个人劳动报酬

C. 出差借支差旅费　　D. 购置固定资产

2. 对于银行已经入账而企业尚未入账的未达账项，我国企业应当(　　)。

A. 在编制“银行存款余额调节表”的同时入账

B. 待有关结算凭证到达后入账

C. 根据“银行对账单”记录的金额入账

D. 根据“银行存款余额调节表”和“银行对账单”自制原始凭证入账

3. 下列属于其他货币资金核算内容的是(　　)。

A. 库存人民币　　B. 库存外币　　C. 存出投资款　　D. 银行存款

4. 企业应设置“现金日记账”，由(　　)按照经济业务发生的先后顺序逐日逐笔登记。

A. 主管人员　　B. 出纳人员　　C. 会计人员　　D. 经办人员

5. 下列票据中，开出票据方按现行会计制度规定应作为银行存款核算的是(　　)。

A. 银行本票　　B. 银行汇票　　C. 支票　　D. 商业汇票

6. 在核对银行存款账目时，如发现未达账项，应编制“银行存款余额调节表”。下列说法错误的是(　　)。

A. 调节后，双方余额如果相等，一般说明银行与企业双方记账没有错误

B. 调节后，双方余额如果不相等，说明银行与企业有一方或双方记账有错误，需要进一步查对

C. 因未达账项而使双方账面余额出现的差异，无需调整当期的账面余额

D. 因未达账项而使双方账面余额出现的差异，需调整当期的账面余额

7. 采用银行汇票结算方式，如果实际结算金额低于汇票金额，银行退回多余款时，应借记“银行存款”账户，贷记(　　)账户。

A.“其他应收款”　　B.“其他货币资金”　　C.“应收票据”　　D.“材料采购”

8. 企业现金清查中，经检查仍无法查明原因的现金短缺，经批准后应计入(　　)。

A. 管理费用　　B. 财务费用　　C. 销售费用　　D. 营业外支出

9. 下列各项中，不通过“其他货币资金”账户核算的是(　　)。

A. 信用证存款　　B. 备用金　　C. 信用卡存款　　D. 银行本票存款

10. 企业现金清查时，发现库存现金较账面余额短缺 100 元，在未查明原因之前，应借记(　　)账户。

A.“待处理财产损溢”　　B.“营业外支出”

C.“其他应收款”　　D.“管理费用”

二、多项选择题

1. 下列各项中,属于其他货币资金的有(　　)。
A. 银行本票存款　B. 银行汇票存款　C. 信用卡存款　D. 外埠存款
E. 备用金
2. 下列可以用现金结算的有(　　)。
A. 支付职工工资　B. 企业职工出差,借支差旅费 2 000 元
C. 购买办公用品 280 元　D. 向农村合作社收购物资 50 000 元
E. 向本市企业购买材料 10 000 元
3. 在(　　)情况下,企业银行存款日记账余额会小于银行对账单余额。
A. 企业开出支票,对方未到银行兑现
B. 银行误将其他公司的存款记入本企业"银行存款"账户
C. 银行代扣水电费,企业尚未接到通知
D. 银行收到委托收款结算方式下结算款项,企业尚未收到通知
E. 银行结算企业存款利息,企业尚未收到凭证
4. 货币资金按存放地点和用途可分为(　　)。
A. 库存现金　B. 银行存款
C. 其他货币资金　D. 其他单位或个人所欠现金
5. 下列属于未达账项的有(　　)。
A. 企业开出支票,对方未到银行兑现
B. 银行误将其他公司的存款记入本企业"银行存款"账户
C. 银行代扣电话费,企业尚未接到通知
D. 银行收到委托收款结算方式下结算款项,企业尚未收到通知
E. 企业将收到的支票送存银行,但银行尚未结算

三、判断题

1. 出纳人员要根据现金日记账的记录逐日结出现金余额,与库存现金实存数相核对,以检查每日现金收付是否有误。(　　)
2. 未达账项是指企业与银行之间由于凭证传递上的时间差,一方已登记入账而另一方尚未入账的账项。(　　)
3. 企业与银行核对银行存款账目时,对已发现的未达账项,应当编制银行存款余额调节表进行调节,并进行相应的账务处理。(　　)
4. 企业银行存款日记账与银行对账单的核对,是将企业银行存款日记账的记录同银行对账单进行逐笔核对。(　　)
5. 库存现金的清查包括出纳人员每日的清点核对和清查小组定期和不定期的清查。(　　)
6. 有外币现金的企业,应分别按人民币现金、外币现金设置"现金日记账"进行明细核算。(　　)
7. 企业需要到外地临时或零星采购,可以将款项通过银行汇入采购地银行,这部分汇入采购银行的资金应通过"其他货币资金"账户核算。(　　)
8. 企业银行存款日记账与银行对账单不相符,肯定存在未达账项。(　　)
9. 企业通过银行汇往外地专户存款而向银行缴纳的手续费,应作为财务费用核算。(　　)
10. 企业可以根据单位的实际需要自行确定库存现金的限额。(　　)

四、计算分析题

习题一

(一)目的:练习银行存款余额调节表的编制。

(二)资料:甲公司2×15年12月31日银行存款日记账的余额为5 400 000元,银行转来对账单的余额为8 300 000元。经逐笔核对,发现以下未达账项:

(1)企业送存转账支票6 000 000元,并已登记银行存款增加,但银行尚未记账。

(2)企业开出转账支票4 500 000元,但持票单位尚未到银行办理转账,银行尚未记账。

(3)企业委托银行代收某公司购货款4 800 000元,银行已收妥并登记入账,但企业尚未收到收款通知,尚未记账。

(4)银行代企业支付电话费400 000元,银行已登记企业银行存款减少,但企业未收到银行付款通知,尚未记账。

(三)要求:编制甲公司2×15年12月31日的银行存款余额调节表。

银行存款余额调节表

2×15年12月31日

单位:元

项 目	金 额	项 目	金 额
企业银行存款日记账余额 加:银行已收、企业未收款 减:银行已付、企业未付款		银行对账单余额 加:企业已收、银行未收款 减:企业已付、银行未付款	
调节后的存款余额		调节后的存款余额	

习题二

(一)目的:练习现金清查的核算。

(二)资料:乙公司有关现金盘点的情况如下:

(1)2×15年1月31日,库存现金日记账的余额为5 000元,当日现金盘点报告单填写的库存现金实有数为4 850元。经查,短缺的150元中,50元是由于出纳人员收发计量差错造成的,应由出纳人员赔偿,另有100元无法查明原因。

(2)2×15年2月3日,库存现金日记账的余额为6 500元,当日现金盘点报告单填写的库存现金实有数为6 800元。经查,盘盈的300元中,250元是由于采购员张三报销后未拿走现金,另有50元无法查明原因。

(三)要求:编制上述现金清查整个过程的会计分录。

习题三

(一)目的:练习库存现金、银行存款、其他货币资金的核算。

(二)资料:甲公司为增值税一般纳税企业,该公司2×15年5月份发生以下经济业务(不考虑任何税费):

(1)4日,开出现金支票,从银行提取现金3 000元备用。

(2)7日,采购员张三到上海某地采购材料,预借差旅费1 000元,以现金支付。

(3)9日,厂部管理人员参加市内业务会议,报销交通费40元,以现金支付。

(4)12 日,开出转账支票支付东风公司材料款及代垫运费 19 000 元。

(5)17 日,向证券公司开立的资金账户中转账 200 000 元,准备购买证券。

(6)19 日,通过银行汇款至江西 50 000 元,开立采购专户。

(7)20 日,开出现金支票 14 000 元从银行提取现金,准备发放工资。

(8)20 日,以现金发放工资。

(9)22 日,填写汇款委托书交银行,汇交外地广厦工厂,偿还上月购货款 12 000 元。

(10)22 日,收到中信公司上月购本企业产品价款 60 000 元,存入银行。

(11)23 日,采购员张三报销差旅费 700 元,余款退回。

(12)26 日,汇往江西外购材料款 44 000 元回厂报销(材料已入库),余额通过银行收回。

(13)27 日,银行转来自来水公司托收无承付结算凭证支款通知和有关凭证,支付厂部耗用水费 800 元。

(14)30 日,企业以银行存款支付电话费 500 元。

(三)要求:编制上述 14 笔经济业务的会计分录。

第三章　应收款项

一、单项选择题

1. 某企业销售商品一批，增值税专用发票上标明的价款为 60 万元，适用的增值税税率为 17%，为购买方代垫运杂费为 2 万元，款项尚未收回。该企业确认的应收账款为(　　)万元。

A. 60　　B. 62　　C. 70.2　　D. 72.2

2. 某企业根据账龄的长短来估计坏账损失(假设账龄与应收款项的信用风险成一定的比例关系)。2×15 年 12 月 31 日，计提坏账准备前"坏账准备"账户的贷方余额为 2.6 万元。当日，应收账款余额为 180 万元，其中，未到期的应收账款为 80 万元，估计损失率为 0.5%；过期 6 个月以内的应收账款为 60 万元，估计损失率为 2%；过期 6 个月以上的应收账款为 40 万元，估计损失率为 3%。该企业 2×15 年 12 月 31 日应补提坏账准备的金额为(　　)万元。

A. 0.2　　B. 2.6　　C. 2.8　　D. 5.4

3. 某企业坏账损失采用备抵法核算，已作为坏账损失处理的应收账款 2 000 元，今又收回，应编制会计分录如下：(　　)。

A. 借：应收账款　2 000
　　贷：资产减值损失　2 000

B. 借：银行存款　2 000
　　贷：应收账款　2000

C. 借：银行存款　2 000
　　贷：资产减值损失　2 000

D. 借：应收账款　2 000
　　贷：坏账准备　2 000
　借：银行存款　2 000
　　贷：应收账款　2 000

4. 某企业根据对应收款项收回风险的估计，决定对应收款项按其余额的 5%计提坏账准备。2×15年 12 月 1 日，"坏账准备"账户的借方余额为 30 000 元。2×15 年 12 月 31 日，"应收账款"账户的借方余额为 900 000 元，"其他应收款"账户的借方余额为 100 000 元。该企业 2×15 年 12 月 31 日应补提的坏账准备为(　　)元。

A. 10 000　　B. 65 000　　C. 70 000　　D. 80 000

5. 某企业 2×15 年 8 月 1 日赊销一批商品，售价为 120 000 元(不含增值税)，适用的增值税税率为 17%。规定的现金折扣条件为 2/10、1/20、n/30，计算现金折扣时考虑增值税。客户于 2×15 年 8 月 15 日付清货款，该企业的收款金额为(　　)元。

A. 118 800　　B. 137 592　　C. 138 996　　D. 140 400

6. 下列各项中，应记入"预付账款"账户借方的是(　　)。

A. 收到货物验收入库　　B. 预付购货款

C. 收到购货款　　D. 发出商品

7. 甲公司 2×15 年 4 月 1 日销售产品一批给乙公司，价税合计为 50 000 元，双方约定 10 月 1 日付款。甲公司 2×15 年 6 月 1 日将应收乙公司的账款向银行申请贴现，企业与银行签订的协议中规定，在贴现的应收账款到期、乙公司未按期偿还时，甲公司负有向银行还款的责任。甲公司实际收到48 000元，手续费2 000元，款项已收入银行。甲公司贴现时应编制会计分录如下：(　　)。

A. 借:银行存款　48 000
　　贷:应收账款　48 000

B. 借:银行存款　48 000
　　财务费用　2 000
　　贷:应收账款　50 000

C. 借:银行存款　48 000
　　财务费用　2 000
　　贷:短期借款　50 000

D. 借:银行存款　48 000
　　贷:短期借款　48 000

8. 某企业销售商品,收到一张期限为6个月的商业承兑汇票支付货款,票面价值为100万元,票面年利率为4%。该票据到期时,企业应收到的金额为(　　)万元。

A. 100　　B. 102　　C. 104　　D. 140

9. 若企业发生的预付货款业务不多,为简化核算,可以不设置"预付账款"账户,支付预付货款时可直接记入(　　)。

A. "应收账款"账户的借方　　B. "应付账款"账户的借方
C. "应收账款"账户的贷方　　D. "应付账款"账户的贷方

10. 企业赊销货物存在现金折扣的情况下,应收账款若采用净价法核算,因购货方超过折扣期限付款而多收的款项,应记为(　　)。

A. 财务费用的增加　　B. 财务费用的减少
C. 管理费用的增加　　D. 管理费用的减少

11. 在会计实务中,确认应收账款的入账时间通常是(　　)。

A. 发货时　　B. 签订合同时　　C. 收入实现时　　D. 收到款项时

12. 采用总价法确认应收账款的入账金额时,销售方应将其给予客户的现金折扣计入(　　)。

A. 管理费用　　B. 销售费用　　C. 财务费用　　D. 营业外收入

13. A企业对总务办公室实行定额备用金制度。总务办公室因购买日常办公用品向财务部门预支款项时,A企业应(　　)。

A. 借记"库存现金"账户
B. 借记"其他应收款——定额备用金(总务办公室)"账户
C. 贷记"其他应收款——定额备用金(总务办公室)"账户
D. 贷记"其他应付款——定额备用金(总务办公室)"账户

二、多项选择题

1. 下列各项中,会引起期末应收账款账面价值发生变化的有(　　)。

A. 收回应收账款　　B. 收回已转销的坏账
C. 计提应收账款坏账准备　　D. 结转到期不能收回的应收票据

2. 下列各项中,构成应收账款入账价值的有(　　)。

A. 赊销商品的价款　　B. 代购货方垫付的保险费
C. 代购货方垫付的运杂费　　D. 销售货物发生的商业折扣

3. 下列项目中,应通过"其他应收款"账户核算的有(　　)。

A. 应收的各种罚款　　B. 实行定额备用金制度的企业日常报销时
C. 收取的各种押金　　D. 应向职工收取的各种垫付款项

4. 下列各项中,应记入"坏账准备"账户借方的有(　　)。

A. 提取坏账准备20 000元　　B. 冲回多提坏账准备20 000元
C. 收回以前确认并转销的坏账　　D. 备抵法下实际发生的坏账

5. 下列项目中,应通过"其他应收款"账户核算的有(　　)。

A. 应向责任人收取的赔款　　B. 应收的各种罚款
C. 收取的各种押金　　D. 租入包装物支付的押金

6. 企业在采用备抵法核算坏账损失时，估计坏账损失的方法有(　　)。
A. 账龄分析法　　B. 个别认定法
C. 赊销百分比法　　D. 应收款项余额百分比法

7. 属于"应收账款"账户核算范围的有(　　)。
A. 应收销货款　　B. 应收职工借款
C. 应收代垫销货运输费　　D. 应收增值税销项税额

8. 在我国会计实务中，作为应收票据核算的票据有(　　)。
A. 支票　　B. 银行汇票　　C. 银行本票　　D. 商业承兑汇票
E. 银行承兑汇票

9. 采用备抵法核算坏账损失的优点是(　　)。
A. 符合谨慎性要求　　B. 避免虚增资产
C. 加速资金周转　　D. 符合权责发生制基础

10. 下列各项中，应记入"坏账准备"账户贷方的项目有(　　)。
A. 经批准转销的坏账　　B. 期末计提坏账准备
C. 确实无法支付的应付账款　　D. 收回过去已经确认并转销的坏账
E. 期末冲减多提的坏账准备

三、判断题

1. 取得带息应收票据时，企业应于期末计算票据利息，并增加应收票据的账面价值，同时冲减管理费用。(　　)

2. 应收账款的入账金额需减去商业折扣，但不减去现金折扣。(　　)

3. 由于企业应收及预付款项均属于债权，因此，都存在发生坏账损失的风险，按现行制度规定都应提取一定比例的坏账准备。(　　)

4. 企业已确认并转销的坏账损失，如果以后又收回，应及时按照收回的金额借记"银行存款"账户，贷记"坏账准备"账户。(　　)

5. 现金折扣和销售折让均应在实际发生时计入当期财务费用。(　　)

6. 短期应收款项的预计未来现金流量与其现值相差很小的，在确定相关减值损失时，可不对其预计未来现金流量进行折现。(　　)

7. 企业将应收账款出售给银行，且不承担相应的坏账风险，则应按应收债权出售处理，将应收账款转销。(　　)

四、计算分析题

习题一

(一)目的：练习应收账款的会计处理。

(二)资料：甲企业为增值税一般纳税人，增值税税率为17%。2×15年12月1日，甲企业"应收账款"账户的借方余额为500万元，"坏账准备"账户的贷方余额为25万元，企业通过对应收款项的信用风险特征进行分析，确定计提坏账准备的比例为期末应收账款余额的5%。12月份，甲企业发生如下相关业务：

(1)12月5日，向乙企业赊销商品一批，按商品价目表标明的价格计算的金额为1 000万元(不含增值税)，由于是成批销售，甲企业给予乙企业10%的商业折扣。

(2)12月9日，一客户破产，根据清算程序，有应收账款40万元不能收回，确认为坏账。

(3)12月11日，收到乙企业的销货款500万元，存入银行。

(4)12月21日，收到已转销为坏账的应收账款10万元，存入银行。

(5)12月30日，向丙企业销售商品一批，增值税专用发票上注明的售价为100万元，增值税额为17万元。甲企业为了及早收回货款，在合同中规定现金折扣条件为2/10、1/20、n/30。假定现金折扣不考虑增值税。

(三)要求：

(1)编制甲企业上述业务的会计分录。

(2)计算甲企业本期应计提的坏账准备，并编制会计分录。

(“应交税费”账户要求写出明细账户和专栏名称，答案中的金额单位用万元表示)

习题二

(一)目的：练习应收票据的会计处理。

(二)资料：M企业和B公司均为增值税一般纳税人，2×15年双方发生购销业务情况如下：

(1)1月5日，M企业销售给B公司产品一批，货已发出，B公司已验收入库。该批产品售价为30 000元，增值税为5 100元，销售时M企业以现金代垫运费900元，货款等尚未收到。

(2)2月1日，M企业收到B公司开出并承兑的商业汇票一张，面值为36 000元，年利率为5%，期限为4个月。

(3)每月末，按月计提票据利息。

(4)6月1日，票据到期，M企业收到B公司支付的票款并存入银行。

(5)如果票据到期，B公司无力支付票款。

(三)要求：

(1)计算票据到期价值以及每月票据利息。

(2)根据上述业务，分别为M企业编制相关的会计分录。

习题三

(一)目的：练习应收账款减值的核算。

(二)资料：甲企业2×14年至2×15年发生下列有关应收账款的业务：

(1)2×14年12月31日应收账款的具体资料如下表所示：

单位：万元

	应收账款账面余额	已提坏账准备	预计未来现金流量现值
应收——A公司	500	50	420
应收——B公司	200	40	185
应收——C公司	150	10	80
应收——D公司	100	0	84
合　计	950	100	769

(2)2×15年9月应收C公司货款，因C公司财务状况恶化，经批准决定将该应收账款作为坏账转销。

(3)2×15年11月，已做坏账转销的应收E公司货款50万元又收回。

(三)要求：根据上述资料，做出相关会计处理。

习题四

（一）目的：练习应收票据贴现的会计处理。

（二）资料：某企业销售产品一批，收到60天到期、利率为5%、面值为58 500元的商业承兑汇票一张，该票据持有20天后向银行办理贴现，贴现率为8%。到期收不到款，银行有权向贴现企业追索。汇票到期，付款方无力付款。某企业收到银行退回的商业承兑汇票。

（三）要求：计算贴现所得额，编制贴现和付款的会计分录。

习题五

（一）目的：练习应收账款减值的核算。

（二）资料：2×13年12月31日，甲公司对应收乙公司的账款进行减值测试。应收账款余额合计为800 000元。甲公司根据乙公司的资信情况确定按10%计提坏账准备。2×14年，甲公司的应收账款实际发生坏账40 000元。2×14年年末，应收乙公司账款余额为1 000 000元。经减值测试，甲公司确定按8%计提坏账准备。2×15年4月20日，甲公司收到已经转销的坏账20 000元，已经存入银行。2×15年年末，甲公司应收乙公司账款余额为500 000元。经减值测试，甲公司确定按8%计提坏账准备。

（三）要求：编制甲公司上述与坏账准备有关的会计分录。

习题六

（一）目的：练习应收款项的会计处理。

（二）资料：E企业2×15年6月发生有关经济业务如下：

(1)企业对厂部办公室实行定额备用金制度，经核定备用金定额为2 000元，开出现金支票拨付备用金定额。

(2)销售给D企业商品一批，售价为40 000元，增值税为6 800元，现金折扣条件为2/15、n/30（增值税不予折扣），货款尚未收到。

(3)开出转账支票一张，预付给华东企业购买材料款12 000元。

(4)销售给D企业商品的货款，于销售后第15天收到，存入银行。

(5)华东企业发来预付货款的材料，价款为10 000元，增值税为1 700元，余款退回，已收存银行。

(6)月末，厂部办公室备用金负责人报销办公用品费500元，电话费1 200元，市内交通费360元，财务部门以现金补足定额。

(7)上述拨付给厂部办公室的备用金如果采用非定额备用金制度，请为业务(1)和业务(7)编制会计分录。

（三）要求：根据上述资料，为E企业编制相关的会计分录。

习题七

（一）目的：练习应收票据贴现的会计处理。

（二）资料：甲公司2×15年2月1日销售产品一批给乙公司，价税合计为1 170 000元，取得乙公司不带息商业承兑汇票一张，票据期限为6个月。甲公司2×15年4月1日将该票据向银行申请贴现，银行不拥有追索权。甲公司实际收到950 000元，款项已收入银行。

（三）要求：根据上述资料，为甲公司编制相关的会计分录。

习题八

(一)目的:练习应收票据背书转让的会计处理。

(二)资料:华兴公司2×15年6月1日向A公司销售商品一批,价款为200 000元,增值税为34 000元,商品已交付A公司,该商品成本为150 000元。当日收到A公司开出并由银行承兑的商业汇票,面值为234 000元,期限为6个月。10月1日,华兴公司向B公司采购原材料,价款为190 000元,增值税为32 300元,材料已验收入库,B公司发货时代垫运费1 700元;当日,华兴公司将持有的A公司商业汇票背书转让给B公司,差额部分用银行存款结算。

(三)要求:根据上述资料,编制有关的会计分录(应交税费要写明细账户)。

第四章 存 货

一、单项选择题

1. 甲公司2×15年12月31日库存配件100套，每套配件的账面成本为12万元，市场价格为10万元。该批配件可用于加工100件A产品，将每套配件加工成A产品尚需投入17万元。A产品2×15年12月31日的市场价格为每件28.7万元，估计销售过程中每件将发生销售费用及相关税费1.2万元。该配件此前未计提存货跌价准备，甲公司2×15年12月31日该配件应计提的存货跌价准备为(   )万元。

A. 0　　B. 30　　C. 150　　D. 200

2. 甲公司采用计划成本对材料进行日常核算。2×15年12月，月初结存材料的计划成本为200万元，成本差异贷方余额为3万元；本月入库材料的计划成本为1 000万元，成本差异借方发生额为6万元；本月发出材料的计划成本为800万元。甲公司按本月材料成本差异率分配本月发出材料应负担的材料成本差异。甲公司2×15年12月31日结存材料的实际成本为(   )万元。

A. 399　　B. 400　　C. 401　　D. 402

3. 甲企业发出实际成本为140万元的原材料，委托乙企业加工成半成品，收回后用于连续生产应税消费品。甲企业和乙企业均为增值税一般纳税人。甲企业根据乙企业开具的增值税专用发票向其支付加工费4万元和增值税0.68万元，另支付消费税16万元。假定不考虑其他相关税费，甲企业收回该批半成品的入账价值为(   )万元。

A. 144　　B. 144.68　　C. 160　　D. 160.68

4. 某公司采用成本与可变现净值孰低法按单项存货于期末计提存货跌价准备。2×15年12月31日，该公司拥有甲、乙两种商品，成本分别为240万元、320万元。其中，甲商品全部签订了销售合同，合同销售价格为200万元，市场价格为190万元；乙商品没有签订销售合同，市场价格为300万元；销售价格和市场价格均不含增值税。该公司预计销售甲、乙商品尚需分别发生销售费用12万元、15万元，不考虑其他相关税费；截至2×15年11月30日，该公司尚未为甲、乙商品计提存货跌价准备。2×15年12月31日，该公司应为甲、乙商品计提的存货跌价准备总额为(   )万元。

A. 60　　B. 77　　C. 87　　D. 97

5. 甲公司采用成本与可变现净值孰低计量期末存货，按单项存货计提存货跌价准备。2×15年12月31日，甲公司库存自制半成品成本为35万元，预计加工完成该产品尚需发生加工费用11万元，预计产成品不含增值税的销售价格为50万元，销售费用为6万元。假定该库存自制半成品未计提存货跌价准备，不考虑其他因素。2×15年12月31日，甲公司该库存自制半成品应计提的存货跌价准备为(   )万元。

A. 2　　B. 4　　C. 9　　D. 15

6. 企业对于已记入“待处理财产损溢”账户的存货盘亏及毁损事项进行会计处理时，应计入管理费用的是(   )。

A. 管理不善造成的存货净损失　　B. 自然灾害造成的存货净损失

C. 应由保险公司赔偿的存货损失　　D. 应由过失人赔偿的存货损失

7. 某企业2×15年12月31日，甲存货的实际成本为120万元，加工该存货至完工产成品估计还将发生成本10万元，估计销售费用和相关税费为2万元，估计用该存货生产的产成品售价为130万元。假定甲存货月初"存货跌价准备"账户的贷方余额为5万元，2×15年12月31日应计提的存货跌价准备为(　　)万元。

A. －3　　B. 0　　C. 3　　D. 2

8. 企业某种存货的期初实际成本为200万元，期初"存货跌价准备"账户的贷方余额为1.5万元，本期购入该种存货的实际成本为45万元，领用150万元，期末估计库存该种存货的可变现净值为91万元。则本期应计提存货跌价准备额为(　　)万元。

A. 2.5　　B. 3.5　　C. 5　　D. 10

9. 某工业企业为增值税一般纳税人，购入乙种原材料5 000吨，收到的增值税专用发票上注明的售价每吨为1 200元，增值税额为1 020 000元。另发生运输费用60 000元(按税法规定，按7%计算抵扣进项税额)，装卸费用20 000元，途中保险费用18 000元。原材料运抵企业后，验收入库原材料为4 996吨，运输途中发生合理损耗4吨。该原材料的入账价值为(　　)元。

A. 6 078 000　　B. 6 098 000　　C. 6 093 800　　D. 6 089 000

10. 在物价持续下跌的情况下，下列各种存货计价方法中，能使企业计算出来的当期利润最小的计价方法是(　　)。

A. 先进先出法　　B. 移动平均法

C. 加权平均法　　D. 以上三种方法均可

11. 某工业企业采用计划成本进行原材料的核算。2×15年1月初，结存原材料的计划成本为100 000元，本月购入原材料的计划成本为200 000元，本月发出材料的计划成本为180 000元，原材料成本差异的月初数为2 000元(节约差)，本月购入材料成本差异为8 000元(超支差)。本月结存材料的实际成本为(　　)元。

A. 183 600　　B. 122 400　　C. 181 800　　D. 117 600

12. 某企业原材料按实际成本进行日常核算。2×15年3月1日，结存甲材料100千克，每千克的实际成本为20元；3月15日，购入甲材料280千克，每千克的实际成本为24元；3月31日，发出甲材料200千克。如按先进先出法计算3月份发出甲材料的实际成本，则其金额应为(　　)元。

A. 4 000　　B. 5 000　　C. 4 400　　D. 4 800

13. 某企业因管理不善被盗一批库存材料，有关增值税专用发票确认的成本为68 000元，增值税额为11 560元，其会计处理是(　　)。

A. 借：待处理财产损溢　68 000
　　贷：原材料　68 000

B. 借：待处理财产损溢　79 560
　　贷：原材料　79 560

C. 借：待处理财产损溢　79 560
　　贷：原材料　68 000
　　　　应交税费——应交增值税(进项税额转出)　11 560

D. 借：待处理财产损溢　79 560
　　贷：原材料　68 000
　　　　应交税费——应交增值税(销项税额)　11 560

14. 甲、乙公司均为增值税一般纳税人，甲公司委托乙公司加工一批应交消费税的半成品，收回后用于直接出售。甲公司发出原材料的实际成本为210万元，支付加工费6万元、增值税1.02万元、消费税24万元。假定不考虑其他相关税费，甲公司收回该半成品的入账价值为(　　)万元。

A. 216　　B. 217.02　　C. 240　　D. 241.02

15. 某企业只生产和销售甲产品，2×15 年 4 月 1 日期初在产品成本为 3.5 万元。4 月份发生如下费用：领用材料 6 万元，生产工人工资 2 万元，制造费用 1 万元，行政管理部门物料消耗 1.5 万元，专设销售机构固定资产折旧费 0.8 万元。月末在产品成本为 3 万元。该企业 4 月份完工甲产品的生产成本为(　　)万元。

A. 9　　B. 9.5　　C. 8.3　　D. 11.8

16. 某商场采用售价金额核算法对库存商品进行核算。本月月初，库存商品进价成本总额为 30 万元，售价总额为 46 万元；本月购进商品进价成本总额为 40 万元，售价总额为 54 万元；本月销售商品售价总额为 80 万元。假设不考虑相关税费，该商场本月销售商品的实际成本为(　　)万元。

A. 46　　B. 56　　C. 70　　D. 80

17. 某企业采用先进先出法计算发出甲材料的成本。2×15 年 2 月 1 日，结存甲材料 200 千克，每千克实际成本为 100 元；2 月 10 日，购入甲材料 300 千克，每千克实际成本为 110 元；2 月 15 日，发出甲材料 400 千克。2 月末，库存甲材料的实际成本为(　　)元。

A. 10 000　　B. 10 500　　C. 10 600　　D. 11 000

18. 某企业为增值税小规模纳税人，本月购入甲材料 2 060 千克，每千克单价(含增值税)为 50 元，另外支付运杂费 3 500 元，运输途中发生合理损耗 60 千克，入库前发生挑选整理费用 620 元。该批材料入库的实际单位成本为每千克(　　)元。

A. 50　　B. 51.81　　C. 52　　D. 53.56

19. 某企业为增值税一般纳税人，购入材料一批，增值税专用发票上标明的价款为 25 万元，增值税为 4.25 万元，另支付材料的保险费 2 万元、包装物押金 2 万元。该批材料的采购成本为(　　)万元。

A. 27　　B. 29　　C. 29.25　　D. 31.25

20. 某企业采用月末一次加权平均法计算发出原材料的成本。2×15 年 2 月 1 日，甲材料结存 200 千克，每千克实际成本为 100 元；2 月 10 日，购入甲材料 300 千克，每千克实际成本为 110 元；2 月25 日，发出甲材料 400 千克。2 月末，甲材料的库存余额为(　　)元。

A. 10 000　　B. 10 500　　C. 10 600　　D. 11 000

二、多项选择题

1. 一般纳税人委托其他单位加工材料收回后直接对外销售的，其发生的下列支出中，应计入委托加工材料成本的是(　　)。

A. 发出材料的实际成本　　B. 支付给受托方的加工费

C. 支付给受托方的增值税　　D. 受托方代收代缴的消费税

2. 下列各项中，会引起企业期末存货账面价值变动的是(　　)。

A. 已发出商品但尚未确认销售收入　　B. 已确认销售收入但尚未发出商品

C. 已收到材料但尚未收到发票账单　　D. 已收到发票账单并付款但尚未收到材料

3. 应交消费税的委托加工物资收回后用于连续生产应税消费品的，按规定准予抵扣的由受托方代扣代缴的消费税，不应计入(　　)。

A. 生产成本　　B. 应交税费

C. 主营业务成本　　D. 委托加工物资

4. 下列各项中，不应计入工业企业产品成本的是(　　)。

A. 销售费用　　B. 管理费用

C. 财务费用　　D. 制造费用

5. 在我国会计实务中，下列项目构成企业存货实际成本的有(　　)。

A. 采购人员的工资　　B. 入库后的挑选整理费

C. 运输途中的合理损耗　　D. 小规模纳税人购货时的增值税进项税额

6. 下列会计账户的期末余额，应当列入资产负债表“存货”项目的有(　　)。

A. 生产成本　　B. 材料采购

C. 委托加工物资　　D. 材料成本差异

7. 下列关于存货可变现净值的表述中，不正确的是(　　)。

A. 可变现净值等于存货的市场销售价格

B. 可变现净值等于销售存货产生的现金流入

C. 可变现净值等于销售存货产生现金流入的现值

D. 可变现净值是确认存货跌价准备的重要依据之一

8. 下列情形中，表明存货的可变现净值为零的情况有(　　)。

A. 已霉烂变质的存货

B. 已过期但是有转让价值的存货

C. 生产中已不再需要并且已无使用价值和转让价值的存货

D. 其他足以证明已无使用价值和转让价值的存货

9. 下列关于存货会计处理的表述中，正确的有(　　)。

A. 存货采购过程中发生的合理损耗计入存货采购成本

B. 存货跌价准备通常应当按照单个存货项目计提，也可以分类计提

C. 销售存货时不结转已计提的相关存货跌价准备

D. 发出原材料采用计划成本核算的，应于资产负债表日调整为实际成本

10. “材料成本差异”账户贷方核算的内容有(　　)。

A. 结转发出材料应负担的超支差异

B. 结转发出材料应负担的节约差异

C. 入库材料成本超支差异

D. 入库材料成本节约差异

11. 下列项目中，应确认为购货企业存货的有(　　)。

A. 销售方已确认销售，但尚未发运给购货方的商品

B. 购销双方已签订协议约定，但尚未办理商品购买手续

C. 未收到销售方结算发票，但已运抵购货方验收入库的商品

D. 购货方已付款购进，但尚在运输途中的商品

12. 下列各项中，应在“周转材料——包装物”账户中核算的有(　　)。

A. 各种包装材料

B. 生产过程中用于包装产品作为产品组成部分的各种包装容器

C. 随同产品出售不单独计价的各种包装物

D. 出租或出借给购买单位使用的包装物

E. 用于存储和保管产品、材料而不对外出售的包装物

三、判断题

1. 商品流通企业在采购商品过程中发生的运杂费等进货费用，应当计入存货采购成本。进货费用数额较小的，也可以在发生时直接计入当期费用。(　　)

2. 已完成销售手续但购买方在当月尚未提取的产品，销售方仍应作为本企业库存商品核算。 (　　)

3. 因遭受意外灾害发生的损失和尚待查明原因的途中损耗，不应计入物资的采购成本。 (　　)

4. 企业采用计划成本对材料进行日常核算，应按月分摊发出材料应负担的成本差异，不应在季末或年末一次计算分摊。 (　　)

5. 企业购入材料运输途中发生的合理损耗应计入材料成本，使材料的单位成本减少。 (　　)

6. 企业出售原材料取得的款项扣除其成本及相关费用后的净额，应当计入营业外收入或营业外支出。 (　　)

7. 发出包装物和低值易耗品的方法有一次摊销法和五五摊销法。 (　　)

8. 采用零售价法核算库存商品时，期末结存商品的实际成本为“本期商品销售收入×(1－进销差价率)”。 (　　)

9. 对于数量繁多、单价较低的存货，可以不按单个存货项目计提存货跌价准备。 (　　)

10. 企业采用计划成本核算原材料，平时收到原材料时，应按实际成本借记“原材料”账户；领用或发出原材料时，应按计划成本贷记“原材料”账户，期末再将发出材料和期末材料调整为实际成本。 (　　)

11. 如果某一材料是专门用于生产某种产品的，如果材料发生减值，但是生产的产品没有发生减值，材料就按自身的可变现净值和账面价值相比较确认减值额。 (　　)

四、计算分析题

习题一

(一)目的：练习原材料购入的核算。

(二)资料：甲企业为增值税一般纳税人，增值税税率为17%。原材料采用实际成本核算，原材料发出采用月末一次加权平均法计价。运输费不考虑增值税。

2×15年4月，甲企业发生与A材料相关的业务如下：

(1)1日，“原材料——A材料”账户的余额为20 000元(共2 000千克，其中含3月末验收入库但因发票账单未到而以2 000元暂估入账的A材料200千克)。

(2)5日，收到3月末以暂估价入库A材料的发票账单，货款为1 800元，增值税额为306元，对方代垫运输费400元，全部款项已用转账支票付讫。

(3)8日，以汇兑结算方式购入A材料3 000千克，发票账单已收到，货款为36 000元，增值税额为6 120元，运输费用为1 000元。材料尚未到达，款项已由银行存款支付。

(4)11日，收到8日采购的A材料，验收时发现只有2 950千克。经检查，短缺的50千克确定为运输途中的合理损耗。A材料已验收入库。

(5)18日，持银行汇票80 000元购入A材料5 000千克，增值税专用发票上注明的货款为49 500元，增值税额为8 415元，另支付运输费用2 000元。材料已验收入库，剩余票款退回并存入银行。

(6)21日，基本生产车间自制A材料50千克验收入库，总成本为600元。

(7)30日，根据“发料凭证汇总表”的记录，4月份基本生产车间为生产产品领用A材料6 000千克，车间管理部门领用A材料1 000千克，企业管理部门领用A材料1 000千克。

(三)要求：

(1)根据上述资料，编制甲企业业务(1)至业务(6)的会计分录。

(2)按月末一次加权平均法计算甲企业4月份发出A材料的单位成本,并为业务(7)编制相关的会计分录。

(“应交税费”账户要求写出明细账户和专栏名称,答案中的金额单位用元表示)

习题二

(一)目的:练习存货发出的先进先出计价法。

(二)资料:甲公司按先进先出法计算材料的发出成本。2×15年3月1日,甲公司结存A材料100千克,每千克实际成本为50元。本月发生以下有关业务:

(1)3日,购入A材料50千克,每千克实际成本为52.5元,材料已验收入库。

(2)5日,发出A材料80千克。

(3)7日,购入A材料70千克,每千克实际成本为49元,材料已验收入库。

(4)12日,发出A材料130千克。

(5)20日,购入A材料80千克,每千克实际成本为55元,材料已验收入库。

(6)25日,发出A材料30千克。

(三)要求:根据上述资料,计算A材料以下成本:

(1)5日发出的成本;

(2)12日发出的成本;

(3)25日发出的成本;

(4)期末结存的成本。

习题三

(一)目的:练习存货计划成本的简化核算法。

(二)资料:甲公司采用计划成本进行材料的日常核算。2×15年5月1日,“原材料”账户的借方余额为300万元,“材料成本差异”账户的借方余额为2万元。5月份发生下列经济业务:

(1)采购材料一批,增值税专用发票上注明,价款为689万元,增值税为117.13万元,另支付运杂费1万元,所有款项已用银行存款支付。材料已验收入库,计划成本为700万元。

(2)采购材料一批,月末材料已经到达并验收入库,但未收到发票,该材料的计划成本为500万元。

(3)本月发出材料的计划成本为800万元,全部用于生产产品。

(三)要求:

(1)根据上述资料,编制会计分录(应交税费要求列出明细账户)。

(2)计算结存材料的实际成本。

习题四

(一)目的:练习存货的简化核算法。

(二)资料:乙公司属于商品流通企业,为增值税一般纳税人,售价中不含增值税。该公司只经营甲类商品,并采用毛利率法对发出商品计价,季度内各月份的毛利率根据上季度的实际毛利率确定。该公司2×15年第一季度、第二季度甲类商品的有关资料如下:

(1)2×15年第一季度,累计销售收入为600万元,销售成本为510万元,3月末库存商品实际成本为400万元。

(2)2×15年第二季度,购进甲类商品成本为880万元。

(3)2×15年4月份,实现商品销售收入300万元。

(4)2×15年5月份,实现商品销售收入500万元。

(5)假定2×15年6月末按一定方法计算的库存商品实际成本为420万元。

(三)要求:

根据上述资料,计算下列指标:

(1)计算乙公司甲类商品2×15年第一季度的实际毛利率。

(2)分别计算乙公司甲类商品2×15年4月份、5月份、6月份的商品销售成本。

(答案中的金额单位用万元表示)

习题五

(一)目的:练习存货减值的会计核算。

(二)资料:甲公司对存货按照单项计提存货跌价准备,2×15年年末关于计提存货跌价准备的资料如下:

(1)库存商品甲,账面余额为300万元,已计提存货跌价准备30万元。按照一般市场价格预计售价为400万元,预计销售费用和相关税金为10万元。

(2)库存商品乙,账面余额为500万元,未计提存货跌价准备。库存商品乙中,有40%已签订销售合同,合同价款为230万元;另60%未签订合同,按照一般市场价格预计销售价格为290万元。库存商品乙的预计销售费用和税金共25万元。

(3)库存材料丙因改变生产结构,导致无法使用,准备对外销售。丙材料的账面余额为120万元,预计销售价格为110万元,预计销售费用及相关税金为5万元,未计提跌价准备。

(4)库存材料丁20吨,每吨实际成本1 600元。全部20吨丁材料用于生产A产品10件,A产品每件加工成本为2 000元,每件一般售价为5 000元,现有8件已签订销售合同,合同规定每件为4 500元,假定销售税费均为销售价格的10%。丁材料未计提存货跌价准备。

(三)要求:计算上述存货的期末可变现净值和应计提的跌价准备,并进行相应的账务处理。

习题六

(一)目的:练习原材料采购及产品生产成本的会计核算。

(二)资料:爱华公司2×15年7月发生以下经济业务:

(1)3日,从环球公司购进甲材料5 000千克,单价18元/千克;乙材料3 000千克,单价25元/千克,增值税税款28 050元。款项以银行存款支付,材料尚未收到。

(2)3日,以现金支付上述甲、乙两种材料运费800元,按材料重量分摊运费。

(3)5日,上述材料运到,经验收入库,计算并结转采购成本。

(4)10日,从环球公司购进甲材料8 000千克,单价18元/千克,增值税税款24 480元,运费500元。材料收到,并验收入库,货款尚未支付。

(5)10日,生产车间领用甲材料3 500千克,单价18.20元/千克;领用乙材料2 000千克,单价25.20元/千克。该批材料均用于A产品的生产。

(6)11日,生产车间领用乙材料1 500千克,单价25.20元/千克。该批材料用于A、B产品的生产,并按生产工人工资比例分配,资料见本习题第(8)小题。

(7)31日,计提本月固定资产折旧16 000元,其中车间9 000元,公司管理部门7 000元。

(8)31日,分配本月工资费用,其中,A产品生产工人工资8 000元,B产品生产工人工资7 000元,车间管理人员工资2 000元,公司管理人员工资5 000元。

(9)31日,按A、B产品生产工人工资比例分配制造费用。

(10)31日,A产品2 300件全部完工并验收入库,结转完工产品的生产成本。B产品尚未完工。

(三)要求:根据上述经济业务,编制相关会计分录。

习题七

(一)目的:练习存货的会计核算。

(二)资料:甲公司为增值税一般纳税人,增值税税率为17%。生产中所需X材料按实际成本核算,采用月末一次加权平均法计算和结转发出材料成本。2×15年6月1日,X材料结存1 400千克,账面余额385万元,未计提存货跌价准备。甲公司2×15年6月份发生的有关X材料业务如下:

(1)6月3日,持银行汇票300万元购入X材料800千克,增值税专用发票上注明的货款为216万元,增值税额为36.72万元,对方代垫包装费1.8万元。材料已验收入库,剩余票款退回并存入银行。

(2)6月6日,签发一张商业承兑汇票购入X材料590千克,增值税专用发票上注明的货款为163万元,增值税额为27.71万元,对方代垫保险费0.4万元。材料已验收入库。

(3)6月10日,收到乙公司作为资本投入的X材料5 000千克,并验收入库。投资合同约定该批原材料价值(不含可抵扣的增值税进项税额)为1 415万元,增值税进项税额为240.55万元,乙公司开具增值税专用发票。假定合同约定的价值与公允价值相等,未发生资本溢价。

(4)6月20日,销售X材料一批,开出增值税专用发票上注明的售价为171万元,增值税额为29.07万元,款项已由银行收妥。

(5)6月30日,因自然灾害毁损X材料50千克,该批材料购入时支付的增值税为2.38万元。经保险公司核定应赔偿10万元,款项尚未收到,其余损失已经由有关部门批准处理。

(6)6月份发出材料情况如下:

①生产车间领用X材料2 000千克,用于生产A产品20件、B产品10件,A产品每件消耗定额为24千克,B产品每件消耗定额为52千克,材料成本在A、B产品之间按照定额消耗量比例进行分配;车间管理部门领用X材料700千克;企业行政管理部门领用X材料450千克。

②委托加工一批零部件,发出X材料100千克。

③6月30日,对外销售发出X材料600千克。

(7)6月30日,X材料的预计可变现净值为1 000万元。

假定除上述资料外,不考虑其他因素。

(三)要求:

(1)编制甲公司第(1)至第(4)项业务的会计分录。

(2)计算甲公司6月份X材料的加权平均单位成本。

(3)编制甲公司第(5)项业务的会计分录。

(4)计算甲公司A产品、B产品应分配的X材料成本。

(5)编制甲公司第(6)项结转发出材料成本的会计分录。

(6)计算甲公司6月30日X材料的账面余额。

(7)计算甲公司6月30日X材料计提的存货跌价准备,并编制会计分录。

(8)计算甲公司6月30日X材料应记入资产负债表"存货"项目的金额。

("应交税费"账户要求写出明细账户及专栏名称,答案中的金额单位用万元表示。)

习题八

(一)目的:练习存货的会计核算。

(二)资料:甲有限责任公司(简称甲公司)为增值税一般纳税人,适用的增值税税率为17%。原材料等存货按实际成本进行日常核算。2×15年年初,所有存货账户的期初借方余额合计数为760万元,"存货跌价准备"账户的期初贷方余额为76万元。2×15年,甲公司发生的交易或事项如下:

(1)收到丙公司作为资本投入的原材料并验收入库。投资合同约定该批原材料价值 840 万元(不含允许抵扣的增值税进项税额 142.8 万元)，丙公司已开具增值税专用发票。假设合同约定的价值与公允价值相等，未发生资本溢价。

(2)行政管理部门领用低值易耗品一批，实际成本 2 万元，采用一次转销法进行摊销。

(3)因自然灾害毁损原材料一批，其实际成本 100 万元，应负担增值税进项税额 17 万元。该毁损材料未计提存货跌价准备，尚未经有关部门批准处理。

(4)将持有的面值为 32 万元的未到期、不带息银行承兑汇票背书转让，取得一批材料并验收入库，增值税专用发票上注明的价款为 30 万元，增值税进项税额为 5.1 万元。其余款项以银行存款支付。

(5)年末，甲公司经减值测试，确认存货的可变现净值为 800 万元。

假定除上述资料外，不考虑其他因素。

(三)要求：编制甲公司上述第(1)至第(5)项交易或事项的会计分录。

(“应交税费”账户要求写出明细账户及专栏名称，答案中的金额单位用万元表示。)

习题九

(一)目的：练习周转材料的会计处理。

(二)资料：乙公司为一般纳税人，2×15 年 4 月发生以下经济业务：

(1)因销售商品领用不单独计价包装物的实际成本为 4 000 元。

(2)因销售商品领用单独计价包装物一批，销售收入为 5 000 元，增值税为 850 元，已存入银行；该包装物的实际成本为2 000元。

(3)基本生产车间领用专用工具一批，实际成本为 8 000 元，采用五五摊销法进行摊销(假设报废时残值为 50 元，收到现金)。

(三)要求：编制乙公司上述交易或事项的会计分录。

第五章　投资(一)

一、单项选择题

1. 2×15 年 2 月 2 日，甲公司支付 830 万元取得一项股权投资，作为交易性金融资产核算，支付价款中包括已宣告尚未领取的现金股利 20 万元，另支付交易费用 5 万元。甲公司该项交易性金融资产的入账价值为(　　)万元。

A. 810　　B. 815　　C. 830　　D. 835

2. 下列金融资产中，应按公允价值进行初始计量，且交易费用不计入初始入账价值的是(　　)。

A. 交易性金融资产　　B. 持有至到期投资

C. 应收款项　　D. 可供出售金融资产

3. 甲公司 2×15 年 12 月 25 日支付价款 2 040 万元(含已宣告但尚未发放的现金股利 60 万元)取得一项股权投资，另支付交易费用 10 万元，划分为可供出售金融资产。2×15 年 12 月 28 日，收到现金股利 60 万元。2×15 年 12 月 31 日，该项股权投资的公允价值为2 105万元。假定不考虑所得税等其他因素。甲公司 2×15 年因该项股权投资应直接计入其他综合收益的金额为(　　)万元。

A. 55　　B. 65　　C. 115　　D. 125

4. 某企业购入 W 上市公司股票 180 万股，并划分为交易性金融资产，共支付款项 2 830 万元，其中包括已宣告但尚未发放的现金股利 126 万元。另外，支付相关交易费用 4 万元。该项交易性金融资产的入账价值为(　　)万元。

A. 2 700　　B. 2 704　　C. 2 830　　D. 2 834

5. 企业的交易性金融资产在持有期间取得的现金股利，应确认为(　　)。

A. 投资收益　　B. 营业外收入

C. 财务费用　　D. 交易性金融资产成本的调整

6. A 公司 2×15 年 1 月 10 日购入 B 公司 15 万股股票作为交易性金融资产，每股价格为 6 元。3 月 15 日，收到 B 公司分派的现金股利 3 万元。6 月 30 日，该股票的市价为每股 6.5 元。该交易性金融资产 6 月 30 日的账面余额为(　　)万元。

A. 90　　B. 93　　C. 97.5　　D. 100.5

7. 资产负债表日，企业根据金融工具确认和计量准则确定持有至到期投资发生减值的，按应减记的金额，借记“资产减值损失”账户，贷记(　　)账户。

A.“投资收益”　　B.“公允价值变动损益”

C.“持有至到期投资——成本”　　D.“持有至到期投资减值准备”

8. 2×15 年 1 月 1 日，甲公司自证券市场购入面值总额为 2 000 万元的债券。购入时实际支付价款 2 078.98 万元，另外支付交易费用 10 万元。该债券的发行日为 2×15 年 1 月 1 日，系分期付息、到期还本债券，期限为 5 年，票面年利率为 5%，年实际利率为 4%，每年 12 月 31 日支付当年利息。甲公司将该债券作为持有至到期投资核算。假定不考虑其他因素，该持有至到期投资 2×15

年12月31日的账面价值为(　　)万元。

A. 2 062.14　　B. 2 068.98　　C. 2 072.54　　D. 2 083.43

9. 下列交易性金融资产的后续计量的表述中，正确的是(　　)。

A. 按照摊余成本进行后续计量

B. 按照公允价值进行后续计量，变动计入其他综合收益

C. 按照摊余成本进行后续计量，公允价值变动计入当期投资收益

D. 按照公允价值进行后续计量，公允价值变动计入当期公允价值变动损益

10. 在已确认减值损失的金融资产价值恢复时，下列金融资产的减值损失不得通过损益转回的是(　　)。

A. 持有至到期投资的减值损失

B. 应收款项的减值损失

C. 可供出售权益工具投资的减值损失

D. 可供出售债务工具投资的减值损失

11. 关于金融资产的重分类，下列说法中，正确的是(　　)。

A. 交易性金融资产和持有至到期投资之间不能进行重分类

B. 交易性金融资产在符合一定条件时可以和应收款项进行重分类

C. 交易性金融资产和可供出售金融资产之间可以进行重分类

D. 可供出售金融资产可以随意和持有至到期投资进行重分类

12. 资产负债表日，可供出售金融资产(债券)的公允价值高于其账面价值的差额时，会计处理为：借记“可供出售金融资产”账户，贷记(　　)账户。

A. “公允价值变动损益”　　B. “投资收益”

C. “资产减值损失”　　D. “其他综合收益”

13. 甲公司2×15年7月1日购入乙公司2×15年1月1日发行的债券，支付价款2 100万元(含已到付息期但尚未领取的债券利息40万元)，另支付交易费用15万元。该债券的面值为2 000万元。票面年利率为4%(票面利率等于实际利率)，每半年付息一次，甲公司将其划分为交易性金融资产。甲公司2×15年度该项交易性金融资产应确认的投资收益为(　　)万元。

A. 25　　B. 40　　C. 65　　D. 80

14. 出售可供出售金融资产时，应按实际收到的金额，借记“银行存款”等账户；按其账面余额，贷记“可供出售金融资产”账户；按应从所有者权益中转出的公允价值累计变动额，借记或贷记“其他综合收益”账户；按其差额，贷记或借记(　　)账户。

A. “资产减值损失”　　B. “其他综合收益”

C. “投资收益”　　D. “营业外收入”

15. 企业购入股票作为交易性金融资产，共付款6 000元，其中含有已宣告未发放的股利800元，则企业应编制会计分录如下：(　　)。

A. 借：交易性金融资产　6 000
　　贷：银行存款　6 000

B. 借：交易性金融资产　5 200
　　贷：银行存款　5 200

C. 借：交易性金融资产　5 200
　　投资收益　800
　　贷：银行存款　6 000

D. 借：交易性金融资产　5 200
　　应收股利　800
　　贷：银行存款　6 000

16. 下列金融资产中，不应计提减值准备的是(　　)。

A. 交易性金融资产　　B. 持有至到期投资

C. 应收款项　　D. 可供出售权益工具

二、多项选择题

1. 下列各项中，属于金融资产的有（ ）。

A. 库存现金　　B. 持有的其他单位的权益工具

C. 应收账款　　D. 从其他单位收取现金的合同权利

2. 下列金融资产中，应按摊余成本进行后续计量的有（ ）。

A. 交易性金融资产　　B. 持有至到期投资

C. 可供出售债务工具　　D. 应收款项

3. 满足下列（ ）条件的金融资产，应当划分为交易性金融资产。

A. 属于财务担保合同的衍生工具

B. 取得该金融资产的目的，主要是为了近期内出售

C. 被指定为有效套期工具的衍生工具

D. 属于进行集中管理的可辨认金融工具组合的一部分，且有客观证据表明企业近期采用短期获利方式对该组合进行管理

4. 下列各项中，不应计入交易性金融资产的入账价值的有（ ）。

A. 支付的手续费　　B. 支付的印花税

C. 已宣告但尚未发放的现金股利　　D. 取得时交易性金融资产的公允价值

5. 关于交易性金融资产的计量，下列说法中，不正确的是（ ）。

A. 取得交易性金融资产时，要按取得的公允价值和相关交易费用之和作为初始确认金额

B. 应当按取得该金融资产的公允价值作为初始确认金额，相关交易费用发生时计入投资收益

C. 资产负债表日，交易性金融资产的公允价值变动计入当期所有者权益

D. 处置该金融资产时，其公允价值与初始入账金额之间的差额应确认为投资收益，不调整公允价值变动损益

6. 企业持有至到期投资的特点包括（ ）。

A. 有能力持有至到期　　B. 随时准备出售该金融资产

C. 有明确意图持有至到期　　D. 到期日固定、回收金额固定或可确定

7. 下列各项中，应作为持有至到期投资取得时初始成本入账的有（ ）。

A. 投资时支付的税金　　B. 投资时支付的手续费

C. 投资时支付款项中所含的已到付息期但尚未领取的利息

D. 投资时支付的不含应收利息的价款

8. 下列各项中，影响持有至到期投资摊余成本因素的有（ ）。

A. 确认的减值准备　　B. 分期收回的本金

C. 利息调整的累计摊销额　　D. 对到期一次付息债券确认的票面利息

9. 下列可供出售金融资产的表述中，正确的有（ ）。

A. 可供出售的金融资产发生的减值损失应计入当期损益

B. 可供出售金融资产的公允价值变动应计入当期损益

C. 取得可供出售金融资产发生的交易费用应直接计入其他综合收益

D. 处置可供出售金融资产时，以前期间因公允价值变动计入其他综合收益的金额应转入当期损益

10. 可供出售金融资产在发生减值时，可能涉及的会计账户有（ ）。

A. "公允价值变动损益"

B. "资产减值损失"

C.“可供出售金融资产——公允价值变动”

D.“其他综合收益”

11. 表明金融资产发生减值的客观证据，包括(　　)。

A. 发行方或债务人发生严重财务困难

B. 债务人很可能倒闭或进行其他财务重组

C. 债务人违反了合同条款，如偿付利息或本金发生违约或逾期等

D. 债权人出于经济或法律等方面因素的考虑，对发生财务困难的债务人作出让步

12. 下列各项中，应计入当期损益的事项有(　　)。

A. 交易性金融资产在持有期间获得的债券利息

B. 交易性金融资产在资产负债表日的公允价值小于账面价值的差额

C. 持有至到期投资发生的减值损失

D. 可供出售金融资产在资产负债表日的公允价值大于账面价值的差额

三、判断题

1. 企业取得的持有至到期投资，应按该投资的公允价值加上支付的交易费用，借记“持有至到期投资——成本”账户。(　　)

2. 企业为取得持有至到期投资发生的交易费用应计入当期损益，不应计入其初始确认金额。(　　)

3. 由于企业资金紧缺，企业准备将初始确认为持有至到期投资的某公司债券予以出售。因投资意图和能力的改变，资产负债表日，企业应将该项尚未出售的投资重分类为以公允价值计量且其变动计入当期损益的投资。(　　)

4. 处置持有至到期投资时，应将实际收到的金额与其账面价值的差额计入公允价值变动损益。(　　)

5. 企业为取得交易性金融资产发生的交易费用应计入交易性金融资产初始确认金额。(　　)

6. 收到购买交易性金融资产时支付的价款中包含的已到付息期但尚未领取的利息，应计入当期损益。(　　)

7. 企业在初始确认时将某项金融资产划分为以公允价值计量且其变动计入当期损益的金融资产后，视情况变化可以将其重分类为其他类金融资产。(　　)

8. 交易性金融资产和可供出售金融资产的相同点是都按公允价值进行后续计量，且公允价值变动计入当期损益。(　　)

9. 资产负债表日，可供出售金融资产的公允价值低于其账面余额时，应计提可供出售金融资产减值准备。(　　)

10. 可供出售权益工具投资发生的减值损失，不得通过损益转回。(　　)

11. 可供出售金融资产发生减值时，即使该金融资产没有终止确认，原直接计入所有者权益中的因公允价值下降形成的累计损失，应当予以转出，计入资产减值损失。(　　)

四、计算分析题

习题一

(一)目的：练习交易性金融资产的会计核算。

(二)资料：甲公司2×14年至2×15年发生如下与股票投资有关的业务(购入的股票准备随时

变现，企业作为交易性金融资产管理和核算)：

(1)2×14 年 4 月 1 日，用银行存款购入 A 上市公司(以下简称 A 公司)的股票 8 000 股，每股买入价为 18 元，其中 0.5 元为已宣告但尚未分派的现金股利。另支付相关税费 720 元。

(2)2×14 年 4 月 18 日，收到 A 公司分派的现金股利。

(3)2×14 年 12 月 31 日，该股票的每股市价下跌至 16 元。

(4)2×15 年 2 月 3 日，出售持有的 A 公司股票 6 000 股，实得价款 104 000 元。

(5)2×15 年 4 月 15 日，A 公司宣告分派现金股利，每股派发 0.1 元。

(6)2×15 年 4 月 30 日，收到派发的现金股利。

(7)2×15 年 12 月 31 日，A 公司的股票市价为 17 元。

(三)要求：编制甲公司上述业务的会计分录。

习题二

(一)目的：练习持有至到期投资的会计核算。

(二)资料：A 公司于 2×15 年 1 月 1 日从证券市场购入 B 公司 2×14 年 1 月 1 日发行的债券，债券是 5 年期，票面年利率是 5%，每年 1 月 5 日支付上年度的利息，到期日为 2×19 年 1 月 1 日，到期日一次归还本金和最后一期的利息。A 公司购入债券的面值为1 000万元，实际支付的价款是 1 005.35万元，另外支付相关的费用 10 万元，A 公司购入以后将其划分为持有至到期投资，购入债券的实际利率为 6%，假定按年计提利息。2×15 年 12 月 31 日，B 公司发生财务困难，该债券预计未来现金流量的现值为 930 万元(不属于暂时性的公允价值变动)。

(三)要求：

(1)编制 2×15 年 1 月 1 日 A 公司购入债券时的会计分录。

(2)编制 2×15 年 1 月 5 日收到利息时的会计分录。

(3)编制 2×15 年 12 月 31 日确认投资收益的会计分录。

(4)计算 2×15 年 12 月 31 日应计提减值准备的金额，并编制相应的会计分录。

习题三

(一)目的：练习持有至到期投资处置的会计核算。

(二)资料：甲公司 2×15 年 7 月 1 日将其于 2×13 年 1 月 1 日购入的债券予以转让，转让价款为 2 100 万元，该债券系 2×13 年 1 月 1 日发行的，面值为 2 000 万元，票面年利率为 3%，到期一次还本付息，期限为 3 年。甲公司将其划分为持有至到期投资。转让时，“利息调整”明细账户的贷方余额为 12 万元。2×15 年 7 月 1 日，该债券投资的减值准备金额为 25 万元。

(三)要求：计算甲公司转让该项金融资产应确认的投资收益，并编制相关的会计分录。

习题四

(一)目的：练习交易性金融资产的会计核算。

(二)资料：甲公司 2×14 年 1 月 1 日购入面值为 100 万元、年利率为 4%的 A 债券，取得价款 104 万元(含已宣告但尚未发放的利息 4 万元)，另外支付交易费用 0.5 万元。甲公司将该项金融资产划分为交易性金融资产。2×14 年 1 月 5 日，收到购买时价款中所含的利息 4 万元。2×14 年 12 月 31 日，A 债券的公允价值为 106 万元。2×15 年 1 月 5 日，收到 A 债券 2×14 年度的利息 4 万元。2×15 年 4 月 20 日，甲公司出售 A 债券，售价为 108 万元。

(三)要求：计算甲公司出售 A 债券时应确认的投资收益，并编制相关的会计分录。

习题五

(一)目的：练习持有至到期投资摊余成本的计算以及相关会计处理。

(二)资料：2×14 年 1 月 1 日，甲公司购买了一项债券，剩余年限为 5 年，划分为持有至到期投资，买价(公允价值)为 90 万元，交易费用为 5 万元，每年末按票面利率可获得固定利息 4 万元。该债券在第五年末兑付(不能提前兑付)时可得本金 110 万元，债券的实际利率为 6.96%。

(三)要求：计算该债券 2×15 年年末的摊余成本，并编制相关的会计分录。

习题六

(一)目的：练习可供出售股票类金融资产的会计核算。

(二)资料：

(1)2×13 年 5 月 6 日，甲公司支付价款 10 160 000 元(含交易费用 20 000 元和已宣告发放现金股利 140 000 元)，购入乙公司发行的股票 200 000 股，占乙公司有表决权股份的 0.5%。甲公司将其划分为可供出售金融资产。

(2)2×13 年 5 月 10 日，甲公司收到乙公司发放的现金股利 140 000 元。

(3)2×13 年 6 月 30 日，该股票市价为每股 52 元。

(4)2×13 年 12 月 31 日，甲公司仍持有该股票；当日，该股票市价为每股 50 元。

(5)2×14 年 5 月 9 日，乙公司宣告发放股利 40 000 000 元。

(6)2×14 年 5 月 13 日，甲公司收到乙公司发放的现金股利。

(7)2×14 年 6 月 30 日，因乙公司发生重大财务困难，致使乙公司股票市价下跌至每股 44 元。

(8)2×14 年 12 月 31 日，由于乙公司的财务状况逐渐好转，股票市价升至每股 49 元。

(9)2×15 年 1 月 3 日，甲公司以每股 49.50 元的价格将股票全部转让。

(三)要求：根据上述资料，为甲公司做相应的会计处理。

习题七

(一)目的：练习可供出售债券类金融资产的会计核算。

(二)资料：

(1)2×13 年 1 月 1 日，丙公司从二级市场上购入丁公司公开发行的债券 10 000 张，每张面值为 100 元，票面利率为 3%，每年 1 月 1 日支付上年度利息。购入时每张支付款项 97 元，另支付相关费用 2 200 元，划分为可供出售金融资产。购入债券时的市场利率为 4%。

(2)2×13 年 12 月 31 日，由于丁公司发生财务困难，该公司债券的公允价值下降为每张 73 元，丙公司预计，如果丁公司不采取措施，该债券的公允价值预计会持续下跌。

(3)2×14 年 1 月 1 日，收到债券利息 30 000 元。

(4)2×14 年，丁公司采取措施使财务状况大为好转。2×14 年 12 月 31 日，该债券的公允价值上升到每张 85 元。

(5)2×15 年 1 月 1 日，收到债券利息 30 000 元。

(6)2×15 年 1 月 10 日，丙公司将上述债券全部出售，收到款项 930 000 元，存入银行。

(三)要求：根据上述资料，为丙公司做相应的会计处理。

第六章　投资(二)

一、单项选择题

1. 对被投资单位不具有控制、共同控制或重大影响，且在活跃市场中没有报价、公允价值不能可靠计量的权益性投资，一般应作为(　　)核算。

A. 长期股权投资　　B. 交易性金融资产

C. 可供出售金融资产　　D. 持有至到期投资

2. 2×15 年 3 月 20 日，甲公司以银行存款 1 000 万元及一项土地使用权取得其母公司控制的乙公司 80%的股权，并于当日起能够对乙公司实施控制。合并日，该土地使用权的账面价值为 3 200万元，公允价值为 4 000 万元；乙公司净资产的账面价值为6 000万元，公允价值为6 250万元。假定甲公司与乙公司的会计年度和采用的会计政策相同，不考虑其他因素，甲公司的下列会计处理中，正确的是(　　)。

A. 确认长期股权投资 5 000 万元，不确认资本公积

B. 确认长期股权投资 5 000 万元，确认资本公积 800 万元

C. 确认长期股权投资 4 800 万元，确认资本公积 600 万元

D. 确认长期股权投资 4 800 万元，冲减资本公积 200 万元

3. 在采用权益法核算长期股权投资的情况下，被投资企业宣告分派现金股利时，投资企业对应分得的现金股利，应当(　　)。

A. 贷记"应收股利"账户　　B. 贷记"投资收益"账户

C. 贷记"长期股权投资"账户　　D. 借记"长期股权投资"账户

4. 甲公司 2×15 年 1 月 1 日以 3 000 万元的价格购入乙公司 30%的股份，另支付相关费用 15 万元。购入时，乙公司可辨认净资产的公允价值为 11 000 万元(假定乙公司各项可辨认资产、负债的公允价值与账面价值相等)。乙公司 2×15 年实现净利润 600 万元。甲公司取得该项投资后对乙公司具有重大影响。假定不考虑其他因素，该投资对甲公司 2×15 年度利润总额的影响为(　　)万元。

A. 165　　B. 180　　C. 465　　D. 480

5. 对子公司投资应该采取的核算方法是(　　)。

A. 成本法　　B. 权益法　　C. 追溯调整法　　D. 追溯重述法

6. 2×15 年 1 月 2 日，A 公司以货币资金取得 B 公司 30%的股权，初始投资成本为 2 000 万元，投资时 B 公司各项可辨认资产、负债的公允价值与其账面价值相同，可辨认净资产公允价值及账面价值的总额均为 7 000 万元。A 公司取得投资后即派人参与 B 公司的生产经营决策，但无法对 B 公司实施控制。B 公司 2×15 年实现净利润 500 万元，假定不考虑所得税因素，该项投资对 A 公司 2009 年度损益的影响金额为(　　)万元。

A. 50　　B. 100　　C. 150　　D. 250

7. 长期股权投资采用成本法核算，投资企业对被投资单位在接受投资后产生的累积净利润的分配额，在宣告分配现金股利时，应做如下会计处理：(　　)。

A. 借记“应收股利”账户，贷记“投资收益”账户

B. 借记“长期股权投资”账户，贷记“投资收益”账户

C. 借记“应收股利”账户，贷记“长期股权投资”账户

D. 借记“银行存款”账户，贷记“投资收益”账户

8. 甲公司2×15年1月1日从非同一控制的乙公司购入其持有的B公司60%的股份(B公司为非上市公司)，能够对B公司实施控制。甲公司以银行存款支付买价520万元，同时支付相关税费5万元。甲公司购入B公司股份后准备长期持有，B公司2×15年1月1日的所有者权益的账面价值总额为5 000万元，B公司可辨认净资产的公允价值为5 500万元。甲公司应确认的长期股权投资初始投资成本为(　　)万元。

A. 520　　B. 525　　C. 500　　D. 550

9. 甲公司2×15年1月5日支付价款2 000万元购入乙公司30%的股份，准备长期持有，另支付相关税费20万元，购入时乙公司可辨认净资产的公允价值为12 000万元。甲公司取得投资后对乙公司具有重大影响。假定不考虑其他因素，甲公司因确认投资而影响利润的金额为(　　)万元。

A. －20　　B. 0　　C. 1 580　　D. 1 600

10. 采用权益法核算长期股权投资，长期股权投资的初始投资成本大于投资时应享有被投资单位可辨认净资产的公允价值份额时，正确的做法是(　　)。

A. 将差额计入营业外收入　　B. 将差额计入投资收益

C. 将差额计入管理费用　　D. 不调整长期股权投资的初始投资成本

11. 在权益法下，当被投资单位因可供出售金融资产公允价值增值时，投资企业应贷记(　　)账户。

A. “投资收益”　　B. “营业外收入”　　C. “资本公积”　　D. “其他综合收益”

12. 在长期股权投资采用权益法核算时，下列各项中，应当确认投资收益的是(　　)。

A. 被投资企业实现净利润　　B. 被投资企业提取盈余公积

C. 收到被投资企业分配的现金股利　　D. 收到被投资企业分配的股票股利

13. 在权益法下，投资企业确认被投资单位发生的净亏损，在长期股权投资账面价值减至零后，如果存在其他实质上构成对被投资单位净投资的长期权益，应(　　)。

A. 冲减长期股权投资　　B. 计入预计负债

C. 冲减长期应收款　　D. 计入营业外支出

14. 甲公司和A公司同属一个集团，2×15年1月1日，甲公司以其发行的普通股票500万股(面值为每股1元，市价为每股5元)，取得A公司80%的普通股权，并准备长期持有。A公司于2×15年1月1日的所有者权益账面价值总额为3 000万元，可辨认净资产的公允价值为3 200万元。甲公司取得A公司股份时的初始投资成本为(　　)万元。

A. 500　　B. 2 500　　C. 2 400　　D. 2 560

15. 2×15年1月2日，A公司以银行存款600万元对D公司投资，持有D公司股权的40%，具有重大影响。D公司可辨认净资产的公允价值总额为1 000万元。2×15年3月2日，D公司宣告分配2×14年现金股利100万元，2×15年D公司实现净利润3 000万元。假定取得投资时被投资单位各资产的公允价值等于账面价值，双方采用的会计政策、会计期间相同。则2×15年年末A公司“长期股权投资”账户的账面余额是(　　)万元。

A. 400　　B. 1 760　　C. 600　　D. 1 800

16. 甲公司2×15年4月1日与乙公司原投资者A公司签订协议，甲公司以存货和承担A公司的短期还贷义务换取A公司持有的乙公司股权，甲公司因此取得乙公司70%的份额，对乙公司拥有控制权。取得控制权日乙公司可辨认净资产的公允价值为2 000万元，所有者权益的账面价

值为 1 800 万元。甲公司投出存货的公允价值为 1 000 万元，增值税为 170 万元，账面成本为 800 万元，承担归还贷款义务 400 万元。甲公司和乙公司不属于同一控制下的公司。甲公司取得乙公司长期股权投资的入账价值为(　　)万元。

A. 1 400　　B. 1 260　　C. 1 570　　D. 1 117

17. 被投资企业发放股票股利，投资企业应于收到时(　　)。

A. 做备查登记，重新计算每股成本　　B. 增加当期投资收益

C. 冲减投资成本　　D. 以上都不对

18. 企业采用成本法核算长期股权投资时，被投资企业因可供出售金融资产公允价值发生增值时，投资企业应(　　)。

A. 贷记"其他综合收益"账户　　B. 贷记"营业外收入"账户

C. 贷记"投资收益"账户　　D. 不进行任何账务处理

19. 处置长期股权投资时，如果该投资存在尚未领取的现金股利，则其计入当期投资收益的金额为(　　)

A. 实际取得的价款和长期股权投资账面价值的差额

B. 实际取得的价款和长期股权投资账面余额的差额

C. 实际取得的价款扣除长期股权投资账面余额和尚未领取的现金股利后的金额

D. 实际取得的价款扣除长期股权投资账面价值和尚未领取的现金股利后的金额

20. 出售采用权益法核算的长期股权投资时，按处置长期股权投资的投资成本比例结转原计入资本公积的金额，转入的会计科目是(　　)。

A. 资本公积　　B. 长期股权投资——投资成本

C. 投资收益　　D. 其他综合收益

二、多项选择题

1. 企业在采用权益法核算长期股权投资时，下列各项中，不会引起投资企业资本公积发生变动的有(　　)。

A. 被投资单位实现净利润

B. 被投资单位分配现金股利

C. 被投资单位可供出售金融资产公允价值减值

D. 被投资单位以资本公积转增资本

2. 长期股权投资采用权益法核算的，下列各项中，属于投资企业确认投资收益应考虑的因素有(　　)。

A. 被投资单位实现净利润

B. 被投资单位资本公积增加

C. 被投资单位宣告分派现金股利

D. 投资企业与被投资单位之间的未实现内部交易损益

3. 长期股权投资取得成本应包括取得投资时支付的(　　)。

A. 买价　　B. 相关税金

C. 企业合并评估、咨询费用　　D. 非企业合并的相关手续费

E. 企业合并审计费

4. 采用成本法核算长期股权投资，下列各项中，会导致长期股权投资账面价值发生增减变动的有(　　)。

A. 长期股权投资发生减值损失

B. 持有长期股权投资期间被投资企业实现净利润
C. 被投资企业宣告分派属于投资企业投资前实现的净利润
D. 被投资企业宣告分派属于投资企业投资后实现的净利润

5. 企业处置长期股权投资时，正确的处理方法有（ ）。
A. 采用权益法核算的长期股权投资，因被投资单位除净损益以外所有者权益的其他变动而计入所有者权益的，处置该项投资时，应当将原计入所有者权益的部分按相应比例转入营业外收入
B. 处置长期股权投资，其账面价值与实际取得价款的差额，应当计入营业外收入
C. 采用权益法核算的长期股权投资，因被投资单位除净损益以外所有者权益的其他变动而计入所有者权益的，处置该项投资时，应当将原计入所有者权益的部分按相应比例转入投资收益
D. 处置长期股权投资，其账面价值与实际取得价款的差额，应当计入投资收益

6. 以下应判断为同一控制下企业合并的有（ ）。
A. 企业集团内某子公司自另一子公司处取得对某一孙公司的控制权
B. 母公司将其持有的对某一子公司的控制权出售给另一子公司
C. 母公司将其持有的对子公司的部分股权用于交换对集团以外某企业的控制权
D. 企业集团内某子公司投资另一子公司的某一孙公司，并对其有重大影响

7. 下列各项中，能引起采用权益法核算的长期股权投资账面价值发生变动的有（ ）。
A. 被投资单位实现净利润
B. 被投资单位宣告发放股票股利
C. 被投资单位宣告发放现金股利
D. 被投资单位除净损益外的其他所有者权益变动

8. 下列情况中，长期股权投资应采用成本法核算的是（ ）。
A. 对被投资单位具有控制权
B. 对被投资单位具有共同控制
C. 对被投资单位具有重大影响
D. 对被投资单位不具有控制、共同控制或重大影响，并在活跃市场中没有报价、公允价值不能可靠计量的权益性投资

9. 按现行企业会计制度规定，下列项目中，投资单位不可能确认为投资损益的有（ ）。
A. 采用成本法核算的被投资企业增加其他资本公积
B. 采用成本法核算的被投资企业宣告发放现金股利
C. 采用权益法核算的被投资企业宣告发放现金股利
D. 采用权益法核算的被投资企业增加其他资本公积
E. 采用权益法核算的被投资企业其他综合收益变化

10. 企业的长期股权投资采用权益法核算的，其正确的会计处理为（ ）。
A. 长期股权投资的初始投资成本大于投资时应享有被投资单位可辨认净资产公允价值份额的，不调整已确认的初始投资成本
B. 长期股权投资的初始投资成本大于投资时应享有被投资单位可辨认净资产公允价值份额的，应调整已确认的初始投资成本
C. 长期股权投资的初始投资成本小于投资时应享有被投资单位可辨认净资产公允价值份额的，应按其差额，借记“长期股权投资——成本”账户，贷记“营业外收入”账户
D. 长期股权投资的初始投资成本小于投资时应享有被投资单位可辨认净资产公允价值份额的，不调整已确认的初始投资成本
E. 被投资单位除净损益和其他综合收益以外所有者权益的其他变动，企业按持股比例计算应享有的份额，借记“长期股权投资——其他权益变动”账户，贷记“资本公积——其他资本公积”账户

11. 下列各项目中，应计入长期股权投资成本的有（ ）。

A. 企业合并方式取得长期股权投资发生的相关交易税费

B. 非企业合并方式取得长期股权投资发生的相关交易税费

C. 实际支付的价款中包含的已宣告而尚未领取的现金股利

D. 非企业合并方式取得长期股权投资所支付对价的公允价值

12. 下列事项中，投资企业不应确认为投资收益的有（ ）。

A. 采用成本法核算的被投资企业宣告发放的现金股利

B. 采用权益法核算的初始投资成本小于占被投资单位可辨认净资产公允价值份额的差额

C. 采用权益法核算的被投资企业宣告发放现金股利

D. 出售长期股权投资时，实际收到的金额与其账面价值及尚未领取的现金股利或利润的差额

E. 出售采用权益法核算的长期股权投资时，结转原记入“资本公积——其他资本公积”账户的金额

13. 投资采用权益法核算，下列哪些情况，投资企业不需进行会计处理：（ ）。

A. 被投资企业分配股票股利　　B. 被投资企业提取法定盈余公积

C. 被投资企业以盈余公积转增资本　　D. 被投资企业分配现金股利

14. 长期股权投资采用权益法核算时，下列各项目中，年末能引起长期股权投资账面价值减少的有（ ）。

A. 被投资单位依法减资　　B. 被投资单位发生净亏损

C. 被投资单位偿还长期借款　　D. 被投资单位计提盈余公积

15. 采用权益法核算时，应记入“长期股权投资（损益调整）”账户的有（ ）。

A. 被投资单位发生亏损　　B. 被投资单位实现净利润

C. 被投资单位资本公积增加　　D. 被投资单位宣告分配现金股利

16. 采用权益法核算企业长期股权投资时，当被投资单位发生亏损时，应确认投资损失，并按顺序依次减少长期股权投资及其他实质上构成对被投资单位净投资的长期权益项目；因投资合同或协议约定导致投资企业需要承担额外义务的，按照或有事项准则的规定，对于符合确认条件的义务，确认预计负债等。在确认了有关的投资损失以后，被投资单位于以后期间实现盈利的，应分别借记（ ）账户（请按顺序填列），贷记“投资收益”账户。

A.“预计负债”　B.“营业外支出”　C.“长期应收款”　D.“长期股权投资”

三、判断题

1. 企业持有的长期股权投资发生减值的，减值损失一经确认，即使以后期间价值得以回升，也不得转回。（ ）

2. 企业在长期股权投资持有期间所取得的现金股利，应全部计入投资收益。（ ）

3. 企业对其他单位的长期股权投资，即使其持股比例不超过20%，只要能对被投资单位的财务和经营政策施加重大影响，仍应采用权益法进行核算。（ ）

4. 长期股权投资采用权益法核算，被投资单位采用的会计政策及会计期间与投资企业不一致的，应当按照投资企业的会计政策及会计期间对被投资单位的财务报表进行调整，并据以确认投资损益。（ ）

5. 长期股权投资采用权益法核算时，被投资单位发生亏损，投资企业应按持股比例计算亏损分担额，全数减少长期股权投资的账面价值。（ ）

6. 长期股权投资采用权益法核算时，按照应享有被投资单位实现净利润的份额确认投资损益，并调整长期股权投资的账面价值。（ ）

7. 准备长期持有的股票可能作为长期股权投资核算,也可能作为金融资产核算。 ( )

8. 被投资企业分派股票股利只会引起股份数量的变化,不会引起所有者权益总额发生增减变化。 ( )

9. 某企业持有A公司权益性投资,占A公司有表决权资本的10%,A公司股份在活跃市场中没有报价、公允价值不能可靠计量,则该企业对A公司的权益性投资应作为长期股权投资核算。 ( )

10. 长期股权投资采用权益法核算时,投资企业应于被投资单位宣告分派现金股利或利润时,按持有表决权资本比例计算应分得的现金或利润,确认投资收益,并调整长期股权投资的账面价值。 ( )

11. 在成本法下,企业确认的投资收益,仅限于所获得的被投资单位在接受投资后产生的累积净利润的分配额。 ( )

12. 采用权益法核算的长期股权投资,其初始投资成本大于投资时应享有被投资单位可辨认净资产公允价值份额的,应调整已确认的初始投资成本。 ( )

13. 同一控制下的企业之间的合并,如合并方以现金、转让非现金资产方式作为合并对价,在这种情况下,应当在合并日按照取得被合并方所有者权益的账面价值作为长期股权投资的初始投资成本。 ( )

14. 投资企业的持股比例变动后,仍应采用权益法核算的,应按照新的持股比例计算应享有被投资单位净资产的份额与长期股权投资原账面余额之间的差额,调整当期的投资收益。 ( )

15. 长期股权投资如果发生减值,应将其减值损失确认为当期的投资损失。 ( )

四、计算分析题

习题一

(一)目的:练习同一控制下形成长期股权投资及其后续计量的方法。

(二)资料:甲股份有限公司主要从事出租汽车业务,2×15年1月1日在其母公司的统一安排下,对集团内的大海出租汽车公司进行控股合并,收购大海公司全部股份。2×15年1月初,经审计后的大海公司账面净资产为2 000万元,甲公司支付2 200万元作为合并对价。上述合并已如期完成。合并日甲公司资本公积——股本溢价的余额为500万元,合并日大海公司资产负债表如下表所示:

大海公司资产负债表(简表)

单位:万元

资 产	金 额	负债和所有者权益	金 额
银行存款	100	短期借款	2 300
交易性金融资产	200	应交税费	200
应收账款	500	实收资本	1 200
存货	150	资本公积——股本溢价	500
固定资产	4 050	盈余公积	300
		未分配利润	500
资产总计	5 000	负债和所有者权益总计	5 000

2×15年,大海公司实现净利润600万元;2×16年3月,向投资者分配利润180万元。

(三)要求:判断该项长期股权投资采用什么方法进行后续计量?为什么?并对甲公司控股合并形成长期股权投资的相关业务进行账务处理。

习题二

(一)目的:练习非同一控制下形成长期股权投资的账务处理。

(二)资料:2×15年1月1日,丙公司将一批库存商品转让给甲公司,作为受让甲公司持有的C公司60%的股权的对价(丙和C为非同一控制),因此对C公司拥有控制权。其余有关资料如下:

(1)该批存货的账面余额为300万元,未计提跌价准备;其公允价值为400万元;丙公司为增值税一般纳税人,增值税税率为17%。

(2)为该项控股合并发生律师咨询费等1万元,其他相关税费0.8万元,已用银行存款支付。

(3)股权受让日,C公司资产账面价值为620万元,负债账面价值为200万元,净资产账面价值为420万元。经确认的C公司可辨认资产的公允价值为700万元,负债的公允价值为200万元,可辨认净资产的公允价值为500万元。

(4)以银行存款支付。

(三)要求:根据上述资料,对丙公司上述合并形成的长期股权投资进行账务处理。

习题三

(一) 目的:练习长期股权投资后续计量的方法。

(二) 资料:甲上市公司发生下列长期股权投资业务:

(1)2×13年1月3日,购入乙公司股票580万股,占乙公司有表决权股份的25%,对乙公司的财务和经营决策具有重大影响,甲公司将其作为长期股权投资核算。每股购入价为7.50元,每股价格中包含已宣告但尚未发放的现金股利0.25元,另外支付相关税费7万元。款项均以银行存款支付。当日,乙公司所有者权益的账面价值(与其公允价值不存在差异)为18 000万元。

(2)2×13年3月16日,收到乙公司宣告分派的现金股利。

(3)2×13年度,乙公司实现净利润3 000万元。

(4)2×14年2月16日,乙公司宣告分派20×7年度股利,每股分派现金股利0.20元。

(5)2×14年3月12日,甲上市公司收到乙公司分派的20×7年度的现金股利。

(6)2×15年1月4日,甲上市公司出售所持有的全部乙公司的股票,出售价为5 200万元,支付相关税费10万元。

(三)要求:

(1)请判断该项长期股权投资应采用哪一种后续计量方法核算?为什么?

(2)根据上述资料,编制甲上市公司长期股权投资的会计分录("长期股权投资"账户要求写出明细账户,答案中的金额单位用万元表示)。

习题四

(一)目的:练习长期股权投资后续计量的方法。

(二)资料:云岭股份有限公司(下称云岭公司)为增值税一般纳税人,适用的增值税税率为17%。不考虑增值税以外的其他相关税费。云岭公司2×12年至2×15年与投资有关的资料如下:

(1)2×12年9月2日,云岭公司与甲公司签订股权转让协议,购买甲公司所持有的B企业40%的股权,购买价款为4 000万元(不考虑相关税费)。该股权转让协议于2×12年11月1日分别经云岭公司临时股东大会和甲公司股东大会批准;股权过户手续于2×13年1月1日办理完毕;

当日,云岭公司将全部价款支付给甲公司。云岭公司取得上述股权后,对B企业的财务和经营政策有重大影响。云岭公司与被合并方不存在关联关系。

2×12年,B企业实现净利润1 500万元。2×13年1月1日,B企业可辨认净资产公允价值为9 000万元。

(2)2×13年3月20日,B企业宣告发放2×12年度现金股利500万元,并于2×13年4月20日实际发放。2×13年度,B企业实现净利润600万元。

(3)2×14年12月,B企业因可供出售金融资产业务进行会计处理后,增加其他综合收益300万元。

2×14年度,B企业发生亏损1 100万元。经调查,出现减值迹象,云岭公司预计长期投资的可收回金额为3 650万元。

(4)2×15年8月21日,云岭公司与C公司签订协议,将其所持有B企业40%的股权全部转让给C公司。股权转让协议的有关条款如下:①股权转让协议在经云岭公司和C公司股东大会批准后生效;②股权转让的总价款为4 500万元,协议生效日C公司支付股权转让总价款的40%,协议生效后2个月内支付股权转让总价款的40%,股权过户手续办理完成时支付其余20%的款项。

2×15年9月30日,云岭公司和C公司分别召开股东大会并批准了上述股权转让协议。当日,云岭公司收到C公司支付的股权转让总价款的40%。2×15年10月31日,云岭公司收到C公司支付的股权转让总价款的40%。2×15年12月31日,上述股权转让过户手续办理完毕,收到支付的股权转让总价款的20%。

2×15年度,B企业实现净利润的情况如下:1月至9月份,实现净利润300万元;10月份,实现净利润200万元;11月至12月份,实现净利润400万元。

(5)2×15年3月4日,云岭公司与瑞华公司签订股权转让协议,以银行存款800万元受让瑞华公司所持有A公司股权的50%。

上述协议于2×15年4月5日经云岭公司临时股东大会和瑞华公司股东大会批准,涉及的股权变更手续于2×15年8月1日完成,当日支付了全部股权转让款。云岭公司获得A公司股权后,A公司成为云岭公司的合营企业。2×15年8月1日,A公司可辨认净资产的公允价值为1 400万元。

2×15年度,A公司实现净利润的情况如下:1～3月份,实现净利润50万元;3～6月份,实现净利润40万元;7～12月份,每月实现净利润10万元。

除上述交易或事项外,B企业和A公司未发生导致其所有者权益变动的其他交易或事项。

(三)要求(金额以万元为单位):

(1)编制云岭公司2×13年对B企业长期股权投资有关的会计分录,并计算云岭公司对B企业长期股权投资于2×13年12月31日的账面价值。假设被投资单位的公允价值难以取得,不考虑被投资单位净利润的调整。

(2)编制云岭公司2×14年对B企业长期股权投资有关的会计分录,并计算云岭公司对B企业长期股权投资于2×14年12月31日的账面价值。

(3)判断云岭公司2×15年是否应确认转让所持有B企业股权相关的损益,并说明理由;如果可以确认转让损益,进行相应的账务处理。

(4)编制云岭公司2×15年对A公司长期股权投资相关的会计分录。

(5)计算云岭公司上述长期股权投资在2×15年12月31日资产负债表上的金额。

习题五

(一)目的:练习长期股权投资后续计量的方法及权益法和成本法的转换。

(二)资料：卓远公司对B公司进行长期股权投资，有关资料如下：

(1)卓远公司于2×13年1月1日用厂房投资于属于其他企业集团的B公司，取得B公司60%的股权，对B公司的生产经营政策具有控制权。投出厂房的账面原价为3 000万元，已提折旧500万元，未计提资产减值准备；该厂房在投资日的公允价值为3 200万元。投资各方约定，按照投入资产的公允价值作为厂房的入账价值；取得控制权日B公司可辨认净资产的公允价值为5 000万元(与账面价值相同)。

(2)B公司2×13年宣告5月分配2×12年利润，对投资者分配利润共计400万元。

(3)B公司2×13年实现净利润为800万元，按实现净利润的10%提取法定盈余公积。

(4)2×14年6月，分配2×13年利润500万元。

(5)2×14年，B公司实现净利润1 000万元；2×14年，B公司由于可供出售金融资产业务增加其他综合收益200万元。

(6)2×15年1月1日，卓远公司以1 800万元的价格出售所持B公司股份的50%，出售所收价款存入银行。股份出售后，卓远公司股权份额下降至30%，不再对B公司的经营决策具有控制，但具有重大影响。

(三)要求：

(1)编制卓远公司2×13年和2×14年与投资有关业务的会计分录(假定长期股权投资未发生减值)；

(2)计算卓远公司2×14年12月31日“长期股权投资”账户的余额。

(3)编制卓远公司2×15年1月1日的相关会计分录。

第七章　固定资产和投资性房地产

一、单项选择题

1. 采用出包方式建造固定资产时，对于按合同规定预付的工程价款，应借记(　　)账户。

A.“在建工程”　B.“固定资产”　C.“工程物资”　D.“预付账款”

2. 甲公司为增值税一般纳税人，采用自营方式建造一幢厂房，实际领用工程物资 400 万元(含增值税)。另外领用本公司外购产品一批，账面价值为 240 万元，该产品适用的增值税税率为 17%，计税价格为 300 万元；发生的在建工程人员工资和应付福利费分别为 150 万元和 21 万元。假定该生产线已达到预定可使用状态，不考虑除增值税以外的其他相关税费。该厂房的入账价值为(　　)万元。

A. 922　B. 851.8　C. 811　D. 862

3. 企业接受投资者投入的一项固定资产，应按(　　)作为入账价值。

A. 投资方的账面净值　B. 投资方的账面原值

C. 投资合同或协议约定的价值(但合同或协议约定的价值不公允的除外)

D. 投资方的账面价值

4. 下列固定资产中，不应计提折旧的固定资产有(　　)。

A. 大修理的固定资产　B. 当月减少的固定资产

C. 正处于改良期间的经营租入固定资产　D. 融资租入的固定资产

5. 下列固定资产中，应计提折旧的固定资产有(　　)。

A. 经营租赁方式租入的固定资产　B. 季节性停用的固定资产

C. 正在改扩建的固定资产　D. 融资租出的固定资产

6. 东风公司 2×14 年 9 月初增加小轿车一辆，小轿车的原值为88 000元，预计可使用 8 年，净残值为8 000元，采用直线法计提折旧。至 2×16 年年末，对小轿车进行检查后，估计其可收回金额为59 750元，减值测试后，该固定资产的折旧方法、年限和净残值等均不变。2×17 年应计提的固定资产折旧额为(　　)元。

A. 10 000　B. 8 250　C. 11 391.3　D. 9 000

7. 某项固定资产的原始价值为 600 000 元，预计可使用年限为 5 年，预计残值为50 000元。企业对该项固定资产采用双倍余额递减法计提折旧，则第 4 年对该项固定资产计提的折旧额为(　　)元。

A. 39 800　B. 51 840　C. 20 800　D. 10 400

8. A 公司一台设备的账面原值为 200 000 元，预计净残值率为 5%，预计使用年限为 5 年，采用双倍余额递减法按年计提折旧。该设备在使用 3 年 6 个月后提前报废，报废时发生清理费用2 000元，取得残值收入5 000元。该设备报废对企业当期税前利润的影响额为减少(　　)元。

A. 40 200　B. 31 900　C. 31 560　D. 38 700

9. W 企业购进设备一台，设备的入账价值为 172 万元，预计净残值为 16 万元，预计使用年限为 5 年。在采用年数总和法计提折旧的情况下，该项设备第二年应提折旧额为(　　)万元。

A. 40　　B. 41.6　　C. 30　　D. 45.87

10. 甲企业2×15年6月20日自行建造的一条生产线投入使用，该生产线的建造成本为740万元，预计使用年限为5年，预计净残值为20万元。在采用年数总和法计提折旧的情况下，2×15年该设备应计提的折旧额为(　　)万元。

A. 240　　B. 140　　C. 120　　D. 148

11. 某企业2×15年1月1日购入一台设备交付使用，价值630 000元，采用年数总和法计提折旧，预计使用4年，预计净残值30 000元。该台设备2×15年应计提折旧(　　)元。

A. 240 000　　B. 220 000　　C. 180 000　　D. 65 000

12. 下列各项所发生的固定资产后续支出中，不能资本化的支出是(　　)。

A. 用固定资产生产的产品质量提高　　B. 固定资产的生产能力增大

C. 恢复或保持固定资产的原有性能标准，以确保未来经济效益的实现

D. 固定资产的估计使用年限延长

13. 甲公司为增值税一般纳税人，适用的增值税税率为17%。该公司于2×15年3月31日对某生产经营用设备进行技术改造。2×15年3月31日，该固定资产的账面原价为5 000万元，已计提折旧为3 000万元，未计提减值准备。该固定资产领用生产用原材料500万元，发生人工费用190万元，购入工程用物资1 210万元，进项税额为205.7万元。该技术改造工程于2×15年9月25日达到预定可使用状态并交付生产使用，预计尚可使用寿命为15年，预计净残值为零，按直线法计提折旧。甲公司2×15年度对该生产用固定资产达到预定可使用状态后计提的折旧额为(　　)万元。

A. 65　　B. 127.5　　C. 129　　D. 130.25

14. 在正常经营期间，在建工程由于自然灾害等原因造成的单项或单位工程报废或毁损，扣除残料价值和过失人或保险公司等赔款后的净损失，报经批准后计入(　　)。

A. 管理费用　　B. 在建工程的成本　　C. 长期待摊费用　　D. 营业外支出

15. 企业盘盈的固定资产，应在报告批准前，转入(　　)账户。

A. “其他业务收入”　　B. “以前年度损益调整”

C. “资本公积”　　D. “营业外收入”

16. 下列不属于企业投资性房地产的是(　　)。

A. 房地产开发企业将作为存货的商品房以经营租赁方式出租

B. 企业开发完成后用于出租的房地产

C. 企业持有并准备增值后转让的土地使用权

D. 房地产企业拥有并自行经营的饭店

17. 企业对成本模式进行后续计量的投资性房地产摊销时，应该借记(　　)账户。

A. “投资收益”　　B. “其他业务成本”　　C. “营业外收入”　　D. “管理费用”

18. 2×15年1月1日，甲公司购入一幢建筑物用于出租，取得发票上注明的价款为100万元，款项以银行存款支付。购入该建筑物发生的契税为2万元，也以银行存款支付。该投资性房地产的入账价值为(　　)万元。

A. 102　　B. 100　　C. 98　　D. 104

19. 存货转换为采用公允价值模式计量的投资性房地产，投资性房地产应当按照转换当日的公允价值计量。转换当日的公允价值小于原账面价值的，其差额通过(　　)账户核算。

A. “营业外支出”　　B. “公允价值变动损益”

C. “投资收益”　　D. “其他业务收入”

20. 企业的投资性房地产采用成本计量模式。2×15年1月1日，该企业将一项投资性房地产

转换为固定资产。该投资性房地产的账面余额为120万元,已提折旧20万元,已经计提的减值准备为10万元。该投资性房地产的公允价值为75万元。转换日记入“固定资产”账户的金额为(　　)万元。

A. 100　　B. 80　　C. 90　　D. 120

21. 关于投资性房地产后续计量模式的转换,下列说法正确的是(　　)。

A. 成本模式转为公允价值模式的,应当作为会计估计变更

B. 已经采用成本模式计量的投资性房地产,不得从成本模式转为公允价值模式

C. 企业对投资性房地产的计量模式可以随意选择

D. 已经采用公允价值模式计量的投资性房地产,不得从公允价值转为成本模式

22. 企业出售、转让、报废投资性房地产时,应当将处置收入计入(　　)。

A. 公允价值变动损益　　B. 营业外收入

C. 其他业务收入　　D. 资本公积

23. 某企业接受投资者投入生产用设备一台,该设备需要安装。双方在协议中约定的价值为500 000元(目前没有可靠证据证明这个价格是公允的),设备的公允价值为450 000元。安装过程中领用生产用材料一批,实际成本为4 000元;领用自产的产成品一批,实际成本为10 000元,售价为24 000元。本企业为一般纳税人,适用的增值税税率为17%,安装完毕投入生产使用的该设备的入账成本为(　　)元。

A. 464 000　　B. 514 000　　C. 468 760　　D. 532 760

24. 某企业2×15年11月1日购入一项固定资产。该固定资产的原价为498万元,预计使用年限为5年,预计净残值为30万元,按年数总和法计提折旧。该固定资产2×16年应计提的折旧额是(　　)万元。

A. 148.6　　B. 153.4　　C. 145.2　　D. 192.56

25. 2×13年年初,A公司将一幢办公楼转换为采用公允价值模式计量的投资性房地产,该办公楼的账面原值为5 300万元,已计提的累计折旧为100万元,已计提的固定资产减值准备为200万元,转换日的公允价值为6 000万元。2×15年年末租赁期届满,将其出售,售价为10 000万元,出售时,累计公允价值上升2 000万元。该业务正确的会计处理为(　　)。

A. 2×13年年初转换为投资性房地产,借记“投资性房地产——成本”账户6 000万元

B. 2×13年年初转换为投资性房地产,贷记“公允价值变动损益”账户1 000万元

C. 2×15年年末租赁期届满出售时,将累计公允价值变动损益2 000万元转入“其他业务收入”账户

D. 2×15年年末租赁期届满出售时,将其他综合收益1 000万元转入“其他业务收入”账户

二、多项选择题

1. 以下属于固定资产特征的有(　　)。

A. 为生产商品、提供劳务而持有的资产　　B. 单位价值在2 000元以上的设备

C. 为出租或经营管理而持有的资产　　D. 使用寿命超过1个会计年度

2. 下列不能在“固定资产”账户核算的有(　　)。

A. 购入正在安装的设备　　B. 经营性租入的设备

C. 融资租入的不需安装的设备　　D. 购入的不需安装的设备

3. 下列各项中,引起固定资产账面价值发生增减变化的有(　　)。

A. 购买固定资产时所支付的有关契税、耕地占用税

B. 发生固定资产修理支出

C. 发生固定资产改良支出

D. 对固定资产计提折旧

4. 下列各项中，应计入生产经营用设备固定资产成本的有（　　）。

A. 固定资产进行更新改造发生的人工费用

B. 固定资产安装过程中领用原材料所负担的增值税

C. 固定资产达到预定可使用状态后发生的专门借款利息

D. 固定资产达到预定可使用状态前发生的工程物资盘亏净损失

5. 下列有关固定资产的说法中，正确的有（　　）。

A. 固定资产的各组成部分具有不同使用寿命或者以不同方式为企业提供经济利益，适用不同折旧率或折旧方法的，应当分别将各组成部分确认为单项固定资产

B. 与固定资产有关的后续支出均应当在发生时计入当期损益

C. 购买固定资产的价款超过正常信用条件延期支付，实质上具有融资性质的，固定资产的成本以购买价款的现值为基础确定

D. 自行建造固定资产的成本，由建造该项资产办理竣工决算手续前所发生的必要支出构成

6. 下列项目中，应计入当期损益的有（　　）。

A. 计提固定资产减值准备

B. 超过正常信用期间延期付款购入固定资产未确认融资费用的摊销

C. 固定资产更新改造支出

D. 生产车间所计提的固定资产折旧

7. 下列有关固定资产成本的确定，说法正确的有（　　）。

A. 投资者投入固定资产的成本，应当按照投资合同或协议约定的价值确定，但合同或协议约定价值不公允的除外

B. 超过正常信用期间延期付款购买固定资产，应当按照未来应付款总额计入固定资产的成本

C. 核电站、核设施企业固定资产预计的弃置费用现值应计入固定资产的成本

D. 企业自有固定资产发生的更新改造的后续支出，应予资本化

8. 下列需要计提折旧的固定资产有（　　）。

A. 已提足折旧仍然使用的固定资产　　B. 经营租出的固定资产

C. 未提足折旧、提前报废的设备

D. 达到预定可使用状态的在建工程转入固定资产后的第 2 个月

9. 下列项目中，应计提折旧的固定资产有（　　）。

A. 因季节性或大修理等原因而暂停使用的固定资产

B. 已达到预定使用状态但尚未投入使用的固定资产

C. 企业临时性出租给其他企业使用的固定资产

D. 处置当月的固定资产

10. 企业在确定固定资产的使用寿命时，应当考虑的因素有（　　）。

A. 预计有形损耗和无形损耗　　B. 预计清理净损益

C. 预计生产能力或实物产量　　D. 法律或者类似规定对资产使用的限制

11. 下列各项中，会引起固定资产账面价值发生变化的有（　　）。

A. 计提固定资产减值准备　　B. 计提固定资产折旧

C. 固定资产改扩建　　D. 固定资产大修理

12. 下列各项中，应通过“固定资产清理”账户核算的有（　　）。

A. 盘亏的固定资产　　B. 出售的固定资产

C. 报废的固定资产　　　　　　　D. 毁损的固定资产

13. 下列各项中，不属于投资性房地产的是（　　）。

A. 房地产企业开发的准备出售的房屋

B. 房地产企业开发的已出租的房屋

C. 企业持有的准备建造房屋的土地使用权

D. 企业以经营租赁方式租入的建筑物

E. 企业经营出租的机器设备

14. 将投资性房地产转换为其他资产或者将其他资产转换为投资性房地产，关于转换日的确定，叙述正确的有（　　）。

A. 企业将原本用于出租的房地产改用于经营管理的自用房地产，则该房地产的转换日为房地产达到自用状态、企业开始将房地产用于经营管理的日期

B. 房地产开发企业将其持有的开发产品以经营租赁的方式出租，则该房地产的转换日为房地产的租赁期开始日

C. 企业将原本用于经营管理的土地使用权改用于资本增值，则该房地产的转换日应确定为自用土地使用权停止自用后的日期

D. 企业将原本用于生产商品的房地产改用于出租，则该房地产的转换日为承租人有权行使其使用租赁资产权利的日期

15. 采用公允价值模式进行后续计量的投资性房地产，应当同时满足（　　）条件。

A. 投资性房地产所在地有活跃的房地产交易市场

B. 企业能够从活跃的房地产交易市场上取得同类或类似房地产的市场价格及其他相关信息，从而对投资性房地产的公允价值做出合理的估计

C. 所有的投资性房地产有活跃的房地产交易市场

D. 企业能够取得交易价格的信息

16. 下列各项中，应该记入一般企业“其他业务收入”账户的有（　　）。

A. 出售投资性房地产的收入

B. 出租建筑物的租金收入

C. 出售自用房屋的收入

D. 将持有并准备增值后转让的土地使用权予以转让所取得的收入

17. 下列各项中，不影响企业当期损益的是（　　）。

A. 采用成本计量模式，期末投资性房地产的可收回金额低于账面价值

B. 采用成本计量模式，期末投资性房地产的可收回金额高于账面价值

C. 采用公允价值计量模式，期末投资性房地产的公允价值高于账面余额

D. 自用的房地产转换为采用公允价值模式计量的投资性房地产时，转换日房地产的公允价值大于账面价值

18. 关于投资性房地产的计量模式，下列说法正确的是（　　）。

A. 已经采用公允价值模式计量的投资性房地产，不得从公允价值模式转为成本模式

B. 已经采用成本模式计量的投资性房地产，不得从成本模式转为公允价值模式

C. 采用公允价值模式计量的，不对投资性房地产计提折旧或进行摊销

D. 企业对投资性房地产的计量模式一经确定，不得随意变更

19. 关于投资性房地产的后续计量，下列说法正确的有（　　）。

A. 采用公允价值模式计量的，不对投资性房地产计提折旧或进行摊销

B. 已采用公允价值模式计量的投资性房地产，不得从公允价值模式转为成本模式

C. 已经采用成本模式计量的，可以转为采用公允价值模式计量

D. 采用公允价值模式计量的，应对投资性房地产计提折旧或进行摊销

20. 企业将自用房地产或存货房地产转换为采用公允价值模式计量的投资性房地产，下列说法正确的有（　　）。

A. 自用房地产或存货房地产转换为采用公允价值模式计量的投资性房地产，该项投资性房地产应当按照转换当日的公允价值计量

B. 自用房地产或存货房地产转换为采用公允价值模式计量的投资性房地产，该项投资性房地产应当按照转换当日的账面价值计量

C. 转换当日的公允价值小于原账面价值的差额，作为公允价值变动损益

D. 转换当日的公允价值小于原账面价值的差额，计入资本公积

三、判断题

1. 以一笔款项购入多项没有单独标价的固定资产，应当按照各项固定资产的账面价值比例对总成本进行分配，分别确定各项固定资产的成本。（　　）

2. 已达到预定可使用状态但在年度内尚未办理竣工决算手续的固定资产，应按估计价值暂估入账，并计提折旧。办理竣工决算手续后，如果与原暂估入账的金额不相等，需要调整“固定资产”账户的金额，同时调整已经计提的累计折旧金额。（　　）

3. 企业接受投资者投入的固定资产按照双方确认的价值作为入账价值。（　　）

4. 对于固定资产借款发生的利息支出，在竣工决算前发生的，应予资本化，将其计入固定资产的建造成本；在竣工决算后发生的，应作为当期费用处理。（　　）

5. 企业对经营租入的固定资产和融资租入的固定资产均应按照自有资产对其计提折旧。（　　）

6. 固定资产提足折旧后，不论能否继续使用，均不再计提折旧；提前报废的固定资产，也不再补提折旧。（　　）

7. 企业应当对所有固定资产计提折旧。（　　）

8. 采用工作量法计提折旧的特点是每年提取的折旧额相等。（　　）

9. 企业一般应当按月提取折旧，当月增加的固定资产，当月计提折旧；当月减少的固定资产，当月不提折旧。（　　）

10. 企业固定资产一经入账，其入账价值均不得做任何变动。（　　）

11. 按照新准则的规定，对于计提的固定资产减值准备，在以后期间价值恢复时，不能转回任何原已计提的减值准备金额。（　　）

12. 正常报废和非正常报废的固定资产，均应通过“固定资产清理”账户予以核算。（　　）

13. 企业不论在成本模式下，还是在公允价值模式下，投资性房地产取得的租金收入，均确认为其他业务收入。（　　）

14. 企业采用公允价值模式进行后续计量的，不对投资性房地产计提折旧或进行摊销，应当以资产负债表日投资性房地产的公允价值为基础调整其账面价值，公允价值与原账面价值之间的差额计入其他业务成本或其他业务收入。（　　）

15. 已采用公允价值模式计量的投资性房地产，不得从公允价值模式转为成本模式。（　　）

16. 在以成本模式计量的情况下，将作为存货的房地产转换为投资性房地产的，应按其在转换日的账面余额，借记“投资性房地产”账户，贷记“开发产品”等账户。（　　）

17. 采用公允价值模式计量的投资性房地产转换为自用房地产时，应当以其转换当日的公允价值作为自用房地产的账面价值，公允价值与原账面价值的差额计入当期损益（公允价值变动损

益）。（　　）

18. 自用房地产或存货房地产转换为采用公允价值模式计量的投资性房地产时，投资性房地产应当按照转换当日的公允价值计量，公允价值与原账面价值的差额计入当期损益（公允价值变动损益）。（　　）

19. 企业出售投资性房地产或者发生投资性房地产毁损，应当将处置收入扣除其账面价值和相关税费后的金额直接计入所有者权益。（　　）

四、计算分析题

习题一

（一）目的：练习固定资产入账价值的核算。

（二）资料：甲公司为一家制造企业，2×15 年 1 月 1 日向乙公司购进三套不同型号且具有不同生产能力的设备 A、B、C，共支付货款 7 800 000 元，增值税额为 1 326 000 元，包装费为42 000元，全部以银行存款支付。假定 A、B、C 均满足固定资产的定义和确认条件，公允价值分别为2 926 000元、3 594 800 元、1 839 200 元；不考虑其他相关税费。

（三）要求：确定固定资产 A、B、C 的入账价值，并编制购入固定资产的会计分录。

习题二

（一）目的：练习自营建造固定资产的核算。

（二）资料：2×15 年 1 月，丙股份有限公司（增值税一般纳税企业）准备自行建造一座厂房，为此发生以下业务：

(1)购入工程物资一批，价款为 500 000 元，支付的增值税进项税额为 85 000 元，款项以银行存款支付。

(2)至 6 月，工程先后领用工程物资 400 000 元（不含增值税进项税额）；剩余工程物资转为该公司的原材料。

(3)领用生产用原材料一批，价值为 64 000 元（不含增值税进项税额）。

(4)辅助生产车间为工程提供有关的劳务支出为 50 000 元。

(5)计提工程人员工资 95 800 元。

(6)6 月底，工程达到预定可使用状态，但尚未办理竣工决算手续，工程按暂估价值结转固定资产成本。

(7)7 月中旬，该项工程决算实际成本为 700 000 元，经查其与暂估成本的差额为应付职工工资。

(8)假定不考虑其他相关税费。

（三）要求：根据上述资料，为丙公司编制上述业务相关的会计分录。

习题三

（一）目的：练习固定资产后续支出的核算。

（二）资料：甲公司生产线一条，原价为 1 400 000 元，预计使用年限为 6 年，预计净残值为 0，采用直线法计提折旧。该生产线已使用 3 年，已提折旧为 700 000 元。2×15 年 12 月，对该生产线进行更新改造，以银行存款支付改良支出 240 000 元。改造后的生产线预计还可使用 4 年，预计净残值为 0。

（三）要求：根据上述资料，编制甲公司相关的会计分录。

习题四

(一)目的:练习固定资产的综合核算。

(二)资料:Y公司为一家上市公司,其2×11年到2×15年与固定资产有关的业务资料如下:

(1)2×11年12月12日,丙公司购进一台不需要安装的设备,取得的增值税专用发票上注明的设备价款为585万元,增值税为99.45万元,另发生运输费20万元,款项以银行存款支付;没有发生其他相关税费。该设备于当日投入车间使用,预计使用年限为10年,预计净残值为5万元,采用直线法计提折旧。

(2)2×12年12月31日,丙公司对该设备进行检查时发现其已经发生减值,预计可收回金额为500万元;计提减值准备后,该设备原预计使用年限、预计净残值、折旧方法保持不变。

(3)2×13年12月31日,丙公司因生产经营方向调整,决定采用出包方式对该设备进行改良,改良工程验收合格后支付工程价款。该设备于当日停止使用,开始进行改良。

(4)2×14年3月12日,改良工程完工并验收合格,丙公司以银行存款支付工程总价款30万元。当日,改良后的设备投入使用,预计尚可使用8年,采用直线法计提折旧,预计净残值为11万元。2×12年12月31日,该设备未发生减值。

(5)2×15年12月31日,该设备因遭受自然灾害发生严重毁损,丙公司决定进行处置,取得残料变价收入45万元、保险公司赔偿款28.5万元,发生清理费用5万元;款项均以银行存款收付,不考虑其他相关税费。

(三)要求:

(1)编制2×11年12月12日取得该设备的会计分录。

(2)计算2×12年度该设备计提的折旧额。

(3)计算2×12年12月31日该设备计提的固定资产减值准备,并编制相应的会计分录。

(4)计算2×13年度该设备计提的折旧额,并编制相应的会计分录。

(5)编制2×13年12月31日该设备转入改良时的会计分录。

(6)编制2×14年3月12日支付该设备改良价款、结转改良后设备成本的会计分录。

(7)计算2×14年度该设备计提的折旧额。

(8)计算2×15年12月31日处置该设备实现的净损益。

(9)编制2×15年12月31日处置该设备的会计分录。

(注:金额单位用万元表示。)

习题五

(一)目的:练习采用公允价值模式进行后续计量的投资性房地产的核算。

(二)资料:2×15年4月20日,乙公司购买一块土地使用权,购买价款为2 000万元,支付相关手续费30万元,款项全部以银行存款支付。企业购买后准备等其增值后予以转让。乙公司对该投资性房地产采用公允价值模式进行后续计量。该项投资性房地产2×15年取得租金收入为150万元,已存入银行。假定不考虑其他相关税费。经复核,该投资性房地产2×15年12月31日的公允价值为2 000万元。

(三)要求:做出乙公司相关的会计处理(金额单位用万元表示)。

习题六

(一)目的:练习投资性房地产转换的核算。

(二)资料:乙公司将原采用公允价值计量模式计价的一幢出租用厂房收回,作为企业的经营用固定资产处理。在出租收回前，该投资性房地产的成本和公允价值变动明细账户分别为700万元和100万元(借方)。转换当日该厂房的公允价值为780万元。

(三)要求：做出乙公司转换日的会计处理(金额单位用万元表示)。

习题七

(一)目的：练习采用成本模式进行后续计量的投资性房地产的综合核算。

(二)资料：甲股份有限公司(以下简称甲公司)是华北地区的一家上市公司，投资性房地产采用成本模式核算。甲公司2×13年至2×15年与投资性房地产有关的业务资料如下：

(1)2×13年1月，甲公司购入一幢建筑物，取得的发票上注明的价款为8 000 000元，款项以银行存款转账支付。不考虑其他相关税费。

(2)甲公司购入的上述用于出租的建筑物预计使用寿命为15年，预计净残值为36万元，采用年限平均法按年计提折旧。

(3)甲公司将取得的该项建筑物自当月起用于对外经营租赁，甲公司该项房地产20×13年取得租金收入为900 000元，已存入银行。假定不考虑其他相关税费。

(4)2×15年12月，甲公司将原用于出租的建筑物收回，作为企业经营管理用固定资产处理。

(三)要求：

(1)编制甲公司2×13年1月取得该项建筑物的会计分录。

(2)计算2×13年度甲公司对该项建筑物计提的折旧额，并编制相应的会计分录。

(3)编制甲公司2×13年取得该项建筑物租金收入的会计分录。

(4)对该项建筑物计提2×14年度折旧，并计算甲公司该项房地产2×14年年末的账面价值。

(5)编制甲公司2×15年收回该项建筑物的会计分录。

(注：金额单位用万元表示。)

习题八

(一)目的：练习采用公允价值模式进行后续计量的投资性房地产的综合核算。

(二)资料：长城房地产公司(以下简称长城公司)于2×11年12月31日将一幢建筑物对外出租并采用公允价值模式计量，租期为3年，每年12月31日收取租金200万元。出租当日，该建筑物的成本为2 700万元，已计提折旧400万元，尚可使用年限为20年，公允价值为1 700万元。2×12年12月31日，该建筑物的公允价值为1 830万元。2×13年12月31日，该建筑物的公允价值为1 880万元。2×14年12月31日，该建筑物的公允价值为1 760万元。2×15年1月5日，将该建筑物对外出售，收到1 800万元存入银行。

(三)要求：编制长城公司上述经济业务的会计分录。

第八章　无形资产和其他资产

一、单项选择题

1. 丙公司为上市公司，2×12 年 1 月 1 日，丙公司以银行存款 6 000 万元购入一项无形资产。2×12年和 2×13 年年末，丙公司预计该项无形资产的可收回金额分别为4 000万元和3 500万元。该项无形资产的预计使用年限为 10 年，按月摊销。丙公司于每年年末对无形资产计提减值准备；计提减值准备后，原预计使用年限不变。假定不考虑其他因素，丙公司该项无形资产 2×15 年 7 月 1 日的账面价值为(　　)万元。

A. 3 302　　B. 3 900　　C. 2 843.75　　D. 4 046

2. 在会计期末，企业所持有的无形资产的账面价值高于其可收回金额的差额，应当计入(　　)。

A. 管理费用　　B. 营业费用　　C. 资产减值损失　　D. 营业外支出

3. 企业出售无形资产发生的净损失，应当计入(　　)。

A. 主营业务成本　　B. 其他业务支出

C. 管理费用　　D. 营业外支出

4. 某股份有限公司于 2×15 年 7 月 1 日，以 50 万元的价格转让一项无形资产，同时发生相关税费 3 万元。该无形资产系 2×12 年 7 月 1 日购入并投入使用，其入账价值为 300 万元，预计使用年限为 5 年，法律规定的有效年限为 6 年。转让该无形资产发生的净损失为(　　)万元。

A. 70　　B. 73　　C. 100　　D. 103

5. 甲公司以 300 万元的价格对外转让一项专利权。该项专利权系甲公司以 480 万元的价格购入，购入时该专利权预计使用年限为 10 年，法律规定的有效使用年限为 12 年。转让时，该专利权已使用 5 年。转让该专利权应交的营业税为 15 万元，假定不考虑其他相关税费。该专利权未计提减值准备。甲公司转让该专利权所获得的净收益为(　　)万元。

A. 5　　B. 20　　C. 45　　D. 60

6. 下列有关无形资产转让的会计处理中，正确的是(　　)。

A. 转让无形资产使用权所取得的收入应计入营业外收入

B. 转让无形资产所有权所取得的收入应计入其他业务收入

C. 转让无形资产所有权所发生的支出应计入其他业务成本

D. 转让无形资产使用权所发生的支出应计入其他业务成本

7. 下列有关无形资产会计处理的表述中，错误的是(　　)。

A. 无形资产后续支出应在发生时计入当期损益

B. 使用寿命无法合理确定的无形资产不进行摊销

C. 购入无形资产超过正常信用条件延期支付价款时，应按买价确认无形资产初始成本

D. 只有很可能为企业带来经济利益且其成本能够可靠计量的无形资产，才能予以确认

8. 某企业研制一项新技术，研究阶段花费材料费1 000元、人工费 500 元；开发阶段中花费材料费60 000元、人工费10 000元(全部符合资本化条件)；研究成功后申请获得专利权，在申请专利的

过程中发生专利登记费30 000元，律师费8 000元。该项专利权的入账价值为(　　)元。

A. 1 500　　B. 71 500　　C. 109 500　　D. 108 000

9. A公司2×14年3月1日开始自行开发成本管理软件，在研究与开发过程中发生材料费用10万元，直接参与开发人员的工资100万元，开发过程中支付租金30万元。2×15年3月16日，A公司自行开发成功该成本管理软件，并依法申请了专利，支付注册费1万元，律师费2.5万元。A公司2×15年3月20日为向社会展示其成本管理软件，特举办了大型宣传活动，支付费用50万元。研究开发过程中发生的费用，50%符合资本化条件。A公司无形资产的入账价值应为(　　)万元。

A. 71.75　　B. 73.5　　C. 96.75　　D. 123.5

10. A公司接受甲企业以一项账面原值为100万元、已摊销40万元、公允价值为50万元的专利权投资，则A公司确认接受该项无形资产的入账价值为(　　)万元。

A. 100　　B. 60　　C. 50　　D. 40

11. 对出租的无形资产进行摊销时，其摊销的价值应当计入(　　)。

A. 管理费用　　B. 其他业务成本　　C. 营业外支出　　D. 制造费用

12. 某公司2×09年1月1日购入一项无形资产。该无形资产的实际成本为500万元，摊销年限为10年。2×13年12月31日，该无形资产发生减值，预计可收回金额为200万元。计提减值准备后，该无形资产的原摊销年限不变。2×15年12月31日，该无形资产的账面价值为(　　)万元。

A. 250　　B. 120　　C. 200　　D. 170

13. 按照现行会计制度的规定，下列各项中，应作为无形资产入账的是(　　)。

A. 开办费　　B. 为获得土地使用权支付的土地出让金

C. 广告费　　D. 开发新技术过程中发生的研究费

14. 甲企业接受外单位捐赠的一项专利权，确定的实际成本为240 000元，作为无形资产入账，确定的摊销期限为10年。甲企业在使用该项专利权18个月后，又将其所有权出售给其他单位，取得价款180 000元，并按5%的营业税税率计算应交营业税。甲企业出售该项专利权的损益为(　　)元(假设甲企业未纳入营业税改征增值税的试点范围)。

A. －33 000　　B. 33 000　　C. －15 000　　D. －24 000

15. 无形资产形成并确认后所发生的支出，应当于发生时计入(　　)。

A. 无形资产　　B. 预计负债　　C. 当期损益　　D. 长期待摊费用

16. 企业在研究与开发无形资产过程中，所发生的不符合资本化条件的材料费用及直接参与开发人员的工资及福利费等，期末应当记入(　　)账户。

A.“管理费用”　　B.“销售费用”　　C.“无形资产”　　D.“营业外支出”

17. 关于无形资产减值准备，下列说法正确的是(　　)。

A. 当无形资产的可收回金额超过其账面价值时提取无形资产减值准备

B. 当无形资产的账面价值超过其可收回金额时提取无形资产减值准备

C. 当无形资产的价值恢复时，已计提的减值准备可以转回

D. 企业计提的无形资产减值准备计入管理费用

18. 企业出售无形资产所取得的净收益，应记入(　　)账户。

A.“其他业务收入”　　B.“营业外收入”

C.“无形资产”　　D.“投资收益”

19. A公司成立时接受B公司投资转入的商标权。A公司的合资期限为20年，国家商标法规定商标权的有效法律年限为10年。A公司摊销该商标权的期限不得超过(　　)年。

A. 20　　B. 15　　C. 10　　D. 18

20. 下列不属于无形资产的有(　　)。

A. 外购的商誉　　B. 外购的商标权

C. 外购的土地使用权　　D. 外购的非专利技术

21. AS公司购入一栋厂房和相关的土地使用权，实际支付价款8 000万元，支付相关税费 400万元，其中土地使用权可单独辨认。厂房和相关土地使用权价款没有分别标明，厂房公允价值与相关土地使用权公允价值的相对比例为 3∶5，则土地使用权的入账价值应为(　　)万元。

A. 3 150　　B. 5 000　　C. 8 400　　D. 5 250

22. A 公司于 2×13 年 1 月 1 日购入专利权，支付价款 225 万元。该无形资产预计使用年限为 7 年，法律规定年限为 5 年。2×14 年 12 月 31 日，由于与该无形资产相关的经济因素发生不利变化，致使其发生减值，A 公司估计可收回金额为 90 万元。则 2×15 年的摊销额为(　　)万元。

A. 30　　B. 45　　C. 18　　D. 32.14

二、多项选择题

1. 下列各项中，会引起无形资产账面价值发生增减变动的有(　　)。

A. 对无形资产计提减值准备　　B. 发生无形资产后续支出

C. 摊销无形资产成本　　D. 转让无形资产所有权

2. 下列各项中，企业应确认为无形资产的有(　　)。

A. 吸收投资取得的土地使用权

B. 以缴纳土地出让金方式取得的土地使用权

C. 自行开发并按法律程序申请取得的无形资产

D. 无偿划拨取得的土地使用权

E. 接受捐赠取得的专利技术

3. 下列各项中，属于无形资产主要特点的是(　　)。

A. 不具有实物形态　　B. 能给企业带来的未来经济利益具有不确定性

C. 具有可辨认性　　D. 属于非货币性资产

4. 关于接受捐赠取得无形资产入账价值的确定，以下表述正确的是(　　)。

A. 捐赠方提供了有关凭据的，按凭据上标明的金额加上应支付的相关税费确定

B. 捐赠方没有提供有关凭据的，以该无形资产在捐赠方的账面价值作为入账价值

C. 捐赠方没有提供有关凭据的，同类或类似无形资产存在活跃市场的，应按参照同类或类似无形资产的市场价格估计的金额，加上应支付的相关税费确定

D. 捐赠方没有提供有关凭据的，同类或类似无形资产不存在活跃市场的，按该受赠无形资产的预计未来现金流量现值确定

5. 确认无形资产应满足的条件是(　　)。

A. 该无形资产给企业带来的未来经济利益能够可靠地计量

B. 该无形资产的成本能够可靠地计量

C. 该无形资产转让手续已经办妥

D. 与该无形资产有关的经济利益很可能流入企业

6. 企业对使用寿命有限的无形资产进行摊销时，其摊销额应根据不同情况分别计入(　　)。

A. 管理费用　　B. 制造费用　　C. 财务费用　　D. 其他业务成本

7. 无形资产的可收回金额可能是(　　)。

A. 无形资产的原值　　B. 无形资产公允价值减去处置费用后的净额

C. 无形资产的净值　　　　　　　　D. 无形资产预计未来现金流量的现值

8. 自行开发并依法申请取得的无形资产，其入账价值包括(　　)。

A. 依法申请取得前发生的研究费用

B. 依法申请取得前发生的开发费用

C. 依法申请取得前发生的符合资本化条件的开发费用

D. 依法取得时发生的注册费等

9. 下列经济业务中，可以通过"无形资产"账户核算的有(　　)。

A. 计算机公司为客户开发的软件

B. 有偿取得一项为期 15 年的高速公路收费权

C. 企业经划拨无偿取得的土地使用权

D. 购入计算机公司为客户开发的软件

10. 转让无形资产使用权发生的收入与成本应通过(　　)账户核算。

A."营业外收入"　　　　　　　　B."营业外支出"

C."其他业务收入"　　　　　　　D."其他业务成本"

11. 下列有关无形资产会计处理的表述中，正确的有(　　)。

A. 用于建造厂房的土地使用权的账面价值应计入所建厂房的建造成本

B. 使用寿命不确定的无形资产应每年进行减值测试

C. 无形资产均应确定预计使用年限并分期摊销

D. 内部研发项目研究阶段发生的支出不应确认为无形资产

12. 下列关于无形资产会计处理的表述中，正确的有(　　)。

A. 使用寿命不确定的无形资产不需要摊销

B. 有偿取得的自用土地使用权应确认为无形资产

C. 内部研发项目开发阶段支出应全部确认为无形资产

D. 无形资产减值损失一经确认，在以后会计期间不得转回

13. 下列说法错误的有(　　)。

A. 无形资产的后续支出应计入无形资产账面价值

B. 自行开发并依法申请取得前发生的无形资产研究和开发费用于发生时确认为当期费用

C. 企业获得超额收益能力时，说明商誉存在，因此作为无形资产入账

D. 企业通过无偿划拨取得的土地使用权和有偿取得的土地使用权都应作为无形资产核算

E. 本月增加的无形资产本月开始摊销，本月减少的无形资产本月不再摊销

14. 下列有关无形资产的会计处理，不正确的有(　　)。

A. 将自创商誉确认为无形资产

B. 将转让使用权的无形资产的摊销价值计入营业外支出

C. 将转让所有权的无形资产的账面价值计入其他业务成本

D. 无形资产一旦投入使用，就应计提摊销

15. 预计使用年限超过了相关合同规定的受益年限或法律规定的有效年限，该无形资产摊销年限的确定，正确的是(　　)。

A. 合同规定受益年限但法律没有规定有效年限的，摊销期不应超过合同规定的受益年限

B. 合同没有规定受益年限但法律规定有效年限的，摊销期不应超过法律规定的有效年限

C. 合同规定受益年限，法律也规定了有效年限的，摊销期不应超过受益年限和有效年限二者之中的较短者

D. 摊销期不应超过 10 年

16. 企业的其他长期资产一般包括(　　)。

A. 特准储备物资　　B. 银行冻结存款

C. 涉及诉讼中的财产　　D. 冻结物资

三、判断题

1. 专门用于生产某产品的无形资产，其所包含的经济利益通过所生产的产品实现的，该无形资产的摊销额应计入产品成本。(　　)

2. 无形资产成本在取得的当月开始摊销，处置无形资产的当月不再摊销。(　　)

3. 企业取得的土地使用权通常应确认为无形资产。土地使用权用于自行开发建造厂房等地上建筑物时，土地使用权应与地上建筑物合并计算其成本。(　　)

4. 房地产开发企业取得的土地使用权用于建造对外出售的房屋建筑物，相关的土地使用权应当计入所建造的房屋建筑物成本。(　　)

5. 无形资产的后续支出，金额较大的，应增加无形资产的价值；金额较小的，可确认为发生当期的费用。(　　)

6. 企业外购的房屋建筑物支付的价款无法在地上建筑物与土地使用权之间分配的，应当按照《企业会计准则第4号——固定资产》的规定，确认为固定资产。(　　)

7. 出售无形资产时，其摊余价值作为销售费用处理。(　　)

8. 使用寿命有限的无形资产应当摊销，使用寿命不确定的无形资产不予摊销。(　　)

9. 由于出售无形资产属于企业的日常活动，因此，出售无形资产所取得的收入应通过"其他业务收入"账户核算。(　　)

10. 投资者投入的无形资产，应该按无形资产在投资协议中确定的价值作为入账价值。(　　)

11. 商誉是企业合并成本大于合并取得被购买方各项可辨认资产、负债公允价值份额的差额，属于《企业会计准则第6号——无形资产》所规范的无形资产。(　　)

12. 企业自行开发无形资产发生的研发支出，不满足资本化条件的，应直接借记"管理费用"账户；满足资本化条件的，应借记"无形资产"账户。(　　)

13. 企业自行开发无形资产发生的研发支出，研究开发项目达到预定用途形成无形资产的，应按"研发支出——资本化支出"账户的余额，转入无形资产。(　　)

14. 企业自行开发无形资产发生的不能资本化的研发支出，应在研究开发项目达到预定用途形成无形资产时，将"研发支出——费用化支出"账户的余额，转入"管理费用"账户。(　　)

15. 对于使用寿命不确定的无形资产，在持有期间内不需要摊销，但需要至少于每一会计期末进行减值测试。对于使用寿命确定的无形资产，会计期末不需要进行减值测试。(　　)

16. 企业内部研究开发项目研究阶段的支出，应当于发生时直接计入当期损益。(　　)

17. 无形资产作为能为企业带来经济利益的一种长期资产，应在一定期限内平均摊销，其摊销金额计入管理费用，同时冲减无形资产的账面余额；报废时无残值。(　　)

四、计算分析题

习题一

(一)目的：练习超过正常信用条件延期付款购入无形资产的核算。

(二)资料：A公司2×14年1月2日从B公司购买一项商标权，由于A公司资金周转比较紧张，经与B公司协商，采用分期付款方式支付款项。合同规定，该项商标权总计900万元，每年末付款300万元，3年付清。假定银行同期贷款利率为10%。

(三)要求:

(1)计算无形资产初始计量成本。

(2)计算未确认融资费用各年摊销额,填入表内。

(3)编制 2×14～2×16 年的有关会计分录。

未确认融资费用摊销表

单位:万元

年 份	分期付款额	确认的融资费用	应付本金减少额	应付本金余额
2×14				
2×15				
2×16				
合 计				

习题二

(一)目的:练习自行开发无形资产及其处置的核算。

(二)资料:甲上市公司自行研究开发一项专利技术,与该项专利技术有关的资料如下:

(1)2×15 年 1 月,该项研发活动进入开发阶段,以银行存款支付开发费用 280 万元,其中满足资本化条件的为 146 万元。2×15 年 7 月 1 日,开发活动结束,并按法律程序申请取得专利权,支付注册费 3 万元,律师费 1 万元,供企业生产产品使用。

(2)该项专利权法律规定有效期为 5 年,采用直线法摊销。

(3)2×15 年 12 月 1 日,将该项专利权转让,实际取得价款 160 万元,应交营业税 8 万元,款项已存入银行。

(三)要求:为甲上市公司编制下列会计分录:

(1)发生开发支出;

(2)结转费用化开发支出;

(3)形成专利权;

(4)2×15 年 7 月计提专利权摊销;

(5)转让专利权。

(会计分录涉及的账户要求写出明细账户,答案中的金额单位用万元表示。)

习题三

(一)目的:练习各种无形资产的确认、计量。

(二)资料:甲股份有限公司(以下简称“甲公司”)为增值税一般纳税人,增值税税率为 17%,2×13年发生有关无形资产业务如下:

(1)2×13 年 1 月,甲公司以银行存款 1 200 万元购入一项土地使用权(不考虑相关税费)。该土地使用年限为 30 年。

(2)2×13 年 6 月,甲公司研发部门准备研究开发一项专有技术。在研究阶段,企业为了研究成果的应用研究、评价,以银行存款支付了相关费用 800 万元。

(3)2×13 年 8 月,上述专有技术转入开发阶段。企业将研究成果应用于该项专有技术的设计,直接发生研发人员工资1 000万元,领用材料费 200 万元,该材料购进时的进项税额为 34 万元,领用本企业生产的产品 70 万元,该产品售价为 100 万元,开发专有技术应负担相关设备折旧费等为149万元,同时以银行存款支付了其他相关费用150万元。以上开发支出均满足无形资产的确认条件。

(4)2×13年10月,上述专有技术的研究开发项目达到预定用途,形成无形资产,支付注册费180万元。甲公司预计该专有技术的使用年限为5年。甲公司无法可靠确定与该专有技术有关的经济利益的预期实现方式,按直线法计提摊销。

(5)2×14年4月,甲公司利用上述外购的土地使用权,自行开发建造厂房。厂房于2×14年9月达到预定可使用状态,交车间使用,累计发生建造支出2 400万元(不包含土地使用权)。该厂房预计使用寿命为5年,预计净残值为30万元。假定甲公司对其采用年数总和法计提折旧。

(6)2×16年5月,甲公司研发的专有技术预期不能为企业带来经济利益,经批准将其予以转销。

(三)要求:

(1)编制2×13年1月购入该项土地使用权及计提2×13年摊销的会计分录,并计算2×13年年末该土地使用权的账面价值。

(2)编制2×13年研发专利权的有关会计分录。

(3)计提专有技术2×14年摊销额,并计算研制开发的专利权2×14年年末累计摊销金额。

(4)2×14年4月土地使用权是否应转入该厂房的建造成本?计算甲公司自行开发建造的厂房及土地使用权2×15年计提折旧(摊销)额,并编制相关会计分录。

(5)编制甲公司该项专利权2×16年予以转销的会计分录。

(答案中的金额单位用万元表示。)

习题四

(一)目的:练习无形资产的减值及处置。

(二)资料:甲股份有限公司2×09年至2×15年无形资产业务的有关资料如下:

(1)2×09年12月1日,以银行存款300万元购入一项无形资产(不考虑相关税费)。该无形资产的预计使用年限为10年。

(2)2×13年12月31日,预计该无形资产的可收回金额为142万元。

(3)2×14年12月31日,预计该无形资产的可收回金额为129.8万元。

(4)2×15年4月1日,将该无形资产对外出售,取得价款130万元并收存银行,营业税税率为5%。

(三)要求:

(1)编制购入该无形资产的会计分录。

(2)编制2×13年必要的会计分录,并计算2×13年12月31日该无形资产的账面价值。

(3)编制2×14年必要的会计分录,并计算2×14年12月31日该无形资产的账面余额。

(4)计算2×15年4月1日该无形资产的累计摊销额、账面价值及出售损益。

(5)编制2×15年4月1日该无形资产出售的会计分录。

(答案中的金额单位用万元表示。)

习题五

(一)目的:练习无形资产取得、摊销、处置、减值的核算。

(二)资料:甲企业2×15年度发生以下有关无形资产的业务:

(1)1月1日,从当地政府购入一块土地的使用权,以银行存款支付转让价款800万元,并开始进行建造厂房等开发工程,预计使用50年。年末计提本年摊销。

(2)2月1日,以1 800万元的价格购入一项管理用无形资产,价款以银行存款支付。该无形资产的法律保护期限为15年,甲公司预计其在未来10年内会给公司带来经济利益。甲公司计划在使用5年后出售该无形资产,G公司承诺5年后按1 260万元的价格购买该无形资产。年末计提本年摊销。

(3)7月1日,购入一项专利权和相关设备,实际支付的价款为9 750万元,由于专利权和相关设备价款没有分别标明,假定专利权公允价值与相关设备公允价值的相对比例为4∶1。设备交车间使用,预期使用5年,专利权尚可使用8年。假设专利权和设备均不考虑净残值。

(4)出租一项专利权,取得租金收入50万元存入银行,并缴纳营业税2.5万元,当年该专利权摊销额为5万元。

(5)上述管理用无形资产12月31日预计可收回金额为1 500万元。

(三)要求:编制有关上述业务的会计分录。

(答案中的金额单位用万元表示。)

习题六

(一)目的:练习无形资产和投资性房地产的核算。

(二)资料:阳光股份有限公司(以下简称阳光公司)对投资性房地产采用成本模式计量。阳光公司有关土地使用权的相关业务资料如下:

(1)2×14年1月5日,阳光公司通过竞价取得一块使用年限为50年的土地使用权,已用银行存款支付土地出让金4 800万元。该土地使用权计划用于建设办公楼。

(2)因资金一时难以到位,从2×14年7月起出租给乙公司,租期为2年(2×14年7月1日～2×16年6月30日),每年租金240万元,分别在2×14年7月初和2×15年7月初收取。

(3)2×16年7月初,阳光公司收回出租的土地用于建设办公楼,同月开始动工兴建。

(4)该土地使用权采用直线法摊销,不考虑相关税费。

(三)要求:

(1)编制阳光公司取得土地使用权的会计分录。

(2)计算该土地使用权每月应摊销金额,在半年末编制摊销分录。

(3)编制阳光公司2×14年7月将自用土地使用权转为出租和收到租金的会计分录。

(4)编制阳光公司2×14年年末结转收入和成本的会计分录。

(5)编制阳光公司2×16年7月收回出租土地转为自用的会计分录。

(答案中的金额单位用万元表示。)

第九章　非货币性资产交换

一、单项选择题

1. 确定一项资产是货币性资产还是非货币性资产的主要依据是(　　)。

A. 变现速度快慢与否

B. 是否可以给企业带来经济利益

C. 是否具有流动性

D. 将为企业带来的经济利益是否是固定或可确定的

2. 甲股份有限公司发生的下列非关联交易中，属于非货币性资产交换的是(　　)。

A. 以公允价值为 260 万元的固定资产换入乙公司账面价值为 320 万元的无形资产,并支付补价 80 万元

B. 以账面价值为 280 万元的固定资产换入丙公司公允价值为 200 万元的一项专利权,并收到补价 80 万元

C. 以公允价值为 320 万元的长期股权投资换入丁公司账面价值为 460 万元的短期股票投资,并支付补价 140 万元

D. 以账面价值为 420 万元、准备持有至到期的债券投资换入戊公司公允价值为 390 万元的一台设备,并收到补价 30 万元

3. 在确定涉及补价的交易是否为非货币性资产交换时,支付补价的企业应当按照支付的补价占(　　)的比例低于 25%确定。

A. 换出资产的公允价值　　B. 换出资产公允价值加上支付的补价

C. 换入资产公允价值加补价　　D. 换出资产公允价值减补价

4. 以下交易一定具有商业实质的是(　　)。

A. 以一批存货换入一项设备

B. 以一项固定资产换入一项固定资产

C. 以一项长期股权投资换入一项长期股权投资

D. 以一批商品换入一批商品

5. 甲企业以其持有的一项长期股权投资换取乙企业的一项无形资产,该项交易中不涉及补价。假定该项交易具有商业实质。甲企业该项长期股权投资的账面价值为 120 万元,公允价值为 150 万元。乙企业该项无形资产的账面价值为 100 万元,公允价值为 150 万元,甲企业为换入无形资产发生了 10 万元税费。甲企业换入的该项无形资产的入账价值为(　　)万元。

A. 150　　B. 160　　C. 120　　D. 130

6. 甲企业用一辆汽车换入两种原材料 A 和 B,汽车的账面价值为 150 000 元,公允价值为 160 000元,材料 A 的公允价值为 40 000 元,材料 B 的公允价值为 70 000 元,增值税税率为 17%,计税价格等于公允价值,甲企业收到补价 31 300 元。则原材料的入账价值总额为(　　)元。

A. 91 300　　B. 110 000　　C. 128 700　　D. 131 300

7. 某企业 2×15 年 10 月 10 日将一批库存商品换入一台设备,并收到对方支付的补价 15 万

元。该批库存商品的账面价值为120万元，公允价值为150万元，计税价格为140万元，适用的增值税税率为17%；换入设备的原账面价值为160万元，公允价值为135万元。该企业因该项非货币性资产交换影响损益的金额为(　　)万元。

A. 140　　B. 150　　C. 120　　D. 30

8. 甲公司以公允价值为250万元的固定资产换入乙公司账面价值为230万元的长期股权投资，另从乙公司收取现金30万元。甲公司换出固定资产的账面原价为300万元，已计提折旧20万元，已计提减值准备10万元。假定不考虑相关税费，该交易不具有商业实质。甲公司换入长期股权投资的成本为(　　)万元。

A. 220　　B. 240　　C. 250　　D. 245

9. 甲公司以一项专利权换入乙公司的一台设备。假设不具有商业实质。换出专利权的摊余价值为105万元，已提减值准备为5万元，公允价值为100万元，换入设备的公允价值为90万元，甲公司收到补价10万元。换出无形资产应交的营业税为5万元。甲公司换入设备的入账价值为(　　)万元。

A. 100　　B. 90　　C. 110　　D. 95

10. 企业发生的具有商业实质且公允价值能够可靠计量的非货币性资产交换，在没有补价的情况下，如果同时换入多项资产，应当按照(　　)的比例，对换入资产的成本总额进行分配，以确定各项换入资产的入账价值。

A. 换入各项资产的公允价值占换入资产公允价值总额

B. 换出各项资产的公允价值占换出资产公允价值总额

C. 换入各项资产的账面价值占换入资产账面价值总额

D. 换出各项资产的账面价值占换出资产账面价值总额

11. A公司以一台甲设备换入D公司的一台乙设备。甲设备的账面原价为22万元，已提折旧3万元，已提减值准备3万元，甲设备的公允价值无法合理确定，换入乙设备的公允价值为24万元。D公司另向A公司收取补价2万元。两家公司的资产交换具有商业实质，A公司换入乙设备应计入当期收益的金额为(　　)万元。

A. 4　　B. 0　　C. 2　　D. 6

12. 新东方公司与北方公司达成协议，于2×15年1月1日以市区200亩土地的土地使用权和两栋办公楼换入北方公司拥有的甲公司30%的股权和乙公司25%的股权，从而能够对甲公司和乙公司产生重大影响。新东方公司200亩土地使用权的账面价值为5 000万元，公允价值为8 000万元，未曾计提减值准备。两栋办公楼的原价为8 000万元，累计折旧为2 000万元，已提减值准备200万元，公允价值为4 000万元。北方公司拥有甲公司30%的股权的账面价值为7 900万元，公允价值为8 000万元；拥有乙公司25%的股权的账面价值为1 950万元，公允价值为2 000万元。北方公司另需向新东方公司支付补价2 000万元。假定此项非货币性资产交换具有商业实质。新东方公司取得的对甲公司的长期股权投资的入账价值为(　　)万元。

A. 8 000　　B. 2 000　　C. 9 600　　D. 2 400

二、多项选择题

1. 依据《企业会计准则第7号——非货币性资产交换》的规定，下列项目中，属于货币性资产的有(　　)。

A. 准备持有至到期的债券投资　　B. 有公允价值的原材料

C. 交易性金融资产　　D. 带息应收票据

2. 企业发生的交易中，如果涉及支付补价的，判断该项交易属于非货币性资产交换的标准是

（　　）。

A. 支付的补价占换入资产公允价值的比例小于25%

B. 支付的补价占换出资产公允价值的比例小于25%

C. 支付的补价占换入资产公允价值的比例大于25%

D. 支付的补价占换出资产公允价值与支付的补价之和的比例小于25%

E. 支付的补价占换入资产公允价值与支付的补价之和的比例小于25%

3. 下列各项交易中，属于非货币性资产交换的有（　　）。

A. 以固定资产换入股权　　B. 以银行汇票购买原材料

C. 以银行本票购买固定资产　　D. 以无形资产换入原材料

4. 非货币性资产交换符合下列（　　）条件之一的，视为具有商业实质。

A. 换入资产未来现金流量的风险、金额与换出资产相同，时间不同

B. 换入资产未来现金流量的时间、金额与换出资产相同，风险不同

C. 换入资产未来现金流量的风险、时间与换出资产相同，金额不同

D. 换入资产与换出资产的预计未来现金流量现值不同，且其差额与换入资产和换出资产的公允价值相比是重大的

5. 在不具有商业实质、不涉及补价的非货币性资产交换中，确定换入资产入账价值应考虑的因素有（　　）。

A. 换出资产的账面余额　　B. 换出资产计提的减值准备

C. 换出资产应支付的相关税费　　D. 换出资产账面价值与其公允价值的差额

6. 下列项目中，属于非货币性资产的有（　　）。

A. 存货　　B. 长期股权投资

C. 固定资产　　D. 持有至到期投资

7. 企业进行具有商业实质且公允价值能够可靠计量的非货币性资产交换，同一事项同时影响双方换入资产入账价值的因素有（　　）。

A. 企业支付的补价或收到的补价　　B. 企业为换出存货而缴纳的增值税

C. 企业换出资产的账面价值　　D. 企业换出资产计提的资产减值准备

三、判断题

1. 交易性金融资产和应收账款都属于货币性资产。（　　）

2. 非货币性资产交换是指交易双方以非货币性资产进行的交换，不涉及货币性资产。（　　）

3. 某企业以其不准备持有至到期的国库券换入一幢房屋以备出租，该项交易具有商业实质。（　　）

4. 在具有商业实质且公允价值能够可靠计量的非货币性资产交换中，收到补价的企业，按换出资产的账面价值减去可抵扣的增值税进项税额，加上应确认的收益，加上应支付的相关税费，减去补价后的余额，作为实际成本。（　　）

5. 在非货币性资产交换中，如果换出资产的公允价值小于其账面价值，按照谨慎性要求，采用公允价值作为换入资产入账价值的基础。（　　）

四、计算分析题

习题一

（一）目的：练习具有商业实质的非货币性资产交换的核算。

(二)资料:甲公司为增值税一般纳税人,经协商,用一项长期股权投资交换乙公司的库存商品。该项长期股权投资的账面余额为2 300万元,计提长期股权投资减值准备 300 万元,公允价值为2 100万元;库存商品的账面余额为1 550万元,已提存货跌价准备 50 万元,公允价值和计税价格均为2 000万元,增值税税率为 17%。乙公司向甲公司支付补价 100 万元,换入的股权投资作为长期股权投资核算。假定不考虑其他税费,该项交易具有商业实质。

(三)要求:分别为甲、乙公司计算换入资产的入账价值,并进行账务处理。

(答案中的金额单位用万元表示。)

习题二

(一)目的:练习具有商业实质和不具有商业实质的非货币性资产交换的核算。

(二)资料:甲股份有限公司(以下简称甲公司)为一家制造业上市公司。该公司在 2×13 年、2×14年连续两年发生亏损,累计亏损额为2 000万元。ABC 股份有限公司(以下简称 ABC 公司)为一家从事商贸行业的控股公司。S 公司、T 公司和 M 公司均为 ABC 公司的全资子公司。2×15 年,甲公司为了扭转亏损局面,进行了以下交易:

(1)1 月 1 日,与 ABC 公司达成协议,以市区 200 亩土地的土地使用权和两栋办公楼换入 ABC 公司拥有的 S 公司 30%的股权和 T 公司 40%的股权。甲公司 200 亩土地使用权的账面原值为5 000万元,已摊销1 000万元,公允价值为8 000万元,未曾计提减值准备。两栋办公楼的原价为10 000万元,累计折旧为 8 000 万元,公允价值为 2 000 万元,未曾计提减值准备。ABC 公司拥有 S 公司 30%的股权的账面价值及其公允价值均为 6 000 万元,拥有 T 公司 40%的股权的账面价值及其公允价值均为 4 000 万元。

(2)4 月 1 日,甲公司与 M 公司达成一项资产置换协议。甲公司为建立一个大型物流仓储中心,以其产成品与 M 公司在郊区的一块 100 亩土地的土地使用权进行置换,同时,M 公司用银行存款支付给甲公司补价 800 万元。甲公司用于置换的产成品的账面余额为4 500万元,已经计提 600 万元跌价准备,其公允价值为4 000万元。M 公司用于置换的 100 亩土地的土地使用权的账面价值为1 000万元,未曾计提减值准备,公允价值为3 200万元。

假定上述与资产转移、股权转让相关的法律手续均在 2×15 年 4 月底前完成。甲公司取得 S 公司和 T 公司的股权后,按照 S 公司和 T 公司的章程规定,于 5 月 1 日向 S 公司和 T 公司董事会派出董事,参与 S 公司和 T 公司财务和经营政策的制定。至 2×15 年年底,甲公司未发生与对外投资和股权变动有关的其他交易或事项。不考虑交易过程中的增值税等相关税费。

(三)要求:

(1)计算确定甲公司自 ABC 公司换入的 S 公司 30%的股权和 T 公司 40%的股权的入账价值。

(2)编制甲公司以土地使用权和办公楼自 ABC 公司换入 S 公司和 T 公司股权的相关会计分录。

(3)计算确定甲公司从 M 公司换入的土地使用权的入账价值。

(4)编制甲公司以产成品换入 M 公司土地使用权的相关会计分录。

(答案中的金额单位用万元表示。)

习题三

(一)目的:练习多项非货币性资产进行交换的核算。

(二)资料:甲公司以库存商品 A 产品、可供出售金融资产交换乙公司的原材料、库存商品 B 产品,假定交换前后用途不变。乙公司另向甲公司支付补价 24.5 万元。甲公司和乙公司适用的增值税税率均为 17%,甲公司换出库存商品——A 产品的账面余额为 100 万元,已计提存货跌价准备

30万元，公允价值为150万元；换出的可供出售金融资产的账面价值为120万元(其中成本为125万元，公允价值变动为减少5万元)，公允价值为200万元；合计公允价值为350万元。乙公司换出原材料的账面余额为80万元，已计提存货跌价准备5万元，公允价值为100万元；换出库存商品——B产品的账面余额为150万元，已计提存货跌价准备10万元，公允价值为200万元；合计公允价值为300万元。假定该项交换具有商业实质且其换入或换出资产的公允价值能够可靠地计量。

(三)要求：为甲公司和乙公司编制非货币性资产交换的会计分录。

(答案中的金额单位用万元表示。)

第十章　流动负债

一、单项选择题

1. A 企业年末“应付账款”账户的贷方余额为 200 万元，其中，“应付账款”明细账的借方余额为 100 万元，贷方余额为 300 万元。“预付账款”账户的借方余额为 50 万元，其中，“预付账款”明细账的借方余额为 75 万元，贷方余额为 25 万元。该企业年末资产负债表中“应付账款”项目的金额为(　　)万元。

A. 325　　B. 200　　C. 175　　D. 50

2. 某企业为增值税一般纳税人，2×14 年实际已缴纳税金情况如下：增值税 850 万元，消费税 150 万元，城市维护建设税 70 万元，车船使用税 0.5 万元，印花税 1.5 万元，所得税 120 万元。上述各项税金应记入“应交税费”账户借方的金额是(　　)万元。

A. 1 190　　B. 1 190.5　　C. 1 191.5　　D. 1 192

3. 按照企业会计准则的规定，下列各项中，不应通过“应付职工薪酬”账户核算的是(　　)。

A. 职工工资、资金　　B. 职工报销的车旅费

C. 因解除与职工的劳动关系给予的补偿　　D. 非货币性福利

4. 企业将生产的应税消费品直接对外销售应缴纳的消费税，通过(　　)账户核算。

A.“主营业务成本”　　B.“营业税金及附加”

C.“库存商品”　　D.“管理费用”

5. 企业缴纳当月的增值税，应通过(　　)账户核算。

A.“应交税费——应交增值税(转出多交增值税)”

B.“应交税费——应交增值税(转出未交增值税)”

C.“应交税费——未交增值税”

D.“应交税费——应交增值税(已交税金)”

6. 甲企业因采购商品开出 3 个月期限的商业票据一张，该票据的票面价值为 400 000 元，票面年利率为 10%。该应付票据到期时，企业应支付的金额为(　　)元。

A. 400 000　　B. 440 000　　C. 410 000　　D. 415 000

7. 甲公司结算本月应付行政管理职工工资共 300 000 元，代扣职工个人所得税 5 000 元，实发工资 295 000 元。甲公司的以下会计处理中，不正确的是(　　)。

A. 借：管理费用　　300 000
　　贷：应付职工薪酬——工资　　300 000

B. 借：应付职工薪酬——工资　　5 000
　　贷：应交税费——应交个人所得税　　5 000

C. 借：其他应收款　　5 000
　　贷：应交税费——应交个人所得税　　5 000

D. 借：应付职工薪酬——工资　　295 000
　　贷：银行存款　　295 000

8. 甲公司生产一种具有国际先进水平的数控机床，按照国家有关规定，该公司的此种产品适用增值税先征后返政策，即先按规定征收增值税，然后按实际缴纳增值税额返还 60%。2×15 年 1 月 1 日，该公司实际缴纳增值税 120 万元。2×16 年 3 月，甲公司实际收到返还的增值税税额 72 万元。甲公司所做会计处理正确的是(　　)。

A. 借：银行存款　　720 000
　　贷：营业外收入　　720 000

B. 借：银行存款　　720 000
　　贷：资本公积　　720 000

C. 借：银行存款　　720 000
　　贷：应交税费——应交增值税　　720 000

D. 借：应交税费——应交增值税　　720 000
　　贷：营业外收入　　720 000

9. 企业收取包装物押金及其他各种暂收款项时，应贷记(　　)账户。

A. "营业外收入"　B. "其他业务收入"　C. "其他应付款"　D. "其他应收款"

10. 甲公司为增值税一般纳税人，将外购材料用于修建厂房时，关于增值税部分，正确的会计处理是(　　)。

A. 作为销项税额处理

B. 做进项税额转出处理，并将进项税额转入在建工程成本

C. 做进项税额不得抵扣处理

D. 将进项税额计入存货成本

11. 企业以其自产产品作为非货币性福利发放给职工的，应当根据受益原则，按该产品的(　　)计入相关成本或损益。

A. 公允价值　B. 重置成本　C. 平均售价　D. 实际成本

12. 企业的应付账款确实无法支付的，经确认后作为(　　)处理。

A. 坏账准备　B. 资本公积　C. 营业外收入　D. 其他业务收入

13. 短期借款利息核算不会涉及到的账户是(　　)

A. "短期借款"　B. "应付利息"　C. "财务费用"　D. "银行存款"

14. 甲公司为增值税一般纳税人，因山洪暴发毁损库存材料一批，实际成本为 20 000 元，收回残料价值 800 元，保险公司赔偿 11 600 元。甲公司购入材料的增值税税率为 17%，该批毁损原材料的非常损失净额是(　　)元。

A. 7 600　B. 18 800　C. 8 400　D. 11 000

15. 甲企业为增值税一般纳税人，适用的增值税税率为 17%。2×13 年 5 月将购入的一批价值 100 万元的原材料改变使用用途，其中 30 万元的原材料用于免税项目，15 万元的原材料用于非应税项目，40 万元的原材料用于集体福利和个人消费，15 万元的原材料用于对外投资，则该批原材料当月转出的进项税额为(　　)万元。

A. 17　B. 5.1　C. 14.45　D. 7.65

16. 企业发生的下列各项税金，能够计入固定资产价值的是(　　)。

A. 房产税　B. 印花税　C. 土地使用税　D. 耕地占用税

17. 小规模纳税人企业购入原材料取得的增值税专用发票上注明：货款 20 000 元，增值税 3 400元，在购入材料过程中另支付运杂费 500 元，已知运输费用的抵扣率为 7%，则企业该批原材料的入账价值为(　　)元。

A. 19 500　B. 23 900　C. 20 500　D. 23 300

18. 下列各项中，应计算缴纳消费税的是（　　）。

A. 外购应税消费品对外投资

B. 自产应税消费品用于本企业职工福利

C. 委托加工应税消费品收回后直接对外销售

D. 外购应税消费品发生的非正常损失

19. 企业因解除与职工的劳动关系给予职工补偿而发生的职工薪酬，应借记（　　）账户。

A.“管理费用”　B.“财务费用”　C.“营业外支出”　D.“销售费用”

20. A 企业委托 B 企业（A、B 企业均为一般纳税企业，增值税税率为 17%）加工材料（非金银首饰），原材料价款 67.5 万元，加工费用 7.5 万元，由受托方代收代缴消费税 4.5 万元。材料已经加工完毕验收入库，将继续用于加工应税消费品。该材料加工后入库成本是（　　）万元。

A. 67.5　B. 75　C. 79.5　D. 80.775

21. 关于职工薪酬，下列表述不正确的是（　　）。

A. 职工薪酬是指企业为获得职工提供的服务或解除劳动关系而给予的各种形式的报酬或补偿

B. 职工薪酬包括短期薪酬、离职后福利、辞退福利和其他长期职工福利

C. 职工是指与企业订立劳动合同的所有人员，含全职、兼职和临时职工，不包括虽未与企业订立劳动合同但由企业正式任命的人员

D. 未与企业订立劳动合同或未由其正式任命，但向企业所提供服务与职工所提供服务类似的人员，属于职工的范畴

二、多项选择题

1. 下列各项中，应通过“应交税费——未交增值税”账户核算的有（　　）。

A. 本月上交本月的应交增值税　B. 本月上交上期的应交未交增值税

C. 结转本月应交未交的增值税　D. 结转本月多交的增值税

2. 下列项目中，属于职工薪酬的有（　　）。

A. 住房公积金　B. 非货币性福利

C. 工会经费　D. 因解除与职工的劳动关系给予的补偿

3. 一般纳税企业的下列经济业务中，应登记增值税销项税额的有（　　）。

A. 将自产产品用于建造厂房　B. 将库存材料用于建造厂房

C. 将库存材料用于对外投资　D. 库存产成品发生非正常损失

4. 企业应交营业税可以记入（　　）账户。

A.“其他业务成本”　B.“管理费用”　C.“固定资产清理”　D.“营业税金及附加”

5. 因解除与职工的劳动关系给予的补偿，不应借记的账户是（　　），贷记“应付职工薪酬”账户。

A. 在建工程　B. 研发支出　C. 销售费用　D. 管理费用

6. 企业下列各项行为中，应视同销售必须计算缴纳增值税销项税额的有（　　）。

A. 将货物对外捐赠　B. 销售代销货物

C. 委托他人代销货物　D. 委托他人保管货物

7. 企业下列各项行为中，应作为增值税进项税额转出处理的有（　　）。

A. 建造厂房领用本企业的材料　B. 工程项目领用本企业的产品

C. 非常损失造成的存货盘亏　D. 以产品对外投资

8. 下列属于其他应付款核算范围的有（　　）。

A. 职工未按期领取的工资　B. 应付经营租入固定资产租金

C. 存出投资款　D. 应付、暂收所属单位、个人的款项

9. 甲公司本期实际上交增值税 450 000 元，消费税 240 000 元，营业税 220 000 元，该企业适用的城市维护建设税税率为 7%，下列处理正确的是(　　)。

A. 甲公司应交城市维护建设税 63 700 元

B. 甲公司计算城市维护建设税时，借记“营业税金及附加”账户

C. 甲公司应以实际缴纳的增值税、消费税、营业税为计税依据

D. 甲公司应以应缴纳的增值税、消费税、营业税为计税依据

10. 甲公司为电器生产企业，共有职工 300 人，其中 250 人为直接参加生产人员，30 人为车间管理人员，20 人为厂部管理人员。2×15 年 2 月 14 日，甲公司以其生产的电咖啡壶作为职工春节福利发放给职工，其成本为每台 300 元，市场售价为每台 500 元，甲公司适用的增值税税率为 17%。下列会计处理不正确的是(　　)。

A. 借：生产成本	146 250	
制造费用	17 550	
管理费用	11 700	
贷：应付职工薪酬——非货币性福利		175 500
B. 借：生产成本	96 250	
制造费用	11 550	
管理费用	7 700	
贷：应付职工薪酬		115 500
C. 借：应付职工薪酬	115 500	
贷：库存商品		90 000
应交税费——应交增值税（销项税额）		25 500
D. 借：主营业务成本	90 000	
贷：库存商品		90 000
E. 借：应付职工薪酬	175 500	
贷：主营业务收入		150 000
应交税费——应交增值税（销项税额）		25 500

11. “预收账款”账户的贷方登记(　　)。

A. 预收货款金额

B. 企业向购货方发货后冲销的预收货款的数额

C. 退回对方多付的货款　　D. 购货方补付的货款

12. 下列各项中，属于一般纳税人在购入资产时即可确认为不能抵扣的进项税额有(　　)。

A. 购入生产用设备　　B. 购入建造办公楼的工程物资

C. 购入物资用于集体福利　　D. 购入生产用材料

13. 下列各项税金中，构成相关资产成本的有(　　)。

A. 用于直接出售的委托加工应税消费品由受托方代收代缴的消费税

B. 用于连续生产的委托加工应税消费品由受托方代收代缴的消费税

C. 用于建造职工宿舍楼的库存原材料已支付的增值税进项税额

D. 购建厂房缴纳的耕地占用税

14. 下列项目在会计处理时将形成一项流动负债的有(　　)。

A. 股东会决议分派的现金股利　　B. 股东会决议分派的股票股利

C. 计提到期一次还本付息的应付债券利息　　D. 计提应计入本期损益的短期借款利息

15. 下列税费中，应记入“管理费用”账户的有(　　)。

A. 车船税　　B. 土地使用税　　C. 车辆购置税　　D. 契税

三、判断题

1. 企业在“应交税费”账户下设置“未交增值税”明细账户，核算一般纳税人企业月终时转入的当月应交未交的增值税和多交的增值税。（　）
2. 企业应交的各种税金都应当通过“应交税费”账户核算。（　）
3. 企业用现金支付职工生活困难补助时，应该借记“管理费用’账户，贷记“库存现金”账户。（　）
4. 对确实无法支付的应付账款，应当计入当期损益。（　）
5. 带薪缺勤应列入应付职工薪酬的核算范围。（　）
6. 企业会计核算中，预付账款不多的，也可以不设置“预付账款”账户。企业预付货款时，直接将其记入“应收账款”账户的借方。（　）
7. 短期借款利息在预提或实际支付时，均应通过“短期借款”账户核算。（　）
8. 对企业来说，从会计核算上看，增值税是与企业损益无关的税金。（　）
9. 企业购入货物验收入库后，若发票账单尚未收到，应在月末按照估计的金额确认一笔负债，反映在资产负债表有关负债项目内。（　）
10. 企业向股东宣告的现金股利，在尚未支付给股东之前，是企业股东权益的一个组成部分。（　）
11. 企业以自己的产品赠送给他人，会计处理时不做销售核算，也不用计算增值税。（　）
12. 企业委托加工应税消费品在收回后，应将由受托方代扣代缴的消费税计入相关成本。（　）
13. 企业用应税消费税品对外投资，按规定缴纳的消费税，应记入“长期股权投资”账户。（　）
14. “短期借款”账户不仅核算借款的本金，还核算借款的利息。（　）
15. 企业应根据股东大会或类似机构通过的利润分配方案，按应支付的现金股利或利润，借记“利润分配”账户，贷记“应付股利”账户。（　）

四、计算分析题

习题一

（一）目的：练习增值税一般纳税人的增值税核算。

（二）资料：甲企业为增值税一般纳税人，适用的增值税税率为17%，原材料采用实际成本进行日常核算。2×15年3月份，甲企业发生以下涉及增值税的经济业务或事项：

(1)购入原材料一批，增值税专用发票上注明的价款为80 000元，增值税额为13 600元。该批原材料已验收入库，货款已用银行存款支付。

(2)销售商品一批，增值税专用发票上注明的价款为200 000元，增值税额为34 000元，提货单和增值税专用发票已交购货方，并收到购货方开出并承兑的商业承兑汇票。

(3)建造办公楼领用生产用库存原材料10 000元，应由该批原材料负担的增值税额为1 700元。

(4)盘亏原材料4 000元，应由该批原材料负担的增值税为680元。

(5)用银行存款30 000元缴纳增值税，其中包括上月欠交增值税5 000元。

（三）要求：编制上述业务的会计分录（“应交税费”账户要求写出明细账户）。

习题二

（一）目的：练习企业应交税费的核算。

(二)资料:某企业为一般纳税人,增值税税率为17%,消费税税率为10%,2×15年7月发生以下业务:

(1)销售应税消费品一批,专用发票上注明价款100万元,增值税17万元,成本价60万元,产品已经发出,货款存入银行。

(2)工程领用应税消费品,成本10万元,计税价12万元。

(3)本月收回委托加工应税消费品,以银行存款支付加工费10万元,代扣代缴消费税2万元,上月发出的材料成本为30万元;收回后其中的50%用于连续加工应税消费品,另外50%直接用于销售。

(三)要求:编制上述业务的会计分录。

习题三

(一)目的:练习应付职工薪酬的核算。

(二)资料:长江公司为家电生产企业,共有职工310人,其中生产工人200人,车间管理人员15人,行政管理人员20人,销售人员15人,在建工程人员60人。长江公司适用的增值税税率为17%。2×15年12月份发生以下经济业务:

(1)本月应付职工工资总额为380万元,工资费用分配汇总表中列示的产品生产工人工资为200万元,车间管理人员工资为30万元,企业行政管理人员工资为50万元,销售人员工资为40万元,在建工程人员工资为60万元。

(2)以其自己生产的某应税消费品发放给公司部门经理,该批产品的账面价值为8万元,市场价格为10万元(不含增值税),适用的消费税税率为10%。

(3)20日制定了一项辞退计划,计划规定,从2×16年起企业将以职工自愿的方式,辞退部分员工,该项辞退工作计划于1年内实施完毕。基于当前状况,预计发生辞退福利300万元,但此款项预计将于2×17年年末支付。假设当前市场利率为8%,$(P/F,8\%,2)=0.8573$。

(4)为总部部门经理以上职工提供汽车免费使用,为副总裁以上高级管理人员每人租赁一套住房。长江公司现有总部部门经理以上职工共10人,假定所提供汽车每月计提折旧2万元;现有副总裁以上职工3人,所提供住房每月的租金为2万元。

(5)用银行存款支付副总裁以上职工住房租金2万元。

(6)结算本月应付职工工资总额380万元,代扣职工房租10万元,企业代垫职工家属医药费2万元,代扣个人所得税20万元,余款用银行存款支付。

(7)上交个人所得税20万元。

(8)下设的职工食堂维修领用原材料5万元,其购入时支付增值税0.85万元。

(三)要求:编制上述业务的会计分录。

习题四

(一)目的:练习其他流动负债的核算。

(二)资料:甲公司、乙公司均为增值税一般纳税人,适用的增值税税率为17%,原材料采用实际成本计价。2×15年发生与负债相关的经济业务如下:

(1)8月1日,甲公司从乙公司购入原材料一批,原价100 000元,乙公司给予甲公司10%的商业折扣,付款期限为20天,现金折扣条件为2/10、n/20。甲公司已取得增值税专用发票,材料已验收入库。甲公司于8月10日开出转账支票支付货款(假定现金折扣不包含增值税)。

(2)8月1日,甲公司与某厂签订一份仓库租赁协议,甲公司以经营租赁的方式从该厂租入一座仓库使用,租金每月结算。9月5日,甲公司以转账支票支付8月租金20 000元。

(3)8月10日,甲公司向丙公司购入建造厂房的钢材一批,增值税专用发票上注明价款为200 000元,增值税为34 000元。甲公司向银行申请办理银行承兑汇票,银行为甲公司开具了面值为234 000元的不带息的3个月期的银行承兑汇票一张,甲公司以现金支付银行手续费117元,并将汇票交付给丙公司。11月10日,汇票到期,甲公司的银行存款余额为200 000元。

(4)8月15日,甲公司按销售合同规定向A公司预收货款5 000元;8月25日,向A公司交货,货物的不含税价格为8 000元;8月28日,甲公司收到A公司交来的补付货款的转账支票并送交银行。

(5)8月,甲公司实际缴纳增值税51 000元,消费税80 000元,以及兼营营业税应税劳务产生的营业税10 000元;该企业适用的城市维护建设税税率为7%,教育费附加率为3%。

(6)9月1日,甲公司向银行借入为期3个月的借款用于生产经营。借款本金为1 000 000元,合同约定的利率为3%,到期一次偿付本息(假定借款的实际利率等于合同约定利率)。同时,借款合同按借款金额为计税金额,适用0.5‰的印花税税率;甲公司用现金购买印花税票粘贴于借款合同之上。

(7)9月10日,出借包装物一批,收取押金800元,以现金结算。10月8日,对方归还包装物,甲公司以现金退回收取的押金。

(8)2×15年,甲公司应缴纳与投资性房地产无关的房产税300 000元,车船使用税80 000元。

(三)要求:为上述经济业务编制会计分录。

第十一章　非流动负债

一、单项选择题

1. 某股份有限公司于2×15年1月1日溢价发行4年期、到期一次还本付息的公司债券，债券面值为100万元，票面年利率为10%，发行价格为90万元。债券溢价采用实际利率法摊销，假定实际利率是7.5%。该债券2×15年度发生的利息费用为(　　)万元。

A. 6.5　　B. 10　　C. 6.75　　D. 7.5

2. 洪江公司2×15年1月1日按面值发行3年期、每年1月1日付息、到期一次还本的可转换公司债券，面值总额为10 000万元，票面年利率为4%，实际利率为6%。债券包含的负债成分的公允价值为9 465.4万元。该公司发行此项债券时应确认的"其他权益工具"账户的金额是(　　)万元。

A. 9 800　　B. 0　　C. 267.3　　D. 534.6

3. 企业以溢价方式发行债券时，每期实际负担的利息费用是(　　)。

A. 按实际利率计算的利息费用

B. 按票面利率计算的应计利息减去应摊销的溢价

C. 按实际利率计算的应计利息加上应摊销的溢价

D. 按票面利率计算的应计利息加上应摊销的溢价

4. 就发行债券的企业而言，所获债券溢价收入实质是(　　)。

A. 为以后少付利息而付出的代价　　B. 为以后多付利息而得到的补偿

C. 本期利息收入　　D. 以后期间的利息收入

5. 某公司按面值发行可转换公司债券10 000万元，年利率为4%，债券到期一次还本付息。一年后有80%转换为股本，按账面余额每100元债券转换为普通股5股，股票面值1元，转换时应计入资本公积的金额为(　　)万元。

A. 7 200　　B. 7 600　　C. 9 880　　D. 7 904

6. M公司为2×15年新成立的企业。2×15年，该公司分别销售A、B产品1万件和2万件，销售单价分别为100元和50元。公司向购买者承诺提供产品售后2年内免费保修服务，预计保修期内将发生的保修费在销售额的2%～8%之间。2×15年实际发生保修费1万元。假定无其他或有事项，则M公司2×15年年末资产负债表"预计负债"项目的金额为(　　)万元。

A. 3　　B. 9　　C. 10　　D. 15

7. 2×15年12月10日，A公司因合同违约而涉及一桩诉讼案。根据企业的法律顾问判断，最终的判决可能对A公司不利。2×15年12月31日，A公司尚未接到法院的判决，因诉讼须承担的赔偿金额也无法准确地确定。不过，据专业人士估计，赔偿金额可能在99万元至110万元之间的某一金额。根据相关规定，A公司应在2×15年12月31日资产负债表中确认负债的金额为(　　)万元。

A. 100　　B. 0　　C. 120　　D. 110

8.《借款费用准则》中的专门借款是指(　　)。

A. 为购建或者生产符合资本化条件的资产而专门借入的款项

B. 发行债券收款

C. 长期借款

D. 技术改造借款

9. 甲上市公司股东大会于2×15年1月4日作出决议，决定建造厂房。为此，甲公司于3月5日向银行专门借款5 000万元，年利率为6%，款项于当日划入甲公司银行存款账户。3月15日，厂房正式动工兴建。3月16日，甲公司购入建造厂房用水泥和钢材一批，价款为500万元，当日用银行存款支付。3月31日，计提当月专门借款利息。甲公司在3月份没有发生其他与厂房购建有关的支出，则甲公司专门借款利息应开始资本化的时间为（　　）。

A. 3月5日　　B. 3月15日　　C. 3月16日　　D. 3月31日

10. 下列哪种情况下，不应暂停借款费用的资本化：（　　）。

A. 由于劳务纠纷而造成连续超过3个月的固定资产的建造中断

B. 由于资金周转困难而造成连续超过3个月的固定资产的建造中断

C. 由于发生安全事故而造成连续超过3个月的固定资产的建造中断

D. 由于可预测的气候影响而造成连续超过3个月的固定资产的建造中断

11. A公司拟建造一幢新厂房，工期预计2年。有关资料如下：(1)2×15年1月1日，向银行专门借款10 000万元，期限为3年，年利率为8%，每年1月1日付息。(2)除专门借款外，公司只有一笔一般借款，为公司于2×14年1月1日借入的长期借款8 000万元，期限为5年，年利率为8%，每年1月1日付息。(3)厂房于2×14年4月1日才开始动工兴建，2×15年工程建设期间的支出分别为：4月1日4 000万元，7月1日8 000万元，10月1日2 000万元。(4)专门借款中未支出部分全部存入银行，假定月利率为0.5%。假定全年按照360天计算，每月按照30天计算。则2×15年度该公司应予资本化的利息费用为（　　）万元。

A. 710　　B. 540　　C. 120　　D. 630

12. 下列符合资本化条件的资产所发生的借款费用在予以资本化时，要与资产支出相挂钩的有（　　）。

A. 专门借款利息　　B. 专门借款的溢价摊销

C. 一般借款利息　　D. 外币专门借款的汇兑差额

13. 企业向银行借入8年期的借款5 000万元，在借记“银行存款”账户的同时，应该贷记（　　）账户。

A. “长期借款”　　B. “短期借款”

C. “长期应付款”　　D. “其他应付款”

14. 按照权责发生制，企业每期应承担的长期借款的利息，应按照（　　）予以确认。

A. 借款的本金乘以票面利率　　B. 借款的本金乘以实际利率

C. 借款的摊余成本乘以实际利率　　D. 实际支付的利息

15. 甲公司2×15年7月1日发行到期还本付息的5年期债券，该债券面值为80 000元，票面利率为6%，甲公司发行价格为86 000元，另支付金额较大的相关费用200元。该应付债券的入账价值为（　　）元。

A. 83 200　　B. 86 000　　C. 86 200　　D. 85 800

16. 甲公司为建造一栋厂房，于2×15年4月1日从银行借入1 000万元专门借款，借款期限为3年，年利率为5%，不考虑借款手续费。该项专门借款在银行的存款利率为年利率3%，2×15年7月1日，甲公司采取出包方式委托乙公司建造该厂房，预付了500万元工程款，并于当日开始厂房的实体建造。该工程因发生施工安全事故，于2×15年10月1日至12月31日中断施工。该项厂房建造工程在 2×15 年度应予资本化的利息金额为(　　)万元。

A. 37.5　　B. 8.75　　C. 12.5　　D. 25

二、多项选择题

1. 企业发行公司债券的方式有(　　)。

A. 折价发行　　B. 溢价发行　　C. 面值发行　　D. 在我国不能折价发行

2. 企业发行的应付债券产生的利息调整，每期摊销时可能记入的账户有(　　)。

A."在建工程"　　B."长期待摊费用"　　C."财务费用"　　D."管理费用"

E. 应收利息

3. 下列表述正确的是(　　)。

A. 可转换公司债券到期必须转换为股份

B. 可转换公司债券在未转换成股份前，要按期计提利息，并进行利息调整

C. 可转换公司债券在转换成股份后，仍要按期计提利息，并进行利息调整

D. 可转换公司债券转换为股份时，不确认转换损益

E. 可转换公司债券转换为股份时，应按债券的账面价值转为股本

4. 长期借款所发生的利息支出、汇兑损失等借款费用，可能记入以下(　　)账户。

A."开办费"　　B."长期待摊费用"　　C."财务费用"　　D."管理费用"

E."在建工程"

5."应付债券"账户的余额包括(　　)。

A. 发行债券的面值　　B. 发行债券未摊销的溢价

C. 发行债券未摊销的折价　　D. 一次还本付息债券的票面利息

E. 分次付息、一次还本债券的票面利息

6."应付债券"总分类账户下应设置(　　)明细账户。

A."面值"　　B."债券溢价"　　C."债券折价"

D."利息调整"　　E."应计利息"

7. 下列项目中，属于借款费用的有(　　)。

A. 因外币借款而发生的汇兑差额　　B. 发行公司债券发生的利息

C. 发行公司债券发生的溢价　　D. 发行公司债券折价的摊销

8. 下列各项中，表明所购建固定资产达到预定可使用状态的有(　　)。

A. 与固定资产购建有关的支出不再发生

B. 固定资产的实体建造工作已经全部完成

C. 固定资产与设计要求或者合同要求相符

D. 试生产结果表明固定资产能够正常生产出合格产品

9. 下列各项中，属于《借款费用准则》中的资产支出的有(　　)。

A. 计提的在建工程人员的工资及福利费

B. 企业赊购工程建设所用物资而承担的带息债务

C. 企业为建设工程项目而转移的非现金资产

D. 支付的工程人员工资

10. 下列各项中，符合资本化条件的资产包括(　　)。

A. 需要经过相当长时间的购建才能达到预定可使用状态的固定资产

B. 需要经过相当长时间购建才能达到预定可使用状态的投资性房地产

C. 需要经过相当长时间的生产活动才能达到预定可销售状态的存货

D. 需要经过半年的购建才能达到预定可销售状态的投资性房地产

11. 下列属于长期应付款核算内容的是(　　)。

A. 以超过正常信用期间延期付款方式购入固定资产发生的应付款

B. 以超过正常信用期间延期付款方式购入无形资产发生的应付款

C. 购入存货发生的应付款

D. 应付融资租入固定资产的租赁费

E. 应付经营租入固定资产的租赁费

12. 常见的或有事项包括(　　)。

A. 未决诉讼或仲裁　　B. 承诺　　C. 亏损合同　　D. 重组义务

13. 关于或有事项,下列说法正确的有(　　)。

A. 或有事项是过去的交易或事项形成的一种状况，其结果需通过未来不确定事项的发生或不发生予以证实

B. 企业不应确认或有资产和或有负债

C. 为其他单位提供债务担保产生极小可能导致经济利益流出企业的或有负债也应在会计报表附注中披露

D. 与或有事项有关的义务的履行很可能导致经济利益流出企业，就应将其确认为一项负债

14. 下列说法正确的是(　　)。

A. 或有事项涉及单个项目的,按最可能发生金额确定

B. 或有事项涉及多个项目的,按照各种可能结果及相关概率计算确定

C. 企业在确定最佳估计数时,应当综合考虑与或有事项有关的风险、不确定性和货币时间价值等因素

D. 企业应当在资产负债表日对预计负债的账面价值进行复核,有确凿证据表明该账面价值不能真实反映当前最佳估计数的,应当按照当期最佳估计数对该账面价值进行调整

15. 如果清偿因或有事项而确认的负债所需支出全部或部分预期由第三方或其他方补偿,下列说法中错误的有(　　)。

A. 补偿金额在基本确定收到时,企业应按所需支出确认负债,而不能扣除补偿金额

B. 补偿金额只能在基本确定收到时,作为资产单独确认,且确认的补偿金额不应超过所确认负债的账面价值

C. 补偿金额只能在很可能收到时,作为资产单独确认,且确认的补偿金额不应超过所确认负债的账面价值

D. 补偿金额在基本确定收到时,企业应按所需支出扣除补偿金额确认负债

三、判断题

1. 企业发行的一般公司债券,应区别是面值发行还是溢价或折价发行,分别记入“应付债券——一般公司债券(面值)、(溢价)或(折价)”明细账户。(　　)

2. 企业发行的可转换公司债券,应当在初始确认时将其包含的负债成分和权益成分进行分拆,按所包含的负债成分面值,贷记“其他权益工具”账户;按权益成分的公允价值,贷记“应付债券——可转换公司债券(面值)”账户。(　　)

3. 企业长期借款发生的利息支出,应在计入有关的资产成本或增加财务费用的同时增加长期借款的账面价值。(　　)

4. 溢价或折价发行债券是在债券存续期间对利息费用的一种调整,因此,债券溢价的摊销冲减当期的利息费用,而债券折价的摊销则增加当期的利息费用。(　　)

5. 对于到期一次还本付息的应付债券期末按面值和票面利率确定的票面利息，贷记“应付利息”账户。 （ ）

6. 企业发行的可转换公司债券，在持有人转换为股权时，应按照可转换公司债券的账面价值结转为所有者权益，不确认任何的转让损益。 （ ）

7. 或有事项是指过去的交易或者事项形成的、其结果须由某些过去或未来事项的发生或不发生才能决定的不确定事项。 （ ）

8. 现时义务是指与或有事项相关的义务在企业当前条件下已经承担，企业没有其他的选择，只能履行该现时义务。 （ ）

9. 或有负债是指过去的交易或者事项形成的潜在义务，其存在须通过未来不确定事项的发生或不发生予以证实；或过去的交易或者事项形成的现时义务，履行该义务不是很可能导致经济利益流出企业或该义务的金额不能可靠计量。 （ ）

10. 或有负债只涉及潜在的义务。 （ ）

11. 企业清偿预计负债所需支付的全部或部分预期由第三方补偿的，补偿金额只有在基本确定能够收到时，才能作为资产单独确认。确认的补偿金额不应超过所确认预计负债的账面价值。 （ ）

12. 在借款费用允许资本化的期间内发生的外币专门借款汇兑差额，应当计入以该专门借款所购建固定资产的成本。 （ ）

13. 购建固定资产达到预定可使用状态前因安排专门借款以及占用一般借款而发生的辅助费用，应当计入所购建固定资产的成本。 （ ）

14. 企业购建或生产的符合资本化条件的资产的各部分分别完工，且每部分在其他部分继续建造过程中可供使用或者可对外销售，且为使该部分资产达到预定可使用或可销售状态所必要的购建或者生产活动实质上已经完成的，应当停止与该部分资产相关的借款费用的资本化。（ ）

15. 资本化期间是指从借款费用开始资本化时点到停止资本化时点的期间，借款费用暂停资本化的期间包括在内。 （ ）

16. 企业发生的借款费用可直接归属于固定资产的购建或者生产的，应当予以资本化。（ ）

17. 符合资本化条件的资产在购建或者生产过程中发生非正常中断，且中断时间连续超过3个月的，应当暂停借款费用的资本化。 （ ）

18. 在借款费用资本化期间内，为购建或者生产符合资本化条件的资产占用了一般借款的，一般借款的利息均予以资本化。 （ ）

19. 外币专门借款本金及利息的汇兑差额在发生时予以资本化。 （ ）

20. “长期借款”账户的月末余额，反映企业尚未支付的各种长期借款的本金。 （ ）

四、计算分析题

习题一

（一）目的：练习长期借款的会计处理。

（二）资料：

(1)A企业于2×12年11月30日从银行借入资金4 000 000元，借款期限为3年，实际年利率为8.4%，到期一次还本付息。所借款项已存入银行。

(2)A企业于每年12月31日计提长期借款利息。

(3)2×15年11月30日，A企业偿还该笔银行借款本息。

（三）要求：根据上述经济业务，确定A企业在借款、计提利息、偿还借款时的账务处理。

习题二

(一)目的:练习应付债券的会计处理。

(二)资料:某企业经批准于2×13年1月1日起发行2年期、面值为100元的债券200 000张,债券的年利率为3%,每年7月1日和12月31日付息两次,到期时归还本金和最后一次利息。该债券发行收款为1 961.92万元,债券实际利率为年利率4%。该债券所筹资金全部用于企业的生产经营。债券溢、折价采用实际利率法摊销,每年6月30日和12月31日计提利息。

(三)要求:编制该企业从债券发行到债券到期的全部会计分录(金额单位用万元表示)。

习题三

(一)目的:练习可转换公司债券的会计处理。

(二)资料:甲上市公司(以下简称甲公司)经批准于2×10年1月1日以50 000万元的价格(不考虑相关税费)发行面值总额为50 000万元的可转换公司债券。该可转换公司债券的期限为5年,票面年利率为4%,实际利率为6%。自2×11年起,每年1月1日付息。自2×11年1月1日起,该可转换公司债券持有人可以申请按债券转换日的账面价值转为甲公司的普通股(每股面值1元),初始转换价格为每股10元,不足转为1万股的部分按每股10元以现金结清。2×11年1月2日,该可转换公司债券的40%转为甲公司的普通股,相关手续已于当日办妥;未转为甲公司普通股的可转换公司债券持有至到期,其本金及最后一期利息一次结清。

假定:利率为6%、期数为5期的普通年金现值系数为4.2124,利率为6%、期数为5期的复利现值系数为0.7473。

(三)要求:

(1)编制甲公司发行该可转换公司债券的会计分录。

(2)计算甲公司2×10年12月31日应计提的可转换公司债券利息和应确认的利息费用。

(3)编制甲公司2×10年12月31日计提可转换公司债券利息和应确认的利息费用的会计分录。

(4)编制甲公司2×11年1月1日支付可转换公司债券利息的会计分录。

(5)计算2×11年1月2日可转换公司债券转为甲公司普通股的股数。

(6)编制甲公司2×11年1月2日可转换公司债券转为普通股的有关会计分录。

(7)计算甲公司2×11年12月31日至2×14年12月31日应计提的可转换公司债券利息、应确认的利息费用和“应付债券——可转换公司债券”账户的余额。

(8)编制甲公司2×15年1月1日未转换为股份的可转换公司债券到期时支付本金和利息的会计分录。

(“应付债券”账户要求写出明细账户,答案中的金额单位用万元表示。)

习题四

(一)目的:练习预计负债的确认与计量。

(二)资料:甲股份有限公司(以下简称甲公司)2×15年发生以下事项:

(1)2×15年11月5日,甲公司因合同违约而涉及一桩诉讼案。根据企业的法律顾问判断,最终的判决很可能对甲公司不利。2×15年12月31日,甲公司尚未接到法院的判决,因诉讼须承担的赔偿金额也无法准确地确定。不过,据专业人士估计,赔偿金额可能是720万元至1 000万元之间的某一金额。

(2)2×15年12月1日,甲公司接到法院的通知,通知中说由于其联营企业在2年前的一笔借款到期,本息合计为500万元。因联营企业无力偿还,债权单位(贷款单位)已将本笔贷款的担保企业甲公司告上法庭，要求甲公司履行担保责任，代为清偿。甲公司经研究认为，目前联营企业的财务状况很差，甲公司有80%的可能性承担全部本息的偿还责任。

(3)甲公司生产A产品，去年销售总额达2 000万元。当时的产品质量条款规定，产品保修期为1年，在1年之内产品如果发生质量问题，公司将免费修理。根据以往经验，预计已售产品中有80%不会出现问题，15%可能出现较小的质量问题，此时维修费为销售额的1%；有5%的可能出现较大的质量问题，此时维修费为销售额的3%。2×15年年初，由于产品结构调整，已停止A产品的生产和销售。2×15年度发生了维修支出4万元。

(三)要求：根据给定的资料，对或有事项确认负债的业务编制会计分录。

习题五

(一)目的：练习借款费用的核算。

(二)资料：甲公司为购建新厂房，发生有关经济业务如下：

(1)2×14年1月1日，从银行取得专门借款用于建造厂房，专门借款的本金为5 000万元，借款期限为2年，年利率为5%，每年付息，到期还本。

(2)2×14年1月1日，从银行取得一般借款7 500万元，借款期限为2年，年利率为6%，每年付息，到期还本。2×14年4月1日，从银行取得一般借款3 000万元，借款期限为3年，年利率为5%，每年付息，到期还本。

(3)2×14年发生有关业务如下：

①1月1日，工程正式动工兴建；

②2月1日，支付工程进度款6 800万元；

③3月1日，支付工程进度款4 500万元；

④4月1日，因工程发生重大安全事故而停工；

⑤8月1日，工程重新开工；

⑥10月1日，支付工程进度款1 200万元。

(4)2×15年发生有关业务如下：

①1月1日，支付工程进度款800万元；

②3月1日，支付工程进度款1 200万元；

③5月1日，支付工程进度款900万元；

④7月1日，支付工程进度款500万元。

(5)2×15年9月30日，工程完工，已经达到了预定可使用状态。

(6)公司按年计算应予资本化的利息金额(每年按照360天计算，每月按照30天计算)。闲置专门借款资金均存入银行，假定存款的年利率为3%，并按月于季末收取利息。

(三)要求：计算2×14年以及2×15年借款利息资本化及费用化的金额，并编制2×14年、2×15年年末计提借款利息的会计分录。

习题六

(一)目的：练习债券发行价格的计算。

(二)资料：甲公司因生产经营需要，发行面值为1 000 000万元、票面利率为10%的3年期债券。

(三)要求：

(1)发行时的市场利率为10%，债券按年付息，到期还本，计算债券的发行价格；

(2)发行时的市场利率为8%，债券按年付息，到期还本，计算债券的发行价格；

(3)发行时的市场利率为12%，债券按年付息，到期还本，计算债券的发行价格；

(4)发行时的市场利率为10%，债券到期一次还本付息，计算债券的发行价格；

(5)发行时的市场利率为8%，债券到期一次还本付息，计算债券的发行价格；

(6)发行时的市场利率为12%，债券到期一次还本付息，计算债券的发行价格；

(7)发行时的市场利率为10%，债券每半年付息，到期还本，计算债券的发行价格；

(8)发行时的市场利率为8%，债券每半年付息，到期还本，计算债券的发行价格；

(9)发行时的市场利率为12%，债券每半年付息，到期还本，计算债券的发行价格。

第十二章　债务重组

一、单项选择题

1. 下列各项中，属于《债务重组准则》核算范围的是（　　）。

A. 债务人处于财务困难的前提条件下进行的债务重组

B. 债务人处于清算或改组时的债务重组

C. 虽然修改了债务条件，但实质上债权人并未做出让步的债务重组事项

D. 债务人发生财务困难时，债权人同意债务人用等值库存商品抵偿到期债务，但不调整偿还金额

2. 甲公司应收乙公司货款 800 万元，经磋商，双方同意按 600 万元结清该笔货款。甲公司已经为该笔应收账款计提了 100 万元的坏账准备，在债务重组日，该事项对甲公司和乙公司的影响分别为（　　）。

A. 甲公司资本公积减少 200 万元，乙公司资本公积增加 200 万元

B. 甲公司营业外支出增加 100 万元，乙公司资本公积增加 200 万元

C. 甲公司营业外支出增加 200 万元，乙公司营业外收入增加 200 万元

D. 甲公司营业外支出增加 100 万元，乙公司营业外收入增加 200 万元

3. 2×15 年 1 月 10 日，正保公司销售一批商品给大华公司，货款为 351 万元（含增值税额）。合同约定，大华公司应于 20×9 年 4 月 10 日前支付上述货款。由于资金周转困难，大华公司到期不能偿付货款。经协商，正保公司与大华公司达成如下债务重组协议：大华公司以一批产品和一台设备偿还全部债务。大华公司用于偿债的产品成本为 80 万元，公允价值和计税价格均为 100 万元，未计提存货跌价准备；用于偿债的设备原价为 150 万元，已计提折旧 40 万元，公允价值为 90 万元；已计提减值准备 20 万元。正保公司和大华公司适用的增值税税率均为 17%。正保公司已经计提坏账准备 10 万元。假定不考虑除增值税以外的其他相关税费。正保公司的债务重组损失为（　　）万元。

A. 134　　B. 10　　C. 74　　D. 144

4. 债务人以一批自产产品偿还到期无法支付的债务时，应按照该产品的（　　）确认主营业务收入的金额。

A. 账面价值　　B. 成本　　C. 公允价值　　D. 账面余额

5. 2×15 年 5 月 15 日，甲股份有限公司因购买材料而欠乙企业购货款及税款合计为 5 000 万元，由于甲公司无法偿付应付账款，经双方协商同意，甲公司以普通股偿还债务，普通股每股面值为 1 元，市场价格为每股 3 元，甲公司以 1 600 万股抵偿该项债务（不考虑相关税费）。乙企业以应收账款提取坏账准备 300 万元。假定乙企业将债权转为股权后，长期股权投资按照成本法核算。甲公司应确认的债务重组利得为（　　）万元。

A. 100　　B. 800　　C. 600　　D. 200

6. 债务重组的方式不包括（　　）。

A. 债务人以低于债务账面价值的现金清偿债务

B. 修改其他债务条件　　C. 借新债还旧债

D. 债务转为资本

7. 在以非现金资产清偿债务的方式下，债权人收到非现金资产入账的标准是(　　)。

A. 非现金资产的公允价值加上应支付的相关税费

B. 非现金资产的原账面价值加上应支付的相关税费

C. 非现金资产的原账面价值

D. 应收债权的账面价值加上应支付的相关税费

8. 2×15 年 3 月 10 日，甲公司销售一批材料给乙公司，开出的增值税专用发票上注明的销售价款为 100 000 元，增值税销项税额为 17 000 元，款项尚未收到。2×15 年 6 月 4 日，甲公司与乙公司进行债务重组。重组协议如下：甲公司同意豁免乙公司债务 40 000 元；债务延长期间，每月加收余款 2%的利息，利息和本金于 2×15 年 9 月 4 日一同偿还。假定甲公司为该项应收账款计提坏账准备 1 000 元，整个债务重组交易没有发生相关的税费。在债务重组日，甲公司应确认的债务重组损失为(　　)元。

A. 34 380　　B. 39 000　　C. 31 980　　D. 0

9. 正保公司应收大华公司账款的账面余额为 585 万元，由于大华公司财务困难，无法偿付应付账款，经双方协商同意，大华公司以 90 万元现金和其 200 万股普通股偿还债务。大华公司普通股每股面值 1 元，市价 2.2 元，正保公司取得投资后作为可供出售金融资产核算，正保公司对该应收账款提取坏账准备 50 万元。正保公司债务重组损失和金融资产的成本分别为(　　)万元。

A. 5，440　　B. 55，200　　C. 100，485　　D. 145，440

10. 以现金清偿债务的，债务人应当在满足金融负债终止确认条件时，终止确认重组债务，并将重组债务的账面价值与实际支付现金之间的差额计入(　　)。

A. 资本公积　　B. 营业外收入　　C. 营业外支出　　D. 管理费用

11. 甲公司应付乙公司账款 90 万元，甲公司由于发生严重财务困难，与乙公司达成债务重组协议：甲公司以一台设备抵偿债务。该设备的账面原价为 120 万元，已提折旧 30 万元，已提减值准备 10 万元，公允价值为 65 万元。甲公司该项债务重组的净损益为(　　)万元。

A. 0　　B. 10　　C. 20　　D. 30

12. M 公司销售给 N 公司一批商品，价款 100 万元，增值税额 17 万元，款项未收到。因 N 公司资金困难，已无力偿还 M 公司的全部货款，经协商，M 公司同意 N 公司免除 17 万元的应收账款，20 万元延期收回，80 万元 N 公司分别用一批材料和长期股权投资予以抵偿。已知原材料的账面余额为 25 万元，已提跌价准备 1 万元，公允价值为 30 万元，增值税税率为 17%；长期股权投资的账面余额为 42.5 万元，已提减值准备 2.5 万元，公允价值为 45 万元。N 公司应该计入营业外收入的金额为(　　)万元。

A. 16　　B. 16.9　　C. 26.9　　D. 0

13. 2×15 年 6 月 11 日，M 公司就应收 B 公司货款 2 340 000 元(已计提坏账准备 80 000 元)与其进行债务重组。经协商，M 公司同意豁免 B 公司债务 340 000 元，延长债务偿还期限 6 个月，每月按 2%收取利息，如果从 7 月份起 B 公司盈利，则每月再加收 1%的利息。12 月 11 日，B 公司应将本金和利息一起偿还。在债务重组日，M 公司应确认的重组损失为(　　)元。

A. 340 000　　B. 300 000　　C. 20 000　　D. 260 000

14. 以修改其他债务条件进行债务重组的，如果债务重组协议中附有或有应付金额，该或有应付金额最终没有发生的，应(　　)。

A. 冲减营业外支出　　B. 冲减已确认的预计负债，同时确认营业外收入

C. 冲减财务费用　　D. 不作账务处理

15. 下列关于债务重组事项的处理，正确的是（ ）。

A. 在债务转为资本的偿债方式下，债权人应在债务重组日，应当将享有股权的面值确认为对债务人的投资

B. 在以非现金资产清偿债务方式下，如果债权人不向债务人另行支付增值税，则增值税进项税额不能作为冲减重组债权的账面余额处理

C. 债务人以非现金资产清偿债务的，如果发生了运杂费等，应直接计入转让资产损益之中

D. 以现金清偿债务的，债权人应当将重组债权的账面余额与收到的现金之间的差额，先冲减计提的坏账准备，不足的部分计入营业外收入

16. 正保公司持有大华公司应收票据的面值为 30 000 元，票据到期时，累计利息为 1 000 元，大华公司支付了利息。同时，由于大华公司财务陷入困境，正保公司同意将大华公司的票据期限延长 2 年，并减少本金 8 000 元。大华公司计入营业外收入的金额为（ ）元。

A. 1 000　B. 8 000　C. 12 000　D. 0

17. 昌盛公司因购货原因于 2×15 年 1 月 1 日产生应付大华公司账款 100 万元，货款偿还期限为 3 个月。2×15 年 4 月 1 日，昌盛公司发生财务困难，无法偿还到期债务，经与大华公司协商，进行债务重组。双方同意，以昌盛公司的两辆小汽车抵偿债务。这两辆小汽车的原值为 100 万元，已提累计折旧 20 万元，公允价值为 50 万元。假定上述资产均未计提减值准备，不考虑相关税费。昌盛公司计入营业外支出和营业外收入的金额分别为（ ）万元。

A. 50，30　B. 30，50　C. 80，20　D. 20，80

18. 甲企业应收乙企业账款的账面余额为 585 万元，由于乙企业财务困难，无法偿付应付账款，经双方协商同意，乙企业以 85 万元现金和其 200 万股普通股偿还债务。乙企业普通股每股面值 1 元，市价 2.2 元，甲企业取得投资后确认为可供出售金融资产，甲企业对该应收账款提取坏账准备 50 万元。乙公司应确认债务重组利得和资本公积分别为（ ）万元。

A. 60，240　B. 145，240　C. 400，120　D. 60，145

19. 2×15 年 3 月 31 日，甲公司应付某金融机构一笔贷款 100 万元到期，因发生财务困难，短期内无法支付。当日，甲公司与金融机构签订债务重组协议，约定减免甲公司债务的 20%，其余部分延期 2 年支付，年利率为 5%（相当于实际利率），利息按年支付。金融机构已为该项贷款计提了 10 万元坏账准备。假定不考虑其他因素，甲公司在该项债务重组业务中确认的债务重组利得为（ ）万元。

A. 10　B. 12　C. 16　D. 20

20. 2×14 年 12 月 31 日，A 公司销售一批材料给 B 公司，含税价为 468 000 元。2×15 年 5 月 1 日，B 公司资金周转暂时发生困难，经双方协议，A 公司同意 B 公司将其拥有的一项长期股权投资用于抵偿债务。该项长期股权投资的账面余额为 430 000 元，计提的相关减值准备为 50 000 元，公允价值为 400 000 元。B 公司转让该项长期股权投资时发生相关费用 2 000 元，A 公司对相关债权提取了 70 200 元坏账准备。假定不考虑其他相关税费，B 公司应确认的债务重组利得和资产转让损益分别为（ ）元。

A. 68 000，18 000　B. 18 000，68 000　C. 66 000，20 000　D. 68 000，20 000

二、多项选择题

1.《债务重组准则》规范的内容包括（ ）

A. 债务重组的确认

B. 债务重组的计量

C. 债务重组相关信息的披露

D. 债务重组中涉及的会计科目在资产负债表中的列示

E. 债务重组中涉及的会计科目在利润表中的列示

2. 债务重组的方式主要包括(　　)。

A. 以资产清偿债务　　B. 将债务转为资本

C. 修改其他债务条件,如减少债务本金、减少债务利息等,不包括上述 A 和 B 两种方式

D. 以上三种方式的组合　　E. 以固定资产换取原材料

3. 关于《债务重组准则》中将债务转为资本的,下列说法正确的有(　　)。

A. 债务人应当将债权人放弃债权而享有股份的面值总额确认为股本(或者实收资本),股份的公允价值总额与股本(或者实收资本)之间的差额确认为债务重组利得

B. 债务人应当将债权人放弃债权而享有股份的面值总额确认为股本(或者实收资本),股份的公允价值总额与股本(或者实收资本)之间的差额确认为资本公积

C. 债务人应当将重组债务的账面价值与股份的公允价值总额之间的差额计入当期损益

D. 债务人应当将重组债务的账面价值与股份的面值总额之间的差额计入当期损益

E. 债务人应当将重组债务的账面价值与股份的公允价值总额之间的差额确认为债务重组损失,计入当期损益

4. 关于债务重组中的混合重组,下列说法正确的有(　　)。

A. 债务人应当依次以支付的现金、转让的非现金资产公允价值、债权人享有股份的公允价值冲减重组债务的账面价值,再按照修改其他债务条件的相关规定处理

B. 债权人应当依次以收到的现金、接受的非现金资产公允价值、债权人享有股份的公允价值冲减重组债权的账面余额,再按债权人修改其他债务条件的规定进行会计处理

C. 债务人应当依次以支付的现金、转让的非现金资产账面价值、债权人享有股份的账面价值冲减重组债务的账面价值,再按照修改其他债务条件的相关规定处理

D. 债权人应当依次以收到的现金、接受的非现金资产账面价值、债权人享有股份的账面价值冲减重组债权的账面余额,再按债权人修改其他债务条件的规定进行会计处理

E. 债务人应先按照修改其他债务条件的相关规定处理,然后依次按照以支付的现金、转让的非现金资产公允价值、债权人享有股份的公允价值冲减重组债务的账面价值

5. 债权人应在报表附注中披露与债务重组有关的信息有(　　)。

A. 债务重组方式

B. 确认的债务重组损失总额

C. 债权转为股份所导致的投资增加额及该投资占债务人股份总额的比例

D. 或有应收金额

E. 债务重组中受让非现金资产的公允价值、由债权转成股份的公允价值和修改其他债务条件后债权公允价值的确定方法及依据

6. 债务重组是指在债务人发生财务困难的情况下,债权人按照其与债务人达成的协议或者法院的裁定作出让步的事项。其中,债权人作出的让步包括(　　)。

A. 债权人减免债务人部分债务本金

B. 允许债务人延期支付债务,但不减少债务的账面价值

C. 降低债务人应付债务的利率

D. 债权人减免债务人部分债务利息

7. 债务人以非现金资产抵偿债务的,非现金资产公允价值与账面价值之间的差额,应计入(　　)。

A. 投资收益　　B. 营业外收入　　C. 营业外支出　　D. 主营业务成本

8. 下列各项中，属于债务重组修改其他债务条件的方式一般有（　　）。

A. 债务转为资本　　B. 减少本金

C. 延长债务偿还期限并加收利息　　D. 免除积欠利息

三、判断题

1. 在以非现金资产抵债的情况下，债务人所转移的非现金资产的账面价值小于被抵偿债务的账面余额的差额应确认为债务重组收益，计入当期损益。（　　）

2. 按照现行准则的规定，债务人在发生财务困难的情况下，按与债权人的协议，以账面价值大于所欠债务金额的非现金资产偿债，一定可以判断为债务重组事项。（　　）

3. 债务重组损益的确认和计量之日为债务到期日。（　　）

4. 以非现金资产清偿债务重组中的债务时，债务人应将债务重组收益和转让资产损益分开核算。（　　）

5. 债务转为资本时，债权人应将相关的税费也计入长期投资中。（　　）

6. 按照我国相关会计准则的规定，债权人应将或有收入确认为债务重组时的收益。（　　）

7. 对于附或有条件的债务重组，债务人在计算债务重组利得时，不应扣除或有支出。（　　）

8. 债权人同意债务人延期偿还债务，但延期后债务人仍然按照原债务的账面价值偿还的，不属于债务重组。（　　）

9. 在债务重组日，债权人与债务人均不能确认债务重组收益。（　　）

10. 在债务重组中，债务人以现金、非现金资产两种方式的组合清偿债务的，债务人应先以支付的现金冲减重组债务的账面价值，再按以非现金资产清偿债务的会计原则进行处理。（　　）

四、计算分析题

习题一

（一）目的：练习以非现金资产进行债务重组的会计处理。

（二）资料：A股份有限公司（以下简称A公司）和B股份有限公司（以下简称B公司）均为增值税一般纳税人，适用的增值税税率均为17%。

（1）2×15年1月5日，A公司向B公司销售材料一批，增值税专用发票上注明的价款为500万元，增值税额为85万元。至2×15年9月30日尚未收到上述货款，A公司对此项债权已计提5万元坏账准备。

（2）2×15年9月30日，B公司鉴于财务困难，提出以其生产的产品一批和设备一台抵偿上述债务。经双方协商，A公司同意B公司的上述偿债方案。用于抵偿债务的产品和设备的有关资料如下：

①B公司为该批产品开出的增值税专用发票上注明的价款为300万元，增值税额为51万元。该批产品的成本为200万元。

②该设备的公允价值为200万元，账面原价为434万元，至2×15年9月30日的累计折旧为200万元。B公司清理设备过程中以银行存款支付清理费用2万元（假定B公司用该设备抵偿上述债务不需要缴纳增值税及其他流转税费）。

A公司已于2×15年10月收到B公司用于偿还债务的上述产品和设备。A公司收到的上述产品作为存货处理，收到的设备作为固定资产处理。

（三）要求：

（1）编制A公司2×15年上述业务相关的会计分录。

(2)编制B公司2×15年上述业务相关的会计分录。

(不考虑所做分录对所得税、主营业务税金及附加、期末结转损益类账户的影响。涉及应交税费的,应写出明细账户。答案中的金额单位用万元表示。)

习题二

(一)目的:练习以投资性房地产进行债务重组的会计处理。

(二)资料:2×14年10月10日,甲股份有限公司(以下简称甲公司)就A公司所欠10 000万元货款与A公司签订债务重组合同。合同规定,A公司以其拥有的用来进行经营出租的一栋写字楼偿付该项债务,双方债权债务结清日为该写字楼所有权转移日。

2×14年12月31日,A公司将写字楼所有权转移至甲公司,并办妥了产权转移手续。同日,A公司该写字楼的账面原价为4 800万元,已提折旧860万元,未计提减值准备,公允价值为9 200万元。

甲公司取得该写字楼后,与原承租该写字楼的B公司于当日重新签订了租赁合同,合同规定:租赁期自2×14年12月31日开始,租期为5年;年租金为500万元,每年年底支付。甲公司预计该写字楼的使用年限为30年,预计净残值为零。

2×15年12月31日,甲公司收到第一期租金500万元。同日,该写字楼的公允价值为9 500万元。

其他资料如下:

(1)甲公司为该重组债权已计提的坏账准备为500万元。

(2)假定A公司投资性房地产采用成本模式进行后续计量,甲公司投资性房地产采用公允价值模式进行后续计量。

(3)假定不考虑相关税费的影响。

(三)要求:

(1)计算甲公司在债务重组过程中应确认的损益,并编制相关会计分录。

(2)计算A公司在债务重组过程中应确认的损益,并编制相关会计分录。

(3)计算甲公司写字楼在2×15年应确认的公允价值变动损益,并编制相关会计分录。

(4)编制甲公司2×15年收取写字楼租金的相关会计分录。

习题三

(一)目的:练习不同方式进行债务重组下债权人和债务人的会计处理。

(二)资料:2×14年4月1日,甲企业销售一批商品给乙企业,销售货款总额为300万元(含增值税)。甲企业于同日收到一张票面金额为300万元、期限为6个月、票面年利率为8%的商业汇票。甲企业按月计提该商业汇票的利息。

(1)2×14年10月1日,乙企业未能兑付到期票据,甲企业将应收票据本息余额转入应收账款,但不再计算利息。2×14年12月5日,甲、乙双方经协商进行债务重组,签订的债务重组协议内容如下:

①乙企业以其持有的一项拥有完全产权的房产抵偿60万元的债务。该房产在乙企业的账面原价为100万元,已计提折旧30万元,已计提减值准备5万元,公允价值为60万元。

②甲企业同意豁免乙企业债务本金40万元及2×14年4月1日至2×14年9月30日计提的全部利息。

③将剩余债务的偿还期限延长至2×15年12月31日,在债务延长期间,剩余债务余额按年利率5%收取利息,假定实际利率为5%。本息到期一次偿付。

④该协议自2×14年12月31日起执行。

(2)债务重组日之前，甲企业对上述债权未计提坏账准备。

(3)上述房产的所有权变更、部分债务解除手续及其他有关法律手续已于2×14年12月31日完成。甲企业将取得的房产作为固定资产进行核算和管理。

(4)乙企业于2×15年12月31日按上述协议规定偿付了所欠债务。

(三)要求：

(1)计算甲企业2×14年12月31日该重组债权的账面价值。

(2)编制甲企业及乙企业2×14年12月31日与该债务重组相关的会计分录(不考虑税费)。

(3)编制甲企业及乙企业2×15年12月31日债权、债务实际清偿时的会计分录。

(答案中的金额单位用万元表示。)

习题四

(一)目的：练习债务转为资本债务重组方式的核算。

(二)资料：2×15年1月3日，A公司因购买材料而欠B公司购货款及税款合计2 500万元，由于A公司无法偿付应付账款，2×15年5月2日经双方协商同意，A公司以普通股偿还债务，假设普通股每股面值为1元，股票市价为每股8元，A公司以300万股偿还该项债务。20×9年6月1日办理完毕增资手续。A公司为发行股票而用银行存款支付的手续费为20万元，B公司为取得该项股权而用银行存款支付发生的相关税费20万元。B公司收到的股权作为可供出售金融资产。B企业对应收账款提取坏账准备100万元。

(三)要求：根据上述资料，不考虑其他因素，分别为A公司和B公司编制会计分录(答案中的金额用万元表示)。

第十三章 所有者权益

一、单项选择题

1. 某企业年初所有者权益总额为160万元，当年以其中的资本公积转增资本50万元。当年实现净利润300万元，提取盈余公积30万元，向投资者分配利润20万元。该企业年末所有者权益总额为(　　)万元。

A. 360　　B. 410　　C. 440　　D. 460

2. 甲公司委托证券公司发行普通股股票1 000万股，每股面值1元，每股发行价格2.4元。证券公司按发行收入的3%收取手续费，从发行收入中扣除。该公司计入资本公积的金额为(　　)万元。

A. 2 328　　B. 1 200　　C. 1 000　　D. 1 328

3. 下列项目中，不属于所有者权益要素的有(　　)。

A. 长期投资　　B. 实收资本　　C. 资本公积　　D. 盈余公积

4. 企业因减资等原因而回购本公司股票并注销库存股的，应按回购股份的面值，借记"股本"账户；当回购价格大于回购股份所对应的股本时，应(　　)。

A. 依次借记"资本公积——股本溢价"、"盈余公积"、"利润分配——未分配利润"等账户

B. 依次借记"资本公积——股本溢价"、"利润分配——未分配利润"、"盈余公积"等账户

C. 依次借记"利润分配——未分配利润"、"盈余公积"、"资本公积——股本溢价"等账户

D. 按股票发行时原计入资本公积的溢价部分，借记"资本公积——股本溢价"账户，超过部分依次借记"盈余公积"、"利润分配——未分配利润"账户

5. 下列各项中，影响所有者权益总额却不影响留存收益总额的经济业务是(　　)。

A. 股份有限公司发放股票股利　　B. 用提取的盈余公积弥补亏损

C. 用提取的盈余公积派送新股　　D. 可转换公司债券持有人行使转换权利

6. 下列事项中，不能作为"资本公积——其他资本公积"的是(　　)。

A. 可供出售金融资产公允价值的变动

B. 以现金结算的股份支付，在等待期内的每个资产负债表日，企业将取得的职工或其他方提供的服务计入成本，同时确认负债

C. 以权益结算的股份支付，在等待期内的每个资产负债表日，企业将取得的职工或其他方提供的服务计入成本，同时以公允价值确认对应的所有者权益

D. 权益法下被投资单位其他所有者权益变动引起的长期股权投资账面价值的变动

7. 所有者权益是指企业投资者对企业(　　)的所有权。

A. 净资产　　B. 收益　　C. 所有资产　　D. 净利润

8. 下列各项是某企业2×15年发生的经济业务中的四项，其中不能影响年末未分配利润数额的是(　　)。

A. 企业宣告发放现金股利　　B. 对外投资取得债券利息收入30万元

C. 变卖机器设备取得150万元收入　　D. 发生股本溢价

9. 某公司委托证券公司发行股票200万股，每股面值1元，每股发行价格5元，向证券公司支付佣金50万元。该公司应贷记“资本公积——股本溢价”账户的金额为(　　)万元。

A. 850　　B. 750　　C. 900　　D. 700

10. B企业以设备对A企业进行出资。该设备的原价为50万元，已提折旧6万元，双方确认该设备的价值为50万元，对A企业注册资本应享有的份额为40万元，则应作的会计处理为(　　)。

A. 借：固定资产　50
　　贷：实收资本　50

B. 借：固定资产　44
　　贷：实收资本　44

C. 借：固定资产　50
　　贷：实收资本　40
　　　　资本公积　10

D. 借：固定资产　50
　　贷：累计折旧　10
　　　　实收资本　40

11. 甲企业年初未分配利润为110万元，当年利润总额为125万元，应交的所得税为25万元，该企业按10%提取法定盈余公积。该企业可供投资者分配的利润为(　　)万元。

A. 55　　B. 110　　C. 200　　D. 155

12. 一般纳税人接受原材料投资时，应该作为实收资本入账的金额是(　　)。

A. 评估确认的材料价值加上或减去材料成本差异

B. 原材料的市场价值　　C. 评估确认的材料价值

D. 投资合同或协议确认的在被投资方注册资本中应享有的份额

13. 某企业于2×09年成立(假定所得税税率为33%)，当年发生亏损180万元，2×09年至2×15年每年实现利润总额为20万元，则2×15年年底该企业“利润分配——未分配利润”账户的余额为(　　)万元。

A. 66.6　　B. 63.5　　C. −66.6　　D. 83.3

14. A企业本年增加实收资本60万元，其中：盈余公积转增资本45万元；12月1日，接受固定资产投资70 000元(使用年限为5年，采用直线法提取折旧，不考虑残值，自接受之日起投入使用)；货币投资80 000元。不考虑其他事项，该企业在年末所有者权益增加金额为(　　)元。

A. 150 000　　B. 400 000　　C. 90 000　　D. 60 000

15. 某公司“盈余公积”账户的年初余额为300万元，本期提取35万元，转增资本80万元。该公司“盈余公积”账户的年末余额为(　　)万元。

A. 185　　B. 255　　C. 275　　D. 335

16. 某企业2×15年1月1日所有者权益的构成情况如下：实收资本1 500万元，资本公积100万元，盈余公积300万元，未分配利润200万元。2×15年度实现利润总额为600万元，企业所得税税率为25%。假定不存在纳税调整事项及其他因素，该企业2×15年12月31日可供分配利润为(　　)万元。

A. 600　　B. 650　　C. 800　　D. 1 100

17. 某企业盈余公积年初余额为50万元，本年利润总额为600万元，所得税费用为150万元，按净利润的10%提取法定盈余公积，并将盈余公积10万元转增资本。该企业盈余公积年末余额为(　　)万元。

A. 40　　B. 85　　C. 95　　D. 110

18. 某上市公司发行普通股1 000万股，每股面值1元，每股发行价格5元，支付手续费20万元，支付咨询费60万元。该公司发行普通股计入股本的金额为(　　)万元。

A. 1 000　　B. 4 920　　C. 4 980　　D. 5 000

二、多项选择题

1. 下列项目中，不应通过“资本公积”账户核算的有(　　)。

A. 权益法下被投资企业增发股票形成的股本溢价
B. 自用房地产或存货转换为投资性房地产引起的直接计入所有者权益的利得
C. 可供出售金融资产公允价值的变动引起的直接计入所有者权益的利得或损失
D. 金融资产的重分类引起的直接计入所有者权益的利得或损失
E. 权益法下投资企业投资当年分得的利润或现金股利

2. 下列各项中，不会引起留存收益总额发生增减变动的有（　　）。
A. 用未分配利润分配股票股利　　B. 盈余公积弥补亏损
C. 提取任意盈余公积　　D. 盈余公积转增资本

3. 盈余公积可用于（　　）。
A. 转为资本公积　　B. 转增资本　　C. 偿还债务　　D. 弥补亏损

4. 关于企业所有者权益，下列说法正确的是（　　）。
A. 资本公积可以弥补企业亏损　　B. 盈余公积可以按照规定转增资本
C. 未分配利润可以弥补亏损　　D. 资本公积可以按照规定转增资本

5. 股份有限公司采用收购本公司股票方式减资的，下列说法不正确的是（　　）。
A. 应按股票面值和注销股数计算的股票面值总额减少股本
B. 应按股票面值和注销股数计算的股票面值总额减少库存股
C. 应按股票面值和注销股数计算的股票面值总额增加股本
D. 应按股票面值和注销股数计算的股票面值总额增加库存股

6. 某股份有限公司按法定程序报经批准后采用收购本公司股票方式减资，购回股票支付价款低于股票面值总额的，所注销库存股账面余额与冲减股本的差额不应计入（　　）。
A. 盈余公积　　B. 营业外收入　　C. 资本公积　　D. 未分配利润

7. 下列各项中，年度终了需要转入"利润分配——未分配利润"账户的有（　　）。
A. 本年利润　　B. 利润分配——应付现金股利
C. 利润分配——盈余公积补亏　　D. 利润分配——提取法定盈余公积

8. 下列各项中，构成企业留存收益的有（　　）。
A. 资本溢价　　B. 未分配利润　　C. 任意盈余公积　　D. 法定盈余公积

9. 下列各项中，不会引起所有者权益总额发生增减变动的有（　　）。
A. 宣告发放股票股利　　B. 资本公积转增资本
C. 盈余公积转增资本　　D. 接受投资者追加投资

10. 企业吸收投资者出资时，下列会计账户的余额可能发生变化的有（　　）。
A."盈余公积"　　B."资本公积"　　C."实收资本"　　D."利润分配"

11. 下列各项中，不影响所有者权益总额，仅影响所有者权益结构发生变动的有（　　）。
A. 用盈余公积弥补亏损　　B. 用盈余公积转增资本
C. 宣告分配现金股利　　D. 分配现金股利

三、判断题

1. 年度终了，除"未分配利润"明细账户外，"利润分配"账户下的其他明细账户应当无余额。（　　）
2. 企业年末资产负债表中未分配利润的金额可能不等于"利润分配"账户的年末余额。（　　）
3."利润分配"账户的年末借方余额反映企业年末未分配的利润数额。（　　）
4. 企业年末未分配利润的数额等于企业当年实现的税后利润加上年初未分配利润。（　　）
5. 由于所有者权益和负债都是对企业资产的要求权，因此，它们的性质是一样的。（　　）

6. 用法定盈余公积转增资本或弥补亏损时，均不导致所有者权益总额的变化。（　　）
7. 收入能够导致企业所有者权益增加，但导致所有者权益增加的不一定都是收入。（　　）
8. 当企业投资者投入的资本高于其注册资本时，应当将高出部分计入营业外收入。（　　）
9. 资本公积是所有者权益的组成部分，也是企业据以向投资者分配利润的主要依据。（　　）

四、计算分析题

习题一

(一)目的：练习实收资本和资本公积的会计核算。

(二)资料：根据下列经济业务，编制有关会计分录：

(1)某国有独资企业收到国家拨入资本 1 400 万元，存入开户银行。

(2)某企业收到合营单位投入的资本一批，其中，原材料实际成本为 200 000 元，进项税额为 34 000元，专用工具实际成本为 20 000 元，进项税额为 3 400 元，均已收妥入库。

(3)某企业接受外单位投入不需安装固定资产一台，投资单位账面原价为 100 000 元，已提折旧为 20 000 元，投资合同约定价值为 70 000 元(假设投资合同约定价值公允)。固定资产已投入使用，以银行存款支付运费 2 000 元。

(4)某股份有限公司发行股票，委托证券公司代理发行普通股 1 000 万股，每股面值 1 元，按每股 1.5 元的价格对外发行，按发行收入的 3%向证券公司支付发行费用。股票发行已完成，股款已全部存入银行。

(5)某企业决定用资本公积 150 000 元、盈余公积 200 000 元，一并转增资本。

(6)某有限责任公司由 A、B、C 三位投资者投资组建，股权比例为 2∶1∶1，资本总额为400 000元，现公司吸收新投资者 D，D 出资 150 000 元，取得五分之一的股权比例。新股东的出资已全部到位。

(三)要求：根据上述资料，为该企业编制会计分录。

习题二

(一)目的：练习所有者权益的会计核算。

(二)资料：A 股份有限公司(以下简 A 公司)2×14～2×15 年度有关业务资料如下：

(1)2×14 年 1 月 1 日，A 公司的股东权益总额为 56 500 万元(其中，股本总额为 10 000 万股，每股面值为 1 元；资本公积为 40 000 万元；盈余公积为 6 000 万元；未分配利润为 500 万元)。2×14年度实现净利润 500 万元，股本与资本公积项目未发生变化。

2×15 年 3 月 1 日，A 公司董事会提出以下预案：

①按 2×14 年度实现净利润的 10%提取法定盈余公积，按 5%提取任意盈余公积。

②以 2×14 年 12 月 31 日的股本总额为基数，以资本公积(股本溢价)转增股本，每 10 股转增 3 股，计 3 000 万股。

2×15 年 5 月 5 日，A 公司召开股东大会，审议批准了董事会提出的预案，同时决定分派现金股利 200 万元。2×15 年 6 月 10 日，A 公司办妥了上述资本公积转增股本的有关手续。

(2)2×15 年度，A 公司发生净亏损 4 567 万元。

(3)2×15 年 12 月 31 日，A 公司股东大会决定以法定盈余公积弥补账面累计未弥补亏损 350 万元。

(三)要求：根据上述资料，为 A 公司编制以下会计分录：

(1)2×15 年 3 月提取盈余公积；

(2)2×15 年 5 月宣告分派现金股利；

(3)2×15 年 6 月资本公积转增股本；

(4)2×15 年度结转当年净亏损；

(5)2×15 年年末以法定盈余公积弥补亏损（“利润分配”、“盈余公积”账户要求写出明细账户，答案中的金额单位用万元表示）；

(6)2×15 年年末结转利润分配各明细账。

习题三

(一)目的：练习股本的会计核算。

(二)资料：甲上市公司 2×14～2×15 年发生与其股票有关的业务如下：

(1)2×14 年 1 月 4 日，经股东大会决议，并报有关部门核准，增发普通股 40 000 万股，每股面值 1 元，每股发行价格 5 元，股款已全部收到并存入银行。假定不考虑相关税费。

(2)2×14 年 6 月 20 日，经股东大会决议，并报有关部门核准，以资本公积 4 000 万元转增股本。

(3)2×15 年 6 月 20 日，经股东大会决议，并报有关部门核准，以银行存款回购本公司股票 100 万股，每股回购价格为 3 元。

(4)2×15 年 6 月 26 日，经股东大会决议，并报有关部门核准，将回购的本公司股票 100 万股注销。

(三)要求：根据上述资料，逐笔编制甲上市公司上述业务的会计分录。

习题四

(一)目的：练习实收资本的会计核算。

(二)资料：甲公司属于工业企业，为增值税一般纳税人，由 A、B、C 三位股东于 2×13 年 12 月 31 日共同出资设立，注册资本为 800 万元。出资协议规定，A、B、C 三位股东的出资比例分别为 40%、35%和 25%。有关资料如下：

(1)2×13 年 12 月 31 日，三位股东的出资方式及出资额如下表所示（各位股东的出资已全部到位，并经中国注册会计师验证，有关法律手续已经办妥）：

单位：万元

出资者	货币资金	实物资产	无形资产	合　计
A	270		50(专利权)	320
B	130	150(设备)		280
C	170	30(轿车)		200
合　计	570	180	50	800

(2)2×14 年，甲公司实现净利润 400 万元，决定分配现金股利 100 万元，计划在 2×15 年 2 月 10 日支付。

(3)2×15 年 12 月 31 日，吸收 D 股东加入本公司，将甲公司的注册资本由原来的 800 万元增加到 1 000 万元。D 股东以银行存款 100 万元、原材料 58.5 万元（增值税专用发票上注明材料计税价格为 50 万元，增值税为 8.5 万元）出资，占增资后注册资本 10%的股份；其余的 100 万元增资由 A、B、C 三位股东按原持股比例以银行存款出资。2×15 年 12 月 31 日，四位股东的出资已全部到位，并取得 D 股东开出的增值税专用发票，有关的法律手续已经办妥。

（三）要求：

（1）编制甲公司2×13年12月31日收到出资者投入资本的会计分录（“实收资本”账户要求写出明细账户）。

（2）编制甲公司2×14年决定分配现金股利的会计分录（“应付股利”账户要求写出明细账户）。

（3）计算甲公司2×15年12月31日吸收D股东出资时产生的资本公积。

（4）编制甲公司2×15年12月31日收到A、B、C股东追加投资和D股东出资的会计分录。

（5）计算甲公司2×15年12月31日增资扩股后各股东的持股比例。

（答案中的金额单位用万元表示。）

第十四章　收　入

一、单项选择题

1. 某工业企业2×15年7月份产品销售收入为200 000元，发生一笔5月份销售退回50 000元，另给购货方折让15 000元，本期“主营业务收入”为(　　)元。

A. 150 000　　B. 200 000　　C. 135 000　　D. 185 000

2. 企业让渡无形资产所有权的收益应当属于(　　)。

A. 主营业务收入　　B. 其他业务收入　　C. 营业外收入　　D. 投资收益

3. 按照企业从事经营活动的重要性分类，收入可分为(　　)。

A. 经营收入和其他收入　　B. 商品销售收入和劳务收入

C. 主营业务收入和其他业务收入

D. 销售商品收入、提供劳务收入及让渡资产使用权等取得的收入

4. 在采用收取手续费方式委托代销商品时，委托方确认商品销售收入的时点为(　　)。

A. 委托方发出商品时　　B. 委托方收到受托方开具的代销清单时

C. 受托方销售商品时　　D. 受托方收到受托代销商品的销售货款时

5. 甲企业于2×15年9月接受一项机器设备安装任务，安装期为6个月，合同总收入为50万元，年度预收款项20万元，余款在安装完成时收回，当年实际发生成本25万元，预计还将发生成本15万元。该项劳务2×15年度应确认的劳务收入为(　　)万元。

A. 50　　B. 31.25　　C. 25　　D. 20

6. 根据收入的确认标准，企业在发出商品时即确认收入的销售方式是(　　)。

A. 支付手续费方式委托代销商品　　B. 委托收款

C. 分期收款销售　　D. 托收承付

7. 企业对于已经发出但尚未确认销售收入的商品成本，应借记(　　)账户。

A. “在途物资”　　B. “库存商品”　　C. “发出商品”　　D. “主营业务成本”

8. 下列各项中，不符合收入定义的是(　　)。

A. 收入是企业在日常活动中形成的经济利益的总流入

B. 收入会导致企业所有者权益的增加

C. 收入形成的经济利益总流入的形式多种多样，既可能表现为资产的增加，也可能表现为负债的减少

D. 收入与所有者投入资本有关

9. 2×15年7月1日，A公司对外提供一项为期8个月的劳务，合同总收入为310万元，2×15年底无法可靠地估计劳务结果。2×15年发生的劳务成本为156万元，预计已发生的劳务成本能得到补偿的金额为120万元，则A公司2×15年该项业务应确认的收入为(　　)万元。

A. 156　　B. −36　　C. 120　　D. 310

10. A公司本年度委托B商店代销一批零配件，代销价款为200万元。本年度收到B商店交来的代销清单，代销清单上列明已销售代销零配件的60%，A公司收到代销清单时向B商店开具增

值税发票。B商店按代销价款的5%收取手续费。该批零配件的实际成本为120万元。A公司本年度应确认的销售收入为(　　)万元。

A. 120　　B. 114　　C. 200　　D. 68.4

11. 乙公司2×15年4月1日采用分期收款方式销售大型设备，合同销售价格为1 170万元(含增值税，下同)，分5年，每年3月31日收取，该设备适用的增值税税率为17%。假定该大型设备不采用分期收款方式时的销售价格为936万元，则乙公司在销售实现时应做的会计分录是(　　)。

A. 借：长期应收款　11 700 000
　贷：主营业务收入　9 360 000
　　应交税费——应交增值税(销项税额)　1 700 000
　　未实现融资收益　640 000

B. 借：长期应收款　11 700 000
　贷：主营业务收入　10 000 000
　　应交税费——应交增值税(销项税额)　1 700 000

C. 借：应收账款　11 700 000
　贷：主营业务收入　10 000 000
　　应交税费——应交增值税(销项税额)　1 700 000

D. 借：长期应收款　11 700 000
　贷：主营业务收入　9 360 000
　　应交税费——应交增值税(销项税额)　1 700 000
　　递延收益　640 000

12. 甲、乙公司均为增值税一般纳税人，增值税税率为17%。甲公司于2×15年6月份销售给乙公司一批A商品，货款尚未收到。2×15年7月15日，乙公司在收到商品后，发现质量有问题，经双方协商同意，给予5 000元折让，设增值税销项税额允许冲减。甲公司7月15日应编制有关发生销售折让的会计分录为(　　)。

A. 借：财务费用　5 000
　贷：应收账款——乙公司　5 000

B. 借：主营业务收入　5 000
　贷：应收账款——乙公司　5 000

C. 借：主营业务收入　5 000
　应交税费——应交增值税(销项税额)　850
　贷：应收账款——乙公司　5 850

D. 借：主营业务收入　5 850
　贷：应收账款——乙公司　5 000
　　应交税费——应交增值税(销项税额)　850

13. 委托代销商品采用由委托方向受托方支付手续费方式的，委托方应在收到代销清单时，根据应付的手续费，(　　)。

A. 借记“主营业务收入”账户，贷记“应收账款”账户

B. 借记“销售费用”账户，贷记“应收账款”账户

C. 借记“主营业务成本”账户，贷记“应付账款”账户

D. 借记“销售费用”账户，贷记“应付账款”账户

14. 按照《企业会计准则第14号——收入》的规定，销售合同中规定了由于特定原因买方有权

退货的条款，而企业又不能确定退货的可能性，在这种情况下，销货收入的确认时间为(　　)。

A. 向购货方交付商品时　　B. 收到货款时

C. 同意按购货方要求对商品质量、品种等方面不符合合同规定的问题进行检查时

D. 退货期满时

15. 某企业于2×14年11月接受一项产品安装任务，采用完工百分比法确认劳务收入，预计安装期为14个月，合同总收入为200万元，合同预计总成本为158万元。至2×15年年底，已经预收款项160万元，余款在安装完成时收回；至2×15年12月31日，实际发生成本152万元，预计还将发生成本8万元。2×14年已确认收入10万元。该企业2×15年度应确认收入为(　　)万元。

A. 160　　B. 180　　C. 200　　D. 182

16. 甲公司2×15年3月与乙客户签订了一份为期12个月的建筑合同，约定合同价格为120万元，预计建筑成本为100万元。合同规定，乙客户将分期支付合同价款，每笔40万元，其中，第一笔在合同签订后支付，第二笔在6个月后支付，最后一笔在建筑物交付使用时支付。2×15年年末，估计成本为65万元。假设所有的成本均为现金流出，情况与预期一致，不考虑相关税费。甲公司对该建筑合同如果按照完工百分比法计算，应在2×15年确认的毛利为(　　)元。

A. 70 000　　B. 130 000　　C. 150 000　　D. 200 000

17. 2×15年1月10日，甲上市公司与丁公司签订了总金额为800万元的建造合同，预计合同总成本为600万元。2×15年第一季度，共发生人工费用等工程成本300万元。经测定，工程的完工进度为40%，则甲上市公司第一季度应确认的合同费用为(　　)万元。

A. 200　　B. 240　　C. 300　　D. 320

18. 甲公司对A产品实行一个月内“包退、包换、包修”的销售政策。2×15年8月份共销售甲产品20件，售价为100 000元，成本为80 000元。根据以往经验，A产品包退的占4%，包换的占6%，包修的占10%，则甲公司8月份A产品的收入应确认为(　　)元。

A. 100 000　　B. 96 000　　C. 90 000　　D. 80 000

19. A公司于2×15年11月1日接受一项产品安装工程，安装期为3个月，合同总收入为310 000元，至12月31日已预收款项220 000元，实际发生成本150 000元，估计还会发生成本50 000元。假如A企业按实际发生的成本占估计总成本的比例确定劳务的完成程度。据此计算，A公司2×15年应确认的劳务收入和结转的劳务成本分别为(　　)。

A. 232 500元、150 000元　　B. 232 500元、200 000元

C. 220 000元、150 000元　　D. 310 000元、200 000元

20. 2×15年1月3日，甲公司委托乙公司销售X商品100件，单价为23 400元(含增值税，增值税税率为17%)；至12月31日，乙公司已售出90件，代销清单已送抵甲公司。2×15年6月5日，甲公司与丙公司达成一项提供劳务协议，协议金额为220 000元，劳务提供期限为1年；12月31日，因市场情况发生变化，甲公司无法预计为完成合同还需要发生的支出，但此前为提供劳务而发生的支出140 000元中预期有100 000元可以得到补偿。据此计算，甲公司2×15年度因以上两项业务而实现的收入为(　　)元。

A. 1 800 000　　B. 1 910 000　　C. 1 900 000　　D. 220 600

21. 如果商品的售价内包括可区分的在售后一定期限内的服务费，企业应在商品销售实现时(　　)确认销售商品收入。

A. 按售价扣除该项服务费后的余额　　B. 按售价

C. 按服务费　　D. 按售价和服务费之和

22. 企业在资产负债表日，对某项劳务，如果不能可靠地估计所提供劳务的交易结果，则对该项劳务正确的会计处理是(　　)。

A. 不确认利润但可能确认损失　　B. 既不确认利润，也不确认损失

C. 确认利润但不确认损失　　D. 可能确认利润，也可能确认损失

23. 企业发生以前年度的销售退回时(非资产负债表日后事项)，其冲减的销售收入应在退回当期计入(　　)。

A. 以前年度损益调整　　B. 营业外支出

C. 营业外收入　　D. 主营业务收入

24. 企业销售商品时代垫的运杂费应记入(　　)账户。

A.“应收账款”　　B.“预付账款”　　C.“其他应收款”　　D.“应付账款”

25. 某工业企业销售产品每件220元，若客户购买100件(含100件)以上，每件可得到20元的商业折扣。某客户2×15年12月10日购买该企业产品100件，按规定现金折扣条件为2/10、1/20、n/30。适用的增值税税率为17%。该企业于12月26日收到该笔款项时，应给予客户的现金折扣为(　　)元。假定计算现金折扣时不考虑增值税。

A. 0　　B. 200　　C. 234　　D. 220

26. 企业委托其他单位代销商品，在视同买断、是否卖出获利均与委托方无关的代销方式下，商品销售收入确认的时间是(　　)。

A. 委托方发出商品日期　　B. 受托方发出商品日期

C. 收到代销单位的代销清单日期　　D. 全部收到款项

27. 下列项目中，按照现行会计准则的规定，销售企业应当作为财务费用处理的是(　　)。

A. 购货方获得的现金折扣　　B. 购货方获得的商业折扣

C. 购货方获得的销售折让　　D. 购货方放弃的现金折扣

28. 下列项目中，属于工业企业其他业务收入的是(　　)。

A. 罚款收入　　B. 出售固定资产收入

C. 材料销售收入　　D. 出售无形资产收入

29. 某项建造合同于2×15年年初开工，合同总收入为1 000万元，合同预计总成本为980万元，至2×15年12月31日，已发生合同成本936万元，预计完成合同还将发生合同成本104万元。该项建造合同2×15年12月31日应确认的合同预计损失为(　　)万元。

A. 40　　B. 4　　C. 36　　D. 0

30. 2×15年1月1日，甲建筑公司与客户签订承建一栋厂房的合同，合同规定2×17年3月31日完工；合同总金额为1 800万元，预计合同总成本为1 500万元。2×15年12月31日，累计发生成本450万元，预计完成合同还需发生成本1 050万元。2×16年12月31日，累计发生成本1 200万元，预计完成合同还需发生成本300万元。2×17年3月31日，工程完工，累计发生成本1 450万元。假定甲建筑公司采用累计发生成本占预计合同总成本的比例确定完工进度，采用完工百分比法确认合同收入，不考虑其他因素。甲建筑公司2×16年度对该合同应确认的合同收入为(　　)万元。

A. 540　　B. 900　　C. 1 200　　D. 1 440

二、多项选择题

1. 下列有关收入确认的表述中，符合现行会计准则规定的是(　　)。

A. 定制软件收入应根据开发的完成程度确认

B. 与商品销售分开的安装费收入应根据安装完工程度确认

C. 属于提供后续服务的特许权使用费收入应在提供服务时确认

D. 包括在商品售价中但可以区分的服务费收入应在商品销售时确认

2. 下列有关销售商品收入的处理中，正确的有（　　）。
A. 在采用收取手续费的委托代销方式下销售商品，发出商品时就确认收入
B. 售出的商品被退回时，一般直接冲减退回当期的收入、成本、税金等相关项目
C. 当期售出的商品发生销售折让时，直接将发生的销售折让作为当期的销售费用处理
D. 在采用分期收款方式下销售商品，应在发出商品、符合收入确认条件时确认收入
3. 下列各项中，属于让渡资产使用权的收入确认条件的是（　　）。
A. 资产所有权上的风险已经转移　　B. 与交易相关的经济利益能够流入企业
C. 收入的金额能够可靠地计量　　D. 对已售出的商品已经不能实施控制
4. 下列各项中，影响企业销售商品收入的金额的是（　　）。
A. 企业与购货方签订的合同或协议金额　　B. 预计可能发生的现金折扣
C. 商业折扣　　D. 代垫购货方的运杂费
5. 收入是企业在日常活动中产生的经济利益的总流入，下列各项中，不属于收入的有（　　）。
A. 对外销售原材料的收入
B. 出售固定资产的收入
C. 在收取手续费方式下代销方取得的出售代销商品的收入
D. 出租无形资产的收入
6. 下列各项中，可用于确定所提供劳务完工进度的方法有（　　）。
A. 根据测量的已完工作量加以确定
B. 按已经发生的成本占估计总成本的比例计算确定
C. 按已经收到的金额占劳务总收入的比例计算确定
D. 按已经提供的劳务占应提供劳务总量的比例计算确定
7. 下列各项中，工业企业应确认为其他业务收入的有（　　）。
A. 对外销售材料收入　　B. 出售专利所有权收入
C. 处置营业用房净收益　　D. 转让商标使用权收入
8. 企业跨期提供劳务的，期末可以按照完工百分比法确认收入的条件包括（　　）。
A. 劳务总收入能够可靠地计量　　B. 相关的经济利益能够流入企业
C. 劳务的完成程度能够可靠地确定　　D. 劳务总成本能够可靠地计量
9. 下列情况下，通常在发出商品时应确认收入的有（　　）。
A. 订货销售　　B. 售后回购销售
C. 分期收款销售　　D. 售后租回销售
E. 商品需要安装的销售
10. 下列有关建造合同会计处理的表述中，符合《企业会计准则第 15 号——建造合同》规定的有（　　）。
A. 跨年度的建造合同，在合同结果不能够可靠估计的情况下，合同成本不可能收回的，不确认合同收入
B. 跨年度的建造合同，在合同结果不能够可靠估计的情况下，合同成本能够收回的，合同收入根据能够收回的实际合同成本予以确认
C. 因合同变更而增加的收入，应在客户能够认可且能可靠计量时予以确认
D. 跨年度的建造合同，在合同结果能够可靠估计的情况下，合同收入和合同费用应按完工百分比法予以确认
E. 在一个会计年度内完成的建造合同，合同收入和合同费用应在建造合同完成时予以确认
11. 下列有关收入确认的表述中，正确的有（　　）。

A. 如果安装费是商品销售收入的一部分,应于资产负债表日按完工百分比法确认收入
B. 在提供劳务交易的结果不能可靠估计的情况下,已经发生的劳务成本预计能够得到补偿时,应在资产负债表日按已经发生的劳务成本确认收入
C. 劳务的开始和完成分属不同的会计年度,在劳务的结果能够可靠估计的情况下,公司应在资产负债表日按完工百分比法确认收入
D. 在资产负债表日,已发生的合同成本预计不能收回时,公司应将已发生的成本确认为当期费用,不确认收入

12. 按照建造合同准则的规定,下列属于合同收入内容的有( )。
A. 合同中规定的初始收入　　B. 因合同变更形成的收入
C. 从客户得到的赞助收入　　D. 因索赔形成的收入
E. 与合同有关的零星收益

13. 下列关于收入确认的表述中,正确的有( )。
A. 与商品销售分开计价的安装费收入,应在资产负债表日根据安装的完工程度予以确认
B. 广告制作佣金收入应在相关的广告行为开始出现于公众面前时予以确认
C. 与提供设备相关的特许权费收入,应在交付设备或转移资产所有权时予以确认
D. 为特定客户开发软件的收入应在资产负债表日根据开发的完工程度予以确认
E. 包括在商品售价内的服务费应在确认商品销售收入时予以确认

14. 按照我国会计准则的规定,下列项目中,可以确认商品销售收入的有( )。
A. 规定有退货期,无法估计退货的可能性且退货期未满的商品销售
B. 收取手续费方式下委托代销商品,委托方收到代销清单的商品销售
C. 视同买断,受托方无论是否卖出、获利与否均与委托方无关方式下发出委托代销商品
D. 预收款方式销售发出商品
E. 卖方对商品质量问题仍负责任的商品销售

15. 下列有关收入确认的表述中,不符合企业会计准则规定的是( )。
A. 受托代销商品收取的手续费,在收到委托方交付的商品时确认为收入
B. 商品售价中包含的可区分售后服务费,在提供服务的期间内确认为收入
C. 特许权费中包含的提供初始及后续服务费,在提供服务期间内确认为收入
D. 为特定客户开发软件收取的价款,在资产负债表日按开发的完成程度确认为收入
E. 委托代销商品视同买断,但受托方可将没有售出的商品退回的方式下,在发出商品时确认收入

16. 分别确认以下销售方式下收入实现的时间:
(1)交款提货方式下;( )
(2)分期收款发出商品销售方式下;( )
(3)委托代销收取手续费销售方式下;( )
(4)委托收款、托收承付销售方式下;( )
(5)预收货款方式下。( )
A. 收到代销方的代销清单时
B. 收到代销方的货款时
C. 收到货款,将发票、账单和提货单提交给购货方时
D. 购货方提货时
E. 发出商品,向银行办妥托收手续时
F. 接到银行通知,款项已经收妥入账

G. 合同、协议约定的日期

H. 发出商品时

I. 收到对方单位的预付款时

17. 某公司 2×15 年 11 月 6 日发给甲企业商品 1 000 件，增值税专用发票上注明的货款为 100 000元，增值税税额为 17 000 元，代垫运杂费 2 000 元，该批商品的成本为 85 000 元。在向银行办妥手续后得知甲企业资金周转十分困难，该公司决定本月不确认该笔收入。下列相关会计处理中，不正确的是（　　）。

A. 借：发出商品　　85 000
　　贷：库存商品　　85 000

B. 借：应收账款　　2 000
　　贷：银行存款　　2 000

C. 借：应收账款　　85 000
　　贷：主营业务成本　　85 000

D. 借：应收账款　　17 000
　　贷：应交税费——应交增值税（销项税额）　　17 000

E. 借：主营业务成本　　85 000
　　贷：库存商品　　85 000

三、判断题

1. 销售需要安装的商品，只能在安装和检验完毕后确认收入。（　　）

2. 企业在销售收入确认之后发生的销售折让，应在实际发生时冲减发生当期的收入，并同时冲减已结转的成本。（　　）

3. 对于一次就完成的劳务，或在同一个会计期间开始并完成的劳务，应在开始提供时确认收入。（　　）

4. 企业在销售商品时如提供有商业折扣的，在确认收入时应将商业折扣的部分扣除。（　　）

5. 企业在销售商品时，如果估计价款收回的可能性不大，尽管收入确认的其他条件满足，也不应确认收入。（　　）

6. 在收取手续费代销方式下，委托方在发出商品时确认收入。（　　）

7. 企业的收入包括主营业务收入、其他业务收入和营业外收入。（　　）

8. 在以旧换新的销售业务中，营业收入的确认额应当是售出商品的售价减去回收旧商品的买价之后的差额。（　　）

9. 企业让渡资产使用权，如果合同或协议规定一次性收取使用费，且不提供后续服务的，应当视同销售该资产一次性确认收入。（　　）

10. 企业已完成销售手续但购买方在月末尚未提取的商品，应作为企业的库存商品核算。（　　）

11. 企业为客户提供的现金折扣应当在实际发生时冲减当期收入。（　　）

12. 企业劳务的开始和完成分属于不同的会计期间，且在资产负债表日提供劳务交易的结果能够可靠估计的，应采用完工百分比法确认劳务收入。（　　）

13. 企业出售原材料取得的款项扣除其成本及相关费用后的净额，应当计入营业外收入或营业外支出。（　　）

14. 企业对于发出的商品，不符合收入确认条件的，应按其实际成本编制会计分录，借记“发出商品”账户，贷记“库存商品”账户。（　　）

15. 收入能导致所有者权益的增加，也就是说增加了实收资本（股本）。（　　）

16. 在不同的成交方式下，商品所有权上的风险和报酬转移的时间是不同的，确认收入的时点也不一致。 （ ）

17. 已出售商品在确认销售收入以后又退回的，不论是当年销售的，还是以前年度销售的，一般均应冲减退回当月的销售收入和销售成本；如果已售产品是在年度终了后至年度财务报告批准报出前退回的，则应调整报告年度的营业收入和营业成本。 （ ）

18. 对于附有销售退回条件的商品，如果企业不能合理地确定退货的可能性，则应在退货期满时确认收入。 （ ）

四、计算分析题

习题一

（一）目的：练习商品销售收入的核算。

（二）资料：甲上市公司为增值税一般纳税人，商品售价不含增值税，商品销售成本随销售收入确认同时结转。2×15 年 3 月 1 日，A 产品的账面余额为 318 万元。2×15 年 3 月发生有关业务如下：

(1)3 月 3 日，向本公司职工发放 A 产品作为福利，该批产品的实际成本为 8 万元，市场售价为 10 万元。该企业生产工人、车间管理人员和公司总部管理人员的比例为 5∶2∶3。

(2)3 月 8 日，向 B 公司销售 A 产品一批，开出的增值税专用发票上注明的售价为 150 万元，增值税为 25.5 万元，该批商品的实际成本为 120 万元，款项尚未收到。

(3)销售给 B 公司的部分 A 产品由于存在质量问题，3 月 20 日 B 公司要求退回 3 月 8 日所购 A 商品的 50%，经过协商，甲上市公司同意了 B 公司的退货要求，并按规定向 B 公司开具了增值税专用发票（红字），发生的销售退回允许扣减当期的增值税销项税额，该批退回的 A 产品已验收入库。

(4)3 月 31 日，经过减值测试，A 产品的可变现净值为 230 万元。

（三）要求：

(1)编制甲上市公司上述(1)、(2)、(3)项业务的会计分录。

(2)计算甲上市公司 2×15 年 3 月 31 日 A 产品的账面余额。

(3)计算甲上市公司 2×15 年 3 月 31 日 A 产品应确认的存货跌价准备，并编制会计分录。

（“应交税费”账户要求写出明细账户和专栏名称，答案中的金额单位用万元表示。）

习题二

（一）目的：练习商品销售收入的核算。

（二）资料：甲工业企业为增值税一般纳税企业，适用的增值税税率为 17%。2×15 年 10 月发生以下经济业务：

(1)销售给 A 公司甲产品 100 件，每件售价 4 000 元，货款 400 000 元，单位成本 2 500 元，增值税税率为 17%，已收到款项并存入银行。

(2)10 月 8 日，向 B 公司销售乙产品 2 000 件，每件标价 1 000 元，实际售价 900 元（售价中不含增值税额），已开出增值税专用发票，产品已交付给 B 公司，该商品单位成本为 760 元。为了及早收回货款，在合同中规定的现金折扣条件为 2/10、1/20、n/30。

(3)出售原材料，售价 4 000 元，款项尚未收回，成本 3 500 元。

(4)以前月份销售的丙产品本月退回 20 件，每件售价 2 000 元，单位成本 1 500 元，货款已通过银行退回。

(5)B 公司 10 月 18 日按合同规定付款，收到款项并存入银行。

(6)取得经营出租固定资产租金收入 6 000 元，款项收到并存入银行。

(7)销售商品一批，售价230万元，商品成本220万元，协议规定，售出商品在5个月后购回，回购价为235.5万元。2×15年10月15日购回，价款已支付（假设只考虑增值税）。

(三)要求：根据上述资料，编制会计分录（假定现金折扣按售价计算，“应交税费”账户要求写出明细账户及专栏）。

习题三

(一)目的：练习支付手续费方式的委托代销商品核算。

(二)资料：甲企业为增值税一般纳税企业，适用的增值税税率为17%。2×15年9月1日，甲企业与乙企业签订代销协议，委托乙企业销售A商品1 000件，协议价为180元/件，该商品的实际成本为150元/件，受托方按协议价的10%收取手续费。9月3日，甲企业按合同向乙企业交付商品。9月30日，乙企业已将A商品800件销售给顾客，款项均已收存银行，并将所售的代销商品清单交付给甲企业，收到甲企业按协议价开具的增值税专用发票。10月8日，甲企业收到乙企业支付的代销商品款（手续费已扣除）。

(三)要求：分别编制甲企业、乙企业有关代销业务的会计分录（“应交税费”账户须写出明细账户，答案中的金额单位为元）。

习题四

(一)目的：练习商品销售和劳务收入的核算。

(二)资料：甲公司属制造业，附带还提供设备安装劳务，该公司为增值税一般纳税人，适用的增值税税率为17%，商品、原材料售价中不含增值税。假定销售商品、原材料和提供劳务均符合收入确认条件，其成本在确认收入时逐笔结转。假设除增值税外不考虑其他税费。2×15年12月，甲公司发生以下经济业务：

(1)2×13年1月6日，曾采用分期收款方式向丙公司销售B商品一批，合同约定不含税销售价格为900万元，成本为720万元，已发出商品并开出增值税专用发票。合同约定货税款分三次于每年年末等额收取。在现销方式下，该批商品的不含税销售价格为800万元。设实际利率为6%。

(2)销售A商品一批，按商品标价计算的金额为200万元，由于是成批销售，甲公司给予客户10%的商业折扣并开具了增值税专用发票，款项尚未收回。该批商品的实际成本为150万元。

(3)向乙公司转让一项软件的使用权，一次性收取使用费20万元并存入银行，且不再提供后续服务。

(4)销售一批原材料，增值税专用发票上注明售价为80万元，款项收到并存入银行。该批材料的实际成本为59万元。

(5)前期与A公司签订一项安装合同，该设备安装劳务合同总收入为100万元，预计合同总成本为70万元，合同价款在前期签订合同时已收取。采用完工百分比法确认劳务收入。截至本月末，该劳务的累计完工进度为60%，前期已累计确认劳务收入50万元、劳务成本35万元。

(6)12月5日，向乙公司销售新产品C商品2 000件，每件售价为50元（不含税），成本为40元，已开出增值税专用发票。协议规定，购货方应于12月31日前付款，2×16年6月30日前有权退货。根据经验估计，退货率为5%，本月末收到全部货款并存入银行。

(三)要求：

(1)为业务(1)填列未实现融资收益摊销表，并编制2×13年1月～2×15年12月的会计分录。

(2)如果业务(1)分期收款销售业务，合同约定货税款分三次于2×13年1～3月每月月末等额收取，请编制销售时及第一次收款时的会计分录。

(3)为甲公司上述经济业务(2)～(6)编制会计分录。

(4)假定业务(6)在2×16年6月30日前实际退货为100件、105件和80件，请编制退货的会计分录(假设销售退回时允许冲减增值税销项税额)。

未确认融资收益摊销表

单位:万元

日　期	未收本金	收现总额	确认融资收益	已收本金
合　计				

习题五

(一)目的:练习商品销售收入和劳务收入的核算。

(二)资料:甲企业系工业企业，为增值税一般纳税人，适用的增值税税率为17%，假设除增值税外不考虑其他税费。销售单价均为不含增值税价格。甲公司2×15年12月发生以下业务(均为主营业务):

(1)12月1日，向A公司销售商品一批，价款为500 000元，该商品成本为400 000元，当日收到货款。同时，与A公司签订协议，将该商品采用融资租赁方式租回。

(2)12月6日，向B企业销售一批商品，以托收承付结算方式进行结算。该批商品的成本为200 000元，增值税专用发票上注明售价为300 000元。甲公司在销售时已办妥托收手续，后来得知B企业的资金周转发生暂时困难，难以及时支付货款。

(3)12月9日，销售一批商品给C企业，增值税专用发票上注明售价为400 000元，实际成本为250 000元，本公司已确认收入，货款尚未收到。货到后，C企业发现商品质量不合格，要求在价格上给予10%的折让。12月12日，本公司同意并办理了有关手续，开具了红字增值税专用发票。

(4)12月11日，与D企业签订代销协议，D企业委托本公司销售其商品100件。协议规定，商品应按每件3 500元的价格对外销售，D企业按售价的10%支付本公司手续费。本公司当日收到商品。

(5)12月19日，接受一项产品安装任务，安装期为2个月，合同总收入为450 000元，至年底已预收款项180 000元，实际发生成本75 000元，均为人工费用，预计还会发生成本150 000元，按实际发生的成本占估计总成本的比例确定劳务的完成程度。

(6)12月20日，销售来自于D企业的受托代销商品80件，并向买方开具增值税发票。同时，将代销清单交给D企业，收到D企业开来的增值税专用发票，并向D企业支付商品代销款(已扣手续费)。

(7)2×15年6月25日，甲企业与F企业签订协议，向F企业销售商品一批，增值税专用发票上注明售价为750 000元。协议规定，甲公司应在6个月后将商品购回，回购价为930 000元。2×15年12月25日购回，价款已支付。已知该商品的实际成本为600 000元。假设只考虑增值税。

(8)12月25日，与G企业达成协议，甲公司允许G企业经营其连锁店。协议规定，甲公司共向G企业收取特许费900 000元，其中:提供家具、柜台等收费300 000元，这些家具、柜台的成本为270 000元;提供初始服务，如帮助选址、培训人员、融资、广告等收费600 000元，发生成本500 000元。假定款项在协议开始时一次付清。

(三)要求:根据上述资料，编制相关会计分录，其中业务(7)要求编制全部会计分录。

习题六

（一）目的：练习各种收入的核算。

（二）资料：建元股份有限公司（以下简称建元公司）为增值税一般纳税企业，适用的增值税税率为17%。建元公司销售商品和提供劳务均为主营业务；商品销售价格除特别注明外均不含增值税额，所有劳务均属于工业性劳务；销售实现时结转销售成本，假设除增值税外不考虑其他税费。2×15年12月，建元公司销售商品和提供劳务的资料如下：

（1）12月1日，对A公司销售商品一批，增值税专用发票上注明销售价格为200万元，增值税额为34万元。提货单和增值税专用发票已交A公司，A公司已承诺付款。为了及时收回货款，给予A公司的现金折扣条件如下：2/10，1/20，n/30（假定计算现金折扣时不考虑增值税因素）。该批商品的实际成本为160万元。12月8日，收到A公司支付的、扣除所享受现金折扣金额后的款项，并存入银行。

（2）12月2日，收到B公司来函，要求对当年11月10日所购商品在价格上给予8%的折让（建元公司在该批商品售出时确认收入300万元，已收款）。经查核，该批商品外观存在质量问题。建元公司同意了B公司提出的折让要求。当日，收到B公司交来的税务机关开具的索取折让证明单，并开具红字增值税专用发票。折让款项已退回客户。

（3）12月4日，与C公司签订协议，向C公司销售商品一批，增值税专用发票上注明销售价格为200万元，增值税额为34万元；该协议规定，建元公司应在2×16年5月1日将该批商品购回，回购价为220万元（不含增值税额）。商品已发出，款项已收到。该批商品的实际成本为180万元。

（4）12月14日，与D公司签订合同，以分期收款方式向D公司销售商品一批。该批商品的销售价格为200万元，实际成本为160万元，提货单已交D公司。该合同规定，该商品价款及增值税分四次等额收取。第一笔款项已于当日收到，存入银行。剩下三笔款项的收款日期分别为2×16年1月14日、2月14日和3月14日。

（5）12月15日，与E公司签订一项设备维修合同。该合同规定，该设备维修总价款为100万元（不含增值税额），于维修任务完成并验收合格后一次结清。12月31日，该设备维修任务完成，并经E公司验收合格。建元公司实际发生的维修费用为60万元（均为修理人员工资）。12月31日，鉴于E公司发生重大财务困难，建元公司预计很可能收到的维修款为80万元（含增值税额）。

（6）12月25日，与F公司签订协议，委托其代销商品一批。根据代销协议，F公司对外售价自定，F公司如果没有将商品售出可以退回。该批商品的协议售价为100万元（不含增值税额），实际成本为80万元。商品已运往F公司。12月31日，建元公司收到F公司开来的代销清单，列明已售出该批商品的60%，货款已收到。

（7）12月31日，与G公司签订一件特制商品的合同。该合同规定，商品总价款为60万元（不含增值税额），自合同签订日起2个月内交货。合同签订日，收到C公司预付的款项20万元，并存入银行。商品制造工作尚未开始。

（8）12月31日，与H公司签订协议销售商品一批，增值税专用发票上注明销售价格为200万元，增值税额为34万元。商品已发出，款项已收到。该协议规定，该批商品销售价格的20%属于商品售出后5年内提供修理服务的服务费。该批商品的实际成本为160万元。

（9）12月31日，收到A公司退回的当月1日所购商品的20%。经查核，该批商品存在质量问题，建元公司同意了A公司的退货要求。当日，收到A公司交来的税务机关开具的进货退出证明单，并开具红字增值税专用发票，支付退货款项。

（10）建元公司经营以旧换新业务，12月31日销售W产品2件，单价为5.85万元（含税价格），单位销售成本为3万元；同时收回2件同类旧商品，每件回收价为1 000元（不考虑增值税）。建元公司收到扣除旧商品的款项，并存入银行。

(11)12 月初，“应交税费——未交增值税”账户的余额为贷方 86 万元，12 月 5 日已缴纳增值税；本月进项税额为 112 万元，销项税额如上述资料。

(三)要求：

(1)编制建元公司 12 月份发生的上述经济业务的会计分录。

(2)对本月缴纳增值税进行账务处理；计算建元公司 12 月份应交增值税，并对结转应交增值税进行账务处理。

(“应交税费”账户要求写出明细账户，答案中的金额单位用万元表示。)

习题七

(一)目的：练习建造合同收入的核算。

(二)资料：平和股份有限公司为一般纳税人，增值税税率为 17%，按季度对外发布财务会计报告。2×15 年 1 月 1 日签订了一项建造合同，合同总金额为 1 000 万元，2×15 年 1 月 1 日开工，2×16年 3 月完工。2×15 年第一、第二季度有关资料如下表所示：

单位：万元

项　目	第一季度	第二季度
2×15 年实际发生成本	40	50
至季末累计发生成本	40	90
完成合同尚需发生成本	760	710
本季度已结算工程价款	25	75
本季度实际收到价款	15	60

(三)要求：

(1)分别计算第一、第二季度完工程度、应确认的合同收入、合同费用、合同毛利。

(2)编制第一、第二季度发生工程成本、结算工程价款、收到工程款以及确认合同收入、合同费用、合同毛利的有关会计分录。

习题八

(一)目的：练习建造合同收入的核算。

(二)资料：甲企业 2×15 年 7 月 1 日承建乙公司的一栋办公楼，合同总收入为 500 万元，合同总成本为 400 万元，工期 1 年半，预计在 2×16 年年末完工。采用完工百分比法核算建造合同收入。建设期间发生相关经济业务如下：

(1)2×15 年，发生工程施工成本 120 万元，其中工资 20 万元，用银行存款支付其他费用 100 万元。

(2)2×15 年年末，按照工程进度，应收工程款 130 万元，实际收到 115 万元。

(3)2×16 年，发生工程施工成本 280 万元，其中工资 80 万元，用银行存款支付其他费用 200 万元。

(4)2×15 年年末，按照工程进度，应收工程款 370 万元，实际收到 380 万元。

(5)工程完工，结转工程相关账户余额。

(三)要求：

(1)计算 2×15 年合同收入、合同费用和合同毛利，并编制 2×15 年相关会计分录。

(2)计算 2×16 年合同收入、合同费用和合同毛利，并编制 2×16 年相关会计分录。

第十五章　费用和利润

一、单项选择题

1. 某企业2×15年3月份发生一次火灾，共计损失200万元，其中，流动资产损失110万元，固定资产损失90万元。经查明，事故原因是由于雷击所造成的。企业收到保险公司赔款100万元，其中，流动资产赔款56万元，固定资产赔款44万元。企业由于这次火灾损失而应计入营业外支出的金额为(　　)万元。

A. 200　　B. 100　　C. 54　　D. 46

2. 某企业采用分期收款方式销售商品，2×15年1月份发出商品1 000件，每件售价为100元，销售成本率为75%，增值税税率为17%，合同约定分7次付款，产品发出时付款40%，以后6个月每月1日各付10%。该企业1月份应结转的主营业务成本为(　　)元。

A. 75 000　　B. 87 750　　C. 100 000　　D. 30 000

3. 企业为扩大其产品或劳务的影响而在各种媒体上做广告宣传所发生的广告费用，应于相关广告见诸于媒体时，作为期间费用，直接计入(　　)，不得预提和待摊。

A. 销售费用　　B. 财务费用　　C. 管理费用　　D. 制造费用

4. 下列各项中，应作为管理费用处理的是(　　)。

A. 自然灾害造成的流动资产净损失　　B. 固定资产盘亏净损失

C. 董事、监事的工资　　D. 专设销售机构人员的工资

5. 市政部门收取的排污费，应计入(　　)。

A. 制造费用　　B. 营业外支出　　C. 税后利润　　D. 管理费用

6. 下列项目中，按照现行会计准则的规定，销售企业应当作为财务费用处理的是(　　)。

A. 购货方获得的现金折扣　　B. 购货方获得的商业折扣

C. 购货方获得的销售折让　　D. 购货方放弃的现金折扣

7. 费用会导致(　　)。

A. 资产和负债同时增加　　B. 资产的减少或负债的增加

C. 资产和负债同时减少　　D. 资产的增加或负债的减少

8. 下列费用中，属于财务费用的有(　　)。

A. 业务招待费　　B. 退休工人工资

C. 6个月以上病假人员的工资　　D. 金融机构手续费

9. 按照现行会计制度的规定，企业发生的现金折扣应(　　)。

A. 冲减营业收入　　B. 作为其他应付款

C. 计入财务费用　　D. 不做任何会计处理

10. 企业下列各项投资收益中，按税法规定免交所得税，在计算纳税所得时应予以调整的项目是(　　)。

A. 股票转让净收益　　B. 公司债券转让净收益

C. 国库券利息收入　　D. 公司债券的利息收入

二、多项选择题

1. 下列费用中，可以作为管理费用核算的有（　　）。
A. 支付的技术转让费　　B. 业务招待费
C. 职工劳动保护费　　D. 办公楼计提的折旧
E. 筹建期间的开办费
2. 一般工业企业缴纳的下列各种税金中，可能通过“营业税金及附加”账户核算的有（　　）。
A. 消费税　　B. 增值税　　C. 城市维护建设税　　D. 印花税
E. 营业税
3. 下列税金中，应计入管理费用的是（　　）。
A. 非投资性房地产的房产税　　B. 耕地占用税
C. 车船使用税　　D. 印花税
E. 非投资性房地产的土地使用税
4. 下列项目中，会影响企业营业利润的有（　　）。
A. 按规定程序批准后结转的固定资产盘盈　　B. 权益法下被投资单位实现的利润
C. 为管理人员缴纳商业保险　　D. 无法查明原因的现金短缺
E. 期末计提坏账准备
5. 在企业正常营业期间为扩大销售市场发生的下列费用中，一定应计入销售费用的有（　　）。
A. 广告费　　B. 展览费
C. 业务招待费　　D. 销售机构办公费
6. 财务费用核算的内容包括（　　）。
A. 汇兑损失　　B. 利息支出
C. 溢价发行股票支付的手续费、佣金　　D. 诉讼费
7. 以下项目中，应记入“营业外支出”账户的是（　　）。
A. 处理固定资产损失　　B. 核销的固定资产盘亏损失
C. 捐赠支出　　D. 罚没支出
8. 下列各项中，应计入其他业务成本的有（　　）。
A. 随同商品出售不单独计价的包装物成本
B. 随同商品出售单独计价的包装物成本
C. 领用的用于出借的新包装物成本
D. 对外销售的原材料成本
9. 下列项目中，可能引起企业利润增加的有（　　）。
A. 接受现金捐赠　　B. 出租包装物的租金
C. 确认无法支付的应付账款　　D. 向子公司销售商品
10. 关于费用的特点，下列说法正确的有（　　）。
A. 费用是企业在日常活动中发生的经济利益的总流出
B. 费用会导致企业所有者权益减少
C. 费用与向所有者分配利润无关
D. 费用与向所有者分配利润有关

三、判断题

1. 工业企业为扩展销售市场所发生的业务招待费，应计入销售费用。（　）

2. 某企业 2×15 年年末结账前“利润分配——未分配利润”账户的借方余额 20 万元，系上年度发生的未弥补亏损，当年实现的利润总额为 180 万元，如果不考虑其他纳税调整因素，则该企业 2×15 年应纳税所得额为 160 万元。（　）

3. 企业发生的所有借款利息都应作为财务费用处理。（　）

4. 企业实际发生的坏账损失，均应直接在管理费用中列支。（　）

5. 营业利润是指企业经营所得的利润，由产品销售利润、其他业务利润、管理费用、财务费用四部分组成。（　）

6. 无形资产摊销属于营业外支出。（　）

7. 企业年终利润结转后，“本年利润”账户的余额可能在借方，也可能在贷方。（　）

8. 企业出租无形资产应交的城市维护建设税应记入“营业税金及附加”账户。（　）

9. 生产成本和制造费用不属于企业的费用。（　）

10. 利润分配结束后，“利润分配”账户除“未分配利润”明细账户有余额，其余明细账户应无余额。（　）

四、计算分析题

习题一

（一）目的：练习企业收入、费用、利润的核算。

（二）资料：华远股份有限公司（以下简称华远公司）为增值税一般纳税人，适用的增值税税率为 17%，适用的所得税税率为 25%，采用资产负债表债务法核算所得税，不考虑增值税和所得税以外的其他相关税费，商品销售价格中均不含增值税额，商品销售成本按发生的经济业务逐项结转。销售商品及提供劳务均为主营业务，资产销售（出售）均为正常的商业交易，采用公允的交易价格结算，除特别说明外，所售资产均未计提减值准备。华远公司 2×15 年 6 月发生的经济业务及相关资料如下：

（1）6 月 1 日，向甲公司销售商品一批，增值税专用发票上注明销售价格为 200 万元。增值税额为 34 万元，产品成本为 150 万元。提货单和增值税专用发票已交甲公司，款项尚未收取。

（2）6 月 5 日，收到乙公司来函，要求对当年 4 月 5 日所购商品在销售价格上给予 10% 的折让（华远公司在该批商品售出时，已确认销售收入 500 万元，但款项尚未收取，该批产品的成本为 400 万元）。经查核，该批商品存在外观质量问题，华远公司同意了乙公司提出的折让要求。当日，收到乙公司交来的税务机关开具的索取折让证明单，并开具红字增值税专用发票。

（3）6 月 10 日，收到丙公司退回的商品一批，该批商品系当年 2 月 10 日售出，销售价格为 200 万元，实际成本为 150 万元，售出时开具了增值税专用发票并交付丙公司，但未确认该批商品的销售收入，货款也尚未收取。经检验，该批商品的性能不稳定，华远公司同意了丙公司的退货要求，当日，华远公司办妥了退货手续，并将开具的红字增值税专用发票交给了丙公司。

（4）6 月 15 日，华远公司将一项投资性房地产出售，出售价款为 300 万元，该项投资性房地产的账户余额为 250 万元(成本为 250 万元，没有发生公允价值变动。)

（5）6 月 20 日，与丁公司签订一项专利技术使用权转让合同。合同规定，丁公司有偿使用华远公司的该项专利技术，使用期为 5 年，一次性支付使用费 150 万元，华远公司在合同签订日提供该专利技术资料，不提供后续服务，与该项交易有关的手续已办妥，从丁公司收取的使用费已存入银行。

(6)6 月 30 日，因购货方违约，华远公司应收其违约金 60 万元。

(7)6 月 30 日，计提借款利息为 20 万元，其中包括资本化的利息 5 万元(是为在建工程发生的)。

(8)6 月 30 日，检查资产时发现企业的一项固定资产发生减值，减值金额为 10 万元。

(9)6 月 30 日，财产清查时发现一批原材料盘亏和一台固定资产盘亏，盘亏的原材料实际成本为 30 万元，盘亏的固定资产原价为 200 万元，累计折旧为 150 万元，已计提的减值准备为 20 万元。原材料盘亏系计量不准所致，固定资产盘亏系自然灾害所致，盘亏损失经批准予以处理。

(10)除上述经济业务外，登记本月发生的其他经济业务形成的有关账户发生额如下：

账户名称	借方发生额(万元)	贷方发生额(万元)
销售费用	20	
管理费用	10	
营业税金及附加	13	
公允价值变动损益		50
投资收益		10
营业外收入		5
营业外支出	6	

(11)6 月 30 日，计算缴纳本月应交所得税(假定本月无纳税调整事项)。

(三)要求：

(1)编制华远公司上述(1)至(9)和(11)项经济业务相关的会计分录("应交税费"账户要求写出明细账户及专栏名称)。

(2)编制华远公司 6 月份收入、费用结转入利润的会计分录。

(3)计算华远公司 6 月份的营业利润、利润总额和净利润。

(答案中的金额单位用万元表示。)

习题二

(一)目的：练习利润分配和弥补亏损的会计处理。

(二)资料：红旗工厂 2×12 年开业，当年发生经营性亏损 130 万元。2×13 年，实现税前利润 30 万元。2×14 年，实现税前利润 50 万元，另以法定盈余公积弥补亏损 10 万元。2×15 年，实现税前利润 70 万元。该企业所得税税率为 25%，法定盈余公积提存率为 10%，任意盈余公积提存率为 5%，2×15 年分配投资者利润 10 万元(盈余公积按弥补亏损后的净利润提取)。

(三)要求：

(1)编制 2×12～2×14 年各年年末结转当年损益的会计分录。

(2)编制 2×14 年用盈余公积弥补亏损的会计分录。

(3)编制 2×15 年年末结转本年利润及利润分配的有关会计分录。

(4)计算 2×15 年年末未分配利润。

第十六章　财务会计报告

一、单项选择题

1. 会计报表中各项目数字直接来源于(　　)。

A. 原始凭证　　B. 记账凭证　　C. 日记账　　D. 账簿记录

2. 按照(　　)的不同,财务报表可以分为个别报表和合并报表。

A. 反映的经济内容　B. 资金运动形态　C. 编报主体　D. 编报时间

3. (　　)是企业财务会计报告的责任主体。

A. 单位负责人　　B. 总会计师

C. 会计机构负责人　　D. 主管会计工作的负责人

4. 下列资产负债表项目中,应根据总账与其备抵账户抵销后的净额填列的是(　　)。

A. 交易性金融资产　B. 存货　C. 盈余公积　D. 资本公积

5. 下列各项中,资产负债表项目金额与总账科目余额可能不相等的有(　　)。

A. 应付票据　B. 应收票据　C. 应付利息　D. 应付职工薪酬

6. 在资产负债表中,"货币资金"项目中包括的项目是(　　)。

A. 银行本票存款　　B. 银行承兑汇票

C. 商业承兑汇票　　D. 交易性金融资产

7. 在资产负债表中,资产按照其流动性排列时,下列排列方法正确的是(　　)。

A. 货币资金　交易性金融资产　存货　无形资产

B. 交易性金融资产　存货　无形资产　货币资金

C. 无形资产　货币资金　交易性金融资产　存货

D. 存货　无形资产　货币资金　交易性金融资产

8. 下列各项,属于资产负债表流动负债的是(　　)。

A. 长期借款　B. 应付债券　C. 应付股利　D. 长期应付款

9. 某企业年末"应收账款"账户的借方余额为500万元,其中,"应收账款"明细账的借方余额为600万元,贷方余额为100万元;"预收账款"账户的贷方余额为100万元,其中,"预收账款"明细账的借方余额为20万元,贷方余额为120万元;年末"坏账准备"账户中有关应收账款计提的坏账准备贷方余额为15万元。该企业年末资产负债表中"应收账款"项目的金额为(　　)万元。

A. 585　B. 620　C. 605　D. 485

10. 下列各项中,应在资产负债表"预付款项"项目中反映的有(　　)。

A."应付账款"明细账户的借方余额　　B."应付账款"明细账户的贷方余额

C."应收账款"明细账户的借方余额　　D."预付账款"明细账户的贷方余额

11. 某企业期末"工程物资"账户的余额为100万元,"发出商品"账户的余额为50万元,"原材料"账户的余额为60万元,"材料成本差异"账户的贷方余额为5万元。假定不考虑其他因素,该企业资产负债表中"存货"项目的金额为(　　)万元。

A. 105　B. 115　C. 205　D. 215

12. 某企业资产负债表日部分总账余额如下："无形资产"账户的借方余额为78万元,"研发支出(资本化支出)"账户的借方余额为15万元,"累计摊销"账户的贷方余额为21万元,"无形资产减值准备" 账户的贷方余额为7万元,则该资产负债表"无形资产"项目应填列(　　)万元。

A. 65　　B. 50　　C. 78　　D. 57

13. 在已计提固定资产减值准备的情况下,资产负债表"固定资产"项目应根据(　　)填列。

A."固定资产"账户的期末余额

B."固定资产"账户期末余额减去"固定资产减值准备"账户期末余额后的净额

C."固定资产"账户期末余额减去"累计折旧"、"固定资产减值准备"账户期末余额后的净额

D."固定资产"账户期末余额减去"累计折旧"、"固定资产减值准备"账户期末余额,再加或减"固定资产清理"账户后的净额

14. 资产负债表中的"应付账款"项目,应(　　)。

A. 直接根据"应付账款"账户的期末贷方余额填列

B. 根据"应付账款"账户的期末贷方余额和"应收账款"账户的期末借方余额计算填列

C. 根据"应付账款"账户的期末贷方余额和"预收账款"账户的期末借方余额计算填列

D. 根据"应付账款"账户和"预付账款"账户所属相关明细账户的期末贷方余额计算填列

15. 某企业2×15年年末"短期借款"账户的期末余额为10万元,"长期借款"账户的期末余额为50万元(其中2×16年4月到期的有30万元),"应付债券"账户的余额为100万元(其中,2×13年4月1日发行的有20万元,2×14年7月1日发行的有80万元,期限均为3年,到期一次还本付息),2×15年年报中"一年内到期的非流动负债"项目应填列的金额为(　　)万元。

A. 10　　B. 60　　C. 40　　D. 50

16. 下列税费,不应在资产负债表"应交税费"项目中列示的有(　　)。

A. 增值税　　B. 印花税　　C. 所得税　　D. 城市维护建设税

17. 某企业期末"本年利润"账户的借方余额为7万元,"利润分配"和"应付股利"账户的贷方余额分别为18万元和12万元,则当期资产负债表中"未分配利润"项目的金额应为(　　)万元。

A. 30　　B. 23　　C. 18　　D. 11

18. 下列各项中,不应作为资产负债表中的资产列报的是(　　)。

A. 委托加工物资　　B. 受托代销商品

C. 融资租入固定资产　　D. 经营租入固定资产

19. 下列利润表项目中,主要根据有关账户的贷方发生额分析填列的是(　　)。

A. 营业收入　　B. 营业税金及附加　　C. 销售费用　　D. 管理费用

20. 编制多步式利润表的第一步应(　　)。

A. 以营业收入为基础,计算营业利润　　B. 以营业收入为基础,计算利润总额

C. 以营业利润为基础,计算利润总额　　D. 以利润总额为基础,计算净利润

21. 企业当期应交的增值税为54 000元,当期应交的消费税、营业税、所得税、城市维护建设税和教育费附加分别为5 000元、8 500元、6 800元、1 000元、600元,则反映在利润表上的营业税金及附加项目的数额应为(　　)元。

A. 75 900　　B. 20 900　　C. 14 100　　D. 15 100

22. 某企业本期营业收入为600万元,营业成本为320万元,营业税金及附加为65万元,管理费用为15万元,投资收益为30万元,营业外支出为5万元,所得税费用为30万元。假定不考虑其他因素,该企业本期营业利润为(　　)万元。

A. 230　　B. 225　　C. 200　　D. 195

23. 下列各项中,不影响营业利润的项目有(　　)。

A. 已销商品成本　　B. 原材料销售收入
C. 出售固定资产净收益　　D. 转让股票所得收益

24. 下列各项中，不应在利润表“营业收入”项目列示的是(　　)。
A. 政府补助收入　　B. 设备安装劳务收入
C. 代销品销售收入　　D. 固定资产出租收入

25. 下列项目中，符合现金流量表中“现金”概念的是(　　)。
A. 购入准备3个月内出售的股票　　B. 企业销售商品收到的为期1个月的商业汇票
C. 不能随时用于支付的存款　　D. 从购入日起开始计算3个月内到期的国债

26. 引起现金流量净额变动的项目是(　　)。
A. 将现金存入银行　　B. 用银行存款购买1个月到期的债券
C. 用固定资产抵偿债务　　D. 用银行存款清偿20万元的债务

27. 下列业务中，不影响现金流量的是(　　)。
A. 无形资产摊销　　B. 商业汇票贴现
C. 收回以前年度核销的坏账　　D. 收到银行存款利息

28. 下列各项，不应在“销售商品、提供劳务收到的现金”项目中反映的是(　　)。
A. 应收账款的收回　　B. 本期的购货退回
C. 预收销货款　　D. 向购买方收取的增值税销项税额

29. 支付的在建工程人员的薪酬属于(　　)活动产生的现金流量。
A. 筹资活动　　B. 经营活动　　C. 汇率变动　　D. 投资活动

30. 企业采用间接法确定经营活动现金流量时，应该在净利润的基础上(　　)。
A. 加上投资收益　　B. 加上投资损失
C. 减去资产减值准备　　D. 减去固定资产折旧

31. 下列各项中，不属于筹资活动产生的现金流量的是(　　)。
A. 收回债权性投资所收到的现金　　B. 吸收权益性投资所收到的现金
C. 发行债券所收到的现金　　D. 借入资金所收到的现金

32. 某企业本期实际支付工资100万元，各种奖金20万元，其中：经营人员工资74万元，奖金15万元；在建工程人员工资26万元，奖金5万元。现金流量表上本期支付给职工的工资为(　　)万元。
A. 120　　B. 89　　C. 100　　D. 115

33. 当期所有者权益净变动额等于(　　)。
A. 总权益变动额　　B. 总资产变动额　　C. 总股本变动额　　D. 净资产变动额

二、多项选择题

1. 财务会计报告是反映会计主体财务状况、经营成果和现金流量的书面文件，由(　　)组成。
A. 资产负债表　　B. 利润表　　C. 利润分配表　　D. 所有者权益变动表
E. 现金流量表　　F. 报表附注

2. 资产负债表表明(　　)。
A. 企业在某一特定日期所拥有或控制的经济资源
B. 企业在某一时期所控制的经济资源
C. 企业在某一特定日期所承担的现有义务
D. 企业在某一特定日期所有者对净资产的要求权

3. 资产负债表中“存货”项目的金额，应根据(　　)账户的余额分析填列。
A.“材料采购”　　B.“材料成本差异”　　C.“发出商品”　　D.“生产成本”
4. 下列各项中，应列入利润表“资产减值损失”项目的有(　　)。
A. 原材料盘亏损失　　B. 固定资产减值损失
C. 应收账款减值损失　　D. 无形资产处置净损失
5. 下列各项中，应在资产负债表“预收款项”项目反映的有(　　)。
A.“应收账款”账户所属各明细账户的期末贷方余额
B.“预付账款”账户所属各明细账户的期末贷方余额
C.“预收账款”账户所属各明细账户的期末贷方余额
D.“应付账款”账户所属各明细账户的期末贷方余额
6. 下列各项中，应通过资产负债表“应付职工薪酬”项目反映的有(　　)。
A. 工资奖金及津贴　　B. 住房公积金　　C. 社会保险费　　D. 工会经费
7. 下列各项中，应填列在利润表“营业收入”项目的有(　　)。
A. 主营业务收入　　B. 其他业务收入　　C. 公允价值变动收益　D. 投资收益
8. 下列各项中，影响企业营业利润的有(　　)。
A. 公允价值变动损益　　B. 营业税金及附加
C. 所得税费用　　D. 投资收益
9. 下列各项中，需要在利润表中单独披露的有(　　)。
A. 销售成本率　　B. 销售利润率　　C. 基本每股收益　　D. 稀释每股收益
10. 现金等价物的特征是(　　)。
A. 流动性强　　B. 期限短
C. 易于转换为已知金额的现金　　D. 价值变动风险很小
11. 现金流量表中的“支付给职工以及为职工支付的现金”项目包括(　　)。
A. 支付给生产工人的奖金　　B. 支付给销售人员的津贴
C. 支付给管理人员的工资　　D. 支付给在建工程人员的工资
12. 应在现金流量表中“收到的其他与经营活动有关的现金”项目反映的有(　　)。
A. 收到的教育费附加返还　　B. 罚款收入
C. 经营租赁收到的租金　　D. 流动资产损失中由个人赔偿的现金收入
13. 下列各项现金流出，属于企业现金流量表中筹资活动产生的现金流量的有(　　)。
A. 偿还应付账款　　B. 偿还短期借款
C. 发放现金股利　　D. 支付借款利息
14. 下列项目中，影响当期所有者权益变动额的项目是(　　)。
A. 净利润　　B. 所有者投入和减少资本
C. 所有者权益内部结转　　D. 分配现金股利
15. 在确定购买商品、接受劳务支付的现金时，需要考虑的因素有(　　)。
A. 增值税进项税额　　B. 存货增减变化
C. 预付账款增减变化　　D. 存货盘亏
E. 计入本期生产成本的非材料费用
16. 下列各项中，不属于筹资活动产生的现金流量的是(　　)。
A. 收回债券投资所收到的现金　　B. 吸收权益性投资所收到的现金
C. 发行债券所收到的现金　　D. 借入资金所收到的现金
E. 取得投资收益所收到的现金

17. 在会计报表附注中，应当披露（　　）。

A. 关联方关系及其交易的说明　　B. 或有事项的说明

C. 资产负债表日后事项的说明　　D. 重要资产转让及其出售的说明

18. 某企业 2×15 年度发生的下列交易或事项中，会引起投资活动产生的现金流量发生变化的有（　　）。

A. 向投资者派发现金股利 60 万元

B. 转让一项专利权，取得价款 200 万元

C. 购入一项专利技术用于日常经营，支付价款 10 万元

D. 采用权益法核算的长期股权投资，因被投资方实现净利润确认投资收益 500 万元

19. 下列各项中，影响企业营业利润的有（　　）。

A. 出售原材料损失　　B. 计提无形资产减值准备

C. 公益性捐赠支出　　D. 出售交易性金融资产损失

20. 下列各项中，在采用间接法将净利润调节为经营活动的现金流量时，需要调整的项目包括（　　）。

A. 固定资产报废损失　　B. 经营性应收项目的减少

C. 存货的增加　　D. 投资损失

三、判断题

1. 在实际工作中，为了使会计报表及时报送，企业可以提前结账。（　　）

2. 利润表是反映企业在一定时期经营成果的报表。（　　）

3. 资产负债表左、右两方的项目，都是根据有关总账或明细账的期末余额直接填列的。（　　）

4. 在资产负债表中，资产的排列顺序是根据重要性原则确定的。（　　）

5. 企业年度利润表中“利润总额”项目应该和年末、年初净资产的差额相等。（　　）

6. 资产负债表的格式有单步式和多步式。（　　）

7. 企业必须对外提供资产负债表、利润表、现金流量表和所有者权益变动表，但财务报表附注不属于企业必须对外提供的资料。（　　）

8. 财务报表提供的信息仅对外部的投资者和债权人有用。（　　）

9. 财务报表各项目均应当以总额列报，任何情况下不得以净额列报。（　　）

10. 资产负债表和现金流量表属于静态会计报表，利润表属于动态会计报表。（　　）

11. 如果“固定资产清理”账户出现借方余额，应在资产负债表“固定资产清理”项目中以负数填列。（　　）

12. 资产负债表中“无形资产”项目应根据“无形资产”账户的期末余额，减去“无形资产减值准备”账户期末余额后的金额填列。（　　）

13. 企业利润表的结构是单步式利润表。（　　）

14. 利润表中“资产减值损失”项目应根据“资产减值损失”总账账户的本期借方发生额填列。（　　）

15. “利润分配”总账的年末余额不一定与相应的资产负债表中未分配利润的数额一致。（　　）

16. 公允价值变动损益是指企业应当计入当期损益的资产或负债公允价值变动的损益，与企业的生产经营活动没有直接的关系，在利润表中应当计入营业外收入反映。（　　）

17. 现金各项目之间、现金与非现金各项目之间的增减变动，均会影响到企业现金流量净额的变动。（　　）

18. 现金流量表“投资活动产生的现金流量”中的投资概念和会计核算中的“长期股权投资”中

的投资概念是一致的。 （ ）

19. 处置固定资产收回的现金净额为负值，则应按负数在现金流量表“处置固定资产、无形资产和其他长期资产而收到的现金净额”项目中反映。 （ ）

20. 企业在编制现金流量表时，对企业为职工支付的养老、失业等社会保险基金、补充养老保险、住房公积金等，应按照职工的工作性质和服务对象分别在经营活动和投资活动产生的现金流量有关项目中反映。 （ ）

21. 现金流量表的编制基础是权责发生制。 （ ）

22. 所有者权益变动表可以反映债权人所拥有的权益，据以判断资本保值、增值的情况以及对负债的保障程度。 （ ）

23. 在确定销售商品、提供劳务收到的现金时，不需要考虑应收票据贴现和视同销售业务。 （ ）

24. 企业为职工支付的养老、失业等社会保险基金、补充养老保险、住房公积金、支付给职工的住房困难补助、企业为职工缴纳的商业保险金，以及企业支付给职工或为职工支付的其他福利费用等，应当在“支付给职工以及为职工支付的现金”项目中反映。 （ ）

25. 实际支付的耕地占用税、矿产资源补偿费、印花税、房产税、土地增值税等税费都在“支付的各项税费”项目中反映。 （ ）

26. 财务报表附注是对在资产负债表、利润表、现金流量表和所有者权益变动表等报表中列示项目的文字描述或明细资料，以及对未能在这些报表中列示项目的说明等。 （ ）

四、计算分析题

习题一

（一）目的：练习资产负债表的编制。

（二）资料：甲企业 2×15 年 12 月 31 日的有关资料如下：

（1）科目余额表。

科目余额表

单位：元

账户名称	借方余额	账户名称	贷方余额
库存现金	10 000	预付账款	30 000
银行存款	57 000	坏账准备（应收账款）	5 000
应收票据	60 000	材料成本差异	55 000
应收账款	80 000	累计折旧	300 000
原材料	70 000	短期借款	8 000
周转材料	10 000	应付账款	70 000
发出商品	90 000	预收账款	10 000
库存商品	100 000	应交税费	13 000
固定资产	800 000	长期借款	80 000
应付职工薪酬	4 000	实收资本	500 000
在建工程	40 000	盈余公积	200 000
研发支出	150 000	利润分配	200 000

（2）债权债务明细账户余额。

应收账款明细资料如下：

应收账款 A公司 借方余额 100 000 元 应收账款 B公司 贷方余额 20 000 元

预付账款明细资料如下：

预付账款 C公司 借方余额 20 000 元 预付账款 D公司 贷方余额 50 000 元

应付账款明细资料如下：

应付账款 E公司 贷方余额 100 000 元 应付账款 F公司 借方余额 30 000 元

预收账款明细资料如下：

预收账款 G公司 贷方余额 40 000 元 预收账款 H公司 借方余额 30 000 元

(3)长期借款共 2 笔，均为到期一次性还本付息。金额及期限如下：

①从工商银行借入 30 000 元（本利和），期限从 2×14 年 6 月 1 日到 2×16 年 6 月 1 日。

②从建设银行借入 50 000 元（本利和），期限从 2×15 年 8 月 1 日到 2×17 年 8 月 1 日。

(三)要求：根据上述资料，编制甲企业 2×15 年 12 月 31 日的资产负债表。

资产负债表

编制单位： 年 月 日 单位：元

资 产	期末余额	年初余额	负债及所有者权益	期末余额	年初余额
流动资产：			流动负债：		
货币资金			短期借款		
交易性金融资产			交易性金融负债		
应收票据			应付票据		
应收账款			应付账款		
预付款项			预收款项		
应收利息			应付职工薪酬		
应收股利			应交税费		
其他应收款			应付利息		
存货			应付股利		
一年内到期的非流动资产			其他应付款		
其他流动资产			一年内到期的非流动负债		
流动资产合计			其他流动负债		
非流动资产：			流动负债合计		
可供出售金融资产			非流动负债：		
持有至到期投资			长期借款		
长期应收款			应付债券		
长期股权投资			长期应付款		
投资性房地产			专项应付款		
固定资产			预计负债		
在建工程			递延所得税负债		
工程物资			其他非流动负债		
固定资产清理			非流动负债合计		
生产性生物资产			负债合计		
油气资产			所有者权益(或股东权益)：		
无形资产			实收资本(或股本)		

续表

资　产	期末余额	年初余额	负债及所有者权益	期末余额	年初余额
开发支出			资本公积		
商誉			减:库存股		
长期待摊费用			盈余公积		
递延所得税资产			未分配利润		
其他流动资产			所有者权益合计		
非流动资产合计					
资产总计			负债及所有者权益总计		

习题二

(一)目的:练习资产负债表的编制。

(二)资料:乐华股份有限公司2×15年的有关资料如下:

(1)1月1日的部分总账及其所属明细账余额如下表所示

单位:万元

总　账	明细账	借方余额	贷方余额
应收账款	A公司	600	
坏账准备			30
长期股权投资	B公司	2 500	
固定资产	厂房	3 000	
累计折旧			900
固定资产减值准备			200
预付账款	C公司	150	
应付账款	D公司		1 050
长期借款	甲银行		300

注:①该公司设置"预付账款"会计科目。

②表中长期借款为2×14年10月1日从银行借入,借款期限为2年,年利率为5%,每年末付息一次。

(2)2×15年乐华股份有限公司发生有关经济业务如下:

①3月10日,收回上年已作为坏账转销的应收A公司账款70万元,并存入银行。

②4月15日,收到C公司发来的材料一批,并验收入库。增值税专用发票上注明货款为100万元,增值税为17万元,其款项上年已预付。

③4月20日,对厂房进行更新改造,发生后续支出总计500万元,均以银行存款支付。该厂房原价为500万元,已提折旧167万元,已提减值准备33万元。该厂房于12月30日达到预定可使用状态,其后续支出符合资本化条件。

④6月30日,从乙银行借款200万元,期限为3年,年利率为6%,每半年付息一次。

⑤10月份以票据结算的经济业务有(不考虑增值税):持银行汇票购进材料500万元,持银行本票购进库存商品300万元,签发6个月的商业汇票购进材料800万元。

⑥12月31日,经计算,本月应付职工工资200万元,其中:生产工人工资100万元,车间管理人员工资30万元,厂部管理人员工资70万元。应计提社会保险费50万元。同日,以银行存款预付下月住房租金2万元,该住房供公司高级管理人员免费居住。

⑦12 月 31 日,经减值测试,应收 A 公司账款预计未来现金流量现值为 400 万元。

⑧乐华股份有限公司对 B 公司的长期股权投资采用权益法核算,其投资占 B 公司的表决权股份的 30%。2×15 年,B 公司实现净利润 9 000 万元。长期股权投资在资产负债表日不存在减值迹象。

除上述资料外,不考虑其他因素。

(三)要求:

(1)为上述经济业务编制相关的会计分录。

(2)计算乐华股份有限公司 2×15 年 12 月 31 日资产负债表下列项目的年末余额:①应收账款;②预付款项;③长期股权投资;④固定资产;⑤应付票据;⑥应付账款;⑦应付职工薪酬;⑧长期借款;⑨一年内到期的长期负债。

习题三

(一)目的:练习利润表的编制。

(二)资料:甲股份有限公司(以下简称甲公司)为增值税一般纳税企业,适用的增值税税率为 17%,商品销售价格中均不含增值税额。按每笔销售分别结转销售成本。甲公司销售商品、零配件及提供劳务均为主营业务。甲公司 2×15 年 9 月发生以下经济业务:

(1)以分期收款销售方式向 A 公司销售商品一批。该批商品的销售价格为 20 万元,实际成本为 17 万元,取货单和增值税专用发票已交 A 公司。根据合同,该价款(不含增值税额,下同)分三次收取,第一次收取货款的 20%,10 月 1 日和 11 月 1 日分别收取货款的 40%。第一次收取的货款已于本月收存银行。

(2)与 B 公司签订协议,委托其代销商品一批。根据代销协议,B 公司按代销商品协议价的 5%收取手续费,并直接从代销款中扣除。该批商品的协议价为 5 万元,实际成本为 3.6 万元,商品已运往 B 公司。本月末收取 B 公司开来的代销清单,列明已售出该批商品的 50%,同时收到已售代销商品的代销款(已扣除手续费)。

(3)与 C 公司签订一项设备安装合同。该设备安装期为 2 个月,合同总价款为 3 万元,分两次收取。本月末收到第一笔价款 1 万元,并存入银行。按合同规定,安装程序完成日收取剩余的款项。至本月末,已实际发生安装成本 1.2 万元(假定均为安装人员工资)。

(4)向 D 公司销售一件特定商品。合同规定,该件商品须单独设计制作,总价款为 35 万元,自合同签订起两个月内交货。D 公司已预付全部价款。至本月末,该件商品尚未完工,已发生生产成本 15 万元(其中,生产人员工资 5 万元,原材料 10 万元)。

(5)向 E 公司销售一批配件。该批配件的销售价格为 100 万元,实际成本为 80 万元。增值税专用发票及提货单已交给 E 公司。E 公司已开出承兑的商业汇票,该商业汇票的期限为 3 个月,到期日为 12 月 10 日。E 公司因受场地限制,推迟到下月 23 日提货。

(6)与 H 公司签订一项设备维修服务协议。本月末,该维修服务完成并经 H 公司验收合格,同时收到 H 公司按协议支付的劳务款 50 万元(含增值税)。为完成该项维修服务,发生相关费用 10.4 万元(假定均为维修人员工资)。

(7)M 公司退回 2×12 年 12 月 28 日购买的商品一批,该批商品的销售价格为 6 万元,实际成本为 4.7 万元。该批商品的销售收入已在售出时确认,但款项尚未收取。经查明,退货理由符合原合同规定。本月末已办妥退货手续,并开具红字增值税专用发票。

(8)计算本月应交所得税,该公司适用的所得税税率为 25%,采用资产负债表债务法核算所得税,假定本期无任何纳税调整事项。

其他相关资料如下:

除上述经济业务外,甲公司登记 9 月份发生的其他经济业务形成的账户余额如下:

账户名称	借方余额(万元)	账户名称	贷方余额(万元)
其他业务成本	1	其他业务收入	2
营业外支出	40	投资收益	1.53
营业税金及附加	10	营业外收入	20
管理费用	5		
财务费用	1		

(三)要求(单位为万元,计算结果保留两位小数):

(1)编制甲公司上述(1)~(7)项经济业务相关的会计分录("应交税费"账户要求写出明细账户及专栏名称)。

(2)编制甲公司2×15年9月份的利润表。

利润表(简表)

编制单位: 年 月 单位:万元

项 目	本期金额	上期金额
一、营业收入		(略)
减:营业成本		
营业税金及附加		
减:销售费用		
管理费用		
财务费用		
资产减值损失		
加:公允价值变动收益(损失以"—"号填列)		
投资收益(损失以"—"号填列)		
其中:对联营企业和合营企业的投资收益		
二、营业利润(亏损以"—"号填列)		
加:营业外收入		
减:营业外支出		
其中:非流动资产处置损失		
三、利润总额		
减:所得税费用		
四、净利润		

习题四

(一)目的:练习现金流量表的编制。

(二)资料:甲公司为增值税一般纳税工业企业,2×15年发生以下经济业务:

(1)1月9日,购入材料一批,专用发票上注明的材料价款为500万元,增值税额为85万元。材料已经入库,当日开出同等金额的不带息商业承兑汇票一张,材料的计划成本为540万元。

(2)2月5日,销售产品一批,产品成本500万元,销售货款700万元,专用发票上注明的增值税额为119万元。产品已经发出,货款及增值税已经收到并存入银行。

(3)4月9日,用银行存款支付到期商业承兑汇票所载的价款及增值税585万元,其中增值税为85万元。

(4)7月3日,销售材料一批,原材料的计划成本为8万元,销售价款为10万元。材料已经发出,货款及增值税尚未收到,材料成本差异率为−5%。

(5)当年分配并发放职工工资160万元,其中:生产工人工资140万元,管理人员工资10万元,在建工程工人工资10万元。

(6)支付当年办公楼租金6万元。

(7)9月10日，支付ABC电视台的广告费用8万元。

(8)8月2日，当年支付产品展览费2万元。

(9)甲公司拥有A企业有表决权资本的比例为60%，上年度A企业实现净利润200万元，2×15年3月10日实际分得现金股利60万元，存入银行。

(10)当年该公司应交城市维护建设税10万元，应交教育费附加6.5万元。

(11)10月3日，向银行借入短期借款100万元，并支付借款利息15万元。

(12)本年度计提坏账准备2万元，计提固定资产折旧40万元，摊销无形资产5万元。

(13)12月1日，将一张面值为500万元的不带息商业汇票向银行申请贴现（不附追索权），贴现利息为4万元，该汇票金额不含增值税。

(14)12月2日，用银行存款115万元购入A企业发行的3年期、面值为100万元、年利率为5%、到期还本付息的债券。

(15)12月29日，采用托收承付计算方式销售产品一批，价款为200万元，实际成本为160万元。产品已经发出，增值税专用发票已经交给买方。

(16)11月8日，用银行存款500万元购入不需安装的设备一台，设备已交付使用。

(17)10月5日，向银行借入长期借款450万元，存入银行；另偿还短期借款120万元。

(18)11月5日，转让设备一台，原价250万元，已提折旧100万元，取得转让收入180万元，支付清理费用5万元。现设备已处理完毕，款项已通过银行结算。

(19)12月20日，用银行存款支付出包工程款200万元。

(20)2×13年2月1日开工的第三车间建设项目于当年4月5日交付使用，应付工程款为198万元。

(21)本年应交所得税60万元，12月31日实际缴纳所得税40万元，缴纳增值税40万元、城市维护建设税10万元、教育费附加6.5万元。

(22)12月31日，结转本年利润。

(23)将“本年利润”和“利润分配”有关明细账转入“利润分配——未分配利润”账户。

(24)2×15年4月1日，已向股东分配现金股利10万元。

(三)要求：按直接填列法编制甲公司2×15年度的现金流量表。

现金流量表

编制单位： 年度 单位：万元

项　目	本期金额	上期金额
一、经营活动产生的现金流量		（略）
销售商品、提供劳务收到的现金		
收到的税费返还		
收到的其他与经营活动有关的现金		
经营活动现金流入小计		
购买商品、接受劳务支付的现金		
支付给职工以及为职工支付的现金		
支付的各项税费		
支付的其他与经营活动有关的现金		
经营活动现金流出小计		
经营活动产生现金流量净额		
二、投资活动产生的现金流量		

续表

项　　目	本期金额	上期金额
收回投资收到的现金		
取得投资收益收到的现金		
处置固定资产、无形资产及其他长期资产收回的现金净额		
收到的其他与投资活动有关的现金		
投资活动现金流入小计		
购建固定资产、无形资产和其他长期资产支付的现金		
投资支付的现金		
支付的其他与投资活动有关的现金		
投资活动现金流出小计		
投资活动产生现金流量净额		
三、筹资活动产生的现金流量		
吸收投资收到的现金		
取得借款收到的现金		
收到的其他与筹资活动有关的现金		
筹资活动现金流入小计		
偿还债务支付的现金		
分配股利、利润或偿付利息支付的现金		
支付的其他与筹资活动有关的现金		
筹资活动现金流出小计		
筹资活动产生现金流量净额		
四、汇率变动对现金及现金等价物的影响		
五、现金及现金等价物净增加额		
加:期初现金及现金等价物余额		
六、期末现金及现金等价物余额		

习题五

(一)目的:练习现金流量表的编制。

(二)资料:A企业2×15年1月1日和2×15年12月31日有关账户的余额分别为:“应收账款”账户为2 000 000元和3 000 000元,“预收账款”账户为400 000元和1 000 000元,“应付账款”账户为5 000 000元和7 000 000元,“预付账款”账户为500 000元和700 000元,“存货”账户为6 000 000元和5 000 000元(购货退回已入库)。

另外,本期销货退回支付的现金为100 000元,购货退回收到的现金为200 000元,2009年的营业收入为8 000 000元(尚未扣减销售退回),营业成本为6 000 000元。

(三)要求:根据上述资料编制调整分录,并计算“销售商品、提供劳务收到的现金”、“购买商品、提供劳务支付的现金”项目金额。

习题六

(一)目的:练习现金流量表的编制。

(二)资料:天明公司为增值税一般纳税人,本期有关资料如下:

(1)本期主营业务收入为1 000万元,增值税销项税额为170万元;应收账款期初余额为120万元,期末余额为180万元;预收账款期初余额为50万元,期末余额为15万元。假定不考虑其他因素。

(2)本期发生下列经济业务:

①以银行存款支付购入原材料价款50万元,增值税8.5万元;

②购入原材料价款 30 万元，增值税 5.1 万元，货款与增值税尚未支付；

③收到前期发生的购货退回货款 2.5 万元，已存入银行；

④以银行存款预付购买材料货款 10 万元；

⑤购买工程用物资 20 万元，增值税 3.4 万元，款项已用银行存款支付；

⑥以银行存款支付到期的应付票据 8 万元。

(3)本期发生的管理费用为 1 000 万元，其中，以现金支付管理人员工资 450 万元和养老金等社会保险费 180 万元，计提固定资产折旧 100 万元，无形资产摊销 30 万元，计提坏账准备 10 万元，其余以现金支付；发生的销售费用为 300 万元，均以现金支付。假定不考虑其他因素。

(三)要求：计算天明公司本期现金流量表中下列项目金额：

(1)“销售商品、提供劳务收到的现金”项目；

(2)“购买商品、接受劳务支付的现金”项目；

(3)“支付的其他与经营活动有关的现金”项目。

习题七

(一)目的：练习现金流量表的编制。

(二)资料：乙股份有限公司(本题下称“乙公司”)为增值税一般纳税人，适用的增值税税率为 17%。乙公司 2×15 年度有关资料如下：

(1)部分账户 2×15 年年初、年末余额或本年发生额如下：

单位：万元

账户名称	年初余额	年末余额	借方发生额	贷方发生额
现金及银行存款	1 250	3 632		
应收账款	2 500	4 800		
坏账准备	25	48		
预付账款	215	320		
原材料	800	500		
库存商品	0	700		
其他应收款	240	192		
长期股权投资	800	1 030		
固定资产	11 200	11 320		
无形资产	525	120		
短期借款	140	120		
应付账款	380	800		
预收账款	200	300		
应付职工薪酬	427.5	547.5		
应付股利	45	25		
应交税费	0	0		
长期借款	250	1 100		
应付债券	0	1 000		
主营业务收入				8 500
主营业务成本			5 600	
销售费用			253	
管理费用			860	
财务费用			37	

续表

账户名称	年初余额	年末余额	借方发生额	贷方发生额
资产减值损失			20	
投资收益				290
营业外收入				10
营业外支出			10	

(2)其他有关资料如下：

①应收账款、预收账款的增减变动均由产品销售所引起，且以银行存款结算；本年收回以前年度已核销的应收账款 3 万元，款项已存入银行。

②原材料的增减变动均由购买原材料和生产领用所引起，库存商品的增减变动均由生产产品和销售产品所引起。

③年末库存商品的实际成本为 700 万元，由以下成本项目构成：

原材料成本　385 万元

工资及福利费　225 万元(以货币资金结算或形成应付债务)

制造费用　90 万元(固定资产折旧 60 万元，其他均以银行存款支付)

④本年销售商品成本(即主营业务成本)为 5 600 万元，由以下成本项目构成：

原材料成本　3 080 万元

工资及福利费　1 800 万元(以货币资金结算或形成应付债务)

制造费用　720 万元(固定资产折旧费用 480 万元，其他均以银行存款支付)

⑤购买原材料均取得增值税专用发票，销售商品均开出增值税专用发票。

⑥本年应交增值税借方发生额为 1 445 万元，其中，购买原材料发生的增值税进项税额为 538.05 万元，已交税金为 906.95 万元；贷方发生额为 1 445 万元(均为销售商品发生的增值税销项税额)。

⑦其他应收款年初余额为 240 万元，为预付公司办公楼租金(经营租赁)。本年以银行存款预付该办公楼租金 240 万元，本年应负担办公楼租金 288 万元。

⑧本年以某商标向丙公司投资，享有丙公司所有者权益的份额为 150 万元，采用权益法核算。该商标权投出时的账面余额为 150 万元。本年根据丙公司实现的净利润及持股比例确认投资收益 80 万元(该投资收益均为投资后实现的，丙公司本年未宣告分派现金股利)。

⑨本年以银行存款 350 万元购入不需要安装的设备一台。

本年对一台管理用设备进行清理。该设备账面原价为 230 万元，清理时的累计折旧为 185 万元。该设备清理过程中，以银行存款支付清理费用 3 万元，变价收入 38 万元已存入银行。

⑩本年向丁公司出售一项专利权，价款 200 万元已存入银行，以银行存款支付营业税 10 万元。该专利权出售时的账面余额为 180 万元。

⑪本年摊销无形资产 75 万元，其中包括商标权对外投出前的摊销额 20 万元、专利权出售前的摊销额 25 万元。

⑫本年借入短期借款 300 万元，归还短期借款 320 万元；本年借入长期借款 850 万元。

⑬12 月 31 日，按面值发行 3 年期、票面年利率为 5%的长期债券 1 000 万元，款项已收存银行。

⑭应付账款、预付账款的增减变动均为购买原材料所引起，且以银行存款支付。

⑮应付职工薪酬年初数、年末数均与投资活动和筹资活动无关，本年确认的职工薪酬均与投资活动和筹资活动无关。

⑯销售费用包括：工资及福利费 215 万元(以银行存款支付或形成应付债务)；折旧费用 8 万元，其他销售费用 30 万元(均以银行存款支付)。

⑰管理费用包括：工资及福利费 185 万元(以银行存款支付或形成应付债务)，折旧费用 228 万元，无形资产摊销 75 万元，预付房租摊销 288 万元，其他管理费用 84 万元(均以银行存款支付)。

⑱财务费用包括：支付短期借款利息 15 万元，支付长期借款利息 22 万元。

⑲资产减值损失为计提坏账准备 20 万元。

⑳投资收益包括：收到丁公司分来的现金股利 210 万元(乙公司对丁公司的长期股权投资采用成本法核算，分得的现金股利为投资后被投资企业实现净利润的分配额)；按照丙公司实现的净利润及持股比例确认投资收益 80 万元。

㉑除上述所给资料外，所有债权的增减变动均以货币资金结算。

(三)要求：按分析填列法计算乙公司 2×15 年度现金流量表有关项目的金额。

现金流量表(简表)

编制单位： 年度 单位：万元

项　目	计算过程	本期金额
销售商品、提供劳务收到的现金		
购买商品、接受劳务支付的现金		
支付给职工以及为职工支付的现金		
支付的各项税费		
支付的其他与经营活动有关的现金		
取得投资收益收到的现金		
处置固定资产、无形资产及其他长期资产收回的现金净额		
购建固定资产、无形资产和其他长期资产支付的现金		
吸收投资收到的现金		
取得借款收到的现金		
偿还债务支付的现金		
分配股利、利润或偿付利息支付的现金		

习题八

(一)目的：练习资产负债表、利润表和现金流量表的编制。

(二)资料：绿叶公司为增值税一般纳税人，适用的增值税税率为 17%。原材料和库存商品均按实际成本核算，商品售价不含增值税，其销售成本随销售同时结转。2×14 年 12 月 31 日绿叶公司资产负债表(简表)的资料如下：

资产负债表(简表)

编制单位：绿叶公司 2×14 年 12 月 31 日 单位：万元

资　产	年初余额	负债及所有者权益	年初余额
货币资金	320.4	短期借款	200
交易性金融资产	0	应付账款	84
应收票据	24	应付票据	40
应收账款	159.2	预收款项	60
预付款项	0.16	应付职工薪酬	4
存货	368	应交税费	9.6
长期股权投资	480	应付利息	40
固定资产	1 442	长期借款	1 008
在建工程	100	实收资本	1 600

续表

资　产	年初余额	负债及所有者权益	年初余额
无形资产	204	盈余公积	96
长期待摊费用	50	未分配利润	6.16
资产总计	3 147.76	负债及所有者权益总计	3 147.76

2×15 年，该公司发生以下交易或事项：

(1)以商业承兑汇票支付方式购入材料一批，发票账单已经收到，增值税专用发票上注明的货款为 30 万元，增值税额为 5.1 万元。材料已验收入库。

(2)委托证券公司购入公允价值为 100 万元的股票，作为交易性金融资产核算。期末交易性金融资产的公允价值为 120 万元。

(3)计算并确认短期借款利息 5 万元。

(4)计算并确认坏账准备 8 万元。

(5)计提行政管理部门用固定资产折旧 20 万元，摊销管理用无形资产成本 10 万元。

(6)销售库存商品一批，该批商品售价为 100 万元，增值税为 17 万元，实际成本为 65 万元，商品已发出。甲公司已于上年预收货款 60 万元，其余款项尚未结清。

(7)分配工资费用，其中，企业行政管理人员工资 15 万元，在建工程人员工资 5 万元。

(8)计提应计入在建工程成本的长期借款利息 20 万元。

(9)确认对联营企业的长期股权投资收益 50 万元。

(10)计算并确认应交城市维护建设税 3 万元(教育费附加略)。

(11)转销无法支付的应付账款 30 万元。

(12)该企业本期所得税费用和应交所得税均为 18.5 万元，结转本年各项收入费用。

(13)按税后利润的 10%提取法定盈余公积，并结转本期净利润以及利润分配有关明细账。

(三)要求：

(1)编制有关的会计分录("应交税费"账户要求写出明细账户和专栏名称)。

(2)编制绿叶公司 2×15 年 12 月 31 日的资产负债表、2×15 年度利润表及 2×15 年度现金流量表补充资料。

(答案中的金额单位用万元表示。)

资产负债表(简表)

编制单位：　　　　　　年　月　日　　　　　　单位：万元

资　产	年末余额	年初余额	负债及所有者权益	年末余额	年初余额
货币资金			长期借款		
交易性金融资产			应付账款		
应收票据			应付票据		
应收账款			预收款项		
预付款项			应付职工薪酬		
存货			应交税费		
长期股权投资			应付利息		
固定资产			长期借款		
在建工程			实收资本		
无形资产			盈余公积		
长期待摊费用			未分配利润		
资产总计			负债及所有者权益总计		

利润表(简表)

编制单位:　　　　　　　　　　年度　　　　　　　　　　单位:万元

项　目	本期金额	上期金额(略)
一、营业收入		
减:营业成本		
营业税金及附加		
销售费用		
管理费用		
财务费用		
资产减值损失		
加:公允价值变动收益(损失以"－"号填列)		
投资收益(损失以"－"号填列)		
二、营业利润(亏损以"－"号填列)		
加:营业外收入		
减:营业外支出		
三、利润总额(亏损总额以"－"号填列)		
减:所得税费用		
四、净利润(净亏损以"－"号填列)		

现金流量表补充资料(简表)

编制单位:　　　　　　　　　　年度　　　　　　　　　　单位:万元

补充资料	计算过程	本期金额
1. 将净利润调节为经营活动的现金流量		
净利润		
加:资产减值准备		
固定资产折旧		
无形资产摊销		
公允价值变动损失(收益以"－"号填列)		
财务费用(收益以"－"号填列)		
投资损失(收益以"－"号填列)		
存货的减少(增加以"－"号填列)		
经营性应收项目的减少(增加以"－"号填列)		
经营性应付项目的增加(减少以"－"号填列)		
经营活动产生的现金流量净额		
2. 不涉及现金收支的重大投资和筹资活动		
3. 现金及现金等价物净变动情况:		
现金的期末余额		
减:现金的期初余额		
加:现金等价物的期末余额		
减:现金等价物的期初余额		
现金及现金等价物净增加额		

第十七章　资产负债表日后事项

一、单项选择题

1. 资产负债表日至财务会计报告批准报出日之间发生的下列事项，属于资产负债表日后调整事项的是（　　）。

A. 为子公司的银行借款提供担保

B. 对资产负债表日存在的债务签订债务重组协议

C. 法院判决赔偿的金额与资产负债表日预计的相关负债的金额不一致

D. 债务单位遭受自然灾害导致资产负债表日存在的应收款项无法收回

2. 甲公司2×14年度财务报告经董事会批准对外公布的日期为2×15年3月30日，实际对外公布的日期为2×15年4月3日。甲公司2×15年1月1日至4月3日发生的下列事项中，应当作为资产负债表日后调整事项核算的有（　　）。

A. 3月1日，发现2×14年10月接受捐赠获得的一项固定资产尚未入账

B. 3月11日，临时股东大会决议购买乙公司51%的股权并于4月2日执行完毕

C. 4月2日，甲公司为从丙银行借入8 000万元长期借款而签订重大资产抵押合同

D. 2月1日，与丁公司签订的债务重组协议执行完毕，该债务重组协议系甲公司于2×15年1月5日与丁公司签订

3. 在资产负债表日至财务报告批准报出日之间发生的下列事项中，属于资产负债表日后调整事项的是（　　）。

A. 企业发现报告年度一项应收账款的坏账损失率估计错误，导致少计提200万元的坏账准备

B. 外汇汇率发生较大的变动

C. 可供出售金融资产的公允价值发生较大变动

D. 自然灾害导致资产重大损失

4. 下列发生于报告年度资产负债表日至财务报告批准报出日之间的各事项中，不应调整报告年度财务报表相关项目金额的有（　　）。

A. 董事会通过报告年度利润分配预案

B. 发现报告年度财务报告存在重要会计差错

C. 资产负债表日未决诉讼结案，实际判决金额与已确认预计负债不同

D. 新证据表明存货在报告年度资产负债表日的可变现净值与原估计不同

5. 下列哪个项目在“以前年度损益调整”账户的借方反映：（　　）。

A. 调增本期销售费用

B. 调整以前年度损益而相应减少资产减值损失

C. 调整以前年度损益而相应增加的投资收益

D. 调整以前年度损益而需调增的管理费用

6. M企业2×14年度的财务报告于2×15年4月13日批准报出，2×15年1月10日，因产品质量原因，客户将2×14年12月14日购入的一批大额商品（达到重要性要求）退回，对退回产品的

处理正确的是(　　)。

A. 冲减 2×15 年度财务报表营业收入等相关项目

B. 冲减 2×14 年度财务报表营业收入等相关项目

C. 不做会计处理

D. 在 2×15 年度财务报告报出时，冲减利润表中营业收入项目的本年数等相关项目

7. 下列有关资产负债表日后事项的表述中，不正确的是(　　)。

A. 调整事项是对报告年度资产负债表日已经存在的情况提供进一步证据的事项

B. 非调整事项是报告年度资产负债表日及之前其状况不存在的事项

C. 调整事项均应通过“以前年度损益调整”账户进行账务处理

D. 重要的非调整事项只需在报告年度财务报表附注中披露

8. 某上市公司 2×14 年度财务报告于 2×15 年 2 月 10 日编制完成，注册会计师完成审计及签署审计报告日是 2×15 年 4 月 10 日，经董事会批准报表对外公布的日期是 4 月 20 日，股东大会召开日期是 4 月 28 日。按照准则规定，资产负债表日后事项的涵盖期间为(　　)。

A. 2×15 年 1 月 1 日至 2×15 年 2 月 10 日　　B. 2×15 年 2 月 10 日至 2×15 年 4 月 25 日

C. 2×15 年 1 月 1 日至 2×15 年 4 月 20 日　　D. 2×15 年 2 月 10 日至 2×15 年 4 月 28 日

9. 资产负债表日至财务报告批准报出日之间发生的调整事项在进行调整处理时，下列不能调整的项目是(　　)。

A. 涉及损益的事项　　B. 涉及利润分配的事项

C. 涉及应交税费的事项　　D. 涉及现金收支的事项

10. 甲公司在年度财务报告批准报出日之前发现了报告年度的重大会计差错，需要做的会计处理是(　　)。

A. 作为发现当期的会计差错更正

B. 在发现当期报表附注做出披露

C. 按照资产负债表日后非调整事项的处理原则作出说明

D. 按照资产负债表日后调整事项的处理原则作出相应调整

二、多项选择题

1. 下列发生于报告年度资产负债表日至财务报告批准报出日之间的各事项中，应调整报告年度财务报表相关项目金额的有(　　)。

A. 董事会通过报告年度利润分配预案

B. 发现报告年度财务报告存在重要会计差错

C. 资产负债表日未决诉讼结案，实际判决金额与已确认预计负债不同

D. 新证据表明存货在报告年度资产负债表日的可变现净值与原估计不同

2. 资产负债表日后非调整事项的特点为(　　)。

A. 在资产负债表日或以前已经存在　　B. 在资产负债表日并未发生或存在

C. 资产负债表日得以证实　　D. 期后新发生的事项

E. 对理解和分析财务报表产生重大影响

3. 在资产负债表日后期间发生的下列各项中，属于甲公司资产负债表日后调整事项的有(　　)。

A. 涉及报告年度所属期间的销售退回　　B. 银行同意借款展期 2 年

C. 法院判决赔偿专利侵权损失　　D. 董事会通过利润分配预案

E. 银行要求履行债务担保责任

4. 甲公司2×14年度财务报告经董事会批准对外公布的日期为2×15年3月30日，实际对外公布的日期为2×15年4月3日。甲公司2×15年1月1日至4月3日发生的下列事项中，应当作为资产负债表日后调整事项核算的有（　　）。

A. 3月1日，发现2×14年10月接受捐赠获得的一项固定资产尚未入账

B. 3月11日，临时股东大会决议购买乙公司51%的股权，并于4月2日执行完毕

C. 4月2日，甲公司为从丙银行借入8 000万元长期借款而签订重大资产抵押合同

D. 2月1日，与丁公司签订的债务重组协议执行完毕，该债务重组协议系甲公司于2×15年1月5日与丁公司签订

E. 3月10日，甲公司被法院判决败诉，并要求支付赔款1 000万元，对此项诉讼，甲公司已于2×14年年末确认预计负债800万元

5. 自年度资产负债表日至财务报告批准报出日之间发生的下列事项中，属于非调整事项的有（　　）。

A. 董事会作出出售子公司决议

B. 董事会提出现金股利分配方案

C. 董事会作出与债权人进行债务重组决议

D. 债务人因资产负债表日后发生的自然灾害而无法偿还到期债务

6. 在报告年度资产负债表日至财务报告批准报出日之间发生的下列事项中，属于资产负债表日后调整事项的有（　　）。

A. 发现报告年度财务报表存在严重舞弊

B. 发现报告年度会计处理存在重大差错

C. 国家发布对企业经营业绩将产生重大影响的产业政策

D. 发现某商品销售合同在报告年度资产负债表日已成为亏损合同的证据

E. 为缓解报告年度资产负债表日以后存在的资金紧张状况而发行巨额公司债券

7. 对于资产负债表日后事项的非调整事项，应在会计报表附注中披露的有（　　）。

A. 非调整事项的内容

B. 非调整事项可能对财务状况的影响

C. 非调整事项可能对经营成果的影响

D. 非调整事项在报告年度以后可能的调整

E. 无法估计对财务状况、经营成果影响的，应说明理由

8. 资产负债表日后发生的调整事项，应当如同报告期间发生的事项一样，做出相关账务处理，并对资产负债表日已编制的会计报表做相应的调整。这里的会计报表包括（　　）。

A. 资产负债表　　B. 利润表

C. 现金流量表正表　　D. 现金流量表补充资料的内容

E. 所有者权益变动表

三、判断题

1. 企业在报告年度资产负债表日至财务报告批准日之间取得确凿证据，表明某项资产在报告日已发生减值的，应作为非调整事项进行处理。（　　）

2. 交易性金融资产因资产负债表日后市价严重下跌，公司应将其视为资产负债表日后调整事项。（　　）

3. 企业在资产负债表日至财务会计报告批准报出日之间发生的对外巨额投资，应在会计报表附注中披露，但不需要对报告期的会计报表进行调整。（　　）

4. 资产负债表日后事项是指资产负债表日至财务报告批准报出日之间发生的所有有利或不利的事项。（　　）

5. 资产负债表日至财务会计报告批准报出日之间发生的报告年度售出的商品因质量问题被退回，该事项属于资产负债表日后非调整事项。（　　）

6. 董事会或类似机构批准财务报告对外公布的日期，与实际对外公布日之间发生的与资产负债表日后事项有关的事项，由此影响财务报告对外公布日期的，应以董事会或类似机构首次批准财务报告对外公布的日期为截止日期。（　　）

7. 资产负债表日后事项如涉及现金收支项目，应调整报告年度资产负债表的货币资金项目，但不应调整现金流量表各项目数字。（　　）

8. 企业因日后调整事项而对资产负债表项目进行调整时，可能调整报告年度的资产负债表相关项目的年初数和年末数。（　　）

9. 资产负债表日后发现的财务报表舞弊或重大差错，是指资产负债表日至财务报告批准报出日之间发现的属于资产负债表期间或以前期间存在的财务报表舞弊或差错，这种舞弊或差错应当作为资产负债表日后调整事项，调整报告年度的年度财务报告或中期财务报告相关项目的数字。（　　）

10. 资产负债表日后事项中涉及的销售退回，均应调整报告年度财务报表的收入、成本等，且调整报告年度应缴纳的所得税。（　　）

11. 资产负债表日后，企业利润分配方案中拟分配的以及经审议批准宣告发放的股票股利属于非调整事项；但是，批准宣告分配的现金股利属于调整事项，应当以此调整财务报表的相关项目。（　　）

四、计算分析题

习题一

（一）目的：练习资产负债表日后事项的会计处理。

（二）资料：甲公司系上市公司，属于增值税一般纳税企业，适用的增值税税率为17%，适用的所得税税率为25%。除特别说明外，甲公司采用账龄分析法计提坏账准备，3个月以内账龄的应收款项计提坏账准备的比例为5‰。根据税法规定，坏账准备不允许在税前抵扣。不考虑除增值税、所得税以外的其他相关税费。甲公司按当年实现净利润的10%提取法定盈余公积。

甲公司2×14年度所得税汇算清缴于2×15年2月28日完成，在此之前发生的2×14年度纳税调整事项，均可进行纳税调整。甲公司2×14年度财务报告于2×15年3月31日经董事会批准对外报出。

2×15年1月1日至3月31日，甲公司发生以下交易或事项：

(1)1月14日，甲公司收到乙公司退回的2×14年10月4日从其购入的一批商品，以及税务机关开具的进货退出证明单。当日，甲公司向乙公司开具红字增值税专用发票。该批商品的销售价格（不含增值税）为200万元，增值税为34万元，销售成本为185万元。假定甲公司销售该批商品时，销售价格是公允的，也符合收入确认条件。至2×15年1月14日，该批商品的应收账款尚未收回。

(2)2月25日，甲公司办公楼因电线短路引发火灾，造成办公楼严重损坏，直接经济损失230万元。

(3)2月26日，甲公司获知丙公司被法院依法宣告破产，预计应收丙公司账款250万元（含增值税）收回的可能性极小，应按全额计提坏账准备。甲公司在2×14年12月31日已被告知丙公司资金周转困难无法按期偿还债务，因而按应收丙公司账款余额的50%计提了坏账准备。

(4)3月5日，甲公司发现2×14年度漏记某项生产设备折旧费用200万元，金额较大。至2×14年12月31日，该生产设备生产的已完工产品尚未对外销售。

(5)3月15日，甲公司决定以2 400万元收购丁上市公司股权。该项股权收购完成后，甲公司将拥有丁上市公司有表决权股份的10%。

(6)3月28日，甲公司董事会提议的利润分配方案为：提取法定盈余公积620万元，分配现金股利210万元。

(三) 要求：

(1)指出甲公司发生的上述(1)、(2)、(3)、(4)、(5)、(6)事项哪些属于调整事项。

(2)对于甲公司的调整事项，编制有关调整会计分录。

(3)填列甲公司2×14年12月31日资产负债表相关项目调整表中各项目的调整金额(调增数以"+"表示，调减数以"−"表示)。

("应交税费"账户要求写出明细账户及专栏名称，"利润分配"账户要求写出明细科目；答案中的金额单位用万元表示，小数点后保留2位小数。)

习题二

(一)目的：练习资产负债表日后调整事项的会计处理。

(二)资料：甲公司2×14年4月销售给乙公司一批产品，货款为58 000万元(含增值税)，乙公司于5月份收到所购物资并验收入库，按合同规定，乙公司应于收到所购物资后1个月内付款。由于乙公司财务状况不佳，到2×14年12月31日仍未付款。甲公司于12月31日编制2×14年度财务报表时，已为该项应收账款提取坏账准备2 900万元(假定坏账准备提取比例为5%)；12月31日资产负债表上"应收账款"项目的金额为76 000万元，其中55 100万元为该项应收账款。甲公司于2×15年2月2日(所得税汇算清缴前)收到乙公司通知，乙公司已宣告破产清算，无力偿还所欠部分货款，甲公司预计可收回应收账款的40%。甲公司适用的所得税税率为25%。

(三)要求：

(1)甲公司在收到乙公司通知时，判断是否属于资产负债表日后事项中的调整事项。

(2)进行相应的账务处理。

习题三

(一)目的：练习资产负债表日后调整事项的会计处理。

(二)资料：甲公司2×14年12月15日销售一批商品给丙企业，取得收入100 000万元(不含税，增值税税率为17%)，甲公司发出商品后，按照正常情况已确认收入，并结转成本80 000万元。此笔货款到年末尚未收到，甲公司未对该笔款项计提坏账准备。2×15年1月15日，由于产品质量问题，本批货物被退回。2×15年2月28日，甲公司完成了2×14年的所得税汇算清缴。

(三)要求：对资产负债表日后调整事项进行相应的会计处理。

第十八章　会计政策、会计估计变更和差错更正

一、单项选择题

1. 会计政策是指(　　)。

A. 企业在会计确认、计量和报告中所采用的原则、基础和会计处理方法

B. 企业在会计确认中所采用的原则、基础和会计处理方法

C. 企业在会计计量中所采用的原则、基础和会计处理方法

D. 企业在会计报告中所采用的原则、基础和会计处理方法

2. 会计政策变更时，会计处理方法的选择应遵循的原则是(　　)。

A. 必须采用未来适用法

B. 在追溯调整法和未来适用法中任选其一

C. 必须采用追溯调整法

D. 会计政策变更累积影响数可以合理确定时采用追溯调整法，不能合理确定时采用未来适用法

3. 甲公司2×15年3月在上年度财务会计报告批准报出前发现一台管理用固定资产未计提折旧，属于重大差错。该固定资产系2×13年6月接受乙公司捐赠取得，取得时已经确认入账。根据甲公司的折旧政策，该固定资产2×13年应计提折旧100万元，2×14年应计提折旧200万元。假定甲公司按净利润的10%提取法定盈余公积，不考虑所得税等其他因素，甲公司2×14年度资产负债表"未分配利润"项目"年末数"应调减的金额为(　　)万元。

A. 90　　B. 180　　C. 200　　D. 270

4. 甲股份有限公司2×15年实现净利润10 500万元。该公司2×15年发生和发现的下列交易或事项中，会影响其年初未分配利润的是(　　)。

A. 发现2×13年少计管理费用6 500万元

B. 发现2×14年少计财务费用0.2万元

C. 2×15年为2×14年售出的设备提供售后服务发生支出550万元

D. 因客户资信状况变差，将应收账款坏账准备计提比例由5%改为10%

5. 当难以区分某种会计变更属于会计政策变更还是会计估计变更时，通常将这种会计变更(　　)。

A. 视为前期差错处理　　B. 视为会计政策变更处理

C. 视为会计估计变更处理　　D. 视为资产负债表日后调整事项处理

6. 甲公司2×10年12月1日购入管理部门使用的设备一台，原价为1 500 000元，预计使用年限为10年，预计净残值为100 000元，采用直线法计提折旧。2×15年1月1日，考虑到技术进步因素，将原估计的使用年限改为8年，净残值改为60 000元，该公司的所得税税率为25%，采用资产负债表债务法进行所得税核算。由于上述会计估计变更，对2×15年净利润的影响金额为减少净利润(　　)元。

A. 60 000　　B. 55 000　　C. －80 000　　D. －70 000

7. 采用追溯调整法计算出会计政策变更的累积影响数，应当(　　)。

A. 调整或反映为变更当期及未来各期会计报表相关项目的数字
B. 调整变更当期期初留存收益，以及会计报表其他相关项目的期初余额和上期金额
C. 只需要在报表附注中说明其累积影响
D. 重新编制以前年度会计报表

8. 下列各项中，属于会计估计变更的事项是（　　）。
A. 出于降低利润的目的缩短长期待摊费用的摊销年限
B. 将存货的计价方法由月末一次平均法改为先进先出法
C. 因固定资产改扩建而重新确定其预计使用年限
D. 变更固定资产的折旧年限

9. 企业发生会计估计变更时，下列各项目中，不需要在会计报表附注中披露的是（　　）。
A. 会计估计变更的内容
B. 会计估计变更对当期和未来期间的影响数
C. 会计估计变更的理由
D. 会计估计变更的累积影响数

10. 对下列会计差错，正确的说法是（　　）。
A. 并不是所有会计差错均要在会计报表附注中披露
B. 前期差错的性质不应在会计报表附注中披露
C. 本期发现的、属于前期的非重要差错（不考虑日后事项），应调整发现当期的期初留存收益和会计报表其他项目的期初数
D. 本期发现的、属于前期的重要会计差错（不考虑日后事项），不调整会计报表相关项目的期初数，但应调整发现当期与前期相同的相关项目

11. 某上市公司2×14年度的财务会计报告于2×15年4月30日批准报出，2×15年12月31日，该公司发现了2×13年度的一项非重大差错。该公司正确的做法是（　　）。
A. 调整2×15年度会计报表的年初数和上年数
B. 调整2×15年度会计报表的年末数和本年数
C. 调整2×14年度会计报表的年末数和本年数
D. 调整2×14年度会计报表的年初数和上年数

12. 下列各项中，不属于会计政策变更的有（　　）。
A. 存货跌价准备由按单项存货计提变更为按存货类别计提
B. 固定资产的折旧方法由年限平均法变更为年数总和法
C. 投资性房地产的后续计量由成本模式变更为公允价值模式
D. 发出存货的计价方法由先进先出法变更为加权平均法

二、多项选择题

1. 下列各项中，属于会计估计变更的有（　　）。
A. 固定资产的净残值率由8%改为5%
B. 固定资产折旧方法由年限平均法改为双倍余额递减法
C. 投资性房地产的后续计量由成本模式转为公允价值模式
D. 使用寿命确定的无形资产的摊销年限由10年变更为7年

2. 下列各项中，属于会计政策变更的有（　　）。
A. 无形资产摊销方法由生产总量法改为年限平均法
B. 因执行新会计准则将建造合同收入确认方法由完成合同法改为完工百分比法

C. 投资性房地产的后续计量由成本模式改为公允价值模式

D. 因执行新会计准则对子公司的长期股权投资由权益法改为成本法核算

3. 企业发生的下列事项中，不应作为重要差错更正的有（　　）。

A. 根据规定对资产计提减值准备，考虑到利润指标超额完成太多，多计提了存货跌价准备

B. 鉴于当期利润完成状况不佳，将固定资产的折旧方法由双倍余额递减法改为直线法

C. 由于出现新技术，将专利权的摊销年限由 8 年改为 5 年

D. 由于地震使厂房使用寿命受到影响，调减了厂房的预计使用年限

4. 下列各项中，属于会计估计变更的有（　　）。

A. 固定资产折旧年限由 10 年改为 15 年

B. 发出存货计价方法由先进先出法改为加权平均法

C. 因或有事项确认的预计负债根据最新证据进行调整

D. 根据新的证据，使将用寿命不确定的无形资产转为使用寿命有限的无形资产

5. 以下关于会计估计的说法，正确的有（　　）。

A. 会计估计的存在是由于经济活动中内在的不确定性因素的影响

B. 会计估计相应会削弱会计核算的可靠性

C. 会计估计应当以最近可利用的信息或资料为基础

D. 会计估计是企业进行会计核算的基础

6. 下列各项中，属于会计政策变更的有（　　）。

A. 管理用固定资产的预计使用年限由 10 年改为 8 年

B. 发出存货成本的计量由后进先出法改为移动加权平均法

C. 投资性房地产的后续计量由成本模式改为公允价值模式

D. 所得税的会计处理由应付税款法改为资产负债表债务法

E. 在合并财务报表中对合营企业的投资由比例合并改为权益法核算

7. 应采用未来适用法处理会计政策变更的情况有（　　）。

A. 企业账簿因不可抗力而毁坏引起累积影响数无法确定

B. 会计政策变更累积影响数能够合理确定，国家相关准则规定应追溯调整

C. 会计政策变更累积影响数能够确定，但法律或行政法规要求对会计政策的变更采用未来适用法

D. 企业因账簿超过法定保存期限而销毁，引起会计政策变更累积影响数无法确定

8. 下列各项中，属于会计估计变更的有（　　）。

A. 由于追加对丙公司的投资导致对丙公司投资的后续计量由权益法改为成本法

B. 无形资产的摊销方法由年限平均法改为产量法

C. 开发费用的处理由直接计入当期损益改为有条件资本化

D. 管理用固定资产的折旧方法由年限平均法改为双倍余额递减法

E. 短期投资重分类为交易性金融资产，其后续计量由成本与市价孰低改为公允价值

9. 企业对于发生的会计政策变更，应披露的内容有（　　）。

A. 会计政策变更的原因、性质、内容

B. 当期和各个列报前期财务报表中受影响的项目金额

C. 当期和各个列报前期财务报表中受影响的项目调整金额

D. 无法进行追溯调整的，说明该事实和原因以及开始应用变更后的会计政策的时点、具体应用情况

10. 以下各项会计政策变更事项中，符合现行企业会计准则规定的有（　　）。

A. 因原采用的会计政策不能可靠地反映企业的真实情况而改变会计政策
B. 会计准则要求变更会计政策
C. 因更换了董事长而改变会计政策
D. 投资企业因被投资企业发生亏损而改变股权投资的核算方法

11. 下列各项中，符合会计准则规定的会计政策变更的有(　　)。
A. 根据会计准则、规章的要求而变更会计政策
B. 为提供更可靠、更相关的信息而采用新的会计政策
C. 对初次发生的事项采用新的会计政策
D. 本期发生的交易或事项与以前相比具有本质差别而采用新的会计政策

12. 下列各项中，属于会计政策项目的有(　　)。
A. 收入的确认　　B. 固定资产的折旧年限
C. 存货的计价方法　　D. 长期股权投资的核算方法

13. 企业对会计估计进行变更时，应当在会计报表附注中披露的信息有(　　)。
A. 会计估计变更的内容
B. 会计估计变更的原因和日期
C. 会计估计变更对当期损益的影响金额
D. 会计估计变更影响数不能合理确定的理由
E. 会计估计变更对年初未分配利润的累积影响数

三、判断题

1. 初次发生的交易或事项采用新的会计政策属于会计政策变更，应采用追溯调整法进行处理。(　　)

2. 企业将一项长期股权投资转为可供出售金融资产核算时，应当作为会计政策变更处理。(　　)

3. 进行会计估计是根据当前所掌握的可靠证据并据以做出的最佳估计，所以并不会削弱会计核算的可靠性。(　　)

4. 有关在会计报表附注中披露会计估计变更的要求与披露会计政策变更的要求是有差别的。(　　)

5. 在追溯调整法下，对于比较财务报表期间的会计政策变更，应调整各期间净损益各项目和财务报表其他相关项目；对于比较财务报表可比期间以前的会计政策变更的累计影响数，应调整比较财务报表最早期间的期初留存收益，财务报表其他相关项目的数字也一并调整。(　　)

6. 固定资产的折旧方法由年数总和法改为双倍余额递减法，属于会计政策变更。(　　)

7. 会计政策变更可以采用追溯调整法和未来适用法两种方法进行会计处理，采用哪种会计处理方法，应根据具体情况确定。(　　)

8. 2×15 年 9 月 5 日，在 2×14 年度财务报告批准报出后，发现 2×14 年度管理用固定资产少提折旧 300 万元。企业应调整 2×15 年度会计报表相关项目的期初数和上年数。(　　)

9. 企业发现重要差错，无论是本期还是以前期间的差错，均应调整期初留存收益和其他相关项目。(　　)

10. 由于经济环境、客观情况的改变而变更会计政策，以便提供企业财务状况、经营成果和现金流量等更可靠、更相关的会计信息，若会计政策累积影响数能够合理确定，在国家没有特别规定的情况下，应采用未来适用法进行会计处理。(　　)

11. 如果以前期间的会计估计是错误的，则属于差错，应按前期差错更正的规定进行会计

处理。 （ ）

12. 无充分合理的证据表明会计政策变更的合理性或者未经股东大会等类似权力机构批准擅自变更会计政策的，或者连续、反复地自行变更会计政策的，视为滥用会计政策，应按照重要差错进行会计处理。 （ ）

四、计算分析题

习题一

（一）目的：练习会计估计变更的会计处理。

（二）资料：甲公司的所得税税率为25%，该公司自2×12年1月1日起开始计提折旧的管理用设备一台，价值84 000元，预计使用年限为8年，预计净残值为4 000元，按直线法计提折旧。至2×16年年初，由于新技术发展等原因，需要对原估计的使用年限和净残值作出修正，修正后该设备预计尚可使用年限为2年，预计净残值为2 000元。

（三）要求：做出甲公司对上述会计估计变更的会计处理。

习题二

（一）目的：练习会计政策变更的会计处理。

（二）资料：乙股份有限公司为一般工业企业，所得税税率为25%，按净利润的10%提取法定盈余公积。假定对于会计差错，税法允许调整应交所得税。乙公司2×14年度的汇算清缴在2×15年3月20日完成。2×15年度发生或发现以下事项：

乙公司有一项投资性房地产（办公楼），此前采用成本模式进行计量，至2×15年1月1日，该办公楼的原价为4 000万元，已提折旧240万元，已提减值准备100万元。2×15年1月1日，乙公司决定采用公允价值对出租的办公楼进行后续计量。该办公楼2×14年12月31日的公允价值为3 800万元。假定2×14年12月31日前无法取得该办公楼的公允价值。假定该事项不考虑所得税的调整。

（三）要求：

（1）判断上述事项属于何种会计变更或差错。

（2）做出乙公司2×15年度的有关会计处理（计算结果不是整数的，可保留两位小数，单位以元列示）。

习题三

（一）目的：练习前期差错更正的会计处理。

（二）资料：丙公司为上市公司，主要从事机器设备的生产和销售。丙公司2×14年度适用的所得税税率为33%，2×15年及以后年度适用的所得税税率为25%，有足够的应纳税所得额用于抵扣可抵扣暂时性差异。假定丙公司相关资产的初始入账价值等于计税基础，且折旧或摊销方法、折旧或摊销年限均与税法规定相同。丙公司按照实现净利润的10%提取法盈余公积。丙公司2×14年度的所得税汇算清缴于2×15年2月28日完成，2×14年度的财务会计报告经董事会批准于2×15年3月15日对外报出。

2×15年3月1日，丙公司总会计师对2×14年度的下列有关资产业务的会计处理提出疑问：

2×14年12月31日，丙公司存货中包括150件甲产品、50件乙产品和300吨专门用于生产乙产品的N型号钢材。

150件甲产品和50件乙产品的单位预算成本均为120万元。其中，150件甲产品签订有不可撤销的销售合同，每件合同价格（不含增值税）为150万元，市场价格（不含增值税）预期为118万元；50件乙产品没有签订销售合同，每件市场价格（不含增值税）预期为118万元。销售每件甲产品、乙产品预期发生的销售费用及税金（不含增值税）均为2万元。

300吨N型号钢材的单位成本为每吨20万元，可生产乙产品60件。将N型号钢材加工成乙产品，每件还需要发生其他费用5万元。假定300吨N型号钢材生产的乙产品没有签订销售合同。

丙公司期末按单项计提存货跌价准备。2×14年12月31日，丙公司相关业务的会计处理如下：

(1)丙公司对150件甲产品和50件乙产品按成本总额24 000万元(120×200)超过可变现净值总额23 200万元[(118−2)×200]的差额计提了800万元存货跌价准备，此前未计提存货跌价准备。

(2)丙公司300吨N型号钢材没有计提存货跌价准备，此前也未计提存货跌价准备。

(3)丙公司对上述存货账面价值低于计税基础的差额，没有确认递延所得税资产。

(三)要求：根据上述资料，逐项分析、判断丙公司上述存货相关业务的会计处理是否正确（分别注明该业务及其序号），并简要说明理由；如果不正确，请编制有关调整会计分录（答案中的金额单位用万元表示）。

参考答案

第一章

一、单项选择题

1. A　2. D　3. C　4. C　5. A　6. C　7. E　8. D

二、多项选择题

1. ABDE　2. BCDE　3. BD　4. ACD　5. ABD　6. ACE

三、判断题

1. ✓　2. ×　3. ×　4. ✓　5. ×　6. ×　7. ✓　8. ×

第二章

一、单项选择题

1. D　2. B　3. C　4. B　5. C　6. D　7. B　8. A　9. B　10. A

二、多项选择题

1. ABCD　2. ABC　3. ABDE　4. ABC　5. ACDE

三、判断题

1. ✓　2. ✓　3. ×　4. ✓　5. ✓　6. ✓　7. ✓　8. ×　9. ✓　10. ×

四、计算分析题

习题一

银行存款余额调节表

2×15年12月31日　　单位:元

项　目	金　额	项　目	金　额
企业银行存款日记账余额	5 400 000	银行对账单余额	8 300 000
加:银行已收、企业未收款	4 800 000	加:企业已收、银行未收款	6 000 000
减:银行已付、企业未付款	400 000	减:企业已付、银行未付款	4 500 000
调节后的存款余额	9 800 000	调节后的存款余额	9 800 000

习题二

(1)2×15年1月31日:

借:待处理财产损溢——待处理流动资产损溢　150

　贷:库存现金　150

借:管理费用　100

　其他应收款　50

　贷:待处理财产损溢——待处理流动资产损溢　150

(2)2×15年2月3日:

借:库存现金　300

贷:待处理财产损溢——待处理流动资产损溢 300
借:待处理财产损溢——待处理流动资产损溢 300
贷:其他应付款 250
营业外收入 50

习题三

(1)借:库存现金 3 000
贷:银行存款 3 000
(2)借:其他应收款 1 000
贷:库存现金 1 000
(3)借:管理费用 40
贷:库存现金 40
(4)借:应付账款 19 000
贷:银行存款 19 000
(5)借:其他货币资金——存出投资款 200 000
贷:银行存款 200 000
(6)借:其他货币资金——外埠存款 50 000
贷:银行存款 50 000
(7)借:库存现金 14 000
贷:银行存款 14 000
(8)借:应付职工薪酬 14 000
贷:库存现金 14 000
(9)借:应付账款 12 000
贷:银行存款 12 000
(10)借:银行存款 60 000
贷:应收账款 60 000
(11)借:库存现金 300
管理费用 700
贷:其他应收款 1 000
(12)借:原材料 44 000
银行存款 6 000
贷:其他货币资金——外埠存款 50 000
(13)借:管理费用 800
贷:银行存款 800
(14)借:管理费用 500
贷:银行存款 500

第三章

一、单项选择题

1. D　2. A　3. D　4. D　5. C　6. B　7. C　8. B　9. B　10. B
11. C　12. C　13. B

二、多项选择题

1. ABCD　2. ABC　3. AD　4. BD　5. ABD　6. ABCD
7. ACD　8. DE　9. ABD　10. BD

三、判断题

1.× 2.√ 3.√ 4.√ 5.× 6.√ 7.√

四、计算分析题

习题一

(1)①借:应收账款	1 053	
贷:主营业务收入		900
应交税费——应交增值税(销项税额)		153
②借:坏账准备	40	
贷:应收账款		40
③借:银行存款	500	
贷:应收账款		500
④借:应收账款	10	
贷:坏账准备		10
借:银行存款	10	
贷:应收账款		10
⑤借:应收账款	117	
贷:主营业务收入		100
应交税费——应交增值税(销项税额)		17

(2)(500+1 053−40−500+117)×5%−(25−40+10)=56.5+5=61.5(万元)

借:资产减值损失	61.5	
贷:坏账准备		61.5

习题二

(1)票据到期价值=36 000×(1+5%×4/12)=36 600(元)

每月票据利息=36 000×5%×1/12=150(元)

(2)①1月5日:

借:应收账款	36 000	
贷:主营业务收入		30 000
应交税费——应交增值税(销项税额)		5 100
库存现金		900

②2月1日:

借:应收票据	36 000	
贷:应收账款		36 000

③2月末、3月末、4月末、5月末计提利息时:

借:应收利息	150	
贷:财务费用		150

④6月1日收到票款时:

借:银行存款(36 000+150×4)	36 600	
贷:应收票据		36 000
应收利息		600

若收不到票款,则:

借:应收账款	36 600	
贷:应收票据		36 000
应收利息		600

习题三

(1)2×14 年 12 月 31 日计提坏账准备时：

借：资产减值损失——计提 A 公司坏账准备　30

　　　　　　　——计提 C 公司坏账准备　60

　　　　　　　——计提 D 公司坏账准备　16

　贷：坏账准备　106

借：坏账准备　25

　贷：资产减值损失——计提 B 公司坏账准备　25

(2)2×15 年 9 月确认坏账，转销应收账款时：

借：坏账准备　150

　贷：应收账款——C 公司　150

(3)2×15 年 11 月已确认的坏账又收回时：

借：应收账款——E 公司　50

　贷：坏账准备　50

借：银行存款　50

　贷：应收账款——E 公司　50

习题四

票据到期值＝58 500＋58 500×5%×60/360＝58 987.50(元)

贴现所得额＝58 987.50－58 987.50×8%×40/360＝58 463.17(元)

应收票据贴现时，企业应编制会计分录如下：

借：银行存款　58 463.17

　　财务费用　524.33

　贷：短期借款　58 987.50

银行退回商业承兑汇票时，企业应编制会计分录如下：

借：短期借款　58 987.50

　贷：银行存款　58 987.50

借：应收账款　58 987.50

　贷：财务费用(应收利息)　487.50

　　　应收票据　58 500

习题五

(1)2×13 年 12 月 31 日：

借：资产减值损失　80 000

　贷：坏账准备(800 000×10%)　80 000

(2)2×14 年发生坏账时：

借：坏账准备　40 000

　贷：应收账款　40 000

(3)2×14 年 12 月 31 日：

借：资产减值损失　40 000

　贷：坏账准备(1 000 000×8%－40 000)　40 000

(4)2×15 年收回已经转销的坏账时：

借：应收账款　20 000

　贷：坏账准备　20 000

借：银行存款　20 000

贷:应收账款		20 000
(5)2×15年年末计提坏账准备时:		
借:坏账准备(1 000 000×8%+20 000−500 000×8%)	60 000	
贷:资产减值损失		60 000

习题六

(1)借:其他应收款——定额备用金	2 000	
贷:银行存款		2 000
(2)借:应收账款	46 800	
贷:主营业务收入		40 000
应交税费——应交增值税(销项税额)		6 800
(3)借:预付账款	12 000	
贷:银行存款		12 000
(4)借:银行存款	46 000	
财务费用	800	
贷:应收账款		46 800
(5)借:原材料	10 000	
应交税费——应交增值税(进项税额)	1 700	
银行存款	300	
贷:预付账款		12 000
(6)借:管理费用	2 060	
贷:库存现金		2 060
(7)借:其他应收款——非定额备用金	2 000	
贷:银行存款		2 000
借:管理费用	2 060	
贷:其他应收款——非定额备用金		2 000
库存现金		60

习题七

(1)借:应收票据	1 170 000	
贷:主营业务收入		1 000 000
应交税费——应交增值税(销项税额)		170 000
(2)借:银行存款	950 000	
财务费用	220 000	
贷:应收票据		1 170 000

习题八

(1)销售商品时:		
借:应收票据	234 000	
贷:主营业务收入		200 000
应交税费——应交增值税(销项税额)		34 000
借:主营业务成本	150 000	
贷:库存商品		150 000
(2)采购原材料时:		
借:原材料	191 700	

应交税费——应交增值税（进项税额）	32 300	
银行存款	10 000	
贷：应收票据		234 000

第四章

一、单项选择题

1. C　2. C　3. A　4. C　5. A　6. A　7. A　8. A　9. C　10. A

11. B　12. C　13. C　14. C　15. B　16. B　17. D　18. D　19. A　20. C

二、多项选择题

1. ABD　2. BCD　3. ACD　4. ABC　5. CD　6. ABCD

7. ABC　8. ACD　9. ABD　10. AD　11. ACD　12. BCD

三、判断题

1. √　2. ×　3. √　4. √　5. ×　6. ×　7. √　8. ×　9. √　10. ×

11. ×

四、计算分析题

习题一

(1)①借：原材料	(2 000)	
贷：应付账款		(2 000)
②借：原材料	2 200	
应交税费——应交增值税（进项税额）(1 800×17%)	306	
贷：银行存款		2 506
③借：在途物资	37 000	
应交税费——应交增值税（进项税额）	6 120	
贷：银行存款		43 120
④借：原材料	37 000	
贷：在途物资		37 000
⑤借：原材料	51 500	
应交税费——应交增值税（进项税额）	8 415	
银行存款	20 085	
贷：其他货币资金		80 000
⑥借：原材料	600	
贷：生产成本		600

(2)月末一次加权平均法下本月发出A材料的单位成本

=(20 000−2 000+2 200+37 000+51 500+600)/(2 000+2 950+5 000+50)

=109 300/10 000

=10.93(元/千克)

⑦借：生产成本(6 000×10.93)	65 580	
制造费用(1 000×10.93)	10 930	
管理费用(1 000×10.93)	10 930	
贷：原材料		87 440

习题二

(1)5 日发出存货的成本＝80×50＝4 000(元)

(2)12 日发出存货的成本＝20×50＋50×52.5＋60×49＝6 565(元)

(3)25 日发出存货的成本＝10×49＋20×55＝1 590(元)

(4)期末结存的成本＝(100＋50－80＋70－130＋80－30)×55＝3 300(元)

或＝(80－20)×55＝3 300(元)

习题三

(1)编制会计分录如下(单位:万元):

①借:材料采购	690	
应交税费——应交增值税(进项税额)	117.13	
贷:银行存款		807.13
借:原材料	700	
贷:材料采购		700
借:材料采购	10	
贷:材料成本差异		10

②平时不做处理,月末按暂估价入账:

借:原材料	500	
贷:应付账款		500
③借:生产成本	800	
贷:原材料		800

材料成本差异率＝(2－10)÷(300＋700)×100%＝－0.8%

发出材料应负担的材料成本差异＝800×(－0.8%)＝－6.4(万元)

借:材料成本差异	6.4	
贷:生产成本		6.4

(2)结存材料的实际成本＝(300＋700－800)＋(2－10＋6.4)＝198.4(万元)

习题四

(1)甲类商品第一季度的实际毛利率＝(600－510)÷600＝15%

(2)①甲类商品 2×15 年 4 月份的商品销售成本＝300×(1－15%)＝255(万元)

②甲类商品 2×15 年 5 月份的商品销售成本＝500×(1－15%)＝425(万元)

③甲类商品 2×15 年 6 月份的商品销售成本＝400＋880－420－(255＋425)＝180(万元)

习题五

(1)库存商品甲。

可变现净值＝400－10＝390(万元),库存商品甲的成本为 300 万元,库存商品甲的成本小于可变现净值,所以,应将已经计提的存货跌价准备 30 万元转回。

借:存货跌价准备	300 000	
贷:资产减值损失		300 000

(2)库存商品乙。

有合同部分的可变现净值＝230－25×40%＝220(万元)

有合同部分的成本＝500×40%＝200(万元)

因为可变现净值高于成本,故不计提存货跌价准备。

无合同部分的可变现净值＝290－25×60%＝275(万元)

无合同部分的成本＝500×60%＝300(万元)

因可变现净值低于成本，需计提存货跌价准备 25 万元(300－275)。

借：资产减值损失　　250 000

　　贷：存货跌价准备　　250 000

(3)库存材料丙。

可变现净值＝110－5＝105(万元)

材料成本为 120 万元，需计提 15 万元的跌价准备。

借：资产减值损失　　150 000

　　贷：存货跌价准备　　150 000

(4)库存材料丁。

因为库存材料丁是为生产而持有的，所以应先计算所生产的产品是否减值。

有合同的 A 产品可变现净值＝4 500×(1－10%)×8＝32 400(元)

无合同的 A 产品可变现净值＝5 000×(1－10%)×2＝9 000(元)

有合同的 A 产品成本＝1 600×20×8/10＋2 000×8＝41 600(元)

无合同的 A 产品成本＝1 600×20×2/10＋2 000×2＝10 400(元)

由于有合同和无合同的 A 产品的可变现净值都低于成本，说明有合同和无合同的 A 产品耗用的丁材料期末均应按照成本与可变现净值孰低计量。

有合同的 A 产品耗用的丁材料的可变现净值＝4 500×(1－10%)×8－2 000×8＝16 400(元)

有合同的 A 产品耗用的丁材料的成本＝20×1 600×8/10＝25 600(元)

有合同部分的丁材料需计提跌价准备＝25 600－16 400＝9 200(元)

无合同的 A 产品耗用的丁材料的可变现净值＝5 000×(1－10%)×2－2 000×2＝5 000(元)

无合同部分的丁材料成本＝20×1 600×2/10＝6 400(元)

无合同部分的丁材料需计提跌价准备＝6 400－5 000＝1 400(元)

故丁材料需计提跌价准备共计 10 600 元(9 200＋1 400)。

借：资产减值损失　　10 600

　　贷：存货跌价准备　　10 600

习题六

(1)借：在途物资——甲材料　　90 000

　　　　　　　——乙材料　　75 000

　　应交税费——应交增值税(进项税额)　　28 050

　　贷：银行存款　　193 050

(2)甲材料应分摊运费＝$\frac{800}{5\,000+3\,000}$×5 000＝500(元)

乙材料应分摊运费＝$\frac{800}{5\,000+3\,000}$×3 000＝300(元)

借：在途物资——甲材料　　500

　　　　　　——乙材料　　300

　　贷：库存现金　　800

(3)借：原材料——甲材料　　90 500

　　　　　　——乙材料　　75 300

　　贷：在途物资——甲材料　　90 500

　　　　　　　　——乙材料　　75 300

(4)借：原材料——A 材料　　144 500

　　应交税费——应交增值税(进项税额)　　24 480

　　贷：应付账款　　168 980

(5)借:生产成本——A产品	114 100	
贷:原材料——甲材料		63 700
——乙材料		50 400

(6)A产品生产成本$=\frac{1\ 500\times25.20}{8\ 000+7\ 000}\times8\ 000=20\ 160$(元)

B产品生产成本$=\frac{1\ 500\times25.20}{8\ 000+7\ 000}\times7\ 000=17\ 640$(元)

借:生产成本——A产品	20 160	
——B产品	17 640	
贷:原材料——乙材料		37 800
(7)借:制造费用	9 000	
管理费用	7 000	
贷:累计折旧		16 000
(8)借:生产成本——A产品	8 000	
——B产品	7 000	
制造费用	2 000	
管理费用	5 000	
贷:应付职工薪酬		22 000

(9)A产品生产成本$=11\ 000\div(8\ 000+7\ 000)\times8\ 000=5\ 866.\dot{6}7$(元)

B产品生产成本$=11\ 000\div(8\ 000+7\ 000)\times7\ 000=5\ 133.33$(元)

借:生产成本——A产品	5 866.67	
——B产品	5 133.33	
贷:制造费用		11 000
(10)借:库存商品——A产品	148 126.67	
贷:生产成本——A产品		148 126.67

习题七

(1)①借:原材料——X材料	217.8	
应交税费——应交增值税(进项税额)	36.72	
贷:其他货币资金——银行汇票存款		254.52
借:银行存款	45.48	
贷:其他货币资金——银行汇票存款		45.48
②借:原材料——X材料	163.4	
应交税费——应交增值税(进项税额)	27.71	
贷:应付票据		191.11
③借:原材料——X材料	1 415	
应交税费——应交增值税(进项税额)	240.55	
贷:实收资本		1 655.55
④借:银行存款	200.07	
贷:其他业务收入		171
应交税费——应交增值税(销项税额)		29.07

(2)X材料加权平均成本$=\frac{385+217.8+163.4+1\ 415}{1\ 400+800+590+5\ 000}=0.28$(万元/千克)

(3)①借:待处理财产损溢	16.38	
贷:原材料——X材料(0.28×50)		14

应交税费——应交增值税(进项税额转出) 2.38
借:营业外支出 6.38
其他应收款 10
贷:待处理财产损溢 16.38

(4)产品的定额分配率=2 000×0.28÷(24×20+52×10)=0.56
A产品的成本=20×24×0.56=268.8(万元)
B产品的成本=10×52×0.56=291.2(万元)

(5)借:生产成本——A产品 268.8
——B产品 291.2
制造费用(0.28×700) 196
管理费用(0.28×450) 126
贷:原材料——X材料 882
借:委托加工物资 28
贷:原材料 28
结转销售材料的成本:
借:其他业务成本 168
贷:原材料——X材料 168

(6)X材料账面余额=(385+217.8+163.4+1 415)-14-882-28-168=1 089.2(万元)。
(7)X材料可变现价值是1 000万元,计提的存货跌价准备=1 089.2-1 000=89.2(万元)。
借:资产减值损失 89.2
贷:存货跌价准备 89.2
(8)存货的账面价值=1 000(万元)。

习题八

(1)借:原材料 840
应交税费——应交增值税(进项税额) 142.8
贷:实收资本 982.8
(2)借:管理费用 2
贷:低值易耗品 2
(3)借:待处理财产损溢 117
贷:原材料 100
应交税费——应交增值税(进项税额转出) 17
(4)借:原材料 30
应交税费——应交增值税(进项税额) 5.1
贷:应收票据 32
银行存款 3.1

(5)计提减值前存货的账面余额=760+840-2-100+30=1 528(万元),期末存货的可变现净值为1 800万元,期末存货没有发生减值,期末“存货跌价准备”账户的余额应该为0,所以,应该将存货跌价准备的金额全部转回。
借:存货跌价准备 76
贷:资产减值损失 76

习题九

(1)借:销售费用 4 000
贷:周转材料——包装物 4 000

(2)①出售单独计价包装物时：

借:银行存款　5 850

　贷:其他业务收入　5 000

　　应交税费——应交增值税(销项税额)　850

②结转已售单独计价包装物成本时：

借:其他业务成本　2 000

　贷:周转材料——包装物　2 000

(3)①领用专用工具时：

借:周转材料——低值易耗品(在用)　8 000

　贷:周转材料——低值易耗品(在库)　8 000

②领用时摊销其价值的一半：

借:制造费用　4 000

　贷:周转材料——低值易耗品(摊销)　4 000

③报废时摊销其价值的一半：

借:库存现金　50

　制造费用　3 950

　贷:周转材料——低值易耗品(摊销)　4 000

同时：

借:周转材料——低值易耗品(摊销)　8 000

　贷:周转材料——低值易耗品(在用)　8 000

第五章

一、单项选择题

1. A　2. A　3. C　4. B　5. A　6. C　7. D　8. C　9. D　10. C

11. A　12. D　13. A　14. C　15. D　16. A

二、多项选择题

1. ABCD　2. BD　3. BD　4. ABC　5. ACD　6. ACD

7. ABD　8. ABCD　9. AD　10. BCD　11. ABCD　12. ABC

三、判断题

1. ×　2. ×　3. ×　4. ×　5. ×　6. ×　7. ×　8. ×　9. ×　10. ✓

11. ✓

四、计算分析题

习题一

(1)借:交易性金融资产——成本(8 000×17.5)　140 000

　　应收股利　4 000

　　投资收益　720

　贷:银行存款　144 720

(2)借:银行存款　4 000

　贷:应收股利　4 000

(3)借:公允价值变动损益[8 000×(17.5−16)]　12 000

　贷:交易性金融资产——公允价值变动　12 000

(4)借:银行存款　104 000

交易性金融资产——公允价值变动(12 000×6 000/8 000)	9 000	
贷:交易性金融资产——成本(140 000×6 000/8 000)		105 000
投资收益		8 000
借:投资收益	9 000	
贷:公允价值变动损益(12 000/8 000×6 000)		9 000
(5)借:应收股利(2 000×0.1)	200	
贷:投资收益		200
(6)借:银行存款	200	
贷:应收股利		200
(7)借:交易性金融资产——公允价值变动	2 000	
贷:公允价值变动损益[2 000×(17−16)]		2 000

习题二

注:以下金额单位为万元。

(1)编制2×15年1月1日A公司购入债券时的会计分录:

借:持有至到期投资——成本	1 000	
应收利息	50	
贷:银行存款		1 015.35
持有至到期投资——利息调整		34.65

(2)编制2×15年1月5日收到利息时的会计分录:

借:银行存款	50	
贷:应收利息		50

(3)编制2×15年12月31日确认投资收益的会计分录:

投资收益=期初摊余成本×实际利率=(1 000−34.65)×6%=57.92(万元)

借:应收利息	50	
持有至到期投资——利息调整	7.92	
贷:投资收益		57.92

(4)计算2×15年12月31日应计提减值准备的金额,并编制相应的会计分录。

2×15年12月31日计提减值准备前的摊余成本=1000−34.65+7.92=973.27(万元)

计提减值准备=973.27−930=43.27(万元)

借:资产减值损失	43.27	
贷:持有至到期投资减值准备		43.27

习题三

注:以下金额单位为万元。

处置持有至到期投资时,应将所取得价款与该投资账面价值之间的差额计入投资收益:

2 100−(2 000+2 000×3%×2.5−12−25)=−13(万元)

应编制会计分录如下:

借:银行存款	2 100	
持有至到期投资减值准备	25	
持有至到期投资——利息调整	12	
投资收益	13	
贷:持有至到期投资——成本		2 000
——应计利息(2 000×3%×2.5)		150

习题四

注:以下金额单位为万元。

(1)2×14 年 1 月 1 日:

借:交易性金融资产——成本	100	
应收利息	4	
投资收益	0.5	
贷:银行存款		104.5

(2)2×14 年 1 月 5 日:

借:银行存款	4	
贷:应收利息		4

(3)2×14 年 12 月 31 日:

借:交易性金融资产——公允价值变动	6	
贷:公允价值变动损益		6

(4)2×15 年 1 月 5 日:

借:银行存款	4	
贷:投资收益		4

(5)2×15 年 4 月 20 日:

借:银行存款	108	
贷:交易性金融资产——成本		100
——公允价值变动		6
投资收益		2
借:公允价值变动损益	6	
贷:投资收益		6

故处置时确认的投资收益为 8 万元(2+6)。

习题五

注:以下金额单位为万元。

(1)2×14 年 1 月 1 日:

借:持有至到期投资——成本	110	
贷:银行存款		95
持有至到期投资——利息调整		15

债券摊余成本=110−15=95(万元)

(2)2×14 年年末:

借:应收利息	4	
持有至到期投资——利息调整	2.61	
贷:投资收益(95×6.96%)		6.61

2×15 年年初摊余成本=95+(6.61−4)=97.61(万元)

(3)2×15 年年末:

借:应收利息	4	
持有至到期投资——利息调整	2.79	
贷:投资收益(97.61×6.96%)		6.79

2×15 年年末摊余成本=97.61+(6.79−4)=100.40(万元)

习题六

(1)2×13 年 5 月 6 日,购入股票时:

借:可供出售金融资产——成本　　10 020 000
　应收股利　　140 000
　贷:银行存款　　10 160 000

(2)2×13 年 5 月 10 日,收到现金股利时:
借:银行存款　　140 000
　贷:应收股利　　140 000

(3)2×13 年 6 月 30 日,确认股票的价格变动时:
借:可供出售金融资产——公允价值变动(52×200 000—10 020 00)　　380 000
　贷:其他综合收益　　380 000

(4)2×13 年 12 月 31 日,确认股票价格变动时:
借:其他综合收益[(50－52) ×200 000]　　400 000
　贷:可供出售金融资产——公允价值变动　　400 000

(5)2×14 年 5 月 9 日,确认应收现金股利时:
借:应收股利(40 000 000×0.5%)　　200 000
　贷:投资收益　　200 000

(6)2×14 年 5 月 13 日,收到现金股利时:
借:银行存款　　200 000
　贷:应收股利　　200 000

(7)2×14 年 6 月 30 日,确认减值损失时:
借:资产减值损失(10 020 000－44×200 000)　　1 220 000
　贷:可供出售金融资产——公允价值变动　　1 200 000
　　其他综合收益(400 000－380 000)　　20 000

(8)2×14 年 12 月 31 日,转回已确认的减值损失时:
借:可供出售金融资产——公允价值变动　　1 000 000
　贷:其他综合收益[(49－44)×200 000]　　1 000 000

(9)2×15 年 1 月 3 日,出售股票时:
借:银行存款(49.5×200 000)　　9 900 000
　可供出售金融资产——公允价值变动(－380 000＋400 000＋1 200 000－1 000 000)　　220 000
　其他综合收益　　1 000 000
　贷:可供出售金融资产——成本　　10 020 000
　　投资收益　　1 100 000

习题七

(1)2×13 年 1 月 1 日:
借:可供出售金融资产——成本　　1 000 000
　贷:银行存款　　972 200
　　可供出售金融资产——利息调整　　27 800

(2)2×13 年 12 月 31 日:

应收利息＝1 000 000×3%＝30 000(元)

应确认的利息收入＝972 200×4%＝38 888(元)

2×13 年 12 月 31 日确认减值损失前该债券的摊余成本＝972 200＋38 888－30 000＝981 088(元)

2×13 年 12 月 31 日该债券的公允价值＝730 000(元)

应确认减值损失＝981 088－10 000×73＝251 088(元)

借:应收利息　30 000
　可供出售金融资产——利息调整　8 888
　　贷:投资收益　38 888
借:资产减值损失　251 088
　　贷:可供出售金融资产——公允价值变动　251 088

(3)2×14年1月1日:
借:银行存款　30 000
　　贷:应收利息　30 000

(4)2×14年12月31日:
应收利息=1 000 000×3%=30 000(元)
2×14年1月1日该债券的摊余成本=981 088−251 088=730 000(元)
应确认的利息收入=730 000×4%=29 200(元)
减值损失转回前该债券的摊余成本=750 000+29 200−30 000=749 200(元)
2×14年12月31日该债券的公允价值=850 000(元)
应转回的减值损失金额=850 000−749 200=100 800(元)

借:应收利息　30 000
　　贷:可供出售金融资产——利息调整　800
　　　投资收益　29 200
借:可供出售金融资产——公允价值变动　100 800
　　贷:资产减值损失　100 800

(5)2×15年1月1日:
借:银行存款　30 000
　　贷:应收利息　30 000

(6)2×15年1月10日:
借:银行存款　930 000
　可供出售金融资产——公允价值变动(251 088−100 800)　150 288
　　　　——利息调整(27 800−8 888+800)　19 712
　　贷:可供出售金融资产——成本　1 000 000
　　　投资收益(930 000+150 288+19 712−1 000 000)　100 000

第六章

一、单项选择题

1.C　2.C　3.C　4.C　5.A　6.D　7.A　8.A　9.C　10.D
11.D　12.A　13.C　14.C　15.B　16.C　17.A　18.D　19.D　20.C

二、多项选择题

1.ABD　2.AD　3.ABD　4.BCD　5.CD　6.AB
7.ACDE　8.BC　9.ACDE　10.ACE　11.BD　12.BC
13.ABC　14.AB　15.ABD　16.ACD

三、判断题

1.√　2.×　3.√　4.√　5.×　6.×　7.√　8.√　9.×　10.×
11.×　12.√　13.×　14.×　15.×

四、计算分析题

习题一

注:以下金额单位为万元。

甲公司因对大海公司拥有控制权,因此,该项长期股权投资应采用成本法进行后续计量。

(1)2×15 年年初甲公司取得控制权时:

	借方	贷方
借:长期股权投资——大海公司	2 000	
资本公积——股本溢价	200	
贷:银行存款		2 200

(2)2×16 年大海公司宣告分配利润时,甲公司的账务处理如下:

	借方	贷方
借:应收股利	180	
贷:投资收益		180

习题二

注:以下金额单位为万元。

本合并属于非同一控制下的控股合并,丙公司在购买日的账务处理如下:

	借方	贷方
借:长期股权投资——C 公司	468	
管理费用	1.8	
贷:主营业务收入		400
应交税费——应交增值税(销项税额)(400×17%)		68
银行存款		1.8
借:主营业务成本	300	
贷:库存商品		300

习题三

注:以下金额单位为万元。

(1)由于甲公司的投资占乙公司有表决权股份的 25%,对乙公司的财务和经营决策具有重大影响,因此,甲公司对该项长期股权投资应采用权益法进行后续计量。

(2)①

借:长期股权投资——乙公司(投资成本)	4 500	
应收股利	145	
贷:银行存款(580×7.5+7)		4 357
营业外收入		288

初始投资成本 4 212 万元[(7.50－0.25)×580＋7]小于企业应享有的份额 4 500 万元(18 000×0.25%),因此,按应享有份额确认投资成本,差额 288 万元计入当期损益。

	借方	贷方
②借:银行存款	145	
贷:应收股利		145
③借:长期股权投资——乙公司(损益调整)(3 000×25%)	750	
贷:投资收益		750
④借:应收股利(0.2×580)	116	
贷:长期股权投资——乙公司(损益调整)		116
⑤借:银行存款	116	
贷:应收股利		116
⑥借:银行存款	5 190	
贷:长期股权投资——乙公司(投资成本)		4 500
——乙公司(损益调整)(750－116)		634
投资收益		56

习题四

注:以下金额单位为万元。

(1)①2×13 年 1 月 1 日投资时:

借:长期股权投资——B 企业(投资成本) 4 000

　　贷:银行存款 4 000

长期股权投资的初始投资成本 4 000 万元大于投资时应享有被投资单位可辨认净资产的公允价值份额 3 600万元(9 000×40%),不调整长期股权投资的初始投资成本。

②3 月 20 日 B 企业宣告发放 2×12 年现金股利时:

借:应收股利——B 企业(500×40%) 200

　　贷:长期股权投资——B 企业(损益调整) 200

③4 月 20 日取得现金股利时:

借:银行存款 200

　　贷:应收股利——B 企业 200

④2×13 年 12 月 31 日确认投资收益时:

借:长期股权投资——B 企业(损益调整) 240

　　贷:投资收益(600×40%) 240

⑤2×13 年 12 月 31 日云岭公司对 B 企业长期股权投资的账面余额=4 000－200＋240=4 040(万元)

(2)①确认被投资企业产生的其他综合收益时:

借:长期股权投资——B 企业(其他综合收益) 120

　　贷:其他综合收益(300×40%) 120

②2×14 年确认投资损失时:

借:投资收益(1 100×40%) 440

　　贷:长期股权投资——B 企业(损益调整) 440

③2×14 年 12 月 31 日计提减值准备时:

计提减值准备前长期股权投资的账面余额=4 040＋120－440=3 720(元),预计可收回金额为3 650万元,应计提减值准备 70 万元。

借:资产减值损失 70

　　贷:长期股权投资减值准备 70

2×14 年 12 月 31 日长期股权投资的账面价值=3 720－70=3 650(元)

(3)2015 年云岭公司可以确认相关转让损益,因为股权转让协议已经批准,必要的交接手续已经完成,股款已经支付。

该股权投资处置时,云岭公司的账务处理如下:

①9 月 30 日:

借:银行存款(4 500×40%) 1 800

　　贷:预收账款 1 800

②10 月 31 日:

借:银行存款 (4 500×40%) 1 800

　　贷:预收账款 1 800

③12 月 31 日:

借:银行存款 900

　预收账款 3 600

　长期股权投资减值准备 70

　长期股权投资——B 企业(损益调整) 400

　其他综合收益 120

贷:长期股权投资——B企业(投资成本)　　4 000
　　　　　　——B企业(其他综合收益)　　120
　　投资收益　　970

由于转让B公司股份的价款中已经包含了B公司2×15年的盈利,因此,云岭公司不再确认B公司2×15年实现的净利润中归其享有的部分。

(4)编制云岭公司2×15年对A公司长期股权投资相关的会计分录如下:

①2×15年8月1日:

借:长期股权投资——A公司(投资成本)　　800
　贷:银行存款　　800

长期股权投资的初始投资成本800万元大于投资时应享有被投资单位可辨认净资产的公允价值份额700万元(1 400×50%),故不调整长期股权投资的成本。

②2×15年年末确认投资收益:

借:长期股权投资——A公司(损益调整)　　25
　贷:投资收益(50×50%)　　25

(5)2×15年12月31日对A公司投资的账面价值=800+25=825(万元),对B公司的股权已经转让,因此,云岭公司上述长期股权投资在2×15年12月31日资产负债表上的金额为825万元。

习题五

注:以下金额单位为万元。

(1)卓远公司有关业务的会计分录如下:

①投资时:

借:固定资产清理　　2 500
　　累计折旧　　500
　贷:固定资产　　3 000
借:长期股权投资——B公司　　3 200
　贷:固定资产清理　　3 200
借:固定资产清理　　700
　贷:营业外收入(3 200－2 500)　　700

②2×13年5月分配利润时:

借:应收股利(400×60%)　　240
　贷:投资收益　　240
借:银行存款　　120
　贷:应收股利　　120

③2×13年B公司实现净利润,卓远公司不进行账务处理。

④2×14年6月B公司宣告发放股利时:

借:应收股利(500×60%)　　300
　贷:投资收益　　300
借:银行存款　　300
　贷:应收股利　　300

⑤2×14年B公司亏损5 500万元以及其他综合收益变动,卓远公司不进行账务处理。

(2)卓远公司2×14年12月31日"长期股权投资"账户的余额=3 200(万元)。

(3)编制卓远公司2×15年1月1日的相关会计分录。

①出售股份时:

借:银行存款　　1 800

贷：长期股权投资——B公司　　1 600

投资收益　　200

②股份出售后，由于对B公司的经营决策产生重大影响，应将剩余的长期股权投资由成本法转为权益法核算：

● 调整剩余股权的长期股权投资账面价值。

剩余长期股权投资的账面价值为1 600万元，与原投资时应享有被投资单位可辨认净资产公允价值份额之间的差额100万元（1 600－5 000×30%）为商誉，该部分商誉的价值不需要对长期股权投资的成本进行调整。

借：长期股权投资——B公司　　1 600

贷：长期股权投资——B公司　　1 600

● 原取得投资至处置投资期间被投资单位可辨认净资产公允价值的变动而对长期股权投资账面价值的调整。

原取得投资后至处置投资期间被投资单位可辨认净资产公允价值变动中应享有的份额为330万元[（－400＋800－500＋200＋1 000）×30%]，其中：270万元（900×30%）为被投资单位以前年度实现的净利润，应调整增加长期股权投资的账面价值，同时调整留存收益；60万元（200×30%）为被投资单位因其他综合收益引起的可辨认净资产的增加，应调整增加长期股权投资的账面价值，同时计入其他综合收益。编制会计分录如下：

借：长期股权投资——B公司　　330

贷：盈余公积——法定盈余公积（270×10%）　　27

利润分配——未分配利润（270×90%）　　243

其他综合收益　　60

处置投资并经过对长期股权投资账面价值调整后，A公司对B公司剩余投资的账面价值为1 930万元（1 600＋270＋60）。

第七章

一、单项选择题

1. D　2. D　3. C　4. C　5. B　6. D　7. A　8. B　9. B　10. C
11. B　12. C　13. A　14. D　15. B　16. D　17. B　18. A　19. B　20. D
21. D　22. C　23. A　24. B　25. A

二、多项选择题

1. ACD　2. AB　3. ACD　4. AD　5. AC　6. AB
7. ACD　8. BD　9. ABCD　10. ACD　11. ABC　12. BCD
13. ACDE　14. ABD　15. AB　16. ABD　17. AD　18. ACD
19. ABC　20. AC

三、判断题

1. ×　2. ×　3. ×　4. ×　5. ×　6. √　7. ×　8. ×　9. ×　10. ×
11. √　12. √　13. √　14. ×　15. √　16. ×　17. √　18. ×　19. ×

四、计算分析题

习题一

(1)本题中应该计入固定资产总成本的金额包括买价和包装费。

7 800 000＋42 000＝7 842 000（元）

应该将总价值按设备公允价值的比例进行分配，因此，A设备应该分配的固定资产价值的比例为：

2 926 000÷(2 926 000+3 594 800+1 839 200)×100%=35%

B设备应该分配的固定资产价值的比例为：

3 594 800÷(2 926 000+3 594 800+1 839 200)×100%=43%

C设备应该分配的固定资产价值的比例为：

1 839 200÷(2 926 000+3 594 800+1 839 200)×100%=22%

A设备的入账价值=7 842 000×35%=2 744 700(元)

B设备的入账价值=7 842 000×43%=3 372 060(元)

C设备的入账价值=7 842 000×22%=1 725 240(元)

(2)甲公司应编制会计分录如下：

借:固定资产——A设备　　2 744 700

——B设备　　3 372 060

——C设备　　1 725 240

应交税费——应交增值税(进项税额)　　1 326 000

贷:银行存款　　9 168 000

习题二

(1)购入为工程准备的物资时：

借:工程物资　　585 000

贷:银行存款　　585 000

(2)工程领用物资时：

借:在建工程——厂房　　468 000

贷:工程物资　　468 000

(3)工程领用原材料时：

借:在建工程——厂房　　74 880

贷:原材料　　64 000

应交税费——应交增值税(进项税额转出)　　10 880

(4)辅助生产车间为工程提供劳务支出时：

借:在建工程——厂房　　50 000

贷:生产成本——辅助生产成本　　50 000

(5)计提工程人员工资时：

借:在建工程——厂房　　95 800

贷:应付职工薪酬　　95 800

(6)6月底,工程达到预定可使用状态,尚未办理结算手续,固定资产按暂估价值入账时：

借:固定资产——厂房　　688 680

贷:在建工程——厂房　　688 680

(7)剩余工程物资转作存货时：

借:原材料　　100 000

应交税费——应交增值税(进项税额)　　17 000

贷:工程物资　　117 000

(8)7月中旬,按竣工决算实际成本调整固定资产成本时：

借:固定资产——厂房　　11 320

贷:应付职工薪酬　　11 320

习题三

(1)借:在建工程　　700 000

累计折旧 700 000
　贷:固定资产 1 400 000
(2)借:在建工程 240 000
　贷:银行存款 240 000
(3)借:固定资产 940 000
　贷:在建工程 940 000
(4)改造后的生产线年折旧额＝ 940 000÷4＝235 000(元)
借:制造费用 235 000
　贷:累计折旧 235 000

习题四

(1)借:固定资产(585＋20) 605
应交税费——应交增值税(进项税额) 99.45
　贷:银行存款 704.45
(2)2×12 年度该设备计提的折旧额＝(605－5)÷10＝60(万元)
借:制造费用 60
　贷:累计折旧 60
(3)2×12 年 12 月 31 日该设备计提的固定资产减值准备＝(605－60)－500＝45(万元)
会计分录如下：
借:资产减值损失 45
　贷:固定资产减值准备 45
(4)2×13 年度该设备计提的折旧额＝(500－5)÷9＝55(万元)
(5)编制 2×13 年 12 月 31 日该设备转入改良时的会计分录：
借:在建工程 445
累计折旧 115
固定资产减值准备 45
　贷:固定资产 605
(6)编制 2×14 年 3 月 12 日支付该设备改良价款、结转改良后设备成本的会计分录：
借:在建工程 30
　贷:银行存款 30
借:固定资产 475
　贷:在建工程 475
(7)2×14 年度该设备计提的折旧额＝(475－11)÷8×9/12＝43.5(万元)
(8)2×15 年年末处置时的账面价值＝475－43.5－(475－11)÷8＝373.5(万元)
处置净损失＝373.5－45－28.5＋5＝305(万元)
(9)编制 2×15 年 12 月 31 日处置该设备的会计分录：
借:固定资产清理 373.5
累计折旧(43.5＋58) 101.5
　贷:固定资产 475
借:银行存款 45
　贷:固定资产清理 45
借:银行存款 28.5
　贷:固定资产清理 28.5
借:固定资产清理 5
　贷:银行存款 5

借:营业外支出　　305
　　贷:固定资产清理　　305

习题五

(1)借:投资性房地产——成本　　2 030
　　贷:银行存款　　2 030
(2)借:银行存款　　150
　　贷:其他业务收入　　150
(3)借:公允价值变动损益　　30
　　贷:投资性房地产——公允价值变动　　30

习题六

借:固定资产　　780
　公允价值变动损益　　20
　　贷:投资性房地产——成本　　700
　　　　　　　　——公允价值变动　　100

习题七

(1)借:投资性房地产　　800
　　贷:银行存款　　800
(2)借:其他业务成本　　46.69
　　贷:投资性房地产累计折旧　　46.69
(3)借:银行存款　　90
　　贷:其他业务收入　　90
(4)借:其他业务成本　　50.93
　　贷:投资性房地产累计折旧　　50.93

2×14 年年末的账面价值＝800－46.69－50.93＝702.38(万元)

(5)借:固定资产　　800
　　投资性房地产累计折旧　　148.55
　　贷:投资性房地产　　800
　　　　累计折旧　　148.55

习题八

(1)2×11 年 12 月 31 日:
借:投资性房地产——成本　　1 700
　公允价值变动损益　　600
　累计折旧　　400
　　贷:固定资产　　2 700
(2)2×12 年 12 月 31 日:
借:银行存款　　200
　　贷:其他业务收入　　200
借:投资性房地产——公允价值变动　　130
　　贷:公允价值变动损益　　130
(3)2×13 年 12 月 31 日:
借:银行存款　　200

贷:其他业务收入 200
借:投资性房地产——公允价值变动 50
贷:公允价值变动损益 50
(4)2×14 年 12 月 31 日:
借:银行存款 200
贷:其他业务收入 200
借:公允价值变动损益 120
贷:投资性房地产——公允价值变动损益 120
(5)2×15 年 1 月 5 日:
借:银行存款 1 800
贷:其他业务收入 1 800
借:其他业务成本 2 300
贷:投资性房地产——公允价值变动 60
——成本 1 700
公允价值变动损益 540

第八章

一、单项选择题

1. C 2. C 3. D 4. B 5. C 6. D 7. C 8. D 9. B 10. C
11. B 12. B 13. B 14. A 15. C 16. A 17. B 18. B 19. C 20. A
21. D 22. A

二、多项选择题

1. ACD 2. ABCDE 3. ACD 4. ACD 5. BD 6. ABD
7. BD 8. CD 9. BCD 10. CD 11. BD 12. ABD
13. ABC 14. ABCD 15. ABC 16. ABCD

三、判断题

1. √ 2. √ 3. × 4. √ 5. × 6. √ 7. × 8. √ 9. × 10. ×
11. × 12. × 13. √ 14. × 15. × 16. × 17. ×

四、计算分析题

习题一

(1)无形资产现值$=300\div(1+10\%)^1+300\div(1+10\%)^2+300\div(1+10\%)^3=746.06$(万元)
未确认融资费用$=900-746.06=153.94$(万元)
(2)

未确认融资费用摊销表 单位:万元

年　份	分期付款额	确认的融资费用	应付本金减少额	应付本金余额
①	②	③ =期初⑤×10%	④=②-③	⑤=期初⑤-④
				746.06
2×14	300	746.06×10%=74.61	225.39	520.67
2×15	300	520.67×10%=52.07	247.93	272.74
2×16	300	300-272.74=27.26	272.74	0
合　计	900	153.94		

(3)编制相关会计分录(金额单位为万元)。

①2×14年1月2日：

借:无形资产——商标权 746.06
　　未确认融资费用 153.94
　　贷:长期应付款 900

②2×14年年底：

借:长期应付款 300
　　贷:银行存款 300
借:财务费用 74.61
　　贷:未确认融资费用 74.61

③2×15年年底：

借:长期应付款 300
　　贷:银行存款 300
借:财务费用 52.07
　　贷:未确认融资费用 52.07

④2×16年年底：

借:长期应付款 300
　　贷:银行存款 300
借:财务费用 27.26
　　贷:未确认融资费用 27.26

习题二

(1)借:研发支出——费用化支出 134
　　　　　　——资本化支出 146
　　贷:银行存款 280
(2)借:管理费用 134
　　贷:研发支出——费用化支出 134
(3)借:研发支出——资本化支出 4
　　贷:银行存款 4
借:无形资产 150
　　贷:研发支出——资本化支出 150
(4)借:制造费用(150/5×1/12) 2.5
　　贷:累计摊销 2.5
(5)借:银行存款 160
　　累计摊销(2.5×5) 12.5
　　贷:无形资产 150
　　　　应交税费——应交营业税 8
　　　　营业外收入 14.5

习题三

(1)2×13年1月购入土地使用权时：

借:无形资产 1 200
　　贷:银行存款 1 200

每年摊销额=1 200÷30=40(万元)

借:管理费用 40
　　贷:累计摊销 40

2×13年12月31日该项土地使用权的账面价值=1 200－40=1 160(万元)

(2)①2×13年6月开发专有技术发生研究阶段支出时:

借:研发支出——费用化支出 800
　　贷:银行存款 800
借:管理费用 800
　　贷:研发支出——费用化支出 800

②2×13年8月开发专有技术发生开发阶段支出时:

借:研发支出——资本化支出 1 620
　　贷:原材料 200
　　　　应交税费——应交增值税(进项税额转出) 34
　　　　库存商品 70
　　　　应交税费——应交增值税(销项税额) 17
　　　　银行存款 150
　　　　应付职工薪酬 1 000
　　　　累计折旧 149

③2×13年10月开发专有技术研发成功,形成无形资产时:

借:研发支出——资本化支出 180
　　贷:银行存款 180
借:无形资产——专利权 1 800
　　贷:研发支出——资本化支出 1 800

(3)计提专有技术2×14年摊销额=1 800÷5=360(万元)

借:管理费用 360
　　贷:累计摊销 360

专有技术2×14年年末累计摊销金额=1 800÷60×(3+12)=450(万元)

(4)在土地使用权和地上建筑物的价值能够确定的情况下,土地使用权不转入建筑物的建造成本,建造完成的厂房和土地使用权分别计提折旧和摊销。

2×15年厂房计提的折旧额=(2 400－30)×5/15×9/12+(2 400－30)×4/15×3/12
=592.5+158=750.5(万元)

借:制造费用 750.5
　　管理费用 40
　　贷:累计折旧 750.5
　　　　累计摊销 40

(5)编制甲公司该项专利权2×16年予以转销的会计分录。

借:营业外支出 870
　　累计摊销(1 800/60×31) 930
　　贷:无形资产——专利权 1 800

习题四

(1)编制购入该无形资产的会计分录:

借:无形资产 300
　　贷:银行存款 300

(2)①2×13年计提摊销时:

借：管理费用　　30
　　贷：累计摊销　　30

②12 月 31 日账面价值＝300－(300/10)×(1/12)－(300/10)×4＝177.5(万元)

应计提减值准备＝177.5－142＝35.5(万元)

借：资产减值损失　　35.5
　　贷：无形资产减值准备　　35.5

③计提减值准备后 2×13 年 12 月 31 日该无形资产的账面价值为 142 万元。

(3)①2×14 年摊销额＝[142/(12×5＋11)]×12＝24(万元)

借：管理费用　　24
　　贷：累计摊销　　24

②12 月 31 日该无形资产的账面价值＝142－24＝118(万元)

2×14 年，该无形资产价值虽然恢复至 129.8 万元，但由于按照现行制度的规定，已经计提的减值准备在以后会计期间不得转回，因此账面不做调整，2×15 年的摊销仍同 2×14 年。

(4)2×15 年 3 月 31 日累计摊销额＝300/120×49＋142/71×15＝152.5(万元)

2×15 年 4 月 1 日账面价值＝300－152.5－35.5＝112(万元)

出售损益＝130－112－130×5%＝11.5(万元)

(5)编制该无形资产出售的会计分录：

借：银行存款　　130
　　无形资产减值准备　　35.5
　　累计摊销　　152.5
　　贷：无形资产　　300
　　　　营业外收入　　11.5
　　　　应交税费——应交营业税　　6.5

习题五

(1)借：无形资产——土地使用权　　800
　　贷：银行存款　　800

借：管理费用　　16
　　贷：累计摊销　　16

(2)借：无形资产　　1 800
　　贷：银行存款　　1 800

本年摊销额＝(1 800－1 260)/5/12×11＝99(万元)

借：管理费用　　99
　　贷：累计摊销　　99

(3)借：无形资产——专利权(9 750×4/5)　　7 800
　　固定资产(9 750×1/5)　　1 950
　　贷：银行存款　　9 750

借：管理费用(7 800/8×6/12)　　487.5
　　制造费用(1 950/5×5/12)　　162.5
　　贷：累计摊销　　487.5
　　　　累计折旧　　162.5

(4)①取得收入时：

借：银行存款　　50
　　贷：其他业务收入　　50

②缴纳营业税时：

借:营业税金及附加 2.5
　　贷:应交税费——应交营业税 2.5
借:应交税费——应交营业税 2.5
　　贷:银行存款 2.5
③摊销资产时:
借:其他业务成本 5
　　贷:累计摊销 5
(5)计提减值准备=1 800−99−1 500=201(万元)
借:资产减值损失 201
　　贷:无形资产减值准备 201

习题六

(1)编制阳光公司取得土地使用权的会计分录:
借:无形资产——土地使用权 4 800
　　贷:银行存款 4 800
(2)计算该土地使用权每月应摊销金额,在半年末编制摊销分录。
每月摊销额=4 800÷50÷12=8(万元)
2×14 年 6 月 30 日编制摊销分录如下:
借:管理费用 48
　　贷:累计摊销 48
(3)编制阳光公司将自用土地使用权转为出租和收到租金的会计分录。
将土地使用权转为出租,应将无形资产转为投资性房地产,并采用成本模式计量。
借:投资性房地产 4 800
　累计摊销 48
　　贷:无形资产——土地使用权 4 800
　　　投资性房地产累计摊销 48
借:银行存款 240
　　贷:预收账款 240
(4)编制阳光公司 2×14 年年末结转收入的会计分录:
借:预收账款 120
　　贷:其他业务收入 120
借:其他业务成本 48
　　贷:投资性房地产累计摊销 48
(5)编制阳光公司 2×16 年 7 月收回出租土地转为自用的会计分录:
借:无形资产——土地使用权 4 800
　投资性房地产累计摊销(48×5) 240
　　贷:投资性房地产 4 800
　　　累计摊销 240

第九章

一、单项选择题

1.D　2.A　3.B　4.A　5.B　6.B　7.D　8.B　9.B　10.A
11.D　12.A

二、多项选择题

1. AD　2. AD　3. AD　4. ABCD　5. AB　6. ABC
7. AB

三、判断题

1. ×　2. ×　3. √　4. ×　5. ×

四、计算分析题

习题一

1. 甲公司(收到补价方)

(1)判断交易类型。

甲公司收到的补价 100÷换出资产的公允价值 2 100×100%=4.76%<25%,属于非货币性资产交换。

(2)计算换入资产的入账价值。

甲公司换入资产的入账价值=2 100−100−340=1 660(万元)

(3)会计分录。

借:库存商品	1 660	
应交税费——应交增值税(进项税额)	340	
银行存款	100	
长期股权投资减值准备	300	
贷:长期股权投资		2 300
投资收益		100

2. 乙公司(支付补价方)

(1)判断交易类型。

乙公司支付的补价 100÷(支付的补价 100+换出资产的公允价值 2 000)×100%= 4.76%<25%,属于非货币性资产交换。

(2)计算换入资产的入账价值。

乙公司换入资产的入账价值=2 000+100+340=2 440(万元)

(3)会计分录。

借:长期股权投资	2 440	
贷:主营业务收入		2 000
应交税费——应交增值税(销项税额)		340
银行存款		100
借:主营业务成本	1 500	
存货跌价准备	50	
贷:库存商品		1 550

习题二

(1)S公司、T公司与甲公司存在关联方关系,由于关联方关系的影响,S公司与甲公司、T公司与甲公司之间的交易不具有商业实质。

长期股权投资——S公司的入账价值=[4 000+(10 000−8 000)]×6 000÷(6 000+4 000)
=3 600(万元)

长期股权投资——T公司的入账价值=[4 000+(10 000−8 000)]×4 000÷(6 000+4 000)
=2 400(万元)

(2)借:固定资产清理	2 000	
累计折旧	8 000	

贷:固定资产		10 000
借:长期股权投资——S公司	3 600	
——T公司	2 400	
累计摊销	1 000	
贷:无形资产		5 000
固定资产清理		2 000

(3)800÷4 000×100%=20%<25%,属于非货币性资产交换。

无形资产——土地使用权产生现金流量的时间与产成品相比,产成品对外销售获得现金流量较快,该项交易换入资产与换出资产产生现金流量的时间不同,具有商业实质。

从M公司换入土地使用权的入账价值=4 000−800=3 200(万元)

(4)借:无形资产	3 200	
银行存款	800	
贷:主营业务收入		4 000
借:主营业务成本	3 900	
存货跌价准备	600	
贷:库存商品		4 500

习题三

1. 甲公司

收到的补价÷换出资产账面价值×100%=24.5÷(150+200)×100%=7%<25%,为非货币性资产交换。

甲公司换入资产的总入账成本=350+150×17%−24.5−300×17%=300(万元)

甲公司换入原材料的入账价值=$300\times\frac{100}{300}$=100(万元)

甲公司换入B产品的入账价值=$300\times\frac{200}{300}$=200(万元)

借:原材料	100	
库存商品——B	200	
应交税费——应交增值税(进项税额)	51	
银行存款	24.5	
可供出售金融资产——公允价值变动	5	
贷:主营业务收入		150
应交税费——应交增值税(销项税额)		25.5
可供出售金融资产——成本		125
投资收益(200−120)		80
借:投资收益	5	
贷:其他综合收益		5
借:主营业务成本	70	
存货跌价准备	30	
贷:库存商品		100

2. 乙公司

支付的补价÷换入资产账面价值×100%=24.5÷(150+200)×100%=7%<25%,为非货币性资产交换。

乙公司换入资产的总入账成本=300+300×17%+24.5−150×17%=350(万元)

乙公司换入库存商品——A的入账价值=$350\times\frac{150}{350}$=150(万元)

乙公司换入可供出售金融资产的入账价值$=350\times\frac{200}{350}=200$(万元)

借:库存商品——A　150
　应交税费——应交增值税(进项税额)　25.5
　可供出售金融资产　200
　　贷:其他业务收入　100
　　　主营业务收入　200
　　　应交税费——应交增值税(销项税额)　51
　　　银行存款　24.5
借:其他业务成本　75
　存货跌价准备　5
　　贷:原材料　80
借:主营业务成本　140
　存货跌价准备　10
　　贷:库存商品　150

第十章

一、单项选择题

1. A　2. B　3. B　4. B　5. D　6. C　7. C　8. A　9. C　10. B
11. A　12. C　13. A　14. D　15. C　16. D　17. B　18. B　19. A　20. B
21. C

二、多项选择题

1. BCD　2. ABCD　3. AC　4. CD　5. ABC　6. ABC
7. AC　8. ABD　9. ABC　10. BC　11. AD　12. BC
13. ACD　14. AD　15. AB

三、判断题

1. ✓　2. ×　3. ×　4. ✓　5. ✓　6. ×　7. ×　8. ✓　9. ✓　10. ×
11. ×　12. ×　13. ×　14. ×　15. ✓

四、计算分析题

习题一

(1)购入原材料时:

借:原材料　80 000
　应交税费——应交增值税(进项税额)　13 600
　　贷:银行存款　93 600

(2)销售商品时:

借:应收票据　234 000
　　贷:主营业务收入　200 000
　　　应交税费——应交增值税(销项税额)　34 000

(3)建造办公楼领用生产用库存原材料时:

借:在建工程　11 700
　　贷:原材料　10 000
　　　应交税费——应交增值税(进项税额转出)　1 700

(4)盘亏原材料时：

	借方	贷方
借:待处理财产损溢	4 680	
贷:原材料		4 000
应交税费——应交增值税(进项税额转出)		680

(5)缴纳增值税时：

	借方	贷方
借:应交税费——应交增值税(已交税金)	25 000	
——未交增值税	5 000	
贷:银行存款		30 000

习题二

	借方	贷方
(1)借:银行存款	1 170 000	
贷:应交税费——应交增值税(销项税额)		170 000
主营业务收入		1 000 000
借:主营业务成本	600 000	
贷:库存商品		600 000
借:营业税金及附加	100 000	
贷:应交税费——应交消费税		100 000
(2)借:在建工程	132 400	
贷:应交税费——应交消费税		12 000
——应交增值税(销项税额)		20 400
库存商品		100 000
(3)借:委托加工物资	110 000	
应交税费——应交消费税	10 000	
贷:银行存款		120 000
借:原材料	200 000	
库存商品	210 000	
贷:委托加工物资		410 000

习题三

(单位:万元)

	借方	贷方
(1)借:生产成本	200	
制造费用	30	
管理费用	50	
销售费用	40	
在建工程	60	
贷:应付职工薪酬——工资薪金		380
(2)借:管理费用	11.7	
贷:应付职工薪酬——非货币性福利		11.7
借:应付职工薪酬——非货币性福利	11.7	
贷:主营业务收入		10
应交税费——应交增值税(销项税额)		1.7
借:营业税金及附加	1	
贷:应交税费——应交消费税		1
借:主营业务成本	8	
贷:库存商品		8

(3)借:管理费用(300×0.8573)	257.19	
未确认融资费用(300－300×0.8573)	42.81	
贷:应付职工薪酬		300
(4)借:管理费用	4	
贷:应付职工薪酬——非货币性福利		4
借:应付职工薪酬——非货币性福利	2	
贷:累计折旧		2
(5)借:应付职工薪酬——非货币性福利	2	
贷:银行存款		2
(6)借:应付职工薪酬——工资薪金	380	
贷:银行存款		348
其他应收款		12
应交税费——应交个人所得税		20
(7)借:应交税费——应交个人所得税	20	
贷:银行存款		20
(8)借:应付职工薪酬——职工福利	5.85	
贷:原材料		5
应交税费——应交增值税(进项税额转出)		0.85

习题四

(1)8月1日:		
借:原材料	90 000	
应交税费——应交增值税(进项税额)	15 300	
贷:应付账款		105 300
8月10日:		
借:应付账款	105 300	
贷:银行存款		103 500
财务费用		1 800
(2)8月31日:		
借:管理费用	20 000	
贷:其他应付款		20 000
9月5日:		
借:其他应付款	20 000	
贷:银行存款		20 000
(3)8月10日:		
借:工程物资	234 000	
贷:应付票据		234 000
借:财务费用	117	
贷:库存现金		117
11月10日:		
借:应付票据	234 000	
贷:银行存款		200 000
短期借款		34 000
(4)8月15日:		
借:银行存款	5 000	

贷:预收账款 5 000

8 月 25 日:

借:预收账款 9 360

贷:主营业务收入 8 000

应交税费——应交增值税(销项税额) 1 360

8 月 28 日:

借:银行存款 4 360

贷:预收账款 4 360

(5)借:营业税金及附加 14 100

贷:应交税费——应交城市维护建设税[(51 000+80 000+10 000)×7%] 9 870

——应交教育费附加[(51 000+80 000+10 000)×3%] 4 230

(6)9 月 1 日:

借:银行存款 1 000 000

贷:短期借款 1 000 000

借:管理费用 50

贷:库存现金(1 000 000×0.5/10 000) 50

9 月 30 日:

借:财务费用 2 500

贷:应付利息 2 500

10 月 31 日、11 月 30 日计提利息的会计分录与 9 月 30 日相同。

12 月 1 日,借款到期:

借:短期借款 1 000 000

应付利息 7 500

贷:银行存款 1 07 500

(7)9 月 10 日:

借:库存现金 800

贷:其他应付款 800

10 月 8 日:

借:其他应付款 800

贷:库存现金 800

(8)借:管理费用 380 000

贷:应交税费——应交房产税 300 000

——应交车船使用税 80 000

第十一章

一、单项选择题

1. C　2. D　3. A　4. B　5. D　6. B　7. B　8. A　9. C　10. D
11. D　12. C　13. A　14. C　15. D　16. B

二、多项选择题

1. ABC　2. AC　3. BD　4. CDE　5. ABCD　6. ADE
7. ABD　8. ACD　9. ACD　10. ABC　11. ABD　12. ABCD
13. AB　14. ABCD　15. CD

三、判断题

1.× 2.× 3.× 4.√ 5.× 6.√ 7.× 8.√ 9.√ 10.×

11.√ 12.√ 13.√ 14.√ 15.× 16.× 17.√ 18.× 19.× 20.×

四、计算分析题

习题一

(1)取得借款时：

借：银行存款	4 000 000	
贷：长期借款——本金		4 000 000

(2)2×12年12月31日计提长期借款利息时：

借：财务费用	28 000	
贷：应付利息		28 000

2×13年12月31日计提长期借款利息时：

借：财务费用	336 000	
贷：应付利息		336 000

2×14年12月31日计提长期借款利息时：

借：财务费用	336 000	
贷：应付利息		336 000

(3)2×15年11月30日偿还银行借款本息时：

借：财务费用	308 000	
长期借款——本金	4 000 000	
应付利息	700 000	
贷：银行存款		5 008 000

习题二

(1)2×13年1月1日发行债券时：

借：银行存款	1 961.92	
应付债券——利息调整	38.08	
贷：应付债券——债券面值		2 000

(2)2×13年6月30日计提利息时：

利息费用＝1 961.92×2%＝39.24(万元)

借：财务费用	39.24	
贷：应付利息		30
应付债券——利息调整		9.24

(3)2×13年7月1日支付利息时：

借：应付利息	30	
贷：银行存款		30

(4)2×13年12月31日计提利息时：

利息费用＝(1 961.92＋9.24)×2%＝39.42(万元)

借：财务费用	39.42	
贷：应付利息		30
应付债券——利息调整		9.42

(5)2×14年1月1日支付利息时：

借：应付利息	30	
贷：银行存款		30

(6)2×14 年 6 月 30 日计提利息时：
利息费用=(1 961.92+9.24+9.42)×2%=39.61(万元)
借:财务费用 39.61
贷:应付利息 30
应付债券——利息调整 9.61
(7)2×14 年 7 月 1 日支付利息时：
借:应付利息 30
贷:银行存款 30
(8)2×14 年 12 月 31 日计提利息时：
尚未摊销的“利息调整”账户余额=38.08−9.24−9.42−9.61=9.81(万元)
利息费用=30+9.81=39.81(万元)
借:财务费用 39.81
贷:应付利息 30
应付债券——利息调整 9.81
(9)2×15 年 1 月 1 日支付利息和本金
借:应付债券——债券面值 2 000
应付利息 30
贷:银行存款 2 030

习题三

(1)可转换公司债券负债成分的公允价值=50 000×0.7473+50 000×4%×4.2124=45 789.8(万元)
应计入资本公积的金额=50 000−45 789.8=4 210.2(万元)
借:银行存款 50 000
应付债券——可转换公司债券(利息调整) 4 210.2
贷:应付债券——可转换公司债券(面值) 50 000
其他权益工具 4 210.2
(2)2×10 年 12 月 31 日应付利息=50 000×4%=2 000(万元)
应确认的利息费用=45 789.8×6%=2 747.39(万元)
(3)2×10 年 12 月 31 日计提可转换公司债券利息时：
借:财务费用 2 747.39
贷:应付利息 2 000
应付债券——可转换公司债券(利息调整) 747.39
(4)2×11 年 1 月 1 日支付可转换公司债券利息时：
借:应付利息 2 000
贷:银行存款 2 000
(5)转换日转换部分应付债券的账面价值=(45 789.8+ 747.39)×40%=18 614.88(万元)
转换的股数=18 614.88÷10=1 861.49(万股)
支付的现金=0.49×10=4.9(万元)
(6)2×11 年 1 月 2 日可转换公司债券转为普通股时：
借:应付债券——可转换公司债券(面值) 20 000
其他权益工具(4 210.2×40%) 1 684.08
贷:股本 1 861
应付债券——可转换公司债券(利息调整)[(4 210.2−747.39)×40%] 1 385.12
资本公积—股本溢价 18 433.06
库存现金 4.90

(7)①2×11 年 12 月 31 日：

应付利息＝50 000×60%×4%＝1 200(万元)

应确认的利息费用＝[(45 789.8＋747.39)×60%]×6%＝27 922.31×6%＝1 675.34 (万元)

折价摊销额＝1 675.34－1 200＝475.34(万元)

“应付债券——可转换公司债券”账户余额＝27 922.31＋475.34＝28 397.65(万元)

②2×12 年 12 月 31 日：

应付利息＝50 000×60%×4%＝1 200(万元)

应确认的利息费用＝28 397.65×6%＝1 703.86(万元)

折价摊销额＝1 703.86－1 200＝503.86(万元)

“应付债券——可转换公司债券”账户余额＝28 397.65＋503.86＝28 901.51(万元)

③2×13 年 12 月 31 日：

应付利息＝50 000×60%×4%＝1 200(万元)

应确认的利息费用＝28 901.51×6%＝1 734.09(万元)

折价摊销额＝1 734.09－1 200＝534.09(万元)

“应付债券——可转换公司债券”账户余额＝28 901.51＋534.09＝29 435.60(万元)

④2×14 年 12 月 31 日：

应付利息＝50 000×60%×4%＝1 200(万元)

“应付债券——可转换公司债券”账户余额＝50 000×60%＝30 000(万元)

折价摊销额＝30 000－29 435.60＝564.40(万元)

应确认的利息费用＝1 200＋564.40＝1 764.40(万元)

(8)2×15 年 1 月 1 日：

借:应付债券——可转换公司债券(面值)	30 000	
应付利息	1 200	
贷:银行存款		31 200

习题四

(1)根据准则的规定，甲公司应在 2×15 年 12 月 31 日的资产负债表中确认一项金额为 860 万元[(720＋1 000)÷2]的预计负债。有关会计处理如下：

借:营业外支出	8 600 000	
贷:预计负债		8 600 000

(2)甲公司因连带责任而承担现时义务，该义务的履行很可能导致经济利益流出公司，且该义务的金额能够可靠地计量。因此，根据准则的规定，甲公司应在 2×15 年 12 月 31 日的资产负债表中确认一项金额为 500 万元的预计负债。有关会计处理如下：

借:营业外支出	5 000 000	
贷:预计负债		5 000 000

(3)产品质量担保形成的预计负债。

①2×14 年 12 月 31 日：

借:销售费用	60 000	
贷:预计负债		60 000

2×14 年年末预计负债余额＝2 000×1%×15%＋2 000×3%×5%＝6(万元)

②本年维修支出 4 万元，冲回预计负债 4 万元：

借:预计负债	40 000	
贷:银行存款等		40 000

③2×15 年年末尚有预计负债 2 万元。因为一年的产品保修期已过，负债义务已不存在，应将预计负债冲回：

借:预计负债　　20 000
　贷:销售费用　　20 000

习题五

(单位:万元)

(1)计算 2×14 年专门借款资本化、费用化金额。

借款费用开始资本化的时点为 2×14 年 2 月 1 日,2×14 年 4 月 1 日～8 月 1 日因工程发生重大安全事故而停工属于非正常中断,应暂停资本化。

①应付利息＝5 000×5%＝250(万元)

其中:资本化期间应付利息＝5 000×5%×7/12＝145.83(万元)

费用化期间应付利息＝5 000×5%×5/12＝104.17(万元)

②2×14 年 1 月存款利息收入＝5 000×3%×1/12＝12.5(万元)。由于借款费用开始资本化的时点为 2×14年 2 月 1 日,因此,2×14 年 1 月闲置专门借款的存款利息收入不能冲减资本化利息金额。

③资本化金额＝145.83(万元)

④费用化金额＝104.17－12.5＝91.67(万元)

(2)计算 2×14 年一般借款资本化、费用化金额。

累计资产支出加权平均数＝1 800×[(11－4)/12]＋4 500×[(10－4)/12]＋1 200×3/12
＝3 600(万元)

加权平均资本化率＝(7 500×6%＋3 000×5%×9/12)÷(7 500＋3 000×9/12)＝5.77%

资本化金额＝3 600×5.77%＝207.72(万元)

应付利息＝7 500×6%＋3 000×5%×9/12＝562.5 (万元)

费用化金额＝562.5－207.72＝354.78(万元)

(3)计算 2×14 年资本化、费用化利息合计金额。

资本化金额＝145.83＋207.72＝353.55 (万元)

费用化金额＝91.67＋354.78＝446.45 (万元)

(4)编制 2×14 年有关会计分录如下:

借:在建工程　　353.55
　财务费用　　446.45
　银行存款　　12.5
　贷:应付利息(250＋562.5)　　812.5

(5)计算 2×15 年专门借款资本化、费用化金额。

①应付利息＝5 000×5%＝250(万元)

②资本化利息＝5 000×5%×9/12＝187.5(万元)

③费用化利息＝5 000×5%×3/12＝62.5(万元)

(6)计算 2×15 年一般借款资本化、费用化金额。

累计资产支出加权平均数＝7 500×9/12＋800×9/12＋1 200×7/12＋900×5/12＋100×3/12
＝7 325(万元)

加权平均资本化率＝(7 500×6%＋3 000×5%)÷(7 500＋3 000)＝5.71%

资本化金额＝7 325×5.71%＝418.26(万元)

应付利息＝7 500×6%＋3 000×5%＝600(万元)

费用化金额＝600－418.26＝181.74(万元)

(7)计算 2×15 年资本化、费用化利息合计金额。

资本化金额＝187.5＋418.26＝605.76(万元)

费用化金额＝62.5＋181.74＝244.24(万元)

(8)编制 2×15 年有关会计分录如下:

借:在建工程　605.76
　财务费用　244.24
　　贷:应付利息(250+600)　850

习题六

(1)发行价格=1 000 000×(*P*/*V*,3,10%)+100 000×(*P*/*A*,3,10%)=1 000 000(元)

(2)发行价格=1 000 000×(*P*/*V*,3,8%)+100 000×(*P*/*A*,3,8%)=1 051 510(元)

(3)发行价格=1 000 000×(*P*/*V*,3,12%)+100 000×(*P*/*A*,3,12%)=951 980(元)

(4)发行价格=(1 000 000+3×100 000)×(*P*/*V*,3,10%)=976 690(元)

(5)发行价格=(1 000 000+3×100 000)×(*P*/*V*,3,8%)=1 031 940(元)

(6)发行价格=(1 000 000+3×100 000)×(*P*/*V*,3,12%)=925 340(元)

(7)发行价格=1 000 000×(*P*/*V*,6,5%)+50 000×(*P*/*A*,6,5%)=1 000 000(元)

(8)发行价格=1 000 000×(*P*/*V*,6,4%)+50 000×(*P*/*A*,6,4%)=1 052 405(元)

(9)发行价格=1 000 000×(*P*/*V*,6,6%)+50 000×(*P*/*A*,6,6%)=950 865(元)

第十二章

一、单项选择题

1. A	2. D	3. A	4. C	5. D	6. C	7. A	8. B	9. A	10. B
11. B	12. B	13. D	14. B	15. C	16. B	17. B	18. A	19. A	20. A

二、多项选择题

1. ABC　2. ABCD　3. BC　4. AB　5. ABCDE　6. ABCD
7. ABC　8. BCD

三、判断题

1. ×　2. ×　3. ×　4. √　5. √　6. ×　7. ×　8. ×　9. ×　10. √

四、计算分析题

习题一

(1)A公司应编制以下分录:

借:库存商品　300
　应交税费——应交增值税(进项税额)　51
　坏账准备　5
　固定资产　200
　营业外支出——债务重组损失　29
　　贷:应收账款　585

(2)B公司应编制以下分录:

借:固定资产清理　234
　累计折旧　200
　　贷:固定资产　434
借:固定资产清理　2
　　贷:银行存款　2
借:应付账款　585
　　贷:主营业务收入　300
　　　应交税费——应交增值税(销项税额)　51
　　　固定资产清理　200

营业外收入——债务重组利得 34

借：营业外支出——处置固定资产损失(236－200) 36

贷：固定资产清理 36

借:主营业务成本 200

贷:库存商品 200

习题二

(1)计算甲公司债务重组过程中应确认的损益,并编制相关会计分录。

债务重组损失=(10 000－500)－9 200=300(万元)

借:投资性房地产——成本 9 200

坏账准备 500

营业外支出——债务重组损失 300

贷:应收账款 10 000

(2)计算A公司债务重组过程中应确认的损益,并编制相关会计分录。

资产处置收益=9 200－(4 800－860)=5 260(万元)

债务重组利得=10 000－9 200=800(万元)

借:应付账款 10 000

贷:其他业务收入 9 200

营业外收入——债务重组利得 800

借:其他业务成本 3 940

投资性房地产累计折旧 860

贷:投资性房地产 4 800

(3)计算甲公司写字楼在2×15年应确认的公允价值变动损益,并编制相关会计分录。

公允价值变动收益=9 500－9 200=300(万元)

借:投资性房地产——公允价值变动 300

贷:公允价值变动损益 300

(4)编制甲公司2×15年收取写字楼租金的相关会计分录。

借:银行存款 500

贷:其他业务收入 500

习题三

(1)甲企业2×14年12月31日该重组债权的账面价值=300×(1+8%×6/12)=312(万元)

(2)编制甲企业及乙企业2×14年12月31日与该债务重组相关的会计分录。

①甲企业。

债务重组损失=重组债权的账面价值－抵债非现金资产公允价值－重组后债权的入账金额

=312－60－200=52(万元)

借:固定资产 60

应收账款——债务重组 200

营业外支出——债务重组损失 52

贷:应收账款——乙公司 312

②乙企业。

债务重组利得=重组债务的账面价值－抵债非现金资产公允价值－重组后债务的入账价值

=312－60－200

=52(万元)

处置资产损益=抵债非现金资产公允价值－抵债非现金资产账面价值

=60-(100-30-5)

=-5(万元)

借:固定资产清理 65
　累计折旧 30
　固定资产减值准备 5
　　贷:固定资产 100

借:应付账款——甲公司 312
　　贷:应付账款——债务重组 200
　　　固定资产清理 60
　　　营业外收入——债务重组利得 52

借:营业外支出——处置固定资产损失 5
　　贷: 固定资产清理 5

(3)编制甲企业及乙企业 2×15 年 12 月 31 日债权、债务实际清偿时的会计分录。

①甲企业。

借:银行存款 210
　　贷:应收账款——债务重组 200
　　　财务费用 10

②乙企业。

借:应付账款——债务重组 200
　财务费用 10
　　贷:银行存款 210

习题四

(1)A 公司因债务重组而产生的差额,计入债务重组利得的金额为 100 万元(2 500-2 400),计入资本公积的金额为 2 080 万元[300×(8-1)-20]。会计处理如下:

借:应付账款——B 公司 2 500
　　贷:股本 300
　　　资本公积——股本溢价 2 080
　　　银行存款 20
　　　营业外收入——债务重组利得 100

(2)B 公司重组债权的账面价值为 24 00 万元(2 500-100),收到的抵债非现金资产的入账价值为 2 420 万元(300×8+20),两者差额的 20 万元应作为资产减值损失的冲减。会计处理如下:

借:可供出售金融资产 2 420
　坏账准备 100
　　贷:应收账款——A 公司 2 500
　　　资产减值损失 20

第十三章

一、单项选择题

1. C　2. D　3. A　4. D　5. D　6. A　7. A　8. D　9. B　10. C
11. C　12. D　13. C　14. A　15. B　16. B　17. B　18. A

二、多项选择题

1. BCDE　2. BC　3. BD　4. BCD　5. BCD　6. ABD
7. ABCD　8. BCD　9. ABC　10. BC　11. AB

三、判断题

1.✓　2.×　3.×　4.×　5.×　6.✓　7.✓　8.×　9.×

四、计算分析题

习题一

(1)借:银行存款　14 000 000
　　贷:实收资本　14 000 000
(2)借:原材料　200 000
　　周转材料——低值易耗品　20 000
　　应交税费——应交增值税(进项税额)　37 400
　　贷:实收资本　257 400
(3)借:固定资产　72 000
　　贷:实收资本　70 000
　　　银行存款　2 000
(4)借:银行存款[(1.5×10 000 000)×(1−3%)]　14 550 000
　　贷:股本　10 000 000
　　　资本公积——股本溢价　4 550 000
(5)借:资本公积　150 000
　　盈余公积　200 000
　　贷:实收资本　350 000
(6)借:银行存款　150 000
　　贷:实收资本——D(40/80%×20%)　100 000
　　　资本公积　50 000

习题二

(金额:万元)

(1)A公司2×15年3月提取盈余公积时:
　借:利润分配——提取法定盈余公积　50
　　　　　——提取任意盈余公积　25
　　贷:盈余公积——法定盈余公积　50
　　　　　　——任意盈余公积　25
(2)A公司2×15年5月宣告分派现金股利时:
　借:利润分配——应付现金股利　200
　　贷:应付股利　200
(3)A公司2×15年6月资本公积转增股本时:
　借:资本公积——股本溢价　3 000
　　贷:股本　3 000
(4)A公司2×15年度结转当年净亏损时:
　借:利润分配——未分配利润　4 567
　　贷:本年利润　4 567
(5)A公司2×15年12月末以法定盈余公积弥补亏损时:
　借:盈余公积——法定盈余公积　350
　　贷:利润分配——盈余公积补亏　350
(6)2×15年年末结转利润分配各明细账时:

借:利润分配——未分配利润	275	
贷:利润分配——提取法定盈余公积		50
——提取任意盈余公积		25
——应付现金股利		200
借:利润分配——盈余公积补亏	350	
贷:利润分配——未分配利润		350

习题三

(金额:万元)

(1)借:银行存款(40 000×5)	200 000	
贷:股本		40 000
资本公积——股本溢价		160 000
(2)借:资本公积——股本溢价	4 000	
贷:股本		4 000
(3)借:库存股	300	
贷:银行存款		300
(4)借:股本	100	
资本公积——股本溢价	200	
贷:库存股		300

习题四

(金额:万元)

(1)借:银行存款	570	
固定资产	180	
无形资产	50	
贷:实收资本——A公司		320
——B公司		280
——C公司		200
(2)借:利润分配——应付现金股利或利润	100	
贷:应付股利——A公司		40
——B公司		35
——C公司		25

(3)2×15年12月31日D股东出资时产生的资本公积=(100+58.5)−1 000×10%=58.5(万元)

(4)借:银行存款	200	
原材料	50	
应交税费——应交增值税(进项税额)	8.5	
贷:实收资本——A公司		40
——B公司		35
——C公司		25
——D公司		100
资本公积——股本溢价		58.5

(5)2×15年12月31日后各股东的持股比例如下:

A=(320+40)÷1 000×100%=36%

B=(280+35)÷1 000×100%=31.5%

C=(200+25)÷1 000×100%=22.5%

D=10%(或 D=100÷1 000×100%=10%)

第十四章

一、单项选择题

1.C　2.C　3.C　4.B　5.B　6.C　7.C　8.D　9.C　10.A
11.A　12.C　13.B　14.D　15.B　16.B　17.B　18.B　19.A　20.C
21.A　22.A　23.D　24.A　25.B　26.A　27.A　28.C　29.C　30.B

二、多项选择题

1.ABC　2.BD　3.BC　4.AC　5.BC　6.ABD
7.AD　8.ABCD　9.AC　10.ABCDE　11.BCD　12.ABD
13.ACD　14.BCD　15.AE　16.CHAEH　17.CE

三、判断题

1.×　2.×　3.×　4.√　5.√　6.×　7.×　8.×　9.√　10.×
11.×　12.√　13.×　14.√　15.×　16.√　17.√　18.√

四、计算分析题

习题一

(1)①借:应付职工薪酬　11.7
　贷:主营业务收入　10
　　应交税费——应交增值税(销项税额)　1.7
借:主营业务成本　8
　贷:库存商品　8
借:生产成本　5.85
　制造费用　2.34
　管理费用　3.51
　贷:应付职工薪酬　11.7

②借:应收票据　175.5
　贷:主营业务收入　150
　　应交税费——应交增值税(销项税额)　25.5
借:主营业务成本　120
　贷:库存商品　120

③借:主营业务收入　75
　应交税费——应交增值税(销项税额)　12.75
　贷:应收账款　87.75
借:库存商品　60
　贷:主营业务成本　60

(2)A 产品的实际成本=318−8−120+60=250(万元)

(3)A 产品的可变现净值为 230 万元,应计提跌价准备 20 万元(250−230):
借:资产减值损失　20
　贷:存货跌价准备　20

习题二

(1)借:银行存款　468 000

贷:主营业务收入　400 000
应交税费——应交增值税(销项税额)　68 000
借:主营业务成本　250 000
贷:库存商品　250 000
(2)借:应收账款　2 106 000
贷:主营业务收入(900×2 000)　1 800 000
应交税费——应交增值税(销项税额)　306 000
(3)借:应收账款　4 680
贷:其他业务收入　4 000
应交税费——应交增值税(销项税额)　680
借:其他业务成本　3 500
贷:原材料　3 500
(4)借:主营业务收入　40 000
应交税费——应交增值税(销项税额)　6 800
贷:银行存款　46 800
借:库存商品　30 000
贷:主营业务成本　30 000
(5)借:银行存款　2 088 000
财务费用(1 800 000×1%)　18 000
贷:应收账款　2 106 000
(6)借:银行存款　6 000
贷:其他业务收入　6 000
(7)①销售商品时:
借:银行存款　2 691 000
贷:其他应付款　2 300 000
应交税费——应交增值税(销项税额)(2 300 000×17%)　391 000
借:发出商品　2 200 000
贷:库存商品　2 200 000
②每月计息时:
55 000÷5=11 000(元)
借:财务费用　11 000
贷:其他应付款　11 000
③回购时:
借:其他应付款　2 355 000
应交税费——应交增值税(进项税额)　400 350
贷:银行存款　2 755 350
借:库存商品　2 200 000
贷:发出商品　2 200 000

习题三

1. 甲企业的会计分录
(1)交付代销商品时:
借:委托代销商品　150 000
贷:库存商品(1 000×150)　150 000
(2)收到代销清单时:

借:应收账款(144 000+24 480) 168 480
　　贷:主营业务收入(800×180) 144 000
　　　　应交税费——应交增值税(销项税额)(144 000×17%) 24 480
　借:主营业务成本 120 000
　　贷:委托代销商品(800×150) 120 000
借:销售费用(144 000×10%) 14 400
　　贷:应收账款 14 400
(3)收到货款时:
　借:银行存款 154 080
　　贷:应收账款(168 480-14 400) 154 080
2. 乙企业的会计分录
(1)乙企业收到甲公司代销商品时:
　借:受托代销商品 180 000
　　贷:受托代销商品款 180 000
(2)乙企业实现对外销售时:
　借:银行存款 168 480
　　贷:应付账款 144 000
　　　　应交税费——应交增值税(销项税额) 24 480
(3)开出代销清单,收到甲企业增值税专用发票,计算代销手续费时:
　借:受托代销商品款 144 000
　　贷:受托代销商品 144 000
　借:应交税费——应交增值税(进项税额) 24 480
　　贷:应付账款 24 480
　借:应付账款 168 480
　　贷:银行存款 154 080
　　　　其他业务收入 14 400

习题四

(1)①2×13 年 1 月:
　借:长期应收款——丙公司 9 000 000
　　　银行存款 1 530 000
　　贷:主营业务收入 8 000 000
　　　　未实现融资收益 1 000 000
　　　　应交税费——应交增值税(销项税额) 1 530 000

未确认融资收益摊销表

单位:万元

日　期	未收本金	收现总额	确认融资收益	已收本金
	①=上期①-上期④	②	③=①×6%	④=②-③
2×13 年 12 月 31 日	800	300	48	252
2×14 年 12 月 31 日	548	300	32.88	267.12
2×15 年 12 月 31 日	280.88	300	19.12*	280.88
合　计		900	100	800

注:*19.12=300-280.88

②2×13年12月31日：

借:银行存款　3 000 000

　贷:长期应收款——丙公司　3 000 000

借:未实现融资收益　480 000

　贷:财务费用　480 000

③2×14年12月31日：

借:银行存款　3 000 000

　贷:长期应收款——丙公司　3 000 000

借:未实现融资收益　328 800

　贷:财务费用　328 800

④2×15年12月31日：

借:银行存款　3 000 000

　贷:长期应收款——丙公司　3 000 000

借:未实现融资收益　191 200

　贷:财务费用　191 200

(2)①2×13年1月6日销售时：

借:应收账款——丙公司　10 530 000

　贷:主营业务收入　9 000 000

　　应交税费——应交增值税(销项税额)　1 530 000

②2×13年1月31日第一次收款时：

借:银行存款　3 510 000

　贷:应收账款——丙公司　3 510 000

(3)①借:应收账款　2 106 000

　贷:主营业务收入　1 800 000

　　应交税费——应交增值税(销项税额)　306 000

借:主营业务成本　1 500 000

　贷:库存商品　1 500 000

②借:银行存款　200 000

　贷:其他业务收入　200 000

③借:银行存款　936 000

　贷:其他业务收入　800 000

　　应交税费——应交增值税(销项税额)　136 000

借:其他业务成本　590 000

　贷:原材料　590 000

④借:预收账款　100 000

　贷:其他业务收入(1 000 000×60%－500 000)　100 000

借:其他业务成本(700 000×60%－350 000)　70 000

　贷:劳务成本　70 000

⑤12月5日：

借:应收账款　117 000

　贷:主营业务收入　100 000

　　应交税费——应交增值税(销项税额)　17 000

借:主营业务成本　80 000

　贷:库存商品　80 000

12月31日：

借:银行存款	117 000	
贷:应收账款		117 000
借:主营业务收入(50×100)	5 000	
贷:主营业务成本(40×100)		4 000
预计负债		1 000

(4)①实际退货100件:

借:库存商品	4 000	
应交税费——应交增值税(销项税额)	850	
预计负债	1 000	
贷:银行存款		5 850

②实际退货105件:

借:库存商品(40×105)	4 200	
应交税费——应交增值税(销项税额)(50×105×17%)	892.50	
预计负债	1 000	
主营业务收入(50×5)	250	
贷:银行存款(50×105×117%)		6 142.50
主营业务成本(40×5)		200

③实际退货80件:

借:库存商品(40×80)	3 200	
应交税费——应交增值税(销项税额)(50×80×17%)	680	
预计负债	1 000	
主营业务成本(40×20)	800	
贷:银行存款(50×80×117%)		4 680
主营业务收入(50×20)		1 000

习题五

(1)具有融资性质的售后租回不确认收入,但按照税法规定要计算缴纳增值税:

借:银行存款	585 000	
贷:库存商品		400 000
应交税费——应交增值税(销项税额)		85 000
递延收益		100 000
(2)借:发出商品	200 000	
贷:库存商品		200 000
借:应收账款——应收销项税额	51 000	
贷:应交税费——应交增值税(销项税额)		51 000
(3)借:应收账款——C企业	468 000	
贷:主营业务收入		400 000
应交税费——应交增值税(销项税额)		68 000
借:主营业务成本	250 000	
贷:库存商品		250 000
借:主营业务收入	40 000	
应交税费——应交增值税(销项税额)	6 800	
贷:应收账款——C企业		46 800
(4)借:受托代销商品	350 000	
贷:受托代销商品款		350 000

(5)借:银行存款	180 000	
贷:预收账款		180 000
借:劳务成本	75 000	
贷:应付职工薪酬		75 000
借:预收账款{450 000×[75 000/(75 000+150 000)]}	150 000	
贷:主营业务收入		150 000
借:主营业务成本[225 000×(75 000/225 000)]	75 000	
贷:劳务成本		75 000
(6)借:银行存款	327 600	
贷:受托代销商品(80×3 500)		280 000
应交税费——应交增值税(销项税额)		47 600
借:应交税费——应交增值税(进项税额)	47 600	
受托代销商品款	280 000	
贷:应付账款——D企业		299 600
主营业务收入(280 000×10%)		28 000
借:应付账款——D企业	299 600	
贷:银行存款		299 600

(7)售后回购不确认收入,但按照税法规定要计算缴纳增值税:

借:银行存款	877 500	
贷:其他应付款		750 000
应交税费——应交增值税(销项税额)		127 500
借:发出商品	600 000	
贷:库存商品		600 000

回购价和售价之间的差额 180 000 元(930 000−750 000)在回购期间内平均摊销,计入财务费用:

借:财务费用[(930 000−750 000)÷6]	30 000	
贷:其他应付款		30 000

2×15 年 12 月 25 日购回时:

借:库存商品	600 000	
贷:发出商品		600 000
借:其他应付款	930 000	
应交税费——应交增值税(进项税额)	158 100	
贷:银行存款		1 088 100

(8)收到款项时:

借:银行存款	900 000	
贷:预收账款		900 000

在家具、柜台等的所有权转移时,确认收入:

借:预收账款	300 000	
贷:主营业务收入		300 000
借:主营业务成本	270 000	
贷:库存商品		270 000

在提供初始服务时,确认收入:

借:预收账款	600 000	
贷:主营业务收入		600 000
借:主营业务成本	500 000	
贷:银行存款		500 000

习题六

(单位:万元)

(1)编制建元公司12月份发生的经济业务的会计分录。

①借:应收账款　234
　　贷:主营业务收入　200
　　　　应交税费——应交增值税(销项税额)　34
　借:主营业务成本　160
　　贷:库存商品　160
　借:银行存款　230
　　财务费用(200×2%)　4
　　贷:应收账款　234

②借:主营业务收入(300×8%)　24
　　应交税费——应交增值税(销项税额)　4.08
　　贷:银行存款　28.08

③借:银行存款　234
　　贷:其他应付款　200
　　　　应交税费——应交增值税(销项税额)　34
　借:发出商品　180
　　贷:库存商品　180

月末确认利息时:
　借:财务费用(20÷5)　4
　　贷:其他应付款　4

④借:银行存款(234×25%)　58.5
　　应收账款　175.5
　　贷:主营业务收入　200
　　　　应交税费——应交增值税(销项税额)　34
　借:主营业务成本　160
　　贷:库存商品　160

⑤借:应收账款　80
　　贷:主营业务收入(80÷1.17)　68.38
　　　　应交税费——应交增值税(销项税额)　11.62
　借:劳务成本　60
　　贷:应付职工薪酬　60
　借:主营业务成本　60
　　贷:劳务成本　60

⑥借:委托代销商品　80
　　贷:库存商品　80
　借:应收账款　70.2
　　贷:主营业务收入　60
　　　　应交税费——应交增值税(销项税额)　10.2
　借:主营业务成本　48
　　贷:委托代销商品　48

⑦借:银行存款　20
　　贷:预收账款　20

⑧借:银行存款　234

贷:主营业务收入　160

递延收益(200×20%)　40

应交税费——应交增值税(销项税额)　34

借:主营业务成本　160

贷:库存商品　160

⑨借:主营业务收入　40

应交税费——应交增值税(销项税额)　6.8

贷:银行存款　46

财务费用(40×2%)　0.8

借:库存商品　32

贷:主营业务成本　32

⑩借:银行存款　11.5

库存商品　0.2

贷:主营业务收入　10

应交税费——应交增值税(销项税额)　1.7

借:主营业务成本　6

贷:库存商品　6

(2)对本月缴纳增值税进行账务处理;计算建元公司12月份应交增值税,并对结转应交增值税进行账务处理。

①借:应交税费——未交增值税　86

贷:银行存款　86

②本月应交增值税=本月销项税额-本月进项税额

=(34-4.08+34+34+11.62+10.2+34-6.8+1.7)-112

=148.64-112=36.64(万元)

借:应交税费——转出未交增值税　36.64

贷:应交税费——未交增值税　36.64

习题七

(1)第一季度完工程度=40÷(40+760)=5%

第一季度合同收入=1 000×5%=50(万元)

第一季度合同费用=800×5%=40(万元)

第一季度合同毛利=50-40=10(万元)

第二季度完工程度=90÷(90+710)=11.25%

第二季度合同收入=1 000×11.25%-50=62.5(万元)

第二季度合同费用=800×11.25%-40=50(万元)

第二季度合同毛利=62.5-50 =12.5(万元)

(2)①第一季度的会计分录如下:

借:工程施工——合同成本　400 000

贷:银行存款等　400 000

借:应收账款　250 000

贷:工程结算　250 000

借:银行存款　150 000

贷:应收账款　150 000

借:工程施工——合同毛利　100 000

主营业务成本　400 000

贷:主营业务收入　　500 000

②第二季度的会计分录如下:

借:工程施工——合同成本　　500 000

贷:银行存款等　　500 000

借:应收账款　　750 000

贷:工程结算　　750 000

借:银行存款　　600 000

贷:应收账款　　600 000

借:工程施工——合同毛利　　125 000

主营业务成本　　500 000

贷:主营业务收入　　625 000

习题八

(1)2×15 年。

①2×15 年发生工程施工成本 120 万元,其中工资 20 万元,用银行存款支付其他费用 100 万元。

借:工程施工——合同成本　　1 200 000

贷:应付职工薪酬　　200 000

银行存款　　1 000 000

②2×15 年年末,按照工程进度,应收工程款 130 万元,实际收到 115 万元。

借:银行存款　　1 150 000

应收账款　　150 000

贷:工程结算　　1 300 000

③2×15 年年末,按照完工进度确认收入和费用。

完工进度=累计发生的合同成本÷合同预计总成本=120÷400=30%

当期合同收入=500×30%-0=150(万元)

当期合同费用=400×30%-0=120(万元)

借:主营业务成本　　1 200 000

工程施工——合同毛利　　300 000

贷:主营业务收入(500×30%)　　1 500 000

(2)2×16 年。

①2×16 年发生工程施工成本 280 万元,其中工资 80 万元,用银行存款支付其他费用 200 万元。

借:工程施工——合同成本　　2 800 000

贷:应付职工薪酬　　800 000

银行存款　　2 000 000

②2×16 年年末,按照工程进度,应收工程款 370 万元,实际收到 380 万元。

借:银行存款　　3 800 000

贷:工程结算　　3 700 000

应收账款　　100 000

③2×16 年年末,按照完工进度确认收入和费用。

完工进度=累计发生的合同成本÷合同预计总成本=400÷400=100%

当期合同收入=500-150=350(万元)

当期合同费用=400-120=280(万元)

借:主营业务成本　　2 800 000

工程施工——合同毛利　　700 000

贷:主营业务收入　　3 500 000

④工程完工，结转工程施工与工程结算余额。

借：工程结算　　5 000 000

　　贷：工程施工——合同成本　　4 000 000

　　　　　　　　——合同毛利　　1 000 000

第十五章

一、单项选择题

1. B　2. A　3. A　4. C　5. D　6. A　7. B　8. D　9. C　10. C

二、多项选择题

1. ABCDE　2. ACE　3. ACDE　4. BCDE　5. ABD　6. AB
7. ABCD　8. BD　9. ABCD　10. ABC

三、判断题

1. ×　2. √　3. ×　4. ×　5. ×　6. ×　7. ×　8. √　9. √　10. √

四、计算分析题

习题一

(单位：万元)

(1)编制华远公司上述(1)至(9)和(11)项经济业务相关的会计分录。

①借：应收账款　　234

　　贷：主营业务收入　　200

　　　　应交税费——应交增值税(销项税额)　　34

借：主营业务成本　　150

　　贷：库存商品　　150

②借：主营业务收入　　50

　　应交税费——应交增值税(销项税额)　　8.5

　　贷：应收账款　　58.5

③借：库存商品　　150

　　贷：发出商品　　150

借：应交税费——应交增值税(销项税额)　　34

　　贷：应收账款　　34

④借：银行存款　　300

　　贷：其他业务收入　　300

借：其他业务成本　　250

　　贷：投资性房地产——成本　　250

⑤借：银行存款　　150

　　贷：其他业务收入　　150

⑥借：其他应收款　　60

　　贷：营业外收入　　60

⑦借：在建工程　　5

　　财务费用　　15

　　贷：应付利息　　20

⑧借：资产减值损失　　10

　　贷：固定资产减值准备　　10

⑨借:待处理财产损溢 30
　贷:原材料 30
借:管理费用 30
　贷:待处理财产损溢 30
借:待处理财产损溢 30
　累计折旧 150
　固定资产减值准备 20
　贷:固定资产 200
借:营业外支出 30
　贷:待处理财产损溢 30
⑪借:所得税费用(191×25%) 47.75
　贷:应交税费——应交所得税 47.75

(2)编制华远公司6月份收入、费用结转入利润的会计分录。

借:主营业务收入 150
　其他业务收入 450
　营业外收入 65
　投资收益 10
　公允价值变动损益 50
　贷:本年利润 725
借:本年利润 581.75
　贷:主营业务成本 150
　　其他业务成本 250
　　营业税金及附加 13
　　管理费用 40
　　销售费用 20
　　财务费用 15
　　资产减值损失 10
　　营业外支出 36
　　所得税费用 47.75

(3)计算华远公司6月份的营业利润、利润总额和净利润。

营业利润=营业收入600－营业成本400－营业税金及附加13－销售费用20－管理费用40－财务费用15－资产减值损失10＋公允价值变动损益50＋投资收益10=162(万元)

利润总额=营业利润162＋营业外收入65－营业外支出36=191(万元)

净利润=利润总额191－所得税费用47.75=143.25(万元)

习题二

(1)年末结转当年损益时:

①2×12年12月31日:
借:利润分配——未分配利润 1 300 000
　贷:本年利润 1 300 000

②2×13年12月31日:
借:本年利润 300 000
　贷:利润分配——未分配利润 300 000

③2×14年12月31日:

借:本年利润　500 000

　　贷:利润分配——未分配利润　500 000

(2)2×14 年用盈余公积弥补亏损时:

借:盈余公积　100 000

　　贷:利润分配——盈余公积补亏　100 000

2×14 年 12 月 31 日:

借:利润分配——盈余公积补亏　100 000

　　贷:利润分配——未分配利润　100 000

(3)2×15 年有关会计处理如下:

①应交所得税=[700 000−(1 300 000−300 000−500 000−100 000)]×25%=75 000(元)

借:所得税费用　75 000

　　贷:应交税费——应交所得税　75 000

借:本年利润　75 000

　　贷:所得税费用　75 000

②结转本年净利润时:

借:本年利润　625 000

　　贷:利润分配——未分配利润　625 000

③计提法定盈余公积和任意盈余公积时:

借:利润分配——提取法定盈余公积(225 000×10%)　22 500

　　　　——提取任意盈余公积(225 000×5%)　11 250

　　贷:盈余公积——法定盈余公积　22 500

　　　　——任意盈余公积　11 250

④分配投资者利润时:

借:利润分配——应付利润　100 000

　　贷:应付利润　100 000

⑤结转利润分配有关明细账余额时:

借:利润分配——未分配利润　133 750

　　贷:利润分配——提取法定盈余公积　22 500

　　　　——提取任意盈余公积　11 250

　　　　——应付利润　100 000

(4)计算 2×15 年年末未分配利润:

−1 300 000+300 000+500 000+100 000+625 000−133 750=91 250(元)

第十六章

一、单项选择题

1. D	2. C	3. A	4. B	5. B	6. A	7. A	8. C	9. C	10. A
11. A	12. B	13. C	14. D	15. D	16. B	17. D	18. D	19. A	20. A
21. D	22. A	23. C	24. A	25. D	26. D	27. A	28. B	29. D	30. B
31. A	32. B	33. D							

二、多项选择题

1. ABDEF	2. ACD	3. ABCD	4. BC	5. AC	6. ABCD
7. AB	8. ABD	9. CD	10. ABCD	11. ABC	12. BCD
13. BCD	14. ABD	15. ABC	16. AE	17. ABC	18. BC
19. ABD	20. ABCD				

三、判断题

1.× 2.√ 3.× 4.× 5.× 6.× 7.× 8.× 9.× 10.×
11.× 12.× 13.× 14.√ 15.× 16.× 17.× 18.× 19.× 20.√
21.× 22.× 23.× 24.× 25.× 26.√

四、计算分析题

习题一

资产负债表

编制单位：甲企业 2×15年12月31日 单位：元

资产	期末余额	年初余额	负债及所有者权益	期末余额	年初余额
流动资产：		（略）	流动负债：		（略）
货币资金	67 000		短期借款	8 000	
交易性金融资产			交易性金融负债		
应收票据	60 000		应付票据		
应收账款	125 000		应付账款	150 000	
预付款项	50 000		预收款项	60 000	
应收利息			应付职工薪酬	−4 000	
应收股利			应交税费	13 000	
其他应收款			应付利息		
存货	215 000		应付股利		
一年内到期的非流动资产			其他应付款		
其他流动资产			一年内到期的非流动负债	30 000	
流动资产合计	517 000		其他流动负债		
非流动资产：			流动负债合计	257 000	
可供出售金融资产			非流动负债：		
持有至到期投资			长期借款	50 000	
长期应收款			应付债券		
长期股权投资			长期应付款		
投资性房地产			专项应付款		
固定资产	500 000		预计负债		
在建工程	40 000		递延所得税负债		
工程物资			其他非流动负债		
固定资产清理			非流动负债合计	50 000	
生产性生物资产			负债合计	307 000	
油气资产			所有者权益(或股东权益)：		
无形资产			实收资本(或股本)	500 000	
开发支出	150 000		资本公积		
商誉			减：库存股		
长期待摊费用			盈余公积	200 000	
递延所得税资产			未分配利润	200 000	
其他流动资产			所有者权益合计	900 000	
非流动资产合计	690 000				
资产总计	1 207 000		负债及所有者权益总计	1 207 000	

习题二

（单位：万元）

（1）编制会计分录：

①借：应收账款	70	
贷：坏账准备		70
借：银行存款	70	
贷：应收账款		70
②借：原材料	100	
应交税费——应交税费（进项税额）	17	
贷：预付账款		117
③借：在建工程	300	
累计折旧	167	
固定资产减值准备	33	
贷：固定资产		500
借：在建工程	500	
贷：银行存款		500
借：固定资产	800	
贷：在建工程		800
④借：银行存款	200	
贷：长期借款		200
年底计提利息时：		
借：财务费用	6	
贷：应付利息		6
借：应付利息	6	
贷：银行存款		6
⑤借：原材料	500	
库存商品	300	
贷：其他货币资金		800
借：原材料	800	
贷：应付票据		800
⑥借：生产成本	125	
制造费用	37.5	
管理费用等	87.5	
贷：应付职工薪酬		250
借：其他应收款	2	
贷：银行存款		2

注意：因为是预付下个月即下年度的月份的租金，因此不确认应付职工薪酬。

⑦）应收A公司的款项期末坏账准备应有余额＝600－400＝200（万元），计提坏账准备前已经有的余额＝30＋70＝100（万元），所以，应该补提的坏账准备＝200－100＝100（万元）。

借：资产减值损失	100	
贷：坏账准备		100
⑧借：长期股权投资	2 700	
贷：投资收益		2 700

（2）计算乐华股份有限公司2×15年12月31日资产负债表下列项目的年末余额：

①应收账款＝账面余额－坏账准备＝600－200＝400（万元）

②预付款项＝150－117＝33(万元)
③长期股权投资＝2 500＋2 700＝5 200(万元)
④固定资产＝3 000－500＋800－(900－167)－(200－33)＝2 400(万元)
⑤应付票据＝800(万元)
⑥应付账款＝1 050(万元)
⑦应付职工薪酬＝250(万元)
⑧长期借款＝200(万元)
(9)一年内到期的长期负债＝300(万元)

习题三

(单位:万元)

(1)编制甲公司(1)～(7)项经济业务的会计分录。

①借:银行存款	4.68	
应收账款	18.72	
贷:主营业务收入		20
应交税费——应交增值税(销项税额)		3.4
借:主营业务成本	17	
贷:库存商品		17
②借:委托代销商品	3.6	
贷:库存商品		3.6
借:银行存款	2.8	
销售费用	0.13	
贷:主营业务收入		2.5
应交税费——应交增值税(销项税额)		0.43
借:主营业务成本	1.8	
贷:委托代销商品		1.8
③借:银行存款	1	
贷:预收账款		1
借:劳务成本	1.2	
贷:应付职工薪酬		1.2

注:提供劳务交易的结果能够可靠估计,劳务的开始和完成在同一个年度,应在劳务完成时按合同或协议总金额确认收入。

④借:银行存款	35	
贷:预收账款		35
借:生产成本	15	
贷:原材料		10
应付职工薪酬		5
⑤借:应收票据	117	
贷:主营业务收入		100
应交税费——应交增值税(销项税额)		17
借:主营业务成本	80	
贷:库存商品		80
⑥借:劳务成本	10.4	
贷:应付职工薪酬		10.4
借:银行存款	50	

贷:主营业务收入(50÷1.17) 42.74

应交税费——应交增值税(销项税额) 7.26

借:主营业务成本 10.4

贷:劳务成本 10.4

⑦借:主营业务收入 6

应交税费——应交增值税(销项税额) 1.02

贷:应收账款 7.02

借:库存商品 4.7

贷:主营业务成本 4.7

(2)编制甲公司2×15年9月份的利润表。

利润表(简表)

编制单位:甲公司　　2×15年9月　　单位:万元

项　目	本期金额	上期金额
一、营业收入	161.24	(略)
减:营业成本	105.50	
营业税金及附加	10.00	
减:销售费用	0.13	
管理费用	5.00	
财务费用	1.00	
资产减值损失		
加:公允价值变动收益(损失以"—"号填列)		
投资收益(损失以"—"号填列)	1.53	
其中:对联营企业和合营企业的投资收益		
二、营业利润(亏损以"—"号填列)	41.14	
加:营业外收入	20.00	
减:营业外支出	40.00	
其中:非流动资产处置损失		
三、利润总额	21.14	
减:所得税费用	5.29	
四、净利润	15.85	

习题四

现金流量表

编制单位:甲公司　　2×15年度　　单位:万元

项　目	本期金额	上期金额
一、经营活动产生的现金流量		(略)
销售商品、提供劳务收到的现金	1 315	
收到的税费返还		
收到的其他与经营活动有关的现金		
经营活动现金流入小计	1 315	
购买商品、接受劳务支付的现金	585	
支付给职工以及为职工支付的现金	150	
支付的各项税费	96.5	
支付的其他与经营活动有关的现金	16	

续表

项　目	本期金额	上期金额
经营活动现金流出小计	847.5	
经营活动产生现金流量净额	467.5	
二、投资活动产生的现金流量		
收回投资收到的现金		
取得投资收益收到的现金	60	
处置固定资产、无形资产及其他长期资产收回的现金净额	175	
收到的其他与投资活动有关的现金		
投资活动现金流入小计	235	
购建固定资产、无形资产和其他长期资产支付的现金	710	
投资支付的现金	115	
支付的其他与投资活动有关的现金		
投资活动现金流出小计	825	
投资活动产生现金流量净额	−590	
三、筹资活动产生的现金流量		
吸收投资收到的现金		
取得借款收到的现金	550	
收到的其他与筹资活动有关的现金		
筹资活动现金流入小计	550	
偿还债务支付的现金	120	
分配股利、利润或偿付利息支付的现金	25	
支付的其他与筹资活动有关的现金		
筹资活动现金流出小计	145	
筹资活动产生现金流量净额	405	
四、汇率变动对现金及现金等价物的影响		
五、现金及现金等价物净增加额	282.5	
加:期初现金及现金等价物余额		
六、期末现金及现金等价物余额		

习题五

(单位:万元)

(1)借:应收账款　100

经营——销售商品、提供劳务收到的现金　750

贷:营业收入　790

预收款项　60

“销售商品、提供劳务收到的现金”项目的金额为750万元(由于主营业务收入中尚未扣减销售退回,因此需减销售退回的金额)。

(2)借:营业成本　600

预付款项　20

贷:存货　100

应付账款　200

经营——购买商品、接受劳务支付的现金　320

“购买商品、提供劳务支付的现金”项目的金额为320万元。

习题六

(1)销售商品、提供劳务收到的现金＝1 000＋170＋(120－180)＋(15－50)＝1 075(万元)

(2)购买商品、接受劳务支付的现金＝50＋8.5＋10＋8－2.5＝74(万元)

(3)支付的其他与经营活动有关的现金＝(1 000－450－180－100－30－10)＋300＝530(万元)

习题七

现金流量表(简表)

编制单位:乙股份有限公司　　2×15 年度　　单位:万元

项　目	计算过程	本期金额
销售商品、提供劳务收到的现金	8 500＋1 445－(4 800－2 500)＋(300－200)＋3	7 748
购买商品、接受劳务支付的现金	3 080＋538.05＋(320－215)－(800－380)＋(500＋700－225－90－800)	3 388.05
支付给职工以及为职工支付的现金	185＋225＋1 800－(547.5－427.5)＋215	2 305
支付的各项税费		906.95
支付的其他与经营活动有关的现金	84＋30＋240＋30＋240	624
取得投资收益收到的现金	290－80	210
处置固定资产、无形资产及其他长期资产收回的现金净额	(38－3)＋(200－10)	225
购建固定资产、无形资产和其他长期资产支付的现金		350
吸收投资收到的现金		1 000
取得借款收到的现金	300＋850	1 150
偿还债务支付的现金		320
分配股利、利润或偿付利息支付的现金	15＋22＋(45－25)	57

习题八

(单位:万元)

(1)编制有关的会计分录。

①借:原材料	30	
应交税费——应交增值税(进项税额)	5.1	
贷:应付票据		35.1
②借:交易性金融资产	100	
贷:其他货币资金		100
借:交易性金融资产	20	
贷:公允价值变动损益		20
③借:财务费用	5	
贷:应付利息		5
④借:资产减值损失	8	
贷:坏账准备		8
⑤借:管理费用	30	
贷:累计折旧		20
累计摊销		10
⑥借:预收账款	117	
贷:主营业务收入		100
应交税费——应交增值税(销项税额)		17

借:主营业务成本　　65
　　贷:库存商品　　65

⑦借:管理费用　　15
　　在建工程　　5
　　贷:应付职工薪酬　　20

⑧借:在建工程　　20
　　贷:应付利息　　20

⑨借:长期股权投资　　50
　　贷:投资收益　　50

⑩借:营业税金及附加　　3
　　贷:应交税费——应交城市维护建设税　　3

⑪借:应付账款　　30
　　贷:营业外收入　　30

⑫借:所得税费用　　18.5
　　贷:应交税费——应交所得税　　18.5

借:主营业务收入　　100
　　营业外收入　　30
　　投资收益　　50
　　公允价值变动损益　　20
　　贷:本年利润　　200

借:本年利润　　144.5
　　贷:主营业务成本　　65
　　　　营业税金及附加　　3
　　　　管理费用　　45
　　　　财务费用　　5
　　　　资产减值损失　　8
　　　　所得税费用　　18.5

⑬借:利润分配——提取法定盈余公积　　5.55
　　贷:盈余公积　　5.55

借:本年利润　　55.5
　　贷:利润分配——未分配利润　　55.5

借:利润分配——未分配利润　　5.55
　　贷:利润分配——提取法定盈余公积　　5.55

(2)编制绿叶公司的资产负债表、利润表及现金流量表补充资料。

资产负债表(简表)

编制单位:绿叶公司　　2×15 年 12 月 31 日　　单位:万元

资　产	年末余额	年初余额	负债及所有者权益	年末余额	年初余额
货币资金	220.4	320.4	长期借款	200	200
交易性金融资产	120	0	应付账款	54	84
应收票据	24	24	应付票据	75.1	40
应收账款	208.2	159.2	预收款项	0	60
预付款项	0.16	0.16	应付职工薪酬	24	4
存货	333	368	应交税费	43	9.6

续表

资　产	年末余额	年初余额	负债及所有者权益	年末余额	年初余额
长期股权投资	530	480	应付利息	65	40
固定资产	1 422	1 442	长期借款	1 008	1 008
在建工程	125	100	实收资本	1 600	1 600
无形资产	194	204	盈余公积	101.55	96
长期待摊费用	50	50	未分配利润	56.11	6.16
资产总计	3 226.76	3 147.76	负债及所有者权益总计	3 226.76	3 147.76

利润表(简表)

编制单位:绿叶公司　　2×15 年度　　单位:万元

项　目	本期金额	上期金额
一、营业收入	100	(略)
减:营业成本	65	
营业税金及附加	3	
销售费用		
管理费用	45	
财务费用	5	
资产减值损失	8	
加:公允价值变动收益(损失以"—"号填列)	20	
投资收益(损失以"—"号填列)	50	
二、营业利润(亏损以"—"号填列)	44	
加:营业外收入	30	
减:营业外支出		
三、利润总额(亏损总额以"—"号填列)	74	
减:所得税费用	18.5	
四、净利润(净亏损以"—"号填列)	55.5	

现金流量表补充资料(简表)

编制单位:绿叶公司　　2×15 年度　　单位:万元

补充资料	计算过程	本期金额
1.将净利润调节为经营活动的现金流量		
净利润		55.5
加:资产减值准备		8
固定资产折旧		20
无形资产摊销		10
公允价值变动损失(收益以"—"号填列)		—20
财务费用(收益以"—"号填列)		5
投资损失(收益以"—"号填列)		—50
存货的减少(增加以"—"号填列)	333—368	35
经营性应收项目的减少(增加以"—"号填列)	208.2—159.2+8	—57

续表

补充资料	计算过程	本期金额
经营性应付项目的增加(减少以“－”号填列)	(54－84)＋(75.1－40)＋(0－60)＋(24－4－5)＋(43－9.6)	－6.5
经营活动产生的现金流量净额		0
2.不涉及现金收支的重大投资和筹资活动		
3.现金及现金等价物净变动情况：		－100
现金的期末余额		220.4
减：现金的期初余额		320.4
加：现金等价物的期末余额		
减：现金等价物的期初余额		
现金及现金等价物净增加额		－100

第十七章

一、单项选择题

1.C　2.A　3.A　4.A　5.D　6.B　7.C　8.C　9.D　10.D

二、多项选择题

1.BCD　2.BDE　3.ACE　4.AE　5.ABCD　6.ABD
7.ABCE　8.ABDE

三、判断题

1.×　2.×　3.√　4.×　5.×　6.×　7.×　8.√　9.√　10.×
11.×

四、计算分析题

习题一

(单位：万元)

(1)调整事项有(1)、(3)、(4)。

(2)事项(1)的调整会计分录如下：

借：以前年度损益调整　200
　应交税费——应交增值税(销项税额)　34
　　贷：应收账款　234
借：库存商品　185
　　贷：以前年度损益调整　185
借：坏账准备(234×5‰)　1.17
　　贷：以前年度损益调整　1.17
借：以前年度损益调整(1.17×25%)　0.29
　　贷：递延所得税资产　0.29
借：应交税费——应交所得税[(200－185)×25%]　3.75
　　贷：以前年度损益调整　3.75
借：利润分配——未分配利润　10.37
　　贷：以前年度损益调整(200－185－1.17＋0.29－3.75)　10.37
借：盈余公积　1.04
　　贷：利润分配——未分配利润　1.04

事项(3)的调整会计分录如下：

借：以前年度损益调整　125

　贷：坏账准备　125

借：递延所得税资产(125×25%)　31.25

　贷：以前年度损益调整　31.25

借：利润分配——未分配利润(125－31.25)　93.75

　贷：以前年度损益调整　93.75

借：盈余公积(93.75×10%)　9.38

　贷：利润分配——未分配利润　9.38

事项(4)的调整会计分录如下：

借：库存商品　200

　贷：累计折旧　200

(3)

资产负债表项目	调整金额(万元)
应收账款	－357.83(－234＋1.17－125)
存货	＋385(185＋200)
固定资产	－200(折旧)
递延所得税资产	＋30.96 (31.25－0.29)
应交税费	－37.75(－34－3.75)
盈余公积	－10.42(－1.04－9.38)
未分配利润	－93.7(－10.37＋1.04－93.75＋9.38)

习题二

(1)甲公司在收到乙公司通知时，属于资产负债表日后事项中的调整事项。

(2)①补提坏账准备：

应补提的坏账准备＝58 000×60%－2 900＝31 900(万元)

借：以前年度损益调整　31 900

　贷：坏账准备　31 900

②调整递延所得税资产：

借：递延所得税资产　7 975

　贷：以前年度损益调整(31 900×25%)　7 975

③将“以前年度损益调整”账户的余额转入利润分配：

借：利润分配——未分配利润　23 925

　贷：以前年度损益调整(31 900－7 975)　23 925

④调整利润分配有关数字：

借：盈余公积　2 392.50

　贷：利润分配——未分配利润(23 925×10%)　2 392.50

习题三

甲公司的会计处理如下(以万元为单位)：

(1)2×15 年 1 月 15 日，调整销售收入：

借：以前年度损益调整　100 000

　应交税费——应交增值税(销项税额)　17 000

　贷：应收账款　117 000

(2)调整销售成本：

借:库存商品	80 000	
贷:以前年度损益调整——主营业务成本		80 000

(3)调整所得税：

借:应交税费——应交所得税[(100 000−80 000)×25%]	5 000	
贷:以前年度损益调整		5 000

(4)将“以前年度损益调整”账户的余额转入“利润分配”账户：

借:利润分配——未分配利润	15 000	
贷:以前年度损益调整		15 000

(5)调整盈余公积：

借:盈余公积	1 500	
贷:利润分配——未分配利润		1 500

第十八章

一、单项选择题

1. A　2. D　3. D　4. A　5. C　6. A　7. B　8. D　9. D　10. A
11. B　12. B

二、多项选择题

1. ABD　2. BCD　3. CD　4. ACD　5. AC　6. BCDE
7. ACD　8. BD　9. ACD　10. AB　11. AB　12. ACD
13. ABCD

三、判断题

1. ×　2. ×　3. √　4. √　5. √　6. ×　7. √　8. √　9. ×　10. ×
11. √　12. √

四、计算分析题

习题一

甲公司对上述会计估计变更的处理如下：

(1)不调整以前各期折旧，也不计算累积影响数。

(2)变更日以后发生的经济业务改按新的估计提取折旧。

按原估计，每年折旧额为 10 000 元，已提折旧 4 年，共计 40 000 元，固定资产账面价值为 44 000 元，则第 5 年相关账户的期初余额如下：

固定资产	84 000
减:累计折旧	40 000
固定资产账面价值	44 000

改变预计使用年限后，自 2×16 年起，每年计提的折旧费用为 21 000 元[(44 000−2 000)÷2]。2×16 年不必对以前年度已提折旧进行调整，只需按重新预计的尚可使用年限和净残值计算确定年折旧费用，有关会计处理如下：

借:管理费用	21 000	
贷:累计折旧		21 000

(3)附注说明。

本公司一台管理用设备，成本为 84 000 元，原预计使用年限为 8 年，预计净残值为 4 000 元，按直线法计提折旧。由于新技术的发展，该设备已不能按原预计使用年限计提折旧，本公司于 2×16 年年初将该设备的预计尚可使用年限变更为2年，预计净残值变更为2 000元，以反映该设备在目前情况下的预计尚可使用年限和净残值。此估计变更影响本年度净利润减少数为8 250元[(21 000－10 000)×(1－25%)]。

习题二

(1)该事项属于会计政策变更。

(2)乙公司2×15年1月1日应编制会计分录如下：

借：投资性房地产——成本	38 000 000	
投资性房地产累计折旧	2 400 000	
投资性房地产减值准备	1 000 000	
贷：投资性房地产		40 000 000
利润分配——未分配利润		1 400 000
借：利润分配——未分配利润	140 000	
贷：盈余公积		140 000

习题三

(单位：万元)

(1)存货跌价准备的处理不正确。甲产品和乙产品应分别进行期末计价。

甲产品成本＝150×120＝18 000(万元)

甲产品可变现净值＝150×(150－2)＝22 200(万元)

甲产品成本小于可变现净值，不需要计提跌价准备。

乙产品成本＝50×120＝6 000(万元)

乙产品可变现净值＝50×(118－2)＝5 800(万元)

乙产品应计提跌价准备＝6 000－5 800＝200(万元)

甲产品和乙产品多计提跌价准备＝800－200＝600(万元)

(2)N型号钢材成本＝300×20＝6 000(万元)

N型号钢材可变现净值＝60×118－60×5－60×2＝6 660(万元)

N型号钢材成本小于可变现净值，不需要计提跌价准备。

所以，要冲销多计提跌价准备600万元，应确认200万元存货跌价准备对应的递延所得税资产。

借：存货跌价准备	600	
贷：以前年度损益调整		600
借：递延所得税资产(200×25%)	50	
贷：以前年度损益调整		50